MAXIMES
DU DROIT PUBLIC
FRANÇOIS.

TOME SECOND.

MAXIMES
DU DROIT PUBLIC FRANÇOIS.

Tirées des Capitulaires, des Ordonnances du Royaume, & des autres monumens de l'Histoire de France.

SECONDE EDITION.

Double de la précédente.

TOME SECOND.

A AMSTERDAM,
Chez MARC-MICHEL REY,
M D C C L X X V.

DISSERTATION
SUR LE DROIT DE CONVOQUER
LES
ÉTATS GÉNÉRAUX.

Nous croyons avoir établi d'une maniere satisfaisante les Droits de la Nation Françoise. Non seulement ses Souverains ne sont pas des Despotes qui soient les seuls propriétaires dans le Royaume, ou qui commandent à des esclaves; mais encore leur autorité est limitée par des Loix Fondamentales, qui en assûrant aux Sujets la jouissance des bienfaits que la Nature a accordés à tous les hommes, assûrent aussi au Souverain la possession du Thrône.

Les Loix par elles-mêmes sont muettes, elles n'ont de force qu'autant qu'il y a une Puissance capable de les faire exécuter. Cette Puissance est déposée entre les mains du Souverain, ainsi que celle de faire l'application de la Loi; ainsi dans les cas ordinaires il n'y a pas de difficulté sur la maniere de faire parler la Loi & de la faire exécuter. Mais si ces Loix sur lesquelles sont appuyées les Droits de la Nation reçoivent quelque atteinte de la part de celui qui est chargé de les faire observer, qui viendra au secours de la Nation contre l'oppression & contre l'injustice de son Chef? Qui est-ce qui parlera pour elle, & maintiendra l'exécution des Loix Fondamentales? Il est évident que c'est à la Nation elle-même à faire valoir ses droits; car qu'est-ce qu'un droit qui n'est pas accompagné du droit de le faire valoir, ou au moins du pouvoir de réclamer contre la violation de ce droit? Il est impossible à tous les Sujets en particulier d'approcher du Thrône & d'y porter leurs doléances. Il est donc nécessaire que la Nation en Corps s'adresse elle-même à son Chef par ses Représentans. En France ces Représentans naturels sont les Etats Généraux. Mais les Etats Généraux doivent être convoqués; qui est-ce qui a le droit de faire cette convocation? Telle est la Question qu'il s'agit d'éclaircir. On sent bien qu'il n'est pas question ici des cas ordinaires; il est évident que ce pouvoir réside entre les mains du Souverain. Le vrai point de la Question est de savoir s'il le possede tellement que jamais la Nation ne puisse se convoquer elle-même, ou plutôt que les Grands du Royaume, les Princes & les Pairs ne puissent faire cette convocation sans être coupables de rebellion & d'attentat contre l'Autorité Souveraine.

Cette Question est de la plus grande importance, puisqu'il ne s'agit de rien moins que de savoir si les Droits de la Nation Françoise sont tels que le Souverain puisse les abolir d'un seul acte de sa volonté, sans qu'elle puisse y former la moindre opposition. Tous les principes que nous avons posés dans le cours de cet Ouvrage, la maniere même dont nous venons de pro-

Tome II. A

poser la Question, suffisent pour la décider. Mais la violence d'un côté, & l'adulation de l'autre ont formé des préjugés qui ne peuvent se dissiper qu'en réfutant toutes les objections dont on a voulu obscurcir une matiere qui est si claire pour tout homme impartial & qui n'écoute que la raison.

Le Duc de Mayenne dans sa Déclaration du mois de Décembre 1592 avoit convoqué les Etats du Royaume. Henri IV dans sa réponse à cette Déclaration dit que ,, le Duc de Mayenne fait une convocation ,, générale des Princes, Officiers de la Couronne, & de tous les Ordres ,, du Royaume, pour délibérer sur le bien de l'Etat: chose jusqu'ici ,, inouie sous autre nom que celui des Rois, comme par toutes les ,, Loix cette autorité leur est seulement réservée, & jugée en crime ,, de Leze-Majesté pour tous autres" (a).

Le Roi a-t-il le droit exclusif de convoquer les Etats?

De là il suivroit que le Roi seul peut convoquer les Etats, & que pour tout autre, même pour le premier Prince du Sang ce seroit dans toutes circonstances un crime de Leze-Majesté.

Qu'il soit permis de réfléchir un instant sur les conséquences de cette Maxime. Chaque Particulier séparé ne peut prendre d'autre parti que celui de l'obéissance. S'il y a quelque remede au vice du Gouvernement, il ne peut être employé que par la Nation entiere, qui en cela semblable à tous les Corps, n'a d'action que quand elle est réunie. Mettre en these qu'elle ne peut pas s'assembler d'elle-même, que les Grands du Royaume, le premier Prince du Sang, ne peuvent pas provoquer cette assemblée sans se rendre coupables de révolte, c'est dire équivalemment qu'il est inutile de mettre des barrieres au Despotisme, & d'opposer des limites à la concession du Pouvoir Souverain; que toutes les Loix Fondamentales sont des chimeres. Car il n'y a que le Corps de la Nation qui puisse en procurer l'exécution, & jamais elle ne sera assemblée par un Prince qui veut user du pouvoir arbitraire, & traiter ses Sujets en esclaves.

Contradictions dans la nouvelle forme du Gouvernement de Suede.

C'est ce qui découvre l'illusion de la forme du Gouvernement établie en Suede le 21 Août 1772, imprimée *à Versailles de l'Imprimerie du Département des Affaires Etrangeres*. On y voit un grand nombre de choses que le Roi ne pourra faire sans le consentement des Etats. Mais un seul article rend tout cela inutile, en décidant que le Roi seul peut convoquer les Etats, s'il est majeur, & ses Tuteurs seuls, s'il est mineur. Il ne leur est permis de s'assembler sans convocation, que dans le cas unique de l'extinction de tous les mâles de la Maison régnante.

Suivant un autre article,, les Etats du Royaume doivent, avec la fi-
,, délité la plus scrupuleuse, laisser subsister toutes les prérogatives du
,, Roi, telles qu'elles sont déterminées par la Loi de Suede, dans
,, toute leur force & étendue sans y toucher, & maintenir, défendre
,, & soutenir avec zele, attention & vigilance tout ce qui de cette ma-
,, niere appartient à l'Autorité Royale, & par conséquent ne rien cor-
,, riger, changer, augmenter & diminuer dans ces Loix Fondamentales

(a) Mémoires de la Ligue, Tom. 5. pag. 280.

„ sans le concours & le consentement du Roi ; de sorte qu'aucun désor-
„ dre ne prenne l'avantage sur la Loi, ou que la liberté des Sujets & les
„ droits du Roi ne soient négligés ou opprimés, mais que chacun jouisse
„ de ses prérogatives légales & de ses privileges légitimement acquis,
„ toutes les Constitutions, qui ont été regardées comme Loix Fondamen-
„ tales depuis 1680 jusqu'au tems présent, étant ici abolies & annul-
„ lées".

„ Qu'on suppose le Roi de Suede résolu à gouverner arbitrairement, à disposer par caprice de la liberté & des biens de ses Sujets, des Particuliers crieront; on étouffera leur voix par des menaces, des emprisonnemens, & d'autres actes de violence. Les Etats Généraux pourroient faire cesser le mal. Ils ne seront jamais assemblés. Le Roi a le droit exclusif de les réunir, & il n'en usera certainement pas.

Que l'expérience fasse sentir l'inconvénient d'une Loi Fondamentale, que le changement des circonstances a rendu nuisible, dont on a abusé pour favoriser le Despotisme, le Corps entier de la Nation ne pourra y rien changer sans la volonté du Roi, qui sûrement n'y consentira jamais.

Cette forme de Gouvernement est donc dans la vérité l'introduction du Pouvoir Arbitraire sous les dehors d'une Monarchie limitée. Tous les Peuples du monde sont dans cette malheureuse position, s'il ne leur est pas permis de s'assembler sans le consentement du Chef, qui ne redoute rien tant que ces Assemblées.

L'Auteur que Sidney réfute, nioit absolument que le Peuple eut une li- *Sentiment de Sidney.*
berté naturelle. „ Car, disoit-il, si la liberté étoit un don de la Nature,
„ elle donneroit pouvoir au Peuple de s'assembler quand & où il lui plai-
„ roit, pour donner la Souveraineté, & pour en borner & diriger
„ l'exercice par des traités qu'il feroit avec celui, à qui il confére-
„ roit une Autorité Souveraine.

„ Et moi, répond Sidney, je soutiens que toutes les Nations naturel-
„ lement libres peuvent s'assembler quand & où elles veulent; qu'elles
„ peuvent disposer de la Souveraineté, & en diriger & limiter l'exercice,
„ à moins que par un acte volontaire elles ne se soient dépouillées de
„ ce droit, & qu'il n'y a point de Peuple au monde qui eût jamais pu te-
„ nir aucune assemblée légitime de toute la Société, si les Nations n'a-
„ voient pas eu ce pouvoir originairement en elles-mêmes. On a prou-
„ vé dans la section précédente, que tous nos Rois n'ayant aucun titre,
„ n'ont pu être que ce qu'il a plû à la Noblesse & au Peuple de les faire;
„ qu'ils n'ont pu avoir d'autre pouvoir que celui qui leur étoit conféré,
„ ni conférer que ce qu'ils avoient reçu. S'ils ont donc le pouvoir de
„ convoquer les Parlemens, il faut que le pouvoir de les convoquer leur
„ ait été donné, & il ne pouvoit leur être donné par ceux en qui il ne
„ résidoit pas originairement.

„ Dans les Etats, où les Gouvernemens sont mieux réglés, on lais-
„ se à un ou à plusieurs Magistrats le soin d'assembler le Sénat ou le
„ Peuple, lorsqu'ils jugent que cela est nécessaire ; à Rome c'étoit

,, aux Confuls ou aux Tribuns à convoquer ces Aſſemblées, à Athenes
,, c'étoit aux Archontes, & à Thebes aux Béotarques; mais aucuns
,, de ces Magiſtrats n'auroit pu avoir cette autorité, ſi elle ne leur avoit
,, été donnée par ceux qui les avoient élevés aux emplois auxquels elle
,, étoit annexée, & cette autorité n'auroit pu être annexée à ces char-
,, ges, ſi ceux qui les avoient créées, n'avoient pas été en droit de le
,, faire. Si ces Magiſtrats étoient aſſez peu ſoigneux de s'acquitter
,, de leur devoir pour négliger la convocation de ces Aſſemblées, lorſ-
,, que les affaires publiques le requéroient, le Peuple s'aſſembloit de
,, ſa propre autorité & les puniſſoit en leurs perſonnes, ou aboliſſoit
,, leurs Magiſtratures, comme on le peut voir par ce qui arriva aux
,, Décemvirs, & par pluſieurs autres exemples qu'on pourroit alléguer, s'il
,, étoit beſoin de prouver une vérité qui eſt ſi claire d'elle-même. La rai-
,, ſon de ceci eſt, que ceux qui établiſſent une Magiſtrature, ſavent
,, mieux que perſonne ſi ceux, à qui ils l'ont conférée, tendent, ou non,
,, au but qu'on s'eſt propoſé en l'établiſſant; & toutes les Magiſtratures
,, légitimes étant eſſentiellement les mêmes, quoique différentes quant
,, à la forme, il faut néceſſairement que le même droit appartienne en
,, tout tems à ceux qui mettent l'Autorité Souveraine entre les mains
,, d'un ſeul, d'un petit nombre, ou d'un plus grand nombre. C'eſt ainſi
,, qu'agirent les Romains lorſqu'ils créerent les Rois, les Conſuls, les Tri-
,, buns Militaires, les Dictateurs, ou les Décemvirs; & ce ſeroit la choſe
,, du monde la plus ridicule que de dire que ces Magiſtrats donnerent au
,, Peuple le pouvoir de s'aſſembler & de les choiſir, car ceux qui ſont
,, élus, ſont les créatures de ceux qui les éliſent, & juſques à ce qu'ils
,, ſoient choiſis, ils ne ſont pas plus que les autres (b).

,, Les Nations ſe ſont aſſemblées en ce pays-ci, auſſi bien qu'en plu-
,, ſieurs autres, elles en ont conféré l'Autorité Souveraine; elles lui ont
,, donné des bornes, & ont preſcrit en même tems la maniere dont on
,, devoit l'exercer; & les Loix de chaque Peuple enſeignent comment
,, on doit ſe conduire à cet égard. Cela eſt auſſi certain par rapport
,, aux Rois que par rapport à aucun autre Magiſtrat. L'emploi des Dic-
,, tateurs Romains étoit d'avoir ſoin que la République ne reçût aucun
,, dommage. On donnoit quelquefois la même commiſſion aux Conſuls.
,, Ce que diſoit le Roi Offa qu'on lui avoit donné la Couronne, afin
,, qu'il maintînt la liberté publique, fait bien voir qu'il étoit perſuadé
,, que ce n'étoit pas pour lui-même qu'on lui avoit conféré une dignité
,, ſi éminente; & Charles Guſtave qui avouoit, ſans déguiſement, que
,, la ſeule choſe à quoi il devoit s'appliquer, c'étoit de gouverner ſes
,, Peuples avec tant d'équité & de modération, que ceux qui l'avoient
,, fait Roi, n'euſſent pas lieu de s'en repentir, & de perdre la bonne
,, opinion qu'ils avoient conçue de lui, nous apprend qu'il y avoit une
,, regle qu'il étoit obligé de ſuivre, & une fin qu'il devoit procurer, afin

(b) Diſcours ſur le Gouvernement, *Tom.* 4. *ſection* 31.

,, que fes Sujets ne fe repentiffent pas de l'avoir élevé fur le trône. Ce
,, pouvoir de conférer la Souveraineté fut exercé en France par ceux
,, qui donnerent la Couronne à Méroué au préjudice des petits-fils de
,, Pharamond qui étoient enfans de Clodion; par ceux qui exclurent fa
,, Race pour élever Pépin fur le Trône; par ceux qui dépoferent Louis
,, le Débonnaire & Charles le Gros; par ceux qui donnerent la Couronne
,, à cinq Princes qui étoient étrangers ou bâtards, avant que de la mettre
,, fur la tête de Charles le Simple; par ceux qui rejetterent la feconde
,, Race pour faire monter Hugues Capet fur le Trône; par ceux qui
,, éleverent à la Royauté Henry I au préjudice de Robert fon frere
,, aîné, & qui voulurent en laiffer la jouiffance aux defcendans d'Henri
,, jufqu'à la dixieme génération, pendant que la poftérité de Robert
,, fut obligée de fe contenter du Duché de Bourgogne. La même
,, chofe eft arrivée dans le Royaume de Caftille & d'Arragon, où l'on a
,, fouvent préféré le cadet à l'aîné, les defcendans des femelles à ceux
,, de la ligne mafculine au même degré, les plus éloignés du fang aux
,, plus proches, & quelquefois des bâtards aux légitimes. On a pratiqué
,, la même chofe en Angleterre par rapport à chaque Roi, depuis que
,, les Normands y font venus".
Sidney fait voir enfuite que les différens Réglemens pour la fucceffion
à la Couronne & pour l'exercice de la Puiffance Souveraine, établiffent
la liberté de ceux qui l'ont conférée.

,, On ne peut donner aucune autre raifon de cette variété de Conftitu-
,, tions, qui eft prefqu'infinie, finon que ceux qui ont fait ces Régle-
,, mens, ont voulu que cela fût ainfi; ce qui ne pourroit pas être fi
,, Dieu & la Nature avoient affigné une regle générale à toutes les Nations
,, du monde. Car en ce cas il faudroit que le Royaume de France fut
,, électif, auffi bien que celui de Pologne & de l'Empire, ou que les Cou-
,, ronnes de la Pologne & de l'Empire fuffent héréditaires, auffi bien que
,, celle de France: les filles devroient fuccéder en France auffi bien
,, qu'en Angleterre, ou être exclues de la fucceffion en Angleterre
,, comme elles le font en France; & il faut de toute néceffité que celui
,, qui veut qu'on croie qu'un de ces Réglemens eft d'inftitution divine
,, & naturelle, renverfe abfolument tous les autres.

,, Les différentes manieres, dont les Peuples ont limité le Pouvoir
,, Souverain, font encore une preuve convaincante de l'ufage qu'ils ont
,, fait, à cet égard, de leur liberté naturelle. Il y a des Rois, dit Gro-
,, tius, qui ont le *fummum imperium fummo modo*, d'autres qui l'ont *modo*
,, *non fummo*; & entre ceux qui ne poffedent la Couronne qu'avec de cer-
,, taines reftrictions, les degrés du plus au moins font prefqu'infinis,
,, comme je l'ai déja prouvé du Royaume d'Arragon, des anciens Peu-
,, ples d'Allemagne, des Rois Saxons, des Rois Normands, de ceux de
,, Caftille, de l'Empire d'aujourd'hui, auffi bien que de plufieurs autres
,, Etats. Et je puis dire, fans crainte de me tromper, que l'ancien

,, Gouvernement de France étoit de même nature, & qu'on y a pref-
,, que à tous égards fuivi la même méthode jufqu'au tems de Charles
,, VII & de Louis XI; mais ces Princes commencerent à s'émanciper,
,, comme on dit ; & leurs fucceffeurs, dignes imitateurs d'un fi bon
,, exemple, ont fi bien réuffi dans ce deffein, qu'ils fe font élevés à un
,, degré de grandeur & de puiffance fans bornes, & ont amaffé des tré-
,, fors immenfes aux dépens du Peuple, qui fe voit réduit dans une mi-
,, fere qu'il n'eft pas poffible d'exprimer".

Il faut ou que ces limitations du Pouvoir Souverain forment des conditions oppofées à fa communication, ou qu'elles viennent de la libre volonté des Princes qui ont eux-mêmes borné leur propre pouvoir.

,, Il faudroit être fou pour s'imaginer que cette diverfité de limitations
,, procede de la libéralité des Rois, puifque naturellement ils prennent
,, tous plaifir à exercer un pouvoir abfolu, & qu'ils déteftent tout ce qui
,, s'oppofe à leur volonté. Il y auroit plus de raifon à croire que les
,, Confuls Romains, qui avoient été élevés fous un Gouvernement libre,
,, qui avoient contracté un ardent amour pour la Patrie, & qui étoient
,, contens de vivre dans une parfaite égalité avec leurs Concitoyens,
,, furent d'avis qu'on ne leur laiffât l'exercice de leur Magiftrature que
,, pour un an; ou que les Doges de Venife voulurent bien, de leur pure
,, grace, accorder au Confeil des Dix le pouvoir de les faire mourir s'ils
,, violoient les Loix, que de s'imaginer que les Rois aient confenti vo-
,, lontairement qu'on limitât leur autorité, puifque c'eft la chofe du mon-
,, de qu'ils ont le plus en horreur; ou qu'ils vouluffent porter fi long-
,, tems ces chaînes s'ils pouvoient les rompre fi facilement. Si quel-
,, qu'un de ces Princes avoit autant de modération que Trajan, qui en
,, donnant l'épée au Préfet des Gardes Prétoriennes, lui ordonna de
,, l'employer à la défenfe de fa perfonne, s'il gouvernoit juftement, &
,, de s'en fervir contre lui s'il faifoit le contraire, le fucceffeur d'un Prince
,, fi modéré donneroit bientôt un autre ordre: une Loi, qui n'eft fon-
,, dée que fur l'acte d'un homme, peut être annullée par un autre. De
,, forte que rien ne prouve mieux que les Loix établies en différens pays,
,, pour réprimer la Puiffance Royale & pour difpofer diverfement de la
,, fucceffion, ne procedent point de la volonté des Rois, que les exem-
,, ples fréquens qu'on a eus de la fureur de ces Monarques, qui fe font
,, expofés aux plus grands dangers, & ont attiré fur leurs Peuples des
,, malheurs fans nombre, en voulant violer ces Loix, & s'affranchir
,, par ce moyen d'un joug, qu'ils trouvoient infupportable. Concluons
,, donc que les Nations ont le pouvoir de s'affembler quand & où il
,, leur plaît, de conférer & limiter l'Autorité Souveraine, auffi bien
,, que de prefcrire la maniere dont on doit l'exercer ; autrement il fau-
,, dra dire que tous ces actes publics des Peuples font fondés fur une in-
,, juftice manifefte, & qu'ils font coupables de l'ufurpation la plus
,, criante ".

Locke a posé les mêmes principes.

„ On peut demander ici qu'est-ce qu'on devroit faire si ceux qui sont *Senti-*
„ revêtus du pouvoir exécutif, ayant entre les mains toutes les forces de *ment de*
„ l'Etat, se servoient de ces forces pour empêcher que ceux à qui ap- *Locke.*
„ partient le Pouvoir Législatif, ne s'assemblassent & n'agissent, lors-
„ que la constitution originale de leur assemblée, ou les nécessités
„ publiques le requerroient. Je réponds que ceux, qui ont le pouvoir
„ exécutif, agissant comme il vient d'être dit, sans en avoir reçu d'au-
„ torité & d'une maniere contraire à la confiance qu'on a prise en eux,
„ sont dans l'état de guerre avec le Peuple, qui a droit de rétablir l'as-
„ semblée qui le représente, & de la remettre dans l'exercice du Pou-
„ voir Législatif. Car ayant établi cette Assemblée & l'ayant destinée
„ à exercer le pouvoir de faire des Loix dans de certains tems marqués,
„ ou lorsqu'il est nécessaire, si elle vient à être empêchée par la force
„ de faire ce qui est nécessaire à la Société, & en quoi la sûreté & la
„ conservation du Peuple consiste, le Peuple a droit de lever cet ob-
„ stacle par la force. Dans toutes sortes d'états & de conditions, le
„ véritable remede qu'on puisse employer contre la force sans autorité,
„ c'est d'y opposer la force. Celui qui use de la force sans autorité, se
„ met par là dans un état de guerre, comme étant l'aggresseur, & s'ex-
„ pose à être traité de la maniere qu'il voudroit traiter les autres (c).

„ Le pouvoir de convoquer l'Assemblée Législative, lequel réside
„ dans celui qui a le Pouvoir Exécutif, ne donne point de supériorité au
„ Pouvoir Exécutif sur le Pouvoir Législatif; il n'est fondé que sur la
„ confiance qu'on a mise en lui, au regard du salut & de l'avantage du
„ Peuple; l'incertitude & le changement ordinaire des affaires humaines
„ empêchant qu'on ait pu prescrire, d'une maniere utile, le tems des
„ Assemblées qui exercent le Pouvoir Législatif. En effet il n'est pas pos-
„ sible que les premiers Instituteurs aient si bien prévû les choses, & aient
„ été si maîtres des événemens futurs, qu'ils aient pu fixer un tems jus-
„ te & précis pour les Assemblées du Pouvoir Législatif & pour leur
„ durée, en sorte que ce tems répondît aux nécessités de l'Etat. Le
„ meilleur remede qu'on ait pu trouver en cette occasion, c'est sans
„ doute de s'être remis à la prudence de quelqu'un qui fût toujours pré-
„ sent & en action, & dont l'emploi consistât à veiller sans cesse pour
„ le bien public. Des Assemblées du Pouvoir Législatif perpétuelles,
„ fréquentes, longues, sans nécessité, ne pourroient qu'être à charge
„ au Peuple, & que produire avec le tems des inconvéniens dangereux.
„ Mais aussi des affaires soudaines, imprévues, urgentes peuvent quel-
„ quefois exiger l'assistance promte de ces sortes d'Assemblées. Si les
„ Membres du Corps Législatif différoient à s'assembler, cela pourroit
„ causer un extrême préjudice à l'Etat: & même quelquefois les affaires

(c) Du Gouvernement Civil, *Chap.* 12. *n.* 7. *& suiv.*

„ qui font fur le tapis dans les féances de ce Corps, fe trouvent fi im-
„ portantes & fi difficiles, que le tems qui auroit été limité, pour la
„ durée de l'Assemblée, feroit trop court pour y pourvoir & y tra-
„ vailler comme il faudroit, & priveroit la Société de quelqu'avan-
„ tage confidérable qu'elle auroit pu retirer d'une mûre délibération. Que
„ fauroit-on donc faire de mieux, pour empêcher que l'Etat ne foit
„ expofé tôt ou tard à d'éminens périls, d'un côté ou d'autre, à caufe des
„ intervalles & des périodes de tems fixés & réglés pour les Aſſemblées
„ du Pouvoir Légiſlatif; que fauroit-on, dis-je, faire de mieux, que de
„ remettre la chofe avec confiance à la prudence de quelqu'un, qui étant
„ toujours en action & inſtruit de l'état des affaires publiques, peut
„ fe fervir de fa prérogative pour le bien public? Et à qui pourroit-on
„ fe mieux confier pour cela, qu'à celui à qui l'on a confié pour la
„ même fin le pouvoir de faire exécuter les Loix? Ainfi, fi nous fup-
„ pofons que l'Aſſemblée Légiſlative n'a pas, par fa conſtitution origi-
„ nale, un tems fixé & arrêté, le pouvoir de la convoquer tombe na-
„ turellement, entre les mains de celui qui a le Pouvoir Exécutif, non
„ comme ayant un pouvoir arbitraire, un pouvoir qu'il ait droit d'exer-
„ cer felon fon plaifir, mais comme tenant fon pouvoir de gens, qui
„ le lui ont remis dans l'aſſurance qu'il ne l'employeroit que pour le bien
„ public, felon que les conjonctures & les affaires de l'Etat le deman-
„ deroient. Du refte il n'eſt pas de mon fujet ici d'examiner fi les pé-
„ riodes de tems fixés & réglés pour les Aſſemblées Légiſlatives, ou la
„ liberté laiſſée à un Prince de les convoquer, ou peut-être le mêlange
„ de l'un & de l'autre, font fujets à des inconvéniens: il fuffit que je
„ montre qu'encore que le Pouvoir Exécutif ait le privilege de convo-
„ quer & de diſſoudre les convocations du Pouvoir Légiſlatif, il ne
„ s'enfuit point que le Pouvoir Exécutif foit fupérieur au Pouvoir Lé-
„ giſlatif....
„ Le pouvoir de convoquer les Parlemens en Angleterre, dit encore
„ Locke, & de leur marquer précifément le tems, le lieu & la durée
„ de leurs Aſſemblées, eſt certainement une prérogative du Roi; mais on
„ ne la lui a accordée, & on ne la lui laiſſe que dans l'aſſurance qu'il s'en
„ fervira pour le bien de la Nation, felon que le tems & la variété des
„ conjonctures le requerra. Car étant impoſſible de prévoir quel lieu
„ fera le plus propre, & quelle faifon la plus utile pour l'Aſſemblée, le
„ choix en eſt laiſſé au Pouvoir Exécutif, entant qu'il peut agir à cet
„ égard d'une maniere avantageufe au Peuple, & conforme aux fins des
„ Parlemens (d)".

Sentiment de Vattel.

„ Dans l'acte d'aſſociation, dit Vattel, en vertu duquel une mul-
„ titude d'hommes forment enfemble un Etat, une Nation, chaque
„ Particulier s'eſt engagé envers tous à procurer le bien commun, &
„ tous

(d) Ibid. Chap. 13. §. 9.

,, tous se sont engagés envers chacun à lui faciliter les moyens de
,, pourvoir à ses besoins, à le protéger, & à le défendre. Il est manifeste
,, que ces engagemens réciproques ne peuvent se maintenir qu'en main-
,, tenant l'association politique. La Nation entière est donc obligée à
,, maintenir cette association. Et comme c'est dans sa durée que consiste
,, la conservation de la Nation, il s'ensuit que toute Nation est obli-
,, gée de se conserver.
,, Cette obligation naturelle aux individus que Dieu a créés, ne vient
,, point aux Nations immédiatement de la Nature, mais du Pacte par le-
,, quel la Société civile est formée: aussi n'est-elle point absolue, mais
,, hypothétique, c'est-à-dire, qu'elle suppose un fait humain, savoir le
,, Pacte de Société. Et comme les Pactes peuvent se rompre d'un com-
,, mun consentement des parties, si les Particuliers, qui composent une
,, Nation, consentoient unanimement à rompre les nœuds qui les unis-
,, sent, il leur seroit permis de le faire & de détruire ainsi l'Etat ou la
,, Nation; mais ils pécheroient sans doute, s'ils se portoient à cette dé-
,, marche sans de grandes & justes raisons; car les Sociétés civiles sont
,, approuvées de la Loi Naturelle, qui les recommande aux hommes,
,, comme le vrai moyen de pourvoir à tous leurs besoins, & de tra-
,, vailler efficacement à leur propre perfection. Il y a plus; la Société
,, civile est si utile, si nécessaire même à tous les Citoyens, que l'on
,, peut bien regarder comme moralement impossible le consentement una-
,, nime de la rompre sans nécessité....
,, Si une Nation est obligée de se conserver elle-même, elle ne l'est
,, pas moins de conserver prétieusement tous ses Membres. Elle se le doit
,, à elle-même, puisque perdre quelqu'un de ses Membres, c'est s'affoi-
,, blir & nuire à sa propre conservation. Elle le doit aussi aux Membres
,, en particulier par un effet de l'acte même d'association; car ceux qui
,, composent une Nation, se sont unis pour leur défense & leur commun
,, avantage: nul ne peut être privé de cette union & des fruits qu'il en
,, attend, tant que de son côté il en remplit les conditions.
,, Puis donc qu'une Nation est obligée de se conserver, elle a droit à
,, tout ce qui est nécessaire à sa conservation. Car la Loi Naturelle nous
,, donne droit à toutes les choses sans lesquelles nous ne pouvons satis-
,, faire à notre obligation; autrement elle nous obligeroit à l'impossible,
,, ou plutôt elle se contrediroit elle-même, en nous prescrivant un devoir
,, & en nous interdisant en même tems les seuls moyens de le rem-
,, plir....
,, Par une conséquence bien évidente de ce qui vient d'être dit, une
,, Nation doit éviter avec soin, & autant qu'il lui est possible, tout ce
,, qui pourroit causer sa destruction, ou celle de l'Etat, qui est la même
,, chose.
,, La Nation & l'Etat a droit à tout ce qui peut lui servir pour dé-
,, tourner un péril menaçant, & pour éloigner des choses capables de cau-

Tome II.   B

» ser sa ruine ; & cela, par les mêmes raisons qui établissent son droit aux
» choses nécessaires à sa conservation (e) ".

Application des principes de ces trois Auteurs.

Si une Nation a droit de se conserver, & de faire tout ce qui est nécessaire pour y parvenir, elle a droit sans doute de s'assembler quand elle le juge à propos, puisque sans cela elle seroit dans un véritable esclavage sous celui qu'elle a placé à sa tête, & ne pourroit jouir d'aucun des biens pour lesquels elle s'est formée.

Qu'on dise donc que les Etats de France n'ont jamais été assemblés que par le Roi, que sa permission a été jugée nécessaire pour une convocation légitime; cela n'est vrai sans doute que des derniers siecles de la Monarchie. Il en résulte que depuis un assez long-tems le Peuple François n'a pas fait usage de son droit, & c'est la seule conséquence qu'on puisse en tirer. Il n'y a pas renoncé, & ne pourroit pas même le faire. Il en usera quand il le croira utile.

On a établi que le Chef du Peuple ne pouvoit pas acquérir de prescription contre lui (*). On a prouvé que la Nation pouvoit changer la forme du Gouvernement par elle établie, lorsque cette forme devenoit nuisible. Quand donc il auroit été convenu par un article exprès du Contrat Social que la Nation ne pourroit s'assembler sans le consentement du Roi, elle devroit se réunir pour réformer une convention si contraire à ses intérêts, & dont on auroit tant abusé contre elle. En faisant une telle convention, on auroit nécessairement supposé que le Roi convoqueroit les Etats toutes les fois que le bien public paroîtroit l'exiger. Dès que l'expérience prouveroit qu'il suit une autre regle, qu'il ne consulte que son avantage personnel, & son goût pour la domination arbitraire, les Etats s'assembleroient eux-mêmes, & pourvoiroient au salut de la chose publique.

Réfutation des Objections.

C'est une regle de Droit privé que les Corps autorisés dans l'Etat ne peuvent s'assembler sans la permission, même dans certains cas, sans la présence du Magistrat dont ils dépendent immédiatement. Mais ceux qui ont posé cette regle, y ont mis une exception pour le cas où le Magistrat a un intérêt personnel à empêcher l'assemblée (f).

Qui ne voit qu'un Prince, affectant le Despotisme, n'assemblera jamais les Etats de son Royaume? Dès là le malheur de l'Etat seroit sans re-

---

(e) Le Droit des Gens, Liv. 1. Chap. 2. §. 16. & suiv.
(*) Part. 1. Tom. 1. des Maximes p. 432 & suiv.
(f) *Concilium civitatis debet convocari autoritate Judicis, Magistratûs, Rectorum, vel alterius superioris, quandò aliquid de necessitate incumbit faciendum, aliàs hujusmodi convocatio & congregatio non valet, & omnes actus facti nulli sunt. Et quod sit necessaria autoritas Judicis vel alterius superioris expressa aut tacita, ad hoc ut universitas possit se congregare ad evitandum monopolium, & si contra fiat, quod sit inquisitioni & pœna locus, tenet in specie Marcus, ubi potestates terrarum possunt convocare concilium universitatis, cui ipsi tanquam Magistratus præsunt; quinimò quod plus est, non solùm requiritur autoritas superioris in congregandâ universitate, sed potestas, Magistratus, vel alius superior debet intervenire & esse præsens in ipso concilio, quando congregatur pro aliquâ re statuendâ, & negotio expediendo, nisi de ipsius superioris interesse tractetur. Hoc enim casu permittitur Universitati se congregare sine ejusdem superioris interventu.* Losæus, de jure Universitatum, Part. 1. Cap. 3. n. 66, 67.

mede. La Société civile n'auroit pas été formée pour le bien du Corps, mais pour la satisfaction du Chef. En le choisissant pour gouverner, on auroit remis à sa discrétion la vie, les biens, la liberté de tout le Corps. Il faut nécessairement ou que cela soit ainsi, ou que le Corps ait droit de s'assembler pour examiner les défauts du Gouvernement, pour le rétablir sur un meilleur pied.

Sans doute dans l'usage ordinaire, c'est au Chef d'un Corps à le convoquer. Mais si ce Chef néglige ou refuse de le faire, ce Corps ne perd pas pour cela le droit de s'assembler, qui lui est essentiel. Ou il s'assemble de lui-même, ou il est invité par celui qui suit immédiatement le Chef.

Ainsi dans l'usage actuel, c'est le Pape qui convoque les Conciles Généraux. S'il le refusoit malgré les instances qui lui seroient faites à cet égard, ou s'il étoit question de convoquer le Concile contre lui, les maux de l'Eglise ne seroient pas pour cela sans remede, & le College des Cardinaux feroit la convocation. C'est ce qu'on a vu dans le tems des Schismes, & c'est ce qu'on verroit encore, si le Pape tomboit en démence ou dans d'autres cas semblables.

C'est à l'Empereur à convoquer les Dietes de l'Empire. S'il le refusoit lorsqu'elles sont nécessaires, l'Archevêque de Maïence premier des Electeurs, ou les Vicaires de l'Empire suppléeroient à son défaut.

C'est sans doute au premier Supérieur d'un Couvent qu'il appartient de convoquer la Communauté. S'il le refuse parce qu'il a des raisons personnelles de craindre le Chapitre, qui doute que le Souprieur ne puisse convoquer ce Chapitre; ou que les Moines instruits séparément de la nécessité ne puissent se rendre de concert dans la salle capitulaire?

C'est pour le maintien du bon ordre & de la paix, qu'on a confié au Chef le droit de réunir tous les Membres. Il doit en user ainsi que de tous les autres, pour l'intérêt du Corps. Ce seroit lui nuire au lieu de lui être utile, que de ne le pas assembler dans les occasions, où sa convocation est nécessaire. Il répugne au bon sens qu'aucun Chef puisse réclamer comme une prérogative de sa dignité, le droit de détruire le Corps. Il est donc impossible qu'il puisse avoir le droit d'empêcher la convocation.

De tous les Corps qui existent sur la terre, on n'en connoît point qui ne soient supérieurs à leur Chef, qui n'aient une autorité plus grande que la sienne. L'Eglise entiere est supérieure au Pape, & elle le dépose. Le Chapitre est supérieur au Doyen. La Communauté Monastique est supérieure au Prieur. Dans l'Ordre Civil le Corps de l'Empire est supérieur à l'Empereur. Les Compagnies de Magistrature sont supérieures au Premier Président. En un mot, il n'y a aucun Chef qui ne doive compte de sa conduite à ceux à la tête desquels il est placé.

Cette supériorité du Corps s'évanouit & devient illusoire, si la convocation du Corps peut être empêchée; puisque tous les Corps du monde ne peuvent parler & agir que lorsqu'ils sont réunis. Dans l'état de dispersion, chaque Membre n'est rien, ne peut rien. C'est la réunion qui donne l'être au Corps.

Si donc chaque Monarque peut empêcher l'assemblée des Etats de son Royaume, si sans sa permission elle n'est qu'une Congrégation illicite, il ne faut plus parler de Loix Fondamentales, de Monarchie tempérée, de limitation au Pouvoir Souverain, de sermens & de promesses qui lient les Rois. Ce sont autant de termes vuides de sens. Il n'y a plus qu'un seul Gouvernement dans le monde, le Gouvernement Asiatique. Les Princes ne convoqueront sûrement pas les Etats de leurs Royaumes, & nulle autre convocation ne peut être légitime. La liberté, la propriété des biens, la vie même des Sujets, sont par là livrés à la discrétion de ceux qui gouvernent. La Nation entière est hors d'état de faire cesser ce désordre, ne pouvant agir que lorsqu'elle est assemblée. Il ne lui est pas même permis de s'en plaindre, ne pouvant parler que lorsqu'elle est assemblée. On n'entendra plus que des plaintes de Particuliers qui font beaucoup moins d'impression, & qu'on étouffe facilement par la force.

La Nation n'a pas pu se dépouiller du droit de s'assembler.

La Nation s'est assemblée une première fois, & c'est là qu'il a été résolu de former un Corps de société sous la conduite d'un Chef. Peut-on présumer que dans cette première Assemblée, on ait abdiqué le droit d'en tenir d'autres à l'avenir? Sur quoi auroit été fondée une telle détermination? Ce n'est certainement pas sur l'avantage qu'elle procureroit. Tout Corps a intérêt de s'assembler de tems en tems, pour entendre le compte de ses affaires, pour veiller sur la conduite de l'Administrateur.

Seroit-ce sur les droits que le Peuple a donné à celui qu'il a mis à sa tête? Il n'en a confié aucun contre lui-même. Il a entendu charger un seul homme de veiller à ses intérêts avec la fidélité & l'exactitude la plus entière, sans avoir pour lui-même aucun avantage personnel. Le Peuple doit par conséquent s'être réservé le droit d'examiner sa conduite, de voir s'il remplissoit fidèlement la mission dont on le chargeoit. La Nation en renonçant au droit de s'assembler auroit dénaturé le contrat primitif, dans l'instant où il se formoit. Elle auroit établi un propriétaire, un maître absolu, voulant préposer seulement un Mandataire & un Procureur. Qu'est-ce en effet qu'un Administrateur qui n'a aucun surveillant, qui a un moyen assuré pour empêcher qu'on ne lui demande compte de sa gestion?

Elle use de ce droit dans les cas où la Race régnante vient à manquer.

On convient que la Nation pourroit s'assembler pour choisir un Roi, si la Race régnante venoit à manquer. Pourquoi le pourroit-elle? Les partisans du Despotisme répondront-ils, que c'est parce qu'il n'y a plus de Roi, parce qu'il n'y a plus personne qui ait droit d'empêcher l'Assemblée? Ce seroit d'abord convenir que la Nation a le droit habituel de s'assembler. La mort de son Chef ne lui donneroit pas un droit qu'elle n'auroit pas par elle-même.

Quelle idée d'ailleurs donneroit-on par là de la Dignité Royale, & quel singulier droit régalien, que celui d'empêcher la convocation des Etats? Tous les vrais Politiques, tous ceux qui ont donné aux Princes des leçons sages de conduite, leur ont appris à ne point craindre, à désirer même l'Assemblée des Etats. Tout Prince qui ne pensera pas à lui-même, qui rapportera son autorité au bien public, sera charmé d'exposer au grand jour sa conduite; de concerter avec ses Sujets, c'est-à-dire avec ses enfans le plan de son gouvernement. En prenant ainsi le conseil du Peuple, il en tireroit le premier le plus grand avantage. On veut cependant mettre au nombre de ses privileges, de ses droits rigoureux celui d'empêcher ses Sujets de jamais s'assembler sans son ordre, celui de commander par caprice, par passion, sans que jamais on puisse s'en plaindre. Quelle étrange idée de la Royauté! *Le prétendu droit d'empêcher la convocation des Etats est contraire à l'idée de la Royauté.*

Dans la vérité, la Nation s'assemblera pour élire un Roi, au défaut de la Race régnante, parce qu'elle y aura intérêt. Elle s'assemblera de même du vivant du Roi, lorsqu'elle y sera engagée par le même motif. En supposant le Prince occupé de ses devoirs, toujours attentif au bien de la Société, il se hâtera de la convoquer lui-même, lorsque cela pourra lui être utile. Mais si le Prince ne pense qu'à lui, s'il ne cherche que son intérêt personnel, s'il veut fouler aux pieds toutes les Loix & écraser les Sujets, il se gardera bien de se donner des censeurs à lui-même. La Nation doit se réunir sans lui, malgré lui, & prendre la liberté de réformer sa conduite.

Les plus ardens défenseurs de l'indépendance absolue des Monarques admettent quelques cas où il est permis de résister par la force. On en a vu la preuve dans les *Maximes*. Dans ces cas au-moins, les Etats s'assembleront sans la permission du Roi, puisque sans cela la résistance seroit impossible. Il n'est donc pas vrai indistinctement, que toute convocation d'Etats sans la permission du Roi, soit un crime de Leze-Majesté.

Ceux qui le soutiennent ne balancent pas à dire que le Roi est supérieur au Corps entier de la Nation; qu'il a sur ce Corps le même pouvoir que sur chaque Membre pris séparément. Si cette opinion est douteuse; il est douteux que le Roi puisse empêcher les Etats de se réunir. Si l'opinion est absolument fausse, la conséquence qu'on en tire ne l'est pas moins.

Ce prétendu droit d'empêcher toute assemblée d'Etats, le Roi ne le tient pas de la Nation par une concession expresse. Elle n'aura pas accordé de droit contre elle-même. Cherchera-t-on une concession indirecte dans l'établissement de la Dignité Royale? Il faudroit pour cela qu'il y eût contradiction absolue entre le Gouvernement d'un Royaume & l'Assemblée de ces Etats. Rien n'est plus évidemment faux.

Remontera-t-on au Ciel pour puiser dans le sein de la Divinité même ce droit prohibitif de la Congrégation des Etats? On prendroit une peine inutile; & cela, même en supposant l'effusion la plus immédiate du Pouvoir Divin sur la tête des Rois. Car puisque le Pouvoir Divin peut être exercé dans toute son étendue, quoique les Etats s'assemblent, puisqu'il sera même exercé d'une maniere d'autant plus conforme à sa fin, que les Etats s'assembleront plus souvent; Dieu n'a certainement pas donné aux Rois le droit d'y mettre obstacle. Leur indépendance la plus *Il ne peut pas être une suite du Pouvoir Divin conféré aux Souverains.*

absolue de toute puissance humaine ne seroit encore ici d'aucune considération. On n'examine pas l'autorité des Etats, ce qu'ils pourront faire quand ils seront assemblés. Il s'agit uniquement de parvenir à les assembler: on convient qu'ils ont droit de présenter des doléances, de faire des Remontrances sur les griefs qu'ils souffrent. Ils ne peuvent les faire qu'étant assemblés. Ils ont donc droit de s'assembler, sans que l'indépendance du Prince y soit un empêchement. Combien leur droit sera-t-il plus certain, s'ils ne sont pas nécessairement bornés à la simple présentation de très humbles cahiers, s'ils peuvent examiner les abus du Gouvernement, & prendre des mesures pour les faire cesser?

Il est surprenant que ces réflexions aient échappé à Bodin. Elles peuvent servir à apprécier ce que dit cet Auteur sur la convocation des Etats Généraux (g): ,, Quant aux Loix qui concernent l'état du Royaume &
Erreurs de Bodin sur ce point.
,, de l'établissement d'icelui, d'autant qu'elles sont annexées & unies
,, avec la Couronne, le Prince n'y peut déroger, comme est la Loi
,, Salique, & quoi qu'il fasse, toujours le successeur peut casser ce qui
,, aura été fait au préjudice des Loix Royales, & sur lesquelles est ap-
,, puyée & fondée la Majesté Souveraine..... Quant aux Coutumes géné-
,, rales & particulieres, qui ne concernent point l'établissement du
,, Royaume, on n'a pas accoutumé d'y rien changer, sinon après avoir
,, bien & duement assemblé les trois Etats de France en général, ou de
,, chacun Bailliage en particulier, non pas qu'il soit nécessaire de s'arrêter
,, à leur avis, ou que le Roi ne puisse faire le contraire de ce qu'on
,, demandera, si la raison naturelle & la justice de son vouloir lui assiste.
,, Et en cela se connoît la grandeur d'un vrai Prince Souverain, quand
,, les Etats de tout le Peuple sont assemblés, présentants Requêtes &
,, supplications à leur Prince en toute humilité, sans avoir aucune puis-
,, sance de rien commander, ni décerner, ni voix délibérative; ainsi ce
,, qu'il plaît au Roi consentir ou dissentir, commander ou défendre, est
,, tenu pour Loi, pour Edit, pour Ordonnance. En quoi ceux qui ont
,, écrit du devoir des Magistrats, & autres livres semblables, se sont
,, abusés de soutenir que les Etats du Peuple sont plus grands que
,, le Prince: chose qui fait révolter les vrais Sujets de l'obéissance qu'ils
,, doivent à leur Prince Souverain; & n'y a raison ni fondement quel-
,, conque en cette opinion-là, si le Roi n'est captif ou furieux, ou en
,, enfance: car si le Prince est sujet aux Etats, il n'est ni Prince, ni
,, Souverain, & la République n'est ni Royaume, ni Monarchie, ains
,, une pure Aristocratie de plusieurs Seigneurs en puissance égale, où
,, la plus grande partie commande à la moindre en général, & à cha-
,, cun en particulier. Il faudroit donc que les Edits & Ordonnances
,, fussent publiés au nom des Etats, & commandés par les Etats comme
,, en Seigneurie Aristocratique, où celui qui préside n'a puissance aucu-

---

(g) De la République *Liv.* 1. *Chap.* 8.

" ne, & doit obéissance aux mandemens de la Seigneurie, qui sont
" toutes choses absurdes & incompatibles ".

Avec un peu de réflexion on sent la fausseté de toutes ces idées. Il n'est pas vrai que les Etats pouvant s'assembler, réformer les abus du Gouvernement, obliger le Prince à changer de conduite, & même en venir à la déposition, l'Etat ne sera plus une Monarchie, mais une Aristocratie. Ce qui caractérise une Monarchie, c'est l'exercice de la Puissance Publique par un seul, comme ce qui caractérise l'Aristocratie, c'est l'exercice de ce pouvoir par un Sénat, par un Corps d'hommes choisis à cet effet. Or que les Etats puissent s'assembler & demander compte au Prince de sa conduite, il ne sera pas moins vrai que l'Autorité Publique est entre les mains d'un seul, ce qui constitue la Monarchie. Il en résultera, il est vrai, que ce Monarque ne sera pas pleinement indépendant, qu'il ne sera pas inamovible. Mais ces privileges ne sont nullement renfermés dans l'idée de Monarchie. Il y en a de différens genres, de plus ou moins tempérées, où le Pouvoir est plus ou moins étendu.

Réfutation de ces erreurs.

Pour différencier les Gouvernemens, il ne faut pas considérer celui qui commande, relativement à la Nation, à la tête de laquelle il est placé, il faut comparer l'exercice de l'Autorité Publique dans un pays avec l'exercice de cette même autorité dans un autre pays. En France, en Espagne, en Portugal un seul commande, ce qui remplit pleinement l'idée de Monarchie. A Venise, on est gouverné par un Sénat, ce qui remplit pleinement l'idée d'Aristocratie. Que le Monarque ou le Sénat soit ou ne soit pas totalement indépendant de la Nation qu'ils gouvernent, les Etats de France, d'Espagne, de Portugal seront toujours de pures Monarchies ; l'Etat Vénitien sera toujours une Aristocratie. Ce sera dans un cas, un Monarque absolument indépendant, qui ne sera comptable à personne. Ce sera dans l'autre cas, un Monarque dépendant, qui aura un supérieur sur la terre, qui pourra dans certaines circonstances être privé de la Monarchie. Mais tant qu'il conservera le pouvoir, ce sera toujours un Pouvoir Monarchique relativement aux Sujets, qui ne seront jamais gouvernés que par un seul.

Ce qui constitue l'Aristocratie, c'est l'existence d'un Corps dont tous les Membres exercent conjointement l'Autorité, à l'exercice de laquelle ils concourent tous, sans qu'aucun d'eux puisse agir seul. En supposant le Corps entier de la Nation supérieur au Monarque, il n'en sortira jamais une telle forme de Gouvernement. Les Etats & le Monarque ne gouverneront jamais concurremment. Il n'y aura jamais un Sénat qui soit souverain. La Puissance Publique sera toujours exercée par un seul. Le Pouvoir Monarchique pourra être ôté à une personne & confié à une autre. Il sera toujours de la même nature dans l'une & l'autre main.

Ce qui prouve que pour discerner les Gouvernemens, il ne faut pas faire attention aux droits de la Nation entiere, sur celui qui gouverne, c'est qu'elle en a autant dans une Aristocratie, que dans une Monarchie. La

Nation Vénitienne entiere a choisi pour son intérêt la forme Aristocratique. Nul doute qu'elle ne puisse examiner la conduite du Sénat, en casser tous les Membres, en substituer d'autres, abolir même le Sénat, & établir la Monarchie ou la Démocratie. Si cela suffit pour rendre le Gouvernement Aristocratique, il n'y en a aucun qui ne le soit, & dans les Etats qu'on a regardé jusqu'à présent comme tels, il faut admettre deux Aristocraties, l'une ordinaire, & l'autre extraordinaire.

Il est donc absolument faux, qu'en *reconnoissant la Nation entiere supérieure aux Princes, la République ne soit ni Royaume, ni Monarchie, mais une pure Aristocratie de plusieurs Seigneurs en puissance égale, où la plus grande partie commande à la moindre en général, & à chacun en particulier.* Le Monarque commandera seul. Si le Corps de la Nation vouloit exercer par lui-même l'Autorité, il établiroit la Démocratie. Mais peut-on changer de Monarque, ôter la Couronne à l'un, la transférer à un autre ? C'est une Question toute différente, absolument étrangere à la forme du Gouvernement. Il faudroit que les Loix fussent publiées au nom des Etats, commandées par les Etats.

Autre fausse idée de Bodin. La Nation ayant choisi le Gouvernement Monarchique, a donné pouvoir au Monarque de publier les Loix en son nom. *Si elles ne pouvoient être formées que par les Etats, le Gouvernement seroit Démocratique.* De ce que la Nation, quand elle s'assemblera, aura droit de réformer les Loix du Monarque, de prononcer même sur sa personne, il ne suit pas que toutes les Loix doivent être promulguées au nom des Etats. Ce qui ensuit, c'est qu'elles le sont pour le bien de l'Etat, de son consentement presumé ; & cela est commun à tous les Gouvernemens.

C'est ce que ne sentent pas tous ces prétendus Publicistes qui semblent avoir consacré leur plume à l'établissement du Despotisme. Ils supposent dans le Monarque des droits qui lui sont rigoureusement propres & personnels, malgré le Peuple, contre le Peuple. Ils oublient que le Peuple n'a pas donné de privilege contre lui-même, qu'il n'a placé un Chef sur sa tête que pour son intérêt ; qu'il n'a consulté que son avantage dans le choix de la forme du Gouvernement ; qu'il est maître de la changer, lorsque l'expérience lui en fera sentir les inconvéniens.

La grande erreur dans cette matiere est de mettre en opposition les droits des Souverains avec ceux des Peuples.

Bodin appuie son opinion sur ce que les Etats n'ont jamais parlé qu'en suppliant. ,, Aussi voit-on, qu'en l'Assemblée des Etats du
,, Royaume tenus à Tours, alors que le Roi Charles VIII. étoit en bas
,, âge, & que les Etats étoient plus autorisés que jamais, Rolly Ora-
,, teur, portant la parole pour tous les Etats, commence ainsi : très-
,, haut, très-puissant, très-Chrétien Roi, notre souverain & naturel
,, Seigneur, vos humbles & très obéissans Sujets &c. venus ici par
,, votre commandement, comparoissent & se prosternent devant vous
,, en toute humilité, révérence & subjection &c. & m'est encharge
,, de par toute cette notable Assemblée, vous exposer le bon vouloir,
,, l'af-

LES ETATS GÉNÉRAUX.

" l'affection cordiale, le ferme & arrêté propos qu'ils ont à vous servir &
" obéir, & subvenir en toutes vos affaires, commandemens & bons
" plaisirs. Bref tout le discours & narré des Etats ne porte rien que
" subjection, service, & obéissance: on voit le semblable aux Etats
" d'Orléans (h).

Rien n'est moins décisif qu'un tel raisonnement. La Nation entiere, *De ce*
même assemblée, a toujours parlé, & parlera toujours au Roi en termes *que les*
soumis & respectueux. C'est à quoi porte naturellement la reconnoissan- *Etats*
ce du service que rend à la Société, celui qui pour son intérêt, a bien *jours*
voulu se charger du terrible fardeau du Gouvernement. Lors même qu'on *parlé en*
a quelque plainte à en faire, tout engage à recourir à lui par voie de re- *sup-*
présentations & de doléances, & à en attendre le remede de son équité. *pliant,*
Jamais il ne sera permis d'en inférer, que le Prince étant sourd à toutes les *en con-*
Remontrances, ne voulant corriger aucun abus, on est obligé de rester *clurre*
dans les termes de la soumission; que le corps entier de la Nation ne pour- *que la*
ra pas hausser le ton, & demander compte d'une conduite qui lui est très *Nation*
préjudiciable. *doit tou-*
Avec un tel argument les Ultramontains prouveront que le Concile *jours se*
Général n'est pas supérieur au Pape. Ces vénérables Assemblées ont tou- *soumet-*
jours parlé au Chef de l'Eglise, avec toute sorte d'égards. C'est à lui-mê- *tre à la*
me qu'elles se sont adressées pour l'engager à sa propre réformation. Elles *volonté*
lui ont demandé la confirmation de leurs Decrets. En n'attachant pas à *du Sou-*
ce terme l'idée qu'il paroît présenter, en ne le prenant que pour la simple *verain?*
adhésion aux Decrets, le Concile usant de son autorité pourroit enjoindre au Pape de souscrire, & cependant il le lui demande en toute humilité. *Humiliter petimus nomine dicti Concilii, ut Sanctitas vestra dignetur
confirmare*, disent à Pie IV, les Légats du Concile de Trente. *Cum ipsa
sancta Synodus pro suâ ergà Sedem Apostolicam reverentiâ, antiquorum etiam
Conciliorum vestigiis inhærendo, Decretorum suorum confirmationem à nobis
petierit*, dit Pie IV. dans la Bulle de confirmation du Concile. On sçait
aussi que ce Concile n'a délibéré que sur ce que le Pape a voulu. C'est
ce que marque la clause *proponentibus Legatis*. Conclura-t-on de tout cela,
que l'Eglise entiere assemblée canoniquement, n'a point d'autorité sur
le Pape, & ne peut ni le corriger, ni le déposer?

Bodin convient d'ailleurs que les Etats ont autorité lorsque le Prince
est captif, furieux, ou en enfance. Les termes de soumission dont ils
se servent ordinairement, ne prouvent donc rien pour ces cas. Est-il bien
certain qu'il ne peut pas y en avoir d'autres?

Suivant Bodin les Etats ne sont jamais assemblés que par Lettres Patentes, ce qui montre bien qu'ils n'ont aucun pouvoir de rien décerner,
ni commander, ni arrêter, vû même qu'ils ne peuvent s'assembler,
ni se départir, sans mandement exprès.

La police Ecclésiastique fournit encore la réponse. C'est le Pape qui
dans l'usage ordinaire, convoque les Conciles; & cependant ils peuvent

---

(h) De la République, Liv. I. chap. 8.

constamment s'assembler sans lui, & malgré lui, puisqu'il est quelquefois nécessaire de les assembler contre lui. Que dans le fait les Etats n'aient jamais été assemblés que sur le mandement du Roi, cela peut être. Que ce mandement soit absolument nécessaire à la légitimité de l'Assemblée, on n'en donnera jamais une raison valable.

Aussi ceux qui ont entrepris d'en présenter quelques-unes, ont-ils excité la risée. N'y a-t-il pas de la folie à citer sur cette matiere le Titre du Digeste, *de Collegiis & Corporibus illicitis*, & de comparer l'Assemblée de la Nation entiere, à celle d'un petit nombre de Citoyens qui veulent sous une certaine qualité, former une Société particuliere dans l'Etat, & ne le peuvent pas sans l'agrément du Chef de l'Etat.

On dit qu'une Province n'a pas droit de convoquer une autre Province. Il vaudroit autant contester sur le droit de sonner le tocsin, quand le feu est à la maison. Il vaudroit autant dire, qu'un enfant n'a pas droit de réunir ses freres & sœurs, lorsqu'il s'agit d'empêcher le pere commun de détruire toute la famille, & pour délibérer sur le parti qu'on doit prendre à cet égard. A quoi d'ailleurs sont donc destinés les Princes du Sang, les Ducs & Pairs, les grands Officiers, qui ne sont pas Officiers du Roi, mais de la Couronne & de l'Etat? Qu'est devenu cet ancien Baronage, sans lequel le Roi ne faisoit rien, & avouoit qu'il ne pouvoit rien faire?

,, Nous conclurons donc, c'est toujours Bodin qui parle, que la
,, Souveraineté du Monarque n'est en rien altérée ni diminuée par la
,, présence des Etats, ains au contraire sa Majesté en est beaucoup plus
,, grande & plus illustre, voyant tout son Peuple le reconnoître pour
,, Souverain, encore que par telle Assemblée les Princes ne voulant pas
,, rebuter leurs Sujets, accordent & passent plusieurs choses qu'ils ne
,, consentiroient pas, s'ils n'étoient vaincus des Requêtes, prieres &
,, justes doléances d'un Peuple affligé, & vexé le plus souvent au desçu
,, du Prince, qui ne voit & qui n'entend que par les yeux, les oreil-
,, les, & le rapport d'autrui".

Bodin ajoute qu'il y a eu en France plusieurs Coutumes abolies par Edit de nos Rois, sans consulter les Etats. Aussi donne-t-il pour le point principal de la Majesté souveraine & de la puissance absolue, de prescrire des Loix aux Sujets, sans leur consentement.

La Souveraineté du Prince n'est en rien altérée par la présence des Etats, qui restent dans les termes de suppliants, qui veulent bien procéder par Requêtes. Il n'en seroit pas de même s'ils demandoient compte au Prince de sa conduite, s'ils entroient dans l'examen de sa maniere de gouverner. Le peuvent-ils faire? On soutient la négative, parce qu'ils n'ont présenté que des cahiers de Remontrances, parce qu'ils ont supporté patiemment qu'on négligeât leurs représentations. Le non usage d'un droit ne le fera jamais perdre, dans une matiere où la prescription n'a pas lieu.

Mais pour trancher toute difficulté, il n'y a qu'à revenir à la Maxime, que la Nation peut changer la forme du Gouvernement, quand son intérêt l'exige. Si jusqu'à présent les Etats ont été soumis au Roi, & n'ont pu s'assembler sans sa permission, la Nation peut établir une autre police, & se réserver le droit de juger des actions du Monarque. Elle ne peut le faire sans être assemblée, par conséquent elle a droit de s'assembler.

On dit que les Etats ont toujours parlé en supplians. Pour démentir cette fausse assertion, il ne faudroit que l'Assemblée tenue à Coignac après la délivrance de François I

Il avoit promis par le Traité de Madrid de céder à Charles-Quint la Bourgogne.

,, L'Empereur témoigna bien peu de prudence pour obtenir les grandes
,, prétentions qu'il avoit, laissant partir d'Espagne le Roi avant que de
,, l'avoir obligé à restituer la Bourgogne. Car il devoit bien juger par
,, son propre naturel, plein d'ambition & de vifs ressentimens, quel pou-
,, voit être le cœur d'un Prince, outré de l'affront & des ennuis de
,, sa prison, & brûlant d'un juste désir de vengeance. Gatinare son
,, Chancelier, rude ennemi des François lui avoit bien prédit ce qui en
,, arriva, n'ayant jamais voulu signer le Traité de Madrid, de peur, di-
,, soit-il, qu'on ne vît qu'il avoit consenti à une injustice qui ne pro-
,, duiroit rien. Néanmoins Charles V tenoit la reddition de la Bour-
,, gogne pour chose si assurée, qu'il avoit envoyé le Prince d'Orange
,, en la Franche-Comté pour en prendre possession, & donné charge
,, aux Seigneurs qui conduisoient le Roi de le suivre à Bayonne, pour
,, tirer de lui la ratification qu'il avoit promise. Mais il se trouva bien
,, éloigné de son compte: le Roi fit réponse nettement à ses Députés,
,, qu'il ne la pouvoit donner auparavant que d'en avoir eu l'avis & le
,, consentement de ses Etats, d'autant que les Rois de France ne sont
,, qu'usufruitiers de leur Royaume, qu'ils ne peuvent contrevenir aux
,, Loix Fondamentales de l'Etat, & qu'ils sont obligés de le conserver
,, entier par le serment solemnel qu'ils en font le jour de leur Sacre,
,, à la vue de tous leurs Peuples. Et François I étoit bien assuré que
,, même quand il le voudroit, ses Etats ne consentiroient pas qu'il dé-
,, membrât sa Couronne. Aussi les Notables du Royaume assemblés
,, à Coignac, conclurent tous d'une voix, que son autorité ne s'éten-
,, doit point jusques là que d'en pouvoir distraire la moindre partie, &
,, qu'ils ne lui obéiroient pas, quand il voudroit exécuter sa promesse.
,, Les Etats de Bourgogne répondirent aussi la même chose, & remon-
,, trerent par leurs Députés, que depuis Clovis ayant eu divers Ducs
,, tous du sang Royal, ils n'avoient jamais été Sujets ni dépendans que
,, de la Couronne de France, qu'ils mourroient en cette obéissance;
,, enfin que si le Roi, en violant la Majesté de sa Couronne, les vouloit
,, abandonner, ils prendroient les armes eux-mêmes pour se maintenir,
,, & tâcheroient de se mettre en liberté plutôt que de passer d'une sujet-

,, tion dans une autre (i). Eſt-ce là un langage de ſuppliant?"

Il avoit été convenu par ce Traité de Madrid, que le Roi donneroit ſes deux fils en ôtage juſques à ce qu'il eût fait ratifier ce Traité par les Etats Généraux du Royaume, par les Parlemens & les Chambres des Comptes. Il ſeroit ridicule aux Souverains qui traitent avec la France, d'impoſer une telle condition, ſi les Etats Généraux n'avoient abſolument aucune autorité, aucun pouvoir, de quelque nature qu'il fût; s'ils étoient dans la dépendance totale du Roi, qui pourroit leur commander, comme à chaque Sujet pris ſéparément, & dicter leur réſolution à ſon bon plaiſir. A-t-on jamais vu chez les Romains impoſer à un pere de famille la néceſſité de faire ratifier par ſes eſclaves l'engagement qu'il contractoit ? Cette ſtipulation dans un Traité de Paix annonce que les Royaumes voiſins avoient une idée fort différente des Etats du Royaume. Leur adhéſion n'auroit rien ajouté, ſi elle avoit été commandée, ſi elle n'avoit eu aucune liberté.

On a déja vu pluſieurs exemples des ſtipulations dans des Traités de Paix avec la France; qu'ils ſeroient ratifiés par les Grands du Royaume, & par pluſieurs bonnes Villes; & cela eſt arrivé encore ſous François I.

Sa mere par lui établie Régente en France, a fait un Traité avec l'Angleterre pour parvenir à la délivrance de ſon fils. Il eſt du 30 Août 1525 (k).

Il y eſt dit que pour plus grande aſſurance de l'exécution du Traité, il a été convenu que les Grands du Royaume de France, ſavoir le Cardinal de Bourbon, le Duc de Vendôme, le Duc de Longueville, le Comte de Saint Paul, le Seigneur de Lautrec Comte de Comminges, le Seigneur de Montmorenci, le Seigneur de Brézé, le Comte de Maulevrier, Grand Sénéchal de Normandie, le Comte de Brienne; & les principales villes du Royaume, Paris, Lyon, Orléans, Toulouſe, Amiens, Rouen, Bordeaux, Tours & Reims, s'obligeront ſous l'hypotheque de tous leurs biens; qu'ils jureront d'accomplir tout le contenu au traité, de n'y jamais contrevenir; de faire tous leurs efforts, & de procurer avec effet que le Roi obſervera & ratifiera le Traité; & d'en délivrer leurs Lettres au Roi d'Angleterre dans trois mois.

Il eſt convenu encore que le Traité ſera ratifié par les trois Etats de Normandie & de Languedoc, & par Arrêt des Parlemens de Paris, de Toulouſe, de Rouen & de Bordeaux, & ce dans le même eſpace de trois mois.

Ces engagemens ont été remplis. On trouve dans Rymer, les Lettres obligatoires fournies au Roi d'Angleterre par les Grands & les villes (l):

Le Cardinal de Bourbon dit que par le Traité de Paix, il a été con-

(i) Mézéral, Hiſtoire de France, Tom. 2. pag. 952, Edit. de 1685.
(k) Recueil des Traités de Paix de Léonard, Tom. 2. pag. 196.
(l) Acta publica, Tom. 6. Part. 2. Pag. 38 & ſeq.

LES ETATS GÉNÉRAUX.

venu qu'il s'obligeroit à procurer réellement & effectivement l'observation du Traité de la part du Roi (m).

En conséquence il approuve & ratifie le Traité, promettant n'y jamais contrevenir, & de faire tout ce qui dépendra de lui pour qu'il soit exécuté par le Roi (n). Les autres Seigneurs s'obligent dans les mêmes termes.

Les Lettres données par les villes renferment la même chose. Celles de la ville de Paris, du 24 Janvier 1526, portent qu'on a fait assembler le Corps de ville, avec lequel on a délibéré; qu'on approuve librement & volontairement le Traité qui a été registré au Parlement le 21 Octobre précédent, & qu'on fera tous ses efforts pour que le Roi le ratifie & l'exécute. On promet de n'y jamais contredire (o).

Qui ne voit qu'on n'exige ainsi l'obligation des grands Seigneurs & des principales villes du Royaume, que comme celle d'une partie de la Nation, parce qu'on ne veut pas attendre qu'elle soit assemblée toute entiere. Cela suppose manifestement que le Roi & sa Nation ont des droits, un pouvoir, une volonté différente. Comment les Grands Seigneurs, les Villes du Royaume, jurent-ils de ne jamais contrevenir à un Traité, de faire enforte que le Roi l'exécute, s'ils n'ont aucune volonté propre, s'ils sont obligés, sous peine de désobéissance, de vouloir tout ce que veut le Roi ? Comment procureront-ils avec effet que le Roi exécute un certain Traité, sans lui désobéir, & lui résister même lorsqu'il voudra l'enfreindre ?

Qu'on ne dise pas qu'on n'a exigé la ratification des Grands & des Villes, que parce que le Roi étoit alors Prisonnier.

(m) *In quibus expressè conventum, cautum & promissum est quòd, ad dictos tractatum & obligationes perimpleri & observari realiter & cum effectu à Christianissimo Rege, observandissimo ac supremo Domino nostro, ejusque illustrissimâ Principe matre in franciâ Regente, eorumque hæredibus & successoribus curandum & faciendum; Nos & bona nostra obligaremus in bonâ sufficienti & validâ formâ.*

(n) *Dictos tractatum & obligationes ex indè secutas ratificamus & approbamus, ratos, gratos & acceptos habemus, promittimusque sub hypothecâ & obligatione bonorum nostrorum omnium præsentium & futurorum, quòd dictos tractatum pacis, & obligationes ex indè secutas cum effectu curabimus & faciemus per Christianissimum Regem ac supremum Dominum nostrum ejusque hæredes & successores, observari & perimpleri realiter & cum effectu. Jurantes & in verbo Principis pollicentes quod contra & adversus dictos Tractatum & obligationes nihil faciemus, moliemur aut attentabimus, aut ab aliis moliri, fieri aut attentari sinemus aut permittemus, sed nos faciemus ex integro & bonâ fide executione mandari & observari.*

(o) *Omnes & singulos tractatus dictos & obligationes ex indè secutas, de quibus lectura, publicatio, registratura & approbatio facta fuit in nobilissimâ Parlamenti Curiâ, sub datâ vigesima Diei mensis Octobris ultimò lapsi, sponte, libere & non coactè, sed ex merâ nostrâ voluntate ratificamus & approbamus, & quantùm in nobis est, confirmamus, ratos, gratos, & acceptos habemus, promittimusque, pro & nomine Præpositurâ & scabinatûs dictæ Civitatis communi, tanquàm politicum illius corpus repræsentantes, nos patrimonium & bona propria domui nostræ spectantia obligamus, omnes & singulos tractatus & obligationes prædictos, per dictos Oratores illustrissimæ Dominæ Regentis ut prædicitur factos & conclusos, registratos & publicatos in dictâ Parlamenti Curiâ, curabimus & faciemus per dictum Christianissimum Regem, ejusque matrem illustrissimam, & eorum hæredes & successores, observari & perimpleri realiter & cum effectu.*

Car il avoit établi la Reine fa mere Régente en France & lui avoit par conféquent communiqué la plénitude du Pouvoir Souverain, en vertu de laquelle elle pouvoit tout ce qu'auroit pu le Roi lui-même. On a d'ailleurs vu plus haut, des claufes femblables dans des Traités faits par des Rois en pleine liberté, & ftipulans eux-mêmes en perfonne.

Rien n'eft plus commun dans les actes émanés des Rois que la diftinction du Roi & du Royaume ; de la Couronne de France & de celui qui la porte ; de l'Etat & de fon Chef.

Qu'on parcoure feulement la proteftation faite par François I. avant la fignature du Traité de Madrid. Il y dit ,, que l'Empereur a été prié ,, plufieurs fois d'entendre fes raifons, & celles de la Couronne de ,, France, qu'il a poffédé la Bourgogne comme unie & incorporée à la ,, Couronne de France........ après que fur lefdites querelles que l'Em-,, pereur prétend contre le Roi & fon Royaume..... Toutes autres que-,, relles que la Couronne & Maifon de France avoient contre l'Empereur ,, & fes Royaumes..... il a mieux aimé avoir les Terres de Bourgogne ,, avec autres droits de la Couronne de France contre le devoir & le ,, pouvoir du Roi.... lefquelles Comtés ne peuvent être féparées de la ,, Couronne de France. Car les habitans ont privileges acquis par argent ,, & deniers déboursés à Charles V Roi de France, de ne jamais pou-,, voir être aliénés & féparés de la Couronne de France....... Le Roi ,, protefta clairerement, fitôt qu'il eut été fait Prifonnier, qu'au cas ,, qu'il fût contraint de laiffer le Duché de Bourgogne, ou autres ,, droits de la Couronne de France, cela feroit de nul effet ; ains lui ayant ,, recouvré fa liberté, tâcheroit à recouvrer les droits de la Couronne, ,, comme la raifon le veut..... qu'à cette heure on le contraint d'aliéner ,, & diftraire les Terres de la Couronne de France, avec les droits ,, de Souveraineté, les droits de Régale, les hommages des Nobles, & ,, autres Vaffaux ; ce qu'il ne peut, & ne doit faire pour le devoir qu'il ,, a & doit par ferment à la Couronne de France & à fes Sujets..... ,, Protefte devant Dieu qu'il ne veut & n'entend faire aucune chofe au ,, préjudice & dommage de fon Royaume,...... eft délibéré de garder ,, & pourfuivre les droits de la Couronne de France &c. (p).

Ou tout cela eft un jargon vuide de fens, ou il y a des droits qui appartiennent non au Roi, mais au Royaume de France, c'eft-à-dire, au Corps du Peuple, à la Nation Françoife. Le Roi n'en peut pas difpofer, parce que la propriété n'en eft pas à lui, mais au Peuple. Or comment concevoir que le Peuple ait des droits qui lui font propres, dont la propriété réfide dans fa main, dont le Roi n'a que l'ufufruit & l'exercice, & dont il a juré de conferver le fond, & que ce Peuple n'ait pas droit de s'affembler pour examiner fi on ménage fes droits, fi celui qui a la jouiffance & la régie, ne les aliene, ne les détériore pas. Si l'ufufruitier veut abufer & diffiper le bien du Peuple, jamais il ne le réunira, ja-

(p) Recueil des Traités de Paix de Léonard, Tom. 2, Pag. 210.

mais il ne foumettra fa conduite à l'examen. La propriété de la Nation sera une véritable illusion.

Il ne faut plus alors parler de Couronne, de Royaume, d'Etat. Il n'y a plus que le Roi, le droit du Roi, la volonté du Roi, la Puissance du Roi. Il n'y a plus pour lui de devoir, d'obligation, d'impuissance. Il peut tout, & ne doit rien à perfonne; ou du moins il n'est pas lié par fon obligation, parce qu'il ne tient qu'à lui d'empêcher l'Assemblée du Corps envers lequel il a contracté des engagemens; & que ce Corps ne peut délibérer & agir fans être réuni.

Louis XI dans fon Instruction au Dauphin fon fils, du 21 Septembre 1482, dit qu'il a plu à Dieu *de le faire, Chef, Gouverneur & Prince de la plus notable Région & Nation de deffus la terre, qui est le Royaume de France* (q). Un tel langage feroit aujourd'hui un crime de Leze-Majesté, & un Arrêt du Conseil du 30 Octobre 1730, a accusé 40 Avocats d'une témérité inexcufable, pour n'avoir donné au Roi que la qualité de Chef de la Nation.

Si le Roi n'est que le Chef & le Gouverneur de la Nation, il est impossible qu'elle n'ait pas quelques droits qui lui font propres. Un Corps qui n'en auroit absolument aucuns, n'auroit pas befoin de Chef & de Gouverneur. C'est cette Nation Françoise qui forme la Couronne de France, le Royaume de France, très distingué du Roi. C'est à elle qu'appartient la propriété de tous les biens de l'Etat, la propriété de la Puissance Publique. Elle en confié l'administration à un de fes membres qu'elle a placé à fa tête pour la gouverner & la conduire. Le choix de ce Gouverneur est attribué à Dieu, conduifant tout par fa Providence. C'est lui de même qui nomme un Prieur, en réuniffant fur fa tête tous les fuffrages de la Communauté. C'est lui de même qui nomme un Tuteur par la bouche du Lieutenant Civil.

Mais il n'en est pas moins vrai que le Roi n'est que Chef & Gouverneur de la Nation; obligé dès là de consulter en tout fon intérêt, & ne pouvant rien contr'elle. Ne feroit-ce pas la détruire au lieu de la gouverner, que de l'empêcher de s'affembler, lorfqu'elle croit y avoir intérêt, ou de délibérer fur ce qui la concerne? Par là le Gouverneur deviendroit un ennemi domeftique, plus dangereux que les ennemis du dehors, puifque la Nation n'auroit aucun pouvoir contre lui (r).

Les obfervations qui fuivent ajouteront encore un nouveau poids au sentiment que nous foutenons. Selon la Constitution Françoise tout ce qui concerne la perfonne du Roi, fa dignité, l'étendue de fes droits & de ceux de la Nation ne peut regarder que la Diete Nationale, & toute autre Affemblée feroit incompétente pour en connoître. Hincmar le dit nettement dans fa Lettre célebre aux Grands du Royaume *de Ordina. Pa-*

(q) *Mémoires de Commines*, in 4. Tom. 4. Pag. 19.
(r) Voyez fur le droit de convoquer la Diete Nationale, *l'Inauguration de Pharamond*, au 4e. Tom. des *Efforts de la Liberté du Patriotifme*, pag. 178, 179, 180, 181.

latinat. 38, *quò usque illa quæ generaliter ad salutem vel statum Regis & Regni pertinebant Domino miserante ordinata habuissent; Hincmar Opusc.* tom. 2. *p.* 213. Samuel prouve spécialement par rapport aux intérêts de la Nation, que la Maxime est nécessairement de droit divin. S'il offre de rendre compte de son administration souveraine, & de répondre aux accusations que le Peuple voudroit former contre lui, c'est devant Dieu & devant le Roi qu'il s'ajourne : *Ecce presto sum, loquimini ad me coram Deo & Christo ejus* 1 *Reg.* 12. *v.* 2 & 3. Mais en même tems c'est dans l'Assemblée du Peuple présidée par la Loi. S'agit-il au contraire de demander compte à la Nation de sa conduite, ce n'est plus devant le Roi, mais devant Dieu seul qu'il la cite. *Coram Domino.* ibid. 27.

Ainsi toutes les fois qu'il est question des droits de la Nation, ou de l'étendue de ceux qu'elle a bien voulu attacher à la Royauté ; ni le Roi, ni tous ses Tribunaux, soit séparement, soit réunis, n'ont aucunement la puissance d'en juger sans la Nation assemblée. L'entreprise contraire est une révolte caractérisée, qui doit être réprimée, conformément aux Loix d'Aix-la-Chapelle, de Meslun, & de Conflans. Alors les tribunaux civils cessent de droit, parce que tous leurs pouvoirs rentrent dans l'Assemblée Générale de la Nation, dont ils ne sont que des détachemens ou commissions par *interim*, sous l'autorité du Roi. Hincmar le fait encore entendre quand il nous apprend que les Etats connoissoient de toute matiere, mais de même qu'ils ne s'occupoient des affaires particulieres & de la justice contentieuse, que quand ils avoient terminé les affaires publiques. *Ut non speciales vel singulares quascumque vel quorumcumque causas, sed nec etiam illorum qui pro contentionibus rerum aut legum (i. e. Judiciorum) veniebant, ordinarent, quousque illa quæ generaliter ad salutem vel statum Regis & regni pertinebant, Domino miserante ordinata habuissent.* (*Hincmar Opusc.* tom. 2. *p.* 213). Car si les Etats connoissoient de toute matiere, ils étoient du moment de leur convocation de droit ou de fait, le seul Tribunal existant dans lequel tous les autres se concentroient ; de même que la mer absorbe tous les fleuves, le Conseil du Roi suivoit la même regle, & il étoit si peu de l'Etat que hors la maison du Roi & ses domaines propres, il n'avoit aucune jurisdiction sinon par la volonté des parties. L'Art. 48 de l'Anc. Coutum. de Champ. est formel pour les femmes veuves: si les Etats Nationaux ne s'occupoient point des affaires particulieres avant d'avoir terminé les affaires publiques, ils vouloient donc que celles-ci fussent suspendues pour rendre plus sensible à tous les Citoyens le devoir de s'occuper du bien public préférablement à tout autre soin. Cet usage tendoit par lui-même à ranimer l'amour de la Patrie, & l'organisation de la République. Elle a nécessairement besoin d'un tel remede, lorsque des contestations ou des prétentions particulieres la menacent. Il falloit par conséquent une cessation de justice toutes les fois que l'Epoque préfixe de la tenue des Etats Nationaux arrivoit.

Il la falloit encore toutes les fois que cette tenue devenant nécessaire par la naissance d'une contestation qui ne pouvoit concerner que la Diete Nationale, inspiroit de droit la convocation. Nous avons ouï la Nation elle-même dire qu'il seroit inconcevable qu'elle n'eût point la liberté de faire ce que la nécessité de sa conservation demande d'elle. Par conséquent lorsqu'il y a nécessité de décider une contestation dont elle seule peut connoître, il y a nécessité qu'elle s'assemble pour cette décision; nécessité qu'elle ait la liberté de le faire; nécessité que son Assemblée soit convoquée de plein droit; nécessité enfin que tous les Tribunaux cessent leurs fonctions. Ainsi dans la derniere atteinte portée à la Législation Françoise, la convocation de la Nation étoit de droit; & le fait seul du danger où elle étoit, suffisoit pour la convoquer de fait. La cessation des Tribunaux est tellement de la Constitution Françoise que l'on en trouve le devoir prescrit par le Traité de paix fait l'an 1315 entre la Comtesse Mahaut, Princesse Souveraine d'Artois & les Nobles de cette Souveraineté qui n'avoit d'autre loi que la Monarchie dont elle étoit un Membre.

Ce Traité est rapporté dans le Corps Diplomatique du Droit des Gens Tom. Ier. part. 2. p. 28. Leibnitz p. 87. *Codice juris gentium Diplomatico.*

L'Art. 5. porte: „ S'il est ainsi que la dite Comtesse requise souf-
„ fisamment, selon ce que on doit requierre son Seigneur pour cou-
„ tume du pays, défaille de faire droit ou Loix (justice selon la Loi)
„ ou le dénie le faire à aucune personne quelle qu'elle soit en cas cri-
„ minel ou civil, se la dite personne requiert depuis aux hommes de la
„ dite Chatellenie qui cesse, ou requerre aux autres Chatellenies du pays
„ qui cessent aussi : que cilz des autres Chatellenies dou pays soient
„ tenues de requerre la dite Comtesse que elle faudroit; & si elle à leur
„ requête ne fait faire droit dedans 15 jours passés, les autres Chatelle-
„ nies cesseront à faire droit, jusques à tant que droit soit fait au pre-
„ mier, & si par le dit cas elle destrioit encore à faire droit, nous la
„ contraindrons tantôt à faire droit.

La cessation est donc dans l'ordre Monarchique une voie de contrainte sociale reconnue par le Droit des Gens. Les flatteurs peuvent l'ignorer : les raisons & l'antiquité de l'usage le justifient aux yeux des Citoyens qui pensent.

RÉFLEXIONS
SUR LE
DROIT
DE VIE ET DE MORT.

Extrait d'une Lettre écrite à l'Auteur des *Maximes du Droit Public François*.

Mon deſſein, Monſieur, n'eſt pas de parler du droit qu'ont les Souverains de faire grace aux Criminels qui ont mérité de perdre la vie, ce qui eſt compris ſous le *droit de vie*. Cet objet ne ſouffre pas de conteſtation ; ou plutôt comme le droit de conſerver la vie à quelqu'un ſuppoſe le droit de la lui ôter, ou autrement *le droit de mort* (*jus gladii*) ; il faut préalablement examiner quelle eſt l'origine de ce *droit de mort* ; cette queſtion eſt la ſeule importante.

Perſonne ne doute que le *droit de mort* n'appartienne à toutes les Sociétés civiles qui peuvent le faire exercer par des Repréſentans. La néceſſité de ſe garantir des brigands qui infeſteroient la Société & la détruiroient infailliblement, ne permet pas de conteſter ce pouvoir.

Ce qui n'eſt pas également reconnu par tout le monde, c'eſt à qui l'on doit attribuer l'origine de ce droit. Eſt-ce Dieu lui-même qui a déclaré d'une maniere poſitive que ſa volonté étoit que ce droit appartînt aux Sociétés ? Ou bien la volonté de Dieu ſur cet article ne nous eſt-elle connue que parce qu'en donnant aux hommes le pouvoir de ſe réunir en ſociété, il doit leur avoir donné celui de punir par la perte de la liberté & de la vie, les perturbateurs de l'harmonie & de la paix de la Société ? Ou enfin ce droit n'eſt-il autre choſe que la conceſſion faite à la Société par tous les Individus du droit inhérent à leur nature de ſe défendre contre ceux qui veulent les priver de leurs droits parfaits ?

Dans ces différens ſentimens, il y a un article ſur lequel on ſe réunit, c'eſt que *le droit de mort* vient de Dieu. Ainſi le point eſt de ſavoir comment nous connoiſſons que telle eſt la volonté de Dieu. Dans le premier ſentiment il n'eſt pas aiſé de prouver comment Dieu a révélé immédiatement aux hommes cette conceſſion. On peut bien inférer de divers endroits de l'Ecriture que telle eſt la volonté de Dieu, ou plutôt que Dieu approuve l'uſage de ce droit. Mais cela ne ſuffit pas pour pouvoir dire que Dieu en a fait aux hommes une révélation poſitive & qu'ils ne peuvent révoquer en doute. Car la Révélation Divine n'eſt pas connue de toutes les Nations : il faut donc un moyen plus général pour qu'elles puiſſent s'aſſûrer de la légitimité de ce droit.

Ceux qui ont recours au pouvoir que Dieu a accordé aux hommes de se réunir en Société, & qui en déduisent celui de se conserver & par conséquent celui d'écarter ou de détruire même, s'il est nécessaire, ceux qui s'opposent à sa conservation, ceux, dis-je, qui raisonnent ainsi, supposent encore une chose qui n'est pas aisée à prouver. Car si on leur demande la preuve de cette concession, ils sont obligés d'avoir recours à l'Ecriture Sainte. Or l'Ecriture Sainte n'a pas toujours existé, il a cependant fallu aux hommes, dans tous les tems, un moyen de connoître que l'intention du Créateur étoit qu'ils vécussent en Société. Aussi a-t-on été forcé de chercher dans la Nature & dans la condition actuelle de l'homme, des preuves de cette volonté du Créateur.

Un attrait naturel réunit les deux sexes. Voilà la premiere Société formée par la Nature. Elle augmente par les enfans qui en proviennent; & cette union des peres avec les enfans est fondée sur deux motifs aussi puissans que l'attrait des deux sexes; d'un côté, sur l'affection tendre que la Nature inspire aux parens pour ceux à qui ils ont donné le jour, de l'autre, sur le besoin des enfans qui naissent dans un tel état de foiblesse que sans le secours du pere & de la mere le jour de leur naissance seroit celui de leur mort.

Le voisinage d'hommes méchans & qui pour le malheur de l'humanité se trouvent doués d'une plus grande force, engage cette petite Société à se mettre en garde contre les insultes & la violence. Le moyen naturel est d'augmenter la Société en se réunissant avec une autre famille pour se conserver réciproquement les biens qu'ils tiennent de la Nature. C'est donc encore sur le besoin, titre évident & incontestable, qu'est fondée la formation de la Société.

Mais le droit qu'elle exerce sur l'ennemi qui vient l'assaillir & prétend la priver de ses droits naturels, qui le lui a donné? S'il suffisoit de grossir le nombre des associés au point d'effrayer les méchans qui, dans l'impossibilité de faire face au grand nombre, mettroient bas les armes, on pourroit ne pas faire cette question; quoique, d'ailleurs, on pût demander qu'est-ce qui seroit capable d'intimider les méchans, sinon la résolution où seroit la Société de se délivrer de son ennemi en lui ôtant ou la liberté ou la vie. Mais il s'en faut beaucoup que cette crainte désarme le crime. Il faut donc une autorité, une puissance qui ait le droit d'en faire justice & qui mette le méchant hors d'état de nuire, sans quoi les gens de bien seroient la proie des scélérats, & on ne verroit plus sur la terre que des bêtes féroces qui ne s'y conserveroient elles-mêmes que dans des allarmes continuelles & dans la crainte d'être attaquées par d'autres plus fortes qu'elles.

Par la même raison la Société doit avoir puissance & autorité contre ceux de ses membres qui en troubleroient la sûreté & la tranquillité. Car ce coassocié devient alors un ennemi & doit être traité comme tel. La Société a le droit de le punir, parce qu'on ne peut lui contester celui de se conserver. On voit par l'exposé du second sentiment que c'est dans le droit de se conserver qu'on trouve celui de faire périr l'ennemi de la Société, & que ce droit de se conserver ne pouvant venir que de Dieu, l'autre a la même origine.

Mais ce sentiment jusque-là si raisonnable, si satisfaisant dans tous ses points, cesse de contenter l'esprit lorsqu'on fait cette question ; comment savez-vous que la Société a le droit de se conserver ? On est arrêté tout court, parce qu'il n'y fournit point de réponse. Ce qui fait voir qu'il existe donc un principe plus simple & ultérieur. C'est à cette question qu'on commence à voir la supériorité du troisieme sentiment, sur le second. Il admet tous les principes de celui-ci & donne de plus une solution qu'il ne fournit pas. En effet dans ce troisieme sentiment, comme la Société n'est que la réunion de tous les individus, les droits de la Société ne sont aussi que les droits de chaque individu, qui par les conditions de l'association à consenti à en rendre la Société dépositaire. Or un de ces droits est le droit de mort ou plutôt le droit de se défendre & de conserver les biens qu'on tient de la Nature. Ceci demande quelque développement.

Le Créateur en formant l'homme lui a gravé dans le cœur le désir de se conserver, & il a en même tems donné à la terre la fécondité nécessaire pour produire les choses nécessaires à sa conservation. Ces deux faits incontestables prouvent que l'homme a des droits aux productions de la terre. La terre ayant besoin d'être cultivée demande un propriétaire qui la cultive ou la fasse cultiver ; la culture donne au cultivateur un droit exclusif sur les productions. De ce droit de posséder naît dans les autres hommes le devoir de respecter la propriété du cultivateur ; & par conséquent dans celui-ci le droit d'empêcher qu'on ne le trouble dans sa possession. Premier droit & premier devoir.

Tous les hommes naissent égaux. Aucun par la Nature n'a le droit de commander à l'autre & de disposer de sa personne ou de ses actions ; par conséquent tous les hommes sont libres, & le droit de pouvoir seul disposer de soi-même & de ses actions, ou autrement le droit de conserver sa liberté emporte avec lui le devoir de la part de tous les hommes, de respecter la liberté de leur semblable, & par conséquent le droit, dans celui qui seroit lézé en ce point important, de défendre sa liberté. Second droit & second devoir.

Mais à quoi serviroient ces deux droits si l'homme n'avoit celui d'écarter tout ce qui tend à sa destruction ? Ce même désir de se conserver qui donne droit de défendre sa propriété, renferme aussi le droit de défendre sa vie contre celui qui veut nous en priver ; car la vie est plus chere que la liberté & que la propriété, puisque ces deux dons du Créateur ne nous sont accordés que pour conserver notre vie. De ce droit de conserver sa vie, naît, dans les autres hommes, le devoir de la respecter & de n'y point porter atteinte, & par conséquent, dans chaque homme, le droit de la défendre. Troisieme droit & troisieme devoir.

Il est aisé de voir que ces droits rentrent dans le droit général de con-

DE VIE ET DE MORT.

ferver fa vie, comme les devoirs rentrent dans le devoir général de refpecter la vie de fon femblable. Ces droits font d'autant plus rigoureux, que la vie eft plus en danger, & ils peuvent le devenir au point que celui qui eft lézé ait le droit de défendre fa vie même en tuant fon aggreffeur. C'eft ce qu'il faut développer (a).

La nature infpire à chaque individu le defir de fe conferver, le porte comme malgré lui à écarter tout ce qui peut contribuer à fa deftruction. De là le mouvement naturel & involontaire de fe mettre en défenfe lorfqu'on eft attaqué. Si le deffein de l'Auteur de la Nature étoit que l'homme cédât fur le champ à celui qui veut l'attaquer, elle ne lui auroit pas infpiré un défir auffi vif pour fa confervation, & une averfion auffi violente pour tout ce qui peut opérer fa deftruction. On doit donc regarder cet inftinct de la Nature comme un ordre intimé à tous les hommes de fe conferver eux-mêmes. Dès lors fi je ne puis me conferver fans détruire mon ennemi, il eft indubitable que je ne dois pas plus à mon femblable qu'à moi-même, & qu'en cas de concurrence, *charité bien ordonnée commence par foi-même.* Je puis donc lui ôter la vie, s'il me force à cette violence. On doit fentir la vérité de cette conclufion, fi on pefe attentivement les raifons que je viens de donner, fi on obferve quelles étranges fuites auroit fur la terre l'opinion qui enleve aux hommes le pouvoir de fe défaire des fcélérats, & le fervice rendu aux autres hommes par celui qui les débarraffe d'un affaffin, lequel auroit immolé bien des victimes à fa paffion fanguinaire. La réponfe aux objections fera encore mieux fentir la vérité de cette affertion.

Tous les individus ayant par leur nature dans certains cas le droit de détruire leur ennemi, ou bien *le droit de mort,* (*jus gladii*), lequel au fonds n'eft précifément que *le droit de fe conferver*; il n'eft pas difficile de concevoir que la Société compofée des individus, en jouit auffi pleinement que chacun en particulier, puifque par les conditions de l'affociation, chaque affocié lui remet l'exercice de fon droit. L'expérience a fait fentir qu'il étoit plus convenable que ce droit fût remis entre les mains de la Société, parce qu'il arrivoit que le Particulier en vengeant fa propre caufe

---

(a) Il feroit trop long de développer ici tout ce qui regarde ces droits & ces devoirs que les Publiciftes appellent *parfaits.* On peut confulter un excellent Ouvrage qui paroit depuis peu, intitulé: *Fondemens de la Jurifprudence naturelle traduits du Latin de Mr. Peftel, Profeffeur en Droit Public*, à Leyde, 1774 à Utrecht chez Schoonoven.

J'obferverai feulement que quelques Publiciftes ne s'expriment pas exactement, quand ils difent que les *droits & les devoirs parfaits* n'ont lieu que dans l'état de Société. Quand les hommes vivroient ifolés, ils n'en auroient pas moins la propriété de leur perfonne & de leurs biens, & par conféquent il exifteroit un devoir rigoureux pour tout homme quelqu'il fût, de ne pas les troubler dans leur propriété. Dès qu'on conçoit une propriété, on conçoit auffitôt une obligation de la refpecter. A la vérité cela fuppofe qu'un homme en rencontrera un autre: car s'il n'y avoit qu'un feul homme fur la terre, il n'exifteroit perfonne qui fût obligée à fon égard. Mais la fimple poffibilité de fe rencontrer, conftitue l'obligation de refpecter le droit d'autrui. C'eft l'état de toutes les Nations qu'on peut regarder comme des individus ifolés. C'étoit encore plus particuliérement l'état des Américains par rapport aux Européens. Avant que ceux-ci les connuffent, ceux-là avoient des *droits parfaits* que les Européens devoient refpecter.

D 3

excédoit les bornes d'une juste défense, au lieu que la Société qui n'a pas la même saillie à réprimer, le peut faire avec toute la modération de la justice & de l'équité. Tel est le motif qui a porté les hommes à se dessaisir de leur droit en faveur de la Société, qui ne pouvant l'exercer elle-même, constitue ceux de ses Membres qu'elle juge les plus dignes, pour remplir l'honorable fonction de Protecteurs de l'association (a).

Rien de si simple qu'une pareille origine du *droit de mort* qu'exercent les Chefs des Sociétés. Il n'est pas nécessaire d'imaginer une concession expresse consignée dans la Révélation ou connue par tradition, concession dont on ne trouve aucune preuve dans la Révélation ni ailleurs, que dans la nature de chaque individu. Cette concession qui dans chaque homme est un droit qu'il tient de la Divinité, ne cesse pas d'avoir la même origine, quoiqu'exercée au nom de chaque individu par les Chefs de la Société.

En résumant ce que j'ai dit, on verra clairement, comment par gradation *le droit de mort* remonte jusqu'à la Divinité. Dieu en formant la nature de l'homme lui a donné le désir de se conserver. Ce désir est pour lui une preuve de la volonté du Créateur. Il ne peut se conformer à cette volonté qu'en écartant & même en détruisant, s'il est nécessaire, ce qui tend à le détruire lui-même. Il peut donc détruire les êtres qui s'opposent à son existence. La destruction d'un Etre vivant est sa mort. Donc chaque individu a par sa nature le *droit de mort* sur son ennemi. Donc le *droit de mort* vient de Dieu.

Chaque individu peut se dessaisir de ce droit pour en revêtir un autre; cela ne change rien à la nature du droit. Ainsi, soit que la Société l'exerce par elle-même, ou par des Représentans, c'est toujours le droit des Particuliers lequel est Divin dans son origine.

Voilà, ce me semble, des idées claires & précises qui ne sont pas difficiles à saisir, & qui me paroissent de nature à ne devoir pas être contestées, puisque chacun peut s'en assûrer en rentrant dans soi-même & consultant sa nature.

Des idées si simples ont néanmoins échappé à des Auteurs respectables. ,, L'homme, dit-on, n'est point destiné à dominer sur les autres hom- ,, mes par l'institution de la Nature; & l'on ne voit pas qu'il ait pu ac- ,, quérir ce droit de domination par son péché. Il est vrai qu'il a be- ,, soin que ses passions soient réprimées par le frein des Loix & par la ,, crainte des châtimens; mais il ne s'ensuit pas que ce besoin donne un ,, droit naturel aux autres hommes d'exercer cet empire sur les méchans, ,, & sur-tout de les punir du dernier supplice. Car la vie des hommes ,, n'appartient ni à eux-mêmes, ni aux autres hommes.

(a) Quand je dis que la Société a le pouvoir *de punir de mort* les malfaiteurs, je ne prétends pas me déclarer contre le sentiment de ceux qui croient qu'on ne devroit jamais employer la *peine de mort*, & qu'il faudroit imaginer d'autres moyens de les punir en leur conservant la vie. Mon dessein est de m'exprimer suivant les idées reçues & adoptées par presque toutes les Nations. La possibilité de contenir les malfaiteurs sans les priver de la vie, fait encore sentir l'avantage de la Société sur la vie solitaire & vagabonde dans laquelle chacun doit venger sa propre cause & ne peut le faire efficacement, dans beaucoup d'occasions, sans répandre le sang.

„ Ils ne peuvent donc donner à personne le droit de leur ôter la vie,
„ parce que leur vie n'est point à eux, & ils ont encore moins de droit
„ sur celle d'autrui que sur la leur.

„ Il semble donc plus juste & plus naturel d'attribuer à un bienfait
„ gratuit de Dieu, l'établissement des polices; c'est-à-dire que, comme
„ Dieu a accordé aux hommes pécheurs la possession des biens tempo-
„ rels & l'usage des créatures à la conservation de leur vie, quoiqu'ils
„ méritassent d'en être privés, il leur a de même accordé le droit de choi-
„ sir une forme de gouvernement qu'ils n'avoient point par leur nature,
„ sur-tout après le péché. Et quand ils ont fait ce choix, ce n'est point
„ le Peuple qui communique à ceux qu'il choisit, l'autorité de le régir,
„ ni le droit de vie & de mort; mais c'est Dieu qui le donne immédiate-
„ ment aux Princes & aux Chefs des Etats".

Tout ce raisonnement est mêlé de vrai & de faux. Il est vrai que *l'homme n'est point destiné par l'institution de sa nature à dominer sur les autres hommes*. Il est vrai aussi que *le péché ne lui donne pas ce droit*, parce qu'une prévarication ne peut pas donner un droit au prévaricateur. Mais le péché ayant changé l'état de l'homme, il en résulte un nouvel ordre de choses d'où dependent la paix, la tranquillité, l'existence même du Genre Humain. Ainsi il a fallu suppléer à ce qui n'étoit pas nécessaire dans la premiere institution, & qui l'est devenu par le renversement de l'institution primitive.

Les hommes auroient dû naître tous égaux, sans besoins, sans passions, sans vices. Dès lors la police, le commandement, les Loix, les menaces eussent été inutiles. Avec le péché les passions entrent dans le monde; il faut un frein aux passions. Qui le mettra? Les hommes eux-mêmes en suivant le désir naturel de leur propre conservation, éloigneront ce qui tendroit à les détruire. Ce n'est pas le péché qui leur donne ce droit; mais la nécessité d'obéir au précepte de la Nature qui les oblige de travailler à leur conversation; mais la perversité de celui qui, voulant violer les droits parfaits de ses semblables, mérite qu'on le mette hors d'état de suivre son penchant destructeur. C'est donc un sophisme de dire: *le péché ne donne pas à l'homme le droit de dominer*, parce que le droit de dominer n'est pas dans celui qui domine, un droit qu'il possede en vertu de son péché; mais qui lui vient de la Société, laquelle pour réprimer les méchans, a été obligé d'établir un Juge, & ce droit a pour premiere cause chaque individu à qu'il appartient en vertu du droit de se conserver, lequel est inhérent à l'homme. „ Mais, dit-on, la vie des hommes n'ap-
„ partient ni aux autres hommes, ni à eux-mêmes".

J'en conviens, aussi ne le dis-je pas; ce que je dis, c'est qu'à chaque homme appartient le droit de se conserver, & entre les moyens de le faire, est quelquefois celui d'ôter la vie aux scélérats, de maniere que l'homme n'a pas directement le droit d'ôter la vie à son semblable, mais celui de se la conserver à lui-même; ce qui fait voir que l'objection est un sophisme. Si pour me conserver, je détruis un Etre qui veut lui-même me détruire, il ne s'ensuit pas que sa vie m'appartienne, il s'ensuit seulement que je préfere ma vie à la sienne, ce qui est totalement différent. Si sa vie m'appartenoit, je pourrois en disposer arbitrairement & comme bon me sembleroit. Or l'homme n'a pas ce pouvoir; le seul où il puisse priver son semblable de la vie est, lorsqu'il n'a pas d'autre moyen de conserver la sienne.

Quand on dit que *la vie des hommes ne leur appartient pas à eux-mêmes*, il ne seroit pas inutile de démêler tout ce que renferme cette proposition. Si on veut dire que l'homme ne doit pas se *tuer* ou *se faire mourir* par quelque autre moyen, cela est exact; mais si on veut dire qu'il ne peut jamais *exposer sa vie, dans aucune circonstance*; cela est faux; parce que souvent on est obligé de l'exposer pour la conserver.

D'ailleurs quelle étrange maniere de raisonner! On veut que les hommes se laissent priver de la vie, lors même qu'ils pourroient la conserver en tuant leur adversaire, & cela par la raison que *la vie des autres ne leur appartient pas*: & l'on ajoute tout de suite que *chacun de nous n'est pas le maître de sa vie*. S'il n'en est pas le maître, de quel droit en disposeroit-il en la sacrifiant pour la conserver à un assassin? Ne pas conserver une chose dont le soin nous est confié, ne pas prendre les moyens seuls efficaces pour la conserver, c'est en disposer. Donc par cela même que l'homme n'est pas le maître de sa vie, il ne doit pas la laisser perdre lorsqu'il peut l'empêcher.

Suivons l'objection & on verra qu'en tous ses points elle n'est que sophisme.

„ Les hommes ne peuvent donc donner à personne le droit de leur
„ ôter la vie, parce que leur vie n'est point à eux, & ils ont encore
„ moins de droit sur celle d'autrui que sur la leur".

Dans l'établissement des Sociétés, chaque associé remet à celle dont il fait partie le soin de sa propre conservation, mais il ne prétend pas lui donner *le droit de le faire mourir*, cela est contre Nature; il donne seulement le droit qu'il a d'empêcher qu'on ne le prive de la vie, droit qui va jusqu'à pouvoir l'ôter à un injuste aggresseur. Ainsi je ne donne pas à la Société le droit de me détruire que je n'ai point; mais je lui donne le droit de faire usage des moyens que la Nature m'a accordés pour conserver ma vie, lesquels moyens renferment celui de mettre mon ennemi dans l'impossibilité de me nuire & même de le tuer, si je ne puis autrement me conserver. Cette distinction d'idées montre que l'objection n'est qu'un sophisme.

Quant à ce qu'on ajoute *que les hommes ont encore moins de droit sur la vie d'autrui que sur la leur*; indépendamment de ce que j'ai dit plus haut pour en développer le sens, j'ajoute que c'est précisément la proposition inverse qui est vraie; c'est-à-dire *que j'ai plus de droit sur la vie de mon semblable que sur la mienne*; car il est naturel que j'ôte la vie à mon semblable pour conserver la mienne; & il n'y a là aucune contradiction; au lieu qu'il y en auroit à dire que j'ai le droit de me tuer pour me conserver; par conséquent j'ai plus de droit sur la vie de mon semblable que sur la mienne.

Exa-

Examinons la conclusion de l'objection. „ Il semble donc plus juste
„ & plus naturel d'attribuer à un bienfait gratuit de Dieu l'établissement
„ des polices; c'est-à-dire que comme Dieu donne gratuitement aux
„ hommes pécheurs la possession des biens temporels, & l'usage des
„ créatures pour la conservation de leur vie, il leur a de même ac-
„ cordé gratuitement le droit de choisir une forme de Gouvernement
„ qu'ils n'avoient point par leur nature, sur-tout après le péché. Et
„ quand ils ont fait ce choix, ce n'est point le Peuple qui commu-
„ nique à ceux qu'il choisit l'autorité de régir, ni le droit de vie & de
„ mort ; mais c'est Dieu qui le donne immédiatement aux Princes &
„ aux Chefs des Etats".

Puisque j'ai fait voir la fausseté des prémisses, je pourrois me dispenser de montrer celle de la conclusion. Mais dans une matiere de cette importance il convient de ne rien laisser sans réponse.

1°. Pourquoi tant appuyer sur ces mots *bienfait gratuit*; car tout ce que
l'homme, soit innocent soit coupable, reçoit de Dieu, est toujours *gratuit*;
je ne conteste pas que l'existence de l'homme, le droit de la conserver en
éloignant ce qui peut la détruire, ne soit un *don gratuit du Créateur*. Il s'a-
git de savoir s'il entre dans la nature de l'homme, telle qu'il a plu au Créateur de la former, d'avoir le droit de se conserver & de mettre les méchans dans l'impossibilité de nuire à ceux qui sont pacifiques. Il s'agit de
savoir si les Chefs des Sociétés exercent le droit de chaque individu, si
l'épée du Chef de l'Etat est représentative de toutes celles dont chaque
Citoyen étoit légitimement armé pour défendre les dons qu'il tient
de la nature.

2°. Quelle preuve allegue-t-on de toutes ces assertions ? Où trouve-t-
on consigné que Dieu donne *immédiatement* aux Princes le droit de mort ?
La raison n'en fournit aucune preuve, elle en fournit même qui mili-
tent contre. L'Ecriture Sainte dit que *toute puissance vient de Dieu* &c.
Mais que fait ce texte contre notre sentiment puisque nous convenons
que tout vient originairement de Dieu, que chacun en particulier tient
de Dieu le pouvoir de se défendre, que ce pouvoir est évidemment une
suite de la nature de l'homme, puisque rien ne peut arracher du cœur
de l'homme le désir de se conserver, que tous ces pouvoirs individuels
qui sont des dons du Créateur, sont remis entre les mains de la Société,
pour être exercés au nom de tous ; que cette institution des Sociétés est
dans le plan du Créateur, qui voulant que l'exercice du droit de se défendre ne s'étende pas au-delà de la justice & de la nécessité, ne peut pas
ne pas approuver un moyen qui ôte aux Particuliers la tentation d'excéder les bornes d'une juste défense, & de chercher plutôt à se venger qu'à
se défendre ? C'est donc dire des mots & rien de plus que de prétendre répondre en disant que c'est un bienfait *gratuit* de Dieu, de *nous avoir donné le pouvoir d'établir des Sociétés* &c., que *Dieu donne immédiatement à ceux
que le Peuple choisit, le droit de mort.*

3°. On ne peut contester que *l'homme pécheur n'ait mérité d'être privé de bienfaits de Dieu*. Mais que prétendra-t-on inférer de là ? Veut-on que Dieu ait pu laisser les hommes sur la terre à la merci des méchants ? Quelle idée on nous donneroit d'un Dieu bon & sage qui laisseroit la terre se couvrir de bêtes féroces & interdiroit à ceux qui pourroient s'en défendre en les tuant, les moyens de le faire! Ajoutez à cela, un Dieu, qui leur donneroit le désir de se conserver, & qui malgré ce désir invincible, leur lieroit les mains en les empêchant de s'y conformer.

Dès qu'on perd de vue le vrai principe d'où émane l'autorité, on ne fait que s'égarer dans un labyrinthe d'absurdités, de sophismes, de paradoxes, qu'on évite dans le système simple qui vient d'être présenté.

„ Rien n'est plus obscur, ajoute encore le même Auteur, que ce
„ qui appartient à l'homme de droit naturel. Repousser la force par la
„ force, & défendre sa vie, par la mort même de ceux qui l'atta-
„ quent, paroît à bien des gens une suite du droit naturel. Cependant
„ on sait que non seulement Saint Augustin a cru le contraire, mais
„ beaucoup d'anciens Peres avec lui. Or si un Particulier, selon ces Pe-
„ res, n'a pas un droit naturel d'ôter la vie à celui qui attaque la
„ sienne ; quelle assûrance a-t-on que ce même droit appartienne natu-
„ rellement aux Sociétés, & qu'il ne soit pas plutôt l'effet d'une con-
„ cession gratuite que Dieu a faite aux Etats ; concession attestée par
„ l'Ecriture & reçue par Tradition dans toutes les Nations comme plu-
„ sieurs autres qui se sont conservées par cette voie parmi tous les hom-
„ mes ".

Tout ce raisonnement consiste à dire que St. Augustin & d'autres Peres disent qu'il *n'est pas permis à un Particulier d'ôter la vie à un autre pour défendre la sienne*. Ainsi il ne s'agit que de bien entendre le sentiment de ces Peres. Or à quoi se réduit-il ? sans doute à développer les paroles de J. C. à ses Disciples : *si on vous frappe sur une joue, il faut tendre l'autre. Si quelqu'un veut emporter votre manteau, donnez lui aussi votre tunique.* Certainement S. Augustin n'a pas voulu dire autre chose que ce que J. C. dit lui-même. Or n'est-il pas évident que J. C. parloit à des hommes en Société qui, par conséquent, s'étoient dessaisis du droit de se défendre pour en revêtir la Société ; & qu'il pouvoit leur dire sans inconvénient : telle est la disposition de générosité & de douceur dont vous devez être animés envers vos freres ? Mais si J. C. eût parlé à des hommes séparés les uns des autres & sans aucune protection extérieure, est-il vrai-semblable qu'il leur eût défendu d'employer la force pour conserver leur bien & leur vie ? A quoi n'eût-il pas exposé ses disciples ? Quiconque auroit passé pour tel, n'auroit-il pas été la victime des méchans qui infailliblement se seroient dit à eux-mêmes. *Allons chez les Chrétiens, nous pourrons en toute sûreté leur enlever tout ce qu'ils possedent, leur Loi défend d'user de violence, ainsi nous n'avons rien à craindre.* Ce moyen eût réussi auprès de tous ceux qui auroient été de vrais disciples de J. C. Or je demande si dans cette supposition la Loi de J. C. n'autoriseroit pas évidemment les vols, les brigandages, les assassinats, par l'espérance ou même la certitude de l'impunité ? Je demande si une telle supposition est digne de la Religion d'un Dieu juste, saint, souverainement sage ? Par conséquent il est de toute évidence que si J. C. eût parlé à des hommes qui n'eussent pas été sous la protection de la Société, il ne leur eût jamais donné ce conseil comme un précepte; & s'il l'eût donné, nécessairement on devroit l'entendre de la disposition de cœur où chacun doit être de secourir son prochain en toute maniere & de le supporter dans tout ce qui ne tendroit pas à la destruction du genre humain. Car il est constant qu'on doit plus à tous les hommes qu'à quelques-uns ; on doit plus aux bons qu'on ne doit aux méchans. Or quelle cruauté ne seroit-ce pas à l'égard des bons de laisser tranquillement les méchans usurper le bien d'autrui, & les encourager ainsi à piller les propriétés des gens honnêtes & pacifiques.

Indépendamment de l'explication que je viens de donner à ces paroles de J. C.; j'ajoute que si dans l'état même de Société on étend les paroles de J. C. au-delà d'un conseil, on renverse tous les fondemens de la Société. Car si un homme m'enleve mon bien, m'attaque à main armée, & me couvre de plaies, la Loi de la Société me donne un moyen de réparation & de poursuivre le coupable; mais la Loi de J. C. me prescrit, dans cette hypothese, de lui donner encore ce qu'il m'a laissé. Cependant nous ne voyons pas que dans les Royaumes Catholiques on impute à crime à quelqu'un de soutenir un procès civil ou criminel contre un autre. Mais, dira-t-on, alors on ne se fait pas justice à soi-même, on ne tue pas son adversaire. J'en conviens; mais on le dénonce à la Justice, on administre des preuves du délit ou du crime, en un mot on fait tout ce qu'on peut pour le faire connoître, & par conséquent le conduire au gibet. Or est-ce là donner son manteau & sa tunique ?

Si on objecte que S. Augustin & les autres Peres pensent que le *Christianisme défend de tuer un voleur qui nous attaque & veut nous priver de la vie.* Je réponds à cela que ces Peres parlant des hommes en Société, leur supposition est différente de la mienne, dans laquelle je suppose les hommes isolés chacun dans un petit canton de terre & sans aucune protection. Ainsi il me suffit d'avoir prouvé que, dans cette supposition, chaque homme a par devers lui le droit de faire mourir son semblable, dans le cas où il n'a pas d'autre moyen de conserver sa propre vie, pour avoir raison d'en conclure que le droit des Sociétés n'est autre chose que la réunion des droits de tous les individus mis en commun, pour être exercés avec plus de justice & d'équité par les Représentans de la Société.

Après cela qu'on allegue que S. Augustin & les Peres interdisent aux Chrétiens toute défense qui tendroit à la mort vis-à-vis d'un voleur & dans une position où on n'a aucune protection à attendre de la Société. Cela peut être. Mais cette question regarde les Théologiens & la dis-

cuffion n'eft pas néceffaire pour mon objet. Quelqu'en doive être le ré-
fultat, ma thefe n'en eft pas moins vraie, évidente, inconteftable. La
caufe que j'affigne au *droit de mort* eft de nature à faire impreffion ; au lieu
que c'eft affirmer fans donner de preuves que de l'attribuer à une conceſ-
fion immédiate de Dieu aux Sociétés, & à leurs Chefs. Je dis *fans preuve*,
parce que l'Ecriture Sainte n'en parle pas *ex profeffo*. Elle approuve l'e-
xercice de l'autorité dans les Sociétés ; mais elle ne dit rien de plus. Il
n'étoit pas néceffaire qu'elle s'expliquât davantage ; la chofe eft affez
frappante pour quiconque veut réfléchir fur la nature de l'homme, & les
inconvéniens d'une Loi qui affure impunité aux malfaiteurs.

C'eft encore moins donner des preuves que d'alléguer une tradition fui-
vie parmi toutes les Nations, parce que cette Tradition peut s'entendre
du droit de chaque particulier comme de celui des Sociétés ; & qu'il eft
plus naturel, fans avoir recours à une tradition incertaine, de dire que
l'opinion générale où font tous les de hommes que l'Autorité peut être
exercée par les Sociétés, ne vient que ce que chaque homme fent qu'elles
ne font qu'exercer le droit qui pourroit être exercé par tous les individus, s'ils n'étoient pas réunis en Société.

FIN du Tome II.

La Table des Matieres fe trouve derriere le Titre du Tome I.

MAXIMES
DU DROIT PUBLIC
FRANÇOIS

CHAPITRE CINQUIEME.

LES Cours Souveraines ont le dépôt des Loix. Toutes les Loix nouvelles doivent y être vérifiées librement.

LA Monarchie ne pouvant subsister sans Loix, il faut qu'elles soient connues; qu'on puisse y avoir recours dans le besoin: qu'elles soient placées dans un dépôt sûr, où il soit facile de les consulter. Ce dépôt, (nous l'avons appris de l'Impératrice de Russie) ne peut être que dans les Corps Politiques qui sont des canaux moyens par où découle la puissance du Souverain; & lorsque le Prince fait une loi nouvelle, il est essentiel que ces corps *l'examinent*, qu'ils aient droit de faire des *représentations*, s'ils trouvent que la loi soit opposée au Code des loix, nuisible, obscure, impraticable dans l'exécution, & même de *refuser l'enregistrement*, sur-tout si la loi est *contraire* à l'ordre établi dans l'Etat.

En France, les Parlemens & les Cours Souveraines sont ces Corps politiques qui ont le dépôt des loix, qui sont chargés d'examiner & vérifier celles qu'il plaît au Roi de leur adresser, de faire les remontrances que l'intérêt de l'Etat ou l'utilité des Citoyens peuvent rendre nécessaires, & de porter même leur zele & leur fidélité jusqu'au refus d'enregistrer dans les occasions où ils ne pourroient se prêter à l'exécution de la nouvelle loi, sans trahir le devoir & la conscience.

Rien n'est plus intéressant sans doute, dans un Gouvernement réglé, que ce qui concerne la Législation. C'est principalement des loix que dépendent le bonheur de l'Etat & la félicité des Peuples. Sont-elles justes & sages? Tout est dans l'ordre; la paix publique est conservée, les droits des Citoyens sont en sûreté, les liens de la subordination retiennent tous les états dans la place qui leur est destinée. Les mauvaises loix produisent des effets tout contraires; elles alienent les esprits, elles excitent les murmures des Peuples qui éprouvent les inconvéniens qu'elles entraînent; la confiance publique en souffre, cette confiance qui est le grand ressort de la tranquilité & du calme général. Les mauvaises loix sont la source la plus ordinaire des inquiétudes & des troubles.

Quand on réfléchit sur la nature de la loi, sur son objet & sa fin, on voit qu'elle ne sçauroit être l'ouvrage du caprice, de l'intérêt particulier, de la volonté de l'instant; mais que dirigée vers le bien public, elle doit être le fruit de la plus mûre délibération. On ne fait pas des loix pour une circonstance singuliere, ni pour un temps limité, pour quelques heures ou quelques jours; la stabilité est un de leurs principaux attributs.

Il faut donc que le Prince qui dicte la loi, & le Peuple qui doit l'exécuter, soient également persuadés de sa justice, de sa sagesse, de son utilité; mais ce sentiment qui tranquillise le Souverain, en même temps qu'il prépare la prompte & fidéle obéissance du Sujet, comment affectera-t-il l'un & l'autre, si la formation de la loi n'est précédée de l'examen le plus réfléchi, du suffrage de personnes éclairées qui en aient combiné librement les dispositions; si les lumieres & l'intégrité de ceux qui la rédigent ou qui la vérifient, ne forment un heureux préjugé en sa faveur, & ne garantissent, pour ainsi dire, le Monarque & l'Etat de la crainte si naturelle de l'un des plus redoutables fléaux, celui de la publication d'une loi pernicieuse? Les Souverains ont cru dans tous les tems que pour éviter les surprises, il étoit utile que la publication des loix fût soumise à des formes.

Il n'est pas jusqu'aux Empires despotiques, où l'importance de cette précaution n'ait été connue. Quelqu'arbitraire que soit leur Gouvernement, les Monarques despotes qui se laissent conduire par quelque impression de la raison, ont le soin de ne faire aucun Réglement, sans avoir préalablement consulté un Conseil particulier. En Turquie, les nouveaux Réglemens sont proposés & discutés dans le Divan.

Les Empereurs Romains sentirent mieux que personne qu'on ne pouvoit prendre de trop sages mesures pour perfectionner la législation, & que le moyen le plus efficace pour atteindre à ce but, étoit de soumettre les nouvelles loix à différentes censures. Ce fut ce qui détermina l'Empereur Théodose à ordonner par une loi solemnelle, que les nouvelles loix projettées, après avoir été discutées dans le Conseil du Prince, seroient envoyées au Sénat, afin que sur son approbation, elles pussent être munies du Sceau de l'autorité Impériale (a). Cet Empereur défendit en même temps au Sénat de regarder comme des loix véritables celles où cette forme n'auroit pas été gardée; car, (ajoute Théodose) nous sçavons que ce qui a été fait conformément à l'avis du Sénat, a toujours tourné à notre gloire & au bonheur de l'Empire (b).

(a) *Humanum esse probamus, si quid de cætero in publica privatâque causâ emerserit necessarium, quod formam generalem & antiquis legibus non insertam exposcat, id ab omnibus anteà tàm proceribus nostri Palatii, quàm gloriosissimo cœtu vestro, Patres conscripti, tractari, &, si universis ûm Judicibus quàm nobis placuerit, tunc legata dictari, & sic ea denuò collectis omnibus recenseri; & cùm omnes consenserint, tunc demùm in sacro nostri numinis consistorio recitari, ut universorum consensus nostræ serenitatis autoritate firmetur.* Leg. 8. cod. de legibus.

(b) *Scitote igitur, Patres conscripti, non aliter in posterum legem à nostrâ clementiâ promulgandam nisi supradicta forma fuerit observata. Bene enim cognoscimus quod cum vestro consilio fuerit ordinatum, id ad beatitudinem nostri imperii & ad nostram gloriam redundare.* Ibid.

Juftinien parut animé des mêmes vues dans la Novelle 152, adreffés à Jean, Préfet du Prétoire. Cet Empereur, touché avec raifon de ce que les anciennes formes avoient été négligées dans la formation des loix, & des inconvéniens qui en avoient refulté, voulut que, conformément à ce qui avoit été pratiqué avant lui, les loix ne fuffent envoyées aux Magiftrats des Provinces que par le miniftere du Préfet du Prétoire, & fur fon jugement d'approbation; qu'autrement elles fuffent regardées comme nulles & obreptices; & que, parce qu'il pouvoit arriver que les loix projettées par le Confeil du Prince, fuffent nuifibles à la chofe publique, le Préfet les examinât & dreffât les repréfentations qu'il croiroit néceffaires, afin qu'on fût en état de réformer ce qu'elles auroient de dangereux (c).

Qui n'admirera la prudence de ces Princes qui, malgré l'étendue de leur puiffance & l'éclat de leur Trône, fe mettent à eux-mêmes des entraves, foumettent leurs loix à la critique, fe prefcrivent des formes, & par le feul motif du bien public, parce qu'ils font convaincus que de-là dépendent la fageffe du gouvernement & l'honneur de leur regne? Cet exemple a été fuivi par les Monarques qui ont fenti la néceffité de fe précautionner contre les furprifes & l'abus de l'autorité. Différentes loix du Code en fourniront la preuve à ceux qui prendront la peine de les confulter (d). Ces formes doivent s'obferver même pour l'abrogation des loix.

Hertius, célebre Jurifconfulte, tire deux conféquences de ces loix. 1°. Si les befoins de l'Etat exigent qu'on révoque, ou qu'on corrige une loi, il faut le faire dans les formes prefcrites pour la promulgation des loix nouvelles, même dans le cas où ces formes auroient été établies par le Prince lui-même; parce qu'il eft évident que, fi le Monarque a voulu que la validité & l'exécution des loix dépendiffent du jugement qu'en porteroit le Sénat, cette précaution doit s'étendre à l'abrogation des loix, comme à leur formation. 2°. La Souveraineté ne fouffre aucune atteinte de l'obfervation de ces formes, dont les Princes ne fe font à eux-mê-

(c) *Ne sacræ formæ quæ de caufis procedunt publicis, aliter robur accipiant quàm fi gloriofiff. Prætoriorum Præfectis infinuatæ fint, vel fuerint, illicque habeantur ratæ.*
C'eft le titre de la Novelle. Le corps de la Conftitution Impériale eft ainfi conçu : *Dantes operam ut, divino cooperante auxilio, cum fummâ diligentiâ res Imperii à Domino Deo nobis concrediti gubernentur, jubemus ne aliter formæ de publicis confectâ caufis ad magnificentiff. ducem, aut etiam auguftalem, aut clariff. Provinciarum Præfides valeat, nifi priùs infinuata fuerit JUDICIO excellentiæ tuæ. Quæ verò infinuatæ non fuerint, nullam firmitatem habeant : abfurdum etenim fuerit facram formam pro publicis confectam caufis non priùs infinuari throno excellentiæ tuæ, atque itâ tranfmitti in provincias, finique contradi. Si quid igitur huc ufque ad detrimentum reipublicæ factum eft, jubemus hoc irritum effe, fancientes ut quævis de cætero facræ formæ pragmaticæ, five ad auguftalem, five ad ducem, ... omninò infinuentur judicio excelfentiæ tuæ, eoque pacto, cum juffionibus excellentiæ tuæ mittantur in provinciam. Ut quæ quidem facræ formæ ad detrimentum reipublicæ factæ non funt, hæ & fufcipiantur, conjicianturque in præceptiones, & ab excellentiâ tuâ mittantur in provincias, quatenus certo fini tradantur. Quæ verò ad detrimentum reipublicæ per obreptionem fiunt, has quidem facras formas tua fufcipiat excellentia, non tamen priùs quæ inibi funt repofita faciat, quàm ad nos relationem eâ de re pertulerit, quò magis fi quid (ut poteft fieri) ad detrimentum factum eft reipublicæ, id corrigamus. Quæcumque enim facra pragmatica forma publicarum caufarum nomine facta, throno excellentiæ tuæ infinuata non fuerit, hanc nullo valere tempore volumus.*

(d) L. unica. *Quando Imperator inter pupillos*. Les loix 1, 2. *de petitionibus bonorum fublatis*. La loi 2. *Si nuptiæ ex refcripto petantur*. Les loix 3 & 7. *De precibus imperatori offerendis*.

mes imposé l'usage que par des vues de sagesse (e). Mais cet Auteur remarque en même temps qu'on ne doit révoquer l'ancien droit que sur des motifs d'évidente utilité, que les maîtres dans l'art légiflatif ont regardé comme un abus pernicieux la facilité de changer les loix; que le long regne de ces loix en garantit assez l'utilité; qu'on ne se persuade pas aisément qu'il soit avantageux de détruire des loix depuis long-temps respectées; que l'autorité des loix s'affoiblit même quand on voit qu'elles peuvent être si légérement détruites, & que l'innovation doit paroître suspecte, quand on n'y considéreroit que le funeste exemple qu'elle donne, puisqu'elle invite les Princes Successeurs à n'avoir pas plus d'égard à ce que se seront permis les auteurs du changement (f).

Mais si les plus grands Princes ont cru devoir assujettir l'exercice de leur pouvoir légiflatif à des formes qui ne gênent leur volonté que pour la rendre plus juste, plus éclairée, pour assurer davantage l'autorité & l'équité des loix, qu'elles vénération ne méritent pas ces formes lorsqu'elles sont anciennes dans une Monarchie; lorsqu'une expérience de plusieurs siecles en a consacré l'usage, lorsque les peuples accoutumés à ne connoître les loix que sous l'appareil de ces formes publiques, regardent leur inviolable observation comme le vrai garant de la sagesse & de l'utilité des loix? Ne doit-on pas dire qu'alors l'exécution fidele, & la stabilité de la loi sont, pour ainsi dire, inhérentes à ces formes, & qu'il est également de l'intérêt du Législateur & des Sujets, qu'aucune loi nouvelle ne soit publiée sans être revêtue du caractere qu'impriment ces formes d'Etat; caractere dont l'effet est d'inspirer les sentimens de respect, de confiance & de soumission qui sont dûs à la loi?

Ces formes peuvent varier, & varient en effet selon les Gouvernemens: plus multipliées dans les uns, elles sont plus simples dans les autres; mais dans tous, elles ont pour objet de prévenir les loix inconsidérées, de rassurer les peuples sur la bonté de celles qu'on veut leur donner. La

---

(e) *Si summus imperans in legibus ferendis certa se forma alligaverit, ut Theodosius. . . . . si antiquum jus corrigi vel emendari necessitas exposceret, id prius cum Consiliariis aulicis & Senatu toto in deliberationem deduci, ac si placeat novam legem ferri, eam curam iisdem dictari, revideri & relegi, consentientibusque vel universis, & eorum majore saltem parte tum demùm publicari. Et Justinianus Imperator novell. 152. constituit, ut nulla sanctio pragmatica de causis publicis concepta, robur habeat, priusquam Præfecto Prætorio insinuata, & ab eo probata fuerit. Neque vero dubitandum summum imperantem temperamentum potestatis suæpte voluntate posse inducere. Planè uti facilè negabit nemo, si rex nolit quosdam actuum suorum valere, nisi Senatus approbaverit actus eâ approbatione destitutos in irritum cadere. Quandoquidem itâ non ademit quidem sibi potestatem, sed tamen voluntatem declaravit quemadmodum legem vel actum allum deinceps fieri oporteat; idque propterea ut libidini novaturientium & privatis respectibus occurreret, & actus posterior contrarius non serius fuisse, vel per imprudentiam excidisse sibi videatur. De lege, clausula, ne nunquam abrogari possit, munitâ, tom. 3. pag. 7. édit. de 1716.*

(f) *Equidem evidens esse utilitas debet, ut recedatur ab illo jure quod diù æquum visum est, secundùm Ulpianum in L. 2. D. de constit. Princip. & prudentiæ civilis magistri mutationes legum reprobant non temerè, quoniam vis legum est ab autoritate; autoritas à ratione quâ censentur scriptæ. Censetur porrò rationem habere quod est diuturnum, durabile, longo tempore observatum ab hominibus; cùm quod rationi est adversum, persuaderi minimè posse videatur. Ergò qui crebrò mutant leges, nullam in iis ostendunt fuisse rationem; quod opinione semel ortâ, nihil est facilius quàm idem ut omnibus accidat legibus; neque novæ in majori sint autoritate. Adde quod in vetustate ipsâ venerabilis sit Religio, qualis nulla est in novitate; & quod exemplum ipsum nocet, quando qui evertit leges priores, suas eo ipso everti posse testatur.* Ibid. p. 4.

plus générale & la plus importante de ces formes, qu'on peut appeller des précautions de prudence, consiste à faire précéder la loi d'une délibération sérieuse, & de la soumettre à l'examen d'un Corps de personnes capables.

Le Souverain qui se mettroit au dessus de ces formes, ou qui les mépriseroit, ne montreroit pas seulement qu'il est aussi peu jaloux de marcher sur les traces de ses Prédécesseurs, que de faire un usage réglé de sa puissance; il s'exposeroit à exciter un mécontentement général, & peut-être même à faire naître des troubles. Et qu'on ne dise pas que les droits de la souveraineté sont attaqués par la gêne de ces formes; que soumettre la loi à l'examen & à la vérification des inférieurs, c'est réduire le Monarque à la qualité de législateur en premiere instance, pour rendre les vérificateurs de la loi les vrais législateurs, les législateurs en dernier ressort. Ce langage dicté par la basse flatterie, n'annonce dans ceux qui l'adoptent que des idées fausses, des sentimens peu honorables pour le Souverain. On a vu que les Publicistes, que les Jurisconsultes ont prévu la difficulté, & qu'ils l'ont rejettée. *Quandoquidem itâ non adè-mit sibi potestatem* (g). Ces sortes de limitations de la puissance „ne donnent aucune atteinte à la souveraineté.... Elles sont des précautions contre la foiblesse inséparable de l'humanité...... au lieu d'affoiblir ou de diminuer la Souveraineté, elles la perfectionnent, en réduisant le Souverain à la nécessité de bien faire, en le mettant, pour ainsi dire, dans l'impuissance de faillir (h)."

Cet assujettissement aux formes établit la puissance du Souverain, au lieu de l'affoiblir.

Seroit-ce de bonne foi qu'on oseroit prétendre que le Monarque altere les droits de sa Souveraineté, en suivant, dans l'usage d'un pouvoir qui ne réside qu'en lui seul, ces formes anciennes de l'Etat, qui n'ont été établies par les Rois & par les loix que pour empêcher les surprises dont le Trône n'est pas exempt, où les erreurs inséparables de la fragilité humaine ? S'avisa-t-on jamais de reprocher aux Empereurs Romains de transmettre au Sénat ou au Préfet du Prétoire la puissance législative, en ordonnant que les loix leur seroient communiquées, & qu'elles ne seroient munies du sceau Impérial & publiées qu'après avoir mérité leurs suffrages ? A-t-on regardé comme un attentat sur l'autorité Pontificale la démarche des Cardinaux qui, du temps de Louis XI, exigerent du Pape futur qu'il s'engageât par serment à ne promulguer aucune Bulle, sans avoir préalablement pris leur avis ? Les formes introduites dans la législation, loin de blesser l'indépendance du Trône, sont au contraire l'ouvrage même de la Souveraineté éclairée, elles en sont la sûreté. Elles référent tout au Souverain, & si elles référent le Souverain lui-même à des regles de prudence, c'est pour consolider davantage le Trône & sa gloire; c'est pour le conduire plus sûrement au terme essentiel de l'institution primitive de la puissance publique, c'est-à-dire à gouverner par la justice, & à procurer la félicité des Peuples.

(g) Hertius, ubi suprà.   (h) Burlamaqui, suprà.

MAXIMES DU DROIT

Or la France, ainsi que tout Etat policé, a ses formes publiques ; elle a des regles qui dirigent le Monarque dans la formation des loix, & qui sont autant de précautions destinées à prévenir les mauvaises loix.......
Si ces formes précieuses n'ont pas toujours été les mêmes, les personnes instruites de notre histoire sçavent qu'il n'est aucune époque, dans la longue durée de notre Monarchie, où la législation n'ait eu des formes essentielles. Examinons comment se dresserent les loix sous la première & seconde Race de nos Rois ; nous prouverons ensuite que la nécessité de la vérification libre est le dernier état de sa constitution législative.

Dans tous les âges de la monarchie Françoise, la législation a eu des formes essentielles.

PREMIERE SECTION.

Examen de l'ordre suivi pour la législation sous les deux premieres Races de nos Rois. Toutes les loix étoient délibérées dans les Assemblées générales.

C'est un fait constaté par tous les monumens qui nous ont transmis l'histoire du premier âge de la Monarchie Françoise, que nos premieres loix ne furent pas l'ouvrage des Princes seuls, & qu'elles furent délibérées dans les Assemblées générales de la Nation. Un Auteur moderne remarque qu'on ne peut en être surpris que lorsqu'on ignore que nos anciens Monarques agissoient plus *par l'autorité de la persuasion que par l'empire du commandement ;* & que quoique rien ne se fît que sous leur nom & de leur autorité, ils attendoient néanmoins *le consentement de la Nation, qui s'assembloit régulierement tous les ans* (i).
La majesté du Prince paroissoit avec éclat dans ces Assemblées, qui d'abord se tinrent au mois de Mars, en pleine campagne, &, qui dans la suite, furent différées jusqu'au mois de Mai. C'est là que se dressoient les Réglemens nécessaires pour la police publique, & qu'on statuoit en général sur tout ce qui pouvoit intéresser la Monarchie & au dehors & au dedans. On y terminoit les différends survenus entre les Grands ; on y recevoit les plaintes contre les Gouverneurs qui abusoient de leur pouvoir ; on y traitoit de la Paix & de la Guerre ; on y jugeoit de la nécessité des subsides, & on en fixoit la répartition. Que cette sage Politique, qui faisoit naître les loix du vœu commun, & de la délibération prise dans l'Assemblée des Francs, étoit propre à en garantir la justice & l'utilité !

Sous la premiere Race.
Quelle inquiétude auroit pu rester sur la parfaite & prompte exécution de loix, qui s'étoient concilié d'avance l'estime & la confiance de la Nation ? Cette premiere forme de législation Françoise se maintint pendant la premiere Race, & subsista long-temps sous la seconde.

Preuves tirées des historiens.
Robertson.
Robertson, cet Auteur si versé dans l'histoire, releve avec raison dans son Introduction à l'histoire du Regne de l'Empereur Charles-Quint, l'erreur de quelques Ecrivains, qui ont transporté les usages de leurs temps aux premiers siecles de la Monarchie ; c'est celle de Réal en parti-

(1) Traité des Droits de l'Etat & du Prince sur les biens possédés par le Clergé ; tom. I. pag. 181

culier, qui dit gravement que ,, nos Rois ont été aussi absolus dès l'origine qu'ils le sont à préfent (k). Il paroît évident à Robertson, ,, d'après les Codes de loix des différentes Tribus qui s'établirent dans les Gaules & dans les contrées voisines, ainsi que d'après l'histoire de Grégoire de Tours, & les autres anciens Annalistes, que la forme du Gouvernement, parmi tous ces peuples, étoit extrêmement simple & grossiere........ Le Roi ou le Chef avoit l'autorité sur les soldats ou les compagnons qui, par choix & non par crainte, avoient suivi ses étendards....... Grégoire de Tours (*L.* 4, *ch.* 14) rapporte un trait qui prouve de la maniere la plus frappante combien les premiers Rois de France dépendoient des sentimens & des volontés de leurs soldats..... Si ces premiers Rois poffédoient une autorité si bornée, même à la tête de leur armée, on conçoit que leur prérogative pendant la paix étoit encore plus limitée. Ils montoient sur le Trône, non par droit de succession, mais en conséquence d'une élection libre & volontaire faite par leurs Sujets..... Et le but de l'élection des Rois n'étoit pas sans doute de leur conférer un pouvoir absolu......

Tout ce qui avoit rapport au bien général de la Nation étoit mis en délibération publique, & se concluoit par les suffrages du peuple dans les Assemblées annuelles, appellées Champs de Mars & Champs de Mai....... Les vieilles chroniques de France font mention, dans les termes suivans, des personnes qui assisterent à l'Assemblée de l'an 788: *In placito Ingelheinensi conveniunt Pontifices majores, minores, Sacerdotes, Reguli, Duces, Comites, Præfecti, Cives Oppidani.* (Sorberus, §. 304). C'étoit là, dit un Historien, qu'on discutoit & qu'on arrêtoit tout ce qui concernoit le bonheur de l'Etat, & tout ce qui pouvoit être utile à la Nation... Le Roi Clotaire II fait lui-même l'énumération des objets dont s'occupoient ces Assemblées, & il reconnoit leur autorité. On les convoque, dit-il, parce que tout ce qui regarde la sûreté commune, doit être examiné & réglé par une délibération commune; & je m'y conformerai à tout ce qu'elles auront résolu..... Les Loix Saliques, monument le plus auguste de la Jurisprudence Françoise, furent formées de la même maniere: *Dictaverunt Salicam legem proceres ipsius gentis, qui tunc temporis apud eam erant rectores...... hoc decretum est apud Regem & Principes ejus: & apud cunctum populum Christianum qui intra Regnum Merovingorum consistunt.* Dans les Chartes même accordées par les Rois de la premiere Race, les Rois ont soin de spécifier qu'ils les ont données avec le consentement de leurs Vassaux...... *Unà cum consensu & voluntate Francorum.*

,, Les Assemblées générales exerçoient une Jurisdiction suprême sur toutes les personnes, & dans toute espece de causes: celà est si évident qu'il seroit inutile d'en chercher des preuves. Le procès fait à la Reine Brunehaut, en 713, tel qu'il est rapporté par Frédégaire, quelque injuste que soit la sentence portée contre cette Princesse, suffit seul pour établir cette assertion..... Dans les Assemblées de Mars & de Mai, qu'on

(k) Histoire du Regne de l'Empeurre Charles-Quint. *Paris* 1771, *tom.* I, *pag.* 337.

tenoit annuellement, on avoit coutume de faire au Roi un préfent d'argent, de chevaux, d'armes, ou de quelques autres objets précieux..... Ces dons étoient confidérables, fi nous en pouvons juger par les termes généraux dans lefquels s'expriment les anciens Hiftoriens...... Il eft probable que le premier pas qu'on fit vers l'impofition fut d'affurer la valeur de ces Dons, qui, dans leur origine étoient purement volontaires, & d'obliger le Peuple à payer la fomme à laquelle ils avoient été évalués. Mais on a confervé jufqu'à ce jour la mémoire de leur origine, & l'on fçait que les fubfides, accordés alors aux Souverains dans tous les Royaumes de l'Europe, étoient appellés *Bienveillances ou Dons gratuits.*

Seconde Race.
„ Les Rois de France de la feconde Race, continue Robertfon, étoient élus par le choix libre du Peuple. Pépin, Roi pieux, dit un Auteur qui écrivoit peu d'années après l'événement qu'il rapporte, fut élevé au Trône par l'autorité du Pape, l'onction du Saint Chrême, & le choix de tous les Francs... (*Bouquet, Recueil des Hiftoir. Tom. V, pag. 9.*) Mais comme les chefs de la Nation avoient ôté la Couronne à une famille, pour la faire paffer à une autre, on exigea d'eux un ferment par lequel ils s'obligeoient à maintenir fur le Trône cette famille qu'ils venoient d'y placer...... La Nation fut fidele à ce Souverain pendant un long efpace de temps. La poftérité de Pepin prit poffeffion du Trône ; mais lorfqu'il fallut partager les Domaines entre les enfans de la famille Royale, les Princes furent obligés de confulter l'Affemblée générale de la nation. Ce fut ainfi que Pepin lui-même nomma en 768 Charles & Corloman fes deux fils pour régner conjointement ; mais ce ne fut qu'avec le confentement de l'Affemblée générale de la Nation, devant laquelle il mit l'objet en délibération : *una cum confenfu Francorum & Procerum fuorum, feu Epifcoporum conventu.* Les Francs confirmerent cette difpofition dans une affemblée fuivante convoquée à la mort de Pepin ; car non-feulement ils nommerent Rois Charles & Carloman, fuivant le témoignage d'Eginhart, mais encore ils réglerent de leur propre autorité les limites des Domaines refpectifs des deux princes. Ce fut également par l'autorité de ces Affemblées fuprêmes qu'on décida toutes les difputes qui s'éleverent entre les defcendans de la Famille Royale. Charlemagne reconnut ce point important de leur Jurifdiction, & le confirma dans la Charte qu'il donna pour le partage de fes Domaines : car, dit-il, dans le cas où il y auroit incertitude fur le droit des différens compétiteurs, celui d'entr'eux que le peuple choifira, fuccédera à la Couronne.

Dom Bouquet.

Sous les Rois de la feconde Race, les Affemblées de la Nation appellées indifféremment *Conventus, Malli, Placita,* fe tenoient régulièrement une fois pour le moins chaque année, & fouvent deux fois par an..... Nous apprenons de Hincmar, que ce grand Monarque (Charlemagne) ne manquoit jamais de convoquer chaque année l'Affemblée générale de fes fujets : *in quo Placito generalitas univerforum majorum, tàm Clericorum quàm laïcorum, conveniebat.* (*vol. 2. c. 29. p. 211.*) Toutes les matieres qui concernoient la fûreté générale des Sujets & le bien du Royaume, fe difcutoient

Hincmar.

discutoient toujours dans ces assemblées, avant qu'on entamât les affaires particulieres ou moins importantes. Les Successeurs immédiats de Charlemagne imiterent son exemple, & ne traiterent jamais d'aucune affaire importante, sans l'aveu du Conseil général de la Nation.

"Sous cette même Race...... les Ecclésiastiques constitués en dignité, & les grands Officiers de la Couronne ne formoient pas les seuls Membres de l'assemblée de la nation; le Peuple ou le corps entier des hommes libres avoit droit d'y assister, soit en personne, soit par des députés qui les représentoient........ Le Peuple, ainsi que les Membres de l'Etat les plus élevés en dignité, avoient part à la puissance législative. C'est pourquoi, par une loi de l'an 803, il est ordonné que, lorsqu'il s'agira d'établir une nouvelle loi, la proposition en sera soumise à la délibération du Peuple; & que, s'il y a donné son consentement, il la ratifiera par la signature de ses représentans....... Il paroît probable d'après un Capitulaire de Charles-le-Chauve de l'an 851, que le Souverain ne pouvoit refuser de donner son consentement à ce qui étoit proposé & réglé par ses Sujets dans l'Assemblée générale. Il est inutile de multiplier les citations pour faire voir que la puissance législative en France, résidoit dans l'Assemblée de la Nation...... Le stile uniforme des Capitulaires suffit pour confirmer cette proposition. (1)."

Le comte de Boulainvilliers atteste le droit de la Nation de concourir à la Législation. Il nous apprend des choses très-intéressantes sur ces "Assemblées, dont quelques-uns de nos Rois ont tenté d'affoiblir l'autorité, que Charlemagne s'est fait un devoir de rétablir."

Le Comte de Boulainvilliers.

Je ne dirai point que Charlemagne ait été l'instituteur des Assemblées Générales de la Nation, que nous connoissons aujourd'hui sous le nom d'Etats. Personne n'ignore que les François, étant originairement des Peuples libres qui se choisissoient des Chefs à qui ils donnoient les noms de Rois, pour faire exécuter les loix qu'eux-mêmes avoient établies, ou pour les conduire à la guerre, n'avoient garde de considérer ces Rois comme législateurs arbitraires, qui pouvoient tout ordonner sans autre raison que celle de leur bon plaisir. Il est si vrai qu'ils n'étoient pas maîtres absolus, qu'il ne nous reste aucune Ordonnance des premiers temps de la Monarchie, qui ne soit caractérisée du consentement des Assemblées Générales du champ de Mars ou de Mai, où elles avoient été dressées. Mais j'assurerai de plus, parce que c'est une vérité démontrée & prouvée par l'histoire de la Police Françoise, que l'on ne prenoit pas même autrefois une résolution de guerre hors de ces Assemblées communes & sans le consentement de ceux qui en devoient courir les hazards."

Après avoir dit que Charles Martel essaya de les abolir entièrement, & que Pepin, en les rétablissant, voulut seulement en changer l'objet, il ajoute que Charlemagne leur rendit tout le pouvoir légitime qui leur appartenoit, & qu'il s'efforça même de les rendre plus augustes.

(1) Ibid. n. 37. pag. 337. jusques à 346.

„ Ne cherchons point, continue-t-il, l'éloge de Charlemagne ailleurs que dans notre histoire, ou plutôt dans ce qu'il a fait pour rétablir la Nation Françoise dans ses véritables, premiers & légitimes droits. Il considéra premiérement, ce qu'aucun de nos Rois, depuis lui, n'a jamais bien voulu comprendre, que les François étoient originairement un Peuple libre, autant par son caractere naturel, que par le droit primitif qu'il avoit de choisir ses Princes, & de concourir avec eux dans l'administration du Gouvernement ; concours qui servoit nécessairement de conseil aux Rois, & de motif à la Nation entiere, pour faire réussir les entreprises résolues d'un commun consentement. Ainsi ce grand Prince conçut que le Gouvernement despotique & arbitraire, tel que son Aïeul Charles-Martel avoit voulu l'établir, étant absolument contraire au génie de la Nation, & à son droit certain & évident, il étoit impossible qu'il fût durable: ce qui le détermina à faire aux François la Justice qui leur étoit due, en remettant sur pied l'ancienne forme du Gouvernement......

Ayant à prendre son parti entre la continuation de la violence exercée par son Aïeul, ou l'artificieuse Politique de son pere dans le rétablissement des Assemblées Nationales, il prit avec toute la vérité & la sincérité dont il étoit capable, celui de faire revivre les Parlemens, selon leurs anciens droits, usages & prérogatives de leur premiere institution.

On voit, pendant & depuis son Regne, premiérement que les Assemblées communes ont jugé souverainement des Causes majeures, infractions de foi, révoltes, félonies, attentats, conjurations, & de tout ce qui pouvoit troubler la tranquillité publique....

Secondement que les Assemblées ont réglé & déterminé le Gouvernement intérieur de la Monarchie, soit à l'égard des impôts, de leur quotité, répartition, nature & maniere d'en faire le recouvrement, soit à l'égard de la distribution des emplois tant civils que militaires.

Troisiémement, que ces Assemblées ou Parlemens délibérerent sur toutes les résolutions de guerres, pour en régler les entreprises, la marche & la destination des troupes qui y devoient être employées, & tout ce qui concernoit la discipline des armées.

Quatriémement, que le pouvoir de faire des Traités d'alliance, de se donner des secours mutuels, & de prendre des sûretés de garantie, fut remis aux Parlemens, avec celui de juger de la suffisance des satisfactions exigibles par les Peuples auxquels on auroit déclaré la guerre, c'est-à-dire, le droit de faire la paix & d'en régler les conditions.

Cinquiémement, Charlemagne voulut que, selon l'ancien usage, les Assemblées communes jugeassent souverainement de tous les différends qui pourroient survenir entre les Seigneurs Laïcs & les Seigneurs Ecclésiastiques, suivant la loi primitive.

Sixiémement, il voulut encore que ces Assemblées Nationales fussent le Tribunal public où chaque Sujet lézé, opprimé & maltraité par un plus puissant que lui, pût s'adresser pour faire réparer ses griefs.

Voilà quels furent les droits que Charlemagne rendit aux Assemblées de la Nation, non comme une gratification nouvelle, émanée de fa pure libéralité ou une marque de reconnoiſſance qu'il croyoit devoir aux François pour tant de ſervices qu'il en avoit reçus, mais comme la reſtitution d'un droit naturel & inconteſtable, violemment uſurpé par ſes Prédéceſſeurs."

Boulainvilliers juſtifie Charlemagne contre ceux qui l'accuſent d'avoir manqué en celà de politique.

„ Je ſoutiendrai de plus qu'au fond, Charlemagne étoit meilleur politique que ne l'avoient été ſes Prédéceſſeurs, & que ne l'ont été tous ſes Succeſſeurs. En effet, il en faut revenir à la maxime, que tout Souverain qui gouverne ſans ménagement pour les droits de ſes Sujets, ſans attention à leur caractere, ſans conſidération pour le bonheur public, ſans prévoyance pour ceux qui lui doivent ſuccéder, & ſans deſir de fonder ſa gloire ſur la juſtice de ſon gouvernement, ce Prince, dis-je, loin de mériter le titre d'un bon Souverain, ne peut jamais être regardé par la poſtérité, que comme un oppreſſeur, c'eſt-à-dire, que comme un Prince qui a abuſé de ſon pouvoir; qui, ſe livrant à ſes paſſions, & n'étant bon que pour lui-même, s'eſt ſéparé du corps de la Société pour jouir ſeul des avantages qui ne peuvent ceſſer d'être communs, ſans détruire politiquement cette même Société. Par conſéquent il réſulte que ce qui fait le caractere d'un excellent Prince, eſt la communication de ſon autorité, & d'admettre ſes Sujets au partage de ſa puiſſance, principalement quand il eſt évident que ce droit leur eſt naturel, & qu'il ne leur a été ravi que par une injuſte violence.

Tel fut le motif de la conduite de Charlemagne: & par-là non-ſeulement il ſe mit à couvert de la haine & de la jalouſie qu'attire néceſſairement l'uſurpation, mais il s'acquit de plus l'amour & l'eſtime de ſes Sujets; par-là il ſçut ſe délivrer de la crainte, compagne inſéparable de la tyrannie; par-là il ſatisfit à la juſtice, à la raiſon & à la droiture de ſon coeur, ſans perdre la plus petite partie de ſon autorité légitime; par-là enfin, en aſſurant les fortunes particulieres des François, leur repos & leur liberté, il pourvut, autant qu'il étoit en lui, à conſerver leurs affections à ſes Succeſſeurs. L'hiſtoire marque aſſez qu'il n'a tenu qu'à eux de les conſerver; la ſeule mémoire de ce Prince les ayant longtemps maintenu ſur le Trône, qu'ils déshonoroient par leur foibleſſe. Par le rétabliſſement des Parlemens il avoit encore pourvu les Rois à venir d'un Conſeil permanent qui, ſelon toute la prévoyance humaine, devoit toujours être ſage, fidele, courageux & également attaché à la gloire du Prince, à la conſervation de l'Etat, au bien & à l'honneur de la nation; de même qu'il établiſſoit l'ordre, la correſpondance ſi néceſſaire du Chef avec tous les membres, & l'unanimité des ſentimens (m)."

Quelque long que ſoit ce texte, on ne peut ſe diſpenſer d'y ajouter encore les paroles ſuivantes.

(m) Hiſtoire de l'ancien Gouvernement de la France, tom. I, pag. 214. & ſuiv.

„ Pour peu que l'on réfléchisse à ce qui se passe en Angleterre, en Allemagne, en Pologne, à ce qui se pratiquoit il n'y a pas long-temps en Dannemarc & en Suede, & à ce qui s'est fait en France depuis assez peu d'années, on pourra reconnoître aisément que tous les gouvernemens des Royaumes formés en Europe du démembrement de l'Empire Romain, ont eu une attention particuliere à ne se pas tellement abandonner au pouvoir de leurs Rois, que leur autorité ne pût être tempérée par la concurrence de plusieurs Tribunaux qui n'étoient originairement occupés qu'à la partager. La même institution se trouve partout, quoique sous des noms différens, comme ceux de Diette en Allemagne & en Pologne; de Parlemens en Angleterre; d'Etats en France, Suede & Dannemarc; de Cortes en Arragon, Portugal, & même en Castille, quoique ce soit un pays de conquête.

Les Peuples à qui nous rapportons la fondation de ces divers Royaumes, étoient des Barbares venus du fonds du Nord ou des extrémités de la Scythie, qui n'avoient aucune connoissance de lettres ni de Philosophie, & encore moins de la Politique rafinée de ces législateurs qui avoient composé avec étude & méditation les loix de la plupart des Villes & Républiques de la Grece, au temps de leur liberté. Mais, suivant le sens droit & commun qui ne leur a point manqué, ils ont connu que comme le Gouvernement Monarchique étoit nécessaire, & même indispensable à des Peuples qui se proposoient des conquêtes par la voie des armes, sur-tout ayant affaire à des ennemis aussi redoutés qu'étoient les Romains, les inconvéniens d'une autorité sans bornes dans les Rois à qui ils vouloient bien se soumettre, les engageoient à la modérer par le concours des anciens de chaque Nation: ce qui établit l'usage des assemblées communes, même parmi les François, les plus inattentifs de tous (n)."

Le Président Hénault.

Le Président Hénault pense comme tous les autres, que les loix étoient formées dans les Assemblées Nationales. Il s'est seulement expliqué sur ce point avec sa politique ordinaire.

„ Sans entrer dans la question, sçavoir quelle influence avoient les Peuples dans les délibérations qui se prenoient au champs de Mars, où se faisoient les Capitulaires, nous rapporterons seulement ces termes de Charles-le-Chauve: *Tels sont*, dit ce Prince, *les Capitulaires de notre pere, que les François ont jugé à propos de reconnoitre pour loi, & que nos fideles ont résolu dans une Assemblée Générale d'observer en tout temps.* Ces Capitulaires étoient des loix qui se faisoient dans le *Parlement* ou *Plaids*, auquel assistoient les Ecclésiastiques & les Laïcs; ce qui fait que Réginon les a appellés tantôt *Synodus*, tantôt *Placitum*; parce que le concours de ces deux Ordres de l'Etat dans une Assemblée où se traitoient également les choses Ecclésiastiques & les Séculieres, les rendoit en effet & des Conciles & des Parlemens; Parlemens par convocation, Conciles par occasion (o)."

(n) Ibid. pag. 251 & suiv.   (o) Abrégé Chronologique, tom. I. p. 116.

Lorsque sous Clovis, on forma le projet de réformer la loi Salique, cette opération qui avoit pour objet la grande police de l'Etat, ne fut consommée que de concert avec les Francs dans une Assemblée Générale. Le préambule de la loi porte que ce Prince *convint avec les Francs de faire quelques additions à la Loi Salique* (p). On trouve une mention semblable dans le Traité de Paix qui fut fait plusieurs années après entre Childebert & Clotaire fils de Clovis: le traité ne fut conclu que du consentement de la Nation (q). Childebert reconnut lui-même dans un Decret ou Edit, que ses dispositions étoient le résultat d'une délibération commune (r). On lit dans d'autres loix, dressées sous les Rois de la premiere Race, qu'elles avoient été résolues par le Souverain, par les Princes, les Evêques, les Ducs, les Comtes, & même par le Peuple entier. C'est en particulier ce qu'on apprend du titre de la loi des Allemans rédigée du temps de Clotaire (s) & de la loi Bavaroise, dressée par le Roi Thierry, revue par Childebert & Clotaire, & en dernier lieu par Dagobert (t) Il est remarquable que toutes ces loix contiennent les mêmes clauses qu'on peut appeler des formules sacramentelles: *Il est convenu à nous tous assemblés au champ de Mars: il nous a plu à nous & à nos Leudes: c'est le decret & la résolution de tous* (u). Les Leudes n'étoient pas seulement les Grands de la Nation; tous les Francs étoient désignés sous cette qualité: on le voit dans l'appendix de Grégoire de Tours (v) La même chose résulte des loix Bavaroise & Allemande, puisqu'elles furent arrêtées sur le suffrage de tout le Peuple, *apud cunctum Populum*.

Sous la seconde Race de nos Rois, on suivit la même forme pour la constitution des loix: elles continuerent d'être proposées & délibérées dans les Assemblées Générales. *Sous la Seconde Race.*

Charlemagne ayant conçu le dessein de faire des additions à la Loi Salique, communique son projet à l'Assemblée Nationale qui l'agrée. La loi est dressée; elle annonce dès son titre qu'elle a été formée par un vœu commun (w); & il est dit dans le corps qu'elle a été délibérée avec tous les Membres de l'Assemblée (x). Les Peuples présentent à ce Prince une Requête pour avoir un nouveau Réglement: Charlemagne répond qu'il faut attendre l'Assemblée, parce que les matieres qui intéressent le

(p) *Clodovæus unà cum Francis pertractavit ut ad titulos aliquid amplius adderet.* Codex legum antiquarum de Lindenbrock. 347.
(q) *Childebertus tractavit cum Francis suis.*
(r) *Cum nos omnes kalendis Martii (congregati) de quibuscumque conditionibus unà cum nostris optimatibus pertractavimus. Convenit unà cum Leudis nostris..... convenit nobis campo..... Pari conditioni convenit kalendis Martiis, omnibus nobis adunatis.* Baluze Capitul. tom. 1. col. 17.
(s) *Quæ temporibus Clotarii Regis, unà cum principibus suis,* 34 *Episc. &* 34 *Ducibus, &* 72 *Comitibus, vel cætero Populo constituta est.* Codex legum antiquarum, pag. 363.
(t) *Hoc decretum est apud Regem & principes ejus & apud cunctum populum Christianum qui infra regum Meryngorum consistunt.* Ibid. pag. 399.
(u) *Ità convenit Leudis nostris..... & placuit. Placuit, atque convenit inter Francos & eorum proceres.*
(v) *In universis Leudis tàm sublimibus quàm pauperibus,* n. 38.
(w) *Capitula quæ anno præterito Legi Salicæ cum omnium consensu addenda esse censuimus.* Baluze. Capitul. tom. 1. col 356.
(x) *Ut Populus interrogetur de Capitulis, & postquam consenserint, suscriptiones & manu firmationes suas in ipsis Capitulis faciant.* Ibid. col. 394.

commun des Sujets, doivent être discutées & réglées d'un commun accord (y).

Preuves tirées des Capitulaires. Les Capitulaires de Louis-le-Débonnaire & de Charles-le-Chauve, sont établis de la même manière: ils expriment le Jugement de l'Assemblée & le consentement des Peuples joint à la Sanction Royale (z). C'étoit même une maxime si constante, que Charles-le-Chauve la fit entrer dans la définition de la loi. On entend par là loi un Decret du Prince fait avec la délibération, & conformément à l'avis de l'Assemblée: *lex consensu Populi fit & constitutione Regis* (a).

Si l'on ne craignoit de trop s'appésantir sur un point de fait qu'aucun Sçavant ne conteste, on citeroit un grand nombre de Capitulaires où nos Monarques des deux premieres Races ont eu l'attention de déclarer que leurs loix avoient été formées dans l'Assemblée Générale; que tous en avoient délibéré; que leurs dispositions avoient été concertées avec les Féaux; qu'elles n'étoient que le résultat du vœu commun; que les résolutions avoient été prises de l'avis & du consentement général (b). La collection même des Capitulaires à pour titre: *Capitulaires des Rois, des Evêques & des Francs* (c).

Ajoutons que cette forme de Législation avoit trois avantages inestimables. Les loix rédigées avec tant de précautions avoient un caractere de stabilité qui répondoit à la maturité de leur formation. Les droits des Citoyens étoient ménagés & maintenus; les Féaux avoient la liberté, ou plutôt, c'étoit pour eux un devoir d'avertir le Prince de tout ce qui pouvoit intéresser le bien de l'Etat.

(y) *Ex Capitulis Domini Karoli Imperatoris Wormantiæ generaliter decretis atque ab omnibus firmatis & cunctis pro lege tenendis contradictis.*
Ut ergo hæc omnia à vobis & à nobis, sive à Successoribus vestris & à nostris, futuris temporibus, absque ullâ dissimulatione conserventur scriptis Ecclesiasticis inserere jubete, & inter vestra Capitula interpolare præcipite.
Quando, vitâ comite, Deo auxiliante, ad generale Placitum venerimus, sicut petistis, consulto omnium fidelium nostrorum scriptis firmare nostris nostrorumque atque futuris temporibus irrefragabiliter manenda firmissimè Domino amminiculante cupimus, Modo ea quæ generalia sunt, & omnibus conveniunt ordinibus, statuere parati sumus........ & ad proximum Synodalem nostrum conventum a: generale Placitum, ubi plures Episcopi & Comites convenerint, ista, sicut postulastis firmabimus. Ibid. col. 406, 407, 408.
(z) *Capitula avi & patris nostri, quæ Franci pro lege tenenda judicaverunt, & fideles nostri in generali placito nostro conservanda decreverunt.* Ibid. tom. 2. col. 231.
Capitula hæc ab eodem Rege statuta sunt in Placito generali, omnium cum voluntate & consensu, & ab omnibus qui præsentes erant confirmata. Ibid. col. 227.
Les Rois Lothaire, Charles & Louis-le-Germanique, rendent un semblable témoignage dans un Réglement sur la Police publique des trois Royaumes, sur le concert qui régnoit entr'eux & leurs Féaux. *Et sicut hic fideles nostri communiter consenserunt, & nos cum illorum consilio consentimus, & observari communiter volumus.* Ibid. tom. 2. col. 143.
(a) Edict. Pistense. cap. 6. Il est dit dans la préface: *hæc quæ sequuntur capitula, nunc in isto Placito nostro..... unà cum fidelium nostrorum consensu, atque consilio constituimus.* Ibid. col. 174, 177.
(b) *Sic nobis cum proceribus convenit.*
Statuimus cum Consilio & consensu Episcoporum & Optimatum nostrorum.
Omnes unanimiter consenserunt. Judicaverunt omnes.
Placuit nobis & fidelibus nostris.
Hoc placuit Omnibus. Omnium cum voluntate & consensu decrevimus.
Ibid. tom. 1. col. 356, 394, 561, 598, 608, 609.
Tom. 2 col. 30, 83, 143, 227.
(c) *Incipiunt capitula Regum & Episcoporum, maximeque nobilium Francorum omnium.* Ibid. tom. 1. pag. 698.

1°. Quelle stabilité ne devoient pas avoir des loix examinées, concertées, délibérées avec la Nation assemblée, & qui ne pouvoient être révoquées ou changées que par la même voie qui leur avoit donné l'être! Nos Rois des deux premieres Races, bien éloignés de se permettre d'y porter atteinte, les regardoient comme des engagemens inviolables pour eux & pour leurs Successeurs.

La plupart des Capitulaires annoncent cette stabilité dans leurs dispositions. Dans l'un, Louis-le-Débonnaire proteste que ce qui a été conclu dans l'Assemblée sera sa regle & celle de ses descendans (d). Charles le Chauve, Lothaire & Louis-le-Germanique déclarent dans un autre que les Féaux n'ont point à appréhender que jamais ils méprisent les loix faites en leur faveur sous les précédens Regnes (e). Plusieurs des Capitulaires de Charles-le-Chauve portent que ses Successeurs ne sont pas moins liés que lui-même par les loix, & ce Prince les signe de sa propre main, pour assurer davantage leur constante & perpétuelle exécution (f). Enfin nos premiers Rois, mettant en parallele ce que le Souverain doit à ses Sujets & ce que les Sujets doivent au Souverain, proposent leur propre exactitude à conserver les loix de chaque ordre du Peuple, comme le motif & le modele de la fidélité, de l'obéissance que le Peuple, par droit de retour, devoit montrer pour eux (g).

2°. Combien les droits & la liberté des Sujets n'étoient-ils pas en sûreté dans un Gouvernement fondé sur de tels principes! Les Sujets de quelque ordre qu'ils fussent, avoient-ils des plaintes ou des demandes légitimes à former? Ils étoient certains d'être écoutés, & de recevoir de la part du Monarque la juste satisfaction qu'ils avoient droit d'attendre.

Nous apprenons des Capitulaires de quelle maniere les Requêtes des Sujets étoient approuvées dans l'Assemblée Générale, lorsqu'on avoit obtenu que les objets qui y étoient contenus y fussent portés, pour y être mis en délibération, & comment ces Requêtes y passoient en loi. On lisoit tout haut les propositions; alors le Peuple étoit prié de déclarer s'il y donnoit son consentement ou non: les Membres qui représentoient le Peuple, exprimoient leur consentement, en criant trois fois, NOUS EN SOMMES CONTENS; & alors le Capitulaire étoit confirmé par la signature du Roi, du Clergé, & des principaux des Laïcs. *Capitul. Tom.* 1, col. 626—627 ann. 822 (h).

(d) *Ut sive nostris, sive Successorum nostrorum temporibus rata forent, & inviolabiliter conservarentur, libuit &c.* Ibid. tom. 1, pag. 563.
(e) *Ut singulis eorum fidelibus talis lex conservetur, qualem temporibus priorum regum habuisse noscantur.* tom. 2, pag. 41 & 44.
(f) *Ut autem quæ observanda suprà scripsimus, certius & expressius à nobis, atque à successoribus nostris inconvulsa serventur, propriis manibus his subscribere communi consensu decrevimus.* Tom. 2, pag. 164.
Capitula quæ avus & pater pro statu & munimine Ecclesiæ, pro pace & justitia Populi, ac quiete Regni constituerunt, & quæ nos, ... in diversis placitis nostris conservanda statuimus; & manere inconvulsa decernimus, similiter & à filio nostro inconvulsa conservari volumus & mandamus. Tom. 2, pag. 210 & 269. Voyez encore tom. 2, pag. 72, 83, 143, 147, 164.
(g) *Quia omnes, in cunctis ordinibus à Regiâ potestate sibi expetunt competentiâ legis jura servari, Regiæ quoque potestati in cunctis ordinibus lex juris debiti & honor ab omnibus obediter & fideliter conservetur.* Ibid. tom. 2, pag. 143, 147. (h) Robertson. Ibid. pag. 345.

Les Capitulaires font également foi de l'attention qu'avoient les Princes à empêcher que le Peuple ne fût vexé, & à leur promettre la protection la plus efficace. Charlemagne fit les plus expresses défenses à toutes personnes, de quelque rang qu'elles pussent être, d'user des voies de fait, & de recourir à d'autres qu'à celles qui étoient légitimes; *ut nullus præsumat alium sine lege opprimere* (i). Les Rois Lothaire, Louis-le-Germanique & Charles, protesterent dans une Assemblée Générale, que leurs Féaux devoient être pleinement rassurés contre tout abus de leur autorité, parce qu'ils se feroient un devoir de n'en opprimer, affliger, déshonorer & condamner aucun par des moyens illicites, ou contre la justice & la raison, ni d'employer jamais des voies qui ne fussent légales & judiciaires (k). Cette promesse si consolante fut renouvellée quelques années après, & dans le Capitulaire de Conflans, & dans un Capitulaire postérieur (l).

On pourroit citer plusieurs autres Capitulaires où sont répétées ces protestations si honorables pour le Prince, si précieuses pour les Sujets. Elles sont la conséquence naturelle de la maxime du droit public, tant respectée dans ces siecles, qu'on ne pouvoit rien entreprendre contre les personnes libres, au préjudice des loix sous l'empire desquelles elles vivoient: *Placuit nobis de omnibus liberis hominibus, ut nihil eis superponatur nisi sicut lex & rectitudo continet*. Quels sentimens de confiance & d'amour ne devoient pas inspirer aux Peuples des engagemens si solemnellement pris par leurs Souverains de laisser chaque Sujet jouir dans une sécurité profonde de tous les droits qui lui pouvoient appartenir, pourvû qu'il demeurât fidele à ses devoirs, sur-tout envers le Monarque! Une protection bienfaisante du Trône étoit la récompense certaine de sa vertu. *Ut nostri fideles unusquisque in suo ordine & statu, veraciter sint de nobis securi.*

3°. Un troisieme avantage du Gouvernement François résultoit de la liberté qu'avoient les Féaux, ou plutôt de l'obligation que leur imposoit leur serment de fidélité, de donner au Prince tous les avis qui pouvoient concerner le bien de l'Etat, celui du Royaume, & le salut de la Patrie. Les Capitulaires nous ont conservé les formules du serment réciproque du Prince & de ses Féaux. Le Roi s'obligeoit à régler son pouvoir par la raison, à maintenir les droits des Sujets, à conserver à chacun la loi de son ordre, & à réformer ce qu'il auroit pu faire par surprise contre la justice. Les Féaux promettoient au Monarque de l'aider de leur secours & de leur conseil (m).

Ce

(i) Capitul. *Tom.* 1, *pag.* 404.

(k) *Ut nostri fideles, unusquisque in suo ordine & statu, veraciter sint de nobis securi; quia nullum abhinc contra legem & justitiam, vel autoritatem ac justam rationem aut damnabimus, aut dehonorabimus, aut opprimemus, vel indebitis machinationibus affligemus.* Ibid. tom. 2, pag. 46.

(l) Ibid. tom. 2, *pag.* 141 & 209.

(m) Ibid. tom. 2. *pag.* 99 & 101.

Ce fut fur la repréfentation de fes Féaux que Charlemagne convaincu qu'il s'étoit trompé en autorifant un ufage dangereux, ne fit aucune difficulté de l'avouer dans l'Affemblée, & de fe réformer lui-même *pour en laiffe l'exemple à fes Succeffeurs* (n) Qu'un Monarque eft grand, quand il fe fait une gloire de reconnoître fes erreurs, & qu'il a le courage de réparer les fuites de fa méprife! S'étonnera-t-on que Charlemagne ait poffédé le cœur de fes Sujets?

Louis-le-Débonnaire, profitant de l'exemple de fon pere, montra le même zele pour corriger, fur l'avis de fes Féaux, les fautes qu'il pouvoit avoir commifes par foibleffe ou par ignorance (o). Dans un autre Diplome, il recommanda fur toutes chofes à fes Féaux, de ne lui rien cacher de ce qu'ils remarqueroient dans fa conduite de déshonorant pour fon adminiftration, ou de pernicieux pour l'Etat (p); & il en donna cette raifon fi digne d'un Prince qui connoît fes devoirs; c'eft qu'il devoit y avoir entr'eux & lui une noble émulation pour réformer par des travaux communs tout ce qui fe feroit introduit tant par fa négligence que par la leur, de contraire à la tranquillité publique, aux regles de la juftice, à l'honneur de fon regne, & au bien général de l'Etat (q).

Charles-le-Chauve rappelloit à fes Féaux l'étroite obligation qu'ils avoient de l'inftruire, & de ne négliger aucuns efforts pour détourner de fon Gouvernement tout ce qui feroit capable de ternir l'éclat de la dignité Royale; il les conjuroit par la foi qu'ils lui avoient jurée, de l'avertir avec le zele, l'empreffement & l'exactitude qu'exigeoient d'eux la vraie grandeur du Monarque, & le befoin des Peuples, de tout ce qui pourroit lui échapper par l'infirmité humaine, contre l'autorité des loix, & de lui indiquer en même temps les moyens de réparer fes fautes (r).

Lothaire, Louis-le-Germanique, & Charles-le-Chauve fe réunirent dans une Affemblée Générale pour y traiter des maux de l'Etat, & des remèdes qu'il convenoit d'y apporter. Le Roi Charles n'y diffimula pas les abus qui avoient pris cours dans fon Royaume, foit par néceffité, foit par l'ufage immodéré de fa puiffance: *partim neceffitate, partim indebitâ voluntate.* Ces trois Princes infifterent dans un Capitulaire commun, fur le devoir réciproque des Féaux *leurs Coopérateurs* de remontrer aux Rois ce qui leur paroiffoit intéreffer le bien public, & des Rois, d'avoir égard

---

(n) *Canonum regulis edocti, confultu videlicet omnium nobilium noftrorum nofmetipfos corrigentes, pofterifque noftris exemplum dantes volumus &c.* Ibid. tom. 1. pag. 409.
(o) *Cupimus per faluberrimam correctionem, quod noftrâ defidiâ & ignorantiâ hactenùs neglectum eft, confultu fidelium, quantum in nobis, ftudiofiffimè emendare.* Ibid. tom. 1. pag. 660.
(p) *Quæ aut ad inhonorationem regni, aut ad commune damnum. . . . nos diù latere non permittatis.* Ibid. tom. 1. pag. 636.
(q) *Quia quidquid, in his quæ ad pacem & juftitiam totius populi pertinent, & ad honorem regni, ad communem utilitatem, aut à nobis, aut à vobis neglectum eft, debemus certare qualiter abhinc, noftro & veftro ftudio emendatum fiat.* Ibid.
(r) *Sinceritas debita nobis exhibeatur. . . . . . . ut nofter honor & poteftas regia inconcuffa permaneat. . . . . totis nifibus decertare & adjuvare procuret.
Et fi forte fubreptum nobis quippiam, ut homini, fuerit, competenter & fideliter, prout fublimitati regiæ convenit, & neceffitatibus Subjectorum expedit, ut hoc rationabiliter corrigatur, veftra fidelis devotio admonere curabit.* Ibid. tom. 2. pag. 5.

à leurs repréfentations (s). Trois ans après, deux de ces Monarques firent à leurs Sujets l'humble confeffion des maux dont ils avoient été moleftés par leur négligence, & marquerent leur empreffement pour y mettre ordre, dès qu'ils pourroient raffembler leurs Féaux (t).

Charles-le-Chauve étoit fi frappé de l'importance des avis qu'il avoit droit d'attendre des Féaux, que, fçachant combien la crainte d'irriter un Monarque ou de lui déplaire eft propre à empêcher la vérité de parvenir jufqu'au Trône, il les exhorta, il les preffa même de lui expofer ou écrire avec la plus grande franchife, & fans la moindre inquiétude, ce que le devoir lui commandoit, & ce qu'il devoit s'interdire à lui-même (u). C'eft aux termes d'un autre Capitulaire, dans ces avis pleins de candeur & exempts de toute impreffion de politique, que confifte la véritable obéiffance & le fincere attachement des Féaux (v).

Charles-le-Chauve faifoit encore déclarer par fes Féaux qu'ils lui étoient trop étroitement unis, trop parfaitement dévoués pour ne pas lui repréfenter librement, pour ne pas l'inviter même avec le refpect dû à la Majefté fuprême, de révoquer ce qu'il auroit ordonné de contraire aux Loix, & de faire jouir les Sujets des droits qui leur étoient acquis (w). Il leur faifoit ajouter que leur fidélité pour le Prince, fa confiance en eux, leur union confolidée fous fon autorité, étoient telles, que fi malheureufement il vouloit renverfer les Loix & faire triompher l'injuftice, il ne le pourroit pas, par la réfiftance refpectueufe qu'ils lui oppoferoient (x).

Ces fentimens n'étoient pas moins glorieux pour le Monarque qui en recevoit le témoignage, qui les infpiroit même, que pour les Féaux qui les reportoient au Prince, comme le gage de leur fidélité & la preuve de leur amour filial.

Tableau du Gouvernement & de la Légiflation Françoife fous les

Arrêtons nous un inftant pour fixer le tableau que préfente à nos yeux le Gouvernement & la Légiflation de la Monarchie, pendant les quatre fiecles & plus qu'ont régné les Princes des deux premieres Races. Quelles précautions dans la maniere dont fe formoient les Loix! Quelle fageffe dans leurs difpofitions! Quelle conftance à les obferver! Les Régle-

(s) *Et fidellum communi confilio, ad commune falvamentum, ad reftitutionem Ecclefiæ & ftatum regni, & ad honorem regiminis, atque pacem populi, pertinent, adfenfum præbebimus. . . . . verùm fic fint nobis fideles & obedientes, ac veri adjutores & cooperatores vero confilio & fincero auxilio, ficut per rectum unufquifque fuo principi effe debet.* Ibid. tom. 2. pag. 47.

(t) *Veraciter nos recognofcimus animos veftros negligenter moleftaffe; quæ cuncta totis viribus emendare voti habemus. . . . . cum pluriores noftri fideles convenerint.* Ibid. col. 73.

(u) *Rogavit fideles fuos ut, fine ulla mala fufpicione de illius iracundia aut animi commotione, communiter quærant atque defcribant hoc quod ille, fecundùm fuum Minifterium, facere debet, & quæ facere illum non condeceant.* Ibid. tom. 2.

(v) *Monendum ut fidellum noftrorum. . . nullus in confilio tardus appareat: fed unufquifque, ut fibi melius vifum fuerit, loquatur.* Ibid. tom. 2, pag. 266.

(w) *Et fciatis quia fic eft adunatus cum fuis fidellibus, & nos omnes fui fideles, ut fi illis juxta humanam fragilitatem, aliquid contra tale pactum fecerit, illum honefte & cum reverentia, ficut leniorem decet, admonemus ut ille hoc corrigat & emendet, & unicuique in fuo ordine debitam legem confervet.* Ibid. col. 82.

(x) *Et fi fenior nofter legem unicuique debitam confervare noluerit, & admonitus à fuis fidelibus, fuam intentionem non voluerit; fciatis quia fic eft ille nobifcum, nos cum illo adunati, & fic fumus omnes, per illius voluntatem & confenfum confirmati, ut nullus fuum parem dimittat, & rectam rationem & juftum judicium, etiam fi voluerit, quod abfit, Rex nofter, alicui facere nos poffit.* Ibid.

mens proposés & discutés dans des Assemblées nombreuses étoient le *deux premieres*
résultat des délibérations arrêtées par le Souverain de concert avec les *Races.*
Sujets. Des suffrages donnés librement en présence du Monarque, en
garantissoient l'utilité & la modération, en même temps qu'ils assuroient
leur exécution. Cet ordre inviolablement suivi dans la législation, procuroit aux Sujets l'avantage de vivre sous l'empire des Loix, dont l'autorité étoit inséparable de celle du Monarque. La puissance du Souverain,
réglée par la raison & la justice, n'avoit d'autres limites que celle même des Loix qui étoient son ouvrage autant que celui de la Nation; & ces
bornes salutaires, loin de l'affoiblir, ne servoient qu'à l'affermir & la fortifier. Toutes les voies de fait étoient interdites; le Citoyen soumis aux
Loix, fidele à s'y conformer en ressentoit l'infaillible protection. Enfin
si les passions des hommes, les surprises inévitables à la foiblesse humaine, ou le malheur des temps donnoient quelque ouverture à la naissance des abus, on avoit un remede prompt dans le zele des Féaux, que
leur attachement au bien public soutenu par le lien du serment, obligeoit de réclamer contre les actes du pouvoir arbitraire, d'adresser au
Souverain les plus respectueuses, mais les plus fermes représentations,
& même de réunir tous leurs efforts, pour obtenir du Prince la réformation de ce qui pouvoit altérer la paix publique ou les droits des Sujets.

Voilà quelle fut la condition des François dans les premiers âges de
la Monarchie; combien n'étoit-elle pas propre à perpétuer la gloire de
l'Etat, le bonheur des Peuples, la sûreté du Monarque, & l'honneur
de son Regne?

Seconde Section.

Forme de la Législation sous la troisieme Race.

Les choses changerent de face sous la troisieme Race de nos Rois. L'oubli des anciennes loix, & la longue interruption des Assemblées nationales conduisirent insensiblement à cette révolution. Robertson prétend
que ,, ce changement important arrivé dans la constitution de France........
n'a pas été expliqué par les Historiens François avec le même soin qu'ils
ont apporté à débrouiller d'autres points de leur histoire. ,, Cet Auteur
croit avoir suivi avec la plus grande attention tous les pas qui ont conduit
à cette révolution mémorable (y).

Selon lui, ,, les Loix Saliques...... & les autres Codes publiés par les Tribus qui s'établirent dans les Gaules, étoient des Loix générales qui s'étendoient à chaque district où l'on reconnoissoit leur autorité....... Quand on
fit ces loix, presque toutes les propriétés de la Nation étoient allodiales;
mais lorsque les institutions féodales furent généralement établies, elles
firent naître un nombre infini de différentes questions relatives à cette

(y) Introd. à l'Hist. de Charles-Quint. *note* 5. *pag.* 346.

eſpece de tenure, & les anciens Codes ne pouvoient ſervir à les décider......

D'un autre côté," la foibleſſe du plus grand nombre des Rois de la ſeconde Race, & les déſordres qu'exciterent les déprédations des Normands, encouragerent les Barons à uſurper un pouvoir preſqu'indépendant, juſques-là inconnu en France....... Toute union civile & politique entre les différens membres de l'Etat fut rompue, l'ancienne Conſtitution fut renverſée, & il n'exiſta plus entre le Monarque & ſes Vaſſaux qu'une relation féodale......... Enfin pluſieurs Provinces de France ne reconnurent pas d'abord Hugues-Capet pour leur Roi légitime.....

„ Toutes ces circonſtances concoururent à donner aux Barons la facilité d'uſurper les droits de la Royauté dans l'étendue de leur domaine. Les Capitulaires tomberent en déſuétude ainſi que les anciennes Loix, & l'on introduiſit partout des Coutumes locales qui devinrent les ſeules regles par leſquelles on régla tous les actes civils, & l'on jugea toutes les cauſes......

„ Il ne paroît pas que pendant cet intervalle, on ait convoqué l'Aſſemblée Générale de la Nation...... On décidoit tout par les Coutumes locales. On en trouve une preuve frappante, en ſuivant les progrès de la Juriſprudence Françoiſe. Le dernier des Capitulaires, recueilli par Baluze, fut donné en 921 par Charles-le-Simple. Il s'écoula 130 ans depuis ce période juſqu'à la premiere Ordonnance de nos Rois de la troiſieme Race, laquelle a été publiée par de Lauriere dans ſa grande collection; & la premiere Ordonnance qu'on puiſſe regarder comme un Acte de légiſlation qui s'étendoit à toutes les Provinces du Royaume, eſt celle de Philippe-Auguſte, datée de 1190...... Les établiſſemens même de S. Louis, quoique très-propres à ſervir de loix générales, ne furent point publiés comme des Loix écrites, mais ſeulement comme un Code complet de Loix coutumieres, deſtiné à ſervir de regle dans l'étendue des domaines de la Couronne " (z).

Ce fut, ſuivant le Préſident Hénault, Louis-le-Gros „ qui commença à reprendre l'autorité dont les Vaſſaux s'étoient emparés; il en vint à bout; ſoit par l'établiſſement des Communes, ſoit par l'affranchiſſement des Serfs, ſoit en diminuant la trop grande autorité des Juſtices Seigneuriales...... On envoya d'abord dans les Provinces des Commiſſaires appellés autrefois *Miſſi Dominici*, & depuis *Juges des Exempts*; ils éclairoient de près la conduite des Ducs, & des Comtes, ils recevoient les plaintes de ceux qui en avoient été maltraités, & dans le cas où ils ne jugeoient pas eux-mêmes, il les renvoyoient aux grandes Aſſiſes du Roi, qui étoient le Parlement, appellé dans les Capitulaires de Charlemagne *Mallum Imperatoris* " (a).

Mais, ſans nous jetter dans ces diſcuſſions qui ſont étrangeres à notre objet, obſervons ſeulement que, lorſque nos Rois travaillerent à re-

(z) Ibid. *pag.* 347, 8, 9.
(a) Abrégé chronologique *tom.* 1. *pag.* 169, *édition de* 1756.

couvrer leur puissance usurpée par les Barons, ils ne pensèrent point à convoquer des Assemblées Générales de la Nation; & que, si Philippe-le-Bel eut recours aux Etats Généraux pour obtenir des Subsides, ces Etats n'eurent point droit de suffrage pour la promulgation des Loix...... qu'ils n'eurent que le droit d'aviser & de remontrer; l'autorité législative résidant dans la personne du Roi seul (b).

Cependant Robertson convient que, depuis même que l'autorité de nos Rois a été la plus étendue & la mieux affermie ,, deux choses ont concouru à tempérer l'exercice de la prérogative Royale, & à la contenir dans des bornes assez fixes pour empêcher la Constitution de France de dégénérer en Despotisme: ces deux barrieres sont les droits & les privileges de la Noblesse d'une part, & de l'autre, *la Jurisdiction des Parlemens de France*.

,, Les droits de la Noblesse créée & protégée par un principe d'honneur qui la rendoit aussi attentive à la conserver, qu'intrépide à la défendre, sont devenus pour le Souverain même un objet de respect...... L'influence de la Noblesse détermina la maniere d'exercer l'autorité Royale qui distingue particuliérement le Gouvernement de ce Royaume......

,, La Jurisdiction des Parlemens de France...... est l'autre barriere qui a contribué à circonscrire dans certaines bornes l'exercice de l'autorité Royale. Le Parlement de Paris étoit originairement la Cour des Rois de France, ou le Tribunal auquel ils confioient l'administration suprême de la justice...... lorsqu'on eut fixé le temps & le lieu de ses Assemblées..... & que le Peuple fut accoutumé à y recourir comme au sanctuaire suprême de la Justice, ce Parlement acquit beaucoup d'influence & d'autorité......... Les Rois de France ayant commencé à exercer seuls la puissance législative, ils envoyerent leurs Edits & leurs Ordonnances au Parlement de Paris, *pour y être approuvés & registrés* avant que d'avoir force de Loi dans le Royaume (c)."

Les Loix doivent être librement vérifiées dans les Parlemens.

Cet Auteur dit ailleurs que les Rois se servirent du Parlement ,, comme d'un instrument propre à faire goûter à la Nation l'exercice qu'ils vouloient faire de la puissance Législative; & que les François accoutumés à voir toutes les nouvelles Loix examinées & autorisées avant que d'être publiées, ne sentoient pas assez combien il étoit différent de s'en rapporter par cette formalité à l'Assemblée de la Nation, ou à un Tribunal nommé par le Roi; mais que comme ce Tribunal étoit composé de personnes respectables & très-versées dans la connoissance des Loix de la Nation, lorsqu'un nouvel Edit recevoit la sanction de ce Corps, il n'en falloit pas davantage pour engager le Peuple à s'y soumettre aveuglément.

,, Lorsque l'usage de vérifier & d'enregistrer au Parlement de Paris les Edits du Roi, fut devenu commun, le Parlement prétendit que cette formalité étoit nécessaire pour leur donner l'autorité légale. Il fut reçu comme une maxime fondamentale dans la Jurisprudence Françoise, qu'aucune

(b) Robertson, *pag.* 195 & 160.   (c) Robertson. *Ibid. pag.* 350 & 351.

Loi ne pouvoit être publiée d'une autre maniere; que sans cette formalité, les Edits & Ordonnances n'auroient aucun effet, & que le Peuple ne seroit point obligé d'y obéir, & de les regarder comme faisant Loi, jusqu'à ce qu'elles eussent été vérifiées dans la Cour suprême, après une libre délibération.

„ Le Parlement a résisté en différentes occasions, avec beaucoup de courage à la volonté de ses Rois; & malgré leurs ordres précis & répétés, il a refusé de vérifier & de publier les Edits qu'il regardoit comme oppressifs pour le Peuple, ou contraires aux Loix fondamentales du Royaume. Rocheflavin (des Parlemens de France, *pag. 935*) rapporte que, depuis 1562 jusqu'en 1589, le Parlement avoit refusé de vérifier plus de cent Edits des Rois. Linnæus a cité un grand nombre d'exemples de la vigueur & de la constance avec laquelle les Parlemens de France se sont opposés à la promulgation des Loix qui leur paroissoient nuisibles (*Notitia regni Franciæ, l. 1. cap. 9. pag. 223* ;, (d).

Mais, quoi qu'il en soit de l'origine & des motifs que Robertson donne à l'usage qui soumet les Loix à la vérification libre des Parlemens, il est certain que, depuis très-longtemps, cette vérification est regardée comme une forme essentielle à la législation.

Preuves par le témoignage unanime de tous les auteurs.

UNE nuée de témoins déposent en faveur de cet usage, ou, pour parler plus exactement, en faveur de cette regle de notre Gouvernement.

Pierre de Granet.

Pierre de Granet dans son stile Royal de Bresse, présente comme deux attributs de notre Constitution Françoise, ces deux maximes; 1°. Que le Roi a seul la puissance législative. 2°. Que l'exercice de cette puissance est modifié par la nécessité de la vérification des Cours; vérification d'où dépend la force & l'exécution, ou du moins la stabilité de la Loi, & par laquelle les Cours méritent, selon l'ancien langage des Romains, le titre d'Auteurs même de la Loi (e).

L'autorité du Parlement est telle dans le Royaume, suivant Robert Gaguin, que les Loix n'y ont ni vigueur ni effet sans un décret de cette Cour (f).

Budé, Maître des Requêtes sous François I, dans un ouvrage imprimé en 1535, & dédié au Chancelier de Gannai, compare le Parlement à l'Aréopage. Comme cette Assemblée, il a la double fonction, & de juger les affaires des particuliers, & de coopérer à l'Administration publique. Le droit du Parlement dans la vérification des Loix, répond encore à l'influence du Sénat dans la publication des Réglemens qui s'appel-

---

(d) Note 39, *pag*. 354.

(e) *Solius regis est in Galliis ordinationes, leges, edicta & constitutiones sacere . . . . . sed ita tamen ut illa vim, effectum & auctoritatem supremam non habeant, vel saltem perpetuam, nisi primò fuerint à Curiis supremis verificata ac publicata, & ut veteres inquiebant Romani, nisi prius Patres illarum autores facti fuissent.* Stilus regius Salutianorum. p. 621, 622.

(f) *Ejus Parlamenti tanta fuit semper apud Francos autoritas, ut, quæ rex ipse de Republicâ, deque jure & proventibus regni statuerit, ea sine hujus Senatûs decreto non procedant, l. 3. cap. ultim.* Ce texte est cité par Bénédictus sur le chap. Raynutius, pag. 84.

loient Plébiscites; chez les Romains, l'homologation du Sénat étoit nécessaire, & celle du Parlement ne l'est pas moins aujourd'hui. C'est de l'aveu même de nos Rois que les Rescrits qu'ils publient reçoivent leur force de la promulgation qu'en fait le Parlement. Ils se font une gloire de soumettre leurs Constitutions à sa censure (h).

Budé ne craint pas (dans un autre ouvrage) d'appeler le Parlement l'*arbitre* & le *modérateur* des Edits & Rescrits du Monarque, parce qu'il ne doit les promulguer qu'*en connoissance de cause*, & qu'il est lié par son serment à ne point vérifier ceux qui seroient le fruit de l'inadvertance & de l'obreption, ou qui s'écarteroient de l'équité & des Loix anciennes (i).

Un Auteur qui a publié un Commentaire sur les Magistrats de France, imprimé à Paris en 1560, avec privilege du Roi, donne comme une maxime reçue de son temps, qu'on n'a aucun égard aux Loix publiées par le Prince, à moins qu'elles n'aient été enregistrées au Parlement (k).

Quoique dans notre Monarchie tout soit subordonné à la Puissance Royale, l'équité & la modération de nos Rois ont toujours éclaté en ce qu'ils n'ont voulu publier aucune Loi qu'après l'examen & l'approbation même du Parlement: c'est la réflexion d'Anne-Robert (l).

Grimaudet s'exprime plus fortement. ,, Lorsque les Edits sont envoyés à la Cour, à laquelle est commandé de vérifier & publier, tel commandement n'est de pur fait pour la publication, mais est aussi pour *l'autorisation* des Edits, à ce qu'ils apparoissent être faits & vérifiés avec le Conseil légal du Roi & du Royaume; ce qui donne grande autorité aux Ordonnances, & rend les Sujets plus faciles à obéir: car l'Or-

Grimaudet;

(h) *Ut enim Areopagitæ criminibus primùm dijudicandis constituti & cædibus vindicandis, regendisque Atheniensium moribus, ad rem tamen publicam administrandam interdùm advocabantur: sic Curia hæc nostra utrumque munus amplectitur cùm opus est. Rursus ut populo scisccente aliquid (undè Plebiscita dicta) Senatum autorem fieri oportebat, quod nunc verbo græco homologare dicimus. . . . . . itá Principum constitutionibus, ut vim sanctionum habeant, & hujusmodi actis ad Rempublicam pertinentibus, autorem Curiam fieri hodie necesse est, edque in Curia promulgari, in hujus acta referri diplomata regiaque beneficia solent, ut perpetua esse possint, ac nunquàm antiquabilia. Hujus autoritate rata, irritave principum acta, ne ipsis quidem recusantibus fiunt. Una hæc Curia est, à quâ sibi jus dici principes legibus soluti civili animo ferant, quàm autorem fieri sacrandis promulgandisque sanctionibus suis vellint. Cujus consilii censuræ constitutiones suas eximi, edictaque sua nolint, immò cujus decretis hujusmodi sua acta consecrari æternitati velint.* (Annotat. in Pandect. pag. 127.

(i) *Curia interpres est juris & æquitatis, Editorum & Placitorum Principum, bona eorum venia, moderatrix & arbitra, duntaxat quæ à Curia promulgari cum cognitione debent. Cum enim in sanctiones regias jurata sit, si quid Placita à Principe eblandita aut obreptione ablata, à sanctionibus aut æquitate discrepent, judicium suum interponere, more majorum, solet.* Forestia, pag. 257.

(k) *Curiæ supremæ tanta est apud Francos autoritas, ut propè Senatûs Romani speciem habeat; regesque bellum suscepturi, autorem fieri curiam velint, & in ejus acta referri omnia ad Rempublicam pertinentia: apud quam Edicta recitantur: quorum nulla ratio priùs habetur, quàm in supremo illo consessu promulgata sint. Novissimè verò Cæsar quintus Imperator, conditionum pacis cum rege initæ, autorem fieri curiam voluit: ne essent posteà antiquabiles fœderis leges. Sic Roma leges, in æs incisa, proposita & perlata dicebantur; neque eas tolli fas erat; stanteque Republica, quidquid ab Imperatoribus, id est exercitûum ductoribus, statuebatur, Senatûs Consulto confirmari oportebat.* Vincentius-Lupanus Comment. De Magistratibus & Præfecturis Francorum. lib. 2 p. 3.

(l) *Licet in hoc Franciæ regno, omnia regiæ autoritati & supremæ principis potentiæ subjiciantur; hæc tamen fuit semper regum benigna moderatio, ut non priùs rescripta sua vim legis habere voluerint, aut obsequii necessitatem requirere, quàm à senatu æqua sint: an iniqua cognitum fuerit, accedente posteà solemni senatûs approbatione.* Rerum judicatarum lib. 2, cap. 11.

donnance du Roi vérifiée en la Cour eſt tenue pour faite par le Conſeil de la Cour, *de laquelle vérification dépend l'autorité des Edits*, & force de la perpétuité d'iceux; comme le Roi François I l'a aſſez déclaré par un Edit fait à Villiers-Cotteret au mois d'Août 1539, par lequel il abolit l'Edit par lui fait en 1529, par lequel il avoit attribué la Juriſdiction du différend des Officiers au Grand-Conſeil, *principalement parce qu'icelui Edit n'avoit été vérifié en la Cour de Parlement.*

„ Pourquoi la Cour raiſonnablement *délibere* ſur la vérification des Edits du Roi, & quelquefois par ci-devant *a iceux modifiés & limités*; auſſi quelquefois *a refuſé la vérification d'iceux*, pour ne ſembler être juſtes & raiſonnables. Et ſur les commandemens réitérés de procéder à la vérification des Edits refuſés, la grandeur des Rois a été de recevoir gracieuſement les Remontrances de la Cour, *& déférer à icelles comme à un Conſeil très-ſaint*" (m).

Comme du temps de nos premiers Rois, dit un autre Auteur „ ne s'entreprenoit & délibéroit affaire de conſéquence ſans l'Aſſemblée des Prélats & Barons, auſſi le Parlement étant arrêté, *les volontés des Rois n'avoient lieu d'Edits qu'elles n'y euſſent été homologuées*. C'eſt une des marques qui nous eſt demeurée de l'autorité du Sénat Romain, *ubi juſſa populi non fiebant rata niſi ea Senatus cenſuiſſet*, ſuivant l'ancienne Loi de Romulus, par laquelle les Loix n'avoient force ſi elles n'étoient confirmées par l'autorité du Sénat (n)."

Miraumont.

Charles de Figon, Maître des Comptes de Montpellier, aſſure que „ les Edits, Ordonnances, Conſtitutions tant générales que particulieres, ſont vérifiées, publiées & enregiſtrées eſdites Cours *repréſentant le Prince bien conſeillé*, & par elle *modifiées & amplifiées* par maniere d'interprétation, ainſi qu'elles connoiſſent être à faire; ou bien ſont faites au contraire, des Remontrances au Roi pour y pourvoir, *& juſqu'alors n'ont effet en leur reſſort* (o).

Charles de Figon.

„ Il faut, dit Papon, que les Edits, Privileges & autres Reſcrits paſſent par les Cours Souveraines, pour être en icelles leur droiture examinée, & après, ſelon qu'il eſt trouvé, reçus, déclarés, ou bien de tout renvoyés au Prince pour y mieux adviſer; mais cela ſe fait toujours de même autorité & par le Conſeil & gens dudit Prince, qui ne veut, comme ne doit, s'aſſurer au Conſeil qu'il a près de lui, qui eſt de peu de perſonnes; ains renvoie le tout eſdites Cours qui ſont de grandes Compagnies expertes au fait de juſtice, conſtituées & dreſſées pour le bien public, *& qui repréſentent les Etats de France depuis quelque temps, que l'on a fait perdre l'uſage d'aſſembler & d'ouir leſdits Etats*, & ſur la concluſion priſe avec eux deſpécher telles choſes dont le Peuple eſt contraint de ſe contenter, & obéir à tout, comme ci-après ſera plus à plein déclaré ſur la partie des Edits & Ordonnances du Prince (p).

Papon.

„ Quant

(m) Œuvres de Grimaudet, *pag.* 480.
(n) Miraumont, des Juriſdictions de l'enclos du Palais. *pag.* 61.
(o) Traité des Offices & Dignités de France, *pag.* 31.
(p) Troiſieme Notaire, liv. 5, Titre *du Général des Reſcrits*; pag. 318, édition de 1583.

" Quant aux Edits, dit encore Papon, anciennement les Rois y procédoient de l'avis des gens des trois Etats, & iceux assemblés & ouïs ; & d'autant que depuis l'on a changé de forme, & que les *Parlemens ont représenté lesdits Etats*, ne faut douter que les Edits projettés, conclus & arrêtés par le commandement & en la présence du Roi, *avec l'avis & conseil des Gens d'iceux Parlemens* en nombre suffisant, ne soient ce que l'on dit *Placita*, perpétuels, & de même solemnité & fermeté, comme s'ils étoient faits & dressés, tous lesdits Etats du Royaume ouïs....... Sur ce propos, puisque le Roi s'aide de ladite Loi nommée par Ulpian *Regia*, & peut faire loix sans les Etats de son Royaume, comme n'y a plus de moyen d'en faire doute, cela se doit faire *avec l'avis & conseil des Parlemens, qui représentent lesdits Edits*, selon la vraie & sainte forme prescrite par les Empereurs Théodose & Valens en la Loi *Humanum de legib.* où est déclaré que le Prince, pour dresser ces Edits, ne doit se contenter du conseil qu'il a près de lui, mais doit avoir l'avis du Sénat, & selon qu'il plaira audit Sénat ordonner & décerner: *Et procédant autrement & sans cela, ne sont ses Ordonnances fermes & dignes de Loi* (q).

" Sera frustratoire, c'est toujours Papon qui parle, l'adresse faite par le Prince esdits Parlemens pour vérifier, lire, publier & enregistrer les Edits, s'il n'y a autre mystere ni chose à eux délaissée, sinon de la lecture & publication qui se pourroit faire par un huissier ou sergent, & le surplus par un trompette, sans ce que lesdits Parlemens aient autorité & droit de sonder & examiner la justice d'iceux, & s'il y a quelque chose à dire, ne les laisser légiérement couler, & dissimuler sur ce à peine de contravention & infraction de leur serment. En cette liberté doivent être délaissés, ce qu'ils ne sont pas; mais le plus souvent sont contraints par jussions réitérées de passer outre & n'en parler plus, quelques fautes que l'on y trouve. S'il advenoit qu'il plut au Roi commettre personnages d'intégrité & de doctrine requises, pour revisiter les Regîtres desdits Parlemens sur telles publications, l'on y trouveroit opinions de grand poids & conséquence, que les Princes ses Prédécesseurs n'ont voulu prendre, & des protestations desdits Parlemens pour choses qui, ainsi délaissées, ont depuis amené de grands maux, de sorte que nous voyons que, quelques Réglemens qui soient faits pour la justice, elle ne laisse d'être plus ébranlée que jamais (r)".

Pasquier. Pasquier dit " que le Parlement a toujours été destiné pour les affaires publiques & vérification des Edits: car tout ainsi que, sous Charlemagne & ses Successeurs, ne s'entreprenoit chose de conséquence au Royaume, que l'on ne fît assemblée de Prélats & de Barons pour avoir l'œil sur cette affaire: aussi le Parlement étant arrêté, fut trouvé bon que les volontés générales de nos Rois n'obtinssent point lieu d'Edits, sinon qu'elles eussent été vérifiées & émologuées en ce lieu..... Grande chose véritablement,

(q) Ibid. Titre *de la Clause*, CAR AINSI NOUS PLAIT: *pag.* 334.
(r) Ibid. *pag.* 336.

s'écrie Pasquier, & vraiment digne de la Majesté d'un Prince, que nos Rois auxquels Dieu a donné toute puissance absolue, *aient, d'ancienne institution, voulu réduire leurs volontés sous la civilité de la Loi*, & en ce faisant, que leurs Edits & Decrets passassent par l'alembic de cet ordre public. Et encore chose pleine de merveille, que dès-lors que quelque Ordonnance a été publiée & vérifiée au Parlement, soudain le Peuple François y adhère sans murmure, comme si telle Compagnie fut le lien qui nouât l'obéissance des Sujets avec le commandement de leur Prince; qui n'est pas œuvre de petite conséquence pour la grandeur de nos Rois, lesquels, pour cette raison, ont toujours grandement respecté cette Compagnie, encore que quelquefois, sur les premieres avenues, son opinion ne soit en tout & partout rendue conforme à celle des Rois (s)."

Cet Auteur qui appelle le Parlement le principal retenail de notre Monarchie, n'hésite pas à regarder la sage politique qui fait passer les Edits & Decrets par l'alembic de l'ordre public, comme la vraie source de la grandeur où sont parvenus le Royaume & ses Monarques.

,, Nos anciens, dit-il, reconnoissant que, combien qu'entre les trois premieres especes de République, il n'y en ait point de plus digne & excellente que la Royauté, & encore Royauté qui vient par droit successif en ligne Masculine, & mêmement à l'aîné (toutes particularités qui se trouvent en notre Etat,) toutefois parce qu'il peut quelquefois advenir que la Couronne tombe ès mains d'un Prince foible & imbécille, ils établirent un perpétuel & général Conseil par la France que l'on appella Parlement, non pour servir de contrôle à nos Rois, ains par les humbles Remontrances duquel se passoient les confirmations des affaires générales: & l'établirent non-seulement dans Paris, ville capitale de France; mais qui plus dans le Palais, séjour ancien de nos Rois, pour montrer combien les effets de cette Compagnie étoient augustes, sacrés & vénérables........ De là vient que nous ne voyons nulle Loi avoir vogue en France, qu'elle ne soit émologuée par la Cour. Et bien que quelques-uns veuillent dire que les affaires d'Etat n'aient rien de commun avec vous, toutefois jamais paix ou traité d'importance n'eut autorité entre nous, qu'il n'ait été vérifié par cette Cour, comme même nous le voyons avoir été observé de fraiche mémoire, lorsque notre Roi s'achemina au voyage de Pologne. Non que pour ceci nos Rois aient estimé se mettre sous la tutelle d'autrui; mais réduisant par ce moyen leur puissance absolue sous la civilité de la Loi, ils se sont garantis de l'envie publique & des importunités de ceux qui pour leurs faveurs particulieres abusoient de la débonnaireté de leurs maîtres, se rendant par ce moyen aimés de leurs Sujets, sur tous les Princes de l'Europe: chose qui a conservé leur grandeur successivement depuis 1100 ans jusques à hui; & a produit cela tel fruit, que tout ainsi qu'il n'y a eu Peuple au monde tant obéissant à son Roi que le François, par le passé, aussi ne se recontrerent jamais Princes tant debonnaires & fa-

(s) Recherches de la France,

vorables envers leurs Sujets, que nos Rois; n'y ayant chose qui les ait tant unis en cet entrelas de volontés, que ce lien général de la France, ce grand & général Parlement" (t).

Un lit de Justice tenu à la Chambre des Comptes pour l'enregistrement d'Edits bursaux, fournit à Pasquier une occasion d'établir nos maximes sur la vérification des Loix. Il nous a conservé dans une de ses lettres le précis du Réquisitoire qu'il fit en qualité d'Avocat général dans cette Cour. ,, On nous apporta un Edit pour trouver argent, par lequel le Roi érigeoit deux Présidens & douze Maîtres, en notre Chambre, fondé sur quelques prétextes fort froids, que je ne veux réciter, suffise vous [dire] que fut porteur de cet Edit M. le Cardinal de Vendôme, suivi de cinq Seigneurs du Conseil d'Etat, estimant que, par leur présence, la Chambre n'oseroit contrevenir à la vérification d'icelui. Ces Seigneurs étant venus tout exprès pour le faire vérifier: après que l'Edit eut été lu par notre Greffier, étant question de prendre nos conclusions, je m'ouvris, & de vous faire part de toutes les particularités, ni le temps, ni ma mémoire ne me le permettent; je vous dirai seulement en gros quelques points notables.....

,, Entre tous les Officiers de cette France, leur dis-je, on appelle spécialement les Avocats & Procureurs du Roi, Gens du Roi, comme si nos états fussent plus particulièrement affectés au service de nos Rois, ores que les autres Officiers soient aussi bien gens du Roi que nous. Puisqu'on nous fait cet honneur de nous qualifier tels, il me semble qu'avec toute honnête soumission, nous lui devons rendre service, tel qu'estimons en nos consciences se devoir tourner au profit de lui & de son Etat...... Je dirois qu'il n'y a rien en quoi le Législateur simbolise tant qu'au Médecin: le sujet du Médecin est le corps humain, le sujet du Législateur est la République: Et tout ainsi que le Médecin diversifie ses remedes en considération de l'âge de celui qu'il traite, la saison en laquelle il le traite, la contrée où il exerce sa médecine...... Aussi le sage Législateur a accoutumé de diversifier ses Loix........ Et ne doit-on trouver étrange que les nécessités de l'Etat se trouvant extraordinaires, on y emploie aussi des Loix extraordinaires pour lui subvenir.

,, Que la France soit aujourd'hui extrêmement malade, il n'en faut faire doute, & que ses parties nobles soient les Cours souveraines...... Il est certain que le fondement de toute République, c'est la Loi; je ne dirois pas fondement, je dis que c'est l'ame sans laquelle la République ne peut avoir vie. Or, en cette France, que les Loix prennent leur source & origine du Roi....... Toutes fois si n'ont-elles vogue entre nous, qu'*elles n'aient passé premiérement par l'alembic de la Cour de Parlement, & de la Chambre des Comptes, & de la Cour des Aides*, selon la diversité de leurs fonctions; &, de ce, je n'en veux plus ample témoignage que celui que je vois maintenant, vous étant transportés ici exprès pour vérifier ce nouvel Edit.

(t) Lettres. Liv. 6, Lettre 1.

„ Il n'y a celui de nous, qui ne reconnoisse, avec toute dévotion & humilité, en nos Rois pareille grandeur, autorité & prééminence qu'en tous autres Princes souverains ; mais ils voulurent apporter cette attemperance à leur Souveraineté, *de ne donner cours à leurs Loix qu'elles n'eussent été auparavant vérifiées par ces trois Cours Souveraines, chacune en droit soi. Les contraignoient-ils de les passer*, ainsi qu'un Tabellion qui est destiné pour grossoyer les minutes & brevets des Notaires, *sans connoissance de cause*, pour, puis, pouvoir être mis à exécution ? *Non vraiment. Les Juges étoient-ils estimés rebelles pour les refuser ? Encore moins, ains meilleurs & plus fidèles serviteurs.* Et nos Rois prenoient ordinairement leurs humbles remontrances en paiement. Pour cela en étoient-ils moins obéis par leurs Sujets ? Au-contraire, par cette correspondance & entrelas de la puissance du Roi avec les très-humbles remontrances de ces trois Compagnies, chacun demeuroit content ; nos Rois en bien commandant, le Peuple en bien obéissant.

„ Maintenant qu'on les y contraint, tantôt par commandement absolu, tantôt par la présence du Roi, ou des Princes de son Sang, sans recueillir les voix & opinions des Juges ; tout aussi-tôt les affaires de notre France déliées, & la désobéissance logée au cœur des Sujets...... la raison y est très-prompte ;...... parce qu'il n'y a rien de si naturel de voir les choses se dissoudre par l'affoiblissement de ce dont elles étoient liées...... La Couronne de France étoit maintenue par l'autorité de ces trois Ordres ; diminuer leur autorité, certainement lorsque penserez plus magnifier la puissance de notre Roi, par une puissance absolue, c'est lors que la trouverez plus diminuée & affoiblie.

„ Après avoir étalé au long ce qu'une juste douleur m'avoit commandé, je poursuivis de cette façon ma route.... Je sçai bien que ce discours ne plaira à tous les corrompus de ce siecle, & que l'un d'eux me dira : Pasquier, il ne te falloit être Avocat du Roi, ou l'étant, il te faut soutenir toute autre proposition que celle-là. C'est se heurter la tête contre un paroy de se heurter contre le temps. Et je lui répondrois au contraire, qu'il ne falloit que je fusse Avocat du Roi, ou que l'étant, il faut que je découvre à mon Maître ce que je pense importer à la manutention de son Etat. *Je dois une vérité à mon Roi ; c'est une charge foncière annexée à ma conscience & à mon Etat, dont je ne me puis dispenser sans commettre félonie envers lui.* Il n'est pas dit que toutes les médecines qu'on fait prendre au malade lui plaisent ; au contraire il n'y a rien qu'il abhorre tant, & toutefois ce sont celles dans lesquelles il trouve sa guérison. Il n'est pas dit que les Remontrances que je vous fais sortent maintenant effet ; mais il n'est pas dit aussi que ne les reconnoissiés véritables à part vous, & en tout événement qu'on ne les reconnoisse quelque jour belles & bonnes ; Dieu veuille que ce ne soit pas trop tard."

Pasquier entre ensuite dans la discussion des Edits, il prouve qu'ils créoient de nouveaux Offices *sans sujet sans nécessité, sans raison*, & il ajoute : „ je pris mes conclusions telles qu'il plut à Dieu m'inspirer......

M. Dolu, Président, demanda lors à M. le Cardinal, s'il n'entendoit pas que *la Compagnie opinât sur cette publication, ainsi que portoit la commune usance*; lequel ayant répondu que non, & que la charge qu'il avoit du Roi étoit autre. *Notre présence n'y est donc requise*, repliqua le Président, & aussi-tôt se leve de son siege, suivi de tous ses autres Compagnons Présidens, & des Maîtres..... J'allai deux fois par le commandement de M. le Cardinal par devers ces MM. afin qu'il leur plût reprendre leurs places; *mais nul d'eux n'y voulut entendre, sinon sous la condition d'opiner*...... M. le Cardinal & les Seigneurs de sa suite se levent..... Je ne vous réciterai comme le Roi qui lors séjourna à S. Maur, s'en ressentit, *& depuis adoucit son opinion*. La Compagnie levée, & l'Edit non vérifié, je pris la hardiesse de gouverner, à quartier, tête-à-tête, ce bon Cardinal & Prince, le suppliant très-humblement que lui jeune ne voulût prendre de mauvaise part ce qu'une barbe grise desiroit lui remontrer, & lui remontrai qu'étant Prince qui attouchoit la Couronne de si près, il ne se voulût de-là en avant charger de telles commissions ruineuses, ains laissa jouer ce rôle à ceux qui, pour n'être de telle étoffe que lui, *faisoient gloire de s'avantager en crédit*, au désavantage du pauvre Peuple; qu'il n'avoit que trop de grandeur, sans en affectionner d'autre par ces voies extraordinaires: *chose dont il me remercia, & me dit que c'étoit la premiere, & que ce seroit la derniere dont il se chargeroit à jamais* (u)."

Pasquier insiste dans plusieurs autres endroits de ses ouvrages, & sur les services que le Parlement a rendu à nos Rois (v), & sur la nécessité de la vérification libre des Loix." Combien, dit-il, que l'Ordonnance soit le vrai ouvrage de nos Rois, non moins Souverains dans leur Roaume que les Empereurs dans leur Empire, toutefois leurs Ordonnances n'ont *aucun effet* qu'elles n'aient été premiérement publiées *& vérifiées par les Cours Souveraines* des Parlemens, des Comptes, des Aides, chacun en droit soi........... *& avant que les publier, elles les peuvent modifier selon le devoir de leur conscience*; ce que nos Rois ordinairement reçoivent de bonne part, *& ne pensent pour cela leurs Majestés être amoindries, mais accrues* (w)."

Bodin reconnoît dans les Magistrats le droit d'examiner les nouveaux Edits & Mandemens qui leur sont adressés pour l'enrégistrement, *& de faire leurs remontrances au Prince avant de les publier*; & ce n'est pas seulement dans les affaires qui concernent les particuliers qu'ils ont cette faculté; ils en jouissent à plus forte raison lorsqu'il s'agit de l'intérêt de l'Etat. *Souvent la constance & la fermeté des Magistrats a sauvé l'honneur des Princes, & retenu la République en sa grandeur* (x).

Bodin.

(u) Lettres, liv. 12. lettre 2.
(v) Nos Rois qui succéderent à S. Louis, doivent au Parlement trois & quatre fois plus qu'à tous les autres Ordres Politiques. Et toutes & quantes fois que, par opinions courtisannes, ils se désuniront des sages conseils & remontrances de ce grand Corps, autant de fois perdront-ils beaucoup du fond & estoc ancien de leurs Majestés, étant leur fortune liée avec cette Compagnie. *Recherches, liv.* 3, *chap.* 22. Voyez encore le Pour-parler du Prince, pag. 1036.
(w) Lettre 15, liv. 19.
(x) De la République, liv. 3. pag. 292.

Loyseau.

Loyseau, parlant des Coutumes choisies par les Peuples de chaque Province, ajoute, qu'il faut toujours qu'elles soient non-seulement arrêtées par le Mandement du Roi, & par devant les Commissaires par lui ordonnés, mais encore qu'elles soient *approuvées & vérifiées* par lui en son Parlement, *ainsi que ses autres Loix* (y).

Il examine dans un autre endroit quels sont les Mandemens du Roi qui s'exécutent après sa mort, & met dans cette classe les Lettres de Justice. ,, Mais, ajoute-t-il, les lettres de commandement qui procedent de sa propre volonté ne s'exécutent pas après sa mort, par laquelle toute volonté finit; si ce n'est les Edits qui demeurent perpétuels, au moyen de la vérification d'iceux faite en Justice; *autrement ils ne le seroient pas* (z).''

C'est parce que la vérification des Loix doit être faite en vertu d'une délibération libre, que ces expressions ,, *de expresso mandato*, & *de expressissimo mandato*, & quelquefois *multis vicibus iterato*, qui se trouvent fort souvent ès Régistres des Cours Souveraines sur la publication des Edits, ont telle conséquence que, *tels Edits & privileges ne sont gardés, ou bientôt après oubliés, & délaissés par souffrance des Magistrats*; & par ce moyen l'Etat a été conservé dans sa grandeur, qui autrement fut ruiné par les flatteurs des Princes qui arrachent tout ce qu'ils veulent: & les Rois étant bien aises quelquefois qu'on a usé de ces restrictions, ont toujours été bien aimés des Sujets, *sans que la vérification portât effet au Sujet, ni désobéissance au Roi, à bien parler, ni charge à la conscience des Magistrats* (a).''

Coquille.

Si ,, l'un des principaux droits de la Majesté & autorité du Roi est de faire Loix & Ordonnances générales pour la police universelle du Royaume; Coquille n'en estime pas moins que les loix & Ordonnances des Rois doivent *être publiées & vérifiées en Parlement ou autre Cour Souveraine, selon le sujet de l'affaire*. Autrement, *les Sujets n'en sont liés*, & quand la Cour ajoute à l'acte de publication, que ça été de l'exprès commandement du Roi; *c'est une marque que la Cour n'a pas trouvé l'Edit raisonnable* (b).''

,, La France, poursuit cet Auteur, est gouvernée par une Monarchie qui est le Gouvernement le plus assuré. Le Roi est Monarque, & n'a point de compagnon en sa Majesté Royale........ Vrai est que, *selon l'ancien établissement*, il a des Conseillers les uns *nés*, les autres *faits*, sans l'assistance desquels il ne doit rien faire, puisqu'en sa personne il reconnoît toutes les infirmités qu'ont les autres hommes...... Au temps de Philippe-Auguste, & jusqu'à Philippe-le-Bel, les Officiers généraux de la Couronne assistoient & soussignoient à toutes les expéditions d'importance que les Rois faisoient, même quand ils ordonnoient quelque Loi......! Quand les Rois veulent ordonner Loix perpétuelles, importantes à l'Etat du Roi, ils ont accoutumé de convoquer les trois Ordres de leurs

(y) Des Seigneuries, *ch.* 3. *n.* 11.   (z) Des Offices, *liv.* 4. *chap.* 5. *n.* 67.
(a) Bodin, ibid. *l.* 3. *ch.* 4. *p.* 291.   (b) Instit. au Droit François, *au commencement.*

Peuples. Les Loix faites par le Roi tenant ſes Etats, ſont Loix ſtables & permanentes, qui, par raiſon, ſont irrévocables, ſinon qu'elles ſoient changées en pareille cérémonie de pareille convocation d'Etats. Toutes fois pluſieurs Rois s'en ſont diſpenſés (c)."

Un autre Juriſconſulte, dont les Ecrits ne ſont ni moins eſtimés ni moins répandus, rend un témoignage auſſi énergique ſur la néceſſité de l'enregiſtrement libre. Mornac, après avoir rapporté différens exemples de la conſidération & de l'autorité dont jouiſſoit le Parlement, dont les déciſions étoient même reſpectées par les Princes étrangers (d), met au rang de ſes fonctions les plus diſtinguées celle d'*approuver & modifier les Edits*, & même de réformer les Coutumes; car les Edits ni les Coutumes n'ont force de Loi ſans la délibération & l'enregiſtrement du Sénat. C'eſt peu en effet que les Loix aient été écrites & rédigées ſous les ordres du Prince, elles ſeront *ſans autorité*, & le Peuple les regardera comme non écrites, tant qu'elles n'auront pas été reçues & approuvées par le Jugement d'une Cour ſi recommandable (e). Antoine le Conte, dans ſon Commentaire ſur l'Edit du mois de Février 1556, aſſure qu'à l'imitation de ce qui ſe paſſoit chez les Romains, où les Reſcrits des Princes étoient préſentés au Sénat pour avoir ſon approbation, l'uſage s'eſt anciennement établi en France, qu'aucun Reſcrit n'y ait force de Loi, qu'il n'ait été examiné & vérifié par le Parlement (f).

Notre Monarchie, au rapport de la Roche-Flavin, „ *n'eſt point un Royaume abſolu où la volonté du Roi eſt Loi, ſa parole, Arrêt*........ en laquelle maniere ont commandé pluſieurs Empereurs Romains, ou, à mieux dire, tyrans, uſurpans autorité entiere ſur la vie & la mort, biens & honneurs des Sujets. Tel eſt aujourd'hui le Grand Duc de Moſcovie, tel eſt l'Etat du Turc. Mais ce Royaume & Monarchie de France eſt réglée & policée, & eſt compoſée & mixtionnée des trois ſortes de Gouvernemens enſemble...... Notre Etat public de France eſt Royal, pour y être en premier lieu un Roi ſeul & Souverain Seigneur par deſſus

Mornac.

Antoine le Conte.

La Roche-Flavin.

(c) Ibid.
(d) *Celebratur enim Senatus Pariſienſis in hunc diem laude illuſtri, antiqua & continua; eique jampridem permiſerunt Optimates exteri deciſionem ſuarum litium.* In leg. 8. Cod. de leg.
(e) *Ita ut nec immeritò diſcutere, confirmareque ſoleat Edicta, privilegia, juraque omnia, quo more olim & ipſos Romanos Principes feciſſe diſcimus ex epiſtola Marci Imperatoris, quam Juſtinus Martyr ſubjicit in fine Apologia ſecunda pro Chriſtianis. Sic enim Imperator: hæc autem ait, & Senatûs decreto confirmari volo. Nempe hoc ipſum eſt quod dicimus nos Galli*, vérifier en Parlement. *Si rojiciatur quod exoptat Princeps, tunc inſtat ipſe juſſionibus, aut præſentiis, ut quondam Romani illi domini. Enimvero eſt ſplendor tanti ordinis in probandis temperandiſque pediclis, ac emendandis etiam, conſuetudinibus, ſeu præſcriptis Provinciarum moribus. Nec enim vim ullam legum obtinent promulgata edicta aut conſuetudines à delegatis, & licet habita in id à Provincialibus comitia fuerint, niſi Senatûs acceſſerit ultima ſupremaque autoritas..... Parum quippe eſt ſcriptas fuiſſe leges à Principe, vana tamen, & habebit eas populus pro non ſcriptis, niſi judicio tanti Ordinis receptæ probataque fuerint. Neque unquam proptereà committuntur typis publicis..... niſi probatæ antea comfirmataque à Senatu.* Ibid.
(f) *Morem ſecutus, quo pleraque hujus generis Senatûs conſulta, hoc eſt conſtitutiones Principum vel ab ipſis vel ipſorum quæſtoribus in Senatu lectæ, ut à Senatu probarentur & præſcriberentur, orationes Principum dicebantur. Quem morem ad noſtros veteres Francos tranſiſſe haud dubitem, qui hunc honorem ſupremo Senatui detulerunt, ut niſi quod ab ipſo probatum, promulgatum, & in Nomophilacium reconditum eſſet, æternæ & perpetua legis vim non haberet.* Ordonn. de Néron, tom. I. pag. 351, édit. de 1720.

tous. Pour l'imbécillité du Conseil, Gouvernement & prudence d'un seul homme, fort prudemment fut du commencement institué une forme de Sénat, c'est-à-dire, une bonne & notable Compagnie & Assemblée d'excellens personnages pour maintenir la Loi & la justice en vigueur; & ce faisant, *vérifier & approuver les Loix*, Edits, Ordonnances, graces, dons, aliénations, octrois & autre chose de pareille importance au public. Laquelle autorité du Sénat est appellée par Platon un contrepoids à la puissance Royale, salutaire au corps universel de la chose publique : car c'est un point tout résolu au fait politique, qu'il n'y a rien qui tant le conserve & maintienne, que fait la médiocrité de puissance conservée en son moyen par un juste contrepoids de chacun des Etats Politiques ensemblement, même de celui qui est composé de gens & sages & choisis. Comme aussi au contraire il n'y a rien qui tant les fasse trébucher que fait l'excessiveté du pouvoir entreprins outre mesure par un seul; étant ainsi que la grandeur & puissance ne se contient volontiers en sa mesure, sinon par nécessité, laquelle ôtée, il est nécessaire que tout vienne en décadence & abandon. Qu'ainsi soit laissant à part plusieurs autres exemples, on trouve que la Royauté ne prit fin en la Ville de Rome, que par l'outrecuidée puissance entreprinse par les Rois, ne tenant plus compte du Sénat, ni de la liberté du Peuple.

„ A cause de quoi, cette Monarchie de France a deux principales bornes & sûres brides, pour icelle tempérer & empêcher qu'elle n'aille à l'abandon par la volonté effrénée d'un seul; à sçavoir la Religion...... l'autre, *la justice par laquelle sont leurs Loix...... modérées & tempérées*; & lesquelles la débonnaireté & prudence de nos Princes n'a accoutumé estimer tant brides que colomnes fermes, sur lesquelles leur puissance est sûrement appuyée, pour en être plus ferme & plus durable" (g).

„ Les Parlemens n'ont été seulement établis pour le Jugement des affaires & procès entre Parties privées, mais ils ont aussi été *destinés pour les affaires publiques & vérification des Edits*. Car, tout ainsi que, sous Charlemagne & ses Successeurs, on n'entreprenoit chose de conséquence au Royaume, que l'on n'assemblât le Parlement composé des Princes, Prélats, Barons & plus apparens du Royaume, pour avoir l'œil sur cette affaire; aussi ce Parlement ayant été arrêté, fut trouvé bon que les volontés générales de nos Rois n'obtinssent point lieu d'Edits, *sinon qu'elles eussent été émologués & vérifiées en ce lieu*; laquelle chose se pratiquoit du commencement sans hypocrisie & dissimulation, déférant nos Rois grandement aux délibérations de la Cour.

„ Si que *la premiere & principale autorité desdits Parlemens, c'est de vérifier les Ordonnances & Edits du Roi; & telle est la loi du Royaume, que nuls Edits, nulles Ordonnances n'ont effet, & on ne les tient point pour*

(g) Des Parlemens de France, *liv.* 13, *ch.* 17. n. 9. & *suiv.*

pour tels s'ils ne font *vérifiés* aux Cours Souveraines, & *par la libre délibération d'icelles*" (h).

On lit enfin dans les Mémoires de Caſtelnau, que ,, les Edits n'ont for- *Mémoires de Caſtelnau.* ce de Loi, & ne font approuvés des autres Magiſtrats (des Bailliages), s'ils ne font reçus & *vérifiés* auxdits Parlemens, *qui eſt une Loi d'Etat, par le moyen de laquelle le Roi ne pourroit, quand il voudroit, faire des Loix injuſtes, que bientôt elles ne fuſſent rejettées* (i)."

Joly penſe que ,, le Parlement de Paris retient une des marques de l'au- *Joly.* torité du Sénat Romain, en ce que tout ainſi que, *juſſa populi non ſiebant rata, niſi ea Senatus cenſuiſſet*: auſſi les Edits n'ont lieu en ce Royaume, s'ils ne ſont *vérifiés* en la Cour (k),,; & que la *vérification* des Edits Royaux fait partie de l'autorité du Parlement. Vérification ,, qui n'eſt moins utile que néceſſaire *pour la validité d'iceux*, ainſi que Louis XI nous l'apprend, & après lui le bon Roi Henri IV, celui-là en ſon diſcours de l'an 1468, celui-ci en ſa harangue de l'an 1599 (l)."

On n'inſiſtera pas ſur la force & la préciſion de ces témoignages. Pourroit-on deſirer des textes plus clairs? La vérification y eſt préſentée comme une condition de la Loi, comme une forme d'où dépend ſon exécution ou même ſon exiſtence. La Loi n'a point d'*effet*, elle n'eſt point *tenue pour Loi*, les Sujets ne ſont point *liés* tant qu'elle n'eſt pas homologuée, & cette homologation n'eſt point une ſimple tranſcription miniſtérielle ſur les Regiſtres, une annexion aveugle au Code des Loix, c'eſt une *vérification* proprement dite, précédée d'une *libre délibération*; c'eſt une *autoriſation*, une *approbation*, donnée en *connoiſſance de cauſe*; c'eſt de la part des Magiſtrats une *fonction* qui intéreſſe leur *conſcience*. Ils ont droit non-ſeulement d'examiner, mais encore de *modérer*, *tempérer*, *modifier la Loi*, de *refuſer* même l'enregiſtrement, ſi ſa diſpoſition eſt injuſte, dangereuſe, contraire au bien public, ou aux Loix conſtitutives de la Monarchie.

De quel poids ne paroîtront pas des témoignages ſi uniformes ſur une matiere de cette importance, & de la part d'Auteurs qui ne ſçauroient *Importance des autorités qu'on vient de citer.* être ſuſpectés? La plupart ſont des Juriſconſultes, & des Juriſconſultes célebres, inſtruits par état des principes du droit public, témoins des uſages & de la doctrine de leur temps: ce n'eſt ni dans ces écrits furtifs & non avoués, ni avec l'incertitude d'une ſimple opinion qu'on hazarde, d'un ſyſtême qu'on établit ou qu'on défend, que ces Auteurs ont parlé de la vérification libre, comme d'une perfection, d'un complément néceſſaire à la Loi. Leurs ouvrages ſont publics, répandus, eſtimés; ils ont été imprimés avec toutes les approbations requiſes dans nos mœurs; quelques-uns ſont dédiés aux Chanceliers de France; la maniere dont ils s'expliquent ne laiſſe ni nuages ni doutes. Ce ſont des maximes qu'ils poſent, & des maximes liées à la Conſtitution préſente de notre Mo-

(h) Ibid. *n.* 1. *& ſuivans.*
(i) Mémoires de Caſtelnau. *édit. de* 1660, tom. 1. *pag.* 6.
(k) Offices de France, *liv.* 1. *pag.* 3.   (l) Ibid. *aux additions. pag.* 6.

narchie, reconnues, admises, consacrées par la pratique journaliere & constante. Ils les ont proposées sans crainte, & elles n'ont éprouvé ni réclamation ni censure.

Preuve par les Remontrances des Parlemens & les Discours tenus dans les Lits de Justice.

A l'autorité de ses premiers témoignages s'en joignent d'autres d'un ordre différent, mais plus propres encore à faire impression. Ce sont ceux des Magistrats & des Cours elles-mêmes dans des Remontrances adressées au Prince, ou dans des Discours prononcés en sa présence, & dans les Assemblées les plus augustes.

Sous Louis XI.

Quelqu'absolu que fût Louis XI, ce Prince ayant envoyé au Parlement un Édit, que cette Cour ne crut pas devoir enregistrer, & le Prince ayant usé de menaces pour la forcer à vérifier la Loi, le Premier-Président accompagné d'un grand nombre de Membres de la Compagnie, eurent le courage de déclarer à Louis XI qu'ils renonceroient plutôt à leurs Offices que d'enregistrer une Loi pernicieuse. Ce trait est rapporté par Bouchel (m). ,, Le Roi Louis XI, bien qu'autrement il fût Prince fort entier en ses opinions, se soumettoit néanmoins à la raison quand, avec le respect qui lui étoit dû, on la lui faisoit voir: comme il avint une fois qu'ayant usé de grandes menaces contre la Cour du Parlement de Paris, fondé sur le refus fait de vérifier certain Édit inique & pernicieux. La plupart de MM. de la Cour l'allerent trouver en la Compagnie du sieur de la Vacquerie, Premier-Président, lequel portant la parole au nom de toute la plus célebre Compagnie qui fût lors en la Chrétienté, le supplia de prendre en bonne part *le refus* fait par la Cour, de vérifier son Édit, & ne l'interpréter point à faute de respect, fidélité & obéissance. Et pour lui montrer le regret qu'ils avoient, de ne le pouvoir servir en cette rencontre à sa volonté, c'est qu'ils étoient venus lui remettre librement leurs Offices, plutôt que de faire breche à l'honneur de ce grand Sénat, & qu'il leur fut reproché d'avoir par crainte de perdre leurs Offices, crédit & autorité, fait chose contre leur honneur & leur conscience."

Cette demarche généreuse annonce ce que pensoit le Parlement sur la vérification des Édits; & que, loin de regarder l'enregistrement, comme un simple cérémonial, où ses lumieres & sa délibération n'influassent pour rien, il se croyoit au contraire responsable aux yeux de Dieu & de la Nation, du consentement qu'il donnoit à la publication des Loix.

M. le Maître, Avocat général, animé du même esprit, ne craignit point de dire le 13 Juin 1499, dans un lit de Justice, que si le Roi est seul Législateur dans le Royaume, il faut que *les Loix reçoivent dans le Parlement leur derniere forme* (n).

Sous Henri III.

M. de Harlay, Premier-Président, représenta à Henri III dans le lit de Justice du 15 Juin 1586 que ,, les Loix de l'Etat & du Royaume ne peuvent être violées, sans révoquer en doute la puissance même & la

(m) Bouchel. Bibliotheque au mot *Loix.*
(n) Registres du Parlement.

Souveraineté du Roi...... Et que celle-là, entre autres, est une *des plus saintes*, & laquelle les Prédécesseurs dudit Seigneur Roi ont plus religieusement gardée, *de ne publier ni Loi, ni ordonnance qui ne fût vérifiée en leur Parlement*. Qu'ils ont estimé que, *violer cette Loi*, c'étoit aussi violer celle par laquelle ils sont faits Rois, & donner occasion à leur Peuple de mécroire de leur bonté; qu'aussi, s'il plaît audit Seigneur Roi de retourner ses yeux & son esprit vers ses Ancêtres, il reconnoîtra aisément, que tant qu'ils ont observé cette Loi, & qu'*en l'autorité de leur Parlement ils ont conservé la leur;* ils se sont rendu aimables à leurs Peuples, & redoutables à leurs ennemis, mais que *pour si peu qu'ils ont entamé l'autorité de cet ordre, & la Loi de leur Royaume*, tant de désavantures & d'infortunés succès les ont accueillis, qu'ils nous donnent quasi occasion de croire qu'une partie des misères, qui affligent ce Royaume, sont dérivées de cette source (o)."

Sous Louis XIII.

Dans la harangue que le Président Miron fit au Roi en 1614, en lui présentant le cahier du Tiers-Etat, ce Magistrat parla de la nécessité de l'enregistrement des Loix comme d'un usage inviolable. ,, Les Loix de France ne tiennent pour *parfait* aucun établissement public, & qui a trait à l'avenir, sinon *après avoir été autorisé par la vérification des Parlemens* Cet usage a toujours été approuvé & reçu par les Rois vos Prédécesseurs, ainsi que les Empereurs Romains, portés au bien comme vous, ont soumis leurs principales & premieres loix à la confirmation de ceux auxquels ils avoient commis les premieres Charges en la distribution de la Justice (p)."

Aux mêmes Etats de 1614, il y a eu de grands débats sur le point de sçavoir si on demanderoit au Roi la révocation du droit de la Paulette. ,, Le Lieutenant Civil favorisant ceux qui tenoient le parti de l'observation de la Paulette, apporta une modification à cette résolution prise & conclue comme il a été dit, à sçavoir qu'on demanderoit que les Offices ne fussent plus vénaux, & que l'Edit des quarante jours, nécessaires aux résignans après leur résignation admise, ne seroit plus observé, *comme n'ayant point été vérifié en Parlement*, mais introduit directement après la prison de François I, contre les Officiers qui n'avoient pas voulu servir le Roi, pour le paiement de sa rançon (q)."

Quelques jours après, Savaron fut député par la Chambre du Tiers-Etat à celle de la Noblesse. Il y remontra ,, que ce n'étoit point le droit annuel qui fermoit à la Noblesse la porte par laquelle l'on entroit aux charges, mais bien la vénalité des Offices introduite depuis François I, vénalité qui n'avoit apporté que corruptele en la Justice; que c'étoit ce qu'ils devoient demander avec plus d'affection que la surséance du droit annuel; qui ne guériroit pas la maladie quand il seroit du tout révoqué, si la vénalité demeuroit; qu'au reste les pensions étoient venues jusques à ce

---

(o) Œuvres de M. Duvair, Garde des Sceaux : *édition de 1629*, pag. 686.
(p) Recueil des Etats de 1614 par Rapine, pag. 459.
(q) Ibidem, pag. 109.

point, que le Roi ne trouvoit plus de ferviteurs, s'il ne leur donnoit penfion, & que cela alloit à la foule & oppreffion du Peuple, lequel il craignoit qu'à la fin il ne fe portât au défefpoir, & fecouât le joug, comme les anciens François l'avoient fecoué aux Romains, à caufe des grands tributs & impofitions qu'on levoit fur eux: *que les Edits, fans être vérifiés, ne pouvoient être cenfés Edits*, & qu'au-furplus ils ne pouvoient disjoindre la fuppreffion des penfions & la furféance des Tailles d'avec la Paulette, non plus que la fuppreffion des quarante jours, *qui regarde un Edit non vérifié;* que partant il la fupplioit de concourir en vœux & intentions avec fon Ordre, pour éviter la fuite d'un fi dangereux exemple que celui de ces anciens François qui n'avoient jetté les premiers fondemens de la Monarchie, que par cette fouftraction d'obéiffan. & retraite du joug des Romains; que le Peuple eft fi chargé de Tailles, qu'il eft à craindre qu'il n'en arrive une pareille chofe, & prioit Dieu qu'il fut mauvais prophete (r)."

Nous apprenons du Journal de Pierre Brulard, Confeiller au Parlement, ,, qu'au mois d'Avril 1561, M. le Chancelier de l'Hôpital, ayant fait faire ès Villes & Bailliages de ce Royaume plufieurs publications de Lettres Patentes & Edits, *fans qu'ils euffent été aucunement reçus ni vérifiés en la Cour de Parlement*, contre toute forme de Juftice, & les anciennes Obfervances & Ordonnances ,,; cette démarche parut au Parlement un attentat puniffable; ,, de forte que furent en propos à la Cour de Parlement de Paris de lui faire donner ajournement, pour répondre de la publication defdites Patentes & Edits, fans avoir été vérifiés, comme dit eft, en la Cour de Parlement (s)."

Cet Edit que le Chancelier de l'Hôpital avoit fait rendre au mois d'Avril 1561. toléroit l'exercice de la Religion prétendue Réformée. L'Auteur de fa vie tâche de l'excufer ainfi.

,, Le Chancelier jugea que le Parlement refuferoit d'enregiftrer un
,, Edit fi directement oppofé à toutes fes maximes & dans un moment où
,, il rendoit tous les jours de nouveaux Arrêts pour empêcher les Proteftans de tenir leurs Affemblées. C'eft ce qui détermina l'Hôpital à n'obferver aucune des formes ordinaires & à faire adreffer la Déclaration directement aux Gouverneurs des Provinces & aux Magiftrats de
,, différens Tribunaux avec un ordre précis de la faire exécuter dans tous
,, fes articles. C'étoit fans doute violer la plus refpectable de nos Loix;
,, & le Chancelier ne pouvoit pas ignorer que dans tout Gouvernement où un pouvoir illimité fe trouve entre les mains d'un feul
,, homme, loin de renverfer les obftacles qui s'oppofent aux abus de
,, l'autorité, tout Citoyen doit les affermir, & s'il le peut, en élever
,, de nouveaux. Il fçavoit auffi fans doute de quelles funeftes conféquences pouvoit être l'exemple qu'il ofoit donner à fes fucceffeurs; mais

---
(r) Ibidem, pag. 115.
(s) Mémoires de Condé: édition in-quarto tom. 1, pag. 27.

„ il voyoit tout le Royaume en feu : il falloit fauver l'Etat, & le fauver
„ dans le moment. On n'ofe l'approuver, & l'on craint de le blâmer.
„ Sa conduite aigrit & révolta tout le Parlement qui voulut rendre
„ contre lui un Décret d'ajournement perfonnel, pour qu'il eût à
„ fe préfenter devant la Compagnie, & à l'inftruire des motifs qui
„ avoient pu le forcer à n'obferver aucune des formalités effentielles à
„ la promulgation des Loix. Mais des Magiftrats plus modérés rame-
„ nerent les efprits à prendre un parti moins violent ; & l'on rendit un
„ Arrêt, par lequel on défendit de publier la Déclaration comme étant
„ contraire aux Loix fondamentales du Royaume (t).

Ainfi le Chancelier ne fut point decrété. L'Arrêt qui défend d'exécuter la Déclaration, comme contraire aux Loix fondamentales du Royaume, n'a point exifté. Le Parlement fe contenta d'ordonner des Remontrances par fes Arrêtés des 28. Avril 3. & 9. Mai. Il s'y explique ainfi.

„ Pareilles Lettres ont été adreffées aux Baillis & Sénéchaux de ce
„ Royaume, même au Prevôt de Paris, ont été publiées par-tout,
„ hormis en cette ville de Paris, en laquelle ledit Prevôt a différé faire
„ la publication, jufques à ce que ladite Cour ait délibéré fur icelles;
„ ainfi qu'eft accoutumé de faire.

„ Plaira au Roi entendre que toutes Lettres en forme d'Edit fignam-
„ ment fcellées, commandées pour le Réglement de la Juftice, ont accou-
„ tumé être préfentées en la Cour de Parlement pour après avoir déli-
„ béré fur icelles, être lues, publiées & enregiftrées s'il fe trouve qu'el-
„ les doivent paffer fans aucune difficulté, finon pour en faire remon-
„ trances avant la lecture & publication. Eft chofe infolite & non
„ accoutumée de préfenter telles Lettres, & icelles envoyer aux Baillis
„ & Sénéchaux, que premiérement elles n'aient paffé par la Cour de
„ Parlement.

„ Quand quelques Lettres ont été expédiées fans l'adreffe à ladite Cour,
„ dit: que l'on les a révoquées en doute : l'on n'y a eu aucun égard,
„ & n'ont été tenues pour Loi ni Ordonnance.

„ Le Roi, s'il lui plaît, ordonnera fuivant ce que jufques-ici a
„ été gardé, & comme de tout tems y a été fait, que toutes Lettres pa-
„ reilles à celles dont eft queftion, foient au préalable adreffées à ladite
„ Cour, que aux Baillis & Sénéchaux, lefquels font ferment de
„ garder lefdites Ordonnances lues & enregiftrées en ladite Cour.

„ On peut connoître l'inconvénient qui peut advenir, l'adreffe
„ étant faite aux Baillis & Sénéchaux, & la publication faite par eux;
„ parce que fe pourroient faire remontrances qui feroient trouvées faintes
„ & raifonnables; & par ce moyen l'on révoquera ce qui auroit été publié
„ & enregiftré par lefdits Baillis & Sénéchaux.

„ Que appel pourroit être interjetté des jugemens des dits Baillis &
„ Sénéchaux, qui auroient fondé leurs jugemens fur lefdites Lettres, les-

(t) Vie du Chancelier de l'Hôpital pag. 187.

„ quels pourroient être révoqués en doute, pour n'avoir été lesdites
„ Lettres lues, publiées & enregistrées en ladite Cour, selon l'usaige &
„ commune observance de tout tems gardée &c. (u)

Le Parlement dans ses Remontrances du 9 Juin 1581, supplie le Roi de
„ ne venir au Parlement pour publier les Edits, parce que c'est chose inso-
lite & non accoutumée, & contre les Loix & Ordonnances, qui ont donné
liberté aux Parlemens d'en délibérer, même quand il est question des Edits
qui chargent le Peuple, & immuent l'ordre & l'ancienne forme de son
Etat (v)."

Au lit de Justice du 7 Mars 1583, pour la création de nouveaux Offices,
le Premier-Président de Harlay dit au Roi:

„ Devez recevoir de bonne part ce qui vous est remontré en toute humilité. Car il nous est commandé de craindre Dieu, & honorer notre
Roi. La crainte de Dieu est la premiere, & que devons préférer à toutes choses: comme fit Abraham..... C'est pourquoi, Sire, quand vous
commandez quelque chose à laquelle il nous semble en nos consciences, ne
pouvoir acquiescer, Votre Majesté ne le doit prendre en mauvaise part,
ni juger désobéissance, le devoir que nous faisons en nos Etats; parce que
nous estimons que vous ne la voulez, sinon d'autant qu'elle est juste & raisonnable; & qu'ayant entendu qu'elle n'est telle, ne serez plus offensé
de n'avoir été obéi que fut Agamemnon....... Nous lisons d'Agésilaüs,
qu'ayant accordé à un qu'il aimoit quelque chose qu'il lui avoit demandé, & depuis sçu qu'elle n'étoit de justice, il la révoqua; & sommé de
tenir sa promesse en parole de Roi, je l'ai, dit-il, accordée si elle est de
justice, & non autrement; & ma parole ne m'oblige point sinon qu'autant
qu'elle a justice pour compagne. Pour cette considération, Sire, vos Prédécesseurs ont fait cet honneur à vos Parlemens de régler la balance de la
justice par leur conseil & avis: & combien qu'ils pussent user de puissance absolue comme vous, toutefois ils ont toujours eu cette maxime en-
gravée en leur esprit, de réduire leur puissance à la civilité des Loix......
Théopompe établit les Ephores, sans le conseil desquels il ne faisoit aucune Loi: & quand il lui fut reproché qu'il leur donnoit trop d'autorité, il
fit réponse, qu'il usoit de ce moyen pour rendre la sienne plus durable.
Ne rejettez point, Sire, ce peu d'exemples, qui pourroient être sui-
vis de plusieurs autres. Ne changez point les formes accoutumées, soit
en distribution de la justice, soit en la publication des Edits, lesquels,
bien qu'ils n'aient force que sous votre autorité, toutefois vous avez toujours voulu qu'ils aient été délibérés & résolus en votre Parlement, que
delà ils prissent leur origine, comme de l'Océan les eaux prennent leur
source, & après fussent publiés, non de puissance absolue, que vous avez
dépouillée pour ce regard, mais requérant votre Procureur Général
(w)."

(u) Memoires de Condé Tom. 2. pages 334, 343, 351, 352.
(v) Dictionnaire des Arrêts, au mot *Parlement*; n. 58.
(w) Cérémonial François, *tom.* 2, *pag.* 597.

Au lit de Justice, tenu le 3 Avril 1621, le Premier-Président parla au Roi en ces termes :

„ Et d'autant que jusques à présent nous n'avons ouï parler de l'Edit de tant de cent mille livres de rente, que par la bouche & l'oracle de M. le Chancelier, nous supplions très-humblement V. M. de nous excuser, si pour le soulagement de ses Sujets & la décharge de sa conscience, nous ne lui en faisons en public nos très-humbles Remontrances; mais jusques à ce pour les raisons très-importantes qui lui furent par ma bouche l'an dernier représentées, accorder à son Parlement d'imposer cette Loi à sa toute-puissance, que pour occasion de nécessité ou pour sujet de manquement de fonds en ses finances, aucun Edit ne soit publié qu'il n'ait été *délibéré & vérifié* en ses Cours Souveraines, conformément aux Ordonnances: afin que ledit Seigneur obéi & révéré par la très-redoutable justice de ses Parlemens, & très-craint par la force & puissance de ses armes, son Parlement puisse rendre des preuves très-utiles de son affection & fidélité à son service, comme par la charge de ses bienfaits, y est obligé par sa conscience (x)."

En 1615, après la cloture des derniers Etats tenus dans le Royaume, le Parlement adressa à Louis XIII des Remontrances où il se fit un devoir de rappeller à ce Monarque „ que les Rois qui ont rendu le Parlement sédentaire, lui ont laissé les mêmes fonctions & prérogatives qu'il avoit eues à la suite des Rois leurs Prédécesseurs...... comme tenant le Parlement la place du Conseil des Princes & des Barons qui, de toute ancienneté étoient près la personne des Rois nés avec l'Etat: & pour marque de ce, les Princes & Pairs de France y ont toujours eu séance & voix délibérative; & ainsi depuis ce temps y ont été *vérifiées* les Loix, Ordonnances, Edits, créations d'Offices, Traités de paix & autres plus importantes affaires du Royaume, & dont les Lettres-Patentes lui sont envoyées, *pour, en toute liberté, les mettre en délibération, & examiner le mérite, y apporter modification raisonnable.*"

Le même Prince ayant tenu son lit de Justice en 1620 pour faire enregistrer trois Edits, M. de Verdun, Premier Président, lui remontra „ qu'il importoit à son service, que les Edits fussent envoyés à son Parlement pour être examinés & délibérés, avant d'être registrés de sa puissance absolue, & que *c'est Loi inviolablement gardée par ses Prédécesseurs* (y)."

Mais il seroit difficile de défendre cette maxime de notre droit public, avec plus de zele que ne le fit M. Servin, Avocat-Général, dans le Discours qu'il prononça le même jour en présence de Louis XIII. „ Sire, nous trouvons fort étrange que V. M. procede à la vérification de ses Edits, par des voies si extraordinaires, que de venir en sa Cour de Parlement contre les anciennes formes gardées de tout temps par vos Prédécesseurs Rois, & par vous jusqu'à hui, de nous envoyer vos Edits,

---

(x) Ibid. *pag.* 622.
(y) Remontrances du Parlement de Paris *du mois de Juillet* 1718.

pour en liberté de conscience en dire nos avis, & les présenter à votre Cour qui en délibéroit en toute liberté, & lorsqu'elle les trouvoit de justice, les vérifioit à votre desir: mais si aucontraire ils n'étoient trouvés justes, votre Cour faisoit des Remontrances qui étoient toujours prises de bonne part...... Mais aujourd'hui, Sire, sans aucune apparence de toutes ces choses, & vous étant prévenu de mauvais conseils, venés en votre Cour pour, par la splendeur de V. M. qui doit servir de terreur à tous vos ennemis, *nous ôter le moyen de délibérer avec la liberté de nos consciences*, & vous représenter les inconvéniens qui peuvent arriver de l'exécution de ces Edits injustes, qui pourront un jour être cause du soulévement de vos Peuples, & qui les contraindront de faire des Peuplades pour habiter les terres étrangeres, où ils trouveront des Dominations plus douces que la vôtre. *Pardonnés, Sire, à cette liberté Françoise qui nous fait ainsi parler* & prêter l'oreille aux clameurs de la veuve & de l'orphelin qui gémissent sous le faix des impôts: ce qui vous est dissimulé par vos Conseils, & qui vous est représenté aujourd'hui par votre Cour de Parlement, de laquelle sont sortis tous les bons & salutaires conseils qui ont jusqu'ici été donnés à vos Prédécesseurs & à Vous, & qui vous a fait entendre la nécessité de vos Peuples". M. Servin termina sa harangue en déclarant que tous les malheurs que les Edits pourroient causer devoient être imputés à ceux qui avoient donné au Roi de si mauvais conseils; „ les noms & dignités desquels nous supplions très-humblement V. M. nous déférer & en faire charger les Registres de cette Cour, pour être contr'eux informé (z) ".

Loysel, qui nous a conservé le discours de M. Servin, rapporte également la Remontrance de M. de Verdun, Premier-Président; elle fut moins vive dans l'expression, mais elle n'en fut pas moins forte & énergique contre la violence qu'on faisoit au Parlement. „ Sire, nous avons un extrême regret que la nécessité de vos affaires apporte un tel obstacle & empêchement à votre bonté, que d'*ôter à votre Parlement son ancienne liberté de connoître & délibérer sur les Edits qu'elle propose, avant que de les vérifier de sa puissance absolue*; & d'autant que cette omission de *vous soumettre à cette Loi par vos Prédécesseurs de long-temps inviolablement gardée*, est un argument & présage de la diminution de votre autorité, & du déclin & panchement de votre dignité Royale...... Nous supplions la divine bonté qu'il lui inspire la connoissance si parfaite du préjudice qu'elle fait à son équité, que le juste ressentiment qu'elle en aura à l'avenir

---

(z) Opuscules de Loisel, édit. de 1652, pag. 576.
On sçait que M. Servin fut un des plus généreux & des plus éloquens défenseurs de la liberté Françoise & des maximes du Royaume. Il expira aux pieds de Louis XIII, dans un Lit de Justice tenu au Parlement en 1627. Ce Magistrat y avoit parlé avec la plus grande véhémence contre des Edits bursaux. M. Bouguier, Conseiller de Grand-Chambre, (Auteur du recueil des Arrêts qui portent son nom) & témoin de cet événement tragique, fit les deux vers suivans sur la mort de M. Servin.

Servinum una dies pro libertate loquentem
Vidit, & oppress'd pro libertate cadentem.

l'avenir tombe, & fonde fur les auteurs de ce conseil...... nous graverons en nos Mémoires leurs noms & qualités, *à la décharge de nos consciences envers Dieu & notre Roi,,.*

Les Regiſtres du Parlement (au rapport de Loyſel) portent " que le 20 du même mois de Février, M. le Premier-Préſident ayant été mandé avec d'autres du Parlement, il dit au Roi que c'étoit *par charge & délibération de la Cour qu'il lui avoit dit* les paroles contenues en cette Remontrance (a),,.

Sur le modele des anciens Magiſtrats, M. Talon portant la parole dans un lit de Juſtice du 7 Septembre 1645, où il étoit queſtion de faire enregiſtrer 19 Edits, réclama ſur les mêmes motifs la Loi de l'enregiſtrement libre. ,, Les Rois vos Prédéceſſeurs ont dépoſé entre les mains de leurs Parlemens non-ſeulement l'exercice de la juſtice qu'ils doivent à leurs Peuples, mais l'enregiſtrement & connoiſſance des affaires publiques: *c'eſt la Loi de l'Etat, le lien & l'aſſurance de la Royauté.* C'eſt une eſpece de cachet, lequel imprime ſur nous les marques de ſon autorité, ſans toutes-fois nous en communiquer la ſubſtance. Ces ordres anciens ne ſont pas des témoignages de foibleſſe, mais des *effets de prudence politique* qui réſervent au Souverain les occaſions de bien faire, la diſtribution des graces par lui-même, & laiſſent *aux puiſſances inférieures la fonction néceſſaire de la juſtice.* Pour cela, l'un des grands perſonnages du ſiecle paſſé, de l'Hôpital Chancelier de France, qui vivoit il y a près de 100 années, parlant dans une journée ſemblable à celle en laquelle nous ſommes occupés, faiſoit cette obſervation, que les Rois, lorſqu'ils tiennent leur lit de Juſtice, ſouffrent non-ſeulement que les Grands de l'Etat, mais même tous les Officiers de la Compagnie ſoient aſſis & couverts en la préſence de leur Prince, parce que, dans ces occaſions, non-ſeulement *ils doivent avoir la liberté de leurs ſuffrages*, mais, qui plus eſt, *ils doivent concourir avec leur Maître au miniſtere de la Juſtice.* Mais lorſque le Roi tient ſes graces, & qu'il fait ſceller en ſa préſence les rémiſſions qu'il accorde aux criminels (comme c'étoit autrefois la coutume le Vendredi-Saint): perſonne, de quelque qualité qu'il ſoit, ne peut être aſſis ni couvert, parce que, dans ces ouvrages, ſa ſeule bonté & ſa puiſſance y agiſſent. Cependant, Sire, la fonction de tous ces MM. qui ſont aſſis & couverts, *comme s'ils étoient appellés pour délibérer,* ſe trouvera tantôt inutile, parce que V. M. ne les viſite pour les conſulter, *comme ont fait autrefois les Rois vos Prédéceſſeurs,* mais plutot pour blâmer leurs ſentimens, & condamner leur conduite....... Que V. M. ne s'imagine pas que ce ſoit impuiſſance, de modérer l'extrémité de ſon pouvoir dans certaines bornes raiſonnables; la néceſſité de ne pouvoir jamais manquer, ni mal faire n'eſt pas une contrainte dans la Divinité...... & lorſque nous faiſons entendre à V. M. quelles ſont les fonctions des Compagnies ſouveraines & l'emploi des premiers Officiers de la Juſtice,

Sous Louis XIV.

(a) Ibid.

ce n'est pas pour y chercher notre avantage & y prévaloir. A Dieu ne plaise que la coignée s'élève contre le bras qui lui donne le mouvement ; mais pour *conserver* à V. M. la bienveillance publique de ses Peuples, l'opinion qu'ils ont conçue de la douceur du Gouvernement, les maintenir dans une obéissance non pas aveugle, mais volontaire & clairvoyante, que nous estimons être quelque chose de plus auguste que la Royauté (b)".

Sous Louis XV.

C'est de la vigilance des Magistrats dans la vérification des Loix, que le Parlement de Paris disoit en 1718, dans des Remontrances respectueuses du 26 Juillet de cette année, " qu'elle fut une *de leurs premieres fonctions* auprès des Rois Prédécesseurs de [V. M] & de celles qui lui ont été imposées [au Parlement] depuis qu'il est devenu sédentaire. Nous sommes forcés par le serment de fidélité que nous prêtons à V. M. en entrant dans nos Charges, par toutes les Ordonnances de nos Rois qui nous imposent d'*examiner* dans les Edits & autres Loix qui nous sont apportées, s'il n'y a rien de contraire aux intérêts de V. M. & de l'Etat, *aux Loix fondamentales du Royaume*, & par conséquent *d'opiner avec toute liberté de suffrages*, & nous défendent en même temps de connoître pour Loix celles qui ne nous ont pas été envoyées revêtues du caractere de l'Autorité Royale........ Le Parlement ajoutoit qu'il n'avoit intention que de se renfermer dans des devoirs que la fidélité qu'il doit à V. M. par sa naissance & par son serment, l'oblige, pour l'acquit de sa conscience, à remplir...... En même temps, Sire, que nous reconnoissons que vous êtes seul.... Législateur: qu'il y a des Loix que les différens événemens, les besoins de vos Peuples..... peuvent vous obliger de changer..... Nous croyons de notre devoir de vous représenter qu'il y a des Loix aussi anciennes que la Monarchie, qui sont fixes & invariables, dont le dépôt vous a été transmis avec la Couronne.... Vous promettez à votre Sacre de les exécuter. C'est à la stabilité de ces Loix que nous sommes redevables de vous avoir pour Maître ; & ce qui s'est passé du temps de la Ligue prouve ce que la France doit au maintien de ces Loix primitives, & en même temps, combien il importe au service de V. M. que le Parlement qui *est responsable envers Elle & envers la Nation de leur exacte observation*, veille continuellement à ce qu'il n'y soit donné aucune atteinte....... C'est sans doute ce qui a convaincu les Rois les plus absolus....... que l'enregistrement au Parlement est une *condition nécessaire de la Loi*..... Les grands personnages employés par nos Rois à la rédaction des Ordonnances, en imposant au Parlement l'obligation d'*examiner* scrupuleusement les Edits....... ont sans doute fait réflexion que les Rois sont hommes, & comme tels qu'ils peuvent être sujets à toutes les foiblesses attachées à l'humanité; qu'ils sont plus exposés que le surplus des hommes à la flatterie des Courtisans avides....... & de mauvais conseils qui ne connoissent d'autre regle que leur intérêt & leur passion..... C'est, Sire, par l'obligation que toutes ces Loix nous imposent, que nous sommes

(b) *Mémoires de Talon, tom.* 5. *pag.* 367.

forcés de réitérer à V. M. nos très-humbles & très-respectueuses Remontrances (& la Nation y est intéressée). En effet, par quelle voie les plaintes & besoins de vos Peuples peuvent-ils parvenir jusqu'à vos pieds? Aucun Corps de l'Etat ne s'assemble sans votre permission. Votre Parlement, Sire, est continuellement assemblé pour rendre la justice à vos Sujets, au nom & à la décharge de V. M.; c'est le seul canal par lequel la voix de vos Peuples ait pu parvenir jusqu'à vous depuis qu'il n'y a point eu d'Assemblée des Etats-Généraux".

Il seroit superflu de transcrire à la suite de ces témoignages ceux que tant de Remontrances des Cours Souveraines ont rendu depuis 20 ans dans leurs différentes Remontrances. Ces témoignages sont trop multipliés & trop récens pour être ignorés. Bornons-nous à rappeller ce que les Etats de Blois chargerent leurs Députés de déclarer au Roi de Navarre: l'instruction qui leur fut donnée porte pour titre: *Instruction des gens des trois Etats du Royaume de France, assemblés sous l'autorité & mandement du Roi en sa ville de Blois, baillée icelle instruction à M. l'Archevêque de Vienne, à M. de Rubempré, Chevalier de l'Ordre du Roi, & à M. Menager, Général des Finances de Languedoc, envoyés vers le Roi de Navarre.* Elle est terminée ainsi: *Fait à Blois en l'Assemblée-Générale des trois Etats du Royaume de France, le quatrieme jour de Janvier 1577.* On s'y exprime en ces termes. ,, Il y a différence entre les Loix du Roi & les Loix du Royaume; & celles de l'Empereur & de l'Empire, que celles-ci, d'autant qu'elles ne peuvent être faites qu'en Générale Assemblée de tout le Royaume, ou en Diette Impériale, avec le commun accord & consentement des gens des trois Etats, & de ceux qui peuvent assister & avoir voix ès Diettes; aussi, depuis, elles ne peuvent être changées ni innovées que avec l'accord & commun consentement des trois Etats, & de ceux qui peuvent assister & avoir voix esdites Diettes...... Que si bien la puissance du Roi est très-grande, comme un très-puissant Monarque; si est-ce que les Rois de France par leur débonnaireté, n'ont jamais *pensé leur dite puissance être limitée & diminuée, se soumettant de ne pouvoir faire ni ordonner pour le Réglement du Royaume, qu'autant qu'il seroit selon la raison & les Loix d'icelui: d'où vient qu'il faut que tous Edits soient vérifiés & comme* CONTROLÉS *ès Cours de Parlement, devant qu'ils obligent à y obéir;* lesquelles (Cours) combien qu'elles ne soient qu'une forme des trois Etats raccourcie au petit pied, *ont pouvoir de suspendre, modifier & refuser lesdits Edits* (c)".

Seroit-on tenté de comparer des réclamations si importantes & si persévéramment réitérées, à ces actes vains & timides où l'on essaie d'annoncer des prétentions qu'on n'ose soutenir, & qu'on ne propose qu'en tremblant? Rapportons-nous-en au jugement du Lecteur équitable. Seroit-ce sous les yeux du Monarque, en présence des Princes de son Sang & des Grands du Royaume, que les Magistrats hazarderoient des opi-

(c) Mémoires du Duc de Nevers. *édit. de Paris, chez Thomas Jolly 1665, tom.* 1, *pag.* 448.

nions systématiques, des idées ou fausses ou même problématiques, qui tendroient à limiter l'exercice de la Puissance Souveraine dans son acte le plus auguste, celui de la Législation ? En parleroient-ils avec autant d'assurance ? En feroient-ils une de leurs fonctions essentielles, une des obligations que leur impose la conscience ? Auroient-ils osé dire à leur Roi que la vérification libre des Cours Souveraines est *une Loi du Royaume*; qu'elle est l'une des *plus saintes*; que les Rois l'ont *religieusement gardée*; que la violer, ce seroit *violer celle par laquelle ils sont faits Rois*; qu'elle est le *lien & l'assurance de la Royauté*; qu'elle est, pour ainsi dire, le gage de l'amour & de *l'obéissance volontaire des Peuples* ? De quel poids n'est pas en particulier le témoignage des Etats assemblés à Blois qui, sous les yeux du Roi, par une délibération commune & solemnelle, font déclarer à un Prince étranger que la nécessité de la vérification libre est une Loi du Royaume; que les Loix n'obligent qu'après cette vérification, & que les Parlemens chargés de la vérification peuvent *modifier* & même *refuser* les Edits ?

Preuve par le refus d'enregistrer un grand nombre de Loix qui en conséquence sont demeurées sans effet.

LES Magistrats ne se sont pas tenus à de simples protestations, même à des représentations vives & solemnelles : combien de fois n'ont-ils pas mis en usage cette autorité qu'ils n'ont cessé de revendiquer, soit en refusant d'enregistrer les Rescrits surpris à la Religion du Prince, soit en modifiant leurs dispositions ?

„ Du temps de Philippe de Valois, l'Evêque d'Avranches, au refus fait par le Chancelier de lui sceller une lettre, les fit refaire & sceller du sceau du secret du Roi. Lesdites lettres furent annullées par le Parlement, & lui, condamné à l'amende„. Ce sont les propres termes du Chancelier Olivier au lit de Justice du 2 Juillet 1549 (d)".

En 1418, l'Evêque d'Arras ayant présenté au Parlement de Paris un Concordat arrêté avec le Pape Martin V, par les Députés de la Nation au Concile de Constance, cette Cour ne voulut point l'admettre (e).

Le 10 Février 1424, Charles VII ayant donné à Chinon un Edit favorable au Concordat de Martin V, „ M. le Procureur-Général, pour
„ garder son serment, l'honneur, le bien & le profit du Roi, pour le
„ bien de la justice, & de toute la chose publique du Royaume,
„ s'opposa à l'exécution & à l'enregistrement des Lettres Royaux
„ données par le Roi par inadvertence (f)".

On a vu que, sous Louis XI, les Magistrats porterent la résistance jusqu'à offrir le sacrifice de leurs Offices plutôt que de publier un Edit pernicieux. Ils montrerent la même fermeté contre les efforts que fit Louis XI pour l'abolition de la Pragmatique.

Au mois de Septembre 1467, le „ Roi bailla ses Lettres à un Légat

---

(d) Cérémonial François, tom. 2. pag. 523.
(e) *Fuerunt præsentatæ in curiâ Parlamenti Regis Parisiensis per D. Martinum Episcopum Atrebatensem, Ann. Domini 1418 die 10 mensis Junii, sed non acceptæ per eamdem Curiam.* Preuves des Libert. chap. 22, n. 18.
(f) Ibid. ch. 22, n. 18.

venu de Rome de par le Pape, pour la rompture de la Pragmatique Sanction, lesquelles Lettres furent lues & publiées au Châtelet de Paris, sans y faire aucun contredit ou opposition; & le premier jour d'Octobre ensuivant, Maître Jean Balue fut & alla en la salle du Palais Royal à Paris, *la Cour de Parlement vacant*; pour illec aussi faire publier lesdites lettres; où trouva Maître Jean de Saint-Romain, Procureur-Général du Roi notre Sire, qui formellement se opposa à l'effet & exécution desdites Lettres, dont ledit Balue fut fort déplaisant, & pour cette cause feist audit de Saint-Romain plusieurs menaces, en lui disant que le Roi n'en seroit point content, & qu'il le désapointeroit de son Office : de quoi ledit de Saint-Romain ne tint pas grand compte, mais lui dit & répondit, que le Roi lui avoit donné & baillé ledit Office, lequel il tiendroit & exerceroit jusques au bon plaisir du Roi, & que quand son plaisir seroit de lui ôter, que faire le pourroit ; mais qu'il étoit du tout délibéré & résolu de tout perdre avant que de faire chose qui fût contre son ame, ne dommage au Royaume de France, & à la chose publique; & & dit audit Balue que devoit avoir grande honte de poursuivre ladite expédition; & en après le Recteur de l'Université & les suppôts d'icelle allerent par-devers ledit Légat, qui de lui appellerent, & de l'effet desdites Lettres, au Saint Concile, & partout ailleurs où ils verroient être à faire, & puis viendrent audit Châtelet, où pareillement autant en dirent, & firent illec enregistrer leur opposition (g)".

Personne n'ignore les actes de puissance absolue auxquels François I eut recours pour faire enregistrer le Concordat de 1516, & la courageuse résistance que fit le Parlement pendant un grand nombre d'années.

Que de combats cette Cour n'eut-elle pas encore à soutenir sous Henri IV, pour maintenir la Loi fondamentale de l'inaliénabilité du Domaine, & de la réunion des biens propres de ce Prince au Domaine de la Couronne?

En 1597 le Roi envoie deux Edits, portant création de deux Conseillers dans chaque Chambre du Parlement, & d'un Président & Conseiller dans les Sieges Présidiaux. Deux refus d'enregistrement donnent lieu à deux Lettres de Jussion. Le Roi envoie le Connétable avec plusieurs personnes de son Conseil, pour exposer le besoin de ses affaires, & le Parlement persiste. Le Roi envoie enfin le Chancelier, le Connétable & plusieurs Membres du Conseil, soutenus d'une troisieme Lettre de Jussion & d'une lettre close, écrite de la propre main du Roi, & conçue en termes très-impératifs. L'Arrêt du 19 Mai 1597 est cependant ainsi conçu:

„ Les Edits de création de Conseillers de céans, avec un Président & Conseiller aux Sieges présidiaux, vûs, avec les Lettres de
„ Jussion, la matiere mise en délibération, qui a continué jusques à
„ midi passé, a été arrêté que la Cour persiste ès précédentes délibérations (h)".

(g) Chronique de Louis XI, Mémoires de Commines : édition de l'Abbé Lenglet, *tom.* 2, *pag.* 66.   (h) Histoires des Chanceliers, par Godefroy, *gap.* 127.

En 1620 le Parlement refuse de vérifier trois Edits de Louis XIII. En 1629, ce Prince ayant tenu son lit de Justice pour faire enregistrer l'Ordonnance qu'on appelle le *Code de Marillac* ou le *Code Michaut*; le refus persévérant du Parlement de Paris a rendu cette loi inutile, au moins dans son ressort. M. Talon, qui fait l'histoire de cet enregistrement forcé, rapporte que ,, le Roi étant venu au Parlement; ..... que l'Ordonnance ayant été lue en la présence du Roi, & M. le Garde des Sceaux de Marillac ayant prononcé l'arrêt d'enregistrement ordinaire; Messieurs du Parlement deffendirent au Greffier de signer l'arrêt, attendu la qualité de la matiere qui ne pouvoit être exécutée, sans une *délibération* précédente: dont le Roi s'étant offensé & ayant commandé que l'arrêt fût signé, puisque la vérification en avoit été faite en sa présence, après les Remontrances qui lui furent faites, consentit que l'Ordonnance fut examinée, article par article, & modifiée, s'il y échéoit; & jusqu'à ce ne voulut point obliger Messieurs du Parlement à l'exécution. Et de fait, pour obéir au Roi, le Greffier signa l'arrêt d'enregistrement, & nonobstant cela, l'Edit fut vû & concerté au Parquet; Il y eut conclusions prises comme dans *une affaire entiere & non préjugée*, & *l'Edit n'ayant point été délibéré dans la Compagnie n'a point été exécuté*....... Ce qui est si véritable, qu'encore qu'il y eut un grand article sur les Mariages clandestins, néanmoins on a depuis envoyé une Ordonnance au Parlement pour le même sujet; *Le Roi & ses Ministres sçachant bien que l'Ordonnance enregistrée en sa présence ne s'exécutoit point* (i)".

Le Président Hénault remarque, que ,, le Code Marillac, nommé communément le Code Michaut, fut publié en forme d'Edit...... Que le Roi, malgré les oppositions du Parlement, le fit *publier* dans un lit de Justice; *car il n'est pas dit qu'il y fut vérifié*. Aussi cét Edit n'a point été *observé dans la suite*, & les Avocats ne le citent pas comme une Loi (k).

On trouve plus de détail sur ce Code dans l'histoire de Louis XIII composée par le pere Griffet. Suivant le récit de cet historien, le Code ayant été présenté au Parlement en forme d'Edit, la Compagnie demanda du temps pour l'examiner; mais le Garde des Sceaux déclara que le Roi vouloit que l'on procédât à l'enregistrement sans aucun délai, ajoutant que si l'on trouvoit quelque article qui parût avoir besoin d'être retouché le Roi recevroit volontiers les avis de son Parlement. L'Edit fut donc enregistré; mais dès le lendemain les Chambres s'assemblerent pour se plaindre de cet enregistrement précipité, & pour déclarer qu'*il seroit regardé comme nul* jusqu'à ce qu'on l'eût examiné en détail, & que le Roi eût écouté les Remontrances de son Parlement.

Le Garde des Sceaux vivement picqué de la résistance du Parlement s'en plaignit au Roi déjà parti pour son voyage d'Italie. La Reine manda les Députés du Parlement au Louvre. Après beaucoup de difficultés, on accorda deux mois au Parlement pour travailler à ses Remontrances,

---
(i) Mémoires de Talon, *tom.* 3, *pag.* 329.
(k) Abrégé Chronologique, *pag.* 614. *édit. de* 1756.

à condition que l'Edit feroit regardé comme Loi du Royaume, & que le Parlement s'y conformeroit dans fes Jugemens; *mais cette condition ne fut point exécutée*. Le Garde des Sceaux naturellement vif & ardent fouffroit impatiemment les lenteurs du Parlement, & fa conftance à ne pas reconnoître l'autorité de fon Code. Il engagea la Reine Mere à folliciter de nouveaux ordres pour le faire enregiftrer. Le Roi répondit à la Reine par une lettre écrite de fa main. Le Pere Griffet la rapporte, & ajoute que, *malgré des ordres fi précis, le Parlement demeura ferme dans fon oppofition ; que le Code n'en eut pas plus d'autorité, & que les Avocats n'ofent le citer* (1).

En 1656, 1657, & 1666, Louis XIV accorda au Clergé des Déclarations, qui parurent au Parlement préjudiciables au bien public ; & même aux droits les plus inviolables de la Couronne. Elles ne furent point enregiftrées. Le Clergé obligé d'avouer que, *faute d'enregiftrement, les Déclarations étoient demeurées fans exécution*, fit de nouvelles inftances auprès du Roi, en 1670 & 1675, pour les faire publier & enregiftrer ; mais fes efforts furent inutiles, & ces actes font demeurés comme non avenus (m).

La Rocheflavin attefte qu'il a vû *refufer des Edits, en nombre de plus de 80, reçus au Parlement de Paris, bien qu'il y eut jufques à fix, voire fept juffions* (n).

Le Parlement de Touloufe, dans fes Remontrances du 6 Avril 1771, cite plus de foixante-dix Arrêts qu'il a rendus depuis 1580 jufqu'en 1666 " par lefquels l'enregiftrement des Edits, Déclarations, Lettres-Patentes, & Lettres de Juffion y mentionnées, eft refufé en ces termes : *La Cour a déclaré & déclare n'y avoir lieu de Regiftre &c. La Cour a déclaré & déclare ne pouvoir procéder au Regiftre &c.*" Quelques uns de ces Arrêts, mais en très-petit nombre, font terminés par la claufe fuivante : *Et fera le Roy fupplié d'avoir la préfente délibération agréable, comme faite pour le bien de fon fervice, ou comme faite pour le bien de fon Royaume* (o).

Combien ne trouveroit-on pas d'exemples femblables, fi l'on faifoit un dépouillement exact des Regiftres de toutes les Cours Souveraines ? Pafquier nous en a confervé un de la Chambre des Comptes de Paris dans la lettre dont on a rapporté un long extrait.

LES modifications appofées aux Conftitutions Royales offrent une nouvelle preuve de la néceffité de la vérification libre des Cours Souveraines. Modifier la Loi, c'eft y ajouter, en retrancher, ou changer quelqu'une de fes difpofitions. Or, ces opérations fuppofent un examen réfléchi de la Loi, & le droit de ne l'enregiftrer qu'avec lumiere & en connoiffance de caufe.

Preuve par les modifications appofées à l'énregiftrement d'un grand

---

(l) Hiftoire de Louis XIII, *tom.* 1. *pag.* 654.
On peut voir dans le Code Matrimonial, imprimé en 1770 l'extrait des Regiftres du Parlement fur cette affaire, *tom.* I, *part.* 2, *pag.* 117.
(m) Voyez les procès-verbaux du Clergé, des années 1670, 1675 & 1695.
(n) Des Parlemens de France, *l.* 15, *ch.* 8, *pag.* 686.
(o) *Pag.* 29 & 30.

nombre de Loix du consentement de nos Rois.

L'usage des modifications est bien ancien. Le Roi Jean a publié au mois de Février 1350 une très-longue Ordonnance, dont le dernier article s'explique en ces termes:

„ Nous voulons & ordonnons que, si en nos présentes Ordonnances, ou en aucunes d'icelles, avoit aucune correction ou aucune chose à ajouter ou à ôter, muer, interpréter ou de nouvel faire, tant pour le temps présent, comme pour celui à venir, que les Commissaires qui sur ce, de par nous députés, le puissent faire, ou la greigneur partie d'iceux, & sur ces choses délibèrent & conseillent avec les gens de notre Parlement (p) ".

En 1361, le Parlement corrigea deux Ordonnances du même Roi du mois d'Avril de cette année. On lit au bas: *vue, CORRIGÉE & lue en Parlement* (q). Des Lettres de Charles V du mois de Septemb. 1368, n'ont été rédigées & signées que suivant la correction du Conseil tenu dans la Chambre du Parlement.

Les Lettres de Louis XI. du mois de Mars 1482, portant établissement de la foire Saint-Germain-des-Prés, celles de Charles VIII du mois de Février 1485. confirmatives de cette foire, n'ont été registrées à la Chambre des Comptes qu'avec des modifications *impositionibus & subsidiis vinorum & animalium pedem furcatum habentium præfato Domino Regi reservatis* (r).

Charles VIII. par des Lettres du mois de Juillet 1487. avoit rétabli Marie & Françoise de Luxembourg dans la possession de tous les biens de Louis de Luxembourg Comte de Saint-Pol, Connétable de France, & de Jeanne de Bar sa femme, & ce, nonobstant l'Arrêt du Parlement rendu contre Louis de Luxembourg, & nonobstant toute opposition. Ces Lettres ont été registrées au Parlement le 17. Décembre 1487. *absque præjudicio jurium Ludovici de Luxemburgo, & ad onus recompensationis partium interesse habentium, secundum quod & quibus per Curiam ordinabitur fiendæ* (s).

Sur les Lettres accordées au Comte d'Angoulême, à l'occasion de son mariage avec Louise de Savoie, le Parlement mit le 19. Février 1487. *Lecta, publicata, & registrata, ad onus consignationis in promptu, vocatis vocandis ubi per Curiam ordinabitur fiendis, processusque de quibus in albo cavetur* (t).

Le 9. Décembre 1493 Charles VIII. accorde au Comte de Montpensier le Gouvernement de Paris & de l'Isle de France avec un pouvoir fort étendu. Les Lettres sont registrées le 19. Juin 1494. *ordinatione tamen factâ per Curiam, quod dictus Comes Montispenserii prætextu, neque sub colore contentorum in dicto albo, non poterit derogare, seu præjudicare autoritatibus & præeminentiis Curiæ, neque jurisdictioni ordinariæ* (u).

Par

(p) Ordonnances du Louvre, tom. 2. pag. 280.
(q) Ibid. tom. 3. pag. 561, 563. tom. V. pag. 141.
(r) Histoire de Charles VIII. par Godefroi, pag. 512. 514.
(s) Ibid. pag. 552.　(t) Ibid. P. 576.　(u) Ibid. pag. 675.

Par des Lettres du mois d'Octobre 1494. Charles VIII. avoit ordonné la vente, à faculté de remeré, du Domaine jusques à concurrence de six vingt mille écus d'or. L'enregistrement du Parlement & celui de la Chambre des Comptes renferment des modifications (v).

Le Parlement par son Arrêt du premier Mars 1560, n'avoit enregistré que provisoirement, & avec des modifications, des Lettres Patentes qui attribuoient aux Evêques la connoissance du crime d'hérésie. L'enregistrement étoit ainsi conçu; ,, La Cour ordonne que lesdites Let-
,, tres seront lues, publiées & enregistrées, *per modum provisionis , &*
,, *donec aliàs per Curiam fuerit ordinatum*, & sous les modifications
,, qui en suivent, lesquelles seront ,, lues & publiées par même moyen
,, &c.

Le 10. Avril suivant, le Roi écrivit au Parlement en ces termes.

,, Pour ce que nous desirons entendre par le menu, le motif de
,, la modification par vous apposée en la vérification de l'Edit de Ro-
,, morentin, que nous n'avons point encore sçu, & aussi de l'Arrêt par
,, vous donné le dernier jour du mois de Mars, que nous avez en-
,, voyé sur le fait de la Religion, nous voulons & vous mandons que vous
,, ayés à députer deux des Présidens de notre Cour pour se rendre &
,, trouver en ce lieu le jour de Quasimodo, instruits de ce que dessus,
,, pour nous en rendre raison.

En exécution de cette Lettre, le Parlement envoya au Roi les Présidens de Thou & Seguier. (w)

Voilà certainement de la part du Roi une confirmation du droit de modifier. Autrement il auroit cassé la modification comme attentatoire à son autorité, & auroit été peu curieux d'en apprendre les motifs.

Trois Déclarations au sujet des troubles de Religion, & des Conventicules qui se tenoient à ce sujet, sont regîstrées le 25. Novembre 1559. *sub modificationibus in Regîstro Curiæ contentis*, ,, pour le regard des deux
,, premieres tant seulement qui sont que la Cour ne fera procéder au
,, rasement & démolition des maisons, sinon que quand les propriétaires
,, seront trouvés sciemment participans ou consentans, ou qu'ils se-
,, ront en faute & négligence inexcusables (x).

Charles IX. pour favoriser les Marchands fréquentant les Foires de Lyon, avoit déclaré que leurs biens meubles quelconques, & les rentes à eux constituées en quelque lieu du Royaume que ce fût, ne

---

(v) *Visa visis præsentibus Litteris, Curia, omnibus cameris congregatis, nonnullis ex generalibus Thesaurariis, & Camera Computorum Consiliariis super necessitate financiarum Regis, nunc extra Regnum suum pro recuperatione Regni Neapolitani existentis debitè auditis, ordinavit Curia super ipsis punctibus: lecta, publicata, & regîstrata castris, fortalitiis, & aliis locis limitrophis comprehensis, pro istâ vice duntaxat, & non ad consequentiam trahatur. Actum in Parlamento vigesimâ primâ die Novembris anno* 1494. De Cerisay.

Visâ expeditione Curiæ Parlamenti, cui Litteræ primò diriguntur, Domini consentiunt quod similiter ponatur: lecta, publicata & regîstrata sub conditionibus & modificationibus in eâdem expeditione declaratis. Actum in Camerâ computorum Domini nostri Regis. Parisiis die vigesimâ septimâ novembris. Anno 1494. Le Blanc. *Ibid.* Pag. 687.

(w) Mémoires de Condé Tom. 2. pag. 275. &330.
(x) Mémoires de Condé. Tom. 1. Pag. 310. in 4o.

pourroient lui appartenir par droit d'aubaine. L'enregistrement au Parlement du 4. Février 1572. excepte les immeubles & rentes constituées, quelque part qu'elles soient constituées, lesquelles en ce regard, la Cour déclare être immeubles (y).

Les enregistremens provisoires sont sans doute faits sans des modifications. Deux Edits de 1560. & de 1561, sur le privilege des Ouvriers qui travaillent aux mines, ont été regiſtrés par provision jusques à ce qu'il eut été autrement ordonné par le Roi ou la Cour (z).

L'usage des modifications a été constaté & reconnu par l'art. 207 de l'Ordonnance de Blois. Henri III y déclare que, sur la Requête des Etats tendante à *faire revoir les Ordonnances, aucunes desquelles ont été révoquées & abrogées, les autres ne s'obſervent; à la publication d'aucunes* LES COURS SOUVERAINES ONT AJOUTÉ CERTAINES MODIFICATIONS; *il a aviſé de commettre certains perſonnages pour recueillir & arrêter leſdites Ordonnances.* Henri II avoit précédemment publié en 1550 une Déclaration servant de Réglement, entre le Parlement & la Chambre des Comptes de Paris; le Parlement ne l'avoit enregistrée qu'avec des modifications; & le même Prince deſirant appaiſer des conteſtations élevées entre le Parlement & la Chambre des Comptes de Provence, ordonna que le Réglement de Février 1550 „ *enſemble la modification faite ſur icelui*, par Arrêt de notre dite Cour de Parlement, le 9 Mars enſuivant, ſeroit obſervé entre la Cour de Parlement & la Chambre des Comptes de Provence (a).

Le droit des Cours Souveraines d'apporter des modifications, étoit ſi notoire lors des Etats tenus en 1614, que le Tiers-Etat ſe plaint dans un des articles de ſon cahier, de ce qu'elles reſtoient dans le ſecret du Regiſtre; enſorte qu'on ne pouvoit pas les exécuter. Il demande au Roi „ que vos Cours Souveraines procédant à la vérification de vos Edits ſous modification & reſtriction, ſoient tenues icelles exprimer par les Arrêts de ladite vérification, les faire publier à la ſuite deſdits Edits, & envoyer par les Provinces, à ce que chacun en puiſſe avoir connoiſſance.

„ Et d'autant, dit un autre article, que pluſieurs Edits & Ordonnances ne s'obſervent, aucunes d'icelles ont été révoquées & *modifiées par voſdites Cours & les modifications inconnues* à voſdits Sujets: il plaiſe à votre Majeſté commettre certaines perſonnes & gens notables, tant de votre Conſeil, Cours Souveraines, qu'autres vos Juges & Officiers des Provinces, pour recueillir & arrêter leſdites Ordonnances, & réduire par ordre en un volume celles qui ſe trouveront utiles (b)."

Le Clergé dans l'Art. 301. de ſon Cahier, demande que tout ce qui aura été arrêté & conclu par le Roi ſur les Remontrances des Etats

---

(y) Henrys Tom. 2. Liv. 4. chap. 6. Queſt. 74. Pag. 507.   (z) Fontanon Tom. 2. Pag. 1161.

(a) Production des principaux titres du Parlement de Provence, contre la Chambre des Comptes, imprimée à Aix chez Joſeph Senez, Imprimeur du Parlement, en 1725, *pag.* 68.

(b) Cahier général du Tiers-Etat, *pag.* 66 & 112, *à la fin du recueil de Rapine.*

soit inviolablement observé & enregistré dans les Parlemens, sans restriction ni modification quelconque (c).

La Déclaration du 21. Novembre 1629. défendoit d'établir des Communautés Religieuses, sans permission du Roi, signée d'un secrétaire d'Etat. L'enregistrement ajoute sans Lettres Patentes vérifiées en la Cour (d).

Un Praticien du Languedoc, dont l'Ouvrage a été imprimé à Toulouse en 1645, dit que la Cour de Parlement connoît originairement & privativement à toutes les autres Cours de son Ressort, en premiere instance, de la vérification & *modification* des Edits du Roi (e).

Pour connoître tous les Edits, Déclarations & Lettres-Patentes qui ont été modifiés, il faudroit parcourir tous les recueils de nos Loix. Il suffira de renvoyer au recueil chronologique qui est à la fin de la Jurisprudence Canonique de la Combe, qui ne renferme sans doute qu'une bien petite portion de Loix. On y trouvera les enregistremens modifiés de l'Edit de François I, du mois de Février 1539, sur les rentes dues aux Ecclésiastiques.

De l'Edit des petites dates du mois de Juin 1550.

De l'Edit du mois de Janvier 1557, concernant les dévolutaires.

De l'Edit de François II, sur la connoissance du crime d'héréfie.

Des Lettres-Patentes de Charles IX, du premier Avril 1560, sur la résidence des Ecclésiastiques.

De l'Edit de 1561, concernant les Hôpitaux érigés en titre de Bénéfices.

Des Edits d'Avril 1571, de Février 1580, de Mai 1596, rendus sur les Remontrances du Clergé.

L'article 12 de ce dernier Edit affecte aux Ecclésiastiques les Charges de Conseillers-Clercs dans les Parlemens, nonobstant toutes Lettres de dispense ou de laïsation. Il défend aux Parlemens d'avoir égard aux lettres de laïsation qu'on pourroit obtenir ci-après.

Les deux Edits du mois de Décembre 1606, & celui du mois de Septembre 1610, tous trois rendus sur les Remontrances du Clergé, ont été modifiés. L'article huit de ce dernier Edit ,, veut que les Charges de Conseillers-Clercs soient remplies par des Ecclésiastiques, nonobstant toutes dispenses données & à donner au contraire, auxquelles les Parlemens n'auront aucun égard".

L'Edit du mois de Juillet 1616, portant permission au Clergé de rentrer dans ses biens aliénés, n'a jamais été regiftré qu'au Grand-Conseil, & il a été modifié. On lit dans le préambule que par l'Edit de 1606, le Roi avoit permis au Clergé de rentrer; que cet Edit n'a pu être facilement vérifié par les Cours Souveraines; que le retardement, comme aussi les restrictions & modifications appofées ès vérifications ont fait perdre à plusieurs les commodités du rachat.

(c) Recueil de pieces concernant l'histoire de Louis XIII. Tom. 3. Pag. 627.
(d) Mémoires du Clergé Tom. 4. Col. 470.
(e) Le parfait Praticien François par Cayron, *page* 1.

L'Edit du mois de Novembre 1637, portant établiſſement du contrôle des actes relatifs aux Bénéfices, a été regiſtré au Grand-Conſeil, le 13 Août 1638 avec un grand nombre de modifications. Par des Lettres de Juſſion du 7 Septembre ſuivant, le Roi en a levé quelques-unes, il en a expliqué & reſtreint d'autres. Il veut que les autres modifications portées par ledit Arrêt & non levées par ces préſentes, demeurent en leur entier. Ces lettres ont été regiſtrées au Grand-Conſeil pour être exécutées aux modifications portées par les Arrêts des 13 Août & 4 Septembre. Ainſi les modifications ont ſubſiſté.

Cet Edit d'établiſſement du contrôle a été révoqué preſqu'entiérement par un autre du mois d'Octobre 1646, portant création des Inſinuations Eccléſiaſtiques, qui n'a été vérifié au Parlement que ſous pluſieurs modifications.

Le Roi, dans une Déclaration du mois de Janvier 1654, dit que le Parlement de Paris a modifié l'article 16 de la Déclaration de 1646. Le Roi interprete cet art. 16, ou plutôt le révoque entiérement, ainſi que les Arrêts de vérification d'icelui. Cette derniere Déclaration a été regiſtrée le 31 Mars 1651 avec des modifications.

Si le Parlement de Paris n'a jamais conſenti à vérifier l'Ordonnance de 1629, vulgairement appellée le Code Michault, du nom de Michel de Marillac ſon Auteur, elle a été publiée par pluſieurs Parlemens, mais avec différentes modifications; les articles 1, 53 & 54 ont été ſurtout l'objet de ces modifications, aucun des Parlemens qui ſe ſont ſoumis à faire exécuter l'Ordonnance de 1629 n'ayant voulu admettre ces articles.

Par le premier, il étoit ordonné que toutes les Loix publiées par Louis XIII ou ſes Prédéceſſeurs, & non révoquées, ou abrogées par l'uſage contraire ,, ſeroient gardées & obſervées...... nonobſtant toutes Remontrances faites ou à faire ſur aucuns des articles d'icelles; nonobſtant auſſi qu'aucunes... n'aient été publiées en aucunes deſdites Cours". L'article ajoutoit: ,, Permettons néanmoins aux Gens tenans nos Cours de Parlemens & autres Cours Souveraines Nous faire telles Remontrances qu'ils verront bon être, ſur les articles qu'ils pourroient eſtimer être contre la commodité publique, ou avoir beſoin de quelque interpretation ou Déclaration, afin d'être ſur ce par Nous pourvu, ſelon que nous jugerons devoir être fait; ce qu'ils feront dans ſix mois, à compter du jour des préſentes; cependant noſdites Ordonnances être obſervées tant ès Jugemens des procès qu'autrement, ſans y contrevenir, ni ſans diſpenſer ni modérer les peines portées par icelles, pour quelque occaſion & ſous quelque prétexte que ce ſoit, même ſous couleur deſdites Remontrances non faites."

Le 53ᵉ. article enjoignoit aux Cours ,, de procéder inceſſamment, & toutes choſes délaiſſées, à la publication des Edits, Ordonnances & Lettres-Patentes...... ſi ce n'eſt que les Cours euſſent quelques Remontrances à faire........ leſquelles elles pourroient faire réitérer dans deux mois au plus tard, après la date des Edits & Lettres. Et qu'après avoir entendu la volonté du Roi fur icelles, elles paſſeroient outre à la publication, fans aucune remiſe. Et que cependant les Ordonnances feroient gardées & obſervées...... ſoit que la publication eût été faite en préſence du Roi, ou de ſon exprès commandement, ou que leſdites Cours euſſent réſervé à faire de plus amples & itératives Remontrances."

L'article 54 déclaroit nuls tous les Jugemens, Sentences & Arrêts rendus contre la forme & teneur deſdites Ordonnances.

On ne ſera pas ſurpris que les Parlemens qui, au lieu de ſe refuſer abſolument à la vérification de l'Ordonnance de 1629 (comme l'a fait le Parlement de Paris) ont pris le parti de la modifier, ne ſe ſoient pas aſſujettis à la diſpoſition de ces articles, qui attaquoient dans ſa ſubſtance le droit ſi important de la vérification, par voie de délibération libre.

Le Parlement de Bordeaux, par ſon Arrêt d'enregiſtrement du 6 Mars 1630 ordonna ſur le premier article ,, que le Roi ſeroit très-humblement ſupplié d'agréer que ſes Edits & Ordonnances & celles de ſes Prédéceſſeurs Rois, ne fuſſent exécutées dans ſon reſſort, à moins qu'elles n'euſſent été vérifiées & publiées en la Cour, ſuivant les Réglemens d'icelle, ainſi qu'il s'étoit obſervé de tout temps. Et pour le 53e. article, qu'il ſeroit procédé, toutes affaires laiſſées, à la délibération des Edits, Ordonnances & Lettres-Patentes envoyées par le Roi, le tout aux formes ordinaires & accoutumées, & ſuivant l'inſtitution & ancienne liberté de ſes Parlemens, auxquelles Sa Majeſté eſt ſuppliée de maintenir ſon Parlement de Bordeaux, & d'agréer que le 54e. article ne ſoit obſervé que pour les Ordonnances vérifiées en la Cour."

L'Arrêt du Parlement de Toulouſe du 5 Juillet 1629, porte que ,, ſur les 1, 53 & 54e. articles, Sa Majeſté ſera très-humblement ſuppliée que toutes ſes Ordonnances & celles de ſes Prédéceſſeurs Rois préſentées en la Cour, ſoient obſervées, *ſuivant les modifications y appoſées*, & pour celles qui n'y ont été préſentées, *qu'il y ſoit délibéré par la Cour*, lorſqu'elles y ſeront préſentées, & que la publication n'en ſoit faite qu'après les Remontrances premieres & réitérées que ſadite Cour jugera devoir être faites pour le bien de ſon ſervice, ainſi qu'il en a été uſé juſqu'à préſent".

Le Parlement de Grenoble arrêta que ſur les trois articles, ,, le Roi ſeroit très-humblement ſupplié d'agréer que toutes ſes Ordonnances, & des Rois ſes Prédéceſſeurs, enregiſtrées au Greffe d'icelles, ſoient gardées & obſervées à l'avenir, *comme elles l'ont été bien & duement par le paſſé, ſelon les Arrêts & modifications faites lors deſdits enregiſtremens*. Et pour les Ordonnances, Edits qui n'y ont été préſentés & enregiſtrés, *qu'il y ſoit délibéré ſelon la forme ancienne*, & que la publication n'en ſoit faite qu'après les Remontrances réitérées de ladite Cour, qu'elle tâchera toujours de rapporter au bien du ſervice de S. M. & de ſon Etat, ſelon qu'elle a fait juſqu'ici (f)".

(f) Ces Arrêts ſont dans le recueil de Néron, à la ſuite de l'Ordonnance de 1629.

Le Parlement de Bretagne, par Arrêt du 28 Novembre 1629, n'a enregistré qu'avec cette réserve, que sur le premier & cinquante-troisieme articles, ,, très-humbles Remontrances seroient faites au Roi, & *cependant qu'il en seroit usé comme par le passé* (g)".

Il a été dit par celui du Parlement de Dijon ,, que le premier article auroit lieu pour les Ordonnances présentées & vérifiées à cette Cour de Bourgogne seulement (h)".

Mais les trois articles contre lesquels ont à si juste titre réclamé ces Parlemens, ne sont pas les seuls qu'ils aient modifiés. Ils ont mis des limitations à beaucoup d'autres dispositions de l'Ordonnance de 1629, & cette Ordonnance n'a été exécutée que conformément à ces clauses restrictives. On apprend même de Bannelier, célebre Avocat au Parlement de Dijon, que cette Cour ayant rendu en 1729 un Arrêt qui avoit abandonné une de ses modifications, pour suivre la disposition textuelle de l'Ordonnance de 1629, l'Arrêt fut cassé au Conseil, comme renfermant une contravention à la Loi que s'étoit imposée cette Cour par son Arrêt d'enregistrement." C'est une maxime du Royaume, dit ce Jurisconsulte, que ces sortes d'explications, d'interprétations & modifications *tiennent lieu de Réglement dans le ressort*, jusqu'à ce qu'il plaise au Roi d'en faire cesser l'exécution....... Ainsi, l'arrêté du Parlement de Paris sur les subrogations, sert à interpréter l'Edit d'Henri IV, & les modifications du Parlement de Dijon sur l'Ordonnance de 1629, pour n'avoir pas été levées, ont acquis une telle autorité par l'approbation tacite du Souverain.... qu'un Arrêt du 7 Avril 1729 fut cassé au Conseil d'Etat, *pour s'être trouvé contraire à l'une de ces modifications, quoiqu'il fût conforme au texte de l'Ordonnance dans un article modifié: monument authentique de l'amour & de l'attention du Roi pour les bonnes regles.* ,, Digna vox est majestate regnantis &c. l. 4. Cod. de legib. (i) ,,.

Un autre Auteur rapporte plus au long l'espece de cet Arrêt du Parlement de Dijon qui fut cassé au Conseil, comme contraire à sa propre modification.

L'article 121 de l'Ordonnance de 1629, porte que ,, les Jugemens rendus, contrats ou obligations reçus ès Royaumes & Souverainetés étrangeres, pour quelque cause que ce soit, n'auront aucune hypotheque ni exécution en notre Royaume, ains tiendront les contrats lieu de simples promesses, & non-obstant les Jugemens, nos Sujets contre lesquels ils auront été rendus pourront de nouveau débattre leurs droits comme entiers par devant nos Officiers ,,.

Le Parlement de Dijon mit à cet article la modification suivante. ,, Cet article n'aura lieu en cette Province, d'autant qu'elle confine ès pays de Savoye, Suisse, Geneve, Lorraine, Comté de Bourgogne & Cité de Besançon; & que, s'il étoit observé, les susdits voisins use-

---

(g) Hevin à la fin des questions féodales, *pag. 46 du recueil de pieces.*
(h) Néron. *Ibid.*
(i) Traité du Droit François à l'usage du Duché de Bourgogne, tom. 5. pag. 238.

roient du même droit en leur pays, ce qu'ils n'ont fait jufqu'à préfent; & par ce moyen, les Sujets de Sa Majefté, en ce reffort, feroient privés de tout commerce, mais particuliérement au regard de ceux dudit Comté de Bourgogne & Cité de Befançon, à caufe de la neutralité qui eft entre les deux Bourgognes, & que ceux du Comté ne font tenus pour Aubains, ains Régnicoles, recueillent toutes fucceffions audit Duché, comme au femblable les Sujets du Roi audit Comté ,,.

Le Comté de Bourgogne & la Lorraine avoient été réunis à la Couronne, & la modification fubfiftoit toujours pour la Savoye, la Suiffe & Geneve.

Il y avoit eu un procès au Sénat de Chamberry au fujet du teftament d'un fieur de Montaigre. Philippe-François de Michaut, Baron de Corcelle, en demandoit l'exécution. Elle étoit conteftée par François Dauphin, héritier du défunt. Deux arrêts du Sénat de Chamberry des 10 Février 1725 & 6 Mai 1726, déclarerent le teftament nul. Ce même Tribunal décerna le 28 Mars un exécutoire des dépens qu'il avoit adjugés. Le 30 du même mois il accorda des Lettres rogatoires adreffées au Parlement de Dijon, qui par arrêt du 3 Février 1728, permit d'exécuter les deux arrêts & l'exécutoire.

Le Baron de Corcelle forma oppofition à cet arrêt, prétendant que les jugemens, rendus en pays étrangers, ne pouvoient avoir aucune exécution en France. Il fe fondoit fur l'art. 121 de l'Ordonnance de 1629. On lui objectoit la modification appofée par le Parlement à l'enregiftrement de cet article.

Sur cette conteftation, nouvel arrêt du Parlement de Dijon du 7 Avril 1729, qui, ayant égard à l'oppofition à l'arrêt du 3 Février 1728, & remettant les parties en l'état où elles étoient auparavant, ordonna qu'elles fe pourvoiroient devant le juge-mage de Valromey.

Le fieur Dauphin & les autres héritiers fe pourvurent au Confeil, où l'on jugea fuivant la modification appofée par le Parlement (k).

,, Il femble donc, ajoute Thibaut, que le Parlement de Dijon ayant reçu l'Ordonnance de 1629, avec modification de l'art. 121, cette modification doit y avoir force de Loi, par rapport aux jugemens qui viennent de Savoye, de Suiffe & de Geneve; & que cette Ordonnance de 1629 n'a lieu que pour les autres pays étrangers qui ne font point compris dans la modification ".

Les Ordonnances de Louis XIV ont été modifiées, comme celles des Regnes précédens; le Parlement de Dijon a modifié l'art. 61 de l'Ordonnance de 1735 (l). Plufieurs autres articles de cette Ordonnance, & de celle de 1731 ont été pareillement modifiés dans plufieurs Parlemens.

ENFIN nos Rois ont fouvent eu l'équité de rendre hommage au droit de vérification, & à la coopération néceffaire du Parlement à la perfection des Loix. Depuis que Philippe-le-Bel eût rendu en 1302,

Preuve par la reconnoiffance de

(k) Thibaut, Traité des Criées, tom. 1, pag. 9, édition de 1760.
(l) Traités du Droit François à l'ufage du Duché de Bourgogne, tom. 5, pag. 227.

nos Rois eux-mêmes. le Parlement sédentaire à Paris, rien ne fut plus commun que de voir ce Prince & ses successeurs se rendre à leur Parlement, & y tenir leur lit de Justice, pour y publier des Ordonnances de l'avis des Membres qui composoient cette Cour pléniere. Un grand nombre de leurs Ordonnances expriment l'avis & la délibération de cette Cour & des Féaux qui y avoient séance. *Actum Parisiis in Parlamento nostro circa hoc consulto & de nostrorum fidelium consilio.... Deliberatione habitâ cum dilectis gentibus Parlamenti nostri.... habitâ super hoc plenariâ deliberatione etiam in Parlamento nostro* (m). Lorsque nos Rois ne se transportoient pas au Parlement, ils lui envoyoient les Loix projettées dans leur Conseil particulier, afin qu'elles fussent délibérées & vérifiées dans ce Conseil légal. Alors, quoique les Rescrits du Prince fussent scellés, le Parlement quelquefois les réformoit, & ils n'étoient publiés qu'avec la clause: *Vu, corrigé & lû au Parlement: Curia dictas litteras corrigendo.... Juxta correctionem consilii in Camerâ Parlamenti existentis* (n). Ce fut en Parlement, & en présence d'un grand nombre de gens sages & notables, tant Clercs comme Lais, en grand nombre, que l'Edit de Charles V, pour fixer la Majorité des Rois à quatorze ans, fut publié, ce Prince tenant sa justice en sondit Parlement, en sa magnificence ou Majesté Royale, le 20 Mai 1375 (o)."

L'Ordonnance de Charles VI, confirmative de la précédente, fut publiée dans la même forme (p).

Dans toutes les occasions où nos Rois se sont opposés à une modification particuliere, ils ont reconnu la légitimité de la possession dans laquelle étoient les Tribunaux d'apposer des modifications. Ils n'ont jamais fait de défense générale de modifier. Ne voulant pas que les Tribunaux usassent de ce droit dans une certaine occasion, ils ont trouvé bon qu'on en fît usage dans les autres. Ayant levé certaines modifications particulieres, ils ont avoué implicitement qu'elles étoient efficaces, qu'elles emportoient une dérogation à la Loi, qu'elles mettoient obstacle à son exécution pure & simple.

L'Arrêt d'enregistrement de la Déclaration du 7 Février 1560 portant confirmation de l'Edit de Romorentin, & d'autres relatifs aux troubles de la Religion, en date du 1 Mars 1560, ordonne pour le regard des Lettres Patentes confirmatives de l'Edit de Romorentin, qu'elles seront enregistrées *per modum provisionis, & donec aliàs per Curiam fuerit ordinatum*, & sous les modifications qui ensuivent, lesquelles seront lues & publiées par même moyen &c (q).

Le 3 Avril 1560, le Roi écrivit au Parlement de lui envoyer deux Présidens, parce qu'il desiroit entendre par le menu le motif de la modification apposée à la vérification de l'Edit de Romorentin, qu'il n'avoit point encore sçu & de l'Arrêt rendu le dernier jour de Mars. Le Parlement députa en conséquence Christophe de Thou & Pierre Léguier (r).

Les

(m) Registre *Olim.* Ordonnances du Louvre.   (n) Supra.
(o) Traité de la Majorité des Rois, tom. 1. *pag.* 225.   (p) Ibid. *pag.* 326.
(q) Mémoires de Condé, Tom. 2. Pag. 275.   (r) Ibid. Pag. 330.

Les deux Députés firent rapport au Parlement le 19 Avril 1561 de ce qui s'étoit passé. Ils furent entendus au Conseil assemblé. Le Chancelier leur dit:

„ Que le Roi avoit desiré d'entendre les modifications que la Cour
„ avoit faites sur la vérification de l'Edit de Romorentin; ensemble
„ les raisons & motifs de l'Arrêt publié le dernier jour de Mars der-
„ nier passé. Quant à l'Edit de Romorentin, firent réponse qu'il avoit
„ été envoyé à la Cour, pour être vérifié & publié; que ladite Cour y
„ avoit trouvé deux difficultés; l'une de renvoyer les Sujets en la Cour
„ Ecclésiastique qui étoit fort dur, qu'il n'y avoit moyen du monde
„ plus grand pour contenter un Sujet, que d'être jugé par son juge
„ naturel, trop bien si le Sujet le requéroit: laquelle modification fut
„ trouvée bonne par MM. du Conseil. Quant à l'article de la non
„ déclaration à l'appel étoit la seconde difficulté: que la Cour trouvoit
„ fort dur faire des juges subalternes souverains en matiere criminelle, qui
„ pourroient condamner un homme à mort, sans recevoir son appel; &
„ déclareront tous les accusés pardevant eux séditieux. Leur fut répondu
„ que le Roi avoit délibéré de faire un Edit pour le regard des séditieux,
„ & qui seroient ceux qui devroient être jugés comme séditieux, & trou-
„ va le Conseil dudit Seigneur étrange, que la Cour ait prononcé sur la
„ publication de l'Edit, par provision; & néanmoins faire des modi-
„ fications; que plutôt que modifier, on en devoit avertir le Roi."

„ Quant à l'Arrêt publié le dernier jour de Mars pour le rasement des
„ maisons où se font Presches & Conventicules, supplierent très-hum-
„ blement le Roi & son Conseil, d'être excusés de ne rendre raison
„ des motifs des Arrêts de cette sa Cour, que jamais n'avoit été
„ fait, que à l'Arrêt, y avoit quatre des Présidens d'icelle Cour & un
„ grand nombre de Conseillers, qui tous d'un accord furent d'avis de
„ l'Arrêt qui avoit apporté grand fruit & pacification, principale-
„ ment en la ville; que l'Arrêt n'étoit que en conséquence & suivant
„ l'Edit publié en ladite Cour, pour le rasement des maisons " (s).

L'Edit de François I. en 1539, pour la rédimibilité perpétuelle des rentes sur les Maisons de Villes, avoit trouvé de la contradiction à Toulouse. Il n'y fut registré qu'en 1550, & il y eut encore des difficultés sur l'exécution. Elles donnerent lieu à un Edit de 1552. particulier à la ville de Toulouse, qui ne fut enregistré qu'avec des modifications.

En 1553. fut publié un Edit pour toutes les villes du Royaume. Il dérogeoit en quelque chose à celui de 1552. consacré à l'interet particulier de la ville de Toulouse. Le Syndic de la Province se plaignit au Roi, qui voulut s'assurer préalablement du vœu des habitans assemblés. Sur leur délibération fut rendu un quatrieme Edit le 26. Juin 1554. qui ordonne l'exécution à Toulouse de celui de 1552. nonobstant celui du mois de Mai 1553, & la modification contenue dans l'Arrêt de registre de l'Edit de 1552.

(t) Ibid. pag. 336.

Ce dernier Edit a été regiſtré purement & ſimplement à Touloufe le 20. Novembre 1554. (t).

Un Edit du mois de Juillet 1561. ſur les troubles de Religion, fut préſenté au Parlement avec des Lettres miſſives du Roi qui enjoignoient de vérifier en toute diligence, ſans uſer d'aucune reſtriction ou modification, ni s'arrêter à quelques Remontrances que ſur ce il pourroit faire.

L'Arrêt du 30. Juillet porte que l'Edit ſera lu & publié attendu la neceſſité du tems; & néanmoins que Remontrances ſeront faites au Roi, ſans toutes fois que ſur le repli ſoit mis autre choſe que ces mots: *lecta, publicata & regiſtrata, audito & conſentiente Procuratore Generali Regis, per modum proviſionis duntaxàt, donec aliter fuerit ordinatum* (u).

Il eſt inutile de préſenter les conſéquences de ces faits. Le Roi interdiroit-il l'uſage des modifications dans une occaſion particuliere, à un Tribunal qui n'en auroit jamais prononcé?

L'Edit de Charles IX. du mois de Janvier 1561. pour la pacification des troubles du Royaume a éprouvé encore plus de difficulté que le précédent. Le Parlement fit des Remontrances. Il y eut quatre Lettres de juſſion qui ordonnoient d'enregiſtrer ſans reſtriction ni modification. Le Roi de Navarre vint deux fois au Parlement pour preſſer l'enregiſtrement.

Pendant qu'on délibéroit l'Edit parut imprimé chez Langelier Libraire. Le Parlement fit ſaiſir tous les Exemplaires. Le Roi envoya différentes fois le Maréchal de Montmorenci, le ſieur de Roſtain & autres pour hâter l'enregiſtrement. La Délibération ne fut achevée que le ſix Mars, & ſe termina à un enregiſtrement, eû égard à l'urgente néceſſité du tems, obtempérant à la volonté du Roi, ſans approbation de la nouvelle Religion, par maniere de proviſion & juſques à ce que par le Roi eût été autrement ordonné (v).

Un Edit d'Henri IV. du mois de Novembre 1597. pour l'établiſſement de la Juſtice & Police de la ville d'Amiens, a été regiſtré avec modifications, au Parlement, à la Chambre des Comptes, à la Cour des Aides. De premieres Lettres de juſſion du 6. Juillet 1601. ordonnent la vérification pure & ſimple dans la Cour des Aides. „ levant & ôtant, dit le „ Roi, comme nous levons & ôtons par ceſdites préſentes la réſerva„ tion par vous faite dudit Taillon & ſolde du Prévôt des Maréchaux, „ dont nous entendons leſdits habitans jouir comme des autres exemp„ tions, affranchiſſemens & choſes portées par notre dit Edit; & que „ leſdits baux à ferme deſdites Aides, ainſi par nous données aux-dits „ habitans, ſoient faits en l'hôtel commun de ladite ville par les Eche„ vins d'icelle, ſans aucun ſalaire en la maniere accoutumée, & non „ au ſiege de ladite Election, nonobſtant votre dit Arrêt, auquel ne vou„ lons qu'ayés aucun égard."

(t) Journal du Palais du Parlement de Touloufe, au 29. Juillet 1700.
(u) Mémoires de Condé Tom. 2. pag. 409.
(v) Ibid. Tom. 3. pag. 15. & ſuiv.

Arrêt du 2. Juillet 1601. qui ordonne l'enregistrement pour jouir du contenu aux Lettres en ce qui concerne l'exemption du Taillon & solde du Prévôt des Maréchaux seulement; le surplus de l'Arrêt du 20. Mars précédent demeurant dans sa force & vertu.

Nouvelles Lettres de jussion qui levent & ôtent la modification concernant les Baux à ferme des Aides.

Nouvel Arrêt du 13. Mars 1602. qui ordonne l'enregistrement pour jouir du contenu en icelles, selon leur forme & teneur, à la charge que les procès concernant les Aides, seront portés en premiere instance aux Elections, & par appel en la Cour des Aides (w).

L'Art. 54. de l'Edit de Loudun en 1616. enjoint aux Parlemens de le publier & enregistrer purement & simplement, sans user d'aucunes modifications, ni restrictions. Il n'a cependant été enregistré au Parlement, à la Chambre des Comptes & à la Cour des Aides qu'avec un grand nombre de modifications. (x).

Louis XIII. dans les Articles accordés à la Reine sa mere en 1619. lui promet que dans six semaines la Déclaration qui lui a été accordée, sera vérifiée par tous les Parlemens, selon sa forme & teneur, sans restriction ou modification quelconque (y).

La déclaration du Roi du mois d'Août 1620. sur l'innocence de la Reine sa mere, emportoit abolition & rémission de tout crime en faveur de ceux qui avoient suivi son parti. L'Arrêt d'enregistrement en excepte plusieurs (z).

Les Lettres Patentes sur le contrat d'échange de la Principauté de Sedan entre Louis XIV. & le Duc de Bouillon avoient été régistrées au Parlement avec plusieurs modifications.

Par d'autres Lettres du 21. Août 1657. le Roi a enjoint l'enregistrement pur & simple, sans restriction ni modification, qu'il a levé & ôté par ces présentes qu'il veut servir de derniere & finale jussion, nonobstant les modifications portées par Arrêt du 20. Fevrier 1652.

Celui qui a été rendu sur ces Lettres le 21. Août 1657. est ainsi conçu.

,, La Cour ayant égard à la déclaration de la Duchesse de Bouillon,
,, contenu en l'Arrêt du 29 Juin 1656, elle n'entend déposséder les
,, Officiers qu'après leur actuel remboursement, & en conséquence
,, d'celle, a ordonné & ordonne que lesdites Lettres de jussion seront
,, régistrées au Greffe d'icelle, à la charge que les souverainetés delais-
,, sées au Roi, demeureront unies à perpétuité au Domaine de la Cou-
,, ronne, conformément audit contrat; que les héritiers & succes-
,, seurs dudit défunt Duc de Bouillon jouiront du droit de bâtardise
,, dans les Terres données en contréchange, ainsi que les autres Sei-
,, gneurs hauts justiciers du Royaume, qu'il ne sera fait aucune évaluation
,, nouvelle desdites souveraineté & Terre données en échange par le-

(w) Recueil d'Arrêts à la fin du Commentaire de Dufferne sur la Coutume d'Amiens chap. 26. Coutumier de Picardie Tom. I. Pag. 434.
(x) Recueil de Pieces concernant l'Histoire de Louis XIII. Tom. I. Pag. 392. 394.
(y) Ibid. Tom. 2. Pag. 233.   (z) Ibid. Pag. 282.

„ dit défunt Duc de Bouillon au Roi & que la clause de décharge de
„ garantie en cas d'éviction portée par ledit contrat, demeurera pure
„ & simple. Et à l'égard des opposans, autres que les Officiers Do-
„ maniaux & de Judicature, auront lesdits héritiers commission pour les
„ faire assigner au mois en ladite Cour, pour, eux ouis, être ordon-
„ né ce que de raison; les autres clauses & modifications contenues
„ audit Arrêt d'enregistrement, demeurans en leur entier, & outre à
„ la charge que si aucunes contestations interviennent entre lesdits hé-
„ ritiers & lesdits Officiers pour leur remboursement, ils ne pourront
„ se pourvoir ailleurs qu'en ladite Cour, & que lesdits Officiers de
„ judicature ne pourront être dépossédés, qu'en les remboursant au
„ préalable suivant leur juste valeur, au tems dudit remboursement.
„ Fait en Parlement le 21. Août 1657. (a).

Combien ne pourroit-on pas réunir de faits semblables? On voit des actes d'autorité pour lever des modifications, comme on en voit pour forcer un enregistrement. On ne trouve, ni de défense générale de modifier, ni de modifications rejettées comme incompétentes & attentatoires. Elles sont partout présentées comme un obstacle insurmontable à l'exécution pure & simple de la Loi, qu'elles tempèrent & restreignent, avec laquelle elles font corps, & dont elles sont une partie intégrante.

Toutes les Ordonnances que nous avons citées dans le troisieme article, & qui défendent si expressément au Parlement de publier les Lettres soit patentes soit closes, qui, surprises au Souverain par importunité, porteroient préjudice à la Justice & aux Ordonnances, sont autant de reconnoissances de l'autorité du Parlement dans la vérification des Loix. De quelle utilité eut-il pu être de recommander à cette Cour de ne pas déférer aux jussions du Monarque, de l'y obliger par le devoir de la conscience & le lien du serment, si exécuteur aveugle de tous les commandemens du Prince, le Parlement n'eût eu que la triste fonction, le ministere purement passif, de les transcrire dans ses Registres, de les rendre notoires par une publication forcée? Ne seroit-il pas souverainement ridicule de prendre de pareilles précautions à l'égard d'un Greffier qui ne fait que rédiger ce qu'on lui dicte?

Le regne de Charles VI. fournit la premiere époque d'un enregistrement forcé. Cette infraction des formes anciennes fut l'effet de la brigue, & de la faction des Bourguignons; mais cet abus, dont l'exemple a été depuis si funeste, ne tarda pas à être réformé. Ce Prince tint le 5 Septembre. 1413, un nouveau Lit de Justice, où, „ par la bouche du Chancelier, il cassa, révoqua, annulla, abolit, & mit de tout au néant certaines lettres appellées Edits,...... subrepticement & obrepticement impétrées, & non duement en conseil, & le Roi inadverti,... par lesquelles le Roi avoit donné.... Et aussi cassa, annulla, abolit, & comme nulles dé-

(a) Corps Diplomatique Tom. 6. Part. 2. Pag. 189.

clara certaines écritures, qui par maniere d'ordonnances, avoient n'agueres été faites par aucuns Commissaires..... Et lesquelles par grande impression tant de gens d'armes de cette ville qu'autrement, avoient été publiées en Mai dernier, & lues en la Chambre, le Roi aussi tenant son Lit de Justice; & sur ce que par ledit Chancelier fut proposé, que, *sans autorité due, & forme non gardée, sans les aviser, & lire au Roi, ne en son Conseil, ne être avisé par la Cour de Parlement*, mais soudainement & hâtivement avoient été publiées, & par-avant *tenues closes* & *scellées*, &c. (b)

Cet aveu de Charles VI, ou de son Chancelier [en son nom & par ses ordres] prouve qu'il y avoit des *formes* indispensables pour constituer les Loix, & que ces formes exigeoient d'abord que les lettres du Prince ne fussent pas *tenues closes* pour le Parlement, jusqu'à la solemnité de leur publication, & en second lieu qu'il en fut *avisé par cette Cour*.

Louis XI, petit-fils des Charles VI, sçut, tout absolu qu'il étoit, respecter ces formes essentielles. Un Historien récent de la vie de ce Prince lui rend cette justice ,, qu'il reconnut que le Parlement *s'étoit conformé aux Loix du Royaume*, en défendant d'avoir égard à un Edit, au sujet des bleds, qu'il n'avoit pas vérifié (c) ,,. Au rapport de Philippe de Commines, Louis XI ,, disoit au Duc de Bourgogne, qu'il desiroit aller à Paris faire publier leurs appointemens en la Cour de Parlement, [pour ce que *c'est la coutume de France* d'y faire publier tous accords: *autrement ne seroient de nulle valeur*. Toutefois les Rois peuvent toujours beaucoup] (d) ,,. La vérification étoit donc une forme de rigueur, dont l'omission privoit de toute valeur les actes sujets à cette solemnité; il falloit bien que la vérification fût libre, puisque le Roi n'y pouvant que beaucoup, n'y pouvoit pas tout; ce qui cependant arriveroit incontestablement, si le commandement du Prince en portant avec soi toute la contrainte d'une Loi formée n'étoit sujet ni à examen, ni à délibération.

Louis XI éprouva lui-même, que les Rois ne *peuvent pas tout*, lorsque leurs Loix sont injustes & dangereuses, & que les Magistrats sont fideles à leur devoir. Il publia plus d'un Edit que ses ordres, que ses menaces même ne furent pas capables de faire enregistrer. ,, Tout entier qu'il fut en ses opinions, dit Bouchel, il sentit que c'étoit pour son bien qu'ils le conseilloient; qu'un bon Roi doit plutôt acquiescer à la justice & à la raison qu'à sa propre volonté & il leur jura que *de sa vie il ne les contraindroit à faire chose contre leur conscience* (e) ,,.

Bodin, après avoir fait le récit de l'action si célebre du Premier-Président de la Vacquerie, ajoute que ,, le Roi [Louis XI] voyant la gravité, le port, la dignité de ces personnages, qui se vouloient démettre de leurs charges, plutôt que de vérifier les Edits qu'on leur avoit envoyés, s'étonna, & redoutant l'autorité du Parlement, *fit casser ces*

(b) Du Tillet. Recueil des Rangs. *Edition de* 1602, *pag.* 64.
(c) Duclos, Vie de Louis XI, *tom.* 3. *pag.* 361.
(d) Philippe de Commines. Vie de Louis XI. Liv. 2, ch. 14.
(e) Bouchel. Bibliotheque au mot *Loix*.

Edits en leur préfence, les priant de continuer à faire juſtice, & leur jura qu'il n'enverroit plus Edit qui ne fût juſte & raiſonnable. *Cet acte fut de bien grande importance pour maintenir le Roi en l'obéiſſance de la raiſon, qui autrement avoit toujours uſé de puiſſance abſolue* (f)".

François I, admirateur de Louis XI, parce qu'il avoit *tiré les Rois hors de page*, ne reſpecta pas moins cette ancienne coutume du Royaume, ſi nous en croyons Bugnion dans ſon Commentaire ſur l'article 208 de l'Ordonnance de Blois. ,, Ce Prince voulut que la Loi qui exige la vérification, *fût religieuſement obſervée*. Ayant transféré, par Edit de 1529, de la Juriſdiction des Maîtres des Requêtes au Grand-Conſeil, la connoiſſance de tous procès & différens pour raiſon d'Offices Royaux, il révoqua cet Edit en 1539 *par cette ſeule & principale raiſon*...... qu'il n'avoit oncques été publié en la Cour de Parlement à Paris, le premier & le plus ancien de tous ceux de la France".

L'Edit de 1539 a été inſéré dans le Recueil de Fontanon, & il porte en effet que François I ſe détermina à remettre les choſes dans leur premier état, & parce que le bien public le demandoit. ,, Et auſſi Noſdites Lettres dudit Edit (de 1529) ne furent oncques publiées en notre Parlement de Paris, ni en l'auditoire des Maîtres des Requêtes de l'Hôtel, ains ſeulement en notredit Grand-Conſeil, auquel notredit Procureur-Général en la Chancellerie de France & Requêtes de Notre Hôtel ne fut oui ne appellé (g)". Bodin, parlant d'un Arrêt rendu par le Parlement contre un Gentilhomme, dont l'affaire avoit été renvoyée par François I à ce Tribunal, remarque qu'on ne ſçauroit accuſer cette Cour ,, d'avoir procédé par crainte, vû que bien ſouvent elle refuſoit de vérifier les Edits & Lettres-Patentes, quelque Mandement que fît le Roi". *De la République*, liv. 2 ch. 5, pag. 211.

On ſçait ce que François I dit à Charles-Quint ſur la néceſſité du conſentement de ſes Parlemens pour l'aliénation du Domaine Royal. Ce fut encore parce que Léon X avoit exigé l'enregiſtrement du Concordat, que François I uſa de tant de voies de contrainte pour obtenir ſa vérification; mais Léon X n'avoit fait de cet enregiſtrement une condition eſſentielle & même réſolutive de ſon Traité (h), que parce qu'on ne doutoit pas à Rome que la vérification n'appartînt, en France, à la forme conſtitutive de l'Etat.

L'Empereur Charles-Quint en penſoit de même, ſi l'on en juge par le Traité qu'il conclut avec François I, au mois de Janvier 1525. Il y fut ſtipulé que ,, les ôtages de France demeureroient à Madrid juſqu'à ce que François I eût fait ratifier & approuver ce Traité par les Etats-Généraux de ſon Royaume, & l'eût fait *enthériner*, *vérifier & enregiſtrer*

(f) De la République, liv. 3, ch. 4. pag. 290, édit. de 1579.
(g) Fontanon. tom. 1, édit. de 1611, p. 134.
(h) *Volumus quod ſi præfatus rex præſentes .... literas non approbaverit...... & per curias Parlamenti acceptari, legi & regiſtrari, ad inſtar aliarum conſtitutionum regiarum..... præſentes litteræ, & inde ſecuta quacumque ſint caſſa & nulla, nulliuſque roboris vel momenti.* Concordat. tit. 17. de perpetuâ ſtabilitate Concordatorum.

en la Cour de Parlement de Paris, & autres Parlemens du Royaume, constituant Procureur avec pouvoirs spéciaux pour comparoir en son nom en icelles Cours de Parlemens, & illec se soumettre volontairement à l'observance de toutes les choses contenues en ce Traité de paix, & en vertu de cette soumission volontaire, il fut à ce condamné par Arrêt & Sentence définitive desdits Parlemens en bonne & convenable forme (i)".

Dans le Traité de Cambrai du 3 Août 1529, confirmatif de celui de Madrid, il fut arrêté que François I „ le feroit enregistrer dans tous les Parlemens, en présence de ses Procureurs-Généraux, auxquels il passeroit pouvoir spécial & irrévocable, pour comparoir en son nom, dans lesdites Cours de Parlemens, & y consentir aux entérinemens susdits, & eux soumettre volontairement (k)".

En exécution de cette clause, François I fit expédier le 20 Octobre 1529 des Lettres de ratification des deux Traités, & par des Lettres-Patentes du 8 Novembre, il donna pouvoir à son Procureur-Général au Parlement de Paris de comparoir en son nom, consentir l'entérinement des Lettres de ratification, se soumettre volontairement à ce qui y étoit contenu, & consentir encore qu'en vertu de cette soumission volontaire, le Roi fût condamné par Arrêt définitif de la Cour. Les Lettres relevoient en même temps le Procureur-Général des sermens qu'il pouvoit avoir faits de ne souffrir aucune aliénation du Domaine & des droits de la Couronne.

Guillaume Rogier, Procureur-Général, comparut le 16 Novembre, & pour obéir aux commandemens réitérés du Roi, il déclara qu'il étoit contraint d'assister à la publication des lettres de ratification, & d'en consentir l'entérinement. „ Toutefois il protesta que, quelque lecture, publication, vérification, approbation, enregistrement, entérinement, expédition qui fût faite par ladite Cour sur lesdites lettres de vérification des traités, & condamnation contre le Roi, cela ne pourroit nuire ni préjudicier au Roi ni au Royaume, & que ce seroit sans déroger aucunement aux droits du Roi & de sa Couronne; & que nonobstant l'assistance de lui Procureur-Général à la lecture & publication, son consentement à l'entérinement, sa volontaire soumission à la condamnation contre le Roi, il entendoit ci-après, & en temps opportun débattre iceux traités d'incivilité & de nullité, & iceux, ensemble ce qui s'ensuivra, faire casser comme nuls, frauduleux, faits sans cause, par force & contrainte du vassal contre son souverain Seigneur, & comme dérogeant entièrement à la Loi Salique; & autres constitutions & droits de la Couronne de France..... Et pour autres causes & raisons qui seroient par lui plus amplement déduites, quand le temps s'y offriroit pour le bien du Roi & du Royaume (l)".

Raymond Sabbaterii, Procureur-Général au Parlement de Toulouse, ne fut pas d'abord plus complaisant que Guillaume Rogier. Ayant reçu

(i) Recueil des Traités de paix de Léonard, tom. 2. pag. 223.
(k) Ibid. pag. 366.   (l) Ibid. pag. 369.

les lettres de ratification des traités, il les préfenta au Parlement de Toulouſe, uniquement pour le bien de la paix & le recouvrement de la liberté du Dauphin & du Duc d'Orléans demeurés en ôtages à Madrid, & de l'exprès Mandement du Roi; mais il déclara en même temps que, ſi, comme Procureur ſimple & particulier de François I, il requéroit l'entérinement des lettres, il n'y conſentoit point en ſa qualité de Procureur-Général; il laiſſa même ſur le bureau une proteſtation ſignée de lui, dans laquelle il ſe réſerva la faculté de ſe pourvoir contre la ceſſion de la Bourgogne & de la Flandre, auſſitôt après la délivrance des Enfans de France.

Néanmoins, le Parlement de Toulouſe, cédant aux circonſtances, paſſa outre à la vérification des deux traités, & les enregiſtra par Arrêt du 23 Décembre 1529. Mais cet enregiſtrement prononcé malgré l'oppoſition du Procureur-Général, ne fut pas capable de tranquilliſer Charles-Quint, & ce Prince envoya deux Ambaſſadeurs à Toulouſe avec charge d'y pourſuivre un enregiſtrement conſenti par le Procureur-Général. Ils firent leur demande le 3 Février 1530. Le Parlement en ordonna la communication aux gens du Roi qui enfin ſe ſoumirent, & le Parlement prononça un enregiſtrement nouveau (m).

Ce fait ne laiſſe aucun doute ſur l'idée que Charles-Quint s'étoit formée de l'enregiſtrement. Si ce Prince étoit perſuadé de ſa néceſſité, il étoit également convaincu que la vérification doit être libre, puiſque la ſeule réſiſtance du Miniſtere public ne lui permit pas de calmer ſes inquiétudes ſur la validité du premier enregiſtrement.

Le Parlement de Paris a rappellé une circonſtance de cet événement, dans ſes Remontrances du 26 Juillet 1718, pour montrer ,, ſa fidélité & ſa fermeté, quand il s'agit des Loix du Royaume. Le Roi (François I.) vint tenir le 16 Décembre 1527 ſon Lit de Juſtice...... & le 20, le Premier-Préſident de Selve, dans un long diſcours qu'il fit au Roi tenant ſon Lit de Juſtice, comme il avoit fait le 16, lui dit entr'autres choſes...... *Que le Roi ne pouvoit [abandonner la Duché de Bourgogne;] car il eſt tenu d'entretenir les droits de la Couronne, laquelle eſt à lui & à ſon Peuple; que c'eſt un mariage fait avec ledit Seigneur & ſeſdits Sujets, & le droit de ce mariage eſt, que ledit Seigneur eſt tenu de garder, entretenir, & conſerver les droits de la Couronne; que le Royaume eſt audit Seigneur, & lui au Royaume, & ne permettoit ſon Royaume être diviſé:* ce qui démontre que l'inaliénabilité du Domaine a toujours été regardée par le Parlement comme une Loi fondamentale & invariable de l'Etat ,,.

François I s'étoit engagé par des Lettres-Patentes de 1523, de " ne faire jamais demande ni queſtion au Duc de Savoye des terres qu'il tenoit, ſpécialement du Comté de Nice dont il lui faiſoit ceſſion & tranſport." Mais ces Lettres ne furent point vérifiées, & ce fut ce défaut d'enregiſtrement que le Chancelier Olivier, *perſonnage illuſtre par ſon intégrité.....*

(m) Hiſtoire de Languedoc, tom. 6, pag. 130.

intégrité..... *fa fageffe & fon expérience dans les affaires* (n), oppofa depuis à l'autorité de ces lettres, dans un Mémoire qu'il dreffa au nom de fon Prince, pour établir fes droits fur le Comté de Piedmont. Après avoir dit que ce Comté " avoit été uni & incorporé au Comté de Provence, avec toutes les folemnités requifes, de quoi avoient été expédiées lettres en forme authentique, & les Comtes de Provence en avoient joui jufqu'à ce que le Duc de Savoye s'en fût faifi par violence. Il s'objecta ce qui avoit été répondu par les gens dudit Duc, c'eft-à-dire, l'induction qu'ils avoient tirée des Lettres-Patentes de François I, & il répliqua " jaçoit que lefdites lettres foient adreffées au Parlement de Provence & Chambre des Comptes du-dit pays & ailleurs; *ce néanmoins ne y en a aucune vérification, non pas même ne y ont été préfentées*; ce qui toutes fois *eft requis & néceffaire, tant de difpofition de droit, que par les Ordonnances & ufances du Royaume*, & du pays de Provence; & partant lefdites lettres demeurent encore *fans effet aucun, tant qu'elles foient vérifiées* (o) ".

En 1561, Charles IX " à l'occafion des plaintes & doléances à lui faites par tous les Députés des Provinces du Royaume, en l'Affemblée des Etats-Généraux [tenus à Orléans] (p) " envoya le Préfident Duferrier à Rome, & le chargea de repréfenter au Pape " que le Corcordat a été arrêté & réfolu de la façon que chacun fçait, & plus entretenu par les Sujets de ce Royaume, pour la crainte qu'ils avoient de déplaire audit feu Roi François I, que pour autre refpect & occafion, telle chofe ne peut maintenant préjudicier auxdits Sujets, & moins aux libertés & privileges de l'Eglife Gallicane, qui ne voulut oncques approuver, *non plus que toutes les Cours de Parlement ne firent publier ledit Concordat que par impreffion grande, & comme par contrainte*; ainfi qu'il fera toujours bien aifé à vérifier par actes & oppofitions authentiques faites en ce temps ". Ce font les propres termes des inftructions que Charles IX remit au Préfident Duferrier. Elles ajoutoient " que ledit Préfident fçauroit très-bien & fagement amplifier cette matiere fuivant les Mémoires & Extraits qu'il avoit retirés tant de la Cour du Parlement que d'ailleurs (q) ".

Dans le difcours que cet Ambaffadeur prononça devant le Pape, il partit de cette maxime inviolable dans le Royaume, que rien n'y a force de Loi qu'il *n'ait été vérifié au Parlement*, & il en conclut que le Concordat deftitué de cette forme effentielle n'avoit point acquis le caractere de Loi (r). Il fit enfuite le récit de la violence faite au Parlement pour y faire enregiftrer le Concordat, & de toutes les oppofitions qu'il avoit éprouvées tant de la part du Clergé que des Univerfités du Royaume.

(n) Abrégé chronologique du Préfident Hénault, tom. 1, pag. 482.
(o) Recueil de divers Mémoires, Harangues, & Remontrances, fervant à l'Hiftoire de notre temps. *A Paris chez Pierre Chevalier*, en 1623 *pag*. 114.
(p) Preuves des libertés, ch. 22. n. 34. (q) Ibid.
(r) *Nec effe exiftimandum de more recepta & publicata concordata: nam moribus noftris & Regum Chriftianiffimorum antiquis conftitutionibus in hunc ufque diem religiofè obfervatis, nihil in Galliâ publicè quod ad facras vel humanas res pertincat, pro lege ftatuitur, quod non fit Parlamenti arrefto publicandum.* Ibid. n. 35.

On étoit donc alors persuadé qu'il en est des enregistremens forcés comme du défaut de vérification; & que, si un Rescrit non vérifié n'a pas l'autorité d'une Loi, il ne l'acquiert pas davantage par un enregistrement arraché par contrainte. Charles IX n'en doutoit pas lui-même, puisque dans ses instructions pour le Président Duferrier, il fonda le peu d'autorité du Concordat sur la *grande impression de crainte* qui avoit été le principe de sa publication. Ce Prince auroit-il pu donner une pareille mission à son Ambassadeur, s'il avoit pensé que le Parlement eût excédé ses droits, & se fût écarté de l'obéissance due à François I, dans ses réclamations contre le Concordat?

Au mois de Février 1566, Charles IX adressa au Parlement une Ordonnance, dont l'art. 5 lui défendoit ,, d'avoir égard aux Lettres-Patentes contenant aliénation du Domaine, hors les cas susdits, & lui est inhibé de procéder à l'entérinement & vérification d'icelles ,,. Par un autre Edit du mois de Juillet de la même année, par lequel ce Prince s'obligeoit à ne faire aucune érection de Terres en dignité, que sous l'expresse condition de la réunion de plein droit au Domaine, en cas de décès des propriétaires sans postérité masculine; il fit défenses tant au Parlement qu'à la Chambre des Comptes de ,, vérifier lesdites lettres, sinon à la susdite charge & condition, quelque commandement, jussion & dérogation qui y pût être insérée au préjudice de ces présentes: lesquelles jussions & dérogations Nous avons dès à présent, comme pour lors, & pour lors comme dès maintenant déclarées & déclarons nulles & de nul effet & valeur ,,. Ces Loix supposent évidemment que l'enregistrement est par sa nature un acte libre & réfléchi, & qu'il est des circonstances où le Parlement doit se refuser à la vérification.

Nous avons vu que Joly fait mention d'une harangue de Henri IV de l'an 1599, où ce Monarque, si amateur de ses Peuples, reconnut que *la vérification est nécessaire pour la validité des Loix*. On lit dans les Remontrances du Parlement de l'an 1652, que Henri IV promit à cette Compagnie de ne jamais ôter la liberté des suffrages, & de ne point employer *cette autorité qui se détruit souvent en la voulant établir*. Ce Prince avoit coutume de dire que ,, la premiere Loi des Souverains est ,, de les observer toutes, & qu'il a lui-même deux Souverains, Dieu, ,, & la Loi (s).

Lorsque Louis XIII eut fait enregistrer trois Edits dans le Lit de Justice qu'il tint en 1620, il manda le lendemain le Premier-Président avec les Présidens & les Gens du Roi, & leur fit dire par son Chancelier, que ,, s'il étoit forcé de faire de nouveaux Edits, il les enverroit désormais à son Parlement pour les laisser délibérer à sa Cour, comme ses Prédécesseurs avoient fait ,,. *Exemple qui prouve* [selon la remarque du Parlement de Paris] *la nécessité de l'enregistrement & de la liberté des suffrages* (t).

(s) Mémoires de Sully; tom. 1, pag. 460.   (t) Remontrances de 1716.

Ce Parlement en trouve une nouvelle preuve dans la conduite de Louis XIV. ,, Louis-le-Grand pendant le cours d'un Regne si long, & aussi absolu que le sien, a continuellement fait usage de son Parlement pour prévenir les moindres entreprises des Ultramontains. La clause de stile, *s'il vous appert qu'il n'y ait rien de contraire aux saints Decrets*, &c. qu'il a fait inférer à l'exemple de tous les Rois ses Prédécesseurs dans les Lettres-patentes qu'il accordoit, lorsqu'il vouloit bien autoriser dans son Royaume quelque Rescrit de la Cour de Rome, prouve que ce grand Prince a regardé son Parlement comme le véritable dépositaire des Loix fondamentales de l'Etat, si nécessaire pour la conservation des droits de la Couronne (u). ,, Ce Prince dans une Déclaration du 31 Juillet 1648 reconnut que ,, les Loix & Ordonnances sont envoyées dans les Compagnies Souveraines, établies principalement *pour autoriser la justice des volontés des Rois*, & la faire recevoir par les Peuples avec le respect & la vénération qui leur est due (v) ,,. Comment des Compagnies *autoriseroient*-elles la justice des volontés des Rois, si leur enregistrement n'étoit pas le fruit d'une délibération libre & éclairée?

Le Clergé a obtenu au mois de Mars 1666 une Déclaration du Roi Louis XIV. Ce Prince y dit qu'il a reçu les Remontrances de l'Assemblée du Clergé au sujet des contraventions & entreprises,......... qu'il pensoit y avoir suffisamment pourvu par son Edit du mois de Février 1657, adressant à ses Cours de Parlement, qui contient plusieurs bons Réglemens. *Mais n'ayant point été registré*, & s'étant fait de nouvelles entreprises, le Clergé lui a présenté de nouvelles Remontrances &c. (w).

Enfin nous pouvons citer pour le Regne actuel le témoignage de M. le Garde des Sceaux, qui se plaignit, au lit de Justice de 1718, que plusieurs *Edits étoient demeurés sans enregistrement, & par conséquent sans exécution* (x). La Déclaration du mois d'Août 1736 accordée aux Bénédictins Anglois, fait mention de précédentes Lettres-patentes de 1674, par lesquelles ils avoient été déclarés capables de posséder des Bénéfices dans le Royaume, mais qui n'avoient pas été enregistrées, ce qui rendoit l'*état de ces Religieux incertain à cet égard* (y).

A la vue de cette tradition suivie, & formée de témoignages si précieux, de la commune doctrine des Jurisconsultes, du sentiment uniforme des Magistrats, de tant de reconnoissances de nos Rois, hésiteroit-on à regarder la nécessité de la vérification libre des Loix, comme une forme essentielle de notre Législation, comme une maxime inviolable de notre Droit public, comme une Loi *sainte*, qui appartient à la Constitution de la Monarchie dans son dernier Etat?

L'usage qui soumet les Loix à la vérification, est si ancien que son origine est ignorée. Elle se perd dans l'obscurité des siecles.

(u) Ibid. (v) Recueil de Néron, tom. 2, pag. 18.
(w) Recueil Chronologique à la fin de la Jurisprudence Canonique de la Combe.
(x) Procès-Verbal du Lit de Justice de 1718. pag. 9.
(y) Recueil Chronologique à la fin de la Jurisprudence Canonique de la Combe.

Erreur de ceux qui ont prétendu fixer l'époque du commencement de cet usage.

LES flatteurs ont cru faire leur cour à nos Rois, en la rapprochant de nos jours. Quelques Auteur ont avancé que les enregiſtremens de Lettres-royaux ne furent introduits que ſous les regnes de Charles VII & de Louis XI. (z). Il ſuffit pour les convaincre d'erreur, de produire des enregiſtremens faits ſous Charles V. en 1372. Il s'agiſſoit de Lettres-royaux portant que les procès de l'Archevêque de Tours, du Doyen du Chapitre de cette Egliſe, des Evêques & des Chapitres d'Angers & du Mans, ſeroient portés ſans moyen au Parlement.

Voici la formule des enregiſtremens:

Præſentes Litteræ lectæ fuerunt & publicatæ in Camerâ Parlamenti; poſt quarum publicationem, Procurator Regius proteſtatus fuit de ſubſtinendo & proſequendo jure Reg. loco & tempore opportunis: Litteris & earum publicatione prædictis nonobſtantibus; Epiſcopo ac Decano & Capitulo Cenomanenſibus, proteſtantibus ex adverſo. Actum in dicto Parlamento, die decimâ-tertiâ Januarii, anno milleſimo trecenteſimo ſeptuageſimo ſecundo. (a).

On voit là non-ſeulement un enregiſtrement, mais un enregiſtrement libre, réfléchi, fait en connoiſſance de cauſe.

Erreur de la Marre & de l'Abbé Velly.

D'autres, comme l'Auteur du Traité de la Police (b), & l'Abbé Velly qui l'a copié (c). placent l'origine de la vérification ſous le Regne de Saint-Louis. Ils prétendent que l'uſage de l'enregiſtrement a pris naiſſance de la tranſcription que Boileau, Prévôt de Paris ſous l'Empire de Saint-Louis, & Jean de Montluc ſous Philippe-le-Bel, firent des Jugemens rendus par les Tribunaux auxquels ils étoient attachés. Quand il ſeroit poſſible d'adopter ce ſyſtême, l'antiquité de cette forme, qui remonteroit au treiziéme ſiecle, ſuffiroit pour la faire reſpecter. Mais parce qu'il plut à Boileau de tenir un regiſtre des Sentences de la Prevôté de Paris, pourquoi chercheroit-on dans cet événement particulier la premiere ſource de la *Vérification*, qui paroît dans la ſuite des ſiecles, ſi différente d'une pure rédaction ſur un regiſtre? Pourquoi n'en découvriroit-on pas auſſi-bien le modele dans l'obligation où étoit le Chancelier de garder les Loix dans les Archives publiques, & d'en délivrer des expéditions?

Robertſon croit, d'après Hincmar dont il s'autoriſe, que ſous la ſeconde Race ,, toute nouvelle Loi étoit rédigée dans la forme convenable par le Chancelier du Royaume, qui la propoſoit enſuite au Peuple; & lorſqu'elle avoit paſſé, le Chancelier étoit chargé de la garder dans les Archives publiques, afin de pouvoir en donner des copies authentiques à tous ceux qui en demanderoient. Il exiſte même, pourſuit cet Auteur, une ancienne copie des Capitulaires de Charlemagne, dans laquelle on a inſéré les paroles ſuivantes...... *Hæc Capitula facta ſunt &*

(z) Nouveau Traité de Diplomatique, *tom.* 4. *pag.* 520.
(a) Ordonnances du Louvre, *tom.* 5. *pag.* 518, 519, 525.
(b) Tom. 1, l. 1, tit. 16, ch. 2.
(c) Hiſtoire de France, *tom.* 4, *pag.* 385, & *ſuiv. édit. de* 1760.

consignata Stephano Comiti, ut hæc manifesta faceret Parisiis mallo publico, & illa legere faceret coram Scabineis, quod ita & fecit, & omnes in uno consenserunt..... ETIAM OMNES SCABINEI, EPISCOPI, ABBATES, COMITES, MANU PROPRIA SUBTER SIGNAVERUNT. Le terme de *mallus* signifie non-seulement l'Assemblée publique de la Nation, mais encore la Cour de Justice tenue par le Comte ou le *Missus Dominicus*. Les *Scabinei* étoient les Juges, ou les Assesseurs des Juges de cette Cour. On voit dans ce monument un exemple très-ancien de Loix non-seulement publiées dans une Cour de Justice, mais encore vérifiées & confirmées par la souscription des Juges. Si cette formalité étoit d'un usage ordinaire, elle dut amener naturellement celle de faire vérifier les Edits au Parlement de Paris. Mais je ne propose cette conjecture qu'avec la défiance que j'ai éprouvée dans tous mes raisonnemens sur les Loix, & les Institutions des Nations étrangeres (d)".

Quelques lignes après, Robertson présente l'enregistrement ou vérification comme un effet de la politique de nos Rois, qui voulurent faire oublier aux Peuples le droit qu'ils avoient eu sous les deux premieres Races d'examiner & d'approuver les Loix.

Fausses conjectures de Robertson.

En 1615, le Parlement de Paris exposa dans ses Remontrances à Louis XIII, que la vérification étoit une de ses fonctions, lorsqu'il étoit à la suite des Rois, & qu'elle lui fut conservée, quand il fut rendu sédentaire, parce qu'il tenoit la place de l'ancien Conseil des Princes & des Barons.

Ce Parlement s'est exprimé un peu différemment dans ses Remontrances de 1718. ,, Avant que le Parlement fût sédentaire, il se faisoit des Assemblées composées de personnages les plus considérables & les plus capables de l'Etat..... Ces Assemblées s'appelloient *Parlement*; c'étoit dans ces assemblées que se faisoient les Edits, & c'étoit pour lors le Conseil de nos Rois. Vers l'année 1304..... le Roi rendit le Parlement sédentaire par différentes raisons. Il crut assurer la conservation des droits de sa Couronne, & faire chose utile à lui & à toute la Nation d'établir une Compagnie fixe qui, donnant une application suivie à ces grandes matieres, & veillant continuellement à la conservation de tous les privileges de la Couronne, les maintiendroit dans leur entier, & s'opposeroit aux entreprises qui pourroient y être contraires..... L'on crut encore dans ce temps-là que le Parlement étoit une espece de lien nécessaire entre le Souverain & ses autres Sujets; le Peuple se persuada que les Loix examinées par le Parlement étoient utiles, ou du moins nécessaires, & nos Rois ayant éprouvé que leurs Sujets s'y soumettent plus volontairement lorsqu'elles ont passé par ce Tribunal."

Il ne nous conviendroit pas de hazarder nos idées particulieres sur un point si délicat de l'histoire de la Monarchie, mais en même-temps si digne d'exercer la curiosité des sçavans. Laissant donc à l'écart tout système

(d) Histoire de l'Empereur Charles-Quint, *tom.* 1, *pag.* 352.

sur l'époque précise de l'usage de la vérification & sur les motifs primitifs de l'établissement de cette forme de notre Législation, il nous suffit qu'elle ait acquis la vénération de plusieurs siecles, pour la mettre au rang de ces *coutumes constantes*, dont parle M. de Fénélon, *qui ont force de Loi pour le Gouvernement d'une Nation*; & que le Prince doit étudier, soit pour connoître la vraie forme du gouvernement, soit pour apprendre sans se flatter quelles sont les bornes de sa puissance.

L'antiquité de l'enregistrement lui donne force de Loi.

La présomption, qui naît de la longue possession, porte à croire qu'un établissement a eu dans son principe, l'objet & l'intérêt qu'il paroît avoir conservé depuis si long-temps. L'incertitude de son origine fortifie cette présomption, parce qu'on n'imagine pas comment un usage tel que l'enregistrement, auroit pu changer de nature, sur-tout au préjudice de l'autorité absolue du Prince, par des voies insensibles, & sans que sa révolution eut fait époque dans l'histoire.

Si nous joignons à ces présomptions générales les inductions qui naissent 1°. de la maniere dont se formoient les Loix, avant la fixation du Parlement rendu sédentaire à Paris; 2°. de la sagesse même de l'usage de l'enregistrement précédé d'une délibération libre, il semble qu'on ne pourra raisonnablement se refuser à la notion qu'en donnent les Jurisconsultes, qui en font une forme essentielle de notre Législation présente.

Preuves de cet usage par la maniere dont se faisoient les Loix avant la fixation du Parlement à Paris.

1°. Tous les Auteurs tombent d'accord que, sous les premiers Rois de la troisiéme Race, le Prince, quoique seul Législateur, ne publioit aucune Loi nouvelle, sans l'avis des Grands du Royaume qui formoient son Conseil. ,, Alors ne s'entreprenoit & délibéroit affaire de conséquence sans l'Assemblée des Prélats & Barons. Au temps de Philippe-Auguste & jusqu'à Philippe-le-Bel, les Officiers-Généraux de la Couronne assistoient, & soussignoient à toutes les expéditions d'importance que les Rois faisoient, même quand ils ordonnoient quelque Loi ,, C'est ce qu'on a lu dans les textes de Miraumont & de Coquille. Robertson estime que ,, du moins ils consultoient les Evêques, & les Barons, qui se trouvoient à la Cour, sur toutes les nouvelles Loix que ces Princes vouloient publier, & qu'on en trouve des exemples dans le recueil des Ordonnances, Tome I, pages 3 & 5 (e)."

Avant & après Philippe-le-Bel le Conseil du Roi n'étoit pas différent du Parlement.

Il faut même observer que le Conseil du Roi n'étoit pas ce qu'on entend aujourd'hui sous ce nom : ce n'étoit alors que le Parlement.

,, La Cour des Plaids du Roi, aussi ancienne que la Monarchie, prend divers noms dans les chartes de la troisiéme Race. Elle est appellée Cour suprême dans un Diplôme donné par le Roi Louis-le-Gros l'an 1120. En 1168 les Grands du Royaume de France déclarerent à Henri II, Roi d'Angleterre, que, si Richard, son fils, vouloit faire valoir ses prétentions sur le Comté de Toulouse, le Roi de France en seroit le juge avec sa Cour. La Charte de Fécamp de l'an 1211 déjà citée, porte que s'il arrivoit que l'Abbé & les Religieux fussent en défaut

(e) Ibid. Pag. 350.

de faire juſtice, ſoit à leurs tenanciers, ſoit à leurs vaſſaux, alors ils ſeroient tenus d'émender le fait de ladite défaute, au dire de la Cour de France. Ce ne fut que vers le milieu du XIII ſiecle, que l'Aſſemblée Générale, autrement la Cour des Plaids du Roi, prit le nom de Parlement. Juſqu'à l'époque où elle devint ſédentaire, on n'entendoit communément par Conſeil, & ſur-tout par Grand-Conſeil, ou commun Conſeil, que le Parlement lui-même. Depuis ſa fixation à Paris, il a encore porté le nom de Conſeil pendant quelque temps. De-là le nom de Conſeillers donné aux Magiſtrats qui le compoſent. Le Parlement prenoit indifféremment dans les Ordonnances ces titres ſynonymes, la *Cour*, le *Conſeil*, fait en *Parlement*. Les Chefs de cet auguſte Tribunal ont le titre de *Magni Præſidentiales* dans la charte de 1120, citée plus haut (f). Avant Philippe-de-Valois, qui commença à régner en 1328, ceux qui exerçoient les fonctions de premiers Préſidens, étoient appellés les Maîtres du Parlement & ſouverains, c'eſt-à-dire ſupérieurs. Le titre de Maître qui étoit anciennement donné aux premieres Dignités de l'Empire Romain, & aux Evêques & aux Cardinaux dans le douziéme ſiecle, fut portée par chaque Conſeiller.

„ Il eſt reſté aux Maîtres des Requêtes, & aux Conſeillers de la Chambre des Comptes, malgré l'aviliſſement où il eſt tombé, par l'uſage qu'on en fait parmi le Peuple depuis environ 350 ans, Les Conſeillers des Cours ſouveraines étoient comptés parmi la nobleſſe, puiſqu'en 1357 Charles Duc de Normandie, accorda comme un privilege particulier à Jacques de Flament, Maître des Comptes & ſon Conſeiller, la permiſſion d'exercer la marchandiſe. L'office des Maîtres des Requêtes de l'Hôtel a beaucoup de rapport avec celui des Référendaires de la premiere race de nos Rois. On trouve les Maîtres des Requêtes établis du temps de Saint-Louis. Outre leurs fonctions ordinaires, ils ont la connoiſſance du titre des Offices-Royaux, & de la falſification du Sceau de la Chancellerie. Le Conſeil du Roi compoſé de grands Seigneurs, de Prélats, de Barons, de Maîtres, & de perſonnes de confiance, n'étoit donc autre dans ſon origine que *le Parlement* qui rendoit la Juſtice ſouveraine à la ſuite du Roi. Nous ſommes portés à croire que les grands Officiers, dont les noms ſont ſouſſignés dans les Diplômes de la troiſiéme Race, étoient les Chefs ou les principaux membres de ce Tribunal ſuprême (g)".

Quand donc on entend parler d'anciennes Ordonnances lues & publiées au Conſeil, au Grand-Conſeil; il faut ſe rappeller que ces termes dans l'ancien langage, déſignent le Parlement. Auſſi, ſuivant Loiſeau, Meſſieurs du Parlement ſont-ils les anciens Conſeillers d'Etats en titre d'office. C'eſt pour cela, ſelon lui, que les Conſeillers d'Etat, les Secrétaires d'Etat, le Contrôleur-Général & les Intendans des Finances, ne ſont que

---

(f) Cette charte de Louis-le-Gros en faveur de l'Abbaye de Tiron, porte que les procès de ce Monaſtere ſur l'appel des Juges de Tiron, ſeront portés „ *coram Magnis Præſidentialibus noſtris Pariſiis vel alibi, ubi noſtra præcellens & ſuprema Regalis Curia reſidebit*. Nouveau Traité de Diplomatique, *tom.* 3, *pag.* 673, 674. *Gallia Chriſtiana* Tom. VIII. p. 320. des preuves.
(g) Nouveau Traité de Diplomatique, *tom.* 4, *pag.* 558.

par commiffion. Il dit ailleurs que le Parlement étoit le Confeil ordinaire des Rois, même leur faifoit tête bien fouvent....... dont il a encore retenu ce refte de fon ancienne inftitution, qu'il vérifie & homologue les Edits du Roi (h).

Joinville fait mention des Parlemens que Saint-Louis tenoit pour faire fes nouveaux Etabliffemens (i). Ces célebres Etabliffemens furent confirmés en plein Parlement par les Barons du Royaume, fuivant un manufcrit que cite Ducange. Le Préfident Hénault note une Ordonnance de Saint-Louis, datée de S. Gilles en 1254 ,, par laquelle il paroît que les trois Etats étoient confultés quand il étoit queftion de matieres où le Peuple avoit intérêt (k) ,,. Différentes autres Loix inférées dans le Recueil du Louvre portent l'empreinte de cette forme de Légiflation. ,, *Ordinatum fuit & unanimiter concordatum per totum confilium. Ordinatum fuit per regem & ejus confilium* ,,. Ce font les claufes que ces Loix renferment (l).

Faudroit-il d'autre garant de cette vérité, que le Chancelier Olivier qui, dans fa harangue au Lit de Juftice du 2 Juillet 1549, dit, *que la plupart des anciennes Ordonnances font faites au Parlement, le Roi y féant ou autre de par lui* (m)?

Peut-être pourra-t-on croire que les Grands qui affiftoient au Confeil du Prince, & qui formoient fon Parlement, continuerent de jouir de cette prérogative, & s'affemblerent au Parlement (depuis que fon Siege fut fixé à Paris) pour toutes les affaires importantes, & fur-tout lorfqu'il falloit établir une Loi nouvelle. C'eft ce que paroît avoir penfé la Rocheflavin. ,, Tout ainfi, dit-il, qu'on n'entreprenoit chofe de conféquence au Royaume, que l'on n'affemblât le Parlement compofé des Princes, Prélats, Barons, & plus apparens du Royaume....... Auffi, ce Parlement ayant été arrêté, fut trouvé bon que les volontés générales de nos Rois n'obtinffent point lieu d'Edits, finon qu'elles euffent été homologuées & vérifiées en ce lieu (n) ,, On pourroit appuyer ce fentiment de la difpofition d'une Ordonnance de 1319, qui difpenfa les Prélats d'aller au Parlement, parce que le Roi (Philippe-le-Long), *fe faifoit confcience de les empêcher de vacquer au Gouvernement de leur fpiritualité* (o). Cette difpenfe fuppofe que les Prélats, & les Grands du Royaume par conféquent, avoient féance au Parlement, & qu'ils s'y affembloient ordinairement.

,, Nos Rois, dit la Thaumaffiere, faifoient les Ordonnances-générales de l'avis & confentement de leurs Barons. Pour cette raifon, le Roi Philippe-Augufte fit fa célebre Ordonnance, appellée *ftabilimentum de feodis*

(h) Des Offices, *liv.* 4. *ch.* 3, *n.* 15. Des Ordres, *chap.* 2, *n.* 26.
(i) *Chap.* 84.
(k) Abrégé chronologique, *tom.* 1, *pag.* 228.
(l) Plufieurs de ces Loix font citées dans l'Encyclopédie, au mot *Enregiftrement*, *tom.* 5, *pag.* 700, & dans les Remontrances du Parlement de Toulouse du 6 Avril 1771, *pag.* 21.
(m) Cérémonial François, *tom.* 2, *pag.* 522.
(n) Des Parlemens de France, *liv.* 13, *ch.* 17. *n.* 1. C'eft auffi l'avis des Auteurs de l'Encyclopédie, *verbo* Enregiftrement.
(o) Ordonnances du Louvre, *tom.* 1, *p.* 702.

feodis, du mois de Mai 1204, de l'avis des Grands du Royaume. Le Roi Saint-Louis fit l'Ordonnance contre les Juifs, du mois de Décembre 1230, *Pensatâ utilitate ad hæc totius regni de sincerâ voluntate nostrâ*, ET DE COMMUNI CONSILIO BARONUM NOSTRORUM. Et quoique l'Ordonnance générale que fit S. Louis à son retour de son premier voyage de la Terre-Sainte, au mois de Décembre 1254, pour la réformation de son Royaume, ne soit conçue qu'en son nom; il est néanmoins certain qu'il la fit de l'avis de ses Barons, *& au Parlement & Etats qu'il tint à faire ses nouveaux établissemens*, comme parle le Sire de Joinville: ce que confirme Guillaume de Nangis en ces termes: *Primò igitur & principaliter post reditum suum ad status regni sui meliorationem, & subditorum suorum correctionem & quietem intendens*, DE COMMUNI CONSILIO ET ASSENSU *condidit pius rex generale statutum, quod per totum regnum suum servari & promulgari voluit in hæc verba*: & l'Ordonnance du même Roi contre les blasphêmes fut faite, *de assensu Baronum nostrorum*. Les Rois de la seconde Race en usoient de la même maniere. (Capitul. 821. cap. ult.) *Capitula quæ præterito anno Legi Salicæ per omnium consensum addenda esse censuimus*. Les Annales de S. Bertin de l'an 854. *Capitula etiam ad 37 consilio fidelium suorum, more prædecessorum, ac progenitorum suorum Regum constituit*; & ils avoient tiré cet usage des Rois de la premiere Famille, puisque Sigebert assure que la célebre Loi Salique fut confirmée par Pharamond en l'Assemblée des Etats, l'an 424. L'on peut appliquer à ces Loix ce que dit Tertullien au 4ᵉ. Chapitre de son apologétique: *Nulla lex sibi soli conscientiam justitiæ suæ debet, sed eis à quibus obsequium expectat. Cæterùm suspecta lex est, quæ probari se non vult; improba autem, si non probata dominetur*. Depuis deux ou trois siecles, nos Rois ont seuls pris le soin de faire des Ordonnances qu'ils ont eu la bonté d'envoyer au Parlement, pour y être enregistrées, & les Peuples, d'un consentement tacite, mais unanime, se sont rapportés à la religion des Compagnies Souveraines, d'examiner respectueusement toutes les Lettres-Patentes, que nos Rois leur auroient adressées; & soumis à ce qu'après avoir délibéré, ils auroient trouvé juste (p),,.

Mais, quelque opinion que l'on embrasse; quelque système que l'on préfere sur cette question qui n'a point encore été assez éclaircie pour lever tous les doutes, il est impossible de méconnoître l'autorité de l'usage qui soumet les nouvelles Loix à la vérification: son existence est constante, son ancienneté est avouée, les témoins & les dépositaires naturels des maximes de notre Droit public, en font une forme inviolable de la Législation Françoise. Qu'il ait pris naissance de quelque événement particulier; qu'il se soit introduit, pour ainsi dire, de lui-même, & par une suite nécessaire de ce qui se pratiquoit sous les premiers Rois de la troisieme Race, ou même que nos Princes en aient eux-mêmes fait l'établissement pour le public, à l'imitation de Théodose, il faudra

---

(q) Notes & observations sur les Coutumes de Beauvoisis, *pag.* 373.

toujours se rendre à la solidité de cette réflexion du célebre Talon. „ Autrefois, les volontés de nos Rois n'étoient point exécutées par les Peuples, qu'elles ne fussent souscrites en original de tous les Grands du Royaume, des Princes & des Officiers de la Couronne qui étoient à la suite de la Cour. A présent, cette Jurisdiction Politique est dévolue dans les Parlemens: nous jouissons de cette puissance seconde que la prescription des temps autorise, que les Sujets souffrent avec patience, & honorent avec respect (q) „.

2°. Cette forme de notre Législation ne pourroit paroître inutile ou indifférente qu'à des hommes qui, ne prenant aucune part à l'ordre public, à l'intérêt National, en ignoreroient l'objet & l'utilité. Quand on sent toute l'importance d'une Législation sage & éclairée, pour la gloire du Monarque & la félicité de l'Etat, on ne peut qu'applaudir à un usage qui soumet les Loix à un examen plus réfléchi, qui arrête les entreprises des Courtisans aveugles & avides, qui est propre à suspendre la prévention ou le zele trop précipité de Ministres qui, quoique avec des vues droites, se livreroient aux premieres impressions dont ils seroient frappés, qui prévient les surprises dont le Prince n'est point à l'abri, & qui ne tempere l'exercice de la puissance du Monarque, que pour la garantir des abus qui pourroient ternir l'éclat du Trône.

Importance de cette Loi. Nécessité de la conserver.

Ecoutons les regles pleines de raison & de prudence, que l'Abbé Duguet développe dans son *Institution d'un Prince*, sur la maniere dont le Législateur doit se conduire dans l'*établissement des nouvelles Loix* (r). „ Lorsqu'une Loi paroîtra nécessaire, le Prince en formera le projet, mais pour l'examiner, & non pour l'établir....... Dans le projet & dans l'examen, il se servira des lumieres des Magistrats les plus éclairés & les plus sinceres........ C'est ainsi qu'en ont usé des Princes qui méritoient par leur sagesse & leur maturité de donner des Loix aux autres hommes. Ils consultoient long-temps avant que d'ordonner; ils écoutoient pour être dignes d'être obéis, ils pensoient à donner une solide autorité à leurs Ordonnances par la sagesse & la justice, & non à faire valoir la leur en se contentant de commander. Ils évitoient par là un inconvénient où jette la précipitation, qui est la variation & l'inconstance....... Les Princes qui acceptent sans réflexion tous les projets qu'un seul Ministre leur propose....... ne font que varier....... Ils détruisent eux-mêmes leurs propres Loix, & ils opposent si souvent leurs volontés à leurs volontés, leur autorité à leur autorité, qu'enfin ils accoutument le Peuple à ne les plus respecter, & à regarder la facilité & l'inconstance du Prince, comme une preuve qu'il est conduit & mené, & qu'il n'a pas même su choisir ses guides"

„ Par ces variations, le nombre des Loix devient infini; car un Edit est aussi-tôt suivi d'une Déclaration, & celle-ci de plusieurs autres qui s'obscurcissent mutuellement....... Il n'y a pas de plus grand mal dans

(q) Mémoires, tom. 5, pag. 135.
(r) Institution d'un Prince, tom. 2, chap. 7, art. 2, pag. 108 & suiv.

l'Etat, qu'une foule de Loix qui le chargent & l'embarraffent ; & leur multitude a toujours été regardée comme une preuve certaine d'une mauvaife adminiftration, parce qu'elle eft l'effet ou de l'imprudence qui ne fçait pas choifir, ou de la foibleffe qui ne fçait pas exécuter, ou de l'inconftance qui ne fçait rien foutenir, ou du caprice qui convertit en Loix toutes fes fantaifies. Sous un Prince fage & prudent, les chofes ne font point ainfi........ Il veut que tout ce qui.... doit avoir force de Loi foit examiné avec tant de foin, qu'il ne foit pas obligé dans la fuite d'y faire aucun changement".

„ Outre les précautions qu'il prend lui-même pour n'être pas trompé, il confent que les Juges du plus célebre Tribunal de fon Etat *n'enregiftrent* les Loix qu'il leur adreffe, qu'après un examen refpectueux, *mais libre & fincere.* Il ne prétend leur fermer ni les yeux ni la bouche, & il ne convertit point *en fimple formalité, un ufage qui affure encore plus le Prince que le Peuple, contre les furprifes qu'on peut faire à fa religion.* Il fçait que des perfonnes fages s'éclairent mutuellement ; qu'il eft jufte d'écouter des Sénateurs qui ont vieilli dans la connoiffance des Loix, & qui en font les dépofitaires ; qu'il affermit fon autorité en montrant publiquement qu'il n'en veut ufer que pour la juftice, & qu'il attire un refpect particulier à fes Ordonnances, en exigeant que les premiers Juges & les plus integres de l'Etat répondent au Public de leur équité".

„ S'il vouloit que les Juges n'euffent d'autre fonction que celle d'entendre une lecture inutile & d'y confentir, ou de fe taire après l'avoir entendue, il les difpenferoit de cette fervitude, qui ne feroit d'aucun fruit pour le Public, & qui ne feroit que *charger leur confcience......* Un grand Prince eft toujours fincere ; ce qu'il paroît vouloir, il le veut en effet : il ne défend pas ce qu'il femble exiger ; & s'il veut que les premiers Magiftrats de fon Royaume autorifent la Loi qu'il leur adreffe, il leur laiffe le pouvoir de le faire, & il ne les dégrade pas en faifant mine de les confulter".

„ Autrement, ce qu'il y a de plus augufte dans l'Etat n'eft qu'un vain fpectacle, & dégenere en pure cérémonie. Rien n'eft moins approuvé que ce qui paroît l'être : tout paffe à une voix, & perfonne n'a parlé, ou ne l'a fait fincerement. Souvent un morne filence eft la feule maniere dont opinent les Juges ; quelquefois l'Arrêt d'enregiftrement n'eft pas prononcé par celui qui préfide, & le Greffier le dreffe comme étant de pur ftile....... Ainfi on ne s'affemble pas en ces occafions comme Juges, mais comme flatteurs ; & la flatterie eft fi groffiere, que perfonne n'y eft trompé, *& que l'enregiftrement eft plutôt une preuve d'improbation que de confentement".*

„ Quand un Prince a bien examiné par lui-même, & avec un fage Confeil, la juftice & la néceffité d'une Ordonnance, il ne craint point que des hommes zélés pour fa gloire, & pleins de refpect pour fes volontés, *n'acceptent avec difcernement & avec lumiere la Loi qu'il leur adreffe.* Mais, moins il a pris de précautions, moins il fouffre qu'on en prenne pour lui. Il ne veut point *qu'on délibere* quand il ne l'a pas fait; & il regarde comme une témérité d'oser approfondir ce qu'il n'a pas voulu connoître".

„ C'est d'ordinaire par l'inspiration d'un Ministre trop absolu, que le Prince défend toute réflexion sur ses Edits. Ils sont l'ouvrage de ce Ministre qui ne veut être ni éclairé ni contredit, qui ne peut souffrir que son autorité soit balancée par celle d'aucun Tribunal, & qui s'applique à humilier ce qu'il y a de plus grand & de plus ferme dans l'Etat, pour y régner sous le nom de son Maître".

„ Ce Ministre a souvent des vues particulieres opposées au bien public; & quand ses intentions seroient toujours pures, il n'a pas une telle sagesse... qu'il n'ait besoin d'aucune autre lumiere. Les Sénateurs du premier Siege seroient capables de suppléer à ce qui lui manque, ou de rectifier ce qui seroit contraire au bien public. Le Prince, dont les intérêts sont inséparables de ceux de l'Etat, les charge de veiller contre les surprises, & leur envoie à ce dessein tout ce qui doit être revêtu d'une forme authentique......

„ Quand le Ministre a sçu imposer silence à tout le monde, & rendre son maître l'exécuteur de ses volontés, il passe souvent jusqu'a lui épargner la peine d'en être instruit. Il fait lui seul la disposition..... d'un Réglement, d'un Edit. Il le présente au Prince pour le signer, avec la même confiance qu'il le présenteroit à son Secrétaire, & il compte si fort sur sa complaisance, ou sur sa paresse, qu'il donne quelquefois à l'Imprimeur un projet, dont le Prince n'a pas encore entendu la lecture. Cependant tout fléchit sous le pouvoir arbitraire d'un serviteur, parce qu'il a sçu persuader à son Maître que l'obéïssance est l'unique vertu des premiers Juges, & qu'elle doit être aveugle à tel point qu'elle ne s'informe pas même, si c'est lui qui commande ou si un autre a pris sa place. Et il arrive ainsi que plus un Prince affecte d'être absolu, plus il montre au Public la dépendance où le tient son Ministre.

„ Il n'y a donc rien qui marque mieux qu'un Prince gouverne par lui-même, que la *liberté qu'il laisse à des Juges supérieurs de prendre connoissance des Loix* qu'il leur adresse, *& d'examiner si ses intérêts, qui sont ceux de la Justice & de l'Etat, n'y sont point blessés*; car il est évident dèslors qu'il veut être instruit de tout, & qu'il est en garde contre les surprises, & qu'il ne veut pas qu'on abuse de son nom, & de son pouvoir pour établir rien d'injuste.

„ Il ne faut que cela pour l'empêcher, & pour en ôter même la pensée; car lorsque les Remontrances respectueuses sont permises, elles sont rarement nécessaires. Les Ministres ne veulent point y donner occasion..... Le terme de Remontrances ne peut blesser un Prince qui aime la vérité, il la cherche & la préfere à tout, il invite tout le monde à la lui dire. Il ne craint que le mensonge & la flatterie, & *il regarde comme des qualités essentielles dans les Magistrats, la sincérité & la fidélité*. Il sçait que non-seulement elles ne sont point opposées à la soumiſſion & au reſpect, mais qu'elles en ſont des preuves; & il ſe tiendroit offenſé, ſi on le croyoit incapable de Conſeil, ou ſi l'on craignoit de lui déplaire, en lui diſant ce qui ſeroit utile à ſon ſervice".

Si ces réflexions, dictées par la droite raiſon elle-même, s'appliquent à un Monarque dont l'autorité eſt abſolue, & qui n'a d'autres regles qui le dirigent, que celles mêmes de la Juſtice & du bien public, quelle force n'ont-elles pas à l'égard d'une Monarchie, où la Loi exige que le Prince conſulte les Magiſtrats, où ce n'eſt pas ſeulement une convenance qu'il prenne leur avis, & qu'il les écoute, mais où leur conſentement eſt néceſſaire; où la vérification des Loix, par les Tribunaux qui en ont le dépôt, eſt une forme ſubſtancielle de la Légiſlation, où l'enregiſtrement n'eſt pas une pure promulgation, une ſimple publication deſtinée à rendre la Loi notoire, mais où l'autorité même de la Loi & ſon exécution dépendent de l'examen & de l'approbation des Corps prépoſés à la vérification?

Que le Prince abſolu ſoumette à la lumiere des Sénateurs qui ont *vieilli dans la connoiſſance des Loix*, les Ordonnances nouvelles qu'il veut publier, c'eſt une précaution ſage, c'eſt une démarche de prudence. Pour le Prince dont la puiſſance, quoique ſouveraine, eſt limitée, c'eſt un devoir, c'eſt une regle étroite; il ne ſçauroit s'en diſpenſer, ſans manquer à ſes engagemens, & ſans violer la Loi Nationale.

Les Publiciſtes décident que, ſi la Loi fondamentale d'une Monarchie aſſujettit le Souverain à délibérer les Loix avec les Grands de ſon Royaume, il eſt obligé de les leur propoſer, & d'obtenir leur conſentement. C'eſt la doctrine de Bohemer (s). L'Auteur dans une Note obſerve que telle étoit autrefois la Conſtitution de notre Monarchie Françoiſe (t). Mais ſi, depuis pluſieurs ſiecles, cet ancien uſage, qui remontoit juſqu'à l'origine de notre Empire, a été abrogé, une forme moins gênante pour le Prince a été ſubſtituée; c'eſt la vérification des Magiſtrats qui ſont ſes propres Officiers. On a vu par les témoignages, qui ont été rapportés, que la néceſſité de la vérification libre eſt une *Loi du Royaume*, une de celles auxquelles le Prince eſt lié par ſon ſerment, qu'elle appartient à la Conſtitution préſente de la Monarchie, que c'eſt une forme ſolemnelle conſtamment obſervée, que les Rois l'ont inviolablement gardée, qu'elle eſt en quelque ſorte la ſauve-garde de toutes les Loix. A ces caracteres on ne ſçauroit méconnoître une Loi *fondamentale poſitive*, formée par la convention expreſſe ou tacite du Souverain avec la Nation. Comment l'enviſageroit-on autrement, ſi la vérification eſt une *condition* de la Loi, ſi toute Loi nouvelle reçoit *ſa derniere forme* de la vérification, ſi les vérificateurs des Loix ont droit de *modifier* leurs diſpoſitions, de refuſer même l'enregiſtrement de celles qui ſe-

(s) *Quod ſi tamen legibus Reipublicæ fundamentalibus aliud proviſum, cautumque ut Procerum in conventu de lege novâ ferendâ deliberari debeat, imperans ad conſenſum Procerum obligatus eſt.* Introd. in Jus Public. univ. Pag. 380. Edition de 1758.
(t) *Sic olim in Regno Franciæ, ex more in veterato obtinuit ut leges conſenſu procerum conderentur.*

roient injuftes, ou éverfives des Loix Nationales? Or il eft de la nature des Loix fondamentales qu'elles ne puiffent être changées fans le concours mutuel du Prince & des Peuples.

Quand on regarderoit la néceffité de l'enregiftrement comme un ufage moderne établi par le Roi lui-même, il ne pourroit s'y fouftraire.

Mais quand on feroit quelque difficulté d'élever l'ufage de la vérification libre à la dignité d'une Loi fondamentale proprement dite, au moins feroit-ce une de ces Loix fixes & ftables, auffi précieufes dans leurs motifs que par leurs effets falutaires; Loix auxquelles l'intérêt public a donné naiffance, que l'expérience de plufieurs fiecles a confolidées, & dont le bien de l'Etat exige autant la fidele exécution, que leur maintenue conftante.

Pendant que ces Loix fubfiftent, le Prince doit les refpecter. ,, Après avoir établi ces Loix faintes, dit encore l'Abbé Duguet, comment pourroit-il les méprifer lui-même, & leur ôter par fon exemple l'autorité qu'il leur a donnée? Que ferviroit-il de les avoir établies, s'il n'y avoit aucun égard; & quel fruit en tireroit le Peuple, s'il étoit gouverné par des volontés toutes contraires?

,, C'eft par moi, dit la Sageffe Eternelle, que regnent les Rois, & que les Légiflateurs établiffent des Loix juftes. C'eft par moi que regnent les Princes, & que les Puiffans ordonnent ce qui eft conforme à l'équité. C'eft donc dans le langage des Ecritures, la même chofe de régner & de commander des chofes juftes, d'être revêtu de la Souveraine Autorité, & de n'ordonner rien que d'équitable. La Sageffe Eternelle défavoue tout ce qui ne vient point d'elle, & elle ne compte pas qu'on regne, quand on le fait fans la confulter.

,, Ce n'eft pas que le Prince ne conferve l'autorité que Dieu lui a donnée, lors même qu'il en abufe; mais rien n'eft plus honteux pour lui que d'en abufer. Il y a une juftice dans les Loix, indépendante de lui, qui le condamne quand il s'en écarte; cette juftice eft fa regle. *Leges Imperator fert, quas Princeps ipfe cuftodiat* (S. Ambroife, Ep. 21). Il y demeure foumis, quoiqu'élevé au-deffus de tous les autres hommes; & il ne peut lui fubftituer ni fes paffions, ni fes injuftes defirs, parce qu'il n'eft pas à foi-même; qu'il n'eft ni fon principe ni fa fin; qu'il n'eft qu'adminiftrateur d'une autorité confiée pour un temps, & que Dieu, en la lui confiant, a eu deffein de régner par lui, & par conféquent, de faire régner par lui les Loix & la Juftice (u)".

Si le Prince eft foumis à la juftice & à l'équité de la Loi, il lui doit être encore moins permis de l'abroger, que de l'enfreindre. Ce feroit aller directement contre les vues de la Sageffe Eternelle, que de révoquer une Loi fage, utile, liée au bonheur de la Société. Dès qu'on la fuppofe telle, fon abrogation ne pourroit être que nuifible & préjudiciable. Or, au jugement des Auteurs, le falut du Corps Civil étant la Loi fouveraine du Gouvernement, la regle fuprême que le Monarque doit confulter, comment auroit-il le droit d'ordonner ce qui contrediroit le bien

---

(u) Inftitution d'un Prince, 2e. part. ch. 8, art 1, pag. 118.

public, ou de défendre ce qui lui feroit utilé (v)? L'ancien Droit ne doit être révoqué que sur des motifs de néceſſité, ou d'évidente utilité (w). Il faut qu'une Loi devienne nuifible, pour que le Prince ſe détermine à la révoquer (x). Combien ces maximes ne réclament-elles pas pour la conſervation de la vérification libre des nouvelles Ordonnances, uſage ſi ancien; *effet d'une prudence politique*; Loi qui n'eſt pas moins une *colomne ferme de la Royauté*, qu'une *bride ſage contre l'abus de l'autorité*: *moyen par lequel l'Etat a été conſervé dans ſa grandeur, qui autrement eût été ruiné par les flatteurs*; inſtitution moins onéreuſe au Monarque que celle qu'elle a remplacée; forme enfin devenue eſſentielle à la Légiſlation dans une Monarchie, où l'on ne découvre pas un ſeul inſtant où le Prince ait eu le pouvoir de conſtituer la Loi, & de la rendre parfaite & obligatoire, par le ſeul acte de ſa volonté & de ſon commandement?

La maxime, que le Monarque eſt au-deſſus des Loix, eſt inconteſtable. Comment pourroit-il les abroger, s'il leur étoit ſoumis comme le ſont tous les Sujets? Conclure de-là qu'il n'eſt jamais tenu à leur obſervation, qu'il peut s'en jouer ſuivant ſon caprice, & les abolir lorſqu'elles ſont encore utiles ou néceſſaires; c'eſt abuſer étrangement d'une maxime vraie. *Cette vérité n'eſt pas oppoſée à la maxime que le Monarque eſt au-deſſus des Loix.*

On a établi dans les Chapitres précédens, que le pouvoir n'a été confié aux Souverains, que pour l'avantage des Sujets; que la Loi ſuprême à laquelle ils devoient conformer l'uſage de leur autorité, eſt le ſalut du Peuple. On a appuyé cette maxime ſur des preuves de tout genre, & ſur les aveux de tous les Souverains eux-mêmes. Aux derniers Etats de 1614, le Préſident Jeannin, Contrôleur-Général des finances, dit dans la Chambre du Tiers-Etat, *que la Reine, par ſes judicieux conſeils, avoit imprimé dans le cœur de notre jeune Roi cette belle leçon, que la ſouveraine Loi de ſon Royaume, c'eſt le ſalut du Peuple* (y).

On a prouvé également que le Deſpotiſme, l'uſage arbitraire du pouvoir qui ne connoîtroit d'autre regle que l'intérêt du Monarque ou ſa fantaiſie, ſont contraires au droit naturel, au droit divin, à la fin du Gouvernement, l'intérêt véritable des Souverains eux-mêmes.

Ces vérités certaines expliquent en quel ſens le Monarque eſt au-deſſus des Loix. Comment les concilier avec leur inobſervation totale, avec leur abrogation arbitraire de la part du Souverain? Si jamais, dans aucun cas, il n'eſt tenu d'y obéir, il ſera donc ſans frein & ſans regle, ayant droit de faire tout ce qui lui plaît, ſans aucune obligation de conſcience, ſans aucun devoir à remplir envers ſes Sujets. S'il peut abolir une Loi encore actuellement utile, il n'eſt donc pas vrai que le ſalut de ſon Peuple ſoit pour lui la Loi ſuprême. Car la Loi qui a été faite pour

---

(v) *Generatim ex lege naturæ tantum illa imperans poteſt, quæ non adverſantur ſaluti totius corporis civilis, juxta vulgatum*: Salus populi ſuprema lex eſto. *Quæ autem huic adverſantur, ad illa agenda jus nullum habet.* Boehmer, Introd. ad Jus public. univ. pag. 285.
(w) *Si antiquum Jus corrigi vel emendari neceſſitas expoſceret.* Herſius ſupr.
(x) Bodin, de la République, liv. 2. ch. 8.
(y) Recueil des Etats-de. 1614, par Rapine *pag.* 235.

son avantage, doit subsister tant qu'elle la procure. Il n'a pas été permis de publier une Loi qui pouvoit nuire. Il n'est pas permis d'abroger celle dont la Société retire encore le fruit.

Ces principes ont été mis continuellement sous les yeux de nos Rois. Et plût à Dieu qu'ils ne les eussent jamais perdu de vue!

Au Lit de Justice du 24 Juillet 1527, le Président Guillard dit à François I: „Est inique prescrire Loi à autrui, dont ne veuilliés user. Vous devés toujours avoir en mémoire ce saint Edit du Préteur Romain, que on doit user de pareil droit que celui qu'on ordonne. Saint-Ambroise dit: les Rois doivent garder & observer leurs Ordonnances; & de leurs Prédécesseurs, qui ont bien régné, icelles imiter & suivre, à ce qu'à leur exemple, les autres facilement y obéissent. Les bonnes Ordonnances & Coutumes se doivent perpétuellement garder. L'Empereur Galba est singuliérement loué de ce qu'il fut observateur des anciennes Coutumes & Ordonnances. Les Rois d'Egypte, en obéissant aux Loix, s'estimoient être bienheureux & bien fortunés. Lycurgus ne fit jamais Loix qu'il n'observât; & tandis qu'elles furent gardées à Sparte, qui fut l'espace de 500 ans, ils furent les plus grands de Grece; & quand ils les laisserent abolir, ils perdirent leur liberté, & leur Seigneurie se ruina. Démosthenes dit que les Loix & Jugemens sont l'ame des Royaumes & choses publiques; car ainsi que le corps privé de l'ame demeure inutile & annihilé, aussi sont les Royaumes & choses publiques par l'inobservance des Loix & Jugemens. Solon interrogé en quelle maniere les Royaumes se gouverneront bien, répondit: *Si les Sujets obéissent aux Rois, & les Rois aux Loix.* La Loi est toujours ferme, & ne se meut par nul respect de grace & faveur: ainsi que les membres ne peuvent vivre sans chef, & le chef sans membres ne peut durer; aussi le Roi sans Sujets, & les Sujets sans Rois, ne peuvent longuement & raisonnablement vivre; & est nécessaire qu'ils aient union ensemble, laquelle se garde moyennant bonnes Loix, Ordonnances & bons Officiers: car il est difficile & impossible que autrement un homme, tant accompli soit-il, puisse gouverner & tenir en obéissance tant de Peuples, de diverses langues, âges, moeurs & conditions. Partant ceux qui disent que vous gardiés vos Loix & Ordonnances, vous conseillent que vous entreteniés l'union de vos Sujets; laquelle (avec la puissance que Dieu vous donné) vous fait Roi; & ceux qui vous persuadent le contraire, vous conseillent mal".

„Isocrates recommandoit à son Roi qu'il amendât les Loix & Ordonnances, & en fît de nouvelles à l'utilité & concorde des Sujets, qui diminuassent les procès. Or, par évocation, au lieu de les amender, vous les annihilés. Car vous mandés, *nonobstant quelconques Ordonnances*, & au dommage des Sujets, multipliés les procès; & n'est pas à présumer de tout droit & raison, que par une seule parole dite ou écrite, vous veuilliés annuller & casser toutes Loix & Ordonnances; & par ce, si aucune fois, en obmettant ce que vous dites ou écrivés par telles violentes

prieres

prieres & importunités, nous ne faifons ce que vous voulés & commandés, nous ne penfons vous défobéir."

„ Nous ne voulons révoquer en doute, ou difputer de votre puiffance; ce feroit efpece de facrilege; & fçavons bien que vous êtes par-deffus les Loix, & que les Loix ou Ordonnances ne vous peuvent contraindre, & n'y êtes contraint par puiffance coactive. Mais nous entendons dire que vous ne voulés ou ne devés pas vouloir tout ce que vous pouvés; ains feulement ce qui eft en raifon, bon & équitable, ce qui n'eft autre chofe que juftice. Vertu n'eft autre chofe, felon les Stoïques, que parfaite & bonne nature, fuivant raifon, abhorrant les vices, & eftimant être fouverain bien de faire felon raifon naturelle, à laquelle le Droit Divin n'eft jamais contraire, & y êtes fujet fi vous voulez bien régner. Ainfi que le Régleur doit fuivre la regle s'il veut droitement régler. Dieu, quand il vint en ce monde pour niver la Loi, combien qu'il fût par-deffus la Loi, néanmoins voulut naître, vivre & obferver la Loi. Ordonner les chofes de puiffance abfolue & non pofitive, eft comme les faire fans raifon & à volonté, qui tient plus de la nature brute que raifonnable. Nous ne voulons pas pourtant dire que, en aucun cas particulier & fingulier, vous n'en puiffiés ufer; mais le moins, ou ne en ufer, eft le mieux. L'Apôtre dit que puiffance n'eft pas donnée à quelque Seigneur en fubverfion, mais en édification. Ifocrates commandoit à fon Roi que, quelque chofe qu'il fît, il fe penfât toujours être Roi, afin de ne faire chofe indigne d'un fi grand nom; & Silius le Poëte difoit à Scipion: quelconque chofe que tu faffes, eftime toujours être en la puiffance de Dieu (z)."

Le Chancelier Olivier pofa à-peu-près les mêmes maximes dans la harangue qu'il fit au Lit de Juftice du 2 Juillet 1549.

„ La vraie & folide gloire du Roi, dit-il, eft de foumettre fa Hauteur & Majefté à juftice, à rectitude & à l'obfervance de fes Ordonnances: Dieu même ne fe permet point chofe qui ne foit équitable & droituriere, & ne fe retiendroit plus le nom de Dieu s'il faifoit autrement. Partant ne peuvent les Rois faire chofe plus haute, plus royale & plus divine, outre paffant les vertus communes, que de fe conformer à Dieu le plus qu'ils peuvent au fait de l'adminiftration de la Juftice. La République, comme dit Platon, eft heureufe, en laquelle le Prince eft obéi d'un chacun, & lui obéit à la Loi, & la Loi eft droite & regardant au bien public. On ne fçauroit décrire plus court un Royaume floriffant. Alexandre de Macédoine ayant perdu une caufe par Jugement Militaire, remercia les Juges de ce que ils avoient préféré la Juftice à toute fa Monarchie & dignité Royale: le Roi Charles V fit un acte plus mémorable; il avoit privé dix perfonnes de leurs Offices, &c (a)."

Pour faire fentir, fi cela étoit néceffaire, la certitude de ces maximes, il fuffiroit de les rapprocher des principes de Defpotifme qui furent pofés

(z) Cérémonial François, tom. 2. pag. 470.   (a) Ibid. pag. 523.

par le Chancelier au Lit de Justice tenu en 1523 sous François I contre le Duc de Bourbon.

Ce premier Magistrat y dit que le Roi avoit créé quatre Maîtres des Requêtes ; que sur l'Edit de création on avoit mis à deux fois plusieurs restrictions, ce qu'il n'appartenoit pas à la Cour de faire, parce que le Roi avoit reçu des quatre Maîtres des Requêtes soixante mille livres. Belle Logique ! Le Roi a touché d'avance le prix d'Offices qu'il venoit de créer : donc le Parlement n'a pas pu modifier l'Edit de création.

Le Chancelier ajouta que le Roi avoit fait cette création par trois raisons ; & aussi parce qu'il étoit Roi & Maître, ainsi que la raison veut ; que ses Prédécesseurs avoient créé des Maîtres des Requêtes, qu'il n'étoit de moindre autorité & prééminence qu'eux.... qu'on ne fît aucune difficulté parce que le Roi l'entendoit & le vouloit ainsi.

Le Chancelier se plaignoit encore de ce que le Roi ayant créé au Parment vingt nouveaux Conseillers, on les traitoit mal ; on donnoit la préséance aux Conseillers d'ancienne création, quoique reçus depuis eux. Le Chancelier ajouta que le Roi avoit fait à ce sujet une Déclaration qu'il entendoit sortir effet sans qu'il fût besoin d'en rien dire, que le Roi l'ayant ainsi ordonné après les Remontrances faites, la Cour n'y avoit plus que voir, & devoit obtempérer.

François I endoctriné par son Chancelier, parla à-peu-près sur le même ton. Il dit qu'il étoit content qu'on lui fît ,, des Remontrances ; mais que, quand nonobstant icelles, il avoit déclaré qu'il le vouloit ainsi, il étoit raison qu'il fût obéi...... que l'autorité de la Cour n'étoit que de par lui, & que ce n'étoit pas un Sénat de Rome (b)."

Quel langage que celui du Chancelier ! Le Roi crée des Offices, ou publie d'autres Loix quelconques, *parce qu'il est le Roi & le Maître*, & qu'il a autant d'autorité que ses Prédécesseurs. N'est-ce pas abuser arbitrairement de son pouvoir, que de ne s'y proposer d'autre motif qu'une vaine ostentation de son autorité & le plaisir de la domination, sans égard à l'intérêt public, au bien de la Société, à l'avantage des Peuples ? Quelle maxime ! Le Parlement doit toujours obéir lorsque ses Remontrances ont été infructueuses ! Les Jussions réitérées changent-elles donc la nature des choses ? Font-elles cesser l'injustice ? Effacent-elles les obligations de la conscience, du serment, & tous les devoirs d'Etat ?

Les Empereurs Romains nous apprennent qu'il est digne de la Majesté Royale de se reconnoître soumis aux Loix : *Digna vox est Majestate regnantis, se legibus alligatum confiteri*. Si cela est, le Chancelier a-t-il fait parler François I en 1523, d'une manière digne de la Majesté Royale ?

Et pourquoi est-il digne du Monarque le plus puissant de s'avouer sujet à la Loi, sinon parce que c'est pour lui un devoir étroit ? Il ne s'agit pas sans doute de ces Loix qui, par la révolution des siecles, par le chan-

(b) Ibid. pag. 461, 462.

gement des mœurs & des circonstances sont devenues nuisibles. Elles sont un fléau public; le Prince est obligé d'en dégager ses Sujets: comment y seroit-il lié lui-même?

Nous ne parlons que des Loix qui produisent encore actuellement des effets salutaires, dont le public ressent journellement l'utilité, dont l'abolition lui causeroit certainement un dommage actuel. Jamais on ne concevra qu'un Prince usant légitimement de sa puissance, abroge justement une telle Loi, puisqu'il est lui-même obligé de faire tout ce qui est utile à son Peuple; puisqu'il lui est défendu de faire quelque chose qui lui nuise.

Accorder au Prince le droit de révoquer les Loix, quoiqu'elles soient encore utiles, c'est lui permettre de gouverner par humeur, par caprice & par intérêt. C'est supposer qu'il n'est tenu à rien envers ses Sujets, qu'il ne leur doit ni justice ni protection; que le juste & l'injuste sont des mots vuides de sens; & que le repos & la félicité des Peuples ne doivent entrer pour rien dans sa détermination. *La justice est cependant une vertu par laquelle les Rois regnent; car, si n'étoit justice, les Royaumes ne seroient que brigandage*, comme le disoit le Chancelier en 1458, au Lit de Justice tenu à Vendôme contre le Duc. d'Alençon (c).

Non-seulement le Prince ne peut pas abolir par puissance arbitraire les Ordonnances de ses Prédécesseurs qui procurent encore le bien public, mais il est obligé de s'y conformer dans sa propre conduite. S'il est libre de toute coaction, si l'impunité lui est assurée, ce n'est pas pour le dégager de toute obligation, de tout devoir. Pour le soustraire à l'empire des Loix positives, il faut supposer que ses Sujets n'ont aucun intérêt à ce qu'il les observe. S'ils y sont intéressés, il leur doit alors le sacrifice de sa propre liberté, puisqu'il doit consacrer tout, & même sa propre personne, à la félicité publique. Quand un Prince ne desireroit que son propre avantage, il lui prescriroit la fidelle observation des Loix positives: car il est sans doute très-intéressant pour lui que ses Sujets les observent; & les y déterminera-t-il, s'il est le premier qui par son exemple les engage à les mépriser? C'est la leçon qu'a donnée il y a long-temps à l'Empereur Honorius le Poëte Claudien, dans ces beaux vers connus de tout le monde.

In commune jubes si quid, censesve tenendum;
Primus jussa subi: tunc observantior æqui
Fit populus, nec ferre negat, cum viderit ipsum
Auctorem parere sibi; componitur orbis
Regis ad exemplum, nec sic inflectere sensus
Humanos Edicta valent, ut vita regentis.

Si l'on n'affranchissoit le Prince que de ce qui est de pure formalité, cela ne seroit peut-être pas encore trop raisonnable, mais au-moins,

(c) Cérémonial François, tom. 2, pag. 442.

son privilege ayant moins d'étendue, entraîneroit des fuites moins fâcheuses. Le comte de Boulainvilliers cite une Assemblée de Notables tenue au Parlement le 13 Octobre 1380, où Charles VII fut émancipé par le duc d'Anjou son tuteur. Il en conclut que le Roi étoit soumis aux Loix comme les autres, quoi qu'en disent les Modernes (d). A l'égard de toutes les autres Loix dont l'effet ne se borne pas à prescrire quelques formalités, le Prince doit les observer; il ne lui est pas permis de les révoquer, tant qu'elles sont encore avantageuses à la Société.

En quel sens il est vrai, que c'est au Prince à juger de ce qui est ou n'est pas utile à l'Etat.

On dira peut-être que c'est à lui à juger de ce qui est, ou n'est pas utile à l'Etat; & en le disant, on abusera encore d'une maxime vraie. Sans doute, lorsqu'il s'agira d'une question délicate & problématique, on devra suivre le jugement du Prince. Il prétend P. E. qu'une Loi qui subsiste depuis long-tems, est devenue nuisible par la succession des années. Les raisons sur lesquelles il appuie cette assertion, ont effectivement de l'apparence, quoiqu'elles soient balancées par d'autres à-peu-près d'une égale force. Que dans cette espece d'incertitude on obéisse par provision, cela peut être conforme aux regles.

Mais le respect dû à l'autorité, n'oblige pas à se boucher les yeux, & à renoncer à la raison. On a eu occasion de citer plusieurs exemples de ces Loix purement positives, qui sont destinées à l'immortalité par leur mérite intrinseque, qui sont & seront toujours utiles, sans qu'il puisse jamais s'élever le moindre doute raisonnable, sur leur importance & leurs avantages.

Il seroit ridicule par rapport à des Loix de ce genre de dire que c'est au Prince à juger du bien de l'Etat. Les Sujets sont des hommes doués de raison, & il suffit de la consulter pour sentir que les Loix dont il s'agit, ne peuvent cesser un seul instant d'être utiles.

On prétend qu'il est impossible qu'il y ait des Loix irrévocables, qu'elles peuvent toujours être rétractées, quoiqu'elles soient accompagnées de la clause la plus précise, qui leur assure l'irrévocabilité; quoique le Législateur ait juré de ne les révoquer jamais. Il ne sera peut-être pas inutile d'examiner les fondemens de cette opinion, qui ont été développés par Puffendorf (e).

Est-il possible qu'il y ait des Loix irrévocables?

La premiere raison qu'il en apporte, c'est que personne n'a acquis le droit d'exiger que ces Loix subsistent toujours.

Examen & réfutation du sentiment de Puffendorf.

Fait-il attention, en parlant ainsi, à la fin du Gouvernement qui doit tendre uniquement au bien de la Société? La Nation n'a-t-elle pas droit d'exiger qu'une Loi qui lui est utile, subsiste toujours?

C'est des Loix en général que Puffendorf parle ainsi. Il vient ensuite à celles que le Souverain a promis, même avec serment, de ne jamais révoquer. Il est ridicule, selon lui, de prétendre annuller un Decret avenir, par une Decret antérieur. La Puissance Souveraine ne peut se lier les mains à elle-même. Ce qui de sa nature est sujet au changement, ne sera jamais rendu irrévocable.

(d) Histoire de l'ancien Gouvernement de la France, tom. 3. pag. 9.
(e) Droit de la Nature & des Gens Liv. 1. Chap. 6. §. 6.

Qu'y-a-t-il de ridicule d'annuller par un Decret actuel, qui est, & qui, par sa nature, sera toujours avantageux au Royaume, un Decret postérieur, qui lui causeroit nécessairement du préjudice par sa contrariété avec le Décret précédent?

La Puissance Souveraine ne peut se-lier les mains, pour se mettre hors d'état de travailler au bien commun. Elle est louable, lorsqu'elle cherche à se mettre dans l'impuissance de faire le mal, & de contrevenir ainsi à la fin de son établissement.

Ce qui est par sa nature sujet au changement, ne peut pas devenir irrévocable; on en convient. Mais il n'est pas vrai qu'une Loi, dont l'exécution sera toujours un bien public, dont l'abrogation sera toujours, & dans toutes sortes de circonstances, un mal public, doive être regardée comme une établissement versatile, sujet à des révolutions.

On demandera sans doute où se trouve une Loi de ce genre, dont on puisse affirmer aujourd'hui que l'Etat sera toujours intéressé à sa conservation. Il est facile d'en présenter des exemples, & refusera-t'on de ranger dans cette classe toutes celles qui proscrivent le Despotisme; celles par lesquelles les Rois de Suede ont renoncé plusieurs fois au pouvoir absolu qu'on nomme Souveraineté? Douteroit-on de l'utilité perpétuelle d'un Edit par lequel le Roi s'interdiroit à lui-même l'usage des Lettres de cachet; celui d'établir des impôts arbitraires sans le consentement de la Nation? Qu'on applique à des Loix de ce genre les raisons de Puffendorf, on les trouvera peu solides.

Il avoue que cette clause d'irrévocabilité est efficace, lorsqu'elle a donné un droit à quelqu'un; & n'est-il pas évident que les Loix, dont on vient de parler, en ont donné un à la Nation, ou plutôt qu'elles emportent la reconnoissance & la confirmation de son droit? On est sans doute obligé de tenir une promesse juste & raisonnable. Que peut-on critiquer dans un engagement solemnel, contracté par le Monarque envers ses Sujets, de laisser subsister une Loi, digne à tous égards de l'immortalité?

„Les Princes, continue Puffendorf, ajoutent quelquefois à certaines
„Ordonnances, une clause expresse, portant que, quand ils ordonneroient
„par un Rescript formel quelque chose de contraire, aucun Magistrat ni
„Juge ne doit y obéir au préjudice de la premiere Ordonnance. Mais
„cela n'emporte nullement qu'ils ne se réservent plus aucun droit de les
„abolir eux-mêmes quand ils le jugeront à propos. Ils veulent seulement
„donner à entendre par là, ou que toute autre Ordonnance postérieure ne
„sera pas sérieuse, ou qu'il l'auroit fait sans y penser. Quelquefois aussi
„c'est un tour adroit pour éluder les sollicitations importunes de certaines
„gens, que l'on n'ose pas refuser ouvertement."

Ainsi la Loi la plus réfléchie, la plus importante sera abolie par une autre qui ne sera pas sérieuse, ou publiée par distraction, & c'est la suite nécessaire du Pouvoir Souverain. C'est le pur Despotisme, où la volonté du Prince tient lieu de raison, où tout doit céder à son caprice & à sa fantaisie.

Puffendorf a posé encore les mêmes principes dans un autre endroit. „ Par cela même, dit-il, que les Puissances sont souveraines, elles „ sont libres de toute Loi humaine, ou plutôt au-dessus de ces sortes „ de Loix. Je dis, de toute Loi humaine: car il seroit ridicule de „ mettre seulement en question, si elles sont soumises aux Loix Di- „ vines, tant naturelles que révélées. Mais les Loix humaines n'é- „ tant autre chose que des Ordonnances du Souverain, par lesquel- „ les il prescrit aux Sujets ce qu'ils doivent observer pour le bien de „ l'Etat: Ordonnances qui dépendent de la volonté du Législateur, „ & dans leur origine & dans leur durée, il est clair qu'elles n'obli- „ gent point directement les Princes. En effet il n'y a personne „ ici bas au-dessus du Souverain, pour lui imposer quelque obliga- „ tion, & l'on ne sçauroit se prescrire à soi-même aucune Loi „ proprement ainsi nommée, c'est-à-dire à laquelle on soit tenu d'o- „ béir, comme venant du supérieur. Du reste il est certain que le Sou- „ verain est quelquefois obligé d'observer lui-même ses propres Loix, „ & cela parce que l'équité naturelle & l'honnêteté publique l'exigent; „ afin d'engager ses Sujets par son exemple, à pratiquer plus exacte- „ ment ce qu'il leur prescrit pour le bien public, & de peur qu'il „ ne semble se réserver à lui seul le plaisir de se plonger dans les vices „ qu'il leur défend (f).

Que les Ordonnances dépendent uniquement de la volonté du Législateur, dans leur origine & dans leur durée; ce langage est mal sonnant? C'est dire, c'est au-moins laisser entrevoir, qu'ils n'ont d'autre règle à consulter dans la publication & l'abrogation que leur seule volonté, sans être obligés de se déterminer par aucune autre considération. C'est dire qu'un Prince peut donner une Loi à la Nation entière malgré elle, sans aucun égard à son intérêt & à son vœu, & uniquement parce qu'il le veut.

„ Il n'y a personne ici bas au-dessus du Souverain pour lui imposer „ quelque obligation"

Cette maxime est au moins douteuse. Combien d'Auteurs ont dit que le corps entier de la Nation étoit supérieur à son Chef, qu'il n'avoit qu'un pouvoir d'administration; qu'il étoit comptable de l'exercice à la Société entière, dans laquelle résidoit toujours le fond & la proprieté du pouvoir?

„ On ne peut se prescrire à soi-même aucune Loi proprement dite „ à laquelle on soit tenu d'obéir comme venant d'un supérieur."

On peut au moins se lier par une promesse solemnelle faite à quelqu'un qui l'a acceptée. Pourquoi le Roi ne sera-t-il pas lié par la promesse publique qu'il fait à la Nation de ne jamais révoquer une Loi qui par son objet, par la nature de ses dispositions, ne peut pas ne pas toujours être utile.

(f) Ibid. Liv. 7. Chap. 6. §. 3.

Hertius a posé les mêmes maximes, dans une dissertation expresse sur cette matiere, & il s'appuie sur les mêmes raisons. Supposant la révocabilité certaine, malgré les clauses les plus expresses au-contraire; il examine s'il faut au moins une révocation expresse. Il la croit nécessaire lorsque le Souverain s'est astreint lui-même à une certaine forme dans la Législation. L'ancienne Loi ne sera point révoquée, si la nouvelle publiée pour cela n'est pas dans la forme à laquelle le Législateur a bien voulu s'assujettir.

Sentiment d'Hertius.

Il reconnoît au moins que si la Loi a été promulguée comme irrévocable du consentement de tous les Citoyens, elle ne pourra être révoquée qu'avec ce même consentement. Il cite à ce sujet une Loi des Sarrazins (g).

Il suit de ces principes qu'il seroit peu raisonnable de vouloir attacher le caractere d'irrévocabilité à des Loix purement positives, dont la décision est souvent indifférente en elle-même, & d'ailleurs nécessairement subordonnée aux circonstances, & à la révolution des années. Quant aux Loix intimement & nécessairement liées à l'avantage de l'Etat, qui lui seront toujours utiles dans toutes sortes de circonstances, rien n'empêche qu'elles ne soient irrévocables. On ne parle que de Pouvoir Souverain, qui est nécessairement indépendant, qui ne peut se donner des Loix à lui-même, ni se donner des bornes soit pour le présent, soit pour l'avenir.

En réfléchissant sur les justes droits de la Nation, sur la qualité des Princes qui n'ont qu'un pouvoir d'administration pour l'intérêt d'autrui, on rabattra beaucoup de ces idées. La Loi est publiée pour le bien du Corps, & non pour celui du Souverain qui ne doit avoir aucun intérêt personnel. Lorsqu'il a publié une Loi dont la sagesse & l'importance sont nécessairement dépendantes de la révolution des siecles; lorsqu'il a promis solemnellement à ses Sujets de ne la rétracter jamais; quel inconvenient y a-t-il qu'il ne puisse pas le faire, sans les avoir consultés? L'indépendance, la liberté, l'étendue du Pouvoir Souverain, peuvent être opposés des à particuliers. Tout cela disparoît vis-à-vis de la Nation entiere, à laquelle appartient ce pouvoir, à laquelle on est comptable de l'usage qu'on en a fait pour ou contre elle. Quoi! Le Roi assemblera les Etats du Royaume, il publiera sur leurs Remontrances la Loi la plus nécessaire à la Société, qu'il s'engagera par serment de ne jamais abroger, l'année suivante il la révoquera, & cela parce qu'il est le maître, parce qu'il n'a pas pu se priver de son indépendance, ni gêner son propre pouvoir! N'est-ce pas dire en termes bien clairs qu'il est Roi pour lui-même, &

Le Roi est comptable à la Nation de l'usage du Pouvoir Souverain.

(g) *Quod si Lex, ut ne abrogari possit mutuo civium omnium consensu est lata; non nisi omnium consensu revocari poterit. Talis Lex fuit Saracenorum in Hispaniâ de quâ autor vitæ B. Joannis primùm à Jacobo Sirmondo editus, & posteà Actis Sanctorum 27. Februarii, insertus C. 23. ubi agit de Legatione Ottonis Magni imperatoris ad Saracenum Cordubæ Regem. Lex tùm improvocabilis eos astringit ut quod semel antiquitùs omni ei genti præfixum est, nullo unquam liceat modo dissolvi, parique modo Rex Populusque teneantur innexi, omnisque transgressio gladio feriatur. Si quid ab infirmioribus Rex, si quid Rex ipse commiserit, cunctus Populus in eum animadvertit. Hertius de Lege Clausulâ ut ne abrogari unquam possit munita: Sect. I. n. 12.*

non pour ſes Sujets ; & que ſa ſeule regle doit être ſa volonté & ſon caprice ?

Ceux qui rendent ainſi verſatiles les Loix les plus ſaintes, les plus dignes de l'immortalité, conviennent que le Souverain eſt lié par ſes conventions, par ſes promeſſes; & ne peut-on pas ranger dans cette claſſe les Ordonnances demandées par la Nation, accordées par le Roi ? Eſt-ce autre choſe qu'une promeſſe authentique qu'il leur fait de les gouverner d'une certaine maniere ? Si ſon ſucceſſeur peut violer cet engagement, s'il le peut lui-même, ſur quoi doit-on compter ? Les Ordonnances les plus vénérables ſeront comme des Réglemens de police qui peuvent hauſſer & baiſſer au beſoin, le prix des denrées.

Que le Monarque ſoit au-deſſus des Loix, c'eſt une maxime inconteſtable. Comment ſans cela, pourroit-il révoquer celles que le changement des circonſtances a rendu nuiſibles ? Les Particuliers qui y ſont ſoumis n'en ont certainement pas le droit. Conclure delà qu'elles ſont toutes révocables à ſon gré, qu'il ne peut même renoncer au droit de les révoquer ſeul, quand il voudra, & parce qu'il le voudra, c'eſt une conſéquence outrée. Pour le ſentir & pour décider ſagement toutes les queſtions de ce genre, il ſuffit de faire attention à la fin de la Royauté, au ſalut de l'Etat qui en eſt la Loi ſuprême.

Application de cette Maxime à la Queſtion : Si le Roi peut détruire les Parlemens, & la vérification libre des Edits.

La conſéquence de ces vérités eſt ſenſible, rélativement à la queſtion dont il s'agit. Les Rois ne peuvent abroger les Loix, que quand elles ſont devenues nuiſibles. Ils ſont obligés de reſpecter celles qui ſont & qui ſeront toujours utiles. On peut après cela prendre tel ſyſtême qu'on voudra ſur l'établiſſement du Parlement, ſur l'origine & l'antiquité de la vérification. Qu'on ſuppoſe que ce ſoit une forme nouvelle, qui ne tient en rien aux anciens uſages de la Monarchie; que ce ſont nos Rois eux-mêmes qui librement & par amour du bien public, l'ont établie depuis 200 ans au plus; c'eſt ſûrement porter bien loin la complaiſance. Dans cette fauſſe hypotheſe, la queſtion ſe réduira à ſçavoir, ſi cette formalité eſt actuellement utile aux Peuples; ſi elle contribue encore aujourd'hui au ſage gouvernement de la Monarchie Si on eſt forcé de convenir qu'elle produit encore des effets ſalutaires, que ſon abrogation ſeroit un malheur véritable, il en réſultera par une ſuite néceſſaire que le Roi ne peut pas l'abolir.

Or ce point de fait peut-il faire la matiere d'un problême ? Des hommes ſenſés douteront-ils s'il eſt utile au Royaume que le pouvoir arbitraire en ſoit banni; que nos Rois ſoient dans l'heureuſe impuiſſance de bleſſer la juſtice par des Loix générales ou des Reſcrits particuliers que la flatterie leur arracheroit, qui leur ſeroient extorqués par importunité, par de mauvais conſeils. En ſuppoſant dans un Monarque la crainte de Dieu, & l'amour de ſes Peuples, il doit s'eſtimer heureux de ne pouvoir pas mal faire. Un bon Prince ne craint jamais que l'excès de ſon propre pouvoir; parce que plus il eſt grand, plus l'abus en eſt facile. La néceſſité de la vérification le met à l'abri des ſurpriſes inévitables à la

foibleſſe

foiblesse humaine. Elle assure la stabilité des anciennes Loix, & la sagesse des nouvelles.

Il est impossible de concevoir une révolution de temps & de circonstances, où un tel usage cesse d'être utile, où il puisse entraîner des inconvéniens véritables. En tout Etat, en toute circonstance, il sera toujours intimement lié à la félicité publique. Le Souverain & les Peuples devront en déplorer également l'abrogation. Tous ceux qui ont réfléchi sur notre Gouvernement, en ont admiré la sagesse, & lui ont attribué la durée & la prospérité de la Monarchie Françoise. Il forme un puissant obstacle au Despotisme, & par là le Monarque lui-même en retire autant de profit au moins que ses Sujets.

Il est évident d'ailleurs qu'il ne diminue en rien la Puissance Monarchique, qu'il n'emporte aucun partage de l'Autorité Souveraine; qu'il n'existe aucun Royaume où on ne dût desirer son établissement.

Dès-là, ou il faut renoncer à toutes les idées qu'on a eues jusqu'à présent sur la nature & la fin du Gouvernement, sur le but que les hommes se sont proposé dans la formation des Sociétés; ou il faut dire qu'un tel usage ne peut pas être aboli par le Prince, qui veut faire un usage réglé de son pouvoir.

Ainsi on a établi que la nécessité de la vérification libre de toutes les Loix tenoit aux principes constitutifs de la Monarchie Françoise, & qu'elle étoit un foible reste de nos plus anciens usages. Mais la regarderoit-on comme une pratique moderne qui ne doit son principe qu'à la bonté & à la justice de nos Rois, on devroit toujours la placer dans la classe de ces Loix fixes, qui sont immuables par leur nature; parce que le bien public qui a demandé leur établissement, demandera toujours leur existence?

CHAPITRE SIXIEME.

Réponse aux Objections.

Il est des maximes, dont les appuis sont trop inébranlables pour appréhender qu'elles puissent être renversées. La nécessité de la vérification libre des Loix n'a-t-elle pas tous les caracteres de ces maximes immuables, pour ainsi dire, dont l'importance, & la vénération des Peuples pour elle, garantissent la vérité, la sagesse & la stabilité? Ces maximes peuvent être attaquées, mais elles ne sçauroient être détruites. La subtilité, l'intérêt, l'imagination font d'inutiles efforts pour les obscurcir, en affoiblir l'autorité, dissiper la lumiere qui les environne; elles triomphent par leur propre vertu de ces coups impuissans. Peut-être parviendroit-on, à force de raisonnemens captieux, à les voiler de quelques nuages dans l'esprit de ceux qui en connoissent peu le prix. Jamais on ne leur enlevera l'empire qu'elles se sont acquis dans le cœur des hommes raisonnables & des Citoyens éclairés.

On est dispensé sans doute, par rapport à ces Maximes, de les défendre contre les Objections dont elles sont menacées; parce que le sanctuaire où elle reposent, est un fort imprenable: & quand on ne se livreroit point à l'examen des objections, on n'en seroit pas moins persuadé qu'elles ne sçauroient être solides.

En se renfermant dans cette sécurité que produit la conviction, on seroit en droit de négliger les difficultés qu'on oppose à la Loi de la vérification libre. Elle est une de ces vérités dont les preuves invincibles autorisent à ne point s'inquiéter des clameurs de leurs adversaires. Mais, si la certitude de cette institution mérite qu'on refuse son attention aux objections dont elle peut être susceptible, son importance paroît exiger qu'on les écoute, & que par leur discussion on rassure les foibles ou les timides, qu'elles pourroient ébranler ou allarmer.

PREMIERE OBJECTION.

Enregistremens forcés.

LA premiere des objections qu'on forme contre le droit de vérification libre, est tirée des enregistremens forcés dont nous n'avons que trop d'exemples. Robertson est un de ceux sur qui elle a fait quelque impression. ,, Le Parlement n'avoit pas, pour défendre le privilege qu'il s'étoit attribué, une puissance & une force proportionnée à l'importance d'un semblable privilege, & au courage que ses Membres montrerent pour le maintenir. Quand le Roi étoit déterminé à faire mettre en exécution une nouvelle Loi, & que le Parlement inflexible s'obstinoit à refuser de la vérifier, alors le Prince levoit aisément cet obstacle par l'exercice de sa Puissance Royale. Il se transportoit en personne au Parlement, & dans son Lit de Justice, il faisoit lire, vérifier, enregistrer & publier en sa présence le nouvel Edit. Suivant une autre Maxime du Gouvernement de France, par-tout où est le Roi, ni le Parlement ni aucun Magistrat ne peut avoir d'autorité, & ne peut remplir aucune fonction: *adveniente Principe, cessat Magistratus*........ La Rocheflavin rapporte plusieurs occasions où les Rois ont exercé cet acte de prérogative, qui concentre en leur personne toute la Puissance Législative, & qui a achevé d'anéantir les anciens droits de la Nation Françoise...... L'exercice de cette prérogative, quelque violent qu'il paroisse, semble être fondé sur la Constitution, & justifié par une multitude d'exemples; & il rend presque inutiles les efforts des Parlemens pour limiter la Puissance Législative du Monarque (*h*)."

Erreur de Robertson sur les enregistremens forcés.

(*h*) Histoire de l'Empereur Charles-Quint *note* 39, *tom.* 1, *pag.* 355.

A la seule lecture de ce texte, on apperçoit l'illusion qui a séduit l'Auteur Anglois. 1°. Il s'est imaginé qu'un droit ou un privilege n'étoit qu'imaginaire, dès qu'on ne pouvoit pas empêcher le Souverain d'y porter atteinte ; & que la résistance purement passive des Magistrats n'étoit d'aucune considération, dès qu'ils n'avoient à opposer que la raison, la justice & la Loi. Imbu de cette fausse idée, il a cru que le droit de vérification libre n'étoit qu'une simple prétention ou un vain titre, parce que le Parlement ne pouvant repousser la force par la force, n'avoit aucun moyen de contraindre le Roi de respecter son droit.

Ils n'anéantissent pas le droit de la vérification libre.

2°. Avouant que les enregistremens forcés *paroissent* des actes de *violence*, il n'a pas laissé de les regarder comme *justifiés par les exemples*, & annexés à la *Constitution* de l'Etat ; comme si les actes de la puissance absolue, quelque multipliés qu'ils soient, étoient capables de se changer en voies de droit, en actes légaux ; de dénaturer la Monarchie, & d'anéantir les droits nationaux. Il ignoroit ce principe de M. Bossuet, qu'il *y a dans les Empires des Loix contre lesquelles tout ce qui se fait est nul de droit, & dont la vigilance & l'action contre la violence est immortelle.*

Il y a deux sortes d'enregistremens forcés ; les uns qui, sur des ordres réitérés du Roi, se font de son très-exprès commandement ; les autres, que le Roi fait faire en sa présence, lorsqu'il tient son Lit de Justice.

Les Cours Souveraines ne se regardent pas comme liées par les premiers enregistremens. La forme même dans laquelle ils sont conçus, montre qu'ils sont *plutôt des preuves d'improbation, que de consentement.* Un Arrêt de 1437 a déclaré que les enregistremens faits en vertu d'ordres réitérés, & sans égard aux Remontrances, n'ont d'autre principe que la force & la contrainte (i).

Cet Arrêt que Duluc indique, est ainsi transcrit dans les Registres du Parlement :

Du Mercredi 20. Novembre 1407.

„ Ce jour, la Cour par elle vues certaines Lettres Patentes du Roi,
„ notre Sire, scellées en lacs de soie de cire verte, confirmatives de
„ certains privileges, franchises & libertés, présentées à icelle Cour,
„ de la partie de l'Evêque de Mande, & de ses hommes & Sujets ;
„ & aussi de ceux qui sont au pariage d'entre le Roi notre dit Seigneur
„ & lui, & dont requis a été l'entérinement & publication.

„ Et oui ce que le Procureur du Roi a voulu dire au-contraire &
„ mêmement aussi, que *vicibus iteratis* le Roi notre dit Seigneur a dit
„ *ore proprio*, & par deux fois mandé à ladite Cour, que icelles Let-
„ tres elle publie, & que tel est son plaisir & vouloir, sur ces choses
„ eûe délibération, a ordonné & ordonne que demain entre les plai-
„ doieries, lesdites Lettres seront lues & publiées, & au dos sera é-
„ crit :

(I) *Ea quæ posthabitis summæ curiæ rationibus, Principe iterùm & iterùm jubente, palàm recitantur, atque in acta publica regeruntur : per vim atque impressionem recitata, regestaque existimari Placuit*, XII Calend. Decemb. M. CCCC. XXXVII. Placita Lucii. lib. V, tit. IV, n. X.

"Lecta, publicata Parisiis in Parlamento de præcepto iterativo, ce
"qui n'eût été fait, si ne fût ledit vouloir & mandement du Roi, &
"pour ce, a été ordonné faire Regiftre, afin qu'il appare au tems
"avenir; que la Cour l'a fait, *ex iterativo & expresso præcepto Regis*.

La clause de expresso mandato est une reconnoissance de ce droit.

Les expressions *de expresso mandato*, ont telle conféquence, difoit Bodin, *que tels Edits ne font gardés, ou bientôt après oubliés*. Elles font, fuivant Coquille, *la Marque que la Cour n'a pas trouvé l'Edit raifonnable*. Les Etats affemblés en 1588, fe plaignirent de ce qu'on *violentoit les Cours Souveraines*, pour leur faire enregiftrer des Edits burfaux. *Aux Edits juftes & bons*, ajoutoient-ils, *les commandemens du Prince ne font jamais néceffaires*. On pourroit citer beaucoup de Refcrits du Prince, qui, enregiftrés de cette maniere, n'ont point eu d'exécution, ou n'en ont eu qu'une momentanée.

Nos Rois eux-mêmes, fçachant que la claufe *de l'exprès commandement*, empêchoit que la Loi ne fût regardée comme vraiment enregiftrée, ont quelquefois employé leur puiffance pour faire effacer la claufe des Arrêts d'enregiftrement. Louis XI n'étant encore que Dauphin "envoya quérir les Préfidens de la Cour, & leur dit qu'ils euffent à effacer la claufe *de expresso mandato*, que la Cour avoit fait mettre fur la vérification des privileges octroyés au Comte du Maine; autrement, qu'il ne fortiroit de Paris que cela ne fût fait, & qu'il laifferoit la commiffion que le Roi lui avoit donnée. La Cour ordonna que les mots feroient effacés; mais afin qu'on pût voir ce qui étoit biffé, elle ordonna que le Regiftre feroit gardé, qui fe trouve encore en la forte qu'il fut ordonné, en date du 28 Juillet 1442 (k)".

On trouve fous le regne de Louis XI plufieurs faits femblables.

Du Lundi dernier Février 1473.

"Ce jourd'hui vues par la Cour les Lettres miffives du Roi préfentées à ladite Cour par Maître Jean Haberge, Conseiller du Roi, en la Cour de céans, portant créance dudit Haberge, lequel entr'autres chofes a dit & expofé à la Cour que le Roi l'avoit chargé de dire à icelle Cour, qu'il vouloit que certains mots écrits par la Cour au dos des Lettres-Patentes de François Lucas, par lesquelles le Roi lui donne la Terre & Seigneurie de Rocheteffon, enregistrées en la Cour, c'est à fçavoir; *Ex mandato & præcepto Regis pluries iteratis & multiplicatis*, fuffent ôtés; & que la Cour fît écrire fur pareilles Lettres-Patentes refaites, *Lecta, publicata & regiftrata pro dicto Francisco Lucas, & ejus hæredibus in & de legitimo matrimonio ex suo corpore procreatis & procreandis, nec non pro illis qui similiter ex dicto matrimonio perpetuo defcendent in rectâ lineâ. Actum in Parlamento decimâ quartâ Januarii Mo. CCCCo. LXXIIIo*.

"Et oui auffi Maître Jean le Boulanger, Premier-Préfident de la Cour

---

(k) Bodin. De la République, liv. 3. ch. 4. pag. 290, édit. de 1579.

de céans, qui a dit que le Roi lui avoit dit, qu'il vouloit que ainsi fût par la Cour fait; & tout considéré.

„ La Cour a ordonné & ordonne que au dos desdites Lettres dudit François Lucas qui ont été refaites, & sont semblables à celles qui sont Céans enregistrées, sera mis. *Lecta, publicata & registrata pro dicto Francisco Lucas, & ut supra*, &c. *Actum in Parlamento quatuor-decimâ Januarii, Millesimo CCCC° LXXIII°.*, sans y écrire: *Ex mandato & præcepto Regis pluries iteratis & multiplicatis*. Fait le dernier jour de Février l'an 1473 (1)."

Louis XI. desiroit si ardemment que la formule de l'enregistrement parût pure & simple, que dans d'autres occasions il n'a pas voulu qu'on fît mention des oppositions formées par des particuliers.

Du Mercredi 27 Avril 1473.

„ Ce jourd'hui vues par la Cour les Lettres missives du Roi à elle adressantes, portant créance de Me. Guillaume de Cerisay, Protonotaire dud. Seigneur & Greffier de ladite Cour lequel a dit & exposé en ladite Cour, que ledit sieur lui avoit commandé & enjoint dire & exposer à icelle Cour, que le plaisir dudit sieur étoit, que sur les Lettres par lui octroyées à Messire Philippes de Commines, Chevalier sieur de Revesture, touchant la Principauté de Talmond sur Jard, & autres Terres & Seigneuries données par icelui Seigneur audit Messire Philippes de Commines, lesquelles lettres le 13e. jour de Décembre dernier passé, avoient été lues & publiées en ladite Cour; fut mis: *lecta, publicata & registrata* purement & simplement, sans dire que ce soit sans préjudice des causes d'opposition des opposans qui se sont opposés à l'encontre de ladite lecture & publication."

„ Ladite Cour a ordonné & ordonne que sur lesdites Lettres sera mis, *lecta, publicata & registrata Parisiis in Parlamento*, de la date dudit quatorzieme jour de Décembre dernier passé, sans dire que ce soit sans préjudice desdits opposans, ne de leurs causes d'opposition."

Mais comme il n'étoit pas possible de sacrifier les droits des opposans, on a rendu aussitôt un second Arrêt en ces termes.

„ Cedit jour, sur ce que la Cour, pour les causes contenues en la délibération d'icelles, ci-dessus enregistrée, a ordonné que sur les Lettres données & octroyées par le Roi à Messire Philippes de Commines touchant la Principauté de Talmond sur Jard, & autres Terres & Seigneuries, seroit mis *lecta publicata & registrata* purement & simplement, sans dire que ce soit sans préjudice des opposans à l'encontre de leursdites causes d'opposition.

„ Ladite Cour a déclaré & déclare, que la délibération par elle faite ci-dessus enregistrée, a été faite pour obéir au commandement du Roi plu-

(1) Registres du Parlement.

fieurs fois réitéré; mais néanmoins elle entend que ladite lecture & publication fût faite en icelle maniere; & a entendu & entend icelle publication être faite fans préjudice des droits des oppofans par eux prétendus efdites Terres, & de leurs caufes d'oppofition, & auffi des procès pendans céans; & de ladite Déclaration a ordonné & ordonne être fait regiftre à part & féparément, & de ce, être baillé acte à chacun defd. oppofans, fi befoin eft (m)."

Henri III a fuivi la conduite de Louis XI, lors de l'enregiftrement de l'Ordonnance de Blois. La vérification de cette Ordonnance ayant éprouvé de grandes difficultés au Parlement, fpécialement à caufe de l'article premier qui abrogeoit la Pragmatique, & confirmoit le Concordat; la réfiftance des Magiftrats donna lieu à des lettres de Juffion fucceffives, fur lefquelles le Parlement confentit enfin d'ordonner qu'il feroit mis fur le rempli de la Loi, *lû, publié & enregiftré du très-exprès commandement du Roi*. Mais Henri III, peu fatisfait de cet enregiftrement qui exprimoit la violence qui en avoit été le principe, exigea que l'enregiftrement parût volontaire fur l'Arrêt de vérification, en permettant néanmoins au Parlement de mettre dans fes Regiftres ce qu'il jugeroit à propos. Le Parlement fe rendit, & fit écrire fur les lettres, qu'elles avoient été lues, publiées après plufieurs délibérations, & de très-humbles Remontrances faites au Roi. Mais M. le Premier-Préfident fut chargé de faire au Roi des repréfentations fur ces ordres abfolus, qui non-feulement enjoignoient d'enregiftrer, mais défendoient même de marquer qu'on avoit enregiftré par force.

Le 29 Janvier 1588, M. le Premier-Préfident fit à fa Compagnie le récit de ce qu'il avoit dit à Henri III. Son difcours rapporté par du Boullay contenoit „ que la maniere de laquelle on avoit ufé par ci-devant au Parlement fur la publication des Lettres-Patentes, Ordonnances ou Edits qui y étoient adreffés pour les lire, publier & regiftrer, étoit telle: les Chambres affemblées, lecture faite defdites Lettres, Ordonnances ou Edits, on gardoit la forme ancienne, qui eft que l'on commettoit deux Confeillers du Parlement pour les voir & en faire le rapport; l'un foutenant la fuafion, & l'autre la diffuafion defdites Lettres, Ordonnances ou Edits que l'on vouloit faire publier. *La délibération folemnelle fur ce fait*, s'il ne fe trouvoit aucune difficulté fur telles Lettres, Ordonnances ou Edits, étoit incontinent procédé à la lecture & publication, pour puis après en faire regiftre. Et s'il fe trouvoit que la chofe fût fujette à Remontrances, les Remontrances étoient ordonnées à faire; étant dreffées & lues en la Compagnie, étoient portées au Roi par écrit, ou par Commiffaires, qui fpécialement étoient à ce faire députés, qui portoient lefdites Remontrances fignées: & fouvent, fans faire aucunes Remontrances, publioient lefdites lettres *avec certaines modifications & reftrictions, dont le Regiftre étoit & demeuroit char-*

(m) Regiftres du Parlement.

96. Et, si par dessus lesdites Remontrances, le Roi déclaroit par seconde ou plus ample Jussion qu'il vouloit être passé outre, sur ce lui ont toujours été faites d'autres & itératives Remontrances. Et quand, nonobstant toutes lesdites Remontrances, le Roi a voulu qu'il fût passé outre, la Cour ayant fait tout ce qui étoit en elle, a mis sur les Registres, que telles Lettres étoient lues, publiées & enregistrées, du commandement très-exprès du Roi, par plusieurs fois réitéré. Laquelle clause a servi pour montrer que *non voluntate Patrum, sed mandato Regis*, elles auroient passé, & cela signifioit........

„ Et ne se trouvera point que l'on en ait jamais usé autrement au Parlement; ni que les Rois aient fait instance de faire passer les choses, après commandement très-exprès, sans en charger le Registre. Et n'ont les Rois trouvé mauvais, ne étrange que ceux du Parlement qui *jugent & doivent juger en leur conscience*, bien informés de la vérité par la Loi & la raison, répondissent en la vérification des lettres dont ils étoient poursuivis, qu'ils ne pouvoient procéder à la vérification desdites lettres, usant de ces mots: *non possumus, neque debemus*.

„ Toutefois, le Parlement, averti qu'il avoit plû au Roi, *non more solito, atque exemplo veteri*, ordonner que l'on fît tel Registre que l'on verroit devoir être fait sur lesdits articles & cahiers des Etats, sans mettre sur le repli des lettres aucunes restrictions, modifications, ne choses quelconques; après en avoir longuement délibéré & disputé, s'étoit enfin accommodé à la volonté du Roi, & passé avec grande difficulté, que sur le repli des lettres seroit simplement mis, qu'elles avoient été lues, publiées & registrées après plusieurs délibérations, & très-humbles Remontrances faites au Roi.

„ Néanmoins étoit chargé de remontrer très-humblement audit Seigneur, comme il le faisoit, pour & au nom de toute la Compagnie, qu'il trouvât bon que le Parlement *délibérât sur tous les articles & Edits* qui lui seroient présentés, *en la manière accoutumée* ; & que si, nonobstant les Remontrances du Parlement, il lui plaisoit être passé outre, on pût charger le repli des lettres, comme toujours a été fait, que telles lettres avoient été lues, publiées & registrées, par le mandement & commandement très-exprès du Roi, afin que la postérité pût connoître qu'on n'avoit rien omis de ce que *more majorum*, avoit accoutumé être fait."

Ce Magistrat vint ensuite au fond, c'est-à-dire, aux motifs de la résistance du Parlement. „ Avoit charge très-expresse de remontrer que le Parlement avoit toujours soutenu la Pragmatique, & fort empêché que le Concordat n'eût lieu, & a toujours fait trouver l'instance que le Parlement avoit faite, fort-honorable & bien magnifique..... qu'en la publication dudit Concordat y eut insistement, tellement qu'il seroit passé *de Mandato expressissimo*, & en la présence du sieur de la Trimouille que le Roi envoya pour cet effet. Le Parlement desire & a desiré qu'il soit connu à la postérité, conformément aux délibérations sur ce faites, dont les Regiſtres ſont pleins : qu'il a toujours perſévéré en cette volonté d'abolir le Concordat, & de mettre ſus la Pragmatique (n)."

Ce trait ne nous apprend pas ſeulement ce que le Parlement penſoit des enregiſtremens forcés ; il nous montre en même-temps la différence qu'Henri III mettoit lui-même entre les enregiſtremens volontaires, & ceux qui ne l'étoient pas.

On voit encore cette même différence au Lit de Juſtice tenu le 3 Avril 1621, pour l'enregiſtrement d'un Edit portant création de quatre cents mille livres de rente ſur les Gabelles. Le Chancelier y prenant l'avis des Préſidens, leur dit entr'autres choſes : *nous ne dirons point, de l'exprès commandement du Roi* (o). Et pourquoi voudroit-on toujours ne le pas dire, & que l'enregiſtrement parût libre, ſinon parce que l'enregiſtrement forcé n'en a que l'apparence ?

Origine des Lits de Juſtice.

A l'égard des Lits de Juſtice, ce ſeroit un grand honneur pour le Parlement, & un avantage réel pour les Peuples, que nos Rois vinſſent, comme ils le faiſoient autrefois, dans leur Parlement, pour être témoins de l'examen & de la publication de leurs propres Loix ; pour entendre par eux-mêmes les Magiſtrats, s'aſſurer de leur jugement, & rendre les enregiſtremens plus ſolemnels. Mais, depuis que ceux qui approchent le Trône ont engagé nos Rois, à ne ſe tranſporter au Parlement, ou à ne tenir leur Lit de Juſtice que pour inſpirer la terreur par l'appareil de la Majeſté Royale, pour gêner les ſuffrages & forcer l'enregiſtrement, on a attaché l'idée de contrainte aux enregiſtremens qui ſe font dans les Lits de Juſtice. Cependant, le Lit de Juſtice & l'enregiſtrement forcé, ſont deux choſes fort différentes. Le Lit de Juſtice eſt pas ſa nature une aſſemblée auguſte, dont la pompe eſt deſtinée à déployer tout l'éclat de la Majeſté Royale ; & l'enregiſtrement forcé n'eſt qu'un acte de puiſſance abſolue, contre lequel les Loix réclameront toujours.

Le Lit de Juſtice, dans ſon origine, étoit une ſéance ſolemnelle du Roi dans ſon Parlement, pour y conſulter les membres qui le compoſoient ſur les affaires importantes de l'Etat. Perſonne n'ignore que nos Rois y alloient avec confiance pour traiter & délibérer non-ſeulement des Loix qu'ils vouloient publier, mais des autres affaires qui concernoient l'Adminiſtration générale du Royaume. C'eſt ainſi qu'en 1396, Charles VI tint ſon lit de Juſtice, où *ſon Conſeil* dans la Chambre du Parlement, afin *d'avoir la délibération d'un chacun*, & qu'il les requit de le *conſeiller loyalement en leur honneur*. C'eſt ce qui a fait dire au Parlement dans ſes Remontrances de 1718 que ,, Charles-le-Sage...... ne fit aucune affaire importante qu'après avoir conſulté ſon Parlement. Nous trouvons que le 9 Mai 1361, le Roi Charles tenant ſon Parlement, dit, que ſi les gens de ſon Parlement voyoient qu'il eût fait quelque choſe

---
(n) Hiſtor. Univerſit. Pariſ. tom. 6, p. 771.
(o) Cérémonial François, tom. 2. pag. 624.

chose qu'il ne dût, qu'ils le disent, & qu'il corrigeroit ce qu'il avoit fait, & que chacun y pensât, & que le vendredi ensuivant ils en diroient leurs avis; & derechef assemblés, le Roi leur dit qu'il vouloit avoir leurs avis & conseils pour sçavoir s'il avoit failli ou erré en aucune chose, lesquels tout d'un accord répondirent qu'il avoit raisonnablement fait."

Avant 1413, comme nous l'avons observé, on ignoroit les enregistremens forcés. Ce fut à cette époque, & par la faction des Bourguignons, que la liberté du Parlement fut opprimée pour la premiere fois; mais on ne tarda pas à se rapprocher de la regle, puisque dans la même année, les Edits publiés sans *être avisés par la Cour de Parlement*, furent révoqués, & même déchirés dans un second Lit de Justice.

Si les enregistremens forcés sont devenus communs dans la suite; & si assez ordinairement nos Rois ne tiennent leur Lit de Justice que pour faire enregistrer d'autorité absolue les Loix dont ils ne peuvent obtenir la libre vérification; il n'en est pas moins constant que les Loix ainsi enregistrées ne sont point regardées comme des Loix, & que les Magistrats ne se croient point obligés de les exécuter, parce qu'elles ne sont pas vérifiées dans la forme légale. Louis XIII dans un Edit du mois de Février 1641, se plaignit de ce que *le Parlement avoit souvent arrêté l'exécution des Edits & Déclarations vérifiées en sa présence, & séant en son Lit de Justice.*

Seroit-ce en effet la simple transcription d'une Loi dans un registre, qui en constitueroit l'enregistrement? ,, Nos Rois, disoit Pasquier, contraignoient-ils les Magistrats de les passer, ainsi qu'un Tabellion qui est destiné à grossir les minutes & les brevets des Notaires, sans connoissance de cause, pour puis pouvoir être mis à exécution? Non vraiment. Les Juges étoient-ils estimés rebelles pour les refuser? Encore moins, ains meilleurs & plus fideles serviteurs (a)." Papon s'est exprimé à-peu-près de même. ,, Quoi qu'il en soit, sera frustratoire l'adresse faite par le Prince esdits Parlemens, pour publier & enregistrer ses Edits, s'il n'y a autre mystere, ni chose à eux délaissée, sinon de la lecture & publication qui se pourroit faire par un Huissier ou Sergent, & le surplus par un Trompette, sans que lesd. Parlemens aient *autorité & droit de sonder & examiner la justice d'iceux*; & s'il y a quelque chose à dire, ne les laisser légerement couler, & dissimuler sur ce, à peine de contravention & infraction de leur serment (q)."

L'enregistrement n'est pas une simple transcription sur les registres.

Si l'enregistrement ne consistoit qu'à écrire la Loi, & qu'il ne renfermât pas dans son idée le vœu des Magistrats & une délibération sérieuse & réfléchie, seroit-il besoin de tenir un Lit de Justice pour avoir la transcription de la Loi sur le Registre? Un simple ordre au Greffier ne suffiroit-il pas? Seroit-il nécessaire de mander 200 personnes, de les assembler avec le plus grand appareil, pour les rendre témoins d'une simple

(p) Lettres 2, liv. 12.
(q) Troisieme Notaire, liv. 5, tit de la clause: car ainsi nous plaît, pag. 336.

transcription de la Loi sur le Regiſtre ? Pourquoi donc dans les derniers temps, a-t-on imaginé d'employer la puiſſance abſolue dans les Lits de Juſtice ? N'eſt-ce pas pour ſe procurer du moins par cette voie les apparences d'un enregiſtrement, parce qu'on ſçavoit que les Peuples ſont accoutumés à ne reconnoître pour Loix que celles qui ont été enregiſtrées par le Parlement ?

L'uſage d'aller aux voix après la lecture de l'Edit démontre la néceſſité de la vérification libre.

Les Lits de Juſtice dépoſent eux-mêmes par le langage muet de leur forme pour la néceſſité de la vérification des Loix. On y voit le Chancelier quitter, après lecture des Edits, la place aſſignée à ſa dignité, & parcourir les rangs pour recueillir les voix. Cette miſſion, toute illuſoire qu'elle ſoit à préſent, eſt une image de l'ancienne délibération. Le Chancelier ne va de rang en rang déclarer aux Grands du Royaume, & à tous les Membres qui ont ſéance dans le Lit de Juſtice que le Roi demande leur avis, que parce que dans l'inſtitution primitive, tous ceux qui avoient droit d'aſſiſter à ces Aſſemblées auguſtes, étoient conſultés, & opinoient ſur la Loi dont la vérification étoit propoſée. Ce Cérémonial ſubſiſtant eſt donc un veſtige & un témoignage authentique de la néceſſité de l'examen & de la vérification des Loix. Si le vœu des aſſiſtans eſt inutile, pourquoi le prend-t-on encore en apparence ? & s'il eſt néceſſaire, remplit-on l'objet de cette cérémonie, en faiſant ſemblant de les conſulter ? N'eſt-ce pas, ſelon la remarque judicieuſe de l'Abbé Duguet, *faire dégénérer en vain ſpectacle ce qu'il y a de plus auguſte dans l'Etat ? Tout paſſe à une voix, & perſonne n'a parlé. Souvent un morne ſilence eſt la ſeule maniere dont opinent les Juges. Auſſi l'enregiſtrement eſt plutôt une preuve d'improbation que de conſentement.*

L'uſage des proteſtations prouve la même choſe.

C'eſt parce que les Magiſtrats ne regardent pas ces enregiſtremens comme valables, qu'ils ſe font un devoir de proteſter contre la violence qui leur a été faite, dès que la liberté leur eſt rendue, & de réclamer par des Arrêtés conſignés dans les Regiſtres, pour le maintien des Loix & des formes anciennes, dont le dépôt eſt entre leurs mains.

Loin donc que l'uſage qui s'eſt introduit dans les Lits de Juſtice, de ſubſtituer aux ſuffrages le vain ſimulacre d'une eſpece de conſultation muette, & qui a converti les ſéances les plus majeſtueuſes de nos Rois, celles qui étoient les plus capables de garantir à la Nation la ſageſſe & l'utilité des Loix nouvelles, en de purs actes ſolemnels de la puiſſance abſolue; loin que cet uſage ait acquis (comme l'a cru Robertſon) l'autorité d'un droit, & qu'il appartienne aujourd'hui à la *Conſtitution* de notre Monarchie ; nous ne conſidérons encore que comme des actes violens, comme des efforts de la puiſſance abſolue, les enregiſtremens contraints qui ſe font dans les Lits de Juſtice.

Qu'on admette en effet que le Roi ait *le droit* de faire enregiſtrer les Loix en ſa préſence, & par le ſeul effet de ſon commandement ; que ce droit faſſe partie de l'Autorité Souveraine, & qu'il ſoit reconnu pour un attribut de la Couronne ; les Magiſtrats ſe permettroient-ils de proteſter contre l'exercice de ce pouvoir ſuppoſé légitime ? Oſeroient-ils réclamer avec courage, comme ils l'ont fait dans tous les temps, contre des enregistremens forcés? S'exposeroient-ils à ne pas exécuter des Loix, dont il ne pourroient se dispenser de reconnoître l'autorité?

Pasquier rapporte qu'en 1418, le Chancelier se transporta au Parlement de Paris, accompagné du Comte de S. Paul, Gouverneur de Paris, *qui lors avoit toute la force en main*, & que *de puissance absolue* ils firent publier un mauvais Edit *sans ouir le Procureur Général*, qui se comporta *si vertueusement, qu'il ne se voulut du tout trouver à cette publication*. Le Chancelier ayant fait écrire sur le repli des lettres qu'elles avoient été lues & publiées, *lecta & publicata*, le Parlement, toutes les Chambres assemblées, fit un Arrêté portant *qu'elle n'entendoit approuver ces Lettres comme étant passées par force*. Il sembloit, ajoute Pasquier, que *toute la force & vertu de France se fût lors accueillie au cœur de cette Compagnie* (r).

Le même Auteur rend compte d'un procédé violent qu'on inspira à Henri III contre les Officiers de la Chambre des Comptes, en 1586, parce qu'ils avoient refusé l'enregistrement d'un Edit. Un Greffier du Conseil porta à cette Compagnie des Lettres-Patentes qui l'interdisoient toute entiere. ,, Ces Magistrats, dit Pasquier, sortirent tous de la Chambre, estimant que c'étoit chose qui tournoit grandement à leur honneur d'être châtiés pour un acte si généreux."

Mais quel fût l'effet de leur courageuse résistance? ,, Leur refus fut publié & haut loué par toute la ville de Paris; les nouvelles en vinrent au Roi, qui séjournoit lors à S. Maur. Sa colere commence de se réfroidir, & il trouve par même moyen que ce que ces Magistrats avoient fait, n'étoit éloigné de son service. La conclusion & la catastrophe de ce jeu fut que..... quelques jours ensuivans, l'interdiction fut levée, & chacun des Magistrats rétabli en l'exercice de sa charge." Loyseau rapporte le même fait; mais avec cette circonstance omise par Pasquier, que le Parlement, à qui le même Edit avoit été envoyé, ayant refusé de l'enregistrer, le Roi le fit enregistrer en Lit de Justice. ,, En 1586, le Roi fit un Edit par lequel il voulut rendre tous les Offices de finance héréditaires, Edit qu'il vérifia lui-même au Parlement, lequel avoit plusieurs fois refusé; mais l'ayant par après envoyé publier à la Chambre des Comptes par un Prince du Sang, & ce Prince n'ayant pas voulu permettre à Messieurs de la Chambre d'opiner touchant cette vérification, disant avoir charge expresse de Sa Majesté de la faire faire sans connoissance de cause, il lui dirent franchement que, puisqu'on ne vouloit recevoir leurs opinions, il n'étoit point besoin de leur présence, & partant se retirerent, à raison de quoi ils furent interdits de leurs Offices, mais peu après ayant fait connoître à ce bon Prince la dangereuse conséquence de cet Edit, non-seulement il leva cette interdiction, mais aussi il révoqua l'Edit, le changeant en un Edit de survivance, tel que son Prédéces-

(r) Recherches de la France, *liv.* 3. *ch.* 26, *pag.* 266.

seur avoit fait ès années 1568 & 1574; encore ne fut-ce que pour la forme seulement, & afin de ne sembler vaincu; car la survivance n'eut non plus de lieu que l'hérédité (s)."

Pasquier termine son récit par cette anecdote. ,, Il me souvient qu'une grande Princesse de France que je vis quelque temps après, me dit qu'elle étoit très marrie du mécontentement que le Roi avoit de moi, d'autant qu'auparavant j'avois part en ses bonnes graces, autant qu'homme de mon bonnet: ce fut le mot dont elle usa. A quoi je lui répondis.... que, quand notre Roi seroit venu à son second & meilleur penser, il m'en regarderoit de meilleur œil; chose à quoi je ne fus trompé. Cela soit dit de moi en passant, non par vanterie, ains occasion, afin d'exciter ceux qui nous survivront de bien dignement exercer leur charges (t)."

Le prince de Condé voulant en 1628 faire enregistrer à Toulouse deux Edits bursaux, le Président de Caminade lui dit: ,, les fers dont vous chargez des hommes libres sont inconnus à ce Parlement. Si vous nous ôtez la liberté, nous ne pouvons délibérer ni rester en séance (u)."

On a déja vu ce que les plus célebres Magistrats ont représenté au Roi dans les Lits de Justice même, au sujet de la vérification libre des Loix, & avec quel zèle se sont exprimés M. le Maître, Avocat-Général en 1499, M. le Premier-Président de Harlay en 1586, M. Servin & M. le Premier-Président de Verdun en 1620, M. Talon en 1645. Ajoutons cet autre témoignage du dernier de ces Magistrats. ,, Bien que depuis quelques années, c'est-à-dire 80 ans seulement, les Rois soient venus quelquefois au Parlement faire regîtrer des Edits en leur présence, *sans les faire délibérer par les suffrages*, & que les Edits vérifiés de cette sorte aient été exécutés, cela n'a jamais été fait que dans la nécessité des Edits bursaux, pour lever de l'argent sur le Peuple; *mais non pas pour faire des établissemens & des Loix nouvelles qui concernassent le bien, l'honneur & la vie des Sujets du Roi*; auquel cas tous les Rois ont trouvé bon, *suivant la Loi & l'usage ancien du Royaume*, que les Ordonnances *fussent vérifiées avec connoissance de cause*; & ne se trouvera point dans les trois Tomes de nos Ordonnances aucun établissement qui tienne lieu de Loi, qui ait été vérifiée de la sorte (v)".

M. Talon montra le même courage au Lit de Justice du 15 Janvier 1648; il s'y éleva avec l'éloquence mâle que lui inspiroit la gloire du Roi & le bien de la Patrie, contre l'abus qui avoit fait dégénérer en actes de terreur & de contrainte les séances solemnelles de nos Rois au Parlement (w). ,, La séance de nos Rois dans leur Lit de Justice a toujours été une action de cérémonie, d'éclat & de majesté. Tout ce qu'il y a de grand & d'auguste dans le Royaume paroît dans ces occasions,

(s) Des Offices, liv. 2, ch. 8, n. 4.
(t) Recherches de la France, liv. 6, chap. 35, pag. 652.
(u) Histoire du Président de Gramont.
(v) Mémoires, tom. 3, pag. 328.
(w) Ibid. tom. 4, pag. 183, tom. 5, pag. 134.

dans lesquelles les marques visibles & véritables de la Royauté se rencontrent. Autrefois, les Rois vos Prédécesseurs, en semblables journées, faisoient entendre à leurs Peuples les grandes affaires de leur Etat, les délibérations de la paix & de la guerre, dont ils demandoient l'avis à leur Parlement.... Ces actions n'étoient pas lors considérées, au lieu qu'elles sont à présent, comme *des effets de Puissance Souveraine, qui donne la terreur partout*, mais plutôt comme *des Assemblées de délibérations & de conseil*; (M. Talon en cite différens exemples)...... Dans toutes lesquelles rencontres la fonction des Officiers de votre Parlement n'a jamais été diminuée. *La présence de nos Rois ne leur a point fermé la bouche*, & l'on ne s'étoit pas avisé d'une Puissance Souveraine comme l'on fait à présent.... Ce que nous pouvons soutenir avoir été contraire à son principe, passe maintenant pour un usage ordinaire, principalement depuis 25 années que, dans toutes les affaires publiques, dans les nécessités feintes & véritables de l'Etat, cette voie s'est pratiquée. Et de fait, François I, majeur de 30 années, s'étant plaint en ce lieu des difficultés qui étoient apportées à l'enregistrement de quelques Edits, portant création de nouveaux Offices, il n'en fit pas publier les Lettres en sa présence, parce qu'il sçavoit bien que *la vérification consiste dans la liberté des suffrages*; & que c'est une espece d'illusion dans la morale, & de contradiction dans la politique, de croire que des Edits *qui par les Loix du Royaume ne sont pas susceptibles d'exécution, jusqu'à ce qu'ils aient été apportés & délibérés dans les Compagnies Souveraines, passent pour vérifiés, lorsque Votre Majesté les a fait lire & publier en sa présence*. Ainsi tous ceux qui ont occupé nos places, ces grands Personnages qui nous ont précédé, desquels la mémoire sera toujours vénérable, ont toujours défendu courageusement les droits du Roi leur Maître, & les intérêts du Public, qui sont toujours inséparables *se sont écriés en semblables occasions avec beaucoup plus de vigueur que nous ne sçaurions faire; le Parlement a fait des Remontrances pleines d'affection & de fidélité, mais sans dissimulation, sans complaisance, ni flatterie.....*

„ La puissance de Votre Majesté vient d'enhaut, laquelle ne doit compte de ses actions, après Dieu, qu'à sa conscience, mais il importe à sa gloire que nous soyons des hommes libres, & non pas des esclaves. La grandeur de son Etat, & la dignité de sa Couronne mesurent par la qualité de ceux qui lui obéissent....... La qualité de Roi des François donne le commandement sur des hommes de cœur, sur des ames, & non pas sur des forçats qui obéissent par contrainte, & maudissent tous les jours l'autorité qu'ils respectent....... *Les maximes de l'Etat & de la Justice* qui préparent le Trône des Rois, qui sont les fondemens & les pierres angulaires des Monarchies légitimes, donnent aux Ministres des choses saintes, & aux Magistrats *une honnête liberté pour s'expliquer dans leurs places*, & s'acquitter fidellement de la commission à laquelle leurs charges & leur honneur les obligent; ce que nous faisons aujourd'hui dans le lieu des Jugemens, *pour faire entendre à* V. M.

avec toute forte de respect *l'impuissance de cette journée*, qui donne de l'étonnement & de la frayeur dans l'esprit des Peuples.....

„ La Majesté des Souverains ; & l'autorité qu'ils possedent, dépend de la soumission de leurs Sujets..... Sans les Peuples, les Etats ne subsisteroient point, & la Monarchie ne seroit qu'une idée. Il n'appartient qu'à Dieu seul d'être suffisant de lui-même, subsistant dans la plénitude de son Etre, sans besoin & sans dépendance de ses créatures. Nous honorons V. M. Sire, parce que nous sommes François, & que Dieu nous a fait naître dans une Monarchie, & que sa parole nous le commande ; que les sentimens intérieurs de notre conscience nous obligent à croire que les Souverains agissent dans leurs Etats par les voies que Dieu leur inspire....... Il y a pourtant des Loix publiques dans les Etats, qui sont les fondemens des Monarchies....... qui témoignent la soumission que les Sujets doivent à leur Souverain, & la protection qui leur est due....."

„ *La contradiction des suffrages, la résistance respectueuse*, dont nous usons quelquefois dans les affaires publiques, *ne doit pas être interprétée comme une marque de désobéissance*, mais plutôt comme un *effet nécessaire de la fonction de nos charges*, de l'intention de ceux qui ont établi les Parlemens, que les Loix publiques autorisent, que le consentement des Rois vos Prédécesseurs ont introduit & souffert longues années, sur la bonne foi desquelles Votre Majesté regne sur nous heureusement".

On trouve au commencement de ce siecle un nouveau témoignage contre les enregistremens forcés, dans les défenses des Princes du Sang contre les Princes légitimés. Ceux-ci s'autorisoient d'une Déclaration de Louis XIV enregistrée forcément ; & les Princes du Sang répondirent que les Princes légitimés ne pouvoient se faire un moyen de l'autorité absolue employée par ce Monarque, pour empêcher le Parlement de délibérer sur cette Déclaration.

En 1732, le Roi ayant tenu son Lit de Justice le 3 Septembre, pour faire passer une Déclaration qui prorogeoit l'impôt des quatre sols pour livre ; le Parlement arrêta le lendemain, „ que attendu le lieu où le Lit de Justice avoit été tenu ; & le défaut de communication d'aucunes des matieres qui devoient y être traitées, la Cour n'avoit pu, ni dû, ni entendu donner son avis, & en conséquence que le Roi seroit très-humblement supplié de faire remettre sa Déclaration à la Compagnie, *pour en délibérer en la maniere accoutumée*".

Les tentatives des Ministres en différens temps pour ériger en Loi de l'Etat, la validité des enregistre-

Enfin si nos Rois eussent été convaincus que les enregistremens faits en Lits de Justice étoient légaux, & avoient la même force que les enregistremens volontaires, leurs Ministres n'auroient pas fait différentes tentatives pour ériger cette prétendue maxime en dogme & en Loi de l'Etat. On a vu une de ces tentatives dans trois articles de l'Ordonnance de 1626 enregistrée en Lit de Justice. Mais quel en fût le succès ? Le Parlement de Paris n'a jamais voulu reconnoître ni exécuter cette Loi ; & si quelques Parlemens s'y sont soumis, c'est avec des modifications qui ont rendu la disposition des articles inutile & sans effet.

Robertson n'a pas été instruit de ces circonstances, & elles l'auroient sans doute empêché de donner aux enregistremens forcés des Lits de Justice, l'autorité qu'il leur attribue. Il s'en est rapporté au témoignage de la Rocheflavin qui dit effectivement ,, qu'en la présence du Souverain, toute la puissance des Magistrats & Commissaires cesse, & n'ont aucun pouvoir de commander ni aux Sujets, ni les uns aux autres.... Aussi voyons-nous que celui qui porte la parole pour le Prince Souverain, soit au Conseil privé, ou autre Cour Souveraine ou aux Etats,.... use de ces mots: Le Roi vous dit; & si le Roi est absent, le Chancelier, ou Président, tenant la place du Roi, prononceroit suivant l'avis de la pluralité, au nom de la Cour, ou du Corps ayant puissance de commander.... En quoi plusieurs s'abusent, qui pensent que la vérification des Edits est faite par la Cour quand le Roi y est présent, vû que la Cour a les mains liées, & qu'il n'y a que le Roi qui commande: c'est pourquoi celui qui porte parole pour le Roi, dit en cette sorte: le Roi vous dit que sur le repli des lettres, sera mis qu'elles ont été lues, publiées & enregistrées, oui sur ce son Procureur, sans y mettre ce requérant ni consentant; car l'avis ou présence du Procureur du Roi n'y sert de rien, le Maître présent (x)".

Mens fovent que ces prouvent que la maxime contraire est une Loi du Royaume.

Mais la maxime: *adveniente Principe, cessat Magistratus*, ne veut pas dire que le Parlement cesse lorsque le Roi est présent, mais seulement qu'aucun des Magistrats qui le représentent, ne peut faire usage de ce caractere, parce que le Roi seul commande partout où il est. Il est vrai que dans les Lits de Justice, le Roi seul ordonne, & que l'enregistrement n'est pas prononcé du consentement des Membres qui composent le Lit de Justice. C'est un fait dont la Rocheflavin rend compte, & ce n'est point un droit auquel il rende hommage. Il convient lui-même que la Cour *a les mains liées*, & que *la vérification n'est pas faite par la Cour*; aussi cet enregistrement forcé n'a-t-il point l'autorité légale d'une vérification. Il n'y a pas un seul Lit de Justice qui n'ait été suivi de protestations contre la contrainte; il n'en est point où les Premiers-Présidens, & même les gens du Roi n'aient réclamé les droits du Parlement, l'ancien usage du Royaume sur la vérification libre des Cours Souveraines. La Rocheflavin lui-même s'est exprimé dans les termes les plus précis sur la nécessité de la délibération pour la validité des enregistremens: ,, *La premiere & principale autorité des Parlemens est de vérifier les Ordonnances & Edits du Roy*; & TELLE EST LA LOI DU ROYAUME, *que nuls Edits, nulles Ordonnances* N'ONT EFFET, ET ON NE LES TIENT POUR TELS, S'ILS NE *sont vérifiés aux Cours Souveraines*, ET PAR LA LIBRE DÉLIBÉRATION D'ICELLES (y).

Quel est le sens de cette maxime: adveniente Principe, cessat Magistratus.

Si les paroles de la Rocheflavin renfermoient un Dogme qu'il pose, & non un simple fait dont il rend témoignage, elles contiendroient une

Explication du sentiment

(x) Des Parlemens de France, *liv.* 13. *ch.* 9. *pag.* 687.
(y) Ibid. *liv.* 13. *ch.* 17. *n.* 3. *pag.* 702.

de la Rocheflavin.

abſurdité: il auroit dit que tous les Magiſtrats ſont néceſſairement ſans pouvoir devant le Roi; que ſa préſence les interdit de plein droit; qu'ils ne peuvent opiner avec lui ni ſur le Jugement d'un procès particulier, ni ſur la vérification d'un Edit; que le Roi feroit une choſe contraire à Sa Majeſté en concourant avec eux à des actes de Juſtice. Rien ne feroit plus déraiſonnable, plus contraire à toute l'hiſtoire. Mais il n'eſt que trop vrai dans le fait, que les Rois portés au Deſpotiſme ou par de mauvais conſeils, ou par la pente naturelle à tous les hommes; n'aiment point à prendre des avis: peu leur importe que le Miniſtere public & tous les Magiſtrats s'oppoſent à l'enregiſtrement; ils le prononcent de force, & uniquement parce qu'ils ſont les Maîtres.

Lorſque le Roi eſt abſent, celui qui préſide en ſon nom eſt obligé de conclure à la pluralité des ſuffrages. Lorſque le Roi eſt préſent, ou il néglige cette pluralité, ou il ne prend pas même les avis, & ordonne l'enregiſtrement, uniquement parce qu'il le veut. Voilà pourquoi on s'abuſe, ſuivant la Rocheflavin, en penſant que la vérification eſt faite par la Cour quand le Roi eſt préſent; vû qu'elle a les mains liées, & qu'il n'y a que le Roi qui commande.

Mais cet enregiſtrement ainſi fait ſans aucune adhéſion des Magiſtrats, forme-t-il un enregiſtrement valable? C'eſt ce que la Rocheflavin n'a pas dit, & ce qu'il n'a ſûrement pas penſé. Les Magiſtrats les ont toujours conſidéré comme des actes de pouvoir arbitraire. Ils ont toujours regardé comme n'étant point enregiſtrées les Loix qui ne l'étoient que de cette maniere, parce que la délibération libre doit néceſſairement précéder la vérification. A toutes les preuves qu'on en a déjà rapportées, on joindra celles que fournit le Lit de Juſtice du 4 Juillet 1581.

„ Le lundi, 3ᵉ. jour de Juillet 1581, toutes les Chambres aſſemblées en la Cour, le Procureur-Général du Roi en icelle lui ayant rapporté la Déclaration de la volonté du Roi, ſur la délibération par elle priſe le dernier jour de Juin dernier paſſé, au rapport des Députés par icelles Cour, à aller faire Remontrances au Roi ſur l'Edit d'érection de vingt Conſeillers en icelle Cour, & la réſolution dudit Sieur être: puiſque cette ſa Cour ne vouloit vérifier ledit Edit & perſiſtoit en ſes délibérations, il entendoit demain venir en ſon Parlement pour le publier avec autres Edits dont il avoit la liſte: la matiere miſe en délibération, ſçavoir ce que M. le Premier-Préſident avoit à dire, le Roi venant en icelle Cour; a été arrêté qu'il eſt très-néceſſaire de remontrer audit Seigneur qu'il lui plaiſe laiſſer la délibération de ſes Edits à cette ſa Cour *more majorum*; & où il lui plaira faire publier des Edits qui n'auront été vus & délibérés par ladite Cour, qu'il lui plaiſe n'en demander l'avis aux Préſidens & Conſeillers d'icelle, afin que le Peuple connoiſſe que la Cour n'y a baillé ſon conſentement; leſquelles Remontrances contiendront l'inconvénient qui peut advenir à ſon Etat, & toucheront la dignité de la Juſtice, conſervation du Roi & du Royaume."

Le Roi vint au Parlement le lendemain 4 Juillet, fit lire pluſieurs Edits.

Edits. Les Gens du Roi, pour l'obéiſſance qu'ils lui doivent, étant aſſiſtés de ſa préſence, conſentirent que ſur le repli il fût mis qu'ils avoient été lus, publiés & regiſtrés, & l'Arrêt fut prononcé ainſi par le Chancelier.

„ Le 5 Juillet 1581, (c'eſt le Greffier civil qui parle) la Cour voulut voir ce qui avoit été fait le jour précédent, & l'ayant vu, m'a commandé faire regiſtre de ce qu'elle a dit avoir été déclaré à M. le Chancelier par tous les Préſidens & Conſeillers, lorſqu'il leur demandoit avis & opinion ſur les Edits ſus mentionnés, qui eſt, *qu'ils ne pouvoient délibérer ſur ce qu'ils n'avoient point vu* (z)."

Nos Rois n'ont jamais été choqués lorſqu'on leur a remontré que les enregiſtremens faits ſans délibération, n'étoient que des actes de violence, & que les Loix ainſi vérifiées n'en avoient pas le caractere. Le Parlement dans ſes Remontrances en 1561. ſur les Bulles de Légation du Cardinal de Ferrare, dit franchement à Charles IX. à propos du Concordat:
„ Que le Parlement ne fait point de fondement ſur leſdits Concor-
„ dats d'autant qu'ils ont été publiés contre pluſieurs Remontrances de
„ la Cour & du très-exprès Mandement du Roi, ainſi qu'il ſe peut
„ voir par les Regiſtres de ces faits (a).

Veut-on ſavoir ce que penſoit des enregiſtremens forcés Monſieur de la Gueſle Procureur-Général? Voici comment il parle de la Loi par laquelle Louis XII. avoit déclaré ſon Domaine particulier ſéparé de celui de la Couronne, & avoit érigé une Chambre à Blois pour en recevoir les Comptes.

Sentiment de Mr. de la Gueſle ſur les enregiſtremens forcés.

„ Ce Roi n'ayant aucuns enfans mâles, ains ſeulement des filles qui
„ ne lui pouvoient ſuccéder ni au Royaume, ni en ſon appanage
„ eut cette intention & volonté qu'au moins elles lui ſuccédaſſent en ce
„ patrimoine qu'il eſtimoit leur être ſpécialement dû, la charité paternel-
„ le ne lui permettant pas de digérer, qu'elles vinſſent à être privées &
„ déshéritées des biens qui par droite ligne & ſucceſſion leur revenoient
„ de leur aïeule, Valentine de Milan, femme de Loys Duc d'Orléans,
„ ou bien avoient été acquis de ſes deniers dotaux, ſur quoi à toute
„ peine & employant toute ſon autorité, il fit vérifier cette Déclara-
„ tion au Parlement, mais ſans que ſon Procureur-Général, ſeul &
„ légitime défenſeur des Droits de la Couronne, eût été ouï. Auſſi
„ jamais ne ſortit-il aucun effet; ſinon au plus pour l'érection de
„ cette chambre des Comptes de Blois; ni les fils ou filles de Fran-
„ ce ont eu ni prétendu droit en ces Terres; & de bonne fortune
„ pour le Roi Loys que ſa fille aînée fut mariée au Succeſſeur de la Cou-
„ ronne: car autrement elle n'eut été ſous hazard que ſa Déclaration
„ eut été combattue par cette ancienne maxime du Domaine, propoſée
„ de la part du Roi Philippe-le-Long ſur laquelle il obtint Arrêt contre

---

(z) Cérémonial François, *tom.* 2, *pag.* 592, 594.
(a) Preuves des Libertés. *chap.* 23. *n.* 65.

,, le Duc Eude de Bourgogne & Jeanne fa femme, pouvant être al-
,, legué de nouveau contre cette-ci, que Loys ayant été fait Roi, avoit
,, poffédé non pas cinq ans comme l'autre, mais depuis le vingt unie-
,, me jour de Mai 1499, qu'il fut facré à Reims jufques au premier
,, Janvier 1514. qu'il décéda, Blois, Soiffons & Coucy, avec le refte
,, de toutes fes Seigneuries, & partant le Roi François lui ayant fuc-
,, cédé au Royaume, en devoit demeurer faifi (b).

On peut obferver ici en paffant que M. le Procureur-Général ne fait commencer la poffeffion de Louis XII. comme Roi, qu'au jour de fon Sacre, & non à l'inftant de la mort de Charles VIII.

En 1648. les Magiftrats ont eu occafion de s'expliquer plufieurs fois fur les enregiftremens forcés. Voici ce que M. de Nicolaï, Premier-Préfident de la Chambre des Comptes dit à fon Alteffe Royale qui venoit faire vérifier des Edits.

Difcours de Mr. de Nicolaï, Premier-Préfident de la Chambre des Comptes en 1648 fur l'irrégularité des enregiftremens forcés.

,, Nous ôter la liberté de parler & & de dire nos fentimens, c'eft ren-
,, verfer le fondement de cet Etat, c'eft rompre le lien qui unit la Sou-
,, veraine Puiffance avec les Sujets; c'eft détruire le canal qui fert à fai-
,, re paffer les volontés du Roi pour les faire entendre à fon Peuple.
,, Plus une puiffance eft fouveraine & abfolue, plus elle a befoin de
,, conferver la dignité des Compagnies Souveraines.

,, Les Loix déclarent que celui-là eft un ufurpateur, qui vient s'em-
,, parer par des voies extraordinaires de ce qu'il eftime lui être dû. Or
,, n'eft-ce pas une voie tout à fait extraordinaire, d'impofer le filen-
,, ce à cette Compagnie, lorfque fon devoir l'oblige à parler? N'eft-
,, ce pas d'une Cour de France en faire une Compagnie de ferviteurs
,, mal affectionnés? Si nous avons failli en quelque chofe, la juftice du
,, Roi n'eft-elle pas toujours fouveraine? Nous ne fommes pas affez
,, punis par le filence qu'on nous impofe; il faudroit en ce cas nous
,, priver de nos Charges; mais de nous fermer la bouche, à l'appétit
,, de quelques particuliers, n'eft-ce pas, au lieu des pouvoirs & des
,, honneurs que les Rois ont accordés aux Officiers de cette Cour, les com-
,, bler d'ignominie? Sera-t-il dit qu'en préfence d'une fi honorable Compa-
,, gnie, d'un fi généreux Prince, aux yeux de mes enfans & de mes
,, neveux, j'ai dégénéré à la vertu de mes ancêtres, & particuliére-
,, ment de quatre dont je porte & exerce la même charge, qu'ils ont
,, autrefois occupée, & le nom, & que l'on me faffe paffer devant les
,, yeux des Opalles pour des diamans, & avaller des boutons de fer pour
,, des pilules certaines.

,, Je fai qu'il y a des perfonnes tellement ennemies des Compagnies
,, Souveraines en général, & de leur Chef en particulier, qu'elles ont
,, pratiqué toutes fortes de moyens pour rendre leurs actions criminel-
,, les aux yeux de la Reine & de fon Confeil; mais notre grande Reine
,, a la vue trop perçante, & eft trop bien informée de leur fidélité pour

(b) Remontrances de la Guelle, pag. 183.

,, se laisser surprendre à ces artifices bas, lâches & méchans ; ils sont
,, d'autre côté trop fermes dans leur innocence pour s'épouvanter de
,, ces poursuites ; étant assurés que plus leurs actions passeront par les
,, mains de la calomnie, elles en sortiront plus nettes & plus éclatan-
,, tes; mais on se sert en ces actions de l'Autorité Royale. On dit que
,, c'est par le commandement du Roi; quelle apparence de croire que le
,, Roi se lie le bras à soi-même ? Je puis dire avec assurance, que ces
,, actions ne se faisoient autrefois de la sorte; & je puis citer l'exemple
,, de tous les Rois, de l'autorité desquels on ne se couvroit pas pour
,, faire ces violences. On peut dire aussi que l'innocence & la simplici-
,, té régnoient en ce tems-là dans les Cours, que les Compagnies étoient
,, les retraites de la vertu, que les Magistrats y étoient appellés par
,, leur mérite, & non par l'argent; au lieu que maintenant la vénalité
,, des Offices a fait que ceux qui étoient les plus ennemis de la Justi-
,, ce, sont les plus âpres à en rechercher les charges; de sorte qu'il
,, semble qu'elle ne sert que pour mettre à couvert leurs crimes, &
,, les faire rougir du sang qu'ils ont tiré des veines du Peuple.
,, L'Autorité Royale ressemble à l'ame qui anime le corps, qui ne
,, peut être divisée, ni en soi, ni du corps, sans être cause en même
,, tems de la ruine de son tout. Quelle confusion est-ce donc si cette
,, puissance est divisée, si des Particuliers & des Partisans s'en servent
,, pour venir à bout de leurs desseins, nous fermant la bouche, on nous
,, fait passer une balle d'Edits dont nous ne voyons que la couvertu-
,, re. Que si nos bouches sont fermées, & si nos mains sont liées
,, pour nous empêcher de parler & de nous défendre; à tout le moins
,, nous sera-t-il permis d'élever les yeux vers le Ciel pour implorer
,, son secours sur notre Roi & sur son Royaume ? Il nous sera aussi
,, permis de dire que notre silence n'est point un aveu, ni un consen-
,, tement aux Edits que nous allons vérifier pour montrer que nous
,, sommes vrais & fideles serviteurs du Roi (a)".

SECONDE OBJECTION.

Clause: car tel est notre plaisir.

Quelques personnes ont voulu argumenter de la clause qui termine, les Edits : *car tel est notre plaisir*, pour combattre la nécessité de l'enregistrement, & soutenir que la volonté seule du Monarque décide de l'existence & de l'abrogation des Loix. Mais pour fixer le sens de cette clause, il faut distinguer son origine, de l'effet qu'elle peut avoir.

(c) Trésor des harangues, Part. I. Harangue 47.

Sentiment de Ducange, & de Papon.

Plusieurs Auteurs se sont livrés à des conjectures sur l'origine de cette clause. Ducange, dans son glossaire (au mot: *Placitum*) établit par un grand nombre de textes, que les anciennes Assemblées de la Nation où l'on délibéroit des affaires publiques, s'appelloient *Placita*; & que c'est de là qu'est née la clause: *tale est Placitum nostrum*, qui signifioit uniquement: tel est le résultat de l'Assemblée.

Papon pense comme Ducange (d): mais ce sentiment est combattu dans le Supplément de Ducange où l'on cite d'anciens monumens dans lesquels le terme *voluntas* est mis au lieu de celui *Placitum*; & entr'autres, une charte de Beaudoin, Comte de Flandres, où on lit à la fin: *talis enim est voluntas mea*; & une Ordonnance de Charles V. de 1367 qui est ainsi terminée: *quoniam ea sic fieri volumus perpetuò & jubemus* (e). On en conclud que la clause, *tel est notre plaisir*, ne peut désigner que la volonté du Prince.

Salvaing, dans son Traité de l'usage des Fiefs (f), observe que Hotman dans sa *Franco-Gallia*, & Maran dans ses discours politiques, donnent à la clause la même origine que Ducange: cependant il embrasse l'opinion contraire, & n'apperçoit dans les expressions: *tel est notre plaisir*, qu'une désignation de la Puissance Souveraine, & une marque de la volonté du Roi.

Sentiment de Loyseau.

Loyseau paroît ne regarder cette clause que comme l'expression du Pouvoir Souverain, il prétend en conséquence qu'elle ne doit pas être employée par les Seigneurs particuliers, ni même par le Régent du Royaume; & que celui qui se qualifioit dans les derniers troubles, Lieutenant-Général de l'Etat & Couronne de France (le Duc de Mayenne) mettoit dans ses lettres, au lieu de cette clause, *car ainsi a été trouvé juste & raisonnable* (g).

Si cette clause étoit l'expression du Pouvoir Souverain, elle ne devroit se lire que dans les actes émanés de lui, puisqu'il ne partage ce pouvoir avec personne. On la voit cependant dans les Provisions de l'Office de Procureur-Général de la Reine, données le 10 Février 1573, par Catherine de Médicis à Antoine Matharel (h).

La Reine mere, quelqu'éminente que soit sa dignité, n'a point de part à la Souveraineté, & ne doit pas en emprunter le langage.

Si l'origine de la clause étoit constamment celle que lui attribue Ducange, il ne seroit pas nécessaire d'entrer dans une longue discussion pour en déterminer le sens: puisqu'au lieu d'annoncer une puissance illimitée du Prince, elle seroit un vestige de la part que la Nation prenoit autrefois à la formation des Loix. Mais quand on préféreroit l'autre opinion, il ne sera pas plus difficile de prouver combien ce seroit abuser de la clause que de l'interpréter comme on le fait dans l'objection.

(d) Troisieme Notaire, tit. de la clause: *Car ainsi nous plaît*, pag. 335.
(e) Voyez 5e. volum. des Ordonnances du Louvre, pag. 64.   (f) Chap. 12.
(g) Des Offices, liv. 1. chap. 3. n. 77. liv. 5. chap. 2. n. 74; & chap. 4. n. 67.
(h) Fontanon, tom. 2. pag. 20.

La clause, *tel est notre plaisir*, n'ajoute rien aux autres expressions impératives dont nos Loix sont remplies: *voulons, commandons, ordonnons, il nous plaît.* Tous ces termes ne font qu'exprimer la volonté du Souverain, qui seul a droit de commander. Il n'en résultera jamais qu'il puisse commander arbitrairement, & sans autre raison que son bon plaisir.

Vrai sens de la clause tel est notre plaisir.

M. de Nicolaï Premier-Président de la Chambre des Comptes, disoit, au sujet de quelques Déclarations apportées par M. le Duc d'Orléans.

„ Un Etat pour être heureux, doit être tempéré par un Gouver-
„ nement Aristocratique, & cette puissance absolue & sans bornes
„ dont les Souverains font tant d'estime, & dont ils sont si jaloux,
„ est une puissance aveugle qui ruine plutôt leur autorité qu'elle ne
„ la conserve; & nos Rois n'ont retenu ces mots dans leurs Edits:
„ (car tel est notre plaisir) que pour rendre leur domination plus vé-
„ nérable & plus mystérieuse, & non pas pour ne point obéir à la
„ raison, & ne prendre conseil de personne (i)".

Le Prince de Conti étant venu à la Cour des Aides pour y faire vérifier par force plusieurs Déclarations, M. Amelot Premier-Président de cette Compagnie, lui parla ainsi:

„ Si l'on continue ces tristes journées, & d'apporter comme on a
„ déja fait tant de fois, une foule d'Edits, pour les faire vérifier par
„ des voies extraordinaires, & violentes, il est à craindre que les
„ Peuples ne se portent au désespoir, & qu'ils ne reconnoissent plus de
„ justice, en voyant ce grand soleil éclipsé dans les Compagnies Sou-
„ veraines, auxquelles on interdit la liberté des suffrages, & de re-
„ presenter les necessités de l'Etat; & de fait, nous pouvons dire que
„ nous sommes dès-à présent le scandale & l'opprobre de tous nos
„ voisins, qui savent que des gens nés de la corruption du siecle, &
„ de nos propres désordres, sont néanmoins aujourd'hui les plus puis-
„ sans de l'Etat, qui voient que d'infâmes Partisans, après avoir
„ ruiné les familles les plus illustres & les plus anciennes, par des avis
„ pernicieux & punissables, triomphent encore de leur dépouilles,
„ & qu'on révere la boue & la fange dont ils sont sortis, parce qu'elles
„ font couvertes d'or, & qu'elles se trouvent un peu déguisées. Horri-
„ bles & épouvantables sang-suës, qui avez épuisé tout le sang de
„ nos Princes, ramperez-vous toujours sur la terre, ne leverez-vous
„ jamais les yeux en haut pour regarder le Ciel? Jusques à quant &
„ combien de tems vous forgerez-vous des Dieux à votre fantaisie?
„ Croirez-vous toujours que c'est le veau d'or qu'il faut adorer? Oui,
„ Monsieur, ce sont ces impies & ces sacrileges qui sont les auteurs
„ de ces malheureux Edits, & qui sont cause qu'on vous fait monter
„ la premiere fois en ce lieu pour y forcer par votre présence les sen-
„ timens de la Compagnie, & nous ôter la liberté des suffrages; ils

(i) Thrésor des harangues, harangue 51.

,, ont pensé par là vous rendre odieux aux Peuples, & décréditer
,, les premieres années de votre vie, sur laquelle tout le Royaume jette
,, les yeux, & dont le Public a conçu de si hautes espérances. Mais
,, nous espérons, Monsieur, que ces détestables conseillers tourneront à
,, leur confusion & à leur ruine; que vous en ferez plutôt le jour de vo-
,, tre gloire & de votre triomphe, & que faisant réflexion sur ce que
,, nous vous disons aujourd'hui, vous aurez assez de courage & as-
,, sez de bonté pour représenter à la Reine les désordres & les dérégle-
,, mens de l'Etat, qui lui sont si artificieusement dissimulés. C'est ce
,, dont nous vous conjurons par les vœux & les souhaits que nous fai-
,, sons pour votre prospérité, par tant des familles éplorées, ou plu-
,, tôt par les larmes de tout un Peuple malheureux & abandonné. Ce-
,, pendant tout ce discours ne sera pas un consentement à la vérifica-
,, tion des Edits; mais au-contraire une protestation que nous nous y
,, opposerons toujours avec vigueur, afin de faire voir qu'il y a encore
,, dans le Royaume de bons & fideles Sujets (i)".

Ce qui trompe sur le sens de la clause, c'est que dans le langage vulgai-
re, elle présente l'idée d'une volonté purement arbitraire, qui n'a d'autre
motif que la volonté même de celui qui ordonne. On commande une
chose, parce qu'on le veut ainsi: mais il est évident que la clause, *car
tel est notre plaisir*, ne sçauroit être entendue de cette maniere.

1°. On a exposé dans les précédens articles, les monumens sans
nombre, qui prouvent que le Gouvernement arbitraire n'a pas lieu en
France, & qu'il y est regardé comme *barbare*, *& contre nature*. Cependant, s'il étoit possible, de conclure de la clause de stile, insérée dans
les Edits, que le Prince est en droit de ne consulter que son caprice & sa
fantaisie dans l'abrogation des anciennes Loix & dans la publication des
nouvelles, il faudroit aller jusqu'à dire que nos Souverains exercent
dans leurs Etats le Despotisme le plus odieux. Le caractere distinctif de
cette espece de Gouvernement, est de mettre le Monarque au-dessus de
toutes les Loix, & de les rendre absolument dépendantes de son bon
plaisir, parce qu'on ne reconnoît proprement d'autre regle, dans les
Etats despotiques, que son vouloir actuel & momentané. La France
est bien éloignée de ressembler à ces Etats despotiques, puisqu'elle est une
Monarchie & même une Monarchie tempérée par des Loix fondamentales
positives.

2°. Pour se convaincre que, parmi nous, la Législation n'a jamais é-
té, & ne sçauroit être l'ouvrage du caprice, il suffit de lire les Loix-mê-
mes où se trouve la clause dont on veut abuser. C'est dans le préambule qu'on trouve les motifs du Législateur, & ils sont toujours puisés dans
l'intérêt public. Il n'en est aucun où il soit dit que le Prince publie la
Loi, uniquement parce qu'il le veut, & sans y être déterminé par
d'autre raison que celle de son bon plaisir. La conséquence contraire

(k) Thrésor des harangues, harangue 52.

résulte le plus positivement du préambule des Loix, qui exprime avec plus ou moins de détail les avantages que l'Etat doit retirer de leurs dispositions. La mention qui les termine, *car tel est notre plaisir*, n'est donc qu'une clause de stile qui n'entre pour rien dans la promulgation des Loix.

3º. Nos anciennes Ordonnances, ces monumens précieux de la sagesse de nos Rois, qui défendent si expressément aux Magistrats de déférer aux mandemens, aux lettres-patentes ou closes qui seroient contraires à ce qu'elles prescrivent, & qu'on pourroit obtenir du Monarque par inadvertence & importunité, ces Ordonnances contiennent la clause, *car tel est notre plaisir*. Or, ces précautions prises par nos Rois contre les surprises, ces injonctions réitérées de leur désobéir en ce cas, comment les concilier avec la fausse interprétation de la clause? Si la Loi n'a véritablement d'autre principe que le *bon plaisir* du Monarque, elle ne doit pas avoir plus de durée; il faut donc qu'elle perde son autorité toutes les fois que le Monarque manifestera une volonté, un bon plaisir contraire. On dit qu'il l'a publiée parce qu'il l'a voulu; il lui est donc libre de la révoquer par cette raison qu'il le voudra; & s'il ne veut pas l'abroger entiérement, il sera du moins en son pouvoir d'autoriser telles dérogations, telles exceptions, telles infractions particulieres qu'il lui plaira. Tel doit être infailliblement l'esprit de la clause, en l'interprétant dans le sens qu'on lui suppose; mais c'est le Monarque lui-même qui écarte cette dangereuse supposition, en imposant aux Magistrats comme un de devoir leurs charges, comme un gage de leur fidélité, l'obligation de lui résister toutes les fois qu'on lui surprendra des ordres contraires à la Loi.

4º. On ne se persuadera jamais que nos Rois aient voulu rendre invariables des Loix qu'ils n'auroient dictées que pour le plaisir de les faire, & sans aucune vue de bien public. Quel motif auroit pu les engager à enchaîner ainsi leur propre puissance, pour attribuer aux Magistrats plus d'autorité contre la révocation, que contre la publication des Loix? Tous les Edits qui ont la clause, *car tel est notre plaisir*, renferment également cette clause, & *afin que ce soit chose ferme & stable à toujours, nous avons fait mettre notre Scel à ces présentes*. Or, quoi de plus contradictoire que la stabilité, la perpétuité d'une Loi, & sa promulgation par un pur caprice? Les choses se détruisent par la même voie qui les a formées. Si c'est la seule fantaisie du Prince qui a donné la naissance à la Loi, elle doit être aussi la seule cause de sa destruction.

Louis XII a déclaré dans une Ordonnance du 22 Décembre 1499 „ qu'il n'a vouloir ni intention de déroger ni contrarier aux Ordonnances par lui publiées sur le fait de la Justice, quelques lettres de dispenses, relevemens & autres qu'il ait fait expédier ci-devant, ou qu'il fasse expédier dans la suite. Il défend à tous les Parlemens & autres Juges, sous couleurs de telles lettres, de contrevenir auxdites Ordonnances, sur peine d'être eux-mêmes réputés à lui désobéissans & infracteurs desdites Ordonnances. Il veut que les Juges les cassent & annullent, les déclarent nulles, & de nul effet & valeur; & lui-même dès à préfent les caffe & annulle „. Cette Loi fut terminée comme les autres par la claufe, *car tel eſt notre plaiſir.* Louis XII prétendit-il par ces paroles fe conferver la liberté de fe jouer des Loix, & de les révoquer à fa volonté? Etoit-ce l'intention de Clotaire & de Charles-le-Chauve, lorſque le premier, en 560, condamnoit les ordres qu'on pouvoit lui furprendre (l), & l'autre, pour maintenir fon autorité, vouloit qu'on l'avertît des Mandemens qu'on pourroit lui arracher par importunité, afin qu'il les corrigeât (m).

On a toujours dit en France, que les Refcrits accordés contre le Droit, étoient fans force: *Refcriptum contra Jus obtentum, non valet.* Jean Defmares a mis cette regle au nombre de celles du Droit François (n). Comment la concilier avec le fens qu'on veut attribuer à la claufe dont il s'agit?

Le Chancelier de l'Hôpital difoit en 1567 au Parlement de Paris, *qu'il n'avoit pas juré de garder les commandemens du Roi, mais de garder les Ordonnances qui font les vrais commandemens* (o). Ce Magiftrat étoit donc bien éloigné de penfer que les volontés arbitraires du Prince fuffent des Loix. On lit dans Boulainvilliers que quelqu'un reprochant à un de nos Rois qu'il limitoit fon pouvoir par le refpect qu'il avoit pour les Loix: le fage Monarque lui répondit: *Je peux tout ce que je veux, parce que je ne veux que ce qui eſt juſte.* „Parole mémorable qui devroit fervir de bouffole à tous les Souverains,, dit le Comte de Boulainvilliers (p).

5°. De quelque maniere qu'on entende la claufe, *car tel eſt notre plaiſir*, elle ne fournira jamais un moyen raifonnable contre la néceffité de l'enregiftrement. Ce langage eſt celui du Monarque qui a le Pouvoir Légiſlatif: il exprime fon autorité. Mais parce qu'il y a des Monarchies plus abfolues, & d'autres plus tempérées, rien n'empêche que la Puiffance Légiſlative du Monarque ne foit gênée par des formes effentielles établies dans leurs Etats. La dépendance où il eſt de ces formes, ne lui ôte point le caractere de Monarque; il n'en eſt pas moins vrai qu'il eſt le feul Légiſlateur; il n'en eſt pas moins conſtant qu'aucune Loi ne peut être dictée que par lui, ni publiée qu'en fon nom.

Si donc c'eſt une Loi du Royaume que les Ordonnances ne puiffent être exécutées qu'après leur vérfication dans les Cours Souveraines, qui aient
le

(l) *Si quis autoritatem noſtram ſubreptitiè contra legem elicuerit, fallendo principem, non valebit.* Baluze, Capitul. tom, 1, col. 7.

(m) *Quod ut facilius atque obnixius noſtra autoritas valeat, obſervare omnes, ſicut in viſitá bene memorabili convenientiá pepigiſtis, conſervare ſtudebitis. Imò etiam cuncti in poſt modum ſollicitè præcavebunt, ne aliquis, pro quâcumque privatâ commoditate, aut cupiditate, aut alicujus conſanguinitatis, vel familiaritatis, ſeu amicitiæ conjunctione, nobis immoderatius ſuggerat, vel poſtulationibus, aut quolibet modo inſiciat, ut contra juſtitiæ rationem, & noſtri nominis dignitatem, ac Regiminis æquitatem agamus. Et ſi forte ſubreptum nobis quippiam, ut homini, ſuerit, competenter & fideliter, prout ſublimitati Regiæ convenit, & neceſſitatibus ſubjectorum expedit, ut hoc rationabiliter corrigatur, veſtra fidelis devotio admonere curabit.* Ibid. tom. 2. col. 6.

(n) Décifion 126.

(o) Difcours du Chancelier de l'Hôpital au Parlement de Paris, le 16 Juillet 1567.

(p) Hiſtoire de l'ancien Gouvernement de la France, tom. 1, pag. 156.

le droit de les examiner, de les modifier, & même de ne pas les annexer au Code des Loix, si elles sont nuisibles, dangereuses, éversives de la Constitution de l'Etat; l'autorité de cette Loi n'a rien de contraire à la clause, *car tel est notre plaisir.* Le Prince peut, & il a seul le droit de dire: *ordonnons, voulons, il nous plait, car tel est notre plaisir;* parce que ces expressions impératives ne font qu'exprimer son pouvoir Législatif. Mais il sera toujours impossible d'en conclure que la vérification des Loix n'est pas nécessaire.

Lorsque sous les deux premieres Races, & même pendant assez long-temps sous la troisieme, les Loix n'étoient formées que dans les Assemblées ou de la Nation entiere, ou des Grands du Royaume; la clause, *Tale est placitum nostrum,* ne pouvoit signifier que le résultat de la délibération commune. Par une révolution arrivée dans notre Monarchie, au concours du Peuple ou des Grands on a substitué la vérification dans les Parlemens. Qu'en peut-il résulter autre chose, sinon que l'ancienne clause qui a été conservée, n'a plus le même sens? Mais la nouvelle idée qui y a été jointe ne contredit nullement l'usage de la libre vérification.

TROISIEME OBJECTION.

MAXIMES: *Si veut le Roi, si veut la Loi: Le Roi ne tient que de Dieu & de son Epée: Roi par la grace de Dieu.*

ARTICLE PREMIER

Regle, *Si veut le Roi, si veut la Loi.*

ON ne tirera pas plus d'avantages, pour combattre la nécessité des enregistremens, de la Maxime: *Si veut le Roi; si veut la Loi.* Elle ne pourroit servir de titre contre la vérification libre, qu'en lui donnant une extension illimitée, qui transformeroit le Monarque en Despote; & si on la réduit à un sens vrai & raisonnable, elle n'est plus d'aucun secours pour attaquer le droit de vérification.

1°. Rien n'est moins appuyé que l'autorité de cette Maxime, dont Loysel fait une regle de nôtre Droit. Dans quelle source a-t-elle été puisée? Quels sont les monumens où elle se trouve consignée? On l'ignore. Elle est rapportée par Loysel: mais il ne cite aucun garand: aussi ne connoît-on aucun de nos Jurisconsultes qui en ait parlé avant lui. De Lauriere, dans son Commentaire, rapporte fort exactement les textes des Ordonnances ou des Coutumes, dont ont été tirées les regles de droit réunies dans l'ouvrage de Loysel; & sur le prétendu axiome, *si veut le Roi, si veut la Loi,* il est réduit à la plus grande disette. *Cette maxime inconnue avant Loysel.*

Une regle n'est pas sans doute l'établissement d'un droit nouveau. Il faut que ce soit une maxime évidente par elle-même, ou l'expression de principes connus, établis & respectés antérieurement. Le droit, dit la Loi, ne naît pas de la regle, mais la regle doit être formée sur le droit. (q). La regle [si c'en est une] que *si veut le Roi, si veut la Loi*, devoit donc être plus ancienne que Loyfel; car apparemment on ne prétendra pas que Loyfel ait pû en être l'auteur. Or quelle est son origine? D'où part son autorité? La premiere époque de son existence dans le Royaume est la mention qu'en fait cet Auteur.

Explication de cette Maxime par de Launay.

2°. En admettant la Maxime, il est nécessaire d'en fixer le sens. Il feroit trop abfurde de foutenir que toute volonté du Roi a le caractere Législatif. La regle a été expliquée par de Launay, Professeur de Droit, dans son Commentaire sur Loysel: ,, Notre regle a raison de dire, *qui veut le Roi si veut la Loi*; car *la volonté de la Loi & la volonté du Roi tendent toujours au même but*, qui est de faire & faire faire justice à tout le monde. La Loi nous prescrit ce qui est juste, & le Roi, comme Ministre de Dieu, nous fait exécuter ce que la Loi nous prescrit.... Dans le droit Romain, la Loi qui est appellée Royale n'est pas légale; car elle veut que ce qui a plu au Prince ait l'autorité d'une Loi. Tribonien, que l'on croit Auteur de cette Loi, entend par là que la volonté du Prince est une Loi; ce qu'apparemment il n'eût pas dit, s'il se fût souvenu que ce mot de Jules Céfar, que déformais les hommes devoient le traiter avec plus de respect, & tenir pour Loi tout ce qu'il difoit, l'avoit rendu extrêmement odieux à la République. Mais nos Inftitutes coutumieres nous donnent à entendre, que *la Loi est la volonté du Roi, & non pas que la volonté du Roi soit une Loi* (r).

Un nouvel Auteur qui ne peut être fufpect à aucun titre, interprete la regle de la même maniere.

Par de Réal.

,, Les Proverbes font communs, mais ils font pleins de sens, & nous en avons en France un que j'ai cru qu'on ne défapprouveroit point que je rapportasse, parce qu'il me paroît avoir ici son application naturelle. *Qui veut le Roi, si veut la Loi*, difons-nous. Un Jurifconfulte François (Loifel) expliquant ce Proverbe, dit qu'il signifie que le Roi ne veut rien que ce que veut la Loi. Qu'y a-t-il en effet de si digne de la Souveraine Puiffance, que de se conformer aux Loix qu'elle a prefcrites? C'est ainsi que le Monarque devient l'image de l'Etre Tout-Puiffant, & qu'il peut faire du pouvoir fuprême un ufage plus augufte que ce pouvoir même. Les Princes tiennent une conduite glorieufe pour eux, & utile à leur Gouvernement, lorfqu'ils obfervent leurs propres Loix. L'équité naturelle, l'honnêteté publique, la néceffité de l'exemple l'exigent (s)."

(q) *Non ex regulâ jus fumatur, sed ex jure quod est, regula fiat.* L. 1. ff. de reg. juris.
(r) De Launay, Commentaire fur les Inftitutes. *Paris, chez Varin,* L. 1. Reg. 1.
(s) La fcience du Gouvernement, par de Réal tom. 4. pag. 128.

La regle de Loyfel s'entend, & a un fens très-légitime, en l'expliquant comme ce Commentateur; parce que la volonté de la Loi & celle du Monarque font inféparables. Le Roi veut tout ce que veut la Loi, & ne veut rien qu'elle ne veuille. Mais faire dire à la regle: tout ce que le Roi veut eft à l'inftant même une Loi; ce feroit confondre la France avec les Etats defpotiques où il n'exifte d'autre regle, d'autre Loi que la volonté verfatile du Monarque.

30. Il eft vrai que de Lauriere établit dans fon Commentaire fur la regle, que c'eft la volonté feule du Roi qui fait la Loi, & qu'il eft lui-même une Loi animée. Mais s'il a prétendu qu'il n'y a point de Loi fans la volonté du Roi, c'eft une vérité qui ne lui fera pas conteftée; puifque le Roi étant feul Légiflateur, toute Loi doit avoir fa volonté pour principe. Si ce Commentateur avoit voulu dire (ce qui n'eft pas à préfumer) que toute volonté du Roi eft par elle-même une Loi, il fe feroit fait la plus groffiere illufion. Nos Rois n'ont jamais entendu eux-mêmes donner pour des Loix toutes leurs volontés. La regle de Loyfel parle certainement d'une Loi proprement dite, d'une Loi formée, d'une Loi obligatoire. Or, foutiendra-t-on que dans toutes fortes de cas, fur toutes fortes de matieres, en quelque forme que les Rois expriment leurs volontés, ces volontés deviennent auffi-tôt des Loix? Les ordres particuliers du Prince feront donc des Loix; cette conféquence répugne à la nature de la Loi qui doit être une regle générale, *præceptum commune*. Un ordre privé du Monarque fuffira donc pour renverfer les Loix anciennes; les Loix varieront donc autant que fes volontés pourront être différentes. Comment concilier ces idées avec celle d'une Monarchie tempérée?

Abfurdité du fentiment de Lauriere.

De Lauriere lui-même, quoiqu'il n'ait pas faifi, avec de Launay, le vrai fens de la regle, contredit ces *fauffes* conféquences, en citant des textes qui décident que le Roi ne doit vouloir que ce que veut la Loi. C'eft ce qu'expriment ces belles paroles de l'Abbé Suger dans la vie de Louis-le-Gros: *Dedecet Regem transgredi legem, cùm & rex & lex eamdem imperandi excipiant poteftatem*. C'eft encore ce que fignifie ce Proverbe qu'il rapporte: *quæ vult rex fieri, fanctæ funt confona legi*.

Différentes Loix portent que le Roi *eft une Loi animée*. C'eft une expreffion figurée que l'on conçoit aifément, fans attribuer le caractere Légiflatif à chaque volonté du Souverain: c'eft au Prince qu'il appartient d'interpréter les Loix avec autorité, de les modifier, de les abolir même, lorfque le bien Public l'exige: voilà ce qui le rend *une Loi animée*, une loi vivante, par oppofition aux Loix écrites, qui font néceffairement mortes & muettes fur les difficultés auxquelles elles peuvent donner lieu. Mais de ce que le Prince eft une Loi animée, conclure que tout ce qu'il veut eft une Loi, ce feroit abufer de la raifon & des Loix qui ont adopté ce langage.

On ne diffimulera pas que de Lauriere cite auffi le texte des Inftitutes, qui paroît établir que ce qui plaît au Prince a la force d'une Loi: *Quod*

Explication de

ce texte Quod Principi placuit Legis habet vigorem.

Principi placuit, legis habet vigorem. Examinons d'abord l'autorité de ce texte. Il y est dit que tout ce que le Prince ordonne, a force de Loi, parce que suivant la Loi Royale qui a été publiée pour fixer l'étendue de son autorité, le Peuple lui a transporté sa puissance. Dès là tout ce que le Prince ordonne est Loi (t).

Il est aujourd'hui constant que ce texte ne renferme qu'une basse adulation du Jurisconsulte Ulpien. Ce qu'on appelle la Loi Royale n'a jamais été une Loi proprement dite, mais seulement la réunion des priviléges accordés en différens tems par le Peuple à l'Empereur Auguste, & dont la concession étoit renouvellée à chaque mutation d'Empereur. C'est un point certain parmi tous les Sçavans & constaté par une ancienne Inscription, conservée encore aujourd'hui à Rome dans la Basilique de saint Jean de Latran (u).

C'est en vertu de cette prétendue Loi qu'on a dit que les Empereurs avoient été dégagés de toutes les autres. Cela est si peu vrai que depuis Auguste, on voit l'Empereur Caligula dispensé par le Sénat de l'observation d'une Loi particuliere. Il est si peu vrai aussi que par là le Peuple se fût dépouillé de tout le pouvoir législatif, & eût rendu l'Empereur Auguste Législateur unique, qu'on trouve depuis ce tems plusieurs Loix portées par le Peuple, comme il faisoit auparavant. Noodt l'a demontré, & dans la Dissertation dont on vient de parler, & dans un autre Ouvrage encore (v).

Ces observations ne sont pas propres à concilier de l'autorité à l'assertion d'Ulpien. Elle est prouvée fausse par l'Histoire.

Mais quand on renonceroit à cet avantage, les Empereurs Romains n'ont jamais prétendu ériger toutes leurs volontés en Loix obligatoires. On trouve dans le Code plusieurs Constitutions Impériales, qui ordonnent expressément aux Juges de n'avoir point d'égard à ceux de leurs Rescrits, qui pourroient être contraires au bien public, ou intéresser les droits de la Justice, ou même prescrire quelque chose d'illicite (w).

(t) *Sed & quod Principi placuit, Legis habet vigorem: quùm Lege Regiâ, quæ de ejus imperio lata est, populus ei & in eum omne imperium suum & potestatem concedat. Quodcunque ergo Imperator per Epistolam constituit vel cognoscens decrevit, vel Edicto præcepit, legem esse constat. Instit. Lib. 1, Tit. 2. §. 6.* L. 1. Dig. *de Constitutionibus Principum.*
(u) *Gronovius Orat. de Lege Regiâ.* Noodt *Dissert. de jure summi Imperii & Lege Regiâ.* Recueil de divers Traités par Barbeyrac. Part. 2. Art. 16. Pag. 17. Heineccius Antiq. Roman. Lib. 1. Tit. 2. N. 62. & seq. Science du Gouvernement par de Réal. Tom. 1. Pag. 110. & suiv.
Les deux Dissertations de Gronovius & de Noodt ont été traduites en François, & publiées avec des Notes par Barbeyrac, sous ce titre, *Discours sur diverses matieres importantes, traduits ou composés par Jean Barbeyrac,* 1731. 2 vol in 12°.
(v) *Nunquam potui in animum meum inducere ut probarem eorum sententiam qui existimant, hæc Ulpiani verba, ei & in eum, esse formulæ quâ usus in Lege Regiâ sit Populus Romanus: multoque minùs mihi persuadeo, ab Ulpiano significari quod & illi & alii tradunt, Populum Romanum Lege Regiâ omne suum imperium & potestatem Principi concessisse ita ut omni prorsùs jure & potestate se exueret, ac ne tantillum quidem retineret reliquum, sed alienato à se omni jure, velet unum Principem, tanquam sui & Legum dominum, sibi pro arbitrio imperare, seque illi sine exceptione parere. Nunquam enim hoc factum: & contrà video populum in comitiis suis etiam post Legem Regiam fuisse rogatum, quid de rebus cùm publicis, tùm privatis, vellet ac juberet fieri. Quod quò spectat, nisi vel tùm suum populo jus fuisse existimamus? Sed quod de comitiis dixi liquet ex ipsâ Legis Regiæ formulâ quâ delatus Vespasiano fuit Principatus &c. Observationum Juris Lib. 1. Cap. 3.*
(x) Leg. 7, cod. *De Precib. imperat. offerendis.* .... Leg. 6. *Si contra jus.*

Tout le monde connoît cette Loi célebre, où l'Empereur Théodose déclare que rien n'est plus digne de la majesté du Souverain, que de se croire lié par les Loix, & que de là dépend l'affermissement de l'Empire (x). Nous avons rapporté ailleurs une autre Loi, par laquelle Théodose soumit ses propres Loix à l'examen du Sénat; & une Novelle de Justinien, qui fit dépendre l'exécution des siennes de l'approbation du préfet du Prétoire. Joignons-ici ce qu'on Lit dans la Novelle 82, où Justinien défend à tout Juge de s'écarter des Loix, pour exécuter des jussions du Prince qui les contrediroient; *Car nous ne voulons* [ce sont les paroles de cet Empereur] *que ce que nos Loix veulent elles-mêmes* (y). Voilà en propres termes la regle de Loysel. L'Empereur Trajan se faisoit une gloire de respecter les Loix, & de s'y soumettre (z). Saint Ambroise écrivoit à l'Empereur Valentinien le jeune, qu'un Empereur doit faire sa regle des Loix même qu'il a publiées (a). C'est aussi l'instruction que donne aux Princes, Rathier Evêque de Vérone, qui vivoit dans le dixieme siecle (b).

Charles-le-Chauve, dans un Capitulaire de l'an 861, veut une chose, parce qu'elle est conforme à la Loi; & n'en veut pas une autre, parce qu'elle y est contraire (c).

„ C'est dans les Loix que vous devez chercher ma volonté, disoit un Roi Goth à un Juge. Suivez exactement leurs dispositions, & vous serez assuré d'obéir à mes ordres (d)". Voilà en propres termes la regle de Loysel.

Il n'y a que les Ordonnances, suivant le Chancelier de l'Hôpital, qui soient les vrais commandemens du Roi que le Parlement ait juré d'observer (e). Tous les commmandemens du Roi ne sont donc pas des

---

(x) *Digna vox est Majestate Regnantis, legibus alligatum se principem profiteri. Adeò de autoritate juris nostra pendet autoritas, & reverà majus imperio est, legibus principatum submittere.* Leg. 4. cod. *De Legib.*

(y) *Omnis judex, ... custodiat leges, & secundùm eas proferat sententias; & vel si contingat jussionem nostram in medium, vel si sacram formam, vel si pragmaticam procedere sanctionem, dicentem aliter agi, sequatur legem, nos enim volumus obtinere quod nostræ volunt leges.* Nov. 82, cap. 13.

(z) *Ipse te legibus subjecisti, quas nemo Principi scripsit.* Paneg. Traj. pag. 190.

(a) *Leges Imperator fert, quas Princeps ipse custodiat.* Epist. 21, n. 9.

(b) *Justum est te legibus obtemperare debere. Tecum enim jura tua ab hominibus custodienda scias, si & tu illis reverentiam præbeas. Teneris enim tu, ut dicit Isidorus, tuis legibus, nec ipse damnare contrà hæc faciendo, tua debes jura qua in subjectis constituis. Justa est enim vocis tuæ autoritas, si quod prohibes populis, tibi licere non patiaris.* Amplissima collectio monumentorum, tom. 9, col. 912.

(c) *Advocatus eorum.... sicut lex est malletur.... Nolumus quia nec lex est.* Baluse, Capitul. tom. 2, col. 152.

(d) *Voluntatem Regiam in legibus habes. Illis obtempera, & nostra cognosceris implere mandata.* Cassiodore, Variarum; lib. 7, n. 2, formula Præsidatus.

(e) Le texte a été cité ailleurs. Le même Chancelier disoit au Lit de Justice, tenu à Bordeaux le 11 Avril 1564, en parlant au Roi : „ Vous leur avez déclaré que vous voulez que „ vos Ordonnances soient gardées, quelque chose qu'on vous souffle aux oreilles au contraire, & „ que vous le voulez ainsi, & ne voulez point faire autrement, que ce que vous avez déclaré „ par vos Ordonnances;" & adressant sa parole à Messieurs de la Cour & aux assistans, leur a dit: „ Qu'ils ne crussent point ce qui est hors l'Ordonnance; car le Roi ne veut rien contre „ les Ordonnances". *Cérémonial François*, tom. 2, *page* 580.

Loix. On ne doit regarder comme tel, que les Ordonnances. Ne voilà-t-il pas encore la regle de Loyfel bien entendue?

Tels font les textes que de Lauriere auroit dû produire pour éclaircir la regle, plutôt que ces paroles des Inftitutes: *Quod Principi placuit, legis habet vigorem*, qui d'ailleurs n'ont pas le fens qu'on veut leur attribuer.

<small>Vrai fens du terme Placet.</small>

Il faudroit être bien peu familier avec le langage des Loix, pour croire que le terme *Placet* exprime un caprice, une fantaifie. Par-tout il défigne une volonté jufte, réfléchie, légale. C'eft fous cette expreffion que les Loix Romaines nous défignent les opinions des Jurifconfultes, ou les maximes reçues par l'ufage, & qui formoient la Jurifprudence courante: il faudroit copier toutes les Loix pour en réunir les preuves. Les Juges employoient ce terme dans la prononciation de leurs Jugemens (f); comme les nôtres difent aujourd'hui, *Nous ordonnons, nous condamnons*. Cela fignifioit-il qu'ils avoient jugé ainfi, uniquement parce qu'ils l'avoient voulu? Pour annoncer les Loix faites par un tel Empereur, on difoit, *il a plû, felon qu'il a plû à un tel Prince* (g). Vouloit-on faire entendre par là, que fa Conftitution n'avoit eu d'autre principe que fa volonté arbitraire?

Les Loix elles-mêmes font appellées *Placita* (h), & on n'a pas entendu les annoncer comme le fruit de la fantaifie. Dans les anciens Conciles les Evêques témoignoient par le *Placet*, leur adhéfion aux décifions fur le Dogme ou la Difcipline. En a-t-on jamais conclu qu'ils fe fuffent déterminés par caprice, fans connoiffance de caufe, & uniquement parce qu'ils le vouloient ainfi?

<small>Sens du texte des Inftitutes fixé par Brachton Jurifconfulte du XIII Siecle.</small>

Veut-on voir ce Texte des Inftitutes expliqué dans le treiziéme fiecle? Qu'on ouvre Bracton qui a déjà été cité. Il pofe pour premier principe, que le Roi a pour fupérieur Dieu & la Loi par laquelle il a été fait Roi. (i).

<small>Le jugement, prononcé par le Proconful contre Saint Cyprien, étoit ainfi conçu: *In Tafcium Cyprianum gladio animadverti placet*.
(g) *Divo Marco placuit*. L. 16, §. 2. dig. *de his quæ ut indignis*.
Placuit Principi, fecundùm ea quæ divo Pio placuerunt. LL. 21 & 26, dig. *de Fidei-Commiffariis libertatibus*.
Conftitutio Principis quod placuit. L. 66. dig. *de Legatis* 2.°
Cum divo Antonino jamdudùm placuerit. L. 4, cod. *ad Senatûs-Confultum Trebellianum*.
Jam pridem mihi & divo Severo patri meo placuit. L. 1. cod. *ad Legem Corneliam de falfis*.
Secundùm ea quæ divo Pertinaci placuerunt. L. 1. cod. *de bonis Libertorum*.
Nos anciennes loix ont confervé la même expreffion: *Placuit atque couvenit inter Francos, & eorum Proceres*.
(f) *Metrodorum, cùm hoftem fugientem fciens fufceperit, in infulam deportari: Philoctetem, quod occultari eum non ignorans diu diffimulaverit, in infulam relegari Placet*. L. 40. Dig. *de Pœnit*.
Sententia dicta eft & Placuit. L. 88, dig. *de Legatis* 2.°
Placuit eum ab eâ petitioneabfolvi L. 30, dig. *de Pactis Dotalibus*.
(h) *Nonnullis juris Placitis eft comprehenfum*. L. 12. cod. *ad Legem falcidiam*.
Præfes Provinciæ legum placita cuftodiet. L. 5, cod. *de adjiciis privatis*.
Divorum Principum Placitis continetur. L. 1, cod. *fi pignus pignori datum fit*.
Divorum Severi & Antonini Placitis continetur. L. 4, cod. *de Hæredibus inftituendis*.
(i) *Rex habet fuperiorem Deum fcilicet; item Legem per quam factus eft Rex*. Bracton *de Legibus & Confuetudinibus Angliæ* Lib. 2. Cap. 16.</small>

Ailleurs il examine sur qui tombe l'obligation de rendre justice. Il soutient que c'est sur le Roi & même sur le Roi seul, s'il étoit possible qu'il suffit à l'étendue de ce devoir. En y manquant il violeroit le serment solemnel qu'il a prononcé à son sacre (k).

Le Roi n'a été établi que pour rendre justice à ses Sujets, & les maintenir dans la possession tranquile de leurs biens (l).

Le Roi surpasse en puissance tous ceux qui lui sont soumis. Il n'a donc point de supérieur ni d'égal dans l'exercice de la justice. Mais lorsqu'il s'agit de souffrir qu'on la rende, il n'a rien qui l'éleve au-dessus du dernier de ses Sujets. Plus son pouvoir est grand, plus il doit le tempérer lui-même dans l'usage par la crainte d'en abuser. Car étant le Ministre & le Vicaire de Dieu, il ne peut rien que ce qu'il peut justement (m).

On objecteroit en vain le Texte des Institutes, où il est dit que tout ce qui plaît au Prince a force de Loi. Cela est fondé, suivant ce même Texte, sur ce que par la Loi Royale, le Peuple a donné à l'Empereur le pouvoir de faire des Loix. Mais puisque ce droit Impérial est fondé sur une Loi; c'est-à-dire, sur un acte sérieux & réfléchi, le Peuple n'a pas voulu consacrer tous les caprices de l'Empereur, en les érigeant en Loix; mais lui transmettre le Pouvoir Législatif, le droit d'ordonner ce qui seroit trouvé utile au bien public, en employant pour cela la forme légale, & après toutes les réflexions & délibérations nécessaires (n).

D'après ces principes, Bracton veut que le Roi regle sa puissance par la Loi, & qu'il y conforme sa conduite. Il lui doit cela en quelque sorte par reconnoissance; puisque c'est elle qui l'a élevé sur le Thrône. Il le doit à son propre interêt, puisque son Etat ne subsistera pas long-tems, si les Loix y sont foulées aux pieds (o).

(k) *Videndum erit de iis quæ pertinent ad regnum, quis primò & principaliter possit & debeat judicare: & sciendum quod ipse Rex, & non alius, si solus ad hæc sufficere possit, cùm ad hæc per virtutem sacramenti teneatur adstrictus. Debet enim in coronatione sua, in nomine Jesu Christi præstito sacramento, hæc tria promittere populo sibi subdito. In primis se esse præcepturum & pro viribus, opem impensurum, ut Ecclesia Dei & omni populo Christiano, vera pax omni suo tempore observetur. Secundò ut rapacitates & omnes iniquitates omnibus gradibus interdicat. Tertiò ut in omnibus judiciis æquitatem præcipiat, & misericordiam, ut indulgeat ei suam misericordiam clemens & misericors Deus, & ut per justitiam suam firmâ gaudeant pace universi.* Ibid. Lib. 3. Cap. 9.

(l) *Ad hoc creatus est & electus, ut justitiam faciat universis & ut in eo Dominus sedeat, & per ipsum sua judicia discernat, & quod justè judicaverit, sustineat & defendat; quia si non esset qui justitiam faceret, pax de facili posset exterminari, & supervacuum esset Leges condere & justitiam facere, nisi esset qui Leges tueretur. Separare autem debet Rex (cùm sit Dei Vicarius in terrâ) jus ab injuriâ, æquum ab iniquo, ut omnes sibi subjecti honestè vivant, & quod nullus alium lædat, & quod unicuique, quod suum fuerit, rectâ contributione reddatur:* Ibid.

(m) *Potentiâ verò omnes sibi subditos debet præcellere. Parem autem habere non debet, nec multò fortius superiorem, maximè in justitiâ exhibendâ, ut dicatur verè de eo, magnus Dominus noster, & magna virtus ejus &c. Licet in justitiâ recipiendâ, minimo de Regno suo comparetur, & licet omnes potentiâ præcellat, tamen (cum cor Regis in manu Dei esse debeat) ne sit effrænata frænum apponat temperantiæ, & lora moderantiæ ne cùm ineffrænata sit, trahatur ad injuriam. Nihil enim aliud potest Rex in terris, cùm sit Dei Minister & Vicarius, nisi id solum quod de jure potest.* Ibid.

(n) *Nec obstat quod dicitur, quod Principi placet, Legis habet vigorem, quia sequitur in fine Legis, cum Lege Regiâ, quæ de imperio ejus lata est, id est, non quidquid de voluntate Regis temerè præsumptum est, sed animo condendi jura, & quod consilio Magistratuum suorum, Rege autoritatem præstante, & habitâ super hoc deliberatione, & tractatu, rectè fuerit definitum.* Ibid.

(o) *Temperet igitur potentiam suam per Legem quæ frænum est potentiæ, quod secundùm Leges vivat, quod hoc sanxit Lex humana, quod leges suum ligant latorem, & alibi in eâdem: digna vox.*

On abuse donc manifestement de ces mots: *Quod Principi placuit, legis habet vigorem*, lorsqu'on s'en sert pour ériger en Loi les caprices, les volontés les moins raisonnables des Souverains. Leurs volontés justes, réfléchies, publiées dans une forme régulière sont des Loix ; personne n'en a jamais douté.

4°. Proposer comme une Maxime fondamentale de notre Droit public, que nos Rois peuvent tout ce qu'ils veulent, & que toutes leurs volontés sont des Loix, ce seroit substituer au langage de la vérité celui de la plus outrée flatterie; méconnoître la nature & les monumens de notre Monarchie ; prêter à nos Princes des sentimens aussi peu conformes à la bonté de leur cœur, que peu dignes de leur religion & de leur amour pour la justice.

Le pouvoir des Souverains n'est pas seulement un pouvoir de force, mais un pouvoir de droit ou de raison.

Si l'on considere ce que peut un Monarque par la seule force de sa puissance, il est sensible qu'il peut tout ce qu'il veut, puisqu'il est moralement sûr que ses Sujets n'opposeront pas la violence à la violence. Sous ce rapport, il est vrai qu'un Monarque peut tout, qu'il est maître de renverser ses Etats, de détruire les Loix, d'opprimer ses Sujets. Il pourroit, s'il le vouloit, à la veille d'une bataille, casser tous ses Officiers, licentier toutes ses troupes aguerries pour se former une armée nouvelle, composée de soldats sans expérience, & d'Officiers qui n'auroient jamais vu le feu.

Mais, est-ce donc sous un point de vue aussi sinistre, qu'on doit envisager le pouvoir des Rois? Non, sans doute. Quand on parle de ce que peuvent les Rois, il n'est point question de ce qu'ils peuvent, comme étant les plus forts, mais de l'étendue de leur puissance réglée par les devoirs que leur impose celui qu'ils représentent sur la terre. Il ne s'agit pas d'un pouvoir de fait & de violence qui ne se permet aucunes bornes, mais du pouvoir de droit, le seul légitime, le seul que la raison autorise & que la religion approuve.

Ce fut, pour écarter ces fausses idées du pouvoir illimité & arbitraire, que le Clergé, dans ses Remontrances de 1579, représenta à Henri III que, si les flatteurs ,, vous veulent éblouir les yeux d'une vanité de grandeur & de toute-puissance, disant que vous ne devés avoir les mains liées, ains faire & ordonner toutes choses à votre plaisir; il vous souvienne de votre belle parole, non moins divine que royale, & laquelle est jà publiée par tout le monde, que votre liberté & grandeur consiste à être si bien lié, que vous ne puissiés mal faire: car, à la vérité, *pouvoir mal*

majestate regnantis est, Legibus scilicet alligatum se Principem profiteri. Item nihil tam proprium est Imperii, quàm Legibus vivere, & majus imperio est Legibus submittere Principatum, et merito debet retribuere Legi, quia Lex tribuit ei, facit enim Lex quod ipse sit Rex. Item cùm non semper oporteat Regem esse armatum armis, sed Legibus; addiscat Rex sapientiam & conservet justitiam, & Deus praebebit illam sibi, & cùm illam invenerit, beatus erit, si tenuerit eam, cùm sit honor & gloria sensati, & lingua imprudentis subversio ipsius, & principatus sensati stabilis, & Rex sapiens judicabit populum suum. Si autem fuerit insipiens, perdet illum, quia à capite corrupto descendit corruptio membrorum ; & si sensus & vires non vigeant in capite, sequitur quod cætera membra suum non poterunt officium exercere. Ibid.

mal faire, est plutôt action d'impuissance, que de vrai pouvoir (p). Aux Etats de Blois assemblés en 1586, les Députés du Tiers rappellerent la même parole dans leur haranguea dressée à ce Monarque: ,, Vous avés promis de régler votre puissance à la raison, *& dignement vous avez soumis Votre Majesté à la Loi*, qui est le plus beau & riche propos qui se puisse lire en toutes les annales de vos Prédécesseurs, & lequel mérite d'être engravé en lettres d'or (q),,.

On montre qu'on n'a pas les premieres notions de la dignité du Trône, du caractere de la Puissance Publique, des motifs & de la fin de son institution, lorsqu'on ose dire aux Princes qu'ils peuvent se jouer de la Justice & des Loix pour faire une vaine ostentation de leur autorité. Il est au contraire de leur grandeur de s'assujettir eux-mêmes aux Loix, non à la peine qu'elles peuvent prononcer, mais à l'équité qui les a dictées. Suivant un de nos Jurisconsultes les plus célebres, & dont le témoignage ne sçauroit être suspect, ,, la puissance des hommes ne sçauroit être absolue tout à fait..... Il y a trois sortes de Loix qui bornent la puissance du Souverain sans intéresser la Souveraineté; les Loix de Dieu, les regles de Justice naturelle, & les Loix fondamentales de l'Etat (r),,. D'autres Jurisconsultes disent que le Souverain doit vivre sous l'empire des Loix (s), & que nos Monarques s'y sont si religieusement assujettis, qu'ils ont toujours trouvé bon que leurs Sujets plaidassent contr'eux, & gagnassent leurs procès quand ils avoient le droit pour eux (t). Carondas cite un Edit de Charles V, où ce Prince déclara que les Loix étoient faites pour lui & ses Sujets.

,, Il n'y a, comme l'observoit un Prélat, dans sa harangue aux Etats de Blois en 1588, que deux voies pour régner; l'une par force, & l'autre par amour. La premiere est très-dangereuse & périlleuse, tant à la sûreté de la personne du Prince, que de celle de l'Etat, *fort éloigneé de la façon de faire de nos Rois*, & encore plus de la vertueuse bonté de Votre Majesté; mais la seconde forme, qui est par l'amour & bienveillance des Sujets, est si ferme & assurée, & donne tant de repos & contentement au Prince, qu'ayant en main les cœurs de ses Sujets, il se peut assurer d'avoir aussi tous leurs biens quand les plus grandes nécessités du Royaume le requierent, s'ils reconnoissent qu'on épargne leur bien & leur subsistance à l'usage de telles nécessités (u),,.

,, Les Rois qui ont été sages, & qui ont connu leurs véritables intérêts, [c'est une réflexion du Cardinal de Retz] ont rendu les Parlemens dépositaires de leurs Ordonnances, particuliérement pour se déchar-

---

(p) Mémoires du Clergé, tom. 12, pag. 13.
(q) Recueil général des Etats tenus en France, part 2, pag. 219.
(r) Loyseau des Seigneuries, ch. 2, n. 9.
(s) *Princeps debet vivere secundùm leges, quia ex lege ejus pendet auctoritas.* Balde, sur la Loi 4 cod. de legib.
(t) *Mornac supra & Carondas*, Pandectes du Droit François, tom. I, liv. I, chap. 4. p 40. & 42.
(u) Harangue de l'Archevêque de Bourges, prononcée le 25 Novembre 1588. Recueil général des Etats tenus en France, part. 2. pag. 169.

ger de la haine que l'exécution des plus saintes & des plus nécessaires produit quelquefois. Ils n'ont pas cru s'abaisser en s'y liant eux mêmes; semblables à Dieu qui obéit toujours à ce qu'il a commandé une fois. Les Ministres qui sont toujours assez aveuglés par leur fortune pour ne se pas contenter de ce que les Ordonnances permettent, ne s'appliquent qu'à les renverser........ Il n'y a que Dieu qui puisse subsister par lui seul: les Monarchies les mieux établies, & les Monarques les plus autorisés ne se soutiennent que par l'assemblage des armes & des Loix; & cet assemblage est si nécessaire que les uns ne se peuvent maintenir sans les autres. Les Loix, sans le secours des armes, tombent dans le mépris; *les armes qui ne sont point modérées par les Loix, tombent bientôt dans l'anarchie....*". Les usurpateurs sont parvenus à leurs fins par les mêmes voies par lesquelles ils s'étoient insinués dans leurs esprit (des Monarques); *c'est-à-dire, par l'affoiblissement & par le changement des Loix de l'Etat*, qui plaît d'abord aux Prince peu éclairés, parce qu'ils s'imaginent y voir l'aggrandissement de leur autorité, & qui dans la suite sert de prétexte aux Grands, & de motifs aux Peuples pour se soulever (v)".

Les Loix, selon la définition des Livres saints, sont la lumiere & la regle des mœurs; *lex lux; & via vitæ, increpatio disciplinæ* (w). Les Romains en avoient conçu la même idée: *leges sacratissimæ quæ constringunt hominum vitas.* Ils les regardoient comme le plus ferme appui du Trône: *de autoritate juris nostra pendet autoritas* (x). Rien n'est donc plus important pour les Souverains que de ne jamais laisser ébranler l'autorité des Loix; puisque, selon l'expression de l'Abbé Suger, le Roi & la Loi n'ont qu'une seule & même autorité.

C'est aussi ce que les Magistrats les plus zélés pour le service de nos Rois, n'ont pas craint de leur représenter. ,, Votre Majesté, Sire, (disoit M. Servin à Louis XIII) ne doit pas tenir pour gens véritables ceux qui lui diront que sa puissance est au-dessus des Loix, *& que sa seule volonté doit être tenue pour toute regle.* Il est vrai que la Puissance Royale, & la vôtre mêmement, entre tous les Princes Chrétiens, est absolue. Mais les bons Rois ont accoutumé de dire, & de faire paroître par bons effets que *le moins vouloir est le plus pouvoir, & que c'est une Loi digne d'un Prince de se déclarer lié aux Loix* (y)".

Leurs propres Officiers se sont fait un devoir de leur rappeller dans les Lits de Justice même, que, l'Etat n'est heureux qu'autant que le Prince est obéi d'un chacun, *& que lui obéit à la Loi* (z); que la vraie & solide gloire du Roi *est de soumettre Sa Hauteur & Majesté à justice*, à rectitude & à l'observation de ses Ordonnances, & que c'est la justice qui affermit son Trône (a)".

(v) Mémoires du Cardinal de Retz, tom. 1. liv. 2. pag. 118. édit. de 1751.
(w) Proverb. cap. 6, vers. 23.
(x) Leg. 4. Cod. de legib.
(y) Plaidoyer en 1614.
(z) Le Chancelier Olivier, au lit de Justice en 1549.
(a) M. le Chancelier Daguesseau en 1723.

Ces Maximes sont nées avec l'Etat; elles ont paru à nos Rois dans les différens âges de la Monarchie, être ses plus solides fondemens. Clovis ayant demandé à Saint-Remi combien dureroit la Monarchie Françoise; ce Prélat répondit qu'*elle subsisteroit autant que les Loix & la Justice y régneroient* (b). Clotaire I, dans la plus ancienne Ordonnance judiciaire que nous ayions, après la Loi Salique, reconnut que le véritable usage de la Royauté étoit de veiller avec sollicitude aux besoins & au repos des Sujets; que la vraie maniere de s'en faire aimer étoit de ne jamais s'écarter des regles de la Justice, & d'une inviolable équité; de ne jamais violer ni les Loix ni leurs formes anciennes (c). On lit dans une addition au recueil des Capitulaires, qu'un Roi n'est vraiment grand, que lorsqu'il gouverne selon la Justice, & que le titre même de sa dignité l'y engage (d); dans le Rosier des guerres, composé par ordre de Louis XI, que ,, quand les Rois ne ont égard à la Loi, en ce faisant, ils font leur Peuple serf, & perdent le nom de Roi.... qu'un Roi est bon & noble qui, en son Royaume, se garde de rompre la Loi qui est profitable au Peuple ; car par observation de la Loi, les Rois font au Peuple ce qu'ils doivent & ce qu'ils sont tenus de faire ,,. Répétons encore ce précieux mots d'Henri IV. *La premiere Loi du Souverain est de les observer toutes; & il a lui-même deux Souverains, Dieu, & la Loi* (e).

Avec de pareils sentimens, nos Rois se seroient-ils permis de faire sur les Loix l'épreuve de leur puissance, & de chercher dans leur instabilité le sceau de leur grandeur? Plus ils ont été convaincus qu'ils devoient se conformer aux Loix, & faire profession de les respecter, sans craindre par cet aveu si honorable, d'affoiblir ou énerver leur pouvoir, moins ils ont été tentés de détruire les Loix justes & utiles, & de leur en substituer de nouvelles, par le seul motif de s'assurer eux-mêmes, & de convaincre les Peuples qu'ils avoient dans leurs mains toute la plénitude de la Puissance Législative.

Ce seroit le comble de l'égarement de s'imaginer que la mutabilité des Loix, que l'abolition des bonnes, que la publication d'Ordonnances ou mauvaises ou inutiles, fussent des actes indifférens au Trône, ou même un exercice légitime de la Souveraineté. La Législation, d'où dépendent la tranquillité des Etats & le bonheur des Peuples, est un des articles les plus interessans du Gouvernement, celui qui doit principalement exciter la vigilance du Monarque: & quoi de plus digne de sa sagesse, que de combiner les dispositions des Loix avec les besoins des Sujets, les circonstances des temps & des lieux, porter sur tous ces objets

---

(b) *Emil. de gestis Francor.*
(c) *Quibus, quantum plus fuerit justitia atque integritatis impensum, tantum proulus amor devotionis incumbit. Ideoque præcipientes jubemus, ut in omnibus caussis antiqui juris forma servetur.* Capit. tom. 1. col. 7.
(d) *Rex à recte agendo vocatur. Si piè & justè agit, meritò rex appellatur. Si his caruerit, non rex, sed tyrannus est.* Capitul. tom. 1e. col. 1146.
(e) Mémoires du Sully, tom. 1. pag. 460.

le jugement le plus réfléchi ! Cette attention est si salutaire, si évidemment conforme à la raison, qu'on devroit plutôt travailler à l'introduire dans les Etats où elle est inconnue, que de l'abolir dans les Monarchies où elle subsiste de toute ancienneté.

Le pouvoir Législatif conféré aux Souverains ne s'étend pas sur les Loix fondamentales.

S'il existe dans les Empires *des Loix fondamentales* qu'on ne peut changer, M. Bossuet juge qu'il seroit „ même très-dangereux de changer sans nécessité celles qui ne le sont pas...... En général, les Loix ne sont pas Loix, si elles n'ont quelque chose d'inviolable...... L'attachement aux Loix & aux anciennes Maximes affermit la Société, & rend les Etats immortels (f)." Les Loix existantes, & sur-tout celles qui sont anciennes, ne sçauroient donc être changées sans nécessité, puisque l'innovation seroit dangereuse. Combien moins doit-on attribuer au Prince le droit de détruire les Loix dont la conservation seroit nécessaire ? Il faut être peu jaloux de la solide grandeur du Prince, ou plutôt se déclarer l'ennemi de sa gloire, pour mettre au rang de ses prérogatives la triste satisfaction de renverser ce qui est utile à l'Etat, d'établir ce qui peut lui nuire ; comme si la Puissance Publique qui n'existe que pour la protection, pouvoit dégénérer en un pouvoir destructif.

Les Jurisconsultes Romains ne veulent pas qu'on s'écarte du Droit ancien, qu'on y substitue des Loix nouvelles, à moins qu'on n'y soit déterminé par une utilité évidente. On ne doit pas même selon eux, changer facilement les formes. Ils ne le permettent que dans le cas où on y est comme forcé par des motifs d'une équité manifeste (g).

Le Chancelier de l'Hôpital dans le Discours qu'il prononça le 17 Janvier 1561, en présence des Présidens & Conseillers de tous les Parlemens assemblés à Saint-Germain en Laye, s'explique très-fortement sur la nécessité d'observer les Loix, sur l'inconvénient qu'il y a à les changer, à moins que ce ne soit de ces Loix indifférentes & de pure police qui dépendent nécessairement des circonstances.

„ Quant à l'Edit fait suivant l'avis „ de la Cour de Parlement de Paris,
„ faut considérer qu'il y a deux sortes de Loix: aux unes on ne peut
„ déroger sans contrarier aux Ordonnances de Dieu, & celles-là de-
„ meurent inviolables, autrement seroit renvoyer Dieu à la garde-
„ robe pour un tems; & ne sait-on s'il voudroit revenir quand on le
„ rechercheroit. Tous Etats & Républiques sont entretenues & con-
„ servées par l'observation des Loix ; & le mépris & violation d'icelles
„ leur apporte ruine, lesquels se perdent ou tout-à-coup, ou avec
„ longueur de tems, & peu-à-peu. Tout-à-coup s'est perdu le Ro-
„ yaume de Hongrie par l'invasion du Turc. Peu-à-peu se minent les
„ Etats, quand on méprise aujourd'hui une Loi, demain l'autre ; de-
„ sorte que à la fin l'Etat se trouve sans Loix, qui sont les fondemens

(f) Politique *liv.* 1. *part.* 4. *Proposit.* 8.
(g) *In rebus novis constituendis evidens esse utilitas debet, ut recedatur ab eo jure, quod diu æquum visum est.* L. 2. Dig. *De Constitutionibus Principum.*
Et si nihil facilè mutandum est ex solemnibus, tamen ubi æquitas evidens poscit, subveniendum L. 183. Dig. *De Regulis Juris.*

„ des Républiques: & ainſi quand l'on ôte tantôt une thuile, tantôt
„ l'autre, à la fin la maiſon ſe ruine. De même la continuation du mé-
„ pris des Loix apporte éverſion de l'Etat. Il y a d'autres Loix indif-
„ férentes & dépendent de la grace & bienfait du Prince. Celles-là
„ peuvent être relâchées ſans danger. D'ailleurs les Loix ſe abrogent
„ ſouventes fois par un taiſible conſentement (h)".

Qui pourroit en effet confondre ces Réglemens verſatiles par leur nature même, avec ces Loix qui ſeront néceſſairement toujours utiles,
toujours intimement liées avec l'intérêt de l'Etat? Nos Rois ayant reçu
les Cahiers des Etats de leur Royaume ont promis de faire droit ſur
leurs juſtes doléances. Ils ont en conſéquence publié les Ordonnances
d'Orléans, de Blois &c. Ne ſeroit-ce pas une dériſion, ſi ces Loix vénérables pouvoient être révoquées le lendemain par pur caprice, &
ſans autre motif que la volonté du Monarque, ſans aucune participa-
tion des Etats?

C'eſt ce que le Parlement crut devoir repréſenter dans les Remontrances qu'il fit en 1561. ſur les Bulles de Légation du Cardinal de
Ferrare. Il y dit qu'elles ſont contre les Loix & Ordonnances de ce
Royaume; mêmement contre l'Ordonnance faite à la poſtulation &
requête des Etats du Royaume, enregiſtrée à la Cour.

„ Et ſeroit fort mal-à-propos, même en ce tems, & ſe trouve-
„ roit la choſe de mauvais exemple de révoquer ces Ordonnances nou-
„ vellement faites à ſi grande & mûre délibération, ſans ſur ce rappel-
„ ler & derechef convoquer leſdits Etats: & ſi révocation ſe faiſoit
„ du tout ou partie de ce qui a été ordonné à leur requête, il eſt à
„ craindre que leſdits Etats ne ſe mé-contentaſſent, & vouluſſent révo-
„ quer & mettre en doute choſes qui ont été accordées pour le bien,
„ paix & tranquillité de ce Royaume & eſt important beaucoup plus
„ à l'Etat du Seigneur, que leſdites facultés du dit Legat. (i)".

Les Publiciſtes enſeignent que, quoique les Loix humaines ſoient *Les*
muables par leur nature, le Prince ne doit cependant les publier ou les *Loix ne*
abroger que par des vues ſages & pour l'intérêt public (k); ſans quoi, *doivent*
loin de ſe conduire en Légiſlateur ſage, il pécheroit contre les regles *être abro-*
eſſentielles de l'adminiſtration politique (l). Ce n'eſt pas qu'ils ne tom- *gées que*
bent d'accord que les Loix empruntent toute leur force de l'autorité, *pour de grandes raiſons.*

(h) *Mémoires de Condé, Tom. 1. Pag. 9 11.*
(i) *Preuves des Libertés, Chap. 12. n. 65.*
(k) Charondas Légiſlateur des Thuriens ordonna que quiconque voudroit abolir une vieille
Loi, ou en établir une nouvelle ſe préſentât dans l'Aſſemblée du Peuple la corde au col; aſinque ſi
la nouvelle Loi n'étoit approuvée généralement, il fût étranglé incontinent. Diodore de Sicile. Liv.
XII. C. 4.
(l) *Legis humanæ natura eſt, ut à voluntate humana pendeat, non in origine tantùm, ſed &
in duratione: non debet tamen legiſ autor legem tollere, niſi probabili de cauſâ, peccaturus alloquî
in regulas juſtitiâ gubernatricis.* Victorius, Inſtit. jur. nat. & gentium. l. 2. cap. 20. §. 22.
*Boni legiſlatoris officium in condendis abrogandiſque legibus ſemper ſubordinatum eſſe debet ve-
ræ utilitati Reipublicæ; & ſicuti mutatio legum abſque gravi cauſâ non facilè eſt ſuſcipienda, ità,
ubi cauſa neceſſitas eamdem efflagitat, minimè recuſanda.* Boehmer. exerct. ad Pandect. tom. 6,
pag. 249.

mais cette autorité elle-même ne dépend-elle pas en grande partie de la raison qui est la premiere source des Loix ? On ne présume pas que des regles suivies depuis long-temps par des hommes doués d'intelligence, ne soient pas raisonnables: si elles s'écartoient de l'équité, les hommes ne s'y feroient pas soumis: encore moins les eussent-ils observées avec un attachement persévérant. Or, la variation fréquente des Loix annonce qu'elles étoient dépourvues de raison. La variation qui met en discrédit les Loix précédentes, n'inspire pas un grand respect pour les nouvelles qui seront sujettes à la même instabilité: d'ailleurs, tout ce qui est affermi par le temps a quelque chose de vénérable, & il est difficile que les nouveautés produisent le même sentiment. Le Législateur qui se fait un jeu d'anéantir selon son caprice les Loix de ses Prédécesseurs, doit s'attendre qu'après lui on n'aura pas plus d'égard pour celles qui auront été son ouvrage (m). Ce sont les raisons sur lesquelles les auteurs fondent cette regle immuable de tout bon Gouvernement, qu'il faut être très-sobre dans l'abrogation & le changement des Loix.

On ne peut toucher aux Loix fondamentales sans le concours de la Nation. Il n'en est pas de même des Loix de Police.

On sent qu'il y a cette différence entre les Loix fondamentales & celles qui ne le sont pas, que les Princes ne peuvent révoquer les premieres sans le concours des Parties intéressées qui ont formé la convention qui en a été le principe, & que leur pouvoir suffit pour abroger les autres. Mais s'ils n'ont besoin que de leur autorité propre, de leur volonté seule pour toucher à ces dernieres, il est évident que la raison qui les guide, que le but essentiel de la puissance qui leur est confiée, & dont ils sont comptables au souverain Juge, ne les laisse pas maîtres de confondre toutes ces Loix, de les mettre dans la même classe, de leur imprimer le même caractere de mutabilité.

Il est des Loix ou indifférentes, ou qui sont sujettes aux temps & aux événemens; telles que les Loix de police, celles qui reglent le Commerce, qui fixent le prix des marchandises, qui déterminent la forme des Actes, qui décident certaines questions de Droit; ces Loix peuvent être changées, sans que le public en éprouve de notables inconvéniens. Il en est d'autres, dont l'utilité & la sagesse affectent, pour ainsi dire, leur substance, qui tendent par leur nature à l'avantage de la Société, au maintien du repos public, à la conservation des mœurs, dont les motifs indépendans des temps, des vicissitudes, des révolutions, les rendent autant irrévocables qu'ils le sont eux-mêmes. Ces Loix ont une stabilité intrinseque, qui empêche le Législateur de les abroger, parce qu'il ne peut pas ce qui est injuste, ce qui contrarie l'intérêt de la République, ce qui lui porteroit un vrai préjudice: *Legislatoris officium semper subordinatum esse debet veræ utilitati Reipublicæ.*

L'Université de Paris parloit de ces Loix, lorsque, dans le discours qu'elle prononça devant Charles VI, en 1403, elle dit à ce Monarque avec autant d'énergie que de franchise: ,, Telle doit être la seigneurie

(m) Hertius. Son texte a été rapporté au commencement du *cinquième chapitre*.

du Roi à son Peuple, comme du pere à son fils. Homere appelloit Agamemnon, pasteur du Peuple, sparce qu'il avoit principalement regard au profit de son Peuple, plus que à son profit, qui est seigneurie Royale; le Tyran au contraire tend plus à son profit que au bien de son Peuple...... Puisque la Loi est une fois mise, & elle est raisonnable, le Prince ne la peut, ne doit, par raison, rompre, ne venir à l'encontre. Car les Princes sont seigneurs des choses qui ne sont point déterminées par les Loix, mais des Loix, non. *Leges recté positas oportet esse Dominas*: il convient que les Loix soient Dames..... Ainsi le dit Tulle au troisieme liv. *de legib*. *Ut Magistratibus leges, itâ Populo præsunt Magistratus.* Par quoi il appert clairement, que, puisque lesdites Ordonnances sont justes & raisonnables, vous ne les devés, ni pouvés par raison rompre, ne venir à l'encontre (n)."

Ce sont donc des Maximes inviolables; 1°. Qu'il n'est pas au pouvoir d'un sage Monarque d'abroger une Loi nécessaire ou utile, parce que sa révocation renfermeroit une injustice, & que le Prince ne peut pas ce qu'il ne peut pas justement. 2°. Que la révocation des Loix ne sçauroit être arbitraire, parce qu'elle doit être fondée sur des motifs d'utilité publique.

5°. On abuse tant de la prétendue Regle de Loisel, qu'il ne peut être qu'utile de la renverser absolument, & c'est ce qui engage à proposer encore de nouvelles Reflexions.

Reflexions qui renversent absolument la prétendue Regle de Loysel.

Quand on veut que toutes les volontés du Prince soient des Loix; sans examiner si elles sont justes ou injustes, on n'a pas seulement la premiere idée des choses; ou plutôt on combat la nature même des choses.

Car il est certain qu'à tout ce qui mérite véritablement ce nom, à tout ce qui a la vertu d'une Loi, on est obligé d'obéir en conscience. Qui a jamais dit ou pensé qu'on soit tenu en conscience d'exécuter toutes les volontés du Prince, telles qu'elles soient, même lorsqu'elles sont visiblement injustes, nuisibles au bien public, incompétentes, prononcées sans regle & sans forme? Traçons ici quelques-unes des Regles que donnent les Moralistes.

Caracteres de toute Loi juste.

Pour que la Loi soit juste, il faut, selon eux, plusieurs choses. 1°. Elle doit être portée pour l'avantage de la Société. Il y a entre les Loix la même différence à-peu-près qu'entre le Roi & le Tyran. La Loi destinée au bien commun de la Société est juste. Celle qui ne se propose que l'utilité particuliere du Législateur, est une tyrannie?

2°. Il faut que celui qui la prononce ait eu droit de la faire, & qu'il n'ait pas excédé les bornes de son pouvoir.

3°. Son objet doit être utile & honnête. Elle ne doit ni défendre ce qui est bon, ni prescrire de mauvaises actions.

4°. Elle doit garder une exacte proportion dans la distribution des honneurs & des charges, des peines & des récompenses. La Loi qui

---

(n) Du Boulay, *Histor. Universit.* Paris, tom. 5. p. 88.

porte tous ces caracteres, qui ne peche par aucun des défauts contraires, est véritablement juste. (o).

Or toute Loi juste oblige en conscience (p) Toute Loi injuste n'oblige point dans le for intérieur (q), quoiqu'il puisse arriver quelquefois qu'on soit obligé d'y déférer extérieurement, lorsqu'elles ne sont pas absolument insupportables, pour éviter un trouble & un scandale plus grand (r).

Le même Auteur établit encore ailleurs, que toute Loi pour être bonne & stable, doit tendre au bien de la Société, & il en rapporte différentes preuves (s).

Cette

(o) *Existimatur Legis justitia ex omnibus ejus causis, scilicet finali, efficientis, materiali atque formali, finali inquam, ut pro communi bono sit condita, eadem enim differentia, ut diximus, quæ inter Tyrannum & Regem, inter Leges quoque dignoscitur, nempe ut quæ pro communi utilitate sit lata, justa habeatur, quæ verò pro particulari, tyrannica. Secundò ex parte agentis, utpote quod qui illam tulerit suam non fuerit facultatem transgressus. Tertiò ex parte materiæ: Quoniam ut quæ pro tempore & loco bona sunt, prohiberi non debent, ità neque opera mala materia præceptionis sunt. Quartò ex parte formæ. Nam cùm Lex regula sit, debet ex rectitudine & æquitate splendere, ut talem servet tàm in honoribus, quàm in oneribus proportionem ad cives, qualem ipsi habent ad corpus Reipublicæ. Sunt quippe seu partes in toto: ob idque sicut partibus divisa sunt à naturâ munera, sic & onera secundùm proportionem facultatum civium imperanda singulis sunt, atque & honores, secundùm proportionem dignitatum impartiendi. Igitur quæ Lex his fuerit numeris absoluta, obligatoria erit.*

(p) *Lex humana tàm civilis quàm canonica, si justa sit, autoritate viget, vique pollet obligandi subditorum conscientias. Probatur. Lex omnis humana, ut dictum est, ab æternâ per naturalem derivatur, secundùm illud Proverbiorum 8. per me Reges regnant, & Legum conditores justa decernunt, ubi, ut suprà discernendo notavimus, priori membro designatur regnandi potestas, divinitùs Principibus collata juxta illud Pauli: Omnis Potestas à Domino Deo est; posteriori verò prudentia, per quam Leges condunt, & executioni mandant; ergò ex eadem æternâ Lege, virtus ad easdem simul Leges derivatur, quâ sint in conscientiâ apud eum ipsum obligatoriæ.*

(q) *Secunda conclusio. Lex humana injusta non obligat in foro conscientiæ. Conclusio ex superioribus sit notissima. Nam Lex injusta, cum recta non sit, regula esse nequit, atque adeò neque Lex, quæ autem non est Lex, obligat neminem. Legis autem injustitia duobus pensatur modis. Primò si bono adversatur humano ut puta ratione aliquid cuipiam prædictarum quatuor contraria, videlicet ex defectu, aut debiti finis, aut agentis, aut materiæ aut formæ. Altero modo si contraria sit bono Divino. Et quamvis nequeant Deo esse contraria, nisi ratione materiæ, vel aliarum prædictarum causarum, notatur tamen destinctio hæc, ut ad tertiam conclusionem sternatur aditus, quæ talis est.*

(r) *Leges illæ quæ humano tantum bono adversantur, licet in conscientiâ de se non obligent, ligant tamen quandoque ratione scandali: quæ verò Divino bono impiè repugnant, nullatenùs, sed apertè est illis obviandum. Prius membrum patet. Nam in his quæ præse non ferunt manifestam tyrannidem resistere Potentibus non est citrà scandalum possibile, & ideo ferendi interim sunt quousque leviori viâ ih mentem saniorem adducantur. Hùc enim pertinet Christianum Consilium Matth. 6. Qui angariaverit te mille passus, vade cum eo & alia duo; & qui abstulerit tibi tunicam, da ei & pallium.*
At verò si Tyranni vel ad idololatriam nos suis Legibus inducerent, vel à nostris arcerent sacramentis, vel ad alios mores aut ritus fidei contrarios propellerent, nullum esset formidandum scandalum, sed illud esset gravissimum, si illis non statim posthabita vitâ obsisteremus. Hic enim est legitimus sensus illius Act. 5. Obedire oportet Deo magis quàm hominibus. Sic namque respondit Petrus Principi Sacerdotum præcipienti ne nomine Christi prædicarent. Dominicus Soto, De Justitiâ & Jure Lib. 1. Quæst. 6. Art. 2. Pag. 46. Edit. de 1608.

(s) *Lex omnis quò solida sit & firma in commune bonum debet subditos promovere. Conclusio hæc duplici ratione affirmatur, secundùm quod commune bonum aut pro naturali felicitate usurpatur, quam hoc sæculo adipiscimur, quæ est quietus tranquillusque & pacificus Reipublicæ status; aut pro illâ supernaturali, quæ in altero sæculo veluti supremus finis noster nos manet; in queim ad sæculare omne bonum subipte naturâ refertur. Enimverò si rationem primam communis boni species, hoc modo demonstratur conclusio. Pars omnis ad suum totum naturali ordine dirigitur, sicuti imperfectum ad perfectum. Quicumque autem civium partes sunt civitatis, Lex ergò illis præscripta in bonum commune totius civitatis debet eos instituere, velut partes unius corporis quæ ad servitium totius, ordinem habent.... Cic. Lib. 2, de Legibus, constat, inquit, profectò ad salutem civium, civitatumque incolumitatem vitamque omnium quietam & beatam, conditas esse leges... Ex his consequens quod dùm Legislator Leges in suum particulare commodum constituerit, Tyrannum sese intelligat. Ibid. Lib. 1, Quæst. 1. Art. 2. Pag. 7.*

Cette doctrine puisée dans St. Augustin forme l'enseignement commun des Théologiens. Estius dit que les Loix des Princes qui ne sont pas dirigées vers le bien commun ne sont pas des Loix & qu'elles n'obligent pas (t).

Il cite ailleurs le témoignage de Médina, suivant lequel une Loi destinée uniquement à l'avantage particulier du Prince, n'est pas une Loi véritable. Assurer que les Princes ont la propriété des biens de leurs Sujets, qu'ils peuvent les convertir à leur profit, & publier des Loix qui ne soient utiles qu'à eux, c'est, suivant le même Médina, une doctrine qu'on ne peut assez détester (u).

Ces idées sont prises dans la raison naturelle. La Loi, suivant Cicéron, *est sanctio recta jubens honesta, prohibens contraria.*

„ Si on demande, dit un Politique, ce que j'entens par ce mot
„ de Justice: je répons que la Loi du pays où l'on vit, en tant qu'elle
„ est *sanctio recta, jubens honesta, prohibens contraria*, déclare claire-
„ ment ce que c'est. Mais il y a eu & il y a encore à présent des
„ Loix, qui n'étoient & qui ne sont ni justes ni louables. Il y avoit
„ une Loi à Rome par laquelle il étoit défendu d'adorer aucun Dieu
„ sans le consentement du Sénat; ce qui donna occasion à Tertullien
„ de dire en raillant, que Dieu ne sera pas Dieu, à moins que cela
„ ne plaise à l'homme, & en vertu de cette Loi les premiers Chré-
„ tiens étoient exposés à toutes sortes de cruautés, & quelques-uns
„ des Empereurs, qui d'ailleurs étoient des hommes excellens, se
„ souillerent eux & leur Gouvernement, du sang innocent. Antonin
„ le Pieux donna dans ce piege; & Tertullien raille cruellement Tra-
„ jan de ce qu'il se glorifioit de sa clémence, & s'imaginoit en don-
„ ner des marques fort éclatantes, en commandant à Pline, qui étoit
„ Proconsul en Asie, de ne point rechercher les Chrétiens, mais de
„ les punir conformément à la Loi, lorsqu'on les ameneroit devant son
„ Tribunal. Il n'y a point de Loi municipale qui soit plus fermement
„ établie par autorité humaine, que l'est l'Inquisition en Espagne, &
„ en d'autres lieux, & on donne communément le nom de saint Office
„ à ces maudits Tribunaux, qui ont répandu plus de sang Chrétien que
„ tous les Payens ensemble. Si un Gentilhomme Polonois tue un Pay-
„ san, il est à couvert de tout châtiment par la Loi du pays, pourvû
„ qu'il mette un ducat sur le corps mort. Evenus III. Roi d'Ecos-
„ se, fit passer une Loi qui exposoit à sa brutalité les femmes & les filles
„ des Nobles, & celles du Peuple à la débauche des Nobles. Ces Loix
„ & une infinité d'autre semblables à celles-là, n'étoient pas de véri-

(t) *Ac sanè Leges Principum quæ non diriguntur ab bonum publicum, non sunt Leges, proinde non obligant.* Estius in Lib. 3. Reg. Cap. 18. V. 14.
(u) *Vide Medinam in Quest. 90. Art. 1. ubi docet secundùm Thomam, non esse veram Legem quæ in privatum commodum constituitur. Dicit præterea, asserere quod Principes & Reges habeant dominium in bonis subditorum suorum, Ità ut possint convertere ea in propriam utilitatem, & constituere Leges in proprium commodum, Dogma esse pestiferum & omnibus modis execrandum.* Estius in 1 Reg. Cap. 8. V. 11.

„ tables Loix, puisqu'elles ont produit mille maux, & des malheurs
„ inexprimables. Ces Ordonnances infâmes n'étoient donc pas des Loix:
„ on a tort de leur attribuer le nom de Justice: ceux qui gouvernent
„ par ces sortes des Loix, ne peuvent être les Ministres de Dieu; & l'A-
„ pôtre nous ordonnant d'obéir au Ministre de Dieu pour notre bien,
„ nous commande en même tems de ne point obéir au Ministre du Dia-
„ ble pour notre mal, car nous ne pouvons servir à deux maîtres (v)."

La Loi des Visigots exige principalement du Législateur, que tout le monde soit convaincu qu'il oublie entièrement son intérêt particulier, & qu'il n'a été occupé que du bien public (w).

La Loi doit annoncer ce qui est juste, régler les mœurs, ordonner ce qui est conforme à la justice & à l'équité, être le rempart des honnêtes gens, & la terreur des méchans (x).

Le Prologue de la Loi Salique donne la même idée des Loix. On n'y reconnoît pour telle, que ce qui est raisonnable, conforme à la Regle, salutaire dans ses effets (y).

On doit s'attendre que les Jurisconsultes n'auront pas d'autres principes. Aussi veulent-ils tous que la Loi soit juste, honnête, utile au bien commun. On se contentera d'indiquer les idées de Rebuffe sur ce point (z).

La Loi est juste en trois manieres. Et d'abord dans sa fin quand elle est prononcée pour l'avantage commun. Celle qui nuiroit au bien de la Société, seroit injuste: on ne devroit pas y obéir. Le Prince ne peut pas faire une Loi qui prescrive une chose contraire à l'honnêteté & à la justice. Cela répugne à l'essence de la Loi, qui doit être une Ordonnance sainte. Les Parlemens doivent s'opposer de toutes leurs forces à des Loix de ce genre (a).

(v) Sidney Discours sur le Gouvernement, tom. 3. Chap. 3. Sect. 10. Pag. 260.
(w) *Quid requirendum est in artifice Legum? Tum primum requirendum est, ut id quod inducitur possibile credatur. Novissime ostendendum, si non pro familiari compendio, sed pro utilitate populi suadetur, ut appareat eum qui Legislator existit, nullo privato commodo, sed omnium civium utilitate communimentum præsidiumque opportuna Legis inducere.* Lex Visigot. Lib. 1, Tit. 1. n. 3. Recueil des Historiens de France, Tom. 4. Pag. 286.
(x) *Lex est æmula Divinitatis, antistes Religionis, fons disciplinarum, artifex juris boni, mores inveniens atque componens, gubernaculum civitatis, justitia nuncia, magistra vita, anima totius corporis popularis.*
Lex erit manifesta, nec quemquam in captionem civium devocabit. Erit etiam secundum naturam, secundum consuetudinem civitatis, loco temporique conveniens, justa & æquabilia præscribens, congruens, honesta & digna, utilis, necessaria. In qua prævidendum est ex utilitate quæ prætenditur, an plus commodi, an plus iniquitatis oriatur ut dignosci possit si plus veritati proficiat publica, quam Religioni videatur obesse: ac sic honestatem tueatur, ut non cum salutis periculo arguat.
Fieri autem Legis hæc ratio cogit, ut earum metu humana coërceatur improbitas, sitque tuta inter noxios innocentium vita, atque in ipsis improbis formidato supplicio frænetur nocendi præsumptio. Ibid. Tit. 2. N. 2. 4. 5.
(y) *Lex erit omne quod jam ratione constiterit, quod disciplinæ conveniet, quod saluti proficiat.*
(z) *Erit Lex honesta, justa, possibilis, secundum naturam, & secundum consuetudinem Patriæ, loco temporique conveniens, necessaria & utilis, manifesta quoque, ne aliquid per obscuritates incautum captionem contineat, nullo privato commodo, sed pro communi civium utilitate conscripta.* Proemium in Constitutiones Regias. Glos. 1. n. 16.
(a) *Secundò debet esse justa, & dicitur tripliciter. Primò, ex fine, quando est facta ad bonum commune & publicum ..... alias dicitur iniqua... Unde Lex quæ est contra bonum communitatis subditorum suorum est iniqua... & ideò illi non debet obtemperari... Ideo Princeps non potest facere unam Legem quæ continet unum inhonestum vel injustum, quia hoc esset contra Legis substantiam.*

La Loi est juste encore du côté du Législateur, lorsqu'il n'a point excédé les bornes de son pouvoir. Elle est juste dans la forme, lorsqu'elle garde une exacte proportion dans la distribution des charges. Manque-t-elle de ces caracteres, ce n'est plus une Loi, mais un acte de violence, qui n'oblige point en conscience, à laquelle on n'est point tenu de se conformer, si ce n'est pour éviter le scandale & le trouble (b).

Rebuffe demande ensuite si la Loi du Prince oblige en conscience. Oui, si elle est juste; non, si elle est injuste (c).

Application de ces caracteres à la Regle de Loysel.

Après ces notions sur la véritable nature des Loix, comment soutenir le sens qu'on donne à la prétendue Regle, *si veut le Roi, si veut la Loi?* Comment est-il possible qu'on ait voulu élever à la dignité de Loi, tous les caprices, toutes les fantaisies, toutes les volontés en un mot du Monarque, quoiqu'elles soient destituées de tout motif, & manifestées sans aucune solemnité. Il entre dans la définition commune de la Loi, il est de son essence d'être juste, honnête, consacrée à l'avantage commun. Nos peres ont été imbus de ces maximes comme toute les autres Nations. Nos anciens Monumens nous les ont conservées. La Regle, *si veut le Roi, si veut la Loi*, interprétée par les partisans du Despotisme, y est directement opposée. Qu'on nous dise donc à quelle époque, à quelle occasion s'est opéré ce bouleversement d'idées; par quels prestiges on a pu amener la Nation à méconnoître tous les caracteres auxquels elle avoit jusques là distingué les Loix, pour leur substituer une Regle qui divinise, pour ainsi dire, toutes les foiblesses, toutes les passions du Souverain, qui en fait autant d'oracles infaillibles, & de commandemens irrésistibles, qui au lieu d'une obéissance raisonnable, exige une soumission aveugle; une Regle en un mot, qui doit être reléguée dans les Empires d'Asie, comme transformant des hommes libres en esclaves proprement dits.

La Loi de la vérification libre n'est pas opposée à la maxime: il veut le

Des vérités aussi constantes pourroient-elles être ébranlées par la fausse interprétation de la regle de Loysel? En feroit-on le sacrifice sur le fondement d'une regle équivoque? Préféreroit-on au sens qui se concilie avec des Maximes si précieuses, celui qui les renverse & qui les proscrit? L'un fait honneur au Prince, en ne séparant pas sa volonté de la justice de la Loi. L'autre immole la Loi & son équité aux foiblesses d'une volonté humaine, par conséquent capricieuse, inconstante par sa nature, & dont les égaremens & les erreurs feroient d'autant plus dangereu-

---

Cum Lex sit sanctio sancta... Et contra illas debent resistere Parlamenta, ne publicentur, & si publicatæ per importunitatem fuerint, non debent servare ipsas. Ibid. n. 18.

(b) Item justa Lex vocari potest ex auctoritate condentis ut quando lata non excedit potestatem ferentis.... ad hæc justa est Lex ex formâ, quando secundum qualitatem proportionis imponitur onus subditis ad bonum commune, quibus deficientibus, non est Lex, sed violentia, & non obligat in foro conscientiæ, nisi ad vitandum scandalum, vel seditionem. Ibid. n. 22. & 23.

(c) Insuper videndum est, an Leges Imperatoris vel Regis ligent etiam in foro conscientiæ, adeo quod peccet subditus contra Legem scienter veniens? Respondeo: quando Lex est justa, peccat, quia Legi non obedit, per illud quod divus scribit Paulus, Qui resistit Potestati, ordinationi Dei resistit.... Sed si Legislator excedat potestatem, non ligat.... Si contra Dei mandata Lex promulgetur, non valet, nec contra legem naturalem vel moralem.... vel contra bonos mores; Non enim est obligatorium contra bonos mores præstitum juramentum. Ibid. n. 40. 41. 42.

Roi, si veut la Loi, prise dans son vrai sens.

ses, qu'elle n'a aucun frein dont elle ne soit maîtresse de triompher aisément. L'un, en imprimant à toutes les volontés du Monarque l'autorité, & l'empreinte respectable de la Loi, conduit à toutes les horreurs du système de Hobbes, qui fait de la volonté du Prince, la seule regle du juste & de l'injuste. L'autre ne tempére l'usage de la Puissance Souveraine, que pour la rendre plus réglée, plus bienfaisante, plus digne de notre amour. L'un s'accorde avec la doctrine de Loysel sur l'usage de la vérification libre; l'autre le mettroit en contradiction avec lui-même.

Or c'est précisément cette interprétation dont la réalité seroit si funeste, contre laquelle s'élevent tant de Maximes puisées dans la droite raison, étroitement liées avec le bonheur de la République, consacrées par la vénération des siecles, & par les hommages volontaires que leur ont rendu si souvent nos Rois; c'est cette interprétation qui seule pourroit fournir des armes contre l'usage & la nécessité des vérifications libres. S'il étoit vrai que chaque volonté du Prince fût une loi, qu'il ne fallut pour constituer la Loi, que le seul acte de sa volonté exprimé au dehors, sans autre forme, sans autre précaution, sans aucun examen, sans la moindre épreuve qui en garantît la maturité; alors l'enregistrement seroit inutile, ou il se réduiroit à la vaine solemnité d'une simple transcription authentique. Mais au contraire, que *la volonté du Roi ne soit pas la Loi*, & que *la Loi soit la volonté du Roi*; la regle de Loysel, réduite à ce sens, n'a rien qui combatte la vérification libre; il sera vrai de la Loi vérifiée, qu'elle sera la volonté du Roi, & par conséquent que *si veut le Roi, si veut la Loi*; quoique la volonté du Prince, qui n'aura pas acquis par cette derniere forme le caractere Légal, ne puisse ni être appellée une Loi, ni mériter ce titre.

On voit que la regle de Loysel ne renverse pas, & n'entame pas même la Loi de la vérification libre. Mais quelle consistance ne paroît-t-elle pas avoir aux yeux de ceux qui en jugeront par les Maximes des Publicistes? Si elle offre un moyen presque assuré de garantir le Trône des surprises; si elle tend à remplir heureusement les vues que se propose un sage Gouvernement; elle portera dans elle-même le principe de son irrévocabilité; & comment y méconnoîtroit-on cette impression d'utilité, qui doit rendre une Loi également précieuse au Monarque & à ses Sujets? Non-seulement elle a une existence affermie, elle remonte à une antiquité reculée; mais ce n'est pas son âge seul qui la rend digne de vénération, quoique cette qualité soit d'un grand prix, au jugement des Jurisconsultes, *quod in vetustate venerabilis sit religio, qualis nulla est in novitate* (d); ce sont les avantages que l'Etat en retire; c'est son utilité toujours subsistante qui réclame pour sa conservation. Il sera vrai dans les siecles qui nous suivront, comme dans ceux qui ont précédé, que nos Rois ont le plus grand intérêt à se prémunir contre les surprises, à ne publier que des Loix justes, bien réfléchies, & qui fassent

(d) Hertius, *suprà.*

le bonheur de leurs Etats. Ce feroit une espece d'aveuglement d'affimiler une Loi qui produit des effets si salutaires, à ces réglemens de Police sujets à tant de viciffitudes. Ce n'est pas un Monarque seul, qui a introduit ou confirmé cette forme devenue effentielle dans l'ordre de notre Législation; une suite de Monarques, & les plus jaloux de leur puissance, l'ont inviolablement gardée. C'est une Loi dont l'autorité a été reconnue & consolidée par des témoignages sans nombre, émanés de nos Souverains, des Etats, des plus grands Magistrats, des Jurisconsultes les plus instruits; qui tend *à conserver à nos Rois la bienveillance publique de leurs Peuples, qui souvent a sauvé leur honneur, & retenu la République en sa grandeur*; dont aucun prétexte raisonnable ne peut faire desirer l'abolition. Cette Loi est donc autant irrévocable que ses motifs. Nos Rois ne croiront jamais qu'il soit en leur pouvoir de la détruire. Ils ne peuvent rien contre leur avantage personnel & celui de leur Gouvernement. Cette *heureuse impuissance* affermit leur Trône au lieu de l'ébranler (e).

(e) Voyez sur la Regle de Loifel: *si veut le Roi, si veut la Loi*, un Ouvrage intitulé l'Avocat National depuis la p. 38, jufqu'à la p. 50. On peut auffi lire ce que dit cet Auteur sur la Loi *Regia*, p. 40. & suiv.

,, Le Gouvernement Monarchique fuppofe des Loix, un corps politique dépofitaire de ces Loix, ,, qui veille à leur maintien, qui empêche l'introduction d'une nouvelle Loi destructive de ces Loix ,, primitives, & *le refus d'enregistrer* ne fait pas que les Magistrats ne soient *plus les Officiers*, ,, puifque ce refus est un acte d'officiers du Souverain, chargé par lui même & par ses Prédéceffeurs de cet examen & de ce refus. En effet le Prince & la Nation constituent ce qu'ils ,, appellent l'Etat ou l'Empire. Il n'y a pas une Loi pour le Prince & une autre Loi pour la ,, Nation. C'est la même Loi qui oblige l'un & l'autre, qui est appellée Loi de l'Etat ou de ,, l'Empire. Et, comme le dit M. Boffuet, *tout ce qui se fait contre cette Loi de l'Empire est ,, nul de plein droit, il y a toujours lieu à revenir contre*. Si donc les Magistrats au nom de ,, la Nation, représentent au Prince qu'il existe une Loi dans l'Etat qui rend nul de plein droit tout ,, Edit qui lui est contraire, s'ils refusent de concourir par l'enregistrement à l'exécution d'un ,, Edit contraire à cette Loi, ils font alors la fonction d'Officiers de la Loi supérieure au Prin,, ce, puifqu'elle existe avant lui, & qu'il n'existe que par elle. C'est cette Loi qui *juge le ,, Prince*, qui condamne sa volonté momentanée, & qui dirige les Magistrats dans tout ce qu'ils ,, font pour empêcher l'exécution de cette volonté momentanée oppofée à la Loi qui est cen,, fée la volonté perféverante du Chef de l'Etat. Ce n'est pas là, comme on veut le faire croire, ,, une distinction futile. Elle est puifée dans la raifon, & elle est la bafe de tous les Etats. Dans ,, tout Etat la Loi fuprême est le bien de l'Etat, le falut du Peuple; *suprema Lex esto salus ,, Populi*. Le Prince veut-il enlever au Peuple ses droits, fa liberté, ses biens? Veut-il vendre ou céder une partie de son royaume? Le bien de l'Etat s'y oppofe; tout ce qui se fera ,, pour exécuter le projet du Prince, sera nul de plein droit en vertu de cette Loi suprê,, me, *salus Populi*. C'est cette Loi qui *juge le Prince*, & dicte aux Sujets de réclamer ,, contre une volonté ennemie du bien de l'Etat. Cependant, dit-on, c'est une Maxime ,, reconnue que, *si veut le Roi, si veut la Loi*. J'en conviens. Mais la Maxime que je viens ,, de citer est également certaine, ce que M. Boffuet dit, est également certain. La conclusion ,, naturelle est que la premiere doit être modifiée par les deux autres. Il n'y a pas de Loi, point ,, d'Edits, point d'Ordonnances qui ne commencent par ces mots, *Louis par la Grace de Dieu &c*. ,, Mais ces Edits, ces Ordonnances que les circonstances rendent nécessaires doivent être conformes ,, aux Loix de l'Empire. Donc il faut distinguer deux fortes de Loix, les unes antérieures au ,, Prince, qui obligent le Prince comme les Sujets, Mr. Boffuet les appelle *les Loix des Empires*: ,, les autres faites par le Prince exclusivement à toute autre puissance, n'y ayant dans l'Etat qu'une ,, Puissance Législative, qui est entre les mains du Prince. C'est de ces fecondes Loix qu'on doit ,, entendre cette Maxime, *si veut le Roi, si veut la Loi*. Quant aux premieres, il faut dire au ,, contraire, *si veulent les Loix de l'Empire, si veut le Roi*. Si cela n'étoit pas ainsi, le Gou,, vernement François ne feroit pas feulement absolu, il feroit purement *arbitraire ou despotique*.'' Le *Parlement justifié par l'Impératrice de Russie*, dans le Recueil des Ecrits patriotiques, ou Efforts de la Liberté contre le Despotisme du Sr. de Maupeou. I. Vol. p. 108.

On voit par ce que dit cet Auteur, non feulement que comme nous l'avons prouvé, & comme le prouve l'Avocat National, cette Regle ne renferme pas une preuve de l'autorité illimitée de nos Rois, mais encore que cela est impoffible.

MAXIMES DU DROIT

ARTICLE SECOND

Regle : *Le Roi ne tient que de Dieu & de son Epée.*

D'après ces éclaircissemens sur la regle de Loysel, *Si veut le Roi, si veut la Loi*, on pourroit se dispenser d'examiner cette autre regle du même Auteur ; *Le Roi ne tient que de Dieu & de l'Epée*. L'origine divine de son autorité n'a point de trait à ce qui n'est destiné, par le vœu même de nos Monarques, qu'à assurer plus de succès, & plus de rectitude à son exercice. L'objet de cette regle est d'établir l'indépendance de la Couronne, & non de fixer les droits du Prince relativement à son Peuple. Quand Loysel a mis en Maxime que le Roi ne tient son Royaume que de Dieu & de l'Epée, il a voulu dire qu'il n'a point de supérieur ici bas ; qu'il ne releve ni du Pape, ni de l'Empereur, ni d'aucune autre Puissance qui puisse exiger de lui l'hommage. C'est le sens que donnent à la regle de Lauriere & de Launay.

Objet de cette regle.

Le premier cite en preuve de la regle les Etablissemens de S Louis (f), où il est dit que *le Roi ne tient de nullui, fors de Dieu & de lui*. Il observe que depuis on a ajouté, *de l'Epée*, pour marquer que le Roi n'ayant point de supérieur, ni de juge par conséquent, c'est par l'Epée que doivent être terminés ses différends avec les autres Puissances.

C'est ainsi que la regle a toujours été entendue, elle est rapportée dans ce sens par Juvénal des Ursins : *Le Roi est Empereur dans son Royaume, & ne le tient que de l'Epée seulement, & non d'autre* ; c'est-à-dire, que l'Empereur ne peut s'attribuer aucun droit sur le Royaume de France ; & que, si quelque Souverain étranger veut entreprendre sur cette Monarchie, le Roi pourra recourir à la voie des armes pour se maintenir, ou se faire rendre la Justice qui lui sera due.

Aux derniers Etats tenus en 1614, les Députés de la Noblesse du Bailliage de Dourdan avoient charge de requérir, ,, qu'il sera déclaré auxdits Etats, & passé en *Loi fondamentale* d'Etats, que le Roi ne reconnoît, & ne tient son Royaume que *de Dieu & de son Epée*, & n'est sujet à aucune Puissance supérieure sur la terre pour le temporel de son Etat. ,, La Noblesse de l'Isle-de-France supplie le Roi par le premier article de son cahier ,, qu'il soit déclaré par les Etats & passé *en Loi fondamentale*, que le Roi ne reconnoît & ne tient son Royaume que *de Dieu & de son Epée*, & n'est sujet à aucune Puissance temporelle supérieure."

Ribier, dans son Apologie du premier article du cahier du Tiers, reproche à la Noblesse d'avoir oublié ,, son bon mot ordinaire, que le Roi ne tient sa Couronne, *sinon de Dieu & de son Epée* ; d'être prêt de l'abandonner & le soumettre à la Mître (g)."

(f) L. 1, chap. 78 ; & l. 2, chap. 13 & 19.
(g) Les erreurs & impostures de l'examen du Traité de la Souveraineté de Savaron, pag. 123. On lit dans une vieille charte de Saint Denis les termes qui suivent. *Rursùmque post plurima dona eidem Ecclesiæ sancti Dionysii collata, regali diademate super altare posito, eidem Martyri, cunctis audientibus dixit ; D. Ste. Dionisi, honore regni Franciæ me spolio, ut vos de cætero ejus*

Ces textes ne laissent subsister aucun doute sur la véritable interprétation de la regle; on n'y a vu que l'expression d'une indépendance absolue de la Couronne à l'égard de toute autre Puissance de la terre.

C'est ainsi qu'elle est encore expliquée par l'Auteur des Traités du Droit François à l'usage du Duché de Bourgogne. ,, Nos Rois ne reconnoissent point de supérieurs sur la terre pour le temporel; ce que nous entendons par cette Maxime de Droit: *le Roi ne tient que de Dieu & de son Epée*; ou comme le dit S. Louis en ses Etablissemens de France, *l. 1, ch.* 78, *le Roi ne tient de nullui que de Dieu & de lui.* Ils ne tiennent que de Dieu, *parce qu'ils ne sont dépendans d'aucune autre Puissance*; & c'est pour cela qu'ils se qualifient Rois par la grace de Dieu. Ils ne tiennent que de leur Epée, *en ce que ne reconnoissans point de Juges sur la terre*, c'est par la force de leurs armes qu'ils se font rendre la Justice qui leur est due, & qu'ils maintiennent leur autorité, & les droits de leur Couronne (h).''

Cette regle ne fait qu'énoncer l'indépendance de la Couronne de toute autre Puissance étrangere.

Long-temps auparavant, Loyseau avoit aussi fixé le sens du Brocard dont il s'agit, en reprenant Bodin d'avoir mis au nombre des droits essentiels de la Souveraineté, *de ne tenir que de Dieu & de l'Epée*. ,, Ce que je ne puis avouer, dit Loyseau, parce que la feudalité concerne la Seigneurie privée, & non la publique, comme il a été dit au premier chapitre. Aussi qu'il a été prouvé au chapitre précédent que le Prince feudataire ne laisse d'être souverain, bien que sa Souveraineté ne soit si excellente ni si parfaite que celle qui ne releve d'aucun (i).''

La tenure de Dieu seul a toujours été le caractere distinctif du Franc-Aleu. ,, Tenir en Franc-Aleu, si est tenir terre de Dieu tant-seulement, & ne doivent cens, rentes ne dettes, ne servage, relief, n'autre nulle quelconque redevance à vie n'à mort, mais les tiennent franchement de Dieu (k).''

Galand cite plusieurs passages de Froissard où on lit: ,, Le Châtel de Mauvoisin est Terre franche, & le Châtel & Châtellenie ne sont tenus de nully, fors que de Dieu .... Le pays de Béarn est de si noble condition, que les Seigneurs qui par héritage le tiennent, n'en doivent à nul Roi, ni à autre Seigneur service, fors à Dieu..... Je tiens mon pays du Béarn de Dieu, & de l'Epée, & de lignage (l).''

La regle de Loysel n'est pas tellement propre à la France, qu'elle ne puisse convenir à toute autre Puissance qui n'en reconnoît aucune supérieure ici bas dont elle releve. Il est vrai de tout Souverain indépendant, qu'il ne tient que *de Dieu & de l'Epée*, quelque forme de Gouvernement qui soit en vigueur dans ses Etats. La regle s'applique également aux Monarchies tempérées, & à celles qui sont absolues, les unes n'étant pas plus soumises que les autres à une Puissance étrangere, quoi-

---

dominium habeatis; *& tunc quatuor Bizantios aureos super altare obtulit, in signum quod regnum Franciæ à Deo solo, & ipso Sancto, gladio cooperante, tenebat, & constituit ut omnes Successores sui Reges Franciæ consimiliter facerent annuatim.* Ibid. pag. 80.
(h) *Tom. I. pag. 21.* (i) *Des Seigneuries, chap. 3, n. 8.*
(k) *Somme Rurale, liv. I. tit. 84.* (l) *Du Franc-Aleu, chap. I, n. 2.*

Pagination incorrecte — date incorrecte
NF Z 43-120-12

que les droits des Peuples y soient différens : & c'est ce qui démontre que la regle de Loysel n'a aucun rapport à l'usage de la vérification libre ; puisque les droits d'un Monarque considéré par rapport aux autres Potentats, n'ont rien de commun avec les droits que ce Monarque peut exercer dans ses Etats.

On disoit déjà du temps de Saint-Louis, qu'*il ne tenoit de nullui, fors de Dieu & de lui*. En concluera-t-on que ce Prince se croyoit maître d'établir, d'abolir les Loix, & d'exercer arbitrairement tous les actes de la Puissance Publique ; lui qui ne pensa pas pouvoir donner retraite au Pape Innocent IV, sans le consentement de l'Assemblée des Grands du Royaume, *dont*, disoit-il, *aucun Roi de France ne peut se dispenser de suivre l'avis* (m) ?

ARTICLE TROISIÉME.

Roi par la grace de Dieu *.

On oppose le titre de *Roi par la grace de Dieu*. On dit que le Roi ne tient sa Couronne & son autorité que de Dieu seul, & non de son Peuple.

Et d'abord, quelle conséquence peut-on tirer d'un titre qu'on sçait avoir été pris par de simples Seigneurs, par des Doyens d'Eglises Cathédrales (n) ? En conclura-t-on qu'ils n'avoient pas de supérieur sur la terre ?

,, Des Modernes ont regardé cette formule mal-à-propos comme une
,, marque de Souveraineté. Non-seulement des Princes, mais des Evê-
,, ques, des Abbés & de simples Prêtres s'en sont servis sans autre dessein
,, que d'exprimer leur reconnoissance envers Dieu (o).

Mais les équivoques ont été dans tous les temps la ressource des causes désespérées. Tout le monde sçait que par Edit du mois de Juillet 1714, Louis XIV avoit appellé les Princes légitimés à succéder à la Couronne au défaut des Princes légitimes ; & que cet Edit a été révoqué par un autre du mois de Juillet 1717. Il est dit dans cette derniere Loi, que les Princes du Sang ont demandé la révocation pure & simple de l'Edit de 1714 ; que les Princes légitimés ont supplié le Roi de renvoyer la décision de la question à sa majorité, ou, s'il jugeoit à propos de la décider,

Louis XV. dans l'Edit qui regarde les Princes légitimés reconnoit que,

,, de

(m) Fleury. Histoire Ecclésiastique, liv. 82. n. 16. Velly, Histoire de France, tom. 4. pag. 306, édit. de 1760.

(*) Voyez dans les Mémoires de l'Académie des Inscriptions Tom. 26. un Mémoire de Mr. Bouami, dans lequel il prouve que c'est *l'esprit de religion & de piété qui a mis en usage le titre par la grace Dieu*, que tous les Comtes, Ducs, Abbés &c. l'emploient indifféremment, & que ce n'est que depuis Louis XI que cette *formule a été réservée aux seuls souverains*, *pour exprimer leur indépendance de toute autre Puissance*.

(n) En 1191. Hervé se dit Doyen de l'Eglise d'Auxerre par la Grace de Dieu. En 1302. Frédéric se dit Doyen par la Grace de Dieu, de l'Eglise d'Halberstad. Nouveau Traité de Diplomatique, Tom. 1. Pag. 360. Tom 5. Pag. 588. Tom. 6. Pag. 75.

(o) L'Art de vérifier les Dattes, Pag. 534. in folio.

,, de ne rien prononcer sur la question de la succession à la Couronne, c'est à la
,, avant que *les Etats du Royaume juridiquement assemblés aient délibéré sur* Nation à
l'intérêt que la Nation peut avoir aux dispositions de l'Edit du mois de Juillet un Roi,
1714, & s'il lui est utile ou avantageux d'en demander la révocation." dans le
 Dans la suite de l'Edit, le Roi parle ainsi: Maison
,, Nous espérons que Dieu qui conserve la Maison de France depuis Royale
tant de siecles, & qui lui a donné dans tous les tems des marques si éclatan- à s'étein-
tes de sa protection, ne lui sera pas moins favorable à l'avenir; & que dre.
la faisant durer autant que la Monarchie, il détournera par sa bonté le
malheur qui avoit été l'objet de la prévoyance du feu Roi: mais si la
Nation Françoise éprouvoit jamais ce malheur, *ce seroit à la Nation même qu'il appartiendroit de le réparer par la sagesse de son choix*; & puisque
les Loix fondamentales de notre Royaume nous mettent dans une heureuse impuissance d'aliéner le Domaine de notre Couronne, nous faisons
gloire de reconnoître qu'il nous est encore moins libre de disposer de notre Couronne. Nous sçavons qu'elle n'est à nous que pour le bien &
pour le salut de l'Etat; & que par conséquent l'*Etat seul auroit droit d'en
disposer* dans un triste événement que nos Peuples ne prevoient qu'avec
peine, & dont nous sentons que la seule idée les afflige. Nous croyons
donc devoir à une Nation si fidélement & si inviolablement attachée à
la Maison de ses Rois, la justice de ne pas prévenir *le choix qu'elle auroit
à faire*, si ce malheur arrivoit; & c'est par cette raison qu'il nous a paru inutile de la consulter dans cette occasion où nous n'agissons que pour
elle, en révoquant une disposition sur laquelle elle n'a pas été consultée; notre intention étant de la conserver *dans tous ses droits* en prévenant même
ses vœux, comme nous nous serions crus obligés de le faire pour le maintien de l'ordre public, indépendamment des Représentations que nous
avons reçues de la part des Princes de notre Sang."
 Dans une Déclaration du 26 Avril 1723, qui regle le rang des Princes
légitimés, le Roi dit encore, en parlant de l'Edit de 1714:
,, Ayant reconnu que ce qui n'étoit dans l'intention du feu Roi que
l'effet d'une prévoyance qu'il avoit cru nécessaire pour prévenir des
troubles, & assurer la tranquilité dans ce Royaume, non-seulement
donnoit atteinte *au droit qui appartient le plus incontestablement à la Nation
Françoise de se choisir un Roi*, au cas que dans la suite des temps la Race
des Princes légitimes de la Maison de Bourbon vînt à s'éteindre: mais
qu'il étoit déja devenu la source d'une division inévitable entre les Princes de notre Sang & les Princes légitimés, par la confusion des rangs
& des honneurs que la Nation défere avec joie à ceux qu'une légitime naissance appelle au droit de succéder à la Couronne, & qui ne peuvent être
communiqués à ceux qui par la constitution de cette Monarchie se trouvent exclus de cette succcession."
 Pourquoi, dans le cas de défaillance de la Maison régnante, le droit
de choisir un Roi appartiendroit-il à la Nation, sinon parce que c'est elle
qui a choisi la Race régnante? L'extinction de la maison de Bourbon ne

peut transmettre à la Nation un droit nouveau: elle ouvre seulement l'exercice du droit national. Le choix, au défaut de la Race, regarde nécessairement ceux qui ont choisi cette Race; & si c'est la Nation qui s'est volontairement soumise au premier mâle de la Maison régnante, il est donc vrai que c'est elle qui l'a fait Roi.

Vrai sens de cette expression. Louis par la grace de Dieu.

Le Roi étant choisi par la Nation, comment peut-il se dire *Roi par la grace de Dieu*? On le conçoit aisément en distinguant les différens sens que peut avoir cette qualification.

Suivant Rebuffe & Loiseau, cela ne signifie autre chose, sinon qu'il ne releve de personne, qu'il ne tient le Royaume que de Dieu & de l'Epée, sans en faire hommage à aucune Puissance sur la terre (p).

La qualification de *Roi par la grace de Dieu* est si peu exclusive du choix du Peuple, qu'on a entendu Louis-le-Begue se dire, *misericordiâ Domini & electione Populi Rex constitutus* (q). On a aussi vu le Roi Robert s'avouer redevable de la Royauté à la bonté divine, & à la liberalité des François (r).

Pendant longtems la Couronne de France a été élective.

Dans la charte cependant où Robert tient ce langage, & dans la plupart des autres de son regne, il se qualifie *Dei gratiâ Francorum Rex* (s). Cette qualification a commencé à être en usage sous le Roi Pepin, qui se dit tantôt, *Pippinus Rex, vir inluster*, tantôt, *Dei gratiâ Francorum Rex* (t).

Il est si certain que sous le Roi Robert, la Couronne de France étoit encore élective, que le célebre Abbon Abbé de Fleury, dans le Recueil de Canons & de Loix qu'il présenta à Hugues-Capet & à Robert son fils, marque la forme de l'élection du Roi, & la compare à celle des Evêques & des Abbés (u).

Dans ce même ouvrage, Abbon trace aux deux Souverains les devoirs de la Royauté, dont la violation avoit exposé leurs Prédécesseurs à de si grands dangers peu de temps auparavant (v).

(p) *Rex dicit se Franciæ regem gratiâ Dei. Nam licet hoc regnum successione deferatur, gratiâ tamen Dei est cum alicui obvenit; quia Deus potuit auferre vel morte, vel permittere ut alius regnum occuparet. Ideò Deus sponte suâ videtur relinquere, & dare ei à quo non aufert, cum possit. Solent supremi principes in terris nullum superiorem recognoscentes in temporalibus, hâc phrasi uti, gratiâ Dei, vel divinâ gratiâ, seu clementiâ; ut denotent quòd à Deo immediatè regnum vel imperium habeant, non ab aliquo alio; & vulgò solent dicere regnum vel imperium tenere de Dieu & de l'Epée. Et sic rex cum nullum in temporalibus in mundo recognoscat, justè scribit se regem gratiâ Dei.* Rebuffus in constitutiones regias, tom. 2, pag. 347. Loyseau, des Seigneuries, chap. 3. n. 67.

(q) Capitul. de Balus. tom. 2. col. 273.

(r) *Quoniam divinâ propitiante clementiâ, nos Gallica liberalitas ad regni provexit fastigia.* Gallia Christiana, tom. 10. col. 243. des preuves.

(s) Recueil des Historiens de France, t. 10. pag. 573 & suiv. pag. 597.

(t) Ibid. Tom. 5. pag. 694 & suiv.

(u) *Si quidem ut melius est non vovere, quàm post votum non reddere; ita melius est electioni principis non subscribere, quàm post subscriptionem electum contemnere vel proscribere: quandoquidem in altero libertatis amor laudatur, in altero servilis contumacia probro datur. Tres namque electiones generales novimus, quarum una est Regis, vel Imperatoris, altera Pontificis, tertia Abbatis. Et primam quidem facit concordia totius regni; secundam verò unanimitas civium & Cleri; tertiam sanius consilium Cœnobialis Congregationis. Et unaquæque non pro secularis amicitiâ gratiâ vel pretio, sed ad suam professionem pro sapientiâ vel vitæ merito.* Ibid. tom. 10. p. 627.

(v) *Justitia regis est neminem injustè per potentiam opprimere. Sine acceptione personarum inter virum & proximum suum judicare; advenis & pupillis & viduis defensorem esse, furta cohibere ,*

En 457. Childeric abusant avec une licence excessive des filles de ses Sujets, ils le chasserent du Royaume. Il fut obligé de s'enfuir dans la Thuringe pour éviter la mort. Il fut rétabli sur le Trône sept ans après, du consentement des Peuples (w).

On cite souvent cet exemple, dit l'Abbé le Grand, pour prouver les droits du Peuple sur les Rois; comme si un fait établissoit le droit (x).

Non sans doute, un fait ne l'établit pas, lorsqu'il est contraire à des principes certains & reconnus. Mais lorsque dans le siecle où ce fait est arrivé, il n'existe aucune Loi qui le condamne, lorsqu'il n'a point été blâmé par les Historiens qui le rapportent, on juge sur ce fait des principes qui régnoient alors. *Faux raisonnement de l'Abbé le Grand dans son Traité de la succession à la Couronne de France.*

Quel est le droit que l'Abbé le Grand oppose à ce fait? ,, Quand ,, le Royaume, dit-il, auroit été électif, le Peuple qui l'avoit choi- ,, si, n'étoit pas en droit de le déposer. Soldats, disoit jadis l'Empereur ,, Valentinien I, vous pouviés disposer de l'Empire, avant que vous me ,, l'eussiés donné; mais dès que je l'ai accepté, c'est à moi, & non pas ,, à vous de voir ce qui se doit faire pour le bien commun."

Ainsi pour établir les Loix & les usages de la France on cite un Texte de Valentinien, & un Texte qui renferme une Maxime manifestement fausse; & d'après cela on conclut qu'un fait n'établit par le droit.

,, Charles II, dit Mézerai, étoit fort haï des Grands de son Etat, d'autant qu'ayant conçu ou de la défiance de leur affection, ou du mépris pour leur peu de valeur, il donnoit des emplois Militaires à des gens de fortune, plutôt qu'à eux; le Peuple même ne l'avoit pas en trop grande estime, à cause qu'il le défendoit mal des courses des Normands & des Bretons, & qu'il autorisoit, ou du moins toléroit le pillage de ses Officiers. Sur ce mécontentement universel, il se forma une grande conspiration pour le destituer de la Royauté: ses Sujets députerent vers Louis le Germanique, lui offrant de le reconnoître pour leur Souverain, s'il vouloit les gouverner avec justice, & employer ses forces pour leur défense (y)."

Un Historien contemporain marque le sujet du mécontentement des Peuples contre Charles. Pendant que les ennemis ravageoient le Royaume au dehors, il le détruisoit intérieurement par son despotisme &

---

adulteria punire, iniquos non exaltare, *impudicos & histriones non nutrire, impios de terrâ perdere, parricidas & pejerantes vivere non sinere, Ecclesias defensare, pauperes eleemosinis alere,* justos super regni negotia constituere, senes & sapientes, & sobrios Consiliarios habere; *magorum, & ariolorum pythonissarumque superstitionibus non intendere, iracundiam differre,* Patriam fortiter & juste contra adversarios defendere, *per omnia in Deo vivere, prosperitatibus non elevare animum, cuncta adversa patienter ferre,* fidem Catholicam in Deum habere, *filios suos non sinere impiè agere, certis horis orationibus insistere, ante horas congruas non gustare cibum: væ enim* terræ cujus rex est puer, & cujus principes manè comedunt. *Ibid.*

(w) *Childericus verò cùm esset nimiâ luxuriâ dissolutus, & regnaret super Francorum gentem, cupit filias eorum stuprosè detrahere. Illi quoque ob hoc indignantes, de Regno eum ejiciunt. Comperto autem quod eum etiam interficere vellent, Thuringiam petiit... Ille verò certa cognoscens indicia quod à Francis desideraretur, ipsis etiam rogantibus, à Thuringiâ regressus, in Regno suo est restitutus.* Gregor. Turon. Histor. Franc. Lib. 2. Cap. 12.

(x) Traité de la succession à la Couronne de France, Pag. 32.

(y) Abrégé de l'Histoire de France, tom. 2, pag. 86.

sa mauvaise foi; personne ne pouvant compter sur ses promesses: c'est ce qui les mit dans la nécessité d'implorer le secours de Louis le Germanique (z).

Charles II offre de se soumettre au Jugement de ses Féaux.

Charles ne pût se dissimuler ses torts. On le voit dans les articles qu'il envoya en 856 à ceux de ses Sujets qui l'avoient abandonné: il y proteste par ses Commissaires être prêt à réparer tout ce qu'il aura fait contre la justice & la droite raison. Il offre de se soumettre pour cela au Jugement de ses Féaux sur toutes les plaintes qu'on voudra former contre lui (a).

Les Commissaires disent qu'ils sont tellement unis au Roi, & le Roi à eux, que s'il entreprenoit de faire quelque chose contraire au bien de cette société, ils l'en avertiroient avec respect, comme leur Seigneur; si quelqu'un d'eux au contraire violoit les Loix de cette union, ou le Roi l'en avertiroit, ou, suivant la nature de la clause, il l'appelleroit en Jugement devant ses Pairs.

Si le Roi, ajoutent-ils, ne vouloit pas conserver à chacun sa Loi, & qu'averti par ses Féaux, il persévérât dans son dessein, ,, sçachés qu'il est tellement uni à nous, & nous à lui, & que de son consentement même, nous sommes tellement assurés de notre droit, qu'aucun de nous, soit Ecclésiastique, soit Laïc, n'abandonneroit son Pair; ensorte que quand le Roi voudroit agir avec lui contre la Loi suivant laquelle il doit être jugé, contre la raison & la justice, il ne le pourroit (b)."

(z) *Legati ab Occidente venerunt Adalhartus Abbas & Oto Comes, postulantes eum ut populo periclitanti in angustiâ posito praesentiâ suâ subveniret; quod nisi celeriter fieret, & ex parte ejus spe liberationis privarentur, à Paganis cum periculo Christianitatis quaerere deberent defensionem quam à legitimis & Orthodoxis dominis invenire non possent. Tyrannidem enim Caroli se diutius ferre non posse testati sunt, quia quod ex eis Pagani extrinsecùs, nemine resistente, aut scutum opponente, praedando, captivando, occidendo atque vendendo reliquissent; ille intrinsecùs subdolè savivendo disperderet: nec quemquam esse in omni populo qui jam promissionibus aut juramentis ejus fidem adhiberet, cunctis de bonitate illius in desperationem cadentibus.* Recueil des Historiens de France, tom. 7. pag. 167.

(a) *Senior noster secundùm vestram deprecationem transmittit nos, sicut precasti, ad vos: & mandat vobis, quia si aliquis de vobis se reclamat quod injustè alicui de vobis fecit, & ad rectam rationem & justum judicium venire non potuit, aut per insidias aliquas; aut ipse senior noster, aut aliquis ad illum, aliquem de vobis comprehendere voluit, & propter hoc ad tempus aliquis de vobis ab illius praesentiâ & ab illius servitio se substraxit: quia omnis quicumque de vobis ad rectam rationem ad illum, & ante suos fideles venire voluerit, hoc ei concedit. Et si justè & rationabiliter inventum fuerit quod rectam rationem contra eum aliquis de vobis habuerit, cum consilio fidelium suorum hoc voluntariè emendabit. Et si inventum fuerit quod illam causam, unde aliquis de vobis conquirere voluerit, per rationem fecerit, volet ut sicut per rationem fecit; ità facta per rationem permaneat.* Ibid. p. 623.

(b) *Et sciatis quia sic est adunatus cum omnibus suis fidelibus in omni ordine & statu, & nos omnes sui fideles de omni ordine & statu, ut si ille juxtà humanam fragilitatem aliquid contrà tale pactum fecerit, illum honestè & cum reverentiâ, sicut seniorem decet, ammonemus ut ille hoc corrigat & emendet, & unicuique in suo ordine debitam legem conservet. Et si aliquis de nobis in quocumque ordine contra istum pactum in contrà illum fecerit, si talis est, ut ille indè eum ammonere valeat, ut emendet, faciat: & si talis est causa, ut indè illum familiariter non debeat ammonere, & ante suos Pares illum in rectam rationem mittat; & ille qui debitum pactum & rectam legem & debitam seniori reverentiam non vult exhibere & observare, justum justitia judicium sustineat, & si sustinere nou voluerit, & contumax & rebellis extiterit, & convertu non potueris, à nostrâ omnium societate & regno ab omnibus expellatur. Et si senior noster legem unicuique debitam & à se & à suis antecessoribus perdonatam, per rectam rationem vel misericordiam competentem unicuique in suo ordine conservare non voluerit, & ammonitus à suis fidelibus suam intentionem non voluerit; sciatis quia sic est ille nobiscum, & nos cum illo adunati, & sic sumus omnes per illius voluntatem & consensum confirmati Episcopi atque Abbates cum Laïcis, &*

Les Commiſſaires annoncent auſſi deux Aſſemblées convoquées par le Roi à Verberie, pour arranger toute l'affaire; & que ce qui y ſera réſolu, fera une Loi pour lui contre ſes Sujets, & pour ſes Sujets contre lui & ſes Succeſſeurs (c).

Abbon met au nombre des devoirs des Rois, celui de choiſir des Miniſtres ſages & prudens. Quel riſque n'a pas couru Charles le Simple pour avoir fait le contraire?

„ Les Seigneurs François qui craignoient que s'il devenoit trop puiſſant & trop paiſible, il ne leur ôtât leurs terres qu'ils vouloient ſe rendre héréditaires, lui ſuſciterent bientôt de nouveaux troubles. Les puiſſans ſe ſouleverent ouvertement contre lui; entr'autres dans la Lorraine, Giſalbert & Othon fils du Duc Regnier; & dans la France, Robert frere du Roi Eudes, qui entretenoit intelligence avec les fils de Regnier.

„ Ces mal-contents s'en étant adjoint pluſieurs autres, tandis que les Rois Charles & Henri ſe pouſſoient & repouſſoient réciproquement dans la Lorraine, firent enfin leur cabale ſi forte, que tous les Sujets de Charles l'abandonnerent, comme avoient fait autrefois ceux de Charles le Gras. Le prétexte de cette révolte générale étoit qu'il avoit un favori nommé Aganon, qui le poſſédoit entiérement, diſpoſoit de toutes choſes à ſa fantaiſie, diſſipoit le Domaine Royal, & traitoit inſolemment les Grands du Royaume. Toutefois, Hervé, Archevêque de Reims, l'ayant retiré chez lui, trouva moyen, après ſept mois de temps, de le raccommoder avec ſes Sujets; enſorte qu'ils lui rendirent ſon Royaume" (d).

Les troubles recommencerent bientôt après. Les François choiſirent pour Roi Robert, frere du Roi Eudes. Il fut tué par Charles le Simple, & ce Prince ayant été pris en trahiſon, par Héribert, Comte de Vermandois, l'Aſſemblée des François choiſit pour Roi au lieu de Robert, Raoul Roi de Bourgogne (e).

Laïci cum viris Eccleſiaſticis, ut nullus ſuum parem dimittat; ut contrà ſuam legem & rectam rationem & juſtum judicium, etiam ſi voluerit, quod abſit, rex noſter alicui facere non poſſit. Ibid. pag. 624.

(c) *Et ſciatis quia ad hoc quærendum & inveniendum & ſtatuendum atque confirmandum, cum noſtro & cæterorum fidelium ſuorum conſenſu, habet noſter ſenior conſtitutum locum Vermeriam Palatium & tempus in diem XIV kalend. Auguſti; & habet ex nomine deſcriptos fideles ſuos, per quorum tractatum iſta cauſa, Deo adjuvante, ad perfectionem perveniat: & habet VII kalendas Auguſti ad ipſum Palatium Vermeriam generaliter omnes fideles ſuos convocatos, ut omnibus ſuam voluntatem & perdonationem; & noſtram, qui fideles illius ſumus, devotionem accognitet; ut iſta conventicula quam teſte Deo confirmabimus, in ante diebus vitæ ſuæ, & diebus vitæ noſtræ conſerventur; & ipſe ſuis ſucceſſoribus contra ſucceſſores noſtros, & nos noſtris ſucceſſoribus ſuis conſervandam in Dei nomine relinquamus.* Ibid.

(d) *Mezeral.* Abrégé de l'Hiſtoire de France, tom. 2, pag. 197 & ſuiv.

(e) *Robertus prædictus de Francorum Principibus quos poterat, à Carolo pervertit; occaſionem nactus ex eo quod Carolus familiarem quemdam habebat, nomine Aganum cujus nobilitas ignorabatur à Francis: quem quia cæteris Conſiliariis familiarius honorabat, Franci, inſtigante Roberto, non leviter ferentes amicitias hominis ignoti, inſidias regi tetenderunt Lugdunum properanti; quas rex præſentiens & declinans, ad regnum Lotharii ſeceſſit. Franci verò in ſuo durantes intento, Robertum prædictum Eudonis quondam regis fratrem; regem ſibi ſtatuunt.... Francorum rege Carolo captivato, ac ejus hærede fugato, convenientes Franci, inter quos erant præcipui Heribertus & nepos ejus Hugo magnus, Comes Pariſienſis, regem ſibi ſtatuunt Rodulfum Burgundiæ regem, filium Richardi, extraneum de genere Caroli magni, & eum faciunt coronari: regnavitque duobus annis.* Recueil des Hiſtoriens de France, tom. 9, pag. 76, 77.

Pour avoir accordé sa protection à un méchant, Louis le Gros a vu la Couronne chanceler sur sa tête.

,, Thomas de Marle par le moyen de son Château de Montaigu en Laonnois, commettoit mille voleries & cruautés; desorte que son pere même fut obligé de l'y assiéger. Louis le Gros désigné Roi par son pere, à la priere de Thomas, ravitailla le Château. Enguerrand & les autres Seigneurs en furent si outrés, qu'ils lui déclarerent qu'ils ne le reconnoissoient plus pour Souverain, puisqu'il protégeoit les méchans. Ils en furent jusques au point de lui vouloir donner bataille; mais la médiation de quelques bons François les ayant amené à une conférence, ils lui baiserent la main, & lui jurerent service, à condition que le Château de Montaigu seroit rasé (f).''

Boulainvilliers dit que Louis-le-Gros appaisa les Seigneurs par des promesses de se corriger; qu'il se joignit à eux, & que le Château de Montaigu fut rasé pour sûreté de la paix (g).

Notre Histoire est remplie de faits semblables qui prouvent que les François ont toujours obligé les Rois à faire ce qui étoit utile à l'Etat, ou du moins ce qu'ils jugeoient tel.

En 531. Thierri ayant refusé de se joindre à ses deux freres pour aller combattre contre le Roi de Bourgogne, les François le menacent de l'abandonner, & de les suivre (h).

En 534. Childebert ne voulant pas épouser Visigarde, avec laquelle il étoit fiancé depuis sept ans, parce qu'il aimoit une autre femme, les François réunis en furent très scandalisés, & pour faire cesser les plaintes, le Roi se rendit à leurs désirs (i).

En 553. Clotaire refusant de faire la guerre aux Saxons, paroissant donner de bonnes raisons de son refus, y fut contraint par les François qui, suivant la barbarie des mœurs de ce tems, employerent même les voies de fait pour l'y obliger (k).

(f) *Mezerai.* Abrégé de l'Histoire de France, tom. 2, pag. 479.
(g) Abrégé de l'Histoire de France, tom. 1. pag. 412.
(h) *Post hæc Clothacharius & Childebertus Burgundias petere destinant. Convocatusque Theudericus, in solatio eorum ire noluit. Franci vero qui ad eum adspiciebant dixerunt: Si cum fratribus tuis in Burgundiam ire despexeris, te relinquimus, & illos satius sequi præoptamus.* Gregor. Turon. Hist. Franc. Lib. 3. Cap. II.
(i) *Cum jam septimus annus esset, quod Wisigardem desponsatam haberet, & eam propter Deuteriam accipere nollet, conjuncti Franci contra eum valde scandalizabantur, quare sponsam suam relinqueret. Tunc commotus, relictâ Deuterid, de quâ parvulum filium habebat, Theodebaldum, nomine Wisigardem, duxit uxorem. Quam nec multo tempore habens, defunctâ illâ, aliam accepit. Verumtamen Deuteriam ultra non habuit.* Ibid. Cap. 27.
(k) *Clothacharius post mortem Theodebaldi, cum Regnum Franciæ suscepisset, atque illud circumiret, audivit à suis iterata insaniâ effervescere Saxones, sibique esse rebelles; & quod tributa quæ annis singulis consueverant ministrare, contemnerent reddere. His incitatus verbis, ad eos dirigit. Cumque jam prope terminum illorum esset, Saxones Legatos ad eum mittunt, dicentes: Non enim sumus contemptores tui, & ea quæ fratribus ac nepotibus tuis reddere consuevimus non negamus; & majora adhuc, si quæsieris, reddemus. Unum tantum exposcimus, ut sit pax; ne tuus exercitus, & noster populus concidatur. Hæc audiens Clothacharius Rex, ait suis, benè loquuntur hi homines: non incedamus super eos, ne forté peccemus in Deum. At illi dixerunt: sumus enim eos mendaces nec omninò quod promiseturos impleturos: sumus super eos. Rursum Saxones obtulerunt medietatem facultatis suæ, pacem petentes. Et Clothacharius Rex ait suis: Desistite, quæso, ab his hominibus, ne super nos Dei ira concitetur. Quod illi non adquieverunt. Rursum Saxones, obtulerunt vestimenta, pecora, vel omne corpus facultatis suæ, dicentes: hæc omnia tollite*

PUBLIC FRANÇOIS. Chap. VI.

Après cette digression à laquelle on a été comme entraîné par le texte d'Abbon, il faut revenir à la qualification de *Roi par la grace de Dieu*, en indiquant encore auparavant ce que le Roi Robert dit dans une charte de 1027, des engagemens du Souverain envers ses Peuples (l).

La charte de la division de l'Empire entre les trois enfans de Louis le Débonnaire en 817, présente encore la grace de Dieu & le choix du Peuple comme deux titres qui concourent à la création de la dignité Royale.

Ce Prince y dit qu'il a assemblé son Peuple entier pour traiter de ce qui pouvoit être utile à l'Eglise & au Royaume entier, & que ses Féaux l'ont engagé à s'occuper du partage de sa Couronne entre ses enfans. Il a cru devoir implorer la lumiere de Dieu par des aumônes, des prieres & trois jours de jeûne; après lesquels Dieu a permis que *tout le Peuple se soit réuni avec lui, à choisir pour Roi Lothaire son fils aîné*, & à vouloir qu'il fût couronné comme associé à l'Empire, & devant y succéder. A l'égard des deux puînés, il a été résolu de l'avis de toute l'Assemblée, qu'on leur donneroit des titres & des possessions dont ils jouiroient sous l'autorité de leur frere. Ce Prince leur fit des Loix qui ont été formées & rédigées par le suffrage unanime de l'Assemblée (m).

Le droit d'élection reconnu par Louis le Débonnaire.

Dans les Réglemens faits par le Roi & le Peuple pour les Princes, il y en a plusieurs qui méritent attention. Si l'un d'eux, dans le gouvernement de son Royaume devient un tyran, son frere aîné le fera d'abord avertir en secret, suivant le précepte Evangélique. Si cette monition secrette est inutile, on y fera succéder la réprehension publique; si cela ne produit encore aucun fruit, le Roi délibérera avec tout son Peuple sur la conduite qu'il doit garder; afin que celui qui n'a tenu aucun

cum medietate terræ nostræ. Tantùm uxores & parvulos nostros relinquite liberos, & bellum inter nos non committatur. Franci autem nec hoc acquiescere voluerunt. Quibus ait Clothacharius Rex: Desistite, quæso, Desistite ab hâc intentione. Verbum enim directum non habemus: nolite ad bellum ire in quod disperdamini. Tamen si eò ire volueritis, spontaneâ voluntate ego non sequar. Tum illi ira commoti contra Clothacharium Regem, super eum irruunt, & scindentes tentorium ejus, ipsum quoque conviciis exasperantes, ac vi detrahentes, interficere voluerunt, si cum illis abire differret. Hæc videns Clothacharius, invitus fuit cum eis. Ibid. Lib. 4. Cap. 14.

(l) *Constat nos divinâ disponente gratiâ cæteris mortalibus supereminere; undè oportet ut cujus præcellimus munere, ejus studeamus modis omnibus parere voluntati: nam & his quibus nos scimus divinitùs præesse, debemus in quibuslibet necessitatibus prodesse; ut videlicet nostri parentes obsequio, nostram sibi sentiant usquequaque suffragari clementiam.* Recueil des Historiens de France, tom. 10, pag. 612.

(m) *Cùm Nos.... more solito, sacrum conventum & generalitatem populi nostri propter Ecclesiasticas vel totius Imperii nostri utilitates pertractandas congregassemus. ... Quibus ritè peractum celebr.tis, nutu omnipotentis Dei, ut credimus, actum est, ut & nostra & totius populi nostri in dilecti Primogeniti nostri Lotharii electione vota concurrerent. Itaque taliter divinâ dispensatione manifestatum placuit & nobis & omni populo nostro, more solemni Imperiali diademate coronatum, nobis & consortem & successorem Imperii, si Dominus voluerit, communi voto constitui. Cæteros verò fratres ejus, Pipinum videlicet & Ludovicum æquivocum nostrum, communi consilio placuit regiis insigniri nominibus, & loca inferiùs denominata constituere, in quibus post decessum nostrum sub seniore fratre regali potestate potiantur juxta inferiùs adnotata capitula quibus quam inter eos constituimus conditio continetur. Quæ capitula propter utilitatem Imperii, & perpetuam inter eos pacem conservandam & totius Ecclesiæ tutamen, cum omnibus fidelibus nostris considerare placuit, & considerata conscribere, & conscripta propriis manibus firmare, ut Deo opem ferente, sicut ab omnibus communi voto actum est, ita communi devotione à cunctis inviolabiliter conserventur.* Capitul. tom. 1, col. 573.

compte des avertissemens salutaires qui lui ont été donnés, soit rangé à son devoir par la puissance Impériale, de l'avis commun de tous (n).

Dans le cas où l'un des deux Rois puînés laissera des enfans, la Couronne ne sera pas partagée entr'eux. Mais le Peuple s'assemblant, *choisira pour Roi celui que le Seigneur voudra* (o).

On prévoit aussi le cas où Lothaire décédera sans enfans; & l'assemblée de tout le Peuple lui *choisira* un Successeur dans le nombre de ses freres, s'ils sont encore vivans (p).

(n) *Si autem, & quod Deus avertat, & quod nos minimè optamus, evenerit ut aliquis illorum propter cupiditatem rerum terrenarum quæ est radix omnium malorum, aut divisor aut oppressor Ecclesiarum vel pauperum extiterit, aut tyrannidem in qua omnis crudelitas consistit, exercuerit; primò secretò secundùm Domini præceptum per fideles legatos semel, bis & ter de suâ emendatione commoneatur; at si his renisus fuerit, accersitus à fratre coram altero fratre paterno, & fraterno amore moneatur & castigetur. Et si hanc salubrem admonitionem penitùs spreverit,* communi omnium sententia *quid de illo agendum sit decernatur; ut quem salubris admonitio à nefandis actibus revocare non potuit,* imperialis potentia, communisque omnium sententia coerceat. Ibid. col. 576.

(o) *Si verò aliquis illorum decedens legitimos filios reliquerit, non inter eos potestas ipsa dividatur, sed potiùs populus pariter conveniens unum ex eis, quem Dominus voluerit, eligat.* Ibid.

(p) *Monemus etiam totius populi nostri devotionem, & sinceri ssimæ fidei penè apud omnes gentes famosissimam firmitatem, ut si is filius noster qui nobis divino nutu successerit absque legitimis liberis rebus humanis excesserit, propter omnium salutem & Ecclesiæ tranquillitatem & Imperii unitatem in eligendo uno ex liberis nostris, si superstites fratri suo fuerint, eam quam in illius electione fecimus, conditionem imitentur; quatenùs in eo constituendo non humana, sed Dei quæratur voluntas adimplenda.* Ibid. col. 578.

FIN DE LA Iere PARTIE DU TOME SECOND.

MAXIMES
DU DROIT PUPLIC
FRANCOIS.

SUITE DU CHAPITRE VI.
ET DE LA RÉPONSE A LA IIIᵉ. OBJECTION.

ARTICLE QUATRIEME.

LE commun des Théologiens, Jurisconsultes, & Publicistes pense que Dieu laisse aux Peuples le choix du Souverain, & communique à celui qui est élu la puissance Divine.

IL résulte de l'Article précédent que rien n'est moins contradictoire que le choix du Peuple & la communication de la Puissance Divine. Dieu revêt de son autorité, celui que les hommes ont choisi pour être à leur tête. Approuvant toutes les formes de Gouvernement, [à l'exception du Despotisme] il se prête au vœu des électeurs, & fait descendre sa puissance sur celui qui a été élu par des moyens humains. C'est le sentiment de beaucoup de Théologiens, de Jurisconsultes & de Publicistes.

§. I. *Sentimens des Théologiens.*

On a vu plus haut (a) l'Auteur des Essais de Morale enseigner cette doctrine. On la trouve dans d'autres Théologiens (b), & c'est aussi celle de M. de Marca.

Il s'élève avec force contre ceux qui veulent que la puissance soit d'abord communiquée au Peuple, qui ensuite la transporte au Roi. Il

---
(a) Supra tom. 1; p. 55 & 399.
(b) La Souveraineté des Rois défendue contre Leydecker, *pag.* 39 & 47.

avoue que le Peuple choisit la Personne qui doit être élevée à la dignité Royale, à laquelle Dieu confere ensuite *immédiatement* son Pouvoir (c).

Il s'oppose ce qui est dit dans le corps de Droit, que c'est le Peuple Romain qui avoit donné à Auguste la puissance Impériale. Il répond avec Saint Augustin, que c'est Dieu qui a également donné la puissance souveraine à Auguste & à Néron. Le Peuple choisit le Roi, comme il choisissoit autrefois l'Evêque; & le pouvoir de l'un & de l'autre descend également du Ciel (d).

Ces Théologiens se fondent principalement sur le Texte de Saint Paul qui dit qu'il n'y a point de Puissance qui ne vienne de Dieu, & sur d'autres passages de l'Ecriture sainte. C'est delà qu'ils concluent que le corps entier de la Nation n'a d'autre ressource que la patience, à quelqu'excès que soit porté l'abus du Pouvoir Suprême.

Il faut avouer que la plupart des anciens Théologiens ont entendu autrement le Texte de Saint Paul; qu'ils ont nié que l'Autorité Souveraine vînt de Dieu immédiatement. Aussi n'ont-ils pas admis la conséquence ? On en va réunir quelques-uns.

Le quatrieme Concile de Tolede tenu en 633 prononce l'anathême contre les Rois qui osent s'élever au dessus des Loix, & ne font usage de leur puissance que pour se livrer à toutes sortes de crimes, & satisfaire leurs passions (e). Il parle ensuite du dernier Roi Suintillane, qui pour préve-

---

(c) *E collatione duarum potestatum egregiè conficitur, Regiam æquè à Deo institutam fuisse ac Spiritualem; & solidam humanarum rerum administrationem illi demandatam. Neque est quod quis eâ opinione se implicet, quæ animos quàm plurimorum invasit; nempe principatum politicum, seu autoritatem Regiam à Deo per insitam naturæ legem manasse quidem; sed itâ ut populo & universitati concederetur primùm, & eorum deinde suffragiis in Reges conferretur; qui plenum Imperii sui beneficium, non Deo tantùm, sed populis accepto ferre debeant. Quæ sententia libertatem Regum aliquo pacto imminuit, dignitatem violat, factionibus vires subministrat; imò & in ipsas scripturas sacras peccare videtur, quæ Deo imperium uniuscujusque Principis adscribunt. Sanè dubitandum non est, quin Regum persona, vel suffragiis populorum specialiter eligatur, vel generaliter translato regnandi jure hereditario, in aliquam generosam stirpem, natalium sorte, in regium culmen assurgat. Sed præterquam quod & motum animis eligentium Deus inspirat, quo in illâ suffragiorum sortitione unum alteri præferant; certum & constantissimum esse debet apud pios & devotos Regum cultores, unicuique Regum potestatem regiam immediatè à Divino Numine conferri.* De concordia Sacerdotii & Imperii, lib. 2, cap. 2, n. 1.

(d) *Non me latet vulgatum illud ex Ulpiano & Justiniano petitum, scilicet Populum Romanum in se ipsum, omne jus & imperium Augusto lege regiâ dedisse, quod itâ accipiendum est, ut summam imperii quæ penes populum erat, populus Augusto cesserit. quia pacis intererat, fessâ bellis civilibus Republicâ, imperium uni deferri, ut unum corpus unius spiritu regeretur. Cessit ergo populus juri suo, quod in Augustum transcripsit. Sed si verum amamus, & Pauli Apostoli potius quàm Juris-Consultorum aut Philosophorum verbis sinceras opiniones explicare malimus; pactionem illam Deus ratam habuit, jus vitæ & necis, & liberam Reipublicæ administrationem Augusto commisit. Qui Augusto imperium dedit, inquit Augustinus, ipse & Neroni: qui Vespasianis vel patri vel filio suavissimis Imperatoribus, ipse & Domitiano crudelissimo. Eleganter itaque Tertullianus: Inde est Imperator, undè & homo, antequam Imperator: inde potestas illi, unde & spiritus. Nolo ire per omnia veterum scripta, ut rem apud illos certissimam probationibus inde haustis evincam adversùs eas opiniones quæ in Aristotelis Officinâ constatæ, magno studio etiam à Christianis arreptæ sunt, ut maximum discrimen ex eo capite constitueretur inter potestatem Ecclesiasticam & Regiam: cùm illa ab ipso Christo per munus ordinationis conferatur Episcopis, qui antea suffragiis cleri & populi sunt electi; hæc autem à populis per suffragia in Principem electum transcribi dicatur. Par enim utrique ex hoc capite reverentia debetur, etsi spiritualis in se dignitate præcellat, & ejus origo conceptis verbis in Evangelio à Christo sancita sit: quia perinde in Reges singulos ac in Episcopos hæc autoritas à Deo immediatè derivatur.* Ibid. n. 2.

(e) *De futuris Regibus hanc sententiam promulgamus, ut si quis ex eis contra reverentiam Legum superbâ dominatione & fastu regio in flagitiis & facinore, sive cupiditate crudelissimam potestatem in populis exercuerit, anathematis sententiâ à Christo Domino condemnetur, & habeas*

nir le traitement qu'il avoit mérité par ſes forfaits, renonça lui même à la Couronne & ſe dépouilla de toutes les marques de ſa dignité. Le Concile ordonne du *conſentement de la Nation*, qu'on n'aura jamais de liaiſon avec lui, ou ſa femme ou ſes enfans, à cauſe du mal qu'ils ont fait, & qu'on ne les rétablira point dans les honneurs dont ils ont été privés à cauſe de leurs injuſtices. (f)

Gélane frere de Suintillane eſt enveloppé dans la même condamnation avec toute ſa famille. Il eſt déclaré déchu pour jamais de tout commerce avec la Nation & de la propriété de ſes biens. (g).

Ce Concile, en parlant ainſi, croyoit-il que les Rois puſſent pécher impunément, comme tenant leur autorité immédiatement de Dieu même?

Sentiment d'Hincmar.

Hincmar, Archevêque de Reims, a compoſé un Ouvrage ſur le divorce de l'Empereur Lothaire & de ſa femme Tetberge. Il y répond à ceux qui prétendent que les Evêques ne pouvoient pas connoître d'une telle cauſe, parce que le Roi n'étoit ſoumis aux Loix & aux jugement que de Dieu ſeul qui l'avoit placé ſur le Thrône par la mort de ſon pere; qu'il étoit maître de venir ou de ne pas venir dans l'Aſſemblée des Evêques; qu'il ne devoit pas être excommunié par eux; qu'il n'étoit ſoumis qu'à l'autorité de Dieu, qui ſeul l'avoit établi Roi &c. (h).

Hincmar commence à établir par l'Hiſtoire, que les Rois ont toujours été ſoumis aux jugemens des Evêques. Il parle de la conduite de Saint Ambroiſe envers l'Empereur Théodoſe. Il cite l'exemple de Louis le Débonnaire dépoſé du Thrône, rétabli enſuite par les Evêques, (i) *du conſentement du Peuple* (k).

Quand on dit que le Roi n'eſt ſoumis aux Loix & au jugement de perſonne, cela eſt vrai de celui qui n'a pas ſeulement le titre de Roi, mais

à Deo ſeparationem atque judicium, propter quod præſumpſerit prava agere, & in perniciem regnum convertere. Concil. Labbe Tom. 3. Col. 1726.

(f) *De Suintillano veró, qui ſcelera propria metuens, ſeipſum regno privavit, & poteſtatis faſcibus exuit, id cum gentis conſultu decrevimus, ut neque eumdem, vel uxorem ejus propter mala qua commiſerunt, neque filios eorum unitati noſtræ unquam conſociemus, nec eos ad honores, à quibus ob iniquitatem dejecti ſunt, aliquando promoveamus; quippe etiam ſicut à faſtigio regni habentur extranei, ita & à poſſeſſione rerum, quas de miſerorum ſumptibus hauſerunt, maneant alieni; præter id quod pietate pliſſimi Principis noſtri fuerint conſecuti.* Ibid.

(g) *Non aliter & Gelanum memorati Suintillani & ſanguine & ſcelere fratrem, qui neque in germanitatis fœdere ſtabilis extitit, nec fidem glorioſiſſimo Domino noſtro pollicitam conſervavit, hunc igitur cum conjuge ſuâ, ſicut & ante ſatos, à ſocietate Gentis abſque conſortio noſtro placuit ſeparari, nec in amiſſis facultatibus, in quibus per iniquitatem creverant, reduces fieri.* Ibidem.

(h) *Dicunt aliqui ſapientes, quia iſte Princeps Rex eſt, & nullorum legibus vel judiciis ſubjacet, niſi ſolius Dei, qui eum in Regno, quod ſuus pater illi dimiſit, Regem conſtituit, & ſi voluerit pro ſuâ vel aliâ cauſâ ibit ad placitum, vel ad ſynodum, & ſi noluerit, liberè & licenter dimittet; & ſicut à ſuis Epiſcopis, quicquid egerit, non debet excommunicari, itâ ab aliis Epiſcopis non poteſt judicari, quoniam ſolius Dei principatui debet ſubjici, à quo ſolo poteſt in principatu conſtitui; & quod facit, & qualis eſt in regimine, divino fit nutu, ſicut ſcriptum eſt,* Cor Regis in manu Dei, quòcumque voluerit, vertet illud. *Hincmari Opera Tom. 1. Pag. 693.*

(i) Ceux qui ſeroient tentés de regarder la prétention des Evêques comme une uſurpation ſemblable à celle des Papes en différens tems, doivent obſerver que les Evêques ne ſe regardoient dans ces occaſions que comme les principaux de la Nation. Ces mots, *cum populi conſenſu*, indiquent qu'ils avoient conſulté la Nation, ou au moins qu'elle avoit le droit d'être conſultée. Et quand même ils ne l'auroient pas fait, cette addition eſt un hommage rendu au droit du Peuple, & une preuve que les Evêques reconnoiſſoient dans la Nation le droit de dépoſer ſon ſouverain: ce qui ſuffit pour la theſe dont il s'agit ici.

(k) *Noſtrâ ætate pium Auguſtum Ludovicum à Regno dejectum, poſt ſatisfactionem Epiſcopalis unanimitas, ſaniore conſilio cum populi conſenſu & Eccleſia & regno reſtituit.* Ibid. Pag. 694.

qui en remplit les devoirs. Lorsqu'il se conduit selon la volonté de Dieu, lorsqu'il affermit les gens de bien dans la vertu, lorsqu'il punit les méchans, alors il est Roi, & n'est soumis aux Loix & aux Jugemens que de Dieu seul; car il n'y a point de Loi pour celui qui fait le bien (l).

A l'égard de ceux qui disent que Dieu seul a pu établir le Roi sur le Thrône qui a vaqué par le décès de son pere, ils devroient sçavoir qu'il y a des Rois qui sont établis de Dieu immédiatement, d'autres qui sont établis de Dieu par le ministere des hommes, d'autres qui sont établis par les hommes seuls par la permission de Dieu, d'autres qui sont élevés ou chassés du Thrône par le secours des Peuples ou des soldats; d'autres qui y parviennent par succession: d'autres enfin qui s'emparent du Thrône par une usurpation tyrannique, ou pour combler la mesure de leurs propres péchés ou pour châtier ceux des Peuples (m).

Hincmar en parlant ainsi croyoit-il que tous les Rois tinssent leur autorité de Dieu immédiatement.

Sentiment de S. Thomas.

Saint Thomas, après avoir établi par la nature même & par la fin de la Société, que celui qui en est le chef ne doit avoir en vue que le bien commun, après avoir fait consister en cela uniquement la différence du Roi & du Tyran; après avoir détaillé les inconvéniens qui suivent de la Tyrannie, conseille aux Peuples de prendre toutes les précautions qui sont en leur pouvoir, pour empêcher que le Roi qui est placé sur leurs têtes, ne devienne tyran. Pour cela ils doivent choisir un homme rempli de vertu qui, par caractere, soit éloigné de la tyrannie. Ils doivent établir une forme de Gouvernement qui ne puisse pas facilement dégénérer en tyrannie; & limiter tellement le pouvoir du Souverain, qu'il soit comme hors d'état d'en abuser, quand il le voudroit (n).

(l) *Quod dicitur, quia Rex nullorum legibus vel judiciis subjacet, nisi solius Dei, verum dicitur, si Rex est sicuti nominatur. Rex enim à regendo dicitur, & si seipsum secundùm voluntatem Dei regit, & bonos in viam rectam dirigit, malos autem de vià pravà ad rectam corrigit; tunc Rex est, & nullorum legibus vel judiciis, nisi solius Dei subjacet, quoniam arbitria possunt dici, leges autem non sunt, nisi illæ quæ Dei sunt, per quem Reges regnant, & conditores justa decernunt. Et quicumque Rex veraciter Rex est, legi non subjacet, quia lex non est posita justo, sed injustis. &c.* Ibid.

(m) *Quod dicitur quia à solo Deo in Regno quod pater suus illi dimisit, constitui potuit: sciant qui hoc dicunt, quia quidam à Deo in principatu constituuntur, ut Moyses, Samuel & Josias, de quo scriptum est antequam nasceretur: Ecce filius nascetur Domui David, Josias nomine, & reliqua quæ ibi sequuntur. Quidam verò à Deo per hominem, ut Josue, & David. Quidam autem per hominem, non sine nutu divino, quia nihil fit, ut Augustinus dicit, nisi quod aut ipse facit, aut ipse fieri permittit, & quicquid agitur, ministerio Angelorum & hominum agitur, ut Salomon jussu patris David per Sadoch sacerdotem, & Nathan Prophetam. Et multi civium vel militum sulti auxilio Reges constituuntur & deficiuntur de principatu, & etiam sancti, sicut Samuel: successione etiam paternà quidam regnant, sicut de his omnibus in historiis & chronicis, & etiam in libro, qui inscribitur vita Cæsarum, invenitur. Quidam siquidem tyrannicà usurpatione obtinent principatum, propter sua complenda, vel populi ulciscenda peccata, de quibus scriptum est, ipsi regnaverunt, & non ex me, Principes extiterunt, & non cognovi. Et item qui facit regnare hypocritam propter peccata populi. Quod tale est sicut & necesse est ut veniant scandala, væ autem homini per quem scandalum venit: quia væ illi est, ut quod fiendum est, talem se suo vitio afficit, ut per illum quod ad væ pertinet exequatur.* Ibid. Pag. 695.

(n) *Quia ergò unius regimen præeligendum est, quod est optimum, & contingit ipsum in tyrannidem converti, quod est pessimum, laborandum est diligenti studio, ut sic multitudini provideatur de Rege, ut non incidat in Tyrannum. Primum autem est necessarium, ut talis conditionis homo ab illis ad quos hoc spectat Officium promoveatur in Regem, quod non sit probabile in tyrannidem de-*

Le Saint Docteur ne voit donc rien que de juste & de sage dans les Loix fondamentales qui bornent la puissance publique; dans les conditions mises à l'imposition de la Couronne, pour former une Monarchie tempérée.

Le Saint Docteur examine ensuite la conduite que doit tenir le Peuple, si malgré toutes ses précautions, le Prince devient tyran; & voici les Regles qu'il pose sur ce point.

Si l'excès de la tyrannie n'est pas intolérable, le Peuple doit le supporter même pour son propre intérêt (o).

Si l'abus du pouvoir est porté au dernier excès, quelques-uns ont cru qu'il étoit permis au particulier de tuer le Tyran. Saint Thomas s'éleve fortement contre cette doctrine du tyrannicide (p).

Il est opposé à la doctrine du Tyrannicide.

Quelle ressource restera t-il donc au Peuple? Celle de procéder contre le Tyran par autorité publique. Si le Peuple n'a point de supérieur, c'est à lui de choisir un autre Roi. Il ne commettra point en cela d'injustice, & ne violera point le serment de fidélité qu'il a fait. Il n'est pas lié par le seul serment envers celui qui ne garde pas les conditions sous lesquelles l'Autorité Souveraine lui a été confiée (q).

Droits du Peuple contre le Tyran.

clinare. Undè Samuel Dei Providentiam ergà institutionem Regis commendans, ait, Regum 13. Quæsivit sibi Dominus virum secundùm cor suum, deindè sic disponenda est Regni gubernatio, ut Regi jam instituto tyrannidis subtrahatur occasio. Simul etiam sic ejus temperetur potestas, ut in tyrannidem de facili declinare non possit. De Regimine Principum Lib. I. Cap. 6.

Cet Ouvrage est dédié au Roi de Chypre. Les deux premiers Livres sont certainement de Saint Thomas. Les deux derniers sont de Ptolomée de Luques, ou de quelque autre de ses disciples. Le Pere Touron, *Vie de saint Thomas.*

(o) Demùm verò curandum est si Rex in tyrannidem converteret, qualiter posset occurri. Et quidem si non fuerit excessus tyrannidis, utilius est remissam tyrannidem tolerare ad tempus quàm contrà tyrannum agendo multis implicari periculis quæ sunt graviora ipsâ tyrannide. Potest enim contingere, ut qui contrà tyrannum agunt, prævalere non possint, & sic provocatus tyrannus magis desæviat. Quod si prævalere quis posset adversùs tyrannum, ex hoc ipso proveniunt multotiens gravissimæ dissentiones in populo, sive dum in tyrannum insurgitur, sive post defectionem tyranni ergà ordinationem regiminis multitudo separetur in partes. Contingit etiam ut interdùm dum alicujus auxilio multitudo expellit tyrannum, ille, potestate acceptâ, tyrannidem arripiat, & timens pati ab alio quod ipse in alium facit, graviori servitute subditos opprimat. Sic enim in tyrannide solet contingere ut posterior gravior fiat quàm præcedens, dum præcedentia gravamina non deserit, & ipse ex sui cordis malitiâ nova excogitet. Ibid.

(p) Si sit intolerabilis excessus tyrannidis, quibusdam visum fuit, ut ad fortium virorum virtutem pertineat tyrannum interimere, seque pro liberatione multitudinis exponere periculis mortis, cujus rei exemplum etiam in veteri Testamento habetur. Nam Ayoth quidam Eglon Regem Moab qui gravi servitute populum Dei premebat, sicâ infixâ in ejus femore interemit, & factus est populi Judex. Sed hoc Apostolicæ Doctrinæ non congruit. Docet enim nos Petrus, non bonis tantùm & modestis, verùm etiam discolis Dominis reverenter subditos esse 2. Petri 2. Hæc est enim gratia si propter conscientiam Dei substineat quis tristitias patiens injustè: undè cum multi Romani Imperatores fidem Christi persequerentur tyrannicè, magnaque multitudo tam nobilium quàm populi esset ad fidem conversa, non resistendo, sed mortem patienter, & armati sustinentes pro Christo laudantur, ut in sacrâ Thebeorum Legione manifestè apparet, magisque Ayoth judicandus est hostem interemisse, quàm populi Rectorem, licet Tyrannum. Ibid.

(q) Videtur autem magis contrà Tyrannorum sævitiam non privatâ præsumptione alicuorum, sed auctoritate publicâ procedendum. Primò quidem si ad jus multitudinis alicujus pertineat sibi providere de Rege, non injustè ab eâdem Rex institutus potest destitui, vel reformari ejus potestas, si potestate Regiâ tyrannicè abutatur. Nec putanda est talis multitudo infideliter agere, tyrannum destituens, etiamsi eidem in perpetuo se antè subjecerat, quia hoc ipse meruit in multitudinis regimine se non fideliter gerens ut exigit Regis officium, quòd ei pactum à subditis non reservatur: Sic Romani Tarquinium Superbum quem in Regem susceperant, propter ejus & filiorum tyrannidem à Regno ejecerunt, substitutâ minori, scilicet Consulari potestate. Sic etiam Domitianus qui modestissimis Imperatoribus Vespasiano patri, & Tito fratri ejus successerat, dum tyrannidem exercet, à Senatu Romano interemptus est, omniaque perversè mandatis per senatûs-consultum justè & salubriter in irritum revocatis. Ibid.

T 3

Si le *Peuple* a un supérieur, il doit s'adresser à lui, & chercher dans son secours le remede aux maux qu'il souffre (r).

S'il n'y avoit aucun moyen humain, il ne resteroit que de recourir au Tout-puissant qui peut ou changer le cœur du Tyran, ou en délivrer ses Sujets (s).

On place communément Saint Thomas au nombre des Auteurs qui n'ont laissé au Peuple que le remede de la patience contre l'abus le plus énorme du Gouvernement. On se fonde pour cela sur un Texte de sa Somme (t). C'est faute de faire attention à la différence qu'il y a entre les Particuliers & le Corps entier de la Nation.

Explication de ces mots du Ps. 50. Tibi soli peccavi.

Dans ce Texte d'ailleurs, Saint Thomas s'appuie sur ce verset tant rebattu du Pseaume 50, *Tibi soli peccavi*. Beaucoup d'autres Auteurs ont bâti sur le même fondement. Il est sans doute bien foible.

Ces paroles n'ont de force que placées dans la bouche d'un Roi. Pluche dans la Préface de son harmonie des Pseaumes croit que le Pseaume 50. n'est pas de David; & peut-être n'est-il pas le seul.

Il faut distinguer le crime du Souverain comme Particulier, de celui qu'il commettroit comme Souverain en voulant dénaturer le Gouvernement.

Dans quel sens d'ailleurs David a-t-il pu dire qu'il avoit péché contre Dieu seul? N'a-t-il pas péché contre Bethsabée, en corrompant sa fidélité; contre Urie, en le faisant mourir; contre son propre corps, en commettant un adultere; contre son Peuple enfin, en le scandalisant? Le droit de punir n'est pas toujours entre les mains de celui qui a reçu l'offense, & de ce qu'on n'auroit offensé qu'une personne, en pourroit-on conclure qu'elle peut seule infliger la peine?

En donnant au texte de David le sens qu'on lui prête, il n'en résulteroit rien pour le point dont il s'agit. Le Peuple se borne sans doute à gémir des crimes du Prince comme homme, dans sa vie privée. En doit-il être de même des crimes du Roi, qui dénaturent le Gouvernement, qui le transforment en tyrannie?

Sentiment d'Hugues.

Hugues Abbé de Fleury a composé un Traité *de la Puissance Royale & Sacerdotale* dédié au Roi d'Angleterre. Il y enseigne que la Puissance Royale vient de Dieu & non pas des hommes, il se fonde sur le Passage de saint Paul qui dit: *que toute Puissance vient de Dieu*.

Voulant expliquer ensuite comment toute Puissance vient de Dieu, il dit qu'ayant donné au premier homme la raison, il l'a établi sur toutes les créatures du monde, lui faisant entendre par là, qu'il n'y avoit qu'un seul Roi & un seul seigneur de tout ce qui a été créé dans le

---

(r) *Si verò ad jus superioris pertineat multitudini providere de Rege, expectandum est ab eo remedium contrà Tyranni nequitiam. Sic Archalaï qui in Judaeâ pro Herode patre suo regnare jam cœperat, paternam nequitiam imitantis Judaeis contrà eum querimoniam ad Cæsarem Augustum deferentibus, primò quidem potestas diminuitur, ablato sibi Regio nomine, & medietate Regni sui inter duos fratres suos divisâ. Deinde cum nec sic à tyrannide compesceretur, à Tiberio Cæsare relegatus est in exilium apud Lugdunum Galliæ civitatem*. Ibid.

(s) *Quod si omninò contra Tyrannum auxilium humanum haberi non potest, recurrendum est ad Regem omnium Deum, qui est adjutor in opportunitatibus, in tribulatione &c.* Ibid.

(t) *Princeps dicitur esse solutus à lege, quia nullus in ipsum potest judicium condemnationis ferre si contrà legem agit. Undè super illud Psalmi 50. Tibi soli peccavi, dicit Glossa, quòd Rex non habet hominem, qui facta sua dijudicet; sed quantùm ad vim directivam Legis, Princeps est subditus legi.* S. Thomas 1. 2. Quæst. 96. Art. 5. ad 3.

ciel & sur la terre. Il y a dans la Cour Céleste différens degrés de puissance. Dans le corps humain tous les membres dépendent de la tête. Ainsi Dieu est le seul Roi du ciel & de la terre; & dans l'un & dans l'autre il a établi différens degrés de subordination (u).

Voilà, suivant cet Abbé, en quel sens il est vrai que toute Puissance; & la Puissance Royale en particulier, vient de Dieu.

Durand de saint Porcien, Evêque de Meaux, dans son Traité de *l'origine des Jurisdictions*, examine si la Puissance séculiére vient de Dieu. Il rapporte d'abord les raisons de la négative. Tout ce qui vient de Dieu est dans l'ordre, & il y a souvent beaucoup de désordre dans la Puissance temporelle. Il est parlé d'ailleurs dans le Prophete de Princes qui regnent, sans que Dieu soit le principe de leur autorité.

Sentiment de Durand.

L'affirmative est fondée sur l'autorité de saint Paul, qui décide dans le treizieme chapitre de l'Epitre aux Romains qu'il n'y *a point de Puissance qui ne vienne de Dieu*, que celui qui *résiste à la Puissance, résiste à son ordre*. Cela ne seroit pas vrai, s'il n'avoit pas établi toutes les Puissances (v).

Durand répond que la puissance de gouverner le Peuple vient de Dieu, en ce qu'il est nécessaire qu'il y en ait une; & qu'elle ne vient pas de lui, quant à la maniere de l'acquérir, ou d'en user, comme lorsqu'on y parvient par de mauvaises voies, ou qu'on en abuse après l'avoir acquise (w).

L'Auteur établit ainsi la vérité de sa distinction. Ce qui est ordonné par la raison, est ordonné de Dieu même; car il l'a donnée aux hommes pour qu'ils s'y conformassent. Or il est conforme à la raison qu'il y ait une Puissance qui gouverne les hommes. Cette puissance est donc établie par l'ordre de Dieu même (x).

(u) *Non est Potestas nisi à Deo. Quæ enim sunt à Deo ordinatæ sunt. Constat igitur hâc sententiâ quia non ab hominibus sed à Deo Potestas Regia in terris est ordinata sive disposita. Ipsa quippe primum hominem in mundi status primordio dote sapientiæ præmunikus omnibus mundi præposuit creaturis. In quâ re et subtiliter intimavit unum esse totius creaturæ coeli & terræ Regem ac Dominum, cui illa jure Cælestis Curia quæ suprà nos est, certis distincta gradibus & potestatibus militat & obaudit. Et ut hoc etiam pariter in nostri formâ corporis agnoscamus, videmus omnia nostri corporis membra capiti subjacere. Omnia, inquam, humani corporis membra esse subjecta atque supposita positione simul & ordine patet. Unde nobis liquidò claret Deum Omnipotentem, non solum humanum corpus variis membrorum distinxisse lineamentis, sed etiam totum mundum certis gradibus ac potestatibus, sicut illa Cælestis Curia cognoscitur esse distincta, in quâ ipse solus Deus Pater Omnipotens Regiam obtinet dignitatem, & in quâ post ipsum Angeli, Archangeli, Throni, & Dominationes, & quæque cætera Potestates sibi invicem præesse mirabili & modestâ potestatum varietate noscuntur. Baluze Miscellanea.* Tom. 4. Pag. 12.

(v) *Circa originem potestatum & jurisdictionum quibus populus regitur. Quæritur primò utrùm potestas secularis per quam homo regitur, quantum ad temporalia, sit à Deo. Et arguitur quod non: quia quæ à Deo sunt, ordinata sunt, ut dicitur Romanorum decimo tertio. Sed in potestate vel autoritate Domini temporalis, multa deordinationes; utpotè quia puer dominatur seni, & stultus sapienti. Ergo talis potestas vel dominium non est à Deo. Item Oseæ octavo dicitur ex personâ Domini de malis Principibus, ipsi regnaverunt & non ex me. Ergo videtur quod Potestas malorum Principum non est à Deo. In contrarium est quod dicitur Romanorum 13o. cap: Non est potestas nisi à Deo, & qui potestati resistit, Dei ordinationi resistit. Quod non esset, nisi potestas & dominium essent à Deo ordinata. Durandus, De origine Jurisdictionum in principio.*

(w) *Responsio. Dicendum est quod potestas & dominium regendi populum est à Deo, quantum ad debitum, non autem semper quantum ad acquisitionem, vel usum; quando videlicet malè acquiritur, vel post acquisitionem homo malè utitur. Ibid.*

(x) *Primum patet sic: id quod est debitum in hominibus secundum rectam rationem, debitum esse in eis secundum divinam ordinationem, quia ad hoc Deus rationem in hominibus indidit, ut ipsi secundum rectam rationem vivant. Sed secundum rectam rationem debitum est potestatem regitivam esse inter homines; ergo illud idem debitum est secundum divinam ordinationem. Major jam*

L'Autorité féculiere ne vient donc pas de Dieu, en ce fens, qu'après la création du monde, il en ait commis le gouvernement à quelque homme; ou que par un précepte formel, il ait ordonné qu'un d'entr'eux les gouverneroit; mais feulement en ce fens que fuivant la droite raifon, que Dieu a donnée aux hommes, il eft jufte & convenable qu'il y ait une Puiffance qui gouverne, & qu'ils doivent s'arranger entr'eux pour l'établir (y).

Durand fait voir enfuite que les quatre premiers Empires, dont il eft parlé dans l'Ecriture Sainte, des Affyriens & des Chaldéens, des Medes & des Perfes, des Grecs & des Romains, ont été illégitimes dans leur origine, n'ayant eu pour principe que la violence, & qu'ils n'ont pu devenir réguliers par la fuite, que du confentement exprès ou tacite des Peuples.

Il s'oppofe un Texte d'Ifaïe, où il eft dit, que Dieu lui-même a donné la puiffance à Cyrus. Cela n'exprime, felon lui, que la Providence Divine qui permet le mal pour en tirer du bien, qui a donné la force à Cyrus pour vaincre Balthafar, & pour délivrer fon Peuple. On ne peut pas en conclure que Cyrus ne foit pas parvenu à l'Empire par violence, & que Dieu lui ait communiqué immédiatement l'autorité de gouverner (z).

Dans

---

patet, fic minor probatur. Quia illud eft fecundùm rectam rationem in moribus, quod eft fecundùm conformitatem ad bonitatem quæ eft in rebus naturalibus, quia ars imitatur naturam; fed poteftas dominii & regiminis eft fecundùm conformitatem bonitatis quæ eft in rebus naturalibus.

Similiter adhuc probatur quòd in naturalibus inferiora reguntur per fuperiora, & multitudo per unum: denique totum univerfum ad modum exercitus ordinatur in bono Principe, qui eft Deus. Ergo. Item Philofophus dicit primo politicè, quod in omni pluralitate ordinata, melius eft & expediens quòd unus principetur, cætera fint fubjecta. Ergo in pluralitate hominum debitum eft & expediens, quod aliquis præfit & ceteri fint fubjecti. In hoc autem confiftit ordo, ratio, poteftas & Dominium. Ergo poteftas & dominium ad regendum populum eft in hominibus fecundùm debitum rationis, & divinæ ordinationis. Ibid.

(y) *Non eft ergo intelligendum quod autoritas Jurifdictionis feu Regis fæcularis fit à Deo hoc modo, quod Deus à principio quo creavit genus humanum commiferit alicui homini regimen aliorum; aut quod dederit fpeciale præceptum, feu fecerit fpecialem ordinationem, quod præfit alius; fed folùm autoritas jurifdictionis feu Regis fic eft à Deo, quia fecundùm rectam rationem quam Deus indidit homini debitum eft & conveniens talem autoritatem Regis effe inter homines; & quod ipfi inter fe de hoc communicent. Quamvis enim à principio quo Deus hominem creavit, dederit ei & præfecit pifcibus maris & volatilibus cœli & beftiis terræ, ut dicitur Genefis fecundo; tamen nulli homini permifit fpecialiter dominium fuper alios homines; nec de hoc fecit fpeciale præceptum, nec fpecialem ordinationem in benedictione. Sic igitur, & non aliter autoritas jurifdictionis fæcularis inter homines eft à Deo, nifi in aliquibus de quibus Deus fpecialiter ordinavit & mandavit, quod præfient certæ genti.*

(z) *Nec obftat quod de Cyro Prophetatum fuerat ipfius per Ifaiam quadragefimo capitulo ubi dicitur fic: Chrifto meo Cyro cujus apprehendi dexteram, ut fubjiciam ante faciem ejus gentes & dorfa Regum vertam. Per hoc videtur quod ipfe voluntate & autoritate Dei, & fic legitimè fuccefferit in regnum & imperium, cujus oppofitum dictum fuit, fcilicet quòd hoc imperium ufurpatum fuit per violentiam, & non legitimè introductum.*

Et dicendum eft ad hoc dupliciter. Uno modo, quod Cyrus non fuccefferit in jus illius imperii, fed per folam violentiam ufurpavit. Secundo quod fecundùm beatum Auguftinum, Deus cùm fit fummè bonus, non fineret mala fieri, nifi ex malis fciret elicere bona; & quòd Deus providit quòd Cyrus adepto imperio, permitteret filiis Ifraël exire de captivitate & redire in Jerufalem ad cultum Dei, quod fuit valdè bonum, & ceffit ad magnam gloriam Dei, & permifit quod veniret ad ipfum per violentiam & ufurpationem, quia ex hoc fecuta funt duo bona, fcilicet interfectio iniqui Balthafar, qui vafa Domini expofuit ad bibendum cum concubinis fuis, ut legitur Danielis 6 cap. & liberatio populi Dei de captivitate Babylonica. Autoritas ergo Ifaïæ XIV. fuperius allegata, qua dicitur Chrifto meo &c., non eft fic intelligenda, quafi ipfo autoritate Dei obtinuerit imperium, fed per eam datur intelligi impotentia refiftendi in Balthafar, & Regibus fibi adhærentibus; & ordinatio

Dans la queſtion ſeconde, Durand remarque la différence qu'il y a entre les deux Puiſſances, quant à leur origine. La Puiſſance ſpirituelle vient immédiatement de Dieu, qui l'a communiquée à une certaine perſonne; à ſaint Pierre. La Puiſſance ſéculiere n'a pas été ainſi établie de Dieu. Elle ne vient de lui que de la maniere qui a été expliquée dans la queſtion précédente. (a).

Durand dans ſon Traité des Loix, Concluſion 57, dit que le Prince eſt ſoumis aux Loix naturelles devant Dieu, & qu'il n'y eſt pas ſoumis quant à la peine devant les hommes, perſonne ne pouvant lui impoſer de peine temporelle; à moins qu'il ne fût coupable d'un délit ſi grave, qu'il eût mérité la dépoſition (b).

Jean de Paris dans un Ouvrage compoſé pour la défenſe de Philippe le Bel, enſeigne que la Puiſſance Eccléſiaſtique eſt purement ſpirituelle, & ne peut impoſer que des peines de ce genre, à moins qu'on ne veuille bien ſe ſoumettre aux punitions temporelles qu'elle infligera. Le Juge d'Egliſe peut cependant en impoſer par accident. Si par exemple un Prince étoit hérétique & incorrigible, le Pape pourroit faire enſorte qu'il fût dépoſé par le Peuple : comme s'il s'agiſſoit d'un crime Eccléſiaſtique, & que le Pape excommuniât tous ceux qui obéiroient à ce Prince. Le Peuple alors prononceroit la dépoſition directement, & le Pape indirectement. S'agit-il d'un délit dont la connoiſſance n'appartient pas à la Puiſſance Eccléſiaſtique, ce n'eſt pas au Pape à corriger le premier le Prince, mais aux Barons & aux Pairs du Royaume. N'oſent-ils pas l'entreprendre, n'ont-ils pas aſſez de force, ils peuvent invoquer le ſecours de l'Egliſe, qui, à la réquiſition des Pairs, procédera contre ce Prince (c).

Sentiment de Jean de Paris.

tio Dei deliberatione populi, quod innuit Textus illius capitis, ubi dicitur : accinxi te & non cognoviſti me ut ſciant &c : quod dicitur accinxi te fortitudine ad bellum contrà Regem Babylonis & auxiliatores ejus; ſed tu non cognoviſti me, quia in bellando non habuiſti oculum ad Deum. Ego tamen totum ordinavi ad deliberationem populi mei; & ſic illa autoritas non arguit quomodò Cyrus fuerit adeptus imperium.

(a) Et differt hæc poteſtas quantùm ad ſuam primam originem, à poteſtate ſeculari; quia hujus poteſtatis origo fuit à Deo, immediatè tradente cam certæ perſonæ, ſcilicet Petro pro ſe & ſucceſſoribus ejus, à quibus derivatur in alios. Poteſtas autem ſecularis non fuit ſic à principio inſtituta; ſed modo quo dictum eſt in primâ quæſtione, in corpore quæſtionis. Ibid.

(b) Quinta-decima concluſio eſt, quod à Legibus juris naturalis Imperator non eſt abſolutus, quia illæ non innituntur autoritati ſuæ, ſed à concluſionibus civilibus. Sic enim ſecundùm hoc intelligo. C. de Legibus. L. Princeps. Verum eſt etiam quod quantùm ad aliquid à primis eſt abſolutus, quia ſic ligant ſimpliciter, & in ordine ad Deum, & ab iſto vinculo non eſt abſolutus. Quia ſic nullus eſt qui poſſet ſibi pœnam imponere de debito, niſi eſſet tam grave delictum quod quaſi mereretur deponi.

(c) De poteſtate correctionis ſeu Cenſuræ Eccleſiaſticæ ſciendum eſt, quod non eſt niſi ſpiritualis directè, quia nullam pœnam in foro exteriori poteſt imponere, niſi ſpiritualem, niſi ſub conditione & per accidens. Licet enim Judex Eccleſiaſticus habeat homines in Deum reducere & à peccato retrahere & corrigere; hoc tamen non habet, niſi ſecundùm viam à Deo ſibi datam, quæ eſt ſeparando à ſacramentis & participatione fidelium; & hujuſmodi ad Cenſuram Eccleſiaſticam pertinent. Et dicitur niſi ſub conditione, ſcilicet ſi quis pœnitere velit, & pœnitentiam pecuniariam ſeu corporalem acceptare. Non enim poteſt Judex Eccleſiaſticus ratione delicti imponere pœnam corporalem vel pecuniariam, ſicut facit Judex ſecularis, ſed ſolùm ſi ille velit eam acceptare. Si enim non vult eam acceptare, compellet eum Judex Eccleſiaſticus per excommunicationem, vel aliam pœnam ſpiritualem, quæ eſt ultima quam poteſt inferre. Nec ultrà poteſt aliquid facere niſi, dico per accidens, quia ſi eſſet Princeps hæreticus & incorrigibilis, & contemptor Eccleſiaſticæ Cenſuræ, poſſet Papa aliquid facere in populo; & hoc faceret Papa in crimine eccleſiaſtico, cujus cogni-

Répondant ailleurs à l'objection tirée de la translation de l'Empire, il dit que le Pape n'a rien fait que par le consentement & la volonté du Peuple, qui peut se soumettre à qui il veut sans préjudice d'autrui. (d)

Sentiment de Marsile de Padoue.

Marsile de Padoue, Docteur de cette Université, a dédié à l'Empereur Louis de Baviere, l'Ouvrage intitulé, *Defensor Pacis,* qu'il a composé vers 1328. par ordre de ce Prince, pour le défendre contre les entreprises de Jean XXII. Il y examine l'origine des Puissances. Il regarde Dieu comme la cause immédiate du pouvoir qu'il a communiqué par lui-même, comme le sacerdoce à Aaron, le Gouvernement des Israëlites à Moïse & aux Juges. Mais c'est une espece de prodige & de voie extraordinaire. Dans l'ordre commun la Puissance séculiere a pour principe immédiat la volonté des hommes. Dieu n'en est que la cause éloignée; & c'est en le considérant comme cause éloignée, qu'on dit que la Puissance temporelle vient de lui. Il ne la confere pas par lui-même. Il se sert pour cela du choix libre des hommes auxquels il a laissé la liberté de l'établir (e).

L'Auteur enseigne encore que la Puissance créatrice du Gouvernement est ce qu'il appelle le Législateur, c'est-à-dire, le Corps des Citoyens, comme c'est aussi à lui qu'appartient la Législation, ainsi que la correction & la déposition de celui qui gouverne, lorsque l'utilité publique paroît l'exiger (f).

tio ad ipsum pertinet, excommunicando omnes qui ei ut Domino obedirent: & sic populus ipsum deponeret, & Papa per accidens.... Ubi Rex peccaret in temporalibus, quorum cognitio ad Judicem Ecclesiasticum non pertinet, tunc non habet ipsum Papa corrigere primò, sed Barones & Pares de Regno; qui si non possunt vel non audent, possunt invocare auxilium Ecclesiæ: quæ requisita à Paribus in juris subsidium, potest monere Principem, & procedere contra ipsum modo prædicto. Joannes Parisiensis, De Potestate Regiâ & Populi. Cap. 13. Vindiciæ Doctrinæ Majorum Tom. 1. Pag. 98. 99.

(d). Quod dicitur quòd Papa Imperium de Græcis transtulit ad Germanos. Responsio: non transtulit veritatem, sed nomen: quia indignabantur Romani, quòd Imperium vel Imperii nomen ab eis Constantinopolim erat translatum, & ideò Carolo quem pro suâ defensione vocaverant, victoriis habitis laudes acclamarunt, & Imperatoris ei nomen dederunt. Et ex tunc fuit quasi divisum Imperium dùm duo dicerentur Imperatores. Amplius non fuit factum per solum Papam, sed populo acclamante & faciente, cujus est se subjicere cui vult sine alterius præjudicio. Ideò hoc fuit factum ex causâ necessariâ pro sui defensione. Ibid. cap. 15.

(e) Hic modus seu actio & ipsius immediata causa, per quam formata est jam pars principans & reliquæ partes civitatis (præcipuè sacerdotium) fuit Divina voluntas, immediatè hoc præcipiens alicujus singularis creaturæ oraculo terminato aut per se solam immediatè fortassis, quomodò Principatum Israëlitici populi in personam Moysi & quorundam aliorum Judicum: post ipsum sacerdotium quoque in personam Aaron & ipsius successorum instituit. De quâ siquidem causâ & ipsius actione liberâ, tradere seu dicere, cur sic aliter nec sic esse aut fuisse factum per demonstrationem nec quicquam dicere possumus, sed simplici credulitate absque ratione tenemus. Alia verò est Principatuum institutio, quæ scilicet ab humanâ mente immediatè provenit, licet à Deo tanquam à causâ remotâ, qui omnem Principatum terrenum concedit, ut Joan. 19. habetur, & apertè dicit Apostolus ad Roman. 13. & Beatus Augustinus lib. 5. de Civitate Dei, cap. 21. quod tamen non est immediatè semper, quinimò in pluribus & ubique quasi hoc statuit per hominum mentes quibus talis institutionis concessit arbitrium. Defensor Pacis, Part. 1. Cap. 9. Goldast Monarchia Sancti Romani Imperii Tom. 2.

(f) Ad quæsitum ergo redeuntes, dicamus secundùm veritatem & sententiam Aristotelis 3. Politica cap. 7. Potestatem factivam institutionis Principatûs seu electionis ipsius ad Legislatorem seu civium universitatem quemadmodum ad eandem legislationem diximus pertinere 12 hujus; principatûs quoque correptionem, quamlibet etiam depositionem, si expediens fuerit, propter communa conferens eidem similiter convenire. Nam hoc est unum de majoribus in Politiâ quæ ad multitudinem civium universam ex dictis Aristot. 3. Politica Cap. 7. pertinere conclusimus 13. hujus par. 2. 4. Est enim multitudo dominans major, ut dicebatur ibidem. Ibid. Cap. 15.

La question est traitée dans un autre endroit avec plus d'étendue. L'Auteur y rappelle ce qu'il a déja dit, que c'est à ce qu'il appelle le Législateur, c'est-à-dire au Corps des Citoyens, à corriger & déposer le Prince, comme c'est à lui à l'établir. Est-il à propos d'user de ce pouvoir, & d'en user pour tous les excès dans lesquels le Prince peut tomber? (g).

Si le Prince étoit infaillible, cette question n'auroit pas d'objet. Mais il est homme, sujet aux passions. Il faut nécessairement que quelqu'un ait droit d'examiner ses actions, en les comparant à la Loi qui doit lui servir de régle. Autrement tout Gouvernement deviendroit despotique, tous les Citoyens seroient esclaves. Ce pouvoir réside dans le Législateur, ou dans le Corps des Citoyens (h).

Des raisons de prudence doivent quelquefois engager à ne pas faire usage de ce droit qui appartient au corps de la Nation (i).

Ou l'excès du Prince est grave; ou il est léger, ou la fréquente récidive est à craindre; ou on ne doit pas avoir cette appréhension. Il s'agit ou de choses décidées par la Loi, ou de choses qui ne le sont pas.

Si l'excès est grave, commis contre l'Etat même, ou contre quelqu'un de ses principaux membres, la dissimulation pourroit avoir des suites fâcheuses. C'est le cas d'employer la correction, quand ce seroit une circonstance singuliere qui ne dût pas se présenter souvent (k).

Si le délit est léger, alors ou il est rare, ou il est fréquent. S'il est rare, les vues du bien public doivent engager à la patience. Si les rechutes

---

(g) *Dictum est autem à nobis in prioribus correctiones, aut totaliter mutationes Principatuum ad Legislatorem pertinere, quemadmodum institutiones ipsorum, de quibus meritò dubitabit aliquis, utrùm videlicet principantes expediat corrigere per judicium & potentiam coactivam. Et si expediat, utrùm propter excessum qualemcumque, aut solùm propter quosdam quidem sic, propter alios verò minimè. Adhuc etiam cujus aut quorum in ipsos sit talia ferre judicia, & judiciorum executiones explere per potentiam coactivam, cùm in prioribus dictum sit ad solos principantes pertinere, ferre civiles sententias, Legumque transgressores per coactivam arcere potentiam.* Ibid. Cap. 18.

(h) *Si principans aliam formam non reciperet præter legem, autoritatem & desiderium agendi secundùm illam, nunquàm minùs debitam aut corrigibilem, seu mensurabilem ab aliquo faceret actionem, & ideò tam ipse quàm ejus actio, sic effet mensura cujuslibet civilis actûs aliorum & à quo nequaquàm ab aliis mensuratus..... verùm quia principatus homo existens, habet intellectum & appetitum, potentes recipere formas alias, ut falsam æstimationem aut perversum desiderium vel utrumque secundùm quas contingit ipsum agere contraria eorum quæ lege determinata sunt, proptereà secundùm has actiones redditur principans mensurabilis ab aliquo habente autoritatem mensurandi seu regulandi secundùm legem, ipsum aut ejus actiones transgressas; alloquin despoticus fieret quilibet principatus, & civium vita servilis & insufficiens: quod est inconveniens fugiendum, ut exterminatis à nobis apparuit 5 & 11. hujus. Debet autem judicium, præceptum, & executio cujuscumque correctionis principantis seu transgressionis fieri per Legislatorem vel per aliquem aut aliquos legislatoris autoritate statutos ad hoc, ut demonstratum est 12 & 15 hujus.*

(i) *Convenit etiam pro tempore aliquo, corrigendi principantis officium suspendere ad illum, maxime ad illos qui de ipsius transgressione debuerint judicare; ne propter tunc pluralitatem principatûs contingeret in communitate schisma, concitatio & pugna; & quoniam non corrigitur inquantùm principans, sed tanquàm subditus transgressor Legis.* Ibid.

(k) *Secundùm hæc itaque ingredientes ad quæsitas dubitationes dicamus, quod excessus principantis vel gravis aut modicus, adhuc vel est de possibilibus evenire frequenter, aut rarò tantummodo. Amplius, vel est de lege determinatus, aut non. Si verò gravis fuerit principantis excessus, ut in Rempublicam, aut in insignem vel aliam quamcumque personam, ex quo per correctionis omissionem, posset verisimiliter scandalum, aut populi concitatio generari; sive sit evenientium in pluribus, sive parùm, corrigi debet propter ipsum principans. Ex ipso enim non vindicato possibilis esset in populo concitatio & politica turbatio atque solutio. Siquidem lege determinatus, secundùm legem corrigendus, si verò non, secundùm Legislatoris sententiam, & lege debet determinari quantùm possibile fuerit, ut ostensum à nobis undecimo hujus.* Ibid.

ont été ou peuvent être fréquentes, on doit alors punir le délit quoique léger en lui-même. La patience auroit trop d'inconvéniens (l).

Sentiment d'Almain. Pour prendre des idées justes sur cette matiere importante, il faut avec Almain distinguer deux choses très différentes, l'établissement d'une Puissance, & la communication à une certaine personne de cette puissance déjà établie. Etablir une Puissance, c'est faire qu'elle existe dans un certain lieu, sur un certain Corps, pour un certain objet, avec certaines prérogatives. Communiquer cette Puissance, c'est en confier l'exercice à quelqu'un. Il est évident que l'institution de la Puissance doit précéder sa communication, puisqu'on ne peut pas communiquer ce qui n'existe point. On conçoit d'ailleurs qu'une Puissance existe ; quoique personne ne soit chargé du soin de l'exercer (m).

La Puissance civile du Gouvernement appartient de droit naturel à toute Société comme il appartient à chaque homme de veiller lui-même à sa propre conservation, parce que sans cela elle ne pourroit se maintenir. Mais c'est par une institution purement positive qu'elle est communiquée à quelqu'un pour l'exercer (n).

(l) *Quod si principantis excessus parvus fuerit, aut est de raro evenientibus, & à principante raro commissus, aut est de possibilibus evenire frequenter, & per principatum sæpè commissus. Quod si à principante raro committatur, aut committi possit, debet potius sub dissimulatione transiri, quàm ex eo principans corrigi. Quoniam si ex quolibet excessu raro contingenti & parvo, corrigatur principans, contemptibilis redditur, quod in commune nocumentum non modicum redundans est : eo quòd legi & principanti ex hoc cives minus exhibent reverentiam atque obedientiam. Rursum, quoniam nolente Principe pro modico quolibet contemptionem subire propter id sibi ad parvi pensionem reputare, poterit inde oriri scandalum grave, cum tale aliquid non sit in communitatibus refricandum, ex quo evidens utilitas provenire non potest, sed potius nocumentum...... si vero excessus principantis magnitudine modicus sit, possibilis evenire frequenter, lege determinandus est, & in eo sæpè delinquens principans per convenientem pænam debet arceri. nam excessus hujusmodi, quantumcumque modicus sæpè commissus notabiliter læderet politiam, sicuti & substantias (id est divitias,) parva expensa consumunt, sæpè facta.* Ibid.

(m) *Supponendum est, quemadmodum optimè declarat Herveus in suo Tractatu de Potestate Papæ, quod aliud est instituere potestatem, & institutam alicui personæ communicare : & illud manifestum est ex priori capitulo, cum populus potestatem occidendi non instituat, quia est naturalis, sed eam Principi communicet. Instituere namque potestatem, est ordinare, quod in communitate sit aliqua Potestas tanta & talis, ad tot casus, ad talem populum, & sic de similibus, & talis institutio, tempore præcedere potest communicationem certæ personæ. Almainus de autoritate Ecclesiæ cap. 2. Vindiciæ Doctrinæ Majorum Tom. 3. Gersonii opera Tom. 2. col. 978 & seq.*

Aliud est instituere Potestatem, & aliud instituere aliquem in aliquâ tali Potestate. Unde instituere Potestatem, est facere quod in aliquâ communitate sit illa potestas, ad regendum talem communitatem. Sed instituere aliquem in tali potestate, est alicui dare autoritatem, ut in supposito illius communitatis illâ potestate utatur : & inter ista duo, unum potest esse sine alio, & unum est prius alio. Nam prius est instituta potestas, quàm aliquis instituatur in illâ, quia potest esse, dato quod nulli supposito detur ; & si non tempore, saltem prius naturâ. Sed sic est quod Christus potuit instituere quòd in communitate christianâ esset aliqua Potestas, quâ posset aliquis alicui subdi & arceri à malis, & quod peccantes posset punire, putà per excommunicationem &c. antequàm dederit alicui autoritatem utendi tali potestate...... Ergo institutio talis potestatis præfuit antequàm esset aliquis qui haberet autoritatem utendi tali potestate : similiter in civilibus potest institui potestas aliqua, vel aliquod genus cruciandi & puniendi malefactores, antequàm sit aliquis habens potestatem & autoritatem utendi tali potestate. Almainus Expositio circa Decisiones Guillelmi Ockam. Quæst. I. Cap. 4.

(n) *Quemadmodum Deus naturæ autor, hominem condidit cum naturali jure seu potestate ea quæ suæ institutioni & conservationi necessaria sunt sumendi, nec non & ea quæ necessaria sunt repellendi, similiter & communitas quælibet aliquorum ad invicem civiliter conversantium, quæ juxtà dictum Pauli ad Rom. 12. velut unum corpus est, cujus singuli alter alterius sunt membra, naturalem habet potestatem, se non solum in esse ; verùm etiam in esse pacifico conservandi ; ad quem spectat eos quorum vita est in perturbationem communitatis, etiam per mortem præscindere. Et istud deduci potest ex sancto Thomâ. 2, 2, Q. 65 Art. 1. Omnis enim pars ordinatur ad totum cujus est pars, velut imperfectum ad perfectum: & si saluti totius corporis expediat abscissio alicujus membri, putà quia est putridum, aut cæterorum infectivum, in toto corpore residet autoritas illud præscindendi.*

On ne peut donc pas dire que le Pouvoir Suprême soit purement humain dans sa fondation, puisqu'il descend du Droit Naturel. Mais ce sont toujours les hommes qui en confient l'exercice à l'un d'entr'eux (o).

Si le Pouvoir Souverain est attaché naturellement à tout Peuple qui se réunit en corps de Société, celui qui est chargé de l'exercer, le tient nécessairement de lui. Car il ne l'a pas de lui-même, n'ayant rien dans le fond de son être qui le distingue de tous les autres. Il ne le reçoit pas de Dieu. Il faut donc qu'il en tienne l'exercice du choix libre de la Nation qui le lui a confié (p).

Mais comment soutenir que celui qui gouverne ne tient pas son autorité de Dieu, après que Saint Paul a enseigné si clairement, qu'il n'y a point de Puissance dont il ne soit le principe, qu'il les a toutes établies; que leur résister, c'est résister à Dieu même.

Almain dit ailleurs que la Puissance séculiere est donnée par le Peuple ou par élection, ou par succession pour l'avantage du Corps; & par cette définition, il croit avoir expliqué la source de ce pouvoir, qui régulierement, & dans les cas ordinaires, vient du Peuple.

Il s'objecte encore le Texte de Saint Paul, & il ne fait qu'étendre la réponse qu'il y a déjà donnée.

La Puissance Publique vient de Dieu, en ce qu'il est l'auteur de la raison, qui a fait sentir aux hommes le besoin qu'ils en avoient, & les a déterminés à se choisir un Chef. Elle ne vient pas de Dieu en ce sens, qu'il en ait revêtu quelques Particuliers, puisqu'en effet on ne voit pas qu'il la communique à aucun Particulier; ni même qu'il ait fait un précepte formel de la communiquer. C'est une des différences qui se rencontrent entre la Puissance temporelle & la Puissance spirituelle établie immédiatement par Jésus-Christ (q).

Cum ergò quælibet persona singularis comparetur ad totam communitatem, sicut pars ad totum, ideò si aliquis sit perniciosus in communitate, laudabiliter à communitate interimitur. Almainus de Autoritate Ecclesiæ, Cap. I.

(o) *Primaria Potestas Jurisdictionis coërcitiva etiam usque ad mortem infligendam, non est quantum ad ejus institutionem purè positiva; quamvis ejus communicatio certæ personæ, ut putà Regi, aut certis personis de communitate, paucis aut pluribus, qui eam regunt autoritate, sit positiva. Et illud manifestè ostenditur, quia hoc præceptum Non occides, cum sit de jure naturali ab eo nullus potest excipi cæsus per quodcumque jus positivum, saltem humanum, cùm humana potestas suprà jus naturæ non existat. Ergo primaria potestas occidendi, non est positiva humana, sed naturalis.* Ibid.

(p) *Communitas confert Principi autoritatem occidendi eos, quorum vita in perniciem Reipublicæ cedit. Ergo illa autoritas est per prius in communitate; cùm nemo alteri det quod non habet, & antecedens notum est, cum Princeps à se autoritatem illam non habeat, nec eam immediatè à Deo saltem ut in pluribus. Nam, ut dicunt Doctores, præsertim Durandus in Tractatu de Jurisdictione Ecclesiasticà, non est intelligendum, quòd autoritas Regis secularis sit à Deo sic, quòd eam immediatè alicui commiserit regulariter; sed quia secundùm rectam rationem, quam Deus hominibus induit, est alicui commissa. Et non videtur (cùm non sit à Deo immediatè commissa) à quo sit Principi collatu, nisi ab ipsâ communitate. Igitur assumptum est verum.* Ibid.

(q) *Potestas laïca sive secularis, est Potestas à populo ex successione hereditariâ, vel ex electione alicui, vel aliquibus tradita regulariter ad ædificationem communitatis, quantum ad res civiles secundùm leges civiles pro consecutione habitationis pacificæ. Primò tangitur causa efficiens & origo hujus, scilicet à populo regulariter: & licet aliquando Deus specialiter dederit aliquibus hanc Potestatem laïcam, ut scilicet 1. Regum 10; & Davidi 2. Regum 5; & aliquibus qui utebantur istâ potestate super Israël, ut patet Judicum 1. tamen regulariter neminem Deus instituit.*

Hâc occasione quæritur utrum talis Potestas laïca sit à Deo? & videtur quòd sic ad Romanos 13. Omnis anima sublimioribus Potestatibus subjecta sit, & sequitur in Textu, non est Potestas nisi à Deo. Ideò talis Potestas laïca est æquè benè à Deo, sicus Potestas spiritualis. Pro solu-

Ainsi sans être retenu par le Texte de Saint Paul, Almain ne doute pas que celui qui gouverne, ne tienne son autorité du Peuple. Il soutient même que le Peuple ne peut pas se dépouiller entiérement de ce pouvoir ; & puisqu'il en confie l'exercice au Prince, il faut qu'il en conserve le fond & la propriété (r).

Ce seroit un défaut essentiel dans le Gouvernement, que le Corps entier de la Nation n'eût pas le pouvoir de destituer un Roi qui abuseroit de son autorité. Elle seroit par là réduite dans une véritable servitude, & elle ne peut pas s'y précipiter elle-même. Almain conclut delà que l'Eglise doit nécessairement avoir le droit de déposer le Pape lorsqu'il abuse de son pouvoir, parce que sans cela son Régime seroit très défectueux, & fort inférieur à celui des Gouvernemens civils (s).

Le Prince tenant son pouvoir du Peuple, n'en ayant même que l'exercice, il est aisé de concevoir qu'il est chargé d'un pur ministere. Il

---

tione dicit *Durandus*, in 1. de origine Juris, *quod Potestas temporalis sive laica est à Deo quantùm ad debitum, sed frequenter non est à Deo quantùm ad acquisitionem & usum: Primum probatur, nam secundùm dictamen rectum, debitum est talem esse Potestatem. Naturaliter enim judicant homines quòd oportet eos subdi alicui, qui eis judicium & jus sive justitiam administret. Ergò secundùm judicium rectum naturaliter nobis insitum, debitum est talem Potestatem Regiam seu secularem esse. Ex ordinatione enim insitum est nobis tale judicium naturale ut conformiter & ipsum vivamus, & hoc à Deo. Nam signatum est lumen vultûs tui super nos, hoc est, Deus naturaliter nobis inseruit lumen vultûs sui, hoc est unum judicium, quo naturaliter judicamus omnes politicè ad invicem viventes, debere esse subjectos alicui vel aliquibus quibus incumbat ex officio facere mutuam justitiam. Ergò quoad debitum ipsa potestas secularis sive laica, est ex ordinatione divinâ. Sed non est à Deo regulariter issum ad sensum, quòd alicui Deus communicaverit istam jurisdictionem laicam; quia nunquàm alicui regulariter immediatè Deus communicavit hanc potestatem, nec dedit speciale praeceptum, ut alicui communicaretur. Ideò non est à Deo quantùm ad istum sensum.*
Et sic tangitur prima differentia inter has duas potestates; quia Ecclesiastica est immediatè à Christo instituente; sed laïca quamvis à Deo sit ex ordinatione, quantùm ad debitum, nunquàm tamen est à Deo regulariter & immediatè instituta. Et in primo sensu capit Paulus, Non est potestas nisi à Deo. *Almainus,* Expositio circa decisiones Guillelmi Ockam *Quæst.* 1. *Cap.* 1.

(r) *Nulla communitas perfecta hanc potestatem à se abdicare potest, sicut nec singularis homo quam habet potestatem ad se conservandum; imò nec eâ privari potest nisi à Deo, & hujus sententiae videtur esse Glossa,* 23. Q. 3. in Can. OSTENDIT, *in qua sic dicitur, populus benè habet jurisdictionem, licet dicat Lex, quod transtulit jus suum in Imperatorem. Nam si civitas vel populus non haberet jurisdictionem, quare puniretur propter defectum judicis, ut* 23. Q. 2. Can. Dominus, *ubi dicitur; civitas bello petenda est, quae vel vindicare neglexerit, quod à suis improbè factum est, vel reddere, quod per injurias ablatum est. Almainus:* De Autoritate Ecclesiae. *Cap.* 1.

(s) *Si Ecclesia non possit auferre Papam regentem eam in destructionem ejus, & catervatim animas ducentem ad inferos suo instinctu & suo exemplo, sequitur politiam purè naturalem & civilem esse meliùs institutam quàm sit Ecclesiastica politia. Non enim benè esset instituta politia purè civilis & naturalis, si ejus Regem perturbantem eam, destituere non posset; imò potestatem cum destituendi & occidendi (tanquàm membrum corruptivum totius corporis) communitas à se abdicare non potest: imò opposito dato, videretur politia esse serva despotice. Cùm ergò Christus politiam purè naturalem, cùm posteriora generationi sint priora perfectione; sequitur quod politiae Ecclesiasticae reliquerit potestatem suum Principem, & Regem Ecclesiasticum, si non in aedificationem, sed destructionem regat, destituendi. Imò aliàs non solùm pejus instituisset eam, quàm politiam purè civilem, sed à communitate aliquid auferret, quod ex jure naturali ei competere dignoscitur; necnon communitatem christianam liberam non effecisset, imò potius servam strictissimâ etiam servitute. Et hanc rationem ponderet, & non eam quae levissima est, quam magni aestimat ponderis: & dicere quòd in simili casu non reliquerit Deus remedium communitati, nisi orationes, cùm aliud remedium opportunum & opportunius relinquere potuisset; nihil aliud est, nisi dicere politiam Ecclesiasticam non benè instituam, & effectam servam. Almainus* De Autoritate Ecclesiae *Cap.* 12.
Si esset ità Papae collata potestas super totam Ecclesiam, quòd quamvis eam exerceret in destructionem Ecclesiae & non in aedificationem, & esset toti Ecclesiae perniciosus, quantum ad consecutionem finis, nec posset tamen à totâ Ecclesiâ puniri; primò sequitur quòd politia Ecclesiastica non esset ità benè ordinata sicut politia civilis; quia contrà bonam ordinationem politiae civilis foret, non posse membrum aliquod auferre, cujus conversatio in destructionem totius cederet. Ibid. Cap. 7.

agit au nom de l'Etat, & s'il est le Ministre de Dieu, il est aussi le Ministre du Peuple (t).

Selon Almain, ce qui constitue la Royauté, ce n'est pas le Gouvernement d'un seul, qui soit supérieur à toute la Nation assemblée, & qui en soit pleinement indépendant. C'est le Gouvernement d'un seul, qui est supérieur à tous les membres de la Nation pris séparément, & qui a droit de leur commander. Il y auroit un terrible inconvénient dans cette supériorité du Monarque au Corps entier de la Nation, à moins qu'il ne fût en même tems infaillible & impeccable (u).

Almain enseigne que le Pape & les Cardinaux refusant de convoquer le Concile Général, l'Eglise ne demeureroit pas sans ressource & sans moyens de se conserver elle-même. Autrement sa police seroit inférieure à la police civile, puisque le Prince négligeant la conservation de l'Etat, le Peuple est en droit d'y pourvoir par lui-même (v).

(t) *Ex omnibus his facile est videre, quomodò potestas quâ Rex utitur, est potestas Communitatis; hinc autoritate publicâ dicitur agere, & hanc ob rem Guillelmus Parisiensis dicit, dominium Principum esse ministeriale.* Almainus : De Autoritate Ecclesiæ. Cap. I.

Petrus & quilibet ejus successor, utitur clavibus vice Ecclesiæ universalis quam significat, sicut Rex quilibet, vice Communitatis exercet jurisdictionis actus. Ibid. Cap. 7.

Et ità concedendum est, quemadmodùm Deus condens humanum genus, indidit ei naturalem potestatem jurisdictionis ad finem naturalem, & non alicui supposito regulariter (hæc enim potestas communicata est particularibus suppositis à Communitate, qui sunt velut communitatis ministri in exercitio illius jurisdictionis, ut patet ex primo capite) ità Christus regenerans Ecclesiam ad finem supernaturalem, ei illam potestatem positivam ad illum finem communicavit, quam posset, & etiam teneretur, cùm non semper possit esse congregata, alicui supposito communicare, qui ut Minister Ecclesiæ hanc potestatem exerceret. Et sicut Communitatem aliquando Deus prævenit communicans alicui supposito potestatem (ut Moÿsi super populum Israël) ità & Christus Ecclesiam prævenit, communicando Ecclesiasticam Potestatem positivam Petro, ut vice Ecclesiæ eam exerceret, quam Ecclesia ei potuisset communicare, cùm priùs esset à Christo instituta & Ecclesiæ collata. Ibid. Cap. 7.

Quamvis Rex dicatur caput Regni in civilibus, non est tamen concedendum quòd sit Regno congregato superior in civilibus. Pariformiter de Papâ, in ordine ad Ecclesiam, dicendum est : & ista argumenta, parùm motiva sunt, ad inferendum quod sit error intolerabilis dicere quòd Concilium sit suprà Papam. Imò oppositum est error totius Ecclesiæ destructivus, & Ecclesiæ sponsæ Christi perniciosissimus; nec sequitur, ut infert idem de Vio, quòd regimen Ecclesiæ sit Aristocraticum seu populare, in quo tota autoritas apud eum non resideat. Nam non dicitur regimen regale, in quo sit unicus toto residuo superior (quia tunc non esset in civilibus regimen aliquod regale) sed quia est unicus (quolibet altero superior) qui totius mundi vices gerit, cui data est potestas exercendi actus jurisdictionis (habitualiter existentis in populo) vice populi, qui regulariter congregari non potest, ut ex antedictis constat. Ibid.

Concedendum est, quemlibet summum Pontificem esse immediatè Vicarium Christi, quemadmodùm Reges singuli juxtà dictum Pauli, sunt Ministri Dei in vindictam malefactorum; non quòd illam immediatè à Deo susceperint primo modo; sed quia ex consensu populi, habent exercitium potestatis quam Deus indidit populo. Ibid.

Sequitur quintò, summum Pontificem esse Vicarium Ecclesiæ universalis & Ministrum, quamvis dicatur etiam Vicarius & Minister Dei; quemadmodùm Princeps laïcus, & Minister Communitatis, qui tamen ab Apostolo Paulo dicitur Minister Dei; sed specialiùs summus Pontifex dicitur Minister Dei & Vicarius, in quantum ministrat in ea potestate qua non est in communitate naturali, sed positiva præcisè, & ex sola institutione Dei, illa tamen potestas est communitati collata. Ibid.

(u) *Non ideo dicitur Politia aliqua Regalis, quia unicus ei præsit, qui sit totâ Communitate in jurisdictione major, nec ei quovismodo subjectus; sed solùm propter hanc causam, quia unicus præest, qui in quemlibet alterum de Communitate jurisdictionem habet, & est eo superior; & hoc minimè reperitur in Politiâ Timocraticâ aut Aristocraticâ; nec conveniens foret aliquem unum taliter Communitati præfici, qui esset eâ totâ in omni casu superior, nisi talis foret indefectibilis, quemadmodùm de Christo censetur, qui Communitatem regere posset secundùm voluntatem, & non secundùm legem, & tunc esset politia illa perfectè Regalis.* Almainus, De Autoritate Ecclesiæ.

(v) *Si papa & Collegium Cardinalium ità obstinati essent, ut etiam urgente necessitate, nollent Concilium convocare, non esset credendum à Domino derelictam Ecclesiam absque medio opportuno, ut conservetur, tueatur & protegat. Aliter melius esset ordinata Politia purè Civilis quàm Ecclesiastica, cum Principibus negligentibus tuitionem, politicè, possit populus ab adversariis se defendere.* Almain. Quæst. De Dominio naturali & civili.

En établissant ainsi que le Peuple entier est au-dessus du Roi, Almain ne lui permet pas de le destituer sans cause. Lorsqu'il a un Roi qui se rend pas coupable envers lui, il ne peut pas en choisir un autre. L'Auteur appuie cette assertion sur l'autorité de saint Chrysostôme. (w).

Pierre d'Ailly veut que l'Eglise puisse déposer le Pape, & cela par la même raison que le Peuple peut déposer le Roi qui abuse de son pouvoir. Il s'appuie pour le prouver sur l'autorité de saint Thomas dont il rapporte les propres termes (x).

Sentiment de Major. Major soutient que la plénitude du pouvoir réside dans l'Eglise, & que si elle étoit dans le Pape qui est mortel, elle périroit avec lui.

Cajétan répond que la dignité Papale est en quelque sorte immortelle, parce que sitôt qu'il est mort, on peut lui donner un successeur.

Oui, répond Major. Mais l'élection peut être aussi différée pendant long-tems, & il peut y avoir plusieurs prétendans à la Papauté. Lors donc que le Concile est assemblé, il peut exercer toute l'autorité du Pape ; autrement la Police Ecclésiastique seroit incomplette. Car quand le Roi meurt sans laisser d'héritier majeur, c'est à la Nation qu'est dévolu l'exercice de l'Autorité Royale.

On dira vainement que le Roi tient son autorité des Peuples qu'il gouverne, qui sont aussi capables que lui d'exercer la puissance séculiere, qu'il n'en est pas de même ici, le Pape tenant son autorité de Dieu.

Vaine objection. Il n'en est pas moins vraisemblable que le fond du pouvoir spirituel demeure à l'Eglise, comme l'autorité temporelle demeure à la Nation (y).

Examinant

(w) *Quamvis populus qui non habet Regem, per consensum suum posset liberè aliquem Regem facere; populus tamen qui habet Regem, Rege non peccante, non potest alterum facere Regem. Ergò si contradixerit Imperator, qui habebat legitimum Principatum in Gallos, nullus consensus illorum potuit facere quod ille qui intravit tyrannicè, esset verus Rex Galliæ : undè non potest populus Galliæ facere Regem novum, absque demerito illius qui nunc est, & non cedente eo ; sed si non haberet Regem; posset aliquem instituere. Dicit Chrysostomus super hoc, solvite & adducite mihi, quòd populus qui elegit Regem, non potest illum amplius destituere, nisi propter peccatum. Si ergò populus consenserit in novum Regem, altero contradicente, nihil juris habuit. Almainus circà Decisiones Guillelmi Ockam. Quæst. 1. Cap. unico.*

(x) *Præterea Beati Thomæ de Aquino, & multorum prudentum hæc summa est : Quòd si ad unius alicujus multitudinis dispositionem pertineat sibi providere de Rege, non injustè ab eâdem Rex institutus potest destitui vel refrænari ejus potestas si potestate Regiâ tyrannicè abutatur. Neque putanda est talis multitudo infideliter agere, tyrannum destituens, etiamsi ei in perpetuum se antè subjecerat ; quia ipse meruit, se in multitudinis regimine non fideliter gerens, ut exigit Regis officium, ut ei pactum à subditis non servetur.*

Igitur multoties illud potest debetque fieri de Papa, & quocunque alio Ecclesiastico Prælato, qui ut Legem Dei doceret, & alia bona faceret assumtus est, si contrarium imprudenter ac publicè operetur.

Et fatuum seu erroneum est, tenere contrarium, ut etiam tenent & assumunt simplices Canonistæ, quod ratio dictat in talibus, ut ambulantes in tenebris non viderunt. Nullus enim recipitur ad talem dignitatem, ut agat perversè, faciatque juxta impetum mentis suæ. Imò si Papa sinistra committat, se de hoc purgare debet publicè, ne sic magistri errores satis clarè pateant.

Sic enim Romani Tarquinium superbum, quem in Regem susceperant, propter ejus tyrannidem Regno ejecerunt, substituit & minori scilicet Consulari potestate.

Sic Domitianus, qui modestissimis Imperatoribus Vespasiano & Tito successerat, dùm tyrannidem exercet, à senatu Romano interemtus est, omnibus quæ idem perversè fecerat per senatum ipsum justâ & salubriter in irritum revocatis. Petrus de Alliaco, De necessitate Reformationis Cap. 23. Gersonii Operum Tom. 2. Col. 896.

(y) *Dicis, Dignitas Papalis est perpetua in suâ causâ, quia homines possunt statim Pontificem eligere. Contra hoc arguitur, possunt homines diu stare ab electione, & varios eligere, ut fuit ante Concilium Constantiense ad XL annos. Ergò si Concilium esset congregatum, posset omnem potestatem*

Examinant dans un autre endroit à qui appartient la convocation du Concile, il dit que lorsqu'il n'y a point de Pape, ou qu'il ne peut ou ne veut pas l'assembler, il doit s'assembler lui-même, comme dans la Police séculiere les Peuples ont droit de se réunir (z).

Cajétan avoit objecté, que s'il y avoit une puissance suprême dans le Pape & une puissance suprême dans l'Eglise, il y auroit deux pouvoirs souverains, ce qui est un défaut essentiel dans le Gouvernement.

Major répond, que c'est un seul & même pouvoir, dont l'un a la propriété & l'autre l'exercice, & il se sert encore de la comparaison du Royaume. Le Pouvoir Souverain appartient au Roi & au Peuple. Dans le Peuple est le fond & la source du Pouvoir, dont il ne peut pas même se départir. Le Roi n'a qu'un Pouvoir ministériel & d'exercice. Ce sera, si l'on veut, deux pouvoirs différens. Mais comme l'un est subordonné à l'autre, ce n'est dans la vérité qu'une seule & même Puissance (a).

Il est donc peu important de distinguer deux pouvoirs, ou de n'en admettre qu'un seul. Il est certain que le Roi est souverain dans son Royaume, qu'il en est le Chef, quoique dans un certain sens le Peuple libre soit au-dessus de lui, lorsqu'il convertit son autorité en tyrannie. Car alors il peut être déposé par le Peuple, comme par une puissance qui lui est supérieure, comme étant la cause premiere, le premier mobile du pouvoir souverain (b).

Major considere dans un autre endroit les caracteres de la Monarchie. Pour la constituer, il n'est pas nécessaire que le Roi soit supérieur à toute la Nation, & dans la regle ordinaire & dans toute sorte de cas. Il suffit que régulierement il soit au-dessus de tous les membres de la Nation, & même du Corps entier, quoique casuellement & dans un certain événement, le Corps de la Nation lui soit supérieur. (c).

---

testatem exercere, quam potest Romanus Pontifex, alloquin Deus Politiam Ecclesiasticam non bene instituisset, si mortuo Rege sine hærede adulto, Communitas potest exercere omnia quæ Rex po-est in vita: nec valet dicere, Rex habet autoritatem ab hominibus quibus præest, qui sunt susceptivi omnis potestatis cujus Rex est capax. Non autem sic hic, quia summus Pontifex est à Deo: hoc nihil est dictum; licet enim Romanus Pontifex sit à Deo, tamen non est verosimile, quod Deus non reliquerit illam potestatem in Ecclesiâ sicut illa potestas politica, residet inter homines unius Regni Vindiciæ Doctrinæ Majorum Tom. 2. Pag. 259.

(z) *Ubi Pontifex non esset, vel esset captivus, vel demens, vel nollet Concilium congregare, quando ratio jubet ipsum esse congregandum, Concilium potest & debet congregari, Papâ contradicente, & talem autoritatem habet à Deo, sicut Communitates allæ humanæ, in suis politiis: & ubi Concilium esset congregatum, sive à Cardinalibus, sive à Maximo Pontifice, sive à semetipso, æqualem autoritatem habet & robur æquale.* Ibid. Pag. 260.

(a) *In Regno & in toto populo libero, est suprema & fontalis Potestas inabrogabilis; in Rege vero, Potestas ministerialis honesto ministerio, & sic aliquo modo sunt duæ potestates, sed quia una ordinatur propter aliam, potest vocari una effectualis, sicut est in Ecclesiâ.*

(b) *Parum refert, licet dicantur duæ supremæ potestates, sive non, distinguendo quod sint duæ, quia una in aliam reducitur, quod idem est. Aristoteles autem loquebatur de primâ causâ, inconveniens est dare duas primas causas. Quæro abs te, an Aristoteles non vocasset Regem supremum in suo Regno, primum est caput; & certum est quod sic dicere debebat, non obstante quod populus liber, est super Regem casualiter, id est in casu quo regnum Rex in tyrannidem converteret, & etiam incorrigibilis, potest a populo deponi, tanquam à superiore potestate: ita debebat Aristoteles dicere: Rex terrenus est prima causa, seu primo motori subjectus; in causis subordinatis, quarum una ordinatur propter aliam, non inconvenit dari duo prima.* Ibid. Pag. 267, 268.

(c) *Ad Politiam Regalem non requiritur quod Rex sit super omnes sui Regni tam regulariter quàm casualiter, ut ex dictis liquet; sed sat est quod Rex sit super unum quemlibet, & super lo-*

Suivant Cajétan si on refusoit au Pape l'autorité sur le temporel, il faudroit donner deux Chefs au Corps, un pour le spirituel & un pour le temporel. Répondant à l'objection, Major nie que le Roi soit supérieur au reste du Royaume (d).

Le même Jean Major a composé un Traité de l'*Autorité du Concile sur le Pape*, inséré dans le chap. 18. de son Commentaire sur saint Matthieu, imprimé publiquement à Paris chez Jean Granjan en 1518. Il y établit fortement la supériorité du Concile & raisonne ainsi.

Le Roi qui emploie son autorité à la ruine de l'Etat, sans vouloir changer de conduite, doit être déposé par la Nation, à la tête de laquelle il est placé. Il doit en être de même du Pape. Autrement la Police séculiere auroit été mieux ordonnée que la Police Ecclésiastique.

On dira peut-être que ce n'est pas la même chose, parce que le Roi ne tient son pouvoir que du Peuple qui l'a choisi librement pour Chef, au lieu que le Pape tient son autorité de Dieu.

Il est vrai que la comparaison n'est pas parfaite en tous points: mais elle l'est sur le point dont il s'agit, parce que Dieu a donné à l'Eglise le pouvoir de corriger tous ses enfans sans aucune exception. Il est ridicule d'imaginer qu'il ne reste dans ce cas que la ressource de la patience & des prieres (e).

Telle est la doctrine d'Almain, de Pierre d'Ailly, de Jean Major. Ces Docteurs qui ont fait tant d'honneur à l'Université de Paris, qui ont défendu avec tant de force les Maximes de la France: leurs principes ont été adoptés depuis par d'autres Théologiens.

Sentiment d'Æneas Silvius.

Æneas Silvius, depuis Pape Pie II. ne voit d'autre principe de la Puissance temporelle, que le choix des hommes. Leurs besoins les ont déterminés d'abord à se réunir en Corps de Société (f). Le même motif a déterminé les Sociétés à se choisir un Chef (g).

tum Regnum regulariter, & Regnum sit super eum casualiter & in aliquo eventu: sic & etiam de Politiâ Ecclesiasticâ. Papa regulariter est super unumquemlibet, & super omnes in Christianismo dispersos casualiter: sed quando Concilium universale est congregatum, est super Romanum Pontificem. Ibid. Pag. 265.

(d) *Caput verum est super reliquam partem sui corporis, & tamen nego Regem esse majoris potestatis quàm reliquam partem sui Regni.* Ibid. Pag. 287.
Populus totus est super Regem. Ibid. Pag. 288.

(e) *Rex utilitatem Reipublicæ dissipans & evertens incorrigibiliter, est deponendus à Communitate cui præest; ergò Maximus Pontifex, si procedat de vitio in vitium notoriè & incorrigibiliter, est deponendus; tenet consequentia; alioquin meliùs esset provisum politiæ saeculari, quàm Ecclesiâ. Si dicis non est idem, Rex non habet robur & auctoritatem nisi à Regno, cui liberè præest. Pontifex habet autoritatem à Deo, proptereà non est idem. Scio non esse idem adaequatè. Tamen quoad hanc similitudinem, censeo idem esse, cùm Dominus dederit potestatem Ecclesiæ immediatè corrigendi fratres.* Matth. 18. *& nullus frater est exceptus. Ergò, si Papa est incorrigibilis, est deponendus; & non nisi à superioribus ejus, in hoc igitur, dicere quòd oportet pro eo solùm rogare Deum, & quòd non est aliud remedium, est unum extraneum sine ratione.* Vindiciæ Doctrinæ Majorum Tom. 3. Pag. 256. Gersonii Opera Tom. 2. Col. 1135.

(f) *Romana Regia Potestas quam sacrum Romanum Imperium appellamus ab ipsâ humanâ naturâ ratione, quæ optima vivendi dux est, cuique omnes parere oportet, originem ducit. Exactis namque ex Paradiso deliciarum primis parentibus, cùm in agris homines atque in sylvis bestiarum modo vagarentur, victuque sibi ferino vitam propagarent: animadvertit homo (nam rationis participem illum Deus creavit) hominem homini ad benè vivendum maximè conducere, societatemque fore plurimùm necessariam. Sic ergò qui segregati priùs vitam in sylvis more ferarum ducebant, sive docente naturâ, sive Deo volente, totius naturæ magistro insimul convenire, societates instituerunt, domos ædificaverunt, oppida muris cinxerunt, artes invenerunt. Et cùm alter alterius commodis inserviret, placebat mirum in modum singulis vita civilis, dulcisque nimiùm videbatur & propinquorum & amicorum consuetudo, cujus fuerant priùs expertes. De ortu & autoritate Imperii Romani.* Cap. 1.

(g) *Verùm sicut ab homine multa parantur homini commoda, sic nulla est pestis, quæ homini ab*

Le même Æneas Sylvius dans son histoire du Concile de Basle rapporte le Discours qui y fut fait par l'Evêque de Burgos. Ce Prélat pour établir l'autorité du Concile sur le Pape, cita Aristote, suivant lequel, dans tout Etat bien ordonné la puissance du Royaume entier est plus grande que celle du Roi, autrement ce ne seroit pas un Gouvernement réglé, mais une tyrannie. Par la même raison, disoit-il, l'Eglise doit avoir une puissance plus grande que le Pape qui en est le Chef. (h)

Æneas Sylvius insiste ensuite pour établir cette supériorité du Concile, & il trouve décisif l'argument de l'Evêque de Burgos. Car le Pape est dans l'Eglise comme le Roi est dans le Royaume. Il seroit absurde que le Roi eût plus d'autorité que le Royaume entier. Par la même raison le Pape ne peut pas avoir une puissance plus étendue que celle de l'Eglise; & comme on a chassé & déposé quelquefois les Rois qui gouvernoient mal & tyrannisoient leurs Sujets, on ne doit pas douter de même que le Pape ne puisse être déposé par le Concile général. (i)

Sylvius méprise cette foule de flatteurs qui donnent aux Rois une autorité sans bornes, qui les élevent au-dessus des Loix. Il ne reconnoit pour Rois que ceux qui se dévouent au bien public. On est tyran quand on ne cherche que son avantage particulier. (k)

homine non nascatur. Cæperunt itaque homines violare societatem, fidem frangere, pacem turbare, injuriari conatibus, vicinorumque tùm opibus tùm matrimoniis insidiari, rapere aliena, fas omne abrumpere. Nec enim pacis æmula, major litium, suique prodiga cupiditas passa est, diù manere jus sanctæ societatis illæsum. Cum ergò premeretur ab initio multitudo ab his qui viribus erant editiores, ad unum aliquem confugere placuit, virtute præstantem, qui & injurias prohiberet inferri tenuioribus & æquitate constitutâ, summos cum infimis pari jure teneret : idque nedum und in gente, sed in pluribus factum est. Atque hi sunt qui posteà Regis nomen obtinuerunt quorum constituendorum causam publica dedit utilitas, justi propè mater & æqui. Nec sanè aliam ob causam Rege fuerat opus, nec tanta dignitatis fastigium cuiquam committere oportebat ut cæteris omnibus præferretur, honoraretur ab omnibus, ac præciperet omnibus, nisi ut esset qui publica tueretur, & justitiam ministraret. Ibid.

(h) Burgensis Episcopus, Orator Hispanus, plurimùm immorari voluit ut sacrum concilium suprà Papam esse ostenderet. Idque postquam jure divino humanoque probavit, physicâ etiam ratione asseruit: adductoque in testem summo omnium philosophorum Aristotele, dicebat in omni regno benè instituto illud imprimis desiderari, ut plus regnum posset quam Rex; si contra reperiretur, id non regnum, sed tyrannidem dici debere. Sic etiam sibi de Ecclesiâ videri, quod eam plus suo Principe, id est Papa, posse oporteret. Commentarius de gestis Basileensis Concilii Lib. 1.

(i) Est Papa in Ecclesiâ tanquam in regno Rex; Regem autem plus posse quàm totum regnum absurdum est: ergò nec Papa plus posse debet quam Ecclesia. Sed sicut nonnunquam Reges malè administrantes & tyrannidem exercentes à toto regno excluduntur ejiciunturque, sic etiam per Ecclesiam, hoc est per generalia Concilia, Romanos Pontifices posse deponi non est ambigendum. Ibidem.

(k) Neque hic ego illos audio, qui tàm latam Regibus attribuunt potestatem, ut eos teneri legibus nullatenùs velint. Genus est enim adulatorum, qui aliter garriunt quàm ipsi sentiant. Etenim licet datur in sinu Principis Epikaiam semper forè id ego intelligo, cùm ratio suadet à verbis legis esse recedendum. Rex enim ille dicitur qui est speculator ac procurator publici commodi, cui est cordi utilitas subditorum, qui quæcumque agit, refert ad eorum quibus præest, commoditatem. Quod si secus fecerit, non Rex, sed tyrannus dicendus est, cujus est proprium vacare proprio emolumento. Hoc enim differt Rex à Tyranno, quod alter eorum quos regit, commodis invigilat; alter suis intentus est. Quod ut manifestiùs fiat, subjicienda causa est qua Reges ab initio introducti. Et quidem, ut Cicero in officiis ait, certum est fuisse aliquod tempus, quo sine Regibus vivebatur; at postquàm jure gentium possessiones cæperunt dividi, non aliâ de causâ Reges sunt instituti, nisi justitia fruendâ. Nam cùm premeretur initio multitudo ab his, qui majores opes habebant, ad unum aliquem virum confugiebant virtute præstantem, qui prohiberet injuria tenuiores æquitatem constituendo, summos cum infimis, pari retinebant jure. Cùmque adhuc regnantibus Regibus deteriores nonnunquam opprimerentur, leges constitui placuit, quæ ad judicandum non odio, aut gratiâ ducerentur, sed tales inopi, quales potenti præstarent aures. Ibid.

Il rapporte d'après Cicéron les motifs de l'établissement des Rois & des Loix. Il en conclut que les Loix lient non seulement le Peuple, mais le Roi lui-même. S'il les méprise, s'il tire les biens de ses Sujets, s'il veut user à discrétion de tout ce qui leur appartient, qui empêchera les Grands du Royaume de s'assembler, de le priver de la Couronne, de choisir un autre Roi qui gouverne avec sagesse & conformément aux Loix ? La raison prouve qu'ils ont droit de le faire. L'histoire prouve qu'ils l'ont fait dans tous les tems; & ce qui se pratique dans les Royaumes, indique ce qu'on doit faire dans l'Eglise. (l)

Sentiment de Dominique Soto.

Dominique Soto Confesseur de Charles-Quint, qui s'est tant distingué au Concile de Trente, explique le Passage de Saint Paul, comme tous les autres qui ont été cités jusques à présent.

Il enseigne que la Puissance séculiere, n'est pas une invention des hommes, mais un établissement Divin, quoique cependant très-différent de la Puissance spirituelle. Car Jésus-Christ a institué celle-ci par lui-même, & l'a conférée à celui qu'il a établi le Chef de l'Eglise. Cette Puissance n'est donc pas l'ouvrage d'une République, elle a pour principe Jésus-Christ même; au lieu que Dieu n'a établi la Puissance séculiere que par la Loi Naturelle, qui est une émanation de la Loi Eternelle (m).

Soto développe ainsi sa pensée. Dieu a donné naturellement à toutes les créatures, le désir de se conserver, & de se défendre contre tout ce qui leur est contraire. Les hommes dispersés, n'auroient pas eu la facilité de veiller à leur conservation. Dieu a répandu dans leurs esprits l'inclination à se réunir, & c'est ce qui a formé les Sociétés civiles. Les Sociétés ainsi formées, ont senti qu'elles ne pourroient pas subsister, si elles ne choisissoient pas un Chef pour les défendre contre les ennemis du dehors & du dedans. Toujours guidées par la raison qui est un présent de la Divinité, elles ont établi différentes formes de Gouvernement (n).

(l) *Quo fit ut leges non solùm populum, sed Regem quoque obligare sciamus. At si Regem contemnere leges, rapere bona subditorum, violare virgines, stuprare matronas, omniaque sua libidini & temeritati committere videamus, numquid, congregatis regni proceribus, illo summoto alius sublimabitur, qui & bonè gubernare juret, & legibus obtemperare? Nempe ut ratio suadet, sic etiam usus edocet. Idemque fieri in Ecclesiâ, hoc est, in Concilio, quod in regno, consentaneum esse videtur. Ibidem.*

(m) *Conclusionem statuimus, nempe Regiam Imperatoriamque Potestatem cæterorumque Principum autoritatem non hominum esse Inventum, sed Dei sanctissimam ordinationem, aliam tamen à Potestate spirituali. Hanc enim per se ipse Christus immediatè instituit, cui seu caput vicarium suum præfecit, eidemque subindè vicario potestatem suam contulit perpetuò in Ecclesiâ duraturam. Itaque potestas illa neque facta est à Republica, neque per Rempublicam derivata, sed à solo per se Christo. Potestatem autem civilem Deus per Legem naturalem quæ sua sempiterna participatio est ordinavit. De Justiciâ & Jure Lib. 4. Quæst. 4. Art. 1. Pag. 308. Edit. de 1608.*

(n) *Huc autem sic patet; Deus per naturam dedit rebus singulis facultatem se conservandi, suisque resistendi contrariis, non modò quantum ad incolumitatem temporalis salutis, verùm & per ejus gratiam quantum ad prosperitatem spiritualis. Hanc autem homines facultatem cùm exsequi commodè nequirent, adjecit eis instinctum gregatim vivendi, ut aliunati alii allis sufficerent; congregata verò Respublica neutiquàm se poterat gubernare, hostesque propulsare, malefactorumque audaciam cohibere, nisi Magistratus deligeret; quibus suam tribueret facultatem, nam aliàs tota congregatio sine ordine & capite, neque unum corpus repræsentaret, neque ea providere posset, quæ expedirent. Ergo eâdem ratione doctâ divinitùsque instructâ Respublica, alia annales Consules, alia alias publicarum administrationum formas sibi instituerunt. Atque eodem jure quælibet potuit ac debuit, ubi expedire cognovit totam suam potestatem & imperium in unum Regem transferre, potius quàm summa esset rerum. Ibid.*

Voilà en quel sens la Puissance publique est établie de Dieu même. C'est dans l'exacte vérité chaque Nation qui s'est donnée un Chef, mais en cela elle a suivi la lumiere naturelle. Ce n'est pas seulement des Princes Chrétiens qu'il est vrai que leur autorité, prise dans ce sens, vient de Dieu. Il est également la source du pouvoir des Princes Payens (o).

C'est en conséquence de cela que le Prince a droit de faire des Loix qui obligent le Corps entier de l'Etat; que non seulement il est supérieur à chaque membre pris séparément, mais qu'il est le Chef & le supérieur de la Nation entiere, qui ne peut pas le priver du Royaume, à moins que son Gouvernement ne dégénere en Tyrannie (p).

Delà Soto infere que si les deux Puissances viennent également de Dieu, c'est d'une maniere bien différente, puisqu'il est le créateur immédiat de la Puissance spirituelle, au lieu que le Pouvoir Souverain a été établi par les Peuples, qui ont suivi en cela les lumieres de la Loi Naturelle. Ces principes servent aussi à expliquer plusieurs Textes des Loix, qui présentent les deux Puissances comme également descendues du Ciel (q).

Soto répond ensuite aux objections.

Quoique la Nature ait fait tous les hommes libres, il n'est pas moins vrai que c'est par son instinct qu'ils se sont donnés un Chef, nécessaire à leur conservation & à leur repos.

Si dans l'Ecriture Sainte on ne voit point de Gouvernement avant le Déluge, il y a apparence, ou que les Patriarches, ou les Chefs de famille avoient le Commandement; ou qu'il y avoit quelqu'autre espece de Police.

On oppose que Nemrod a formé son Empire par la violence, & que par conséquent il ne venoit pas de Dieu.

Conséquence fausse. Dieu n'ordonne pas l'usurpation d'un Tyran, il la permet. Il n'approuve pas d'avantage l'abus du pouvoir légitime On peut

---

(o) *Ecce quemadmodum publica civilis potestas, ordinatio Dei est, non quod Respublica non creaverit Principes, sed quod id fecerit divinitus erudita. Unde illud Sap. Cap. 14. Tua, Pater, Providentia ab initio cuncta gubernat per Leges naturales, intelligendum est tam per illas quas rebus irrationabilibus ingenuit, ut mari & ventis, quàm per illas, quas indidit hominibus; Et ideo Paulus ad Roman. 13. autoritatem Principum non in Respublicam tantùm, sed in Deum ipsum refert. Omnis, inquit, anima Potestatibus sublimioribus subdita sit. Non est enim potestas nisi à Deo; quæ autem sunt, à Deo ordinata sunt. Itaque qui potestati resistit, Dei ordinationi resistit. Et ad Tit. 3. Admonet illos Principibus & Potestatibus subditos esse; dicto obedientes. Neque verò Potestates tantùm Christianorum Principum, verùm & quæ sunt penès Infideles à Domino Deo sunt, quia fides naturam non destruxit, sed perfecit. Et per illas potestates gubernare possunt plebes in his quæ sunt naturalis juris. Sic enim Dan. 2. legitur: Deum Cœli Regnum & Imperium tradidisse Nabuchodonosor. Sic & Christus ait ad Pilatum: non haberes potestatem adversùm me ullam, nisi tibi datum esset desuper; unde etsi in primordiis Ecclesiæ omnes ferme Principes infidelitate tenerentur, præcipit nihilominùs Petrus Christianis. 1. Pet. 2. ut subjecti essent omni humanæ creaturæ propter Dominum, sive Regi, inquit, quasi præcellenti &c. Et infrà servi subditi estote in omni timore Domini; non solùm bonis & modestis, sed etiam discolis.*

(p) *At hinc fit Principem potestate fungi ferendarum Legum quibus Rempublicam coërceat; sitque præterea ut non solùm singulis Reipublicæ membris superior sit, verùm & totius collectim corporis caput, totique adeò sic eminens, ut totum etiam simul punire valeat. Quare neque per Rempublicam Rex potest Regni jure expoliari, nisi fuerit in tyrannidem corruptus.* Ibid.

(q) *Nam & si ambæ à Deo procedant, non tamen altera per alteram, sed modis variis, prior scilicet à Deo immediatè, posterior verò mediante Lege naturæ per civilem Rempublicam. Atque hoc pacto intelligendum est verbum Authent. De instrument. Can. & fid. Col. 9. Imperium Deus de cœlo constituit. Atque aliud Authent. Quomodò oportet Episcopos &c. ubi legitur sacerdotium & Imperium dona esse Dei à supremâ collata clementiâ.*

cependant lui rapporter & la tyrannie d'usurpation & la tyrannie d'exercice, en ce que rien n'arrive sans sa permission (r).

Soto a posé la même doctrine dans plusieurs endroits de ses Ouvrages.

Le Pape, selon lui, ne représente pas l'Eglise, comme tenant d'elle son autorité, mais comme étant le Vicaire de Jésus-Christ, duquel seul il tient son pouvoir, quoiqu'il ait été élu par l'Eglise. Il en est de même des Evêques & des autres Ministres inférieurs.

On doit juger autrement des Princes temporels, qui n'ont pas été créés de Dieu prochainement & immédiatement, si l'on excepte Saül & David. Ils ont été établis par le Peuple qui leur a transporté son pouvoir. C'est en ce sens qu'on doit entendre le Texte des Proverbes où Dieu dit que les Rois regnent par lui. Dieu auteur de la Loi Naturelle, a permis à chaque Etat de se gouverner lui-même, & de se donner un Chef, quand il le croiroit utile. C'est ainsi qu'il fait régner les Rois (s).

Il n'y a aucune différence quant au droit de se gouverner elle-même, & de prononcer des Loix, entre la République Chrétienne & la République Civile, quoiqu'il y en ait beaucoup dans l'origine des deux Puissances. Jésus-Christ immédiatement & par lui-même a communiqué le pouvoir à son Eglise par la Loi divine. L'Autorité séculiere dérive du Droit Naturel que donne à chaque Société le pouvoir de se gouverner elle-même, pouvoir qu'il lui est permis de confier à un Roi (t).

Sentiment de Covarruvias.

Covarruvias Evêque de Ségovie, qui s'est acquis tant d'autorité en Espagne, affirme que le Pouvoir Souverain réside dans la République; & que c'est elle qui choisit un Chef qu'elle charge du Gouvernement de

---

(r) *Argumenta ergò in contrarium nullo sunt pondere, nam & si homines naturaliter liberi creati fuerint, ejusdem tamen naturæ instinctu, seu civilia animalia, quò se pro naturali appetitu conservent, Reges ac Principes sibi præficiunt, quibus obtemperantes, tutius felicitusque vivunt, Et quamvis in Bibliis ante Diluvium, nullus legatur Princeps, est tamen vero proximum, illos Patriarchas illic recensitos, Monarchas extitisse, ut Lib. 15. De Civitate Dei, ait de Cain Aug. qui civitatem condidit; vel gentes illas Aristocratiam, aliamve gubernationem habuisse. Quod autem de Nemrod subjicitur, fatemur, & Tyrannis invasas Respublicas. Nam & si principium ordinatio Dei sit, usurpatio tamen earum quando violato jure sit, non est à Deo præcipiente, sed tamen id in punitionem subditorum permittente, de quibus per Oseam Cap. 4. ait Deus, regnaverunt, & non ex me, Principes extiterunt, & non cognovi; & Job 34. qui regnare facit homines hypocritam propter peccata populi. Et Proverb. 28. propter peccata terræ multi Principes ejus: quemadmodum & potestatis usus quando legitime sit, inspiramen Dei est. De hoc enim usu peculiariter illud intelligendum Proverbiorum 8. Per me Reges regnant, & Legum conditores justa decernunt; nam de aliis lamentatur Isaias, Cap. 10. ubi ait: Væ qui condunt Leges iniquas, quæ reverà Deo non auctore, sed permissore instituuntur.* Ibid.

(s) *Pontifex Maximus non gerit Ecclesiæ vices quasi ab illa auctoritatem nactus, verùm quasi Christi Vicarius cujus vice fungitur, à quo utique solo licet per Ecclesiam eligatur, autoritatem suscepit. Idemque est de Episcopis judiciique ac Prælatis ab ipsis institutis, seculares autem Reges ac Monarchæ secus habent. Haud enim à Deo proximè; & quod aiunt, immediatè creati sunt præter Saülem & Davidem, ejusque prosapiam, cui sceptrum ipse commisit, sed ut habetur L. QUOD PLACUIT ff. de Const. Princip. Reges ac Principes à populo creati sunt, in quos suum transtulit imperium & potestatem. Unum verbum: illud apud Sapientem & Proverb. 8. Per me Reges regnant &c. non aliter intelligendum est quàm quod ab ipso tanquam naturalis juris auctore donatum mortalibus, est, unaquæque Respublica se ipsam regendi habeat arbitrium, ac subindè ubi ratio quæ spiramen est Divini numinis postulaverit, in alium suam transmittat potestatem; cujus legibus providentius gubernetur. De Justitia & Jure. Lib. 1. Quæst. 1. Art. 3.*

(t) *Sicut Respublica Ecclesiastica, sic & Civili necessaria fuit ratione finis potestas seipsam gubernandi, atque adeò Leges pro temporum regionumque varietate instituendi, licet hæc potestas, aliter quàm Ecclesiastica à Deo defluxerit. Illam enim Christus per se contulit Ecclesiæ Divinâ Lege. Hæc autem per legem naturæ descendit, quâ qualibet Respublica se ipsam administrandi autoritatem habet, quam & Regibus conferre potuit.* Ibid. Quæst. 6. Art. 4.

l'Etat. Il explique comment la raison naturelle a engagé les hommes à se réunir en Corps de Société; & comment la même lumière a déterminé les Sociétés formées à se donner un Chef. Il est impossible, selon lui, d'acquérir le droit de gouverner, autrement que par le choix du Peuple, sans se rendre coupable d'usurpation & de tyrannie, puisque Dieu n'a communiqué immédiatement cette puissance à personne, si l'on excepte Saül & ses successeurs. Aussi, dans le Deutéronome, le choix paroit-il abandonné au Peuple? Si vous dites, j'établirai un Roi sur moi, vous établirez celui que Dieu aura choisi. A l'égard de toutes les autres Nations, Dieu les a laissées sur ce point dans leur liberté naturelle (u).

Il en est autrement de la Puissance Ecclésiastique. Elle n'est pas immédiatement dans tout le Peuple Chrétien. Elle a été donnée par Jésus-Christ même à Saint Pierre & aux Apôtres. C'est une Puissance surnaturelle, tendante à une fin surnaturelle. Dès-là elle ne peut appartenir à personne par le Droit Naturel. Pour en être revêtu, il faut le tenir de Dieu par une voie surnaturelle. Jésus-Christ l'a donné à Saint Pierre & aux autres Apôtres. Elle n'appartient donc pas au Peuple Chrétien, & ne réside pas en lui. Jésus-Christ peut gouverner tout le monde par un seul Vicaire, sous lequel il a établi d'autres Prélats. Les Rois de la Terre ont reçu leur pouvoir de leurs Royaumes mêmes, & c'est pour cela qu'ils ne dépendent pas tous d'un seul (v).

(u) *Temporalis Potestas civilisque jurisdictio, tota & suprema, penès ipsam Rempublicam est; idcirco is erit Princeps temporalis, omnibusque superior Reipublicæ Regimen habiturus, qui ab eadem Republicâ fuerit electus & constitutus, quod ex naturâ rei jure ipso gentium & naturâ constat, nisi humanus ipse conventus pactione aliud induxerit.*
Hujus civilis Societatis & Reipublicæ rector ab alio quam ab ipsâmet Republicâ constitui non potest, & absque tyrannide, siquidem ab ipso Deo constitutus non est nec electus cuilibet civili Societati immediatè Rex aut Princeps. Saülem quidem ejusque posteros tantum a Deo jure positivo divino per Prophetus, ore proprio Reges in regno Israëlitico electos fuisse, constat ex sacris testimoniis. Præter hos nullus unquam Rex aut Princeps a Deo immediatè constitutus est, tametsi Deus populum Hebræum ferè quadringentis annis instar regni per unum gubernaverit, nempe Moysen & ejus successores Judices. Sic Deuteron. Cap. 17. inquit Deus, cùm dixeris, constituam super me Regem, eum constitues, quem Dominus Deus tuus elegerit. Cæteris vero gentibus Deus ipse ab ipso naturæ jure liberam fecisse videtur potestatem sibi Principes, Reges & Magistratus constituendi. Ergò qualibet Respublica divinitùs naturæ lumine erudita, civilem potestatem, quam habet, potest & debet in alium, vel alios transferre, qui Regum, Principum, Consulum, & aliorum Magistratuum titulis ipsius communitatis regimen suscipiant. Practicarum Quæstionum Lib. 1. Cap. 1. n. 2.

(v) *Potestas Ecclesiastica in hoc à civili & seculari potestate differt, quod ea non est immediatè penès totam Rempublicam; sed fuit ab ipso Deo Jesu, Petro ut Principi & Apostolis cæteris, eorumque successoribus concessa. Probatur hæc assertio. Nam hæc potestas supernaturalis est, in finemque supernaturalem tendit, & ideò jure naturali non potest alicui competere: imò apud illum erit cui ab ipso Deo supernaturaliter data fuerit. Deus autem summus Jesus-Christus humani generis salvator, eam Petro ut Principi & cæteris Apostolis, eorumque successoribus dedit. Ergò ea non competit toti Reipublicæ Christianæ, nec penès eam residet. Hoc ipsum coadjuvatur ex eo quod cùm Christus fuerit universalis Redemptor, Rex unicus Regni Cælorum toto orbe diffusi, potuit ac potest per unum Vicarium totum regere orbem, maximè quia sub illo vicario instituit Patriarchas, Episcoposque antistites & sacerdotes qui asflatu Spiritûs Sancti ministrarent spiritualia. Reges autem quia à suis Regnis potestatem recipiunt, non est cur ab uno dependeant, nec id naturâ fieri posset commodè. Quâ ratione hanc item conclusionem probat Dominic. Soto Lib. 4. de Justit. & Jur. Quæst. 4. Art. 2 Eamdem repetit Cajetan. in 2 Part. Apologia de Potestat. Pap. Cap. 2. & 9. qui in Cap. 10. vers. ad secundum, scribit, Deum ita genus humanum instituisse, ut ad ordinem & finem naturalem, potestatem communitati dederit, non uni. In ordine autem ad finem supernaturalem, potestatem uni delegaverit, non communitati.* Ibid.

Pour avoir droit de gouverner, ce qui ne peut venir que du confentement libre du Peuple, il fuffit d'avoir le fuffrage de la Nation ou des Grands qui la repréfentent, ou d'être appellé au Trône par la Loi de la fucceffion. Cette derniere voie renferme également le confentement au moins tacite du Peuple (w).

Ainfi la puiffance de Gouvernement vient de Dieu par la Loi Naturelle. C'eft un établiffement de Dieu & de la Nature. Si Saint Paul l'appelle une Puiffance ordonnée de Dieu, c'eft en tant que les hommes l'ont établie, étant éclairés de la lumiere Divine. Elle vient de Dieu médiatement, à la différence de la Puiffance fpirituelle qu'il confére furnaturellement & immédiatement (x).

Covarruvias a pofé encore les mêmes principes en réfutant ceux qui donnent à l'Empereur jurifdiction fur toute la terre. Voici l'argument qu'on lui oppofoit.

Les deux Puiffances viennent également de Dieu. La Puiffance fpirituelle fur tout le monde a été donnée à un feul. Il en eft donc de même de la Puiffance temporelle.

La réponfe eft fondée fur la différence des deux Puiffances. Le fond de la Puiffance fpirituelle ne réfide pas dans le monde Chrétien. Elle a été donnée de Dieu immédiatement à certaines perfonnes L'Autorité temporelle au contraire appartient au Corps de la République. On ne

---

(w) *Ad jufti Principatûs rationem, quæ à libero Reipublicæ communitatis confenfu deducitur, fatis eft plebis, vel optimatum fuffragiis, aut denique ha redita pafucceffione jura primogenii gentilitii Regiam dignitatem deferri. Hac etenim concluso duas fortitur partes, utraque tamen eandem juftitiæ rationem habet, confenfum fcilicet populi & Reipublicæ expreffum, vel tacitum....*
Nam fi lege à populo latâ, vel ab ipfo recepta Principatum fucceffione hæreditariâ, genti cuidam & familiæ defertur, conftat manifefte hunc principatum confenfu populi, faltem tacito deferri, quemadmodum itidem erit, fi abfque lege fcriptâ, confuetudine & moribus Regna & Imperia gentilitia fucceffione deferantur, fi quidem ea confuetudo confenfum populorum, qui ea ufi fuere, omnino præmittit. Ibid.

(x) *Regia Poteftas, cæterorumque Principum civilis auctoritas, non hominum eft inventum, fed ab ipfo Deo per legem naturalem quæ fuæ fempiterna participatio eft, fanctiffima fuit ordinatio. Civilis etenim poteftas, natura & Dei ordinatio eft, ad humanum convictum & humani generis confervationem neceffaria omnino. Nam etiamfi Refpublicæ, & Populi jus habuerint naturali ratione creandi Principes & Reges; quia tamen hoc fecerunt divinitùs eruditi, publica hæc ac civilis poteftas, Dei ordinatio dicitur. Ideo Paulus ad Roman. 13. inquit omnis anima Poteftatibus fublimioribus fubdita fit. Non eft enim Poteftas nifi à Deo. Quæ autem funt, à Deo ordinatæ funt. Itaque qui Poteftati refiftit, Dei ordinationi refiftit. Et iterum ad Titum 3. Admone illos Principibus & Poteftati fubditos effe. Sic Chriftus ait ad Pilatum: Non haberes poteftatem adverfum me ullam, nifi tibi datum effet defuper. Undè & fi in primardiis Ecclefia omnes fermè Principes effent Infideles, præcepit nihilominus Petrus Chriftianis, 1 Petr. Cap. 2 ut fubjecti effent omni humanæ creaturæ propter Dominum, five Regi, inquit, quafi præcellenti; & Proverb. Cap. 8 fcriptum eft. Per me Reges regnant &-Legum conditores jufta decernunt. Cap. quo jure 8 Diftinct. auth. de inftr. cant. & fide collat 6. & in auth. quomodo oporteat Epifcop. quibus probatur Imperium & Principatum à Deo effe conftituta. Hæc tamen intelligenda funt in hoc quidem fenfu, quod civilis Poteftas à Deo procedat mediate: quippe quæ ut ipfamet Republica, mediante lege naturæ, electione aut confenfu populorum conftituatur. Non fic fpiritualis poteftas, cùm hæc à Deo ipfo fupernaturaliter immediate procefferit. Nam etfi aliquot Reges, nempe Saülem & Davidem divino jure pofitivo Deus inftituerit, præordinaverat tamen jure naturæ, ut ab à Republicâ eligerentur. Quâ ratione Reges à Deo dicuntur poteftatem habere. Idcirco femel conftitutâ regiâ poteftate, five liberâ populorum & Reipublicæ electione five lege latâ, feu moribus in jus fucceffionis hæreditariâ translatâ, non poteft per Rempublicam Rex Regno expoliari, nifi fe fuerit in graviffimam tyrannidem lapfus.* Ibid. n. 6.

ne peut la tenir que de son choix, le monde entier n'a jamais choisi l'Empereur, & par conséquent &c. (y).

Le Cardinal Bellarmin considérant la Puissance civile en général, la fait venir immédiatement de Dieu, & cela parce qu'elle est fondée sur le Droit Naturel dont Dieu est l'auteur. C'est en ce sens, selon lui, que saint Paul condamne ceux qui résistent aux Puissances comme résistant à l'ordre de Dieu (z). *Sentiment du Cardinal Bellarmin.*

Cette Puissance réside immédiatement dans le Corps du Peuple. Autrement la Société ne pourroit pas subsister, n'ayant pas ce qui est nécessaire à sa conservation. (a)

C'est encore par un précepte du Droit Naturel, que la Nation confie ce pouvoir à une personne ou à plusieurs. Car l'exercice de ce pouvoir étant nécessaire à l'Etat, & le Corps entier du Peuple ne pouvant pas l'exercer, il est obligé de le conférer à quelqu'un. La Puissance des Princes ainsi considérée, est fondée sur le Droit Naturel & sur le Droit Divin, parce qu'il seroit impossible que la Société demeurât sans chefs (b).

En considérant en particulier les différentes especes de Gouvernemens, on les trouvera fondés, non sur le Droit Naturel, mais sur le Droit des Gens. Car il dépend du Peuple d'établir sur lui-même des Rois, des Consuls & d'autres Magistrats. Il peut aussi, lorsqu'il aura des causes légitimes, changer la Monarchie en Aristocratie, ou en un autre Gouvernement (c).

La Puissance Civile considérée dans le particulier, comme elle est dans un certain Royaume, vient donc de Dieu, par le canal de la volonté & du choix de la Nation, comme toutes les autres choses qui appartiennent au Droit des Gens. Ce Droit n'est autre chose, que des conséquences tirées par les hommes du Droit Naturel (d).

(y) *Relect. in Cap. Peccatum. De Regulis Juris in Sexto.* Part. 2. §. 9.
(z) *Primum est, potestatem politicam in universum consideratam non descendendo in particulari ad Monarchiam, Aristocratiam, vel Democratiam, immediatè esse à solo Deo: nam consequitur necessariò naturam hominis, proindè esse ab illo, qui fecit naturam hominis. Praetereà haec potestas est de jure naturae, non enim pendet ex consensu hominum. Nam velint, nolint, debent regi ab aliquo, nisi velint perire genus humanum, quod est contra naturae inclinationem. At jus naturae est jus Divinum; jure igitur Divino introducta est gubernatio; & hoc videtur propriè velle Apostolus, cùm dicit Rom. 13. Qui potestati resistit, Dei ordinationi resistit. Bellarminus de Laicis Cap. 6.*
(a) *Secundum est, hanc potestatem immediatè esse tanquam in subjecto in totâ multitudine: nam haec potestas est de jure Divino. At jus Divinum nulli homini particulari dedit hanc potestatem, ergò dedit multitudini. Praetereà sublato jure positivo, non est major ratio, cur ex multis aequalibus, unus potius quàm alius dominetur. Igitur potestas est multitudinis. Denique humana Societas debet esse perfecta Respublica, ergò debet habere potestatem se ipsam conservandi, & proindè puniendi perturbatores pacis &c.* Ibid.
(b) *Tertium est, hanc potestatem transferri à multitudine in unum, vel plures eodem jure naturae. Nam Respublica non potest per se ipsam exercere hanc potestatem: ergò tenetur eam transferre in aliquem unum vel aliquos plures; & hoc modo potestas Principum in genere considerata est etiam de Jure Naturae & Divino; non posset genus humanum, etiamsi totum conveniret, contrarium statuere; nimirùm ut nulli essent Principes vel Rectores.* Ibid.
(c) *Quartum est, in particulari singulas species regiminis esse de Jure Gentium non Naturae: nam pendet à consensu multitudinis constituere super se Reges, vel Consules, vel alios Magistratus, ut patet. Etsi causa legitima adsit, potest multitudo mutare Regnum in Aristocratiam, aut Democratiam, & ex contrario, ut Romae factum legimus* Ibid.
(d) *Quintum, quod ex dictis sequitur, hanc potestatem in particulari esse quidem à Deo, sed mediante consilio & electione humanâ, ut alia omnia quae ad Jus Gentium pertinent. Jus enim Gentium est quasi conclusio deducta ex Jure Naturae per humanum discursum.* Ibid.

Sentiment de Mr. Bossuet.

M. Bossuet ne dit pas que la Puissance Civile vienne immédiatement de Dieu, mais seulement qu'elle vient de Dieu. Comment en vient-elle ? En ce que la Raison & la Loi Naturelle, dont Dieu est l'auteur, ont déterminé les hommes à l'établir.

La Puissance Suprême ne vient pas seulement de Dieu en ce sens, que personne ne monte sur le Trône sans sa permission, mais encore en ce sens que les Empires ont été formés par l'instinct de la Nature, c'est-à-dire par la volonté de Dieu qui en est l'auteur. Car les hommes sont naturellement portés à aimer l'ordre qui leur procure la paix & le repos, & il ne peut y en avoir aucun sans Gouvernement (e).

La Nature leur a appris encore qu'emportés comme ils sont par toutes sortes de passions, ils avoient besoin d'être retenus par le frein de l'autorité qui leur commandât. C'est ce qui les a portés à former des Royaumes & des Villes; & le bien qu'ils ont retiré de la formation de ces Sociétés civiles ne peut être attribué qu'à Dieu. C'est ce qui fait dire à saint Chrysostôme, que l'égalité entre les hommes étant une source de divisions, Dieu a établi différens degrés d'autorité & de subordination, du mari & de la femme, du pere & du fils, du vieillard & du jeune homme, du libre & de l'esclave, du Prince & du Sujet (f).

C'est pour cela que la fondation des Empires même Payens & Infideles est attribuée à Dieu, qui veut par un effet de sa bonté, faire régner la paix & la tranquillité; même chez les Peuples qui ont le malheur de ne le pas connoître (g).

Ce qui a pour effet propre de conserver la paix, ne peut être qu'un bienfait & un présent du Dieu de paix (h).

(e) *Sunt Supremæ Potestates à Deo non tantùm eo nomine quòd Imperium nemo capessat, nisi Providentiâ Divinâ duce & autore; verùm etiam duplici alio titulo, primùm quod uti prædiximus, legitima Imperia sint exorta naturâ ipsâ duce, hoc est autore Deo naturæ conditore. Habent enim homines hoc à naturâ inditum, ut ordinem colant, quo eis incolumitas & tranquillitas constat: qui ordo nullus est, si desint legitimæ potestates.* Defensio Declarationis Cleri Gallicani Part. I. Lib. I. Sect. 2. Cap. 3.

(f) *Ad legem naturalem haud dubiè accesserit doctrina per manus jam indè ab initio hominibus tradita, quâ legitimis imperiis coërceri se necessarium duceren, cùm genus humanum statim atque post diluvium per terras fuit diffusum, statim se ultrò in Regna civitatesque redegerit, quod tantum generis humani bonum, non nisi à Deo traditum, inspiratum, propagatumque esse Patres docent.* Chrysostomus: *Quoniam honoris ac conditionis æqualitas pugnas & dissidia plerumque inducit, Deus multos fecit Principatus, multasque subjectiones, viri & uxoris, filii & patris, senis & adolescentis, servi & liberi, Principis & Subditi; atque hæc ultima Principis & Subditi, ad formam paterni Imperii facta esse creduntur; nec immeritò: ab ipso enim generis humani exordio, Reges Parentum loco habitos, vel illud Regibus Palæstinis commune Abimelechi nomen ostendit. Abimelech enim latinè vertitur, Pater meus Rex; quæ nota & obvia argumenta confirmare non est animus.* Ibid.

(g) *Quare hæc constitutio supremarum Potestatum etiam inter impios & infideles, Deo auctori adscribitur ab Apostolis ac Patribus. Cyrus Rex Persarum, æquè ac Saül & David, & Salomon Christus Domini appellatur, certumque est omninò eam legem, quâ res humanæ ordinantur, tam sanctam, tam necessariam, tantâ consensione generis humani ab initio inolitam, & ubique diffusam, non nisi Divinâ auctoritate fuisse constitutam. Quo etiam factum est ut obliget conscientiam, meritòque Apostolus huic sententiæ: non est Potestas, nisi à Deo, &, Minister est Dei, subjectat illud ut consectaneum: ideo necessitate subditi estote, non tantum propter iram, sed etiam propter conscientiam. Hujus autem rei causa est Divina bonitas, quæ, uti prædiximus, homines quamvis à verâ Religione desciverint, non omninò deserit; non verò malis tàm benè consulit, ut ipso autore, maneat inter eos societatis humanæ tàm excellens bonum.* Ibid.

(h) *Huc pertinet illud, quod suprà retulimus, ibidem ab Irenæo memoratum: quòd summa Imperia quibus pax inter homines constat, non sunt à Diaboli pacis inimico, sed à Deo pacis auctore, possintque factum ab iis, qui tot Regum permoti flagitiis, scelere, libidinibus, Regium Imperium ad*

M. Bossuet prévoit une objection qui suit naturellement de ces principes. Si les deux Puissances viennent de Dieu, quelle différence y aura-t-il donc entr'elles? La Prélat en remarque quelques-unes. La Puissance Ecclésiastique a été établie de Dieu présent & visible. Quant à la Puissance Temporelle, quoiqu'elle vienne de Dieu en sa maniere, il ne s'est pas rendu présent pour l'établir. La forme & le régime de la Puissance Ecclésiastique ont été expressément réglés par la Divinité. Dieu a seulement donné aux hommes le Gouvernement civil en général, & leur a laissé le choix de sa forme. La Puissance Ecclésiastique est inséparable de la vraie Religion. Le Gouvernement Civil subsiste chez les Infideles. Enfin la Puissance d'Ordre se communique par voie de sacrement, par l'opération de Dieu qui y est présent & y agit. Le Sacre des Rois est une cérémonie qui n'est pas pratiquée partout, & n'est pas nécessaire (i).

On voit par cette réunion de Textes de quelques Théologiens, qu'ils ne reconnoissent pas tous, que l'Autorité Civile vienne de Dieu immédiatement. Elle a été communiquée par le Peuple, qui y a été déterminé par la raison & la lumiere naturelle dont Dieu est l'auteur; & c'est pour cela qu'on lui en attribue la concession immédiate. Mais ces expressions doivent être expliquées. Il n'y a que la Puissance spirituelle que Dieu confere immédiatement, & c'est un des caracteres qui la distingue de l'Autorité temporelle.

Si on interroge les Jurisconsultes sur l'origine du pouvoir civil, on trouvera chez eux le même partage d'opinions.

§. II. *Sentiment des Jurisconsultes & des Publicistes.*

Ziégler combat fortement cette distinction fameuse de la Puissance réelle & de la Puissance personnelle; dont la premiere appartient toujours au Peuple, & l'autre seulement est communiquée au Prince, & retourne au Peuple après sa mort; d'où on conclut que le Peuple est au dessus de lui (k). *Sentiment de Ziégler.*

Diabolum auctorem referebant. Satis enim constat legitima Imperia non ità Diabolo instigante & gliscente superbiâ esse corrupta, quin in ipso bono pacis ac societatis humanæ, maximum Dei munus facilè recognoscas. Quare Divinum Opus, à Diaboli opere secernendum erat Ibid.
(i) *Quæres quid sam intersit Sacerdotalem inter & Civilem Potestatem, si utraque est à Deo. Multùm per omnem modum. Primò, quia Sacerdotalis Potestas in Lege & in Evangelio à Deo ipso præsente & conspicuo fuerit instituta. Civile autem Imperium, quanquàm suo modo à Deo vel inditum, vel institutum sit, haud pari præsentiâ Divinæ Majestatis: tùm Sacerdotalis Principatûs forma & regimen expressè sunt à Deo instituta: Civile Imperium generatim tantùm traditum est, & hominum arbitrio forma relicta, sive illa Monarchica, sive Aristocratica, sive Popularis foret. At verum quidem sacerdotium illiusque potestatis legitima administratio cum verâ Religione conjuncta est. Imperia verò legitima & apud Infideles vigent; denique ritus consecrandi sacerdotes omninò Divinus; atque inter Sacramenta à Deo instituta numeratur, valetque interventu proprio & expresso Divini Numinis ac Spiritûs. At Regum consecratio neque à Deo est universìm instituta, neque huic officio absolutè necessaria, sive, ut aiunt, essentialis est; quæ, ut in re clarâ leviter attigisse sufficiat; cùm satis superque constet apud Christianos legitima Imperia à Deo esse, & quidem, uti memoravimus, à Deo propitio, ac rebus humanis consulente. Ibid.*
(k) *Ceterùm alividunt Majestatem, in realem & personalem. Realem vocant, quæ ipsi Reipublicæ seu Regno perpetuò inhæret, & ipsi est coæva, nec cum Monarchâ aut Imperante expirat; sed*

Pour renverser cette distinction, l'Auteur soutient que la Puissance Souveraine vient immédiatement de Dieu (l), quoique le Roi soit choisi par le Peuple. Il appuie sa décision, par la comparaison de ce qui se passe dans l'élection d'un Evêque : il est choisi par le Peuple, quoiqu'il tire son pouvoir d'en haut (m). Il s'objecte à lui-même, que c'est le Peuple qui détermine la forme du Gouvernement ; & il n'en est pas moins vrai, selon lui, que Dieu est le principe *immédiat* de la Puissance Souveraine (n).

Sentiment de Stryck. Stryck, autre Jurisconsulte célebre, essaie d'abord de prouver par la raison, que le Peuple ne peut pas donner la Puissance Souveraine, parce que personne ne donne ce qu'il n'a pas (o). Il combat ses Adversaires par l'autorité de l'Ecriture Sainte, pour laquelle il témoigne un grand respect (p). Il fait voir ensuite que le choix de la personne n'est

---

quamdiù corpus Regni mysticum durat, permanet. Personalem dicunt, quæ Imperantis personam respicit, in quam collata est, & cùm eâdem expirat. Cujus distinctionis fundamentum unicè est istud, quod Majestatem & summum imperium fundamentaliter, radicaliter & habitualiter penès integrum populum, formaliter verò penès imperantes esse credant.....

Hâc distinctione freti, alii, etiam post legem Regiam, Populum Romanum aliquam sibi retinuisse majestatem asserunt, contradicente licet, §. 6, Instit. de jure naturali, gentium, & civili ; cùmque naturæ repugnet, ut duo summa simul existant, Majestatem personalem reali porrò ità subjiciunt, ut ab eâ dependeat, ipsi obnoxia sit, ab eâ fluat, & veluti luna à sole splendorem omnem mutuetur. Quod si est, faciamus utique populum Rege Superiorem; dicamus, populum condemnare posse Regem, & pro libitu dejicere. Breviter: secundùm vota Anglorum, occidamus Regem Magnæ Britanniæ, & alium ipsi substituamus. Id enim pro Majestate, quâ pollemus, possumus, si Diis placet. De juribus Majestatis, lib. 1, cap. 1, n. 44, 45.

(l) *Dicam, quid sentiam, sed breviter. Distinctio ista non placet, nec placet fundamentum quo innititur. Eversò igitur hoc, evertetur & illa. Certum est potestatem imperandi esse non posse in subjecto, quod se habet merè passivè; nec igitur ab eo transferri poterit, nec unquam ab ullo populo, ne Romano quidem per legem Regiam, fuit translata, est enim à solo Deo; & quidem, quod singulariter notandum, immediatè,* eâdem immediatione causalitatis, [*sunt verba Domini D. Hulsemanni, in Breviar. cap. 20, n. 3.*] *quâ institutus est status Ecclesiasticus:* non per primigeniam aut originalem collationem hujus potestatis in Rempublicam, quæ lumine naturæ, & multiplicatione hominum edoctâ, deinceps consultum duxerit transferre potestatem singulis competentem in unum, vel plures, ordinis & conservandæ societatis causâ; *sed imò per collationem Magistratui tantùm, elque in distinctione à subditis considerato, immediatè factam.* Ibid. n. 46.

(m) *Quemadmodùm igitur Minister Ecclesiæ eligitur quidem à populo, & per istam electionem accipit potestatem docendi, administrandi sacramenta, solvendi & ligandi; non tamen potestatem istam ab ipso accipit populo, ità ut ea fundamentaliter, radicaliter & habitualiter sit penès populum: formaliter verò penès Ministrum Ecclesiæ; hâc enim ratione ipse quoque populus haberet potestatem docendi, administrandi sacramenta, &c. Ad eumdem modum Princeps quoque eligitur à populo, & per istam electionem potestatem accipit imperandi; non tamen à populo, sed perinde, ut Minister Ecclesiæ, à solo Deo proximè & immediatè. Et quemadmodùm populus in Ecclesiâ non applicat potestatem personæ, sed personam potestati, eo ipso, scilicet dùm eligit; ità & populus in societate civili non applicat imperium personæ, sed personam imperio, quod conferre destinavit Deus personâ ità electâ.* Ibid. n. 47.

(n) *Nec sequitur: in arbitrio communitatis vel populi est, quâ Reipublicæ formâ gubernari velit. Ergo confertur potestas sive uni, sive pluribus, pro arbitrio populi; quippe quæ radicaliter, ità & efficienter videtur in eligentibus hærere. Id enim non procedit, si modum regiminis distinguamus à potestate rectrice. Potest enim facultas ipsa origine suâ divina manere, & si modus transferendi eam ab uno subjecto in aliud, variet; imò & si planè iniquus sit, & non ab honestate tantùm, sed omni etiam justitiâ alienus. Æs, aut argentum recipit formam statuæ, non per impressionem, ut cera, sed per liquefactionem; & utraque tamen materia ad formam se habet merè passivè. Pari modo & populus formam regiminis eligit; formam tamen ipsam, & activam regendi potestatem subjecto regenti non confert, sed merè passivè se habet.* Ibid. n. 48.

(o) *Quod si, prout ostensum, omni plane potestate destituatur populus neutiquam summum illud imperium in Principem transferre poterit; & proinde falsum est populum Principis esse causam; eidemque quicquid vel dignitatis, vel potestatis habeat, soli acceptum ferre debere. Quod enim quisque non habeat, nec alteri conferre posse, lippis etiam & tonsoribus constat. Accederet præterea, quod effectus suâ foret causâ nobilior: quale paradoxum nullus saniorum admisit unquam.* Stryck Dissert. jurid. tom. 14, pag. 38, édit. in-fol.

(p) *Quò ergo dignos ponamus Principe natales, ad sanctum Codicem statim nos recipiamus, ex quo*

que le moyen d'acquérir la puissance ; & que la chose acquise est totalement distinguée du moyen d'acquérir. La femme, en se mariant, se soumet à l'autorité maritale. En est-elle pour cela le principe (q)?

Sentiment de Réal.

L'Auteur *de la Science du Gouvernement*, dont l'ouvrage est muni de tous les caracteres d'approbation publique, a consacré un chapitre entier, [*Tom. 4, Chap. 2, sect. 4*], à l'établissement de la même vérité. Outre les textes de l'Ecriture Sainte, il cite Tertullien, la Novelle 6, & un Arrêt rapporté par Bodin (r). Mais il explique lui-même en quel sens on peut dire, que l'Autorité Souveraine vient de Dieu.

„ Un Auteur célebre, dit-il, qui a vécu dans un Etat Républicain, & qui a employé sa plume pour les Peuples contre les Rois, [Abbadie, *Défense de la Nation Britannique*] en soutenant que l'autorité des Rois vient des Peuples, a été forcé d'ajouter ces mots: *mais elle vient aussi de Dieu, lequel se sert du consentement des Peuples, comme d'un moyen très-légitime, pour la communiquer aux Rois.*

aliàs tanquàm uberrimo divinarum & humanarum rerum fonte, omnia nobis assiduè haurienda; & sic immensa quoque Politicorum ac Juris-Consultorum prata irriganda. Eum, dico, ceu optimum Magistrum, nunc consulamus; ejusque ad oracula, ut ad Lydium quemdam lapidem, cuncta examinemus, nequaquàm dubitantes, quin ejus beneficio dignoscere possimus vera, atque illis multùm diversa, remotâ erroris nebulâ. Hic autem nihil aliud inculcat, quotiescumque mentionem injicit Magistratuum, (facit verò illud sæpissimè) quàm Deum, sicut omnis boni, ita supereminentis quoque potestatis fontem atque originem esse; & à Deo proficisci, quicquid suspiciendum reperiatur. Ita egregius gentium Doctor, Rom. 13, Paulus.... Non enim audiendus hic spurcus ille Miltonius, Cont. Salmas. cap. 3, pag. 61, qui potestates ex Pindaro, Orpheo, aliisque id genus scriptoribus, per leges, jura, quibus & ipsos Principes subjectos fingit, veteratoriè, ineptè, nec citrà blasphemiæ notam interpretatur; quasi sanctarum Litterarum veritas necessariò ex Ethnicorum lacunis atque cisternis eruenda esset; nec Spiritus Sanctus sibi ipse constaret, ut ejus autoritatem tuendi gratiâ, quædam ominisci haberemus necesse. Ibid.

(q) *Et hæc sufficere possent pro astruendâ thesi nostrâ; nisi ipsamet Principum constitutio, sive electio adhuc obstaret; putà, quam adversarii communiter, instar capitis Gorgonii, secus sentientibus objectare solent. Verùm salva res est. Nam electio inter modos consequendi imperium, communi ferè omnium Politicorum calculo, hodie refertur. At distinctissima sunt modus rei acquirendæ, & causa ejusdem; ut ità ille hujus rationem ac indolem induere nequeat. Est enim adhuc, & sistit res, antequàm acquiratur; quæ nisi existeret, nullo modo acquiri posset. Ità videmus quod electio dici nequeat causa summam potestatem; vel potiùs, quod eam non per electionem producat, ut causa, potestatem. Deinde populus per electionem, vocabuli proprietate hoc suggerente, non circa potestatem conferendam versatur; sed tantùm in designando certo potestatis conferendæ subjecto occupatur: & sic non ipsam potestatem producit, sed personam tantùm eligit designatque, cui illa summa potestas applicanda sit. Non secus ac mulier consentiens in futurum maritum, illi nequit quod potestatem quam in uxorem suam maritus habet, in eum contulerit ipsi nubendo. Item servilis ingenii homo sese alteri venumdari passus, emptorem eligit, inque eum consentit; sed suo Domino vi persuadebit, se dominii & juris, quo in se utatur, esse causam, illudque à se in eum profectum. Eodem modo populus personam eligit, nihil autem ei confert; sed Deus eam deinceps approbat, & omni jus regium conferendo confirmat: ut in Collegiis usu venire animadvertimus, in quod videlicet, membro quodam orbatum, alius communi reliquorum suffragio cooptatur, à Principe demùm confirmandus, omnibusque juribus ac immunitatibus, quibus cæteri fruuntur, ornandus.* Ibid pag. 40.

(r) *Colimus imperatorem... ut hominem à Deo secundùm & quidquid est à Deo consecutum, & solo Deo minorem.* Tertull. ad Scapul. n. 2.
Maxima quidem in hominibus sunt dona Dei à supremâ collata clementiâ, sacerdotium & Imperium, & illud divinis ministrans, hoc autem humanis præsidens,... ex uno eodemque principio utraque procedentia. Just. Nov. 6.

„ Et d'autant qu'il y eut un Avocat des plus fameux de son âge, lequel pour servir à sa cause, „ dit en plaidant, que le Peuple de France avoit donné la puissance au Roi, alléguant la Loi 1, *de* „ *Constitution. Princip. ff.* où il est dit: *Lege Regiâ quæ de ejus Imperio lata est, Populus ei, &* „ *in eum omnem suam potestatem contulit.* Les Gens du Roi soudain se leverent, & demanderent à „ la Cour en pleine audience que ces mots fussent rayés du Plaidoyer, remontrant que jamais les „ Rois de France n'ont eu leur puissance du Peuple: la Cour fit défense à l'Avocat d'user plus de tel„ les paroles, & depuis ne plaida cause, comme un chacun sçait au Palais". *Bodin, de la Républi-* „ *que, liv. 6, chap. 5. pag. 648, édition de 1579.*

„ On doit rapporter à Dieu non-seulement les établissemens faits immédiatement par son ordre sans l'intervention d'aucun acte humain, mais encore ceux que les hommes ont inventé eux-mêmes par les lumieres de la droite raison, selon que les circonstances des temps & des lieux le demandoient, pour s'acquitter des obligations qui leur sont imposées par la Loi Divine. Or, sans le Gouvernement civil, on n'auroit pu commodément pratiquer les devoirs de la Loi Naturelle, depuis la multiplication du genre humain. De cela seul que la lumiere naturelle a montré aux hommes, que l'établissement des Sociétés civiles étoit nécessaire à la conservation, à l'ordre & au repos du genre humain, il suit que Dieu, en tant qu'Auteur de la Loi Naturelle, doit être regardé comme auteur des Loix civiles, & par conséquent du Pouvoir Souverain, sans lequel elles ne sçauroient être conçues...... Il n'y a point de commandement divin qui prescrive une constitution d'Etat plutôt qu'une autre. Les hommes peuvent à leur gré choisir entre la Monarchie, l'Aristocratie & la Démocratie, selon qu'ils le jugent plus convenable à l'Etat où ils se trouvent. Mais c'est Dieu, suprême modérateur des Empires, qui donne aux Souverains le droit de législation pour gouverner leurs Sujets: ainsi tout Gouvernement est ordonné de Dieu, quoique la forme soit du choix des hommes".

Sentiment de Grotius.

Grotius, qui dans son grand ouvrage, regarde le consentement du Peuple comme la seule cause productive de la Puissance Souveraine, a tenu ailleurs un autre langage (s).

Après avoir établi qu'il n'est pas permis de résister aux Puissances, il apporte les exceptions à cette regle; & la premiere, selon lui, est un péril très grand & très assuré, dans lequel il croit que toutes les Loix humaines cessent d'obliger. Il prévoit une difficulté qu'on pourra lui faire, à laquelle il répond ainsi.

„ On objectera sans doute que c'est d'une Loi de Dieu, & non pas
„ d'aucune Loi humaine, que vient l'obligation rigoureuse de souffrir la
„ mort, plutôt que de repousser aucune injure des Puissances Civiles."
Mais il faut remarquer que ceux qui les premiers se sont mis en un Corps de Société civile, ne l'ont pas fait en conséquence d'un ordre de Dieu, mais y étant portés eux-mêmes par l'expérience qu'ils avoient faite de l'impuissance où étoient des familles séparées, de se mettre suffisamment à couvert de la violence & des insultes d'autrui. Delà est né ce Pouvoir Civil, que saint Pierre appelle, à cause de cela, un établissement humain; quoiqu'il soit d'ailleurs qualifié un établissement divin, parce que Dieu l'a approuvé comme une chose salutaire aux hommes, qui en

---

(s) *Potestas maritalis est à Deo, applicatio ejus potestatis ad certam personam ex consensu venit, quo tamen ipsum jus non datur: nam si ex consensu naretur, posset consensu etiam dissolvi matrimonium, aut convenire ne maritus fœminæ imperaret; quod minimè verum est. Imperatoria potestas non est penès electores; ergo nec ab ipsis datur, sed ab ipsis tamen certæ personæ applicatur. Jus vitæ & necis non est penès cives antequam in Rempublicam coëant; privatus enim jus vindictæ non habet; ab iisdem tamen applicatur ad cœtum aut personam aliquam.* De Imperio summarum potestatum circa sacra, cap. 10, pag. 270, edit. de 1652.

font les auteurs propres. Or quand Dieu approuve une Loi humaine, il eſt cenſé l'approuver comme humaine, & ſur un pied conforme à la portée & à l'intention des hommes. (t).

Grotius croit voir dans le Paſſage de Saint-Pierre, que tous les Gouvernemens y ſont annoncés comme des établiſſemens faits par les hommes. (u). Il ſeroit bien injuſte de ne pas obéir à une Puiſſance que cet Apôtre préſente comme uniquement occupée à punir les crimes, à protéger les gens de bien. A-t-il fait un précepte auſſi formel de l'obéiſſance, lorſque par un renverſement de toutes regles cette Puiſſance eſt employée à autoriſer les crimes, & à perſécuter la vertu?

Les traductions portent: *Soyez ſoumis à toutes ſortes de perſonnes, ſoyez ſoumis à tout homme qui a du pouvoir ſur vous.* Cela ne rend pas le ſens des deux mots *humanæ creaturæ*. S'ils ſignifient tout Gouvernement établi par les hommes, l'Apôtre ajoutant auſſitôt: *ſoit au Roi*, il a donc regardé la Royauté comme établie par les hommes. Ce Texte doit être concilié avec celui de Saint Paul, qui dit que *toute Puiſſance vient de Dieu*.

Il ne faut pas juger des vrais ſentimens de Grotius par ſon livre du Droit de la Guerre & de la Paix. Ce livre fut publié à Paris en 1625, préſenté à Louis XIII & à tous les Grands du Royaume. L'auteur avoit alors une penſion de 3000. livres de la Cour de France. Il a tenu un autre langage dans ſon hiſtoire des Pays-Bas, qui fut publiée par ſes deux fils en 1657, douze ans après ſa mort.

Il y rend compte des motifs que faiſoit valoir le Prince d'Orange pour déterminer les Etats de Hollande à ſe ſouſtraire à l'autorité du Roi d'Eſpagne, & à déférer le Gouvernement au Duc d'Alençon. (v)

Il convient que les Eſpagnols ont regardé cette conduite comme criminelle. Ils devroient ſe rapeller, ajoute-t-il, que leurs ancêtres ont chaſſé du Trône un de leurs Rois à cauſe de ſon exceſſive cruauté. L'hiſtoire de France fournit des exemples très anciens de Rois qui ont été dépoſés. L'hiſtoire d'Angleterre en préſente de moins anciens. On en trouve de plus récens en Dannemarck & en Suede. (w)

Noodt ne veut pas qu'on faſſe deſcendre du Ciel le Pouvoir Suprê-

Sentiment de Noodt.

(t) Du Droit de la Guerre & de la Paix Liv. 1. Chap. 4. §. 7, n. 3.
(u) *Subjecti eſtote omni humanæ creaturæ (ordinationi, Inſtitutioni) propter Deum, ſive Regi quaſi præcellenti, ſive Ducibus tanquàm ab eo miſſis ad vindictam malefactorum, laudem verò bonorum.*
(v) *Sapientibus haud ignotum, populi ex conſenſu, populi gratiâ, inſtitutas eſſe poteſtates, ut ſuperiores ſingulis, ita infra univerſos, quæ ſi publici curam privatos ad uſus verterent, populo, hoc eſt ordinibus rite coactis, judicium & vindictam relinqui. Nec alio jure pleraque regna præſentibus ſub dominis eſſe, niſi quod ea populi, priorum injurias aut ſocordiam periteſti, ad alios transſtuliſſent. Quantò hæc magis in Belgis valitura, quibus regium nomen ignotum, taliſque obſequii modus, ut non dicerent ſolemne ſacramentum niſi antè Principum in ſua & legum verba adegiſſent? gentium jus eſſe, alterius perfidiâ ſolvi mutuos nexus.* Annales de rebus Belgicis Lib. 3. pag. 70. Edit. 1657.
(w) *Hoc concilium vicinas apud Gentes neceſſitate & tot irritis antè precibus excuſatum haud deſère Hiſpani ut ſcelus inſectari, parùm memores pulſum à majoribus ſuis, regno inviſa crudelitatis Regem, elque prælatam ſtirpem non ex legibus genitam, ut jam taceantur vetera apud Francos, minùs vetera apud Anglos, recentiora apud Danos ac Suecos dejectorum Regum exempla.* Ibid.

me, dont l'abus est aussi criminel devant Dieu, que pernicieux à la Société. Il est vrai, dit-il, que Dieu donne les Empires, comme il est vrai que tout ce qui est établi ou détruit conformément à la raison, est établi ou détruit par sa volonté. Qui a jamais dit que les Rois sont descendus du Ciel, & n'ont pas été choisis par les hommes? C'est la raison naturelle que Dieu a donnée aux hommes, qui a formé les Sociétés. On peut donc dire que c'est lui qui établit, qui change les Empires; puisque les hommes ne le font que par la lumière de la raison, que Dieu leur ordonne de suivre. (x).

Sentiment de Cocceïus.

Cocceïus regarde Dieu comme n'étant que la cause médiate du Pouvoir Souverain, par l'approbation qu'il donne à la formation des Sociétés. Il en voit la cause immédiate dans le consentement des Peuples qui se sont réunis en Sociétés, & qui ont confié à un Chef le droit de les défendre & de les protéger. (y).

Sentiment de Boëhmer.

Il est peu de Jurisconsultes qui se soient étendus sur ce point, comme *Boëhmer*. Dire que la Puissance Souveraine vient immédiatement de Dieu, c'est, selon lui, annoncer une grande ignorance des choses morales, ou proférer des paroles vuides de sens. Car il est évident que l'établissement des Empires est un fait des hommes, qui n'a d'autre cause immédiate que la convention. S'ils sont appellés un établissement divin; s'il est dit qu'ils viennent de Dieu; tout ce qu'il en faut conclure, c'est qu'il les approuve, qu'il a voulu qu'on les établît. On en infere mal-à-propos qu'il confie immédiatement le pouvoir à la personne choisie par le Peuple. Aussi saint Pierre appelle-t-il la Puissance civile un établissement fait par les hommes. (z).

Boëhmer

(x) *Nec verò jam audiendi sunt, qui imperii amplitudinem non ab hominum constitutione, sed immortalis Dei munere proficisci, jactant: ac si qui Principis crudelitate aut perfidiâ lædantur, Dei quidem, cujus injuriâ sit, judicium esse; humanæ autem partes tenuitatis esse nullas. Ut enim demus, imperium Principi Dei beneficio obvenire, quis tantâ sit impietate, ut hoc à Deo non minùs optimo quàm maximo ad hominum perniciem, denique ad scelera delegari arbitretur. Quis tantâ impudentiâ ut negare ausit Principem, cùm Dei auctoritate turpissimè abutitur, ex suo delicto æquè civibus suis quibus injuriâ nocuit, ac Deo cujus est mandati fines egressus, obligari ad pœnam? Tametsi imperia cùm Deo deberi dicuntur, non ei alio imputantur sensu, quàm leges, quàm cætera, quæ ab hominibus ratione facta aut sublata, Dei voluntate fieri aut tolli intelliguntur. An unquàm fando audivimus Reges aut Principes, quocumque tandem titulo summi honos Magistratûs eminet, primo de cælo demissos esse, non hominum placito & consensu electos? An non res loquitur, unam esse naturalem rationem, illam veram ac divinam, quæ prima hominem homini conjunxit, atque eam societatem, quia sine legibus & imperiis haberi nequit, legibus atque imperiis firmari jussit. Quidni igitur à Deo constitui aut mutari dicantur imperia quæ ab hominibus ad tuendam societatem ratione, id est, divinâ voluntate, aut constituuntur, aut abrogantur.* Dissert. De jure summi Imperii. Oper. Tom I, Pag. 510.

(y) *Causa imperii, seu summæ potestatis mediata, est Deus: is enim dum jura quædam genti concessit, concessit etiam media jura illa defendendi, adeòque si hujus concessionis divinæ, paterfamilias jura sua familiæ vel ipse defendere, vel ea per alios, verbi gratiâ, per civitatem, per Principem &c. tueri potest. Jus igitur imperii à Deo est, & civitas seu Princeps, approbante Deo, defensionem illam peragit, idque jure imperii, vel, quod idem est, summæ potestatis. Causa immediata est pactum & consensus patrum-familias qui in unam civitatem coëunt, & facultatem jura sua defendendi in commune civitatis, vel in unius Principis arbitrium contulerunt.* Samuel Cocceius, Introductio ad Grotium illustratum. Dissert. 12, §. 622.

(z) *Solidiorem aliquem nexum se invenisse illi arbitrantur qui putant summam potestatem immediatè à Deo conferri imperantibus, cives autem tantùm designare personam, cui hæc à Deo infundatur; & hoc intuitu imperantes Dei Vicarios esse tradunt.*
Sed talia qui asserant, rerum moralium rudem profitentur ignorantiam, aut verba proferunt quæ sensum

Boëhmer réfute les raisons & les autorités sur lesquelles s'appuie Ziégler, dont en a vu plus haut le suffrage.

La premiere est prise de la comparaison des Ministres de l'Eglise, qui sont choisis par le Peuple, qui en conséquence de cette élection, ont le pouvoir d'enseigner, de lier & de délier, d'administrer les Sacremens. Ils ne reçoivent pas le pouvoir du Peuple. On ne peut pas dire que ce pouvoir soit radicalement & habituellement dans le Peuple, & qu'il ne soit que formellement dans les Ministres de l'Eglise. Si cela étoit, le Peuple auroit le pouvoir de remettre les péchés & de conférer les Sacremens. De même, dit Ziégler, le Prince est choisi par le Peuple, & par ce choix il reçoit le pouvoir de commander. Il ne le reçoit cependant pas du Peuple; Dieu le lui donne prochainement & immédiatement.

Boëhmer répond que la Puissance que reçoit celui qui est élu au Ministere Ecclésiastique, étoit auparavant dans tout le Corps de l'Eglise, & que par conséquent Dieu ne lui communique rien immédiatement.

Cette réponse est manifestement mauvaise. Il faut dire que le pouvoir de remettre les péchés, de rendre Jésus-Christ présent sur l'Autel, est évidemment surnaturel, & que dès-là aucun homme n'en est revêtu, qu'il ne le tienne de Dieu qui seul peut le communiquer.

On ne peut même considérer l'Eglise comme Société, sans concevoir en même des Pasteurs & des Fideles. Les Pasteurs sont ceux qui ont reçu immédiatement de Dieu ce pouvoir surnaturel qui n'a point été communiqué aux simples Fideles.

Le Pouvoir civil est entiérement différent & n'a rien que de naturel, étant tout concentré dans l'ordre des choses temporelles. Faire des Loix, prononcer des peines, maintenir la paix & le repos dans une Société d'hommes, tout cela est purement naturel. Si les hommes n'ont pas sur eux-mêmes & sur leurs semblables, le droit de vie & de mort, ce n'est pas que ce pouvoir soit au-dessus des forces de la Nature; c'est parce que Dieu a jugé à propos de se le réserver à lui-même.

La Société civile est la réunion d'une multitude d'hommes, tous absolument égaux entre eux. Dieu approuvant la formation de cette Société, lui donne tout le pouvoir nécessaire pour sa conservation; & comme elle ne pourroit subsister, si elle n'avoit pas droit de faire mourir les méchans, Dieu lui permet de prononcer la peine de mort. Il n'y a pas de sacrement institué pour communiquer ce droit de vie & de mort, comme il y en a un pour conférer la puissance d'ordre. Il faut que ce Sacrement soit conféré à chaque Particulier, pour le revêtir de ce pouvoir.

sensum non habent. Nam cùm à facto humano Imperia originem trahant, evidens est, non aliundè incunabula eorum quærenda, aut obligationem immediatè aliundè quam ex pacto deducendam esse.

Quòd verò Imperia ordinatio divina, & à Deo esse dicantur, indè tantùm concludimus, Deum eadem approbasse, imò pro statu rerum perverso voluisse, ut propter impios imperia constituerentur; minimè autem indè insertur, immediatè imperium transferri à Deo in personam electam; & huc sensu 1 Petr. 11. V. 13, potestas civilis dicitur ordinatio humana. Introductio in Jus Publicum. Part. Spec. Lib. 2, Cap. 2, §. 24, 25, 26.

On ne dira pas qu'il en soit de même du droit de vie & de mort, qui ne se confere ni à chaque individu, ni par voie miraculeuse. Il ne faut d'autre acte de la part de Dieu, que la simple approbation de la Société civile. Delà suit nécessairement de sa part, le consentement à ce qu'elle fasse tout ce sans quoi elle ne pourroit subsister.

La nécessité de l'infusion du pouvoir divin sur le Chef de la Société, suppose dans la Société l'obligation de se choisir un Chef. On concevra qu'il n'est pas nécessaire que le Chef de la Société reçoive l'infusion immédiate d'un pouvoir céleste, s'il n'y a de la part de la Société aucune nécessité de se choisir un Chef. Or il est évident que la Société peut se conserver en forme de Démocratie, sans avoir mis à sa tête aucun Chef particulier. Tout sera réglé dans les Assemblées du Peuple. Dira-t-on que tous & chacun des membres du Corps ont été honorés de la communication immédiate du pouvoir céleste?

Cette infusion du pouvoir céleste n'est supposé nécessaire que pour le droit de vie & de mort (a). Si un homme ne peut pas donner à un autre homme droit sur sa vie, il peut en donner sur ses biens & sur sa liberté, dont il lui est permis de sacrifier une partie pour son plus grand avantage. Si donc le Peuple, en se choisissant un Chef, se réserve, comme il le peut, le droit de prononcer la peine de mort, alors le Chef de la Société n'aura plus besoin de l'infusion du pouvoir d'en haut. Il faudra dire alors, ou que cette communication immédiate du pouvoir d'en haut est inutile pour prononcer la peine de mort, ou qu'elle a été faite à tous & chacun des membres de la Société.

Supposons la Nation déjà réunie en Corps de Société, assemblée pour se choisir un Chef. Il se commet un meurtre dans l'Assemblée. Dira-t-on que personne n'a droit de le punir, parce qu'il n'y a aucun Particulier qui ait reçu du Ciel le droit de prononcer la peine de mort?

La communication du pouvoir spirituel imprime un caractere dans l'ame du Ministre de l'Eglise; & ce caractere ne s'efface jamais. Un Prêtre demeure toujours Prêtre. Les hommes ne peuvent lui ôter que l'exercice & les fonctions. L'infusion de la Puissance Royale sur le Chef choisi par la Société, imprime-t-elle de même un caractere indélébile? Un Roi déposé, ou qui a abdiqué la Couronne, a-t-il toujours le caractere de Roi?

On sait l'instant précis où le Ministre de l'Eglise reçoit le pouvoir surnaturel. C'est celui où on lui confere le Sacrement de l'Ordre. Dans l'instant suivant, il administrera validement tous les Sacremens. Marquera-t-on de même l'instant précis où celui qui est choisi pour Roi, reçoit la communication immédiate de la Puissance divine, & l'instant précis où il la perdra?

Lors de la formation de la République de Genève, le Peuple s'est réservé la connoissance des choses importantes, & celle des cas ardus. Il

---

(a) Voyez à la fin de l'Ouvrage une Lettre à l'Auteur, sur la communication du droit de vie & de mort.

n'a confié aux Magistrats que les affaires moins graves. Chaque Génevois reçoit donc la communication immédiate du pouvoir divin, pour la décision des Causes majeures (b).

Ziégler fonde son assertion sur le sixieme Concile de Paris, tenu en 829. Elle n'y trouve qu'un foible appui. Les Rois, suivant ce Concile, doivent croire qu'ils ne tiennent pas la Couronne de leurs Prédéceseurs, mais de Dieu. Il cite plusieurs passages de l'Ecriture Sainte, qui prouvent que Dieu dispose des Royaumes, comme de toutes les autres choses de ce bas monde. Cela prouve la Providence; & non que le Pouvoir Souverain soit donné de Dieu immédiatement. La pensée du Concile est manifestement, que les bons Rois sont un présent que Dieu fait aux hommes. Il en reconnoît qui regnent par un bienfait de Dieu, d'autres qui ne regnent que par sa permission. Ceux-ci reçoivent-ils la puissance céleste d'une maniere aussi immédiate? (c).

(b) Représentations des Citoyens de Genève, présentées en 1734, au sujet des impôts mis sans le consentement du Peuple. Supplément au Corps Diplomatique, Tom. 2, Part. 2, Pag. 499.

Il y a dans les Remontrances des choses intéressantes sur la nécessité du consentement du Peuple, à l'établissement des impôts.

„ Nous demandons, y est-il dit, quelle barriere on peut opposer à l'ambition de ceux qui sont à la
„ tête d'un Etat, & qui voudroient abuser de leur autorité, si une fois ils sont en possession de met-
„ tre des impôts sur le Peuple, sans son consentement, & même sans sa volonté.

„ Nous protestons que nous ne nous défions en aucune maniere de ceux qui nous gouvernent;
„ mais personne n'ignore que ce droit entre les mains de ceux qui voudroient en abuser à l'ave-
„ nir, peut leur fournir le moyen de lever des troupes, de les entretenir, d'intimider par là
„ le Peuple & de le tenir dans une servile dépendance. Aussi les peuples étant nés libres,
„ ont eu quelque désir de conserver leur liberté, n'ont pris d'autres précautions que celles de
„ se réserver le droit d'avoir des Assemblées périodiques, & celui de s'imposer eux-mêmes,
„ lorsque les besoins le requéroient.

„ Nous n'avons pour nous en convaincre, qu'à jetter les yeux sur divers Royaumes qui subsis-
„ tent aujourd'hui, tout le monde convient que s'il y en a où les Peuples jouissent d'une réelle
„ liberté, c'est sur tout l'Angleterre, la Suede, la Flandre Espagnole, & quelques autres.

„ Dans ces différens Royaumes, le Prince nomme aux emplois, il est le maître de don-
„ ner des pensions à qui il veut, fait les alliances qu'il trouve à propos, il déclare la guerre
„ & il fait la paix; mais la seule chose qui tempere son autorité, & assure la liberté du
„ Peuple, c'est la nécessité où le Prince se trouve par les Loix de recourir à ses Etats ou à son
„ Parlement pour avoir des subsides, sans lesquels tous les autres privileges dont il jouit, lui de-
„ viendroient inutiles.

„ Le Peuple de Genève est libre & souverain par la révolution qui fut une suite de la réforma-
„ tion de cette ville; il entra dans les droits de l'Evêque qui en étoit Prince temporel & spiri-
„ tuel.

„ Il a le droit législatif & celui de créer des Magistrats, il s'est réservé la connoissance des
„ choses importantes, & celle des cas ardus; avant & après la réformation, il avoit le droit
„ de s'assembler quand il le vouloit, il étoit assemblé & consulté sur la levée des deniers &
„ autres affaires importantes, dont il accordoit l'exercice aux Conseils, &c.

(c) *Nemo Regem à progenitoribus regnum sibi administrari, sed à Deo veraciter atque humiliter credere debet dari, qui dicit: Meum est consilium & æquitas, mea est prudentia, mea est fortitudo. Per me Reges regnant, & legum conditores justa decernunt. Quod autem non ab hominibus, sed à Deo regnum terrenum tribuatur, Daniel Propheta testatur, dicens &c. Daniel. Cap. 4, & Jeremia, Cap. 27.*

Si verò qui à progenitoribus sibi succedere regnum terrenum & non potius à Deo dari putant, illis aptantur illa quos Dominus per Prophetam improbat, dicens: ipsi regnaverunt, & non ex me: Principes extiterunt, & non cognovi. Ignorare quippe Dei, procul dubio reprobare est. Quapropter quisquis cæteris mortalibus temporaliter imperat, non ab hominibus, sed à Deo sibi regnum commissum credit. Multi namque munere divino, multi etiam Dei permissu regnant. Qui piè, & justè, & misericorditer regnant, sine dubio per Deum regnant: qui verò secus, non ejus munere, sed permissu tantum regnant. De talibus Dominus per Prophetam, Dabo, inquit, tibi Regem in furore meo. Et Job: Qui regnare facit hypocritam propter peccata populi. Ut enim Isidorus exponit, irascente Deo talem rectorem populi suscipiunt, qualem pro peccato merentur. Constat ergò quia non astu, non voto, neque brachio fortitudinis humanæ, sed virtute, imò occulto judicio dispositionis divinæ regnum confertur terrestrium. Et idcircò cuicumque ab eo committitur, ità illud

Ziégler s'oppose le Texte des Instituts, où il est parlé de la Loi Royale, par laquelle le Peuple Romain a cédé à l'Empereur Auguste tout son pouvoir ; ce qui paroit donner le consentement du Peuple pour le principe de la Puissance Souveraine. Il y répond, ainsi que M. de Marca, par un Texte de Saint Augustin, suivant lequel c'est Dieu qui a donné l'Empire à Auguste & à Néron, aux Vespasiens, Empereurs pleins de clémence, & à Domitien qui étoit un monstre de cruauté.

On ne voit encore là que la Providence, qui fait servir à l'exécution de ses desseins, tous les événemens, toutes les actions humaines, toutes les volontés qu'elle tourne avec une facilité toute puissante.

Boëhmer s'objecte une Constitution publiée en 1338 par l'Empereur Louis de Baviere, dans son démêlé avec le Pape, où ce Prince, du consentement des Electeurs, & des autres Princes de l'Empire déclare que la Dignité & la Puissance Impériale viennent immédiatement de Dieu seul. (d)

Il répond qu'une Loi ne peut pas commander la raison, ni faire adopter une opinion qu'on ne croit pas fondée.

Boëhmer se retranche aussi sur l'ignorance du siecle, & sur ce que cette déclaration n'est faite que contre le Pape qui s'arrogeoit la fondation des Empires. (e)

C'est là sans doute la vraie réponse & celle que fait Barbeyrac à l'article du Tiers-Etat qui proposoit, en 1614, de faire passer pour Loi fondamentale du Royaume, *que le Roi ne tient sa Couronne que de Dieu seul, que l'Etat de la France ne dépend immédiatement que de Dieu.* Il n'étoit pas question alors de régler une dispute entre le Roi & la Nation. L'article ne tendoit pas à établir l'origine de la Souveraineté en elle-même, mais à la mettre en sûreté, quelque fût son principe, contre les Maximes de ceux qui la faisoient dépendre du Pape, qui lui donnoient le pouvoir d'absoudre les Sujets du serment de fidélité, qui autorisoient même à tuer le Prince, lorsqu'il auroit été jugé hérétique. (f)

D'ailleurs pour faire disparoître l'argument qu'on tire de ce Decret, il suffit de rappeller le sujet de la dispute.

Réponse à l'objection tirée du Decret de l'Emp. Louis de Baviere.

Le Pape Jean XXII. prétendoit que l'Empereur ne pouvoit exercer aucune puissance, avant d'avoir reçu de sa main la Couronne Impériale. Les Princes de l'Empire soutenoient au contraire que l'Empereur tenoit sa puissance de la seule élection faite de sa personne & qu'il pouvoit l'exercer dans l'instant qu'il avoit été élu, sans aucun concours de la Puissance Ecclé-

secundùm ejus voluntatem disponere & gubernare procuret, quatenùs cum eo à quo illud suscepit feliciter in perpetuum regnare valeat; quoniam nil prodest cuipiam terreno regno principari, si, quod absit, contigerit eum æterno extorrem fieri. Concil. Labb. Tom. 7. Col. 1642.

(d) *Ideò ad tantum melum evitandum, de consilio & consensu Electorum & aliorum Principum Imperii, declaramus, quod Imperialis dignitas & potestas est immediatè à solo Deo &c.*

(e) *Primò adducitur decretum publicum Imperii nostri, tempore Ludovici Bavari promulgatum. Sed an ejusmodi sententia, quæ ad conceptum intellectûs spectans, possint lege publicâ inculcari, dubito, præsertim cùm hæc sententia eis temporibus debeatur, quibus omnia tenebris erant involuta; quin quod hoc modo fortissimè Papa contradici putarent, qui constitutionem Imperatorum sibi satis impudenter arrogabat.*

(f) Puffendorff. Du Droit de la Nature & des Gens. Liv. 7. Chap. 2. §. 3. aux Notes.

fiaſtique, ſans qu'il manquât quelque choſe qu'elle pût lui communiquer. Le Pape avoit ſoutenu ſes raiſons de la terreur des Cenſures, il avoit excommunié l'Empereur.

Ce Prince publia contre cette Cenſure un Manifeſte, ou Apologie, & c'eſt là qu'on peut prendre le véritable objet de la queſtion. Le Pape diſoit franchement que la Dignité & la Puiſſance Impériale venoient de lui; qu'en vertu de la ſeule élection on n'étoit point vraiment Empereur; qu'on n'avoit ni autorité ni juriſdiction, avant d'avoir reçu de lui l'onction, la conſécration & la Couronne, parce qu'il avoit la plénitude de puiſſance tant au temporel qu'au ſpirituel (g).

L'Empereur répond que cette opinion eſt contraire aux Canons, au Droit & à la raiſon. Il cite pour le prouver pluſieurs Textes du Droit Canonique, & de la Gloſe, qui établiſſent la diſtinction des deux Puiſſances, & que le Pape n'a aucun pouvoir ſur le temporel.

Il en conclut que la Puiſſance & l'Autorité Impériale viennent immédiatement de Dieu ſeul, & non pas du Pape; que la ſeule élection donne toute l'autorité & la juriſdiction, avant la conſécration du Pape, qui n'a point dans le temporel cette plénitude de puiſſance. (h)

Ainſi les deux Puiſſances viennent de la même ſource, & Dieu communique la puiſſance temporelle à qui il veut, ſans aucun concours de la Puiſſance ſpirituelle, comme il confere celle-ci ſans aucun concours de l'autre.

Ce qui donne lieu à la difficulté, c'eſt le terme, *immediatè*. On veut que l'Empereur ait dit par là, que Dieu lui conféroit ſa puiſſance par lui-même, ſans employer aucun moyen, ſans ſe ſervir pour cela des hommes, comme de ſes inſtrumens.

Cela eſt tellement éloigné de l'idée du Prince, qu'il cite des Textes du Droit Canonique & de la Gloſe où il eſt dit, que c'eſt l'Armée qui fait l'Empereur, & qu'il eſt tel par la ſeule élection des Princes. (i)

Dans le Texte du Droit Canon cité par l'Empereur, on lit que dans l'Egliſe d'Alexandrie depuis ſaint Marc Evangéliſte, juſqu'à Héraclas &

(g) *Inprimis contrà nos & Imperialem autoritatem, & Jus Imperii allegatur & objicitur, quòd poteſtas & auctoritas Imperialis eſt à Papâ: & quod electus in Regem Romanorum, ex ſolâ electione non eſt, nec dici poteſt verus Imperator, nec habet poteſtatem, juriſdictionem & auctoritatem, antequàm inungatur, conſecretur & coronetur à Papâ, qui, ut dicunt, tam in temporalibus, quàm in ſpiritualibus, habet plenitudinem poteſtatis. Marqard, Freher, ſcriptores rerum Germanicarum Tom. 1. Pag. 655. Goldaſt Conſtitutiones Imperiales Tom. 1. Pag. 831.*

(h) *Ex quibus & aliis pluribus quæ brevitatis cauſâ dimittuntur, clarè patet, quòd poteſtas & auctoritas Imperialis eſt immediatè à ſolo Deo, & non à Papâ. Et quod electus in Imp. ex ſolâ electione eſt Rex Romanorum, & habet auctoritatem, juriſdictionem & poteſtatem Imperialem, etiam antequàm inungatur, conſecretur & coronetur à Papâ; & quòd Papa in temporalibus non habet dictam plenitudinem poteſtatis.*

(i) *Ubi gloſſa ordinaria dicunt, quòd iſta poteſtates ſunt diverſæ, & quòd neutra dependet ab alterâ, & quòd Imperator non habet poteſtatem ſive imperium niſi à ſolo Deo, 93. diſtinct. Cap. Legimus. Ubi in Textu dicitur, quod exercitus facit Imperatorem: & Gloſſa ſuper verbo* Imperatorem, *dicit ſic:* Ex ſolâ enim electione Principum dico eum verum Imperatorem, antequàm à Papâ confirmetur, ut dixi, 73. diſtinct. cap. Quamvis. *Ubi Gloſſa ordinaria de utrâque poteſtate loquens, dicit ſic:* Dùm ergò poteſtates iſtæ diſtinctæ ſint, eſt hoc argumentum, quòd imperium non habetur à Papâ, & quod Papa non habet utrumque gladium. Nam exercitus facit Imperatorem 45. Diſt. Cap. Legimus: & Imperium à ſolo Deo habetur. 23. Q. 4. Cap. Quamvis. Alioquin ſi Imperium haberetur à Papâ, poſſet in temporalibus ad Papam appellari &c.

Denis qui en ont été Evêques, les Prêtres ont choisi un d'entr'eux qu'ils appelloient Evêque, comme si l'Armée faisoit un Empereur, ou comme si les Diacres choisissoient un d'entr'eux & l'appelloient Archidiacre. (k)

Après cette explication il ne restera aucun doute sur le Decret publié par Louis de Baviere, le 8 Août 1338.

Il dit dans le préambule, que la Puissance & la Dignité Impériale viennent immédiatement du Fils de Dieu; que l'Empereur a véritablement ce titre par la seule élection de ceux qui ont droit de l'élire; que c'est violer les droits de l'Empereur, des Electeurs & des autres Princes de l'Empire, que de dire, que la Dignité & la Puissance Impériale viennent du Pape; que celui qui a été élu Empereur, n'est ni Empereur ni Roi, avant la confirmation & le couronnement reçu du Pape. (l).

Qui ne voit qu'il y auroit contradiction absolue entre la communication de la Puissance reçue de Dieu, sans aucun moyen humain, sans aucun canal interposé, & la mention d'élection & d'Electeurs?

Louis de Baviere déclare, du consentement des Electeurs & autres Princes de l'Empire, que la Dignité & le Pouvoir Impérial viennent immédiatement de Dieu seul; que suivant les Loix & l'ancienne Coutume de l'Empire, celui qui est choisi par les Electeurs ou la plus grande partie, est dans l'instant même, en vertu de cette élection, Roi & Empereur véritable, auquel tous les Sujets de l'Empire doivent l'obéissance, qui peut en administrer tous les droits, sans avoir besoin de l'approbation & de la confirmation du Pape, du Siege Apostolique & de tout autre. (m)

Ce Decret fut accompagné d'une Lettre que les Electeurs écrivirent au Pape Benoit XII. Après y avoir fait des plaintes des entreprises du Pape sur les droits de l'Empire, ils déclarent que s'étant assemblés le 6. Juillet 1338. ils ont résolu de défendre de tout leur pouvoir, les droits, honneurs, libertés, biens & coutumes de l'Empire, & ceux qui leur sont acquis dans l'élection de l'Empereur. Ils ont examiné le sujet du différend qui subsistoit entre le Pape Jean XXII. & l'Empereur

---

(k) *Nam & Alexandriæ à Marco Evangelista usque ad Heraclam & Dyonisium Episcopos, Presbyteri semper unum ex se electum in excelsiori gradu collocatum Episcopum nominabant: quomodò si exercitus Imperatorem faciat, aut Diaconi eligant de se, quem industrium noverint, & Archidiaconum vocent. Quid enim facit exceptâ ordinatione, Episcopus, quod Presbyter non faciat.* Dist. 93. Cap. 24.

(l) *Licet jura utriusque Testamenti manifestè declarent, Imperialem dignitatem & potestatem immediatè in Filio Dei ab antiquo processisse... Et quòd Imperator ex solâ electione eorum ad quos pertinet, verus efficitur Imperator, nec alicujus alterius eget confirmatione seu approbatione...... in assertiones detestabiles prorumpunt contra potestatem & auctoritatem Imperialem & jura Imperatorum, Electorum & aliorum Principum, & Imperii fidelibus committentes, fallaciter asserentes, quòd Imperialis dignitas & potestas est à Papâ, & quòd electus in Imperatorem, non est verus Imperator nec Rex, nisi prius per Papam, sive sedem Apostolicam confirmetur, approbetur & coronetur.* Freher Ibid. Pag. 616. Goldast Ibid. Pag. 336.

(m) *De consilio & consensu Electorum & aliorum Principum Imperii declaramus quòd Imperialis dignitas & potestas est immediatè à solo Deo & quòd de jure & Imperii consuetudine antiquitùs approbatâ, postquam aliquis eligitur in Imperatorem sive Regem ab Electoribus Imperii concorditer, vel majori parte eorumdem, statim ex solâ electione est Rex verus & Imperator Romanorum censendus & nominandus & eidem debet ab omnibus imperio subjectis obediri; & administrandi jura Imperii, & cætera faciendi quæ ad Imperatorem verum pertinent, plenariam habet potestatem, nec Papa, sive Sedis Apostolica, aut alicujus alterius approbatione, confirmatione, auctoritate indiget vel consensu.*

Louis de Baviere par eux élu. Ils ont reconnu que cet Empereur avoit été excommunié par le Pape, pour s'être mêlé de l'administration de l'Empire, avant que le Pape eût approuvé son élection. Cette opinion & cette conduite du Pape sont contraires au droit & à la coutume immémoriale, toujours observée sans contradiction.

Aussi, après avoir examiné la question, ont-ils unanimement décidé, que celui qui est choisi par la totalité ou le plus grand nombre des Princes Electeurs, doit être tenu pour Roi des Romains, qu'il n'a aucun besoin de l'approbation & de la confirmation du Pape, pour prendre le titre de Roi, & pour administrer les biens & droits de l'Empire. (n)

Ils prient le Pape de révoquer les procédures de son prédécesseur, sans quoi ils seroient obligés, malgré eux, de recourir au remede opportun, pour acquitter le serment qui les oblige à la défense des droits de l'Empire. Quoi de moins conciliable avec un tel acte, que la communication immédiate du pouvoir divin? Quoi de plus propre à fixer le sens du terme *immediate*, & des autres termes *à solo Deo* ? Tout cela n'est dit que par exclusion de la Puissance spirituelle. L'Empereur ne tient rien du Pape. Sa Puissance lui vient d'une toute autre source. Il a la qualité & les droits impériaux sans que le Pape concoure en aucune maniere à la collation, soit du fond du pouvoir, soit de l'exercice. On prétend si peu que ce pouvoir vienne de Dieu seul immédiatement & sans le ministere d'aucun homme, qu'on répete continuellement que l'Empereur n'est fait tel que par le choix des Princes de l'Empire.

Dans les prieres mêmes du couronnement de l'Empereur, on lui dit qu'il tient cette autorité de Dieu, mais par le choix des Princes Electeurs.

Après la mort de l'Empereur Henri, Duc de Souabe, on élut Othon I. son fils. L'Archevêque de Mayence le voyant arriver à l'Eglise, alla au-devant de lui & dit au Peuple: *Je vous annonce Othon que Dieu a choisi, que le feu Roi a nommé, que les Princes ont fait Roi. Si cette élection vous plaît, témoignez-le en levant les mains.* (o) Concilieroit-on facilement ce langage avec le terme, *immediate*, pris dans une signification stricte?

Le concilieroit-on mieux avec le discours que l'Empereur Henri I. tint en 918. à Arnoul Duc de Baviere qui refusoit de le reconnoître?.

Ce n'est pas un sort aveugle, lui dit l'Empereur, qui distribue les Couronnes, c'est Dieu qui en dispose. Le Sénat, les Grands, le Peuple, cette bête qui a tant de têtes, tout le monde s'est réuni pour m'élever à l'Empire. L'unanimité de ce consentement ne peut venir que de Dieu, principe de la paix & de la concorde. S'il n'avoit pas réuni tous les esprits, la diversité des inclinations auroit nécessairement produit différence d'avis. (p) C'est Dieu qui réunit tous les suffrages, & c'est un des sens dans lesquels il est vrai que toute Puissance vient de lui.

(n) Ibid.
(o) Histoire de l'Empire d'Allemagne imprimée à Paris en 1771. avec approbation & privilege, chez Herissant fils, Tom. 8. Pag. 6.
(p) *Non te tam barbarum aut imperitum nostræ Religionis existimo, quin planè intelligas, Regem*

L'Empereur annonce dans le surplus de la Lettre des sentimens bien dignes d'un Souverain. Les ennemis, dit-il, attaquent l'Empire de toutes parts. Un Prince qui ne défend pas le troupeau que la Providence lui a confié, qui ne rapporte pas tout à l'utilité du Peuple dont il est établi le pere commun, n'est autre chose qu'un voleur. Ses Etats sont un brigandage public. Si le Sénat & le Peuple veulent me décharger de ce fardeau pour le mettre sur vos épaules, je vous cede de bon cœur ma dignité, je promets de vous obéir (q).

Henri IV. dans le discours qu'il adresse aux Electeurs pour demander vengeance contre son fils Conrad, se reconnoît redevable de l'Empire à Dieu & à eux. (r)

La Puissance paternelle peut être réprimée, à plus forte raison l'abus de la Puissance Royale.

Sans invoquer tant d'autorités, il suffit de consulter la raison. De toutes les especes de pouvoir, soit spirituel, soit temporel, la seule Puissance paternelle vient immédiatement de Dieu, comme auteur de la Nature. Toutes les autres sont des émanations de la Puissance qui n'appartient qu'à lui. Mais il les communique par des moyens extérieurs, par le ministere des hommes.

Quand on accorderoit au surplus cette communication véritablement immédiate du Pouvoir Divin, la conséquence qu'on en tire seroit-elle fondée? Il est le seul principe de la Puissance paternelle. Les hommes ne contribuent en rien à son établissement. Cependant lorsqu'un pere en abuse, les hommes ont droit de l'en priver. On en restreint l'exercice, ou même le fils y est totalement soustrait. On punit le pere, si l'abus a été porté à un certain degré. Pourquoi n'en seroit-il pas de même de la Puissance Royale? Dieu la conférant immédiatement, pourroit trouver bon que les hommes en empêchassent le mauvais usage.

La maniere dont il plaît à Dieu de distribuer l'autorité, n'en change pas la nature & la fin. Elle est toujours nécessairement dans la main des hommes, destinée au bien de ceux qui sont gouvernés. Si contre l'intention de Dieu, cette Puissance qui vient de lui est employée à vexer, à opprimer ses enfans, pourquoi seront-ils obligés de le souffrir? C'est, dit-on, parce que cette Puissance dont on abuse, vient de Dieu par une communication immédiate. Mais quand elle seroit venue de Dieu par le canal des hommes, elle n'en seroit pas moins respectable, moins sacrée, moins divine. La forme de la communication ne peut y rien ajouter.

C'est

---

non à fortunâ temerè dari, nec à fatis imponi, sed à supremo cæli numine constitui. Cujus mandata qui non facit, is haud dubiè cælo naturæque repugnat. Senatus, Proceres, Populus, Plebes, quæ multorum capitum bellua est, me Regem uno omnium consensu declararunt. Horum mentibus nisi unus & summus Deus auctor pacis & concordiæ incubaret atque moderaretur, haud unquàm fieri posset, ut non suus cuique mos esset. Nonne tot sententiæ quot homines essent? Goldast Constitutiones Imperiales Tom. I. Pag. 211.

(q) *Undique inimici imminent, Galli, Burgundi, Itali, Ugri lacerant, diripiunt, in nos sæviunt, incursant. Si quis gregem ab immortali Majestate sibi creditum non tutaretur, non universâ ad plebis utilitatem, velutî parens communis à Deo datus refert, nihil aliud quàm latro, & ejus regnum publicum est latrocinium. Proindè si Senatus Populusque Francus me hoc fasce levarit, tibique hoc oneris imposuerit, libens cessero, libentissimè tibi paruero.* Ibid.

(r) *Quem Deus, summus rerum arbiter, & vos Imperatorem rebus humanis imposuistis.* Aventinus, *Annales Boiorum* Lib. 5. Cap. 17.

C'est donc inutilement qu'on insiste sur la communication immédiate, sur l'émanation de Dieu seul. Il est absolument faux que la Puissance Souveraine vienne de lui immédiatement, & cette circonstance d'ailleurs ne lui attribueroit pas cette indépendance absolue.

Il est si peu vrai que les Rois comme tels, dépendent de Dieu seul, qu'il y en a qui sont subordonnés à d'autres Rois. L'Histoire fournit plusieurs exemples de Royaumes tenus en fief, & deux choses sont certaines à cet égard. 1°. Le Roi vassal a dans ses Etats, la même puissance, une autorité aussi pleine, aussi entiere, que s'il ne reconnoissoit aucun suzerain. 2°. Le Roi suzerain n'a absolument aucun droit au Gouvernement du Royaume qui releve de lui en fief. Il n'y exerce aucune autorité. Le Roi dont le Royaume releve en fief, est donc revêtu d'un pouvoir qu'il tient immédiatement de Dieu seul, d'un pouvoir indépendant de tout autre sur la terre.

Cependant, dans les cas où, suivant les Loix, il y a lieu à la commise du fief, ce Roi vassal sera privé par son suzerain de cette autorité. Le Royaume tombera en commise, il appartiendra au suzerain. Voilà donc un Roi qui sera privé par un homme d'un pouvoir reçu immédiatement de Dieu.

L'exemple de l'Empereur & des Electeurs se presente encore ici naturellement. Chaque Electeur a dans ses Etats le Pouvoir Souverain, le droit de vie & de mort, de faire des Loix &c. & ce pouvoir par conséquent vient immédiatement de Dieu seul. Cependant chaque Electeur est soumis au Corps de l'Empire, il peut être mis au ban de l'Empire, & dépouillé de ses Etats. Il perdra en conséquence l'autorité de Gouvernement dont il avoit reçu du ciel la communication immédiate; & il en sera privé par d'autres hommes.

Dira-t-on que dans ces cas, c'est Dieu qui a établi cette subordination de pouvoirs, cette soumission d'un Roi à un autre?

Oui sans doute; c'est Dieu, parce que c'est lui qui fait tout par sa Providence, & que rien n'arrive dans le monde sans son ordre ou sa permission. Mais le contrat féodal, la forme du Gouvernement de l'Empire ne sont pas descendus immédiatement du Ciel, ni fondés sur une révélation divine. Dieu qui dispose de toutes les volontés, a permis que les hommes établissent une certaine espece de contrats, une certaine Constitution politique d'après lesquelles un Souverain dépend d'un autre, & peut être depouillé par lui de sa Souveraineté.

Objectera-t-on encore que dans ces cas, le Souverain est dégradé par un autre Souverain, & non par les Peuples sur lesquels il regne? Mais où est-il écrit que le Souverain étant le Ministre de Dieu pour le bien des Peuples, il ne leur est pas permis d'en choisir un autre, lorsqu'ils ne trouvent en lui qu'un oppresseur & un ennemi? On s'appuie sur ce que les hommes ne peuvent pas ôter un pouvoir qui vient de Dieu seul immédiatement. L'argument n'a plus aucune force, si dans plusieurs occasions ce pouvoir descendu directement du Ciel, est soumis à des hommes qui peuvent en disposer.

Sur les Textes de l'Ecriture Sainte, Boëhmer fait les réflexions suivantes.

Sentiment de Boëhmer.

Il est certain que Dieu approuve la fondation des Royaumes. On peut même dire qu'il a voulu leur établissement comme étant nécessaire au maintien de la paix, qui sans cela auroit été troublée par les méchans. On peut dire encore que Dieu, par sa Providence, concourt à l'établissement d'une certaine personne: lui-même nous apprenant dans plusieurs endroits, que pour punir les hommes, il permet qu'ils choisissent des Princes indignes de ce titre; & c'est en ce sens qu'il donne des Rois dans sa colere.

Ainsi la Société Civile, considérée sous différens aspects, sera, suivant Saint-Pierre, un établissement humain, si on fait attention à la maniere dont elle s'est formée; elle sera, avec Saint Paul, un établissement divin, en tant qu'approuvée de Dieu. (s).

Dans le Chapitre 13 de l'Epitre aux Romains, Saint Paul ne parle pas seulement des Puissances supérieures, mais de toutes les Puissances même subalternes. On ne pourroit prétendre sans absurdité, que celles-ci tirent leur origine immédiate du Ciel. Saint Paul n'a pas dit que toute Puissance vient de Dieu immédiatement, mais seulement qu'elle vient de Dieu. Cela est véritable dans plusieurs sens, & n'exclut pas le fait humain qui concourt à la fondation du Royaume. (t)

Sentiment de Thomasius.

Thomasius Jurisconsulte célebre avoit fait à-peu-près les mêmes réflexions sur l'origine de la Puissance Souveraine. Il ne veut pas qu'on l'attribue au seul consentement des Peuples auquel Dieu donne après coup son approbation. Il veut encore moins qu'on regarde Dieu comme en étant la cause immédiate. Il prend un parti mitoyen, qui rentre

---

(s) *Negari nequit, Deum approbasse humana imperia; quia maximè conducunt ad pacem, tranquillitatem, securitatemque inter homines servandam. Imò & hoc concedi potest Deum, pro statu perverso, voluisse, ut imperia inter homines erigerentur; non quasi absolutè essent necessaria, cùm suprà vidimus, piorum cœtum extrà Respublicas beatè & piè vixisse; sed quòd impii aliter in officio contineri non potuerant. Quamvis enim Deus vinculum aliquod inter homines constituerat, & tamen hoc ipsum in cœtibus perversorum & malorum aliter conservari non poterat, quàm per frænum externum imperii; voluntas quoque Dei fuisse videtur, ut in cœtus civiles homines transirent. Et ità intelligo quoque Paulum, Rom. 13, 3, quòd imperantes sint timendi ab impiis; non quòd pii proptereà non sint obnoxii imperantibus, sed quòd horum causâ imperia inter homines non sint stabilita. Imò & hoc concedi potest Deum concurrere suâ Providentiâ ad electionem vel constitutionem hujus vel illius personæ; cùm Deus profiteatur se non rarò in pænam hominum corda eorum flectere, ut ineptos eligant Reges. Vid. Esai. 3, 4, quo sensu Deus in irâ suâ Regem populo dare dicitur, Osee. 13, 14. Eccles. 4, 14. Ità sæpè Deus Regem constituisse legitur in pænam Israëlitarum ut de Jehu refertur, Reg. 19, 15. de Nabuchodonosore, Dan. 4, 27; quò etiam omninò reliqua loca sacræ scripturæ trahenda sunt.*

Undè diverso modo societas civilis potest cum Petro dici ordinatio humana, si specialem ejus usum & originem respicias: cum Paulo verò ordinatio divina, quatenùs à Deo approbata est.

(t) *Neque aliud evincitur ex Rom. 13, quia Paulus non tantùm de Potestate supremâ ibidem loquitur, sed etiam de subalternâ. De hâc verò asserere velle, quòd sit immediatè à Deo, esset absurdum. Non dicit Paulus, quòd omnis potestas sit immediatè à Deo, sed simpliciter quòd sit à Deo, quod non negatur. Illud enim variis modis anteà demonstratum, quòd Respublicæ possint rectè divinâ ordinatio dici; ast proptereà non excludendum est factum humanum, quod hic concurrit in constituendâ civitate. Eodem modo matrimonium, quoad institutionem est à Deo; nihilominùs tamen conjuges matrimonium contrahentes illius immediata causa sunt.*

dans la premiere opinion. Dieu ayant ordonné aux hommes de se réunir en Corps de Société, on peut dire qu'il est le principe de la Puissance Publique, comme étant l'auteur de la Loi Naturelle. Mais la cause prochaine & immédiate de la Puissance dans un certain Royaume, n'est autre que le contrat passé entre le Peuple qui se soumet à un Prince; & le Prince qui accepte la soumission. (u)

Examinant ensuite le Texte de Saint Paul, il découvre dans les premieres paroles, que l'Apôtre ne parle pas seulement de la Puissance Souveraine qu'on appelle Majesté, mais de toutes Puissances en général, même de Puissances subalternes. Personne n'a jamais dit qu'elles vinssent de Dieu immédiatement. (v)

Il fait sentir ensuite les conséquences qui résulteroient du Texte, entendu dans le sens qu'il combat. Si tout Prince, même celui qui monte sur le Thrône par la voie la plus injuste, par un régicide, reçoit la Puissance immédiatement de Dieu, pourquoi n'en sera-t-il pas de même de la Nation qui déthrône son Roi injustement, qui convertit la Monarchie en Démocratie. Il y a certainement une Puissance Publique dans la derniere forme de Gouvernement comme dans la premiere.

La Puissance Publique étant conférée de Dieu immédiatement, soit à un Sujet révolté qui a tué le Roi, soit à une Nation rebelle qui s'éleve sans sujet contre son Prince, il faut dire, ou que ces actions n'ont rien d'injuste, ou que Dieu est l'auteur & le rémunérateur du crime. Qu'il permette l'usurpation injuste de l'Autorité, qu'il sçaura faire servir à l'accomplissement des desseins de sa profonde sagesse, il n'y aura rien en cela de contraire à ses infinies perfections. Qu'il l'autorise & y coopere en communiquant à l'Usurpateur immédiatement & par lui-même, un pouvoir qu'il ne peut absolument tenir d'aucune autre cause, cela se concilie-t-il avec l'idée de Dieu (w)?

(u) *Nobis tertia eaque media, placet opinio statuentium, revera Deum antecedenter præcepisse hominibus, ut Societates civiles instituantur, quoniam sine iis pax & tranquillitas humani generis subsistere non potuit, adeoque Deum recte dici autorem imperii in civitate seu majestati, non demum ex pacto facto illud probasse; & ita originem Majestatis ad Deum utique pertinere, tanquam ad autorem Legis Naturalis.*
Sed ut imperium immediatè in civitate producatur, proximè ex pactis, per quæ civitas coalescit, & quæ hactenùs exposuimus promanat, dùm nempe populus vires suas & voluntatem Principi submittit, Princeps verò istam subjectionem acceptat.
Et hinc est, quòd unus Apostolorum imperium politicum, vocat ordinationem divinam, respiciens ad divinam ejus originem, alter id refert ad ordinationes humanas, referens se ad ejusdem ortum specialem. Institutiones Jurisprudentiæ Divinæ Liv. 3. Cap. 6. N. 66 & seq.
(v) *Initium contextûs ostendit, Apostolum ibi per potestatem intelligere, non solùm summam illam, quæ Majestas dicitur, sed & subordinatas omnes, quæ Magistratibus competunt. Si ergò in locutione istâ, non est potestas, nisi à Deo, voluisset innuere Deum esse causam immediatam potestatis illius, de quâ loquitur, sequeretur etiam illud absurdum, quòd Deus sit causa immediata potestatis in quocumque Magistratu etiam infimo. At hoc nec ipsi dissentientes admittunt.*
(w) *Cum enim illi statuant, omni Principi, etiam si injustissime, verbi gratiâ, per regicidium ad Regnum pervenerit, à Deo immediatè Majestatem infundi, sequitur ex communi Politicorum hypothesi (quod Majestas non solùm in Monarchiâ, sed & in Aristocraticâ & Democraticâ locum sibi vindicet) idem dicendum esse de Populo, Regem suum injustè de solio deturbante, & Monarchiam transmutante in statum Democraticum.*
Quid si itaque urgeant Monarchomachi, & si Majestas fit immediatè à Deo, exindè tamen nequaquam sequi injustum esse, ut populus Regem, potestate divinitùs concessâ abutentem deponat & publiet, quinimò, dùm Deus Regi forte interempto majestatem ab ipso in populum transferat, vel ex hoc clarum esse, quod interemptio Regis non sit injusta.

Senti-
mens de
Kieffer.

Kieffer qui a donné un Traité fur le Droit Public d'Allemagne, combat cette communication immédiate de la Puissance Divine en la personne des Rois. Il convient que tout, Puissance vient originairement de Dieu qui la communique au Peuple assemblé pour former un Corps de Société, avec pouvoir de la retenir ou de la communiquer à un autre. Si le Peuple la communique, & qu'en conséquence, il établisse une forme de Gouvernement quelconque, on ne peut pas dire que l'autorité de celui qui sera préposé à ce Gouvernement, vienne immédiatement de Dieu. Elle vient du Peuple, sans la volonté duquel elle n'auroit pas existé. (x) Il en conclut que la Puissance Royale vient immédiatement de Dieu quant à son origine. Mais le transport de cette Puissance Royale à un Particulier, la forme du Gouvernement a sa source dans la volonté de la Nation. Si elle venoit immédiatement de Dieu, elle ne pourroit pas être restreinte par les Capitulations Impériales; on ne pourroit pas en dépouiller les Rois. (y)

L'Auteur répond ensuite à quelques objections. Il suppose que la la Puissance Episcopale ou Papale vient immédiatement de Dieu, quoique le choix de la personne qui en est revêtue, dépende du choix des Cardinaux. Il en est de même de la Puissance Royale. L'Auteur nie la conséquence. L'Autorité Pontificale étant spirituelle, vient immédiatement de Jésus-Christ, quant à l'origine, quant à l'étendue & la forme de l'exercice. Aussi ne voit-on pas qu'elle soit restreinte par des capitulations & des pactes. Il en est autrement de la Puissance Temporelle qui ne vient de Dieu que dans son origine & non quant à la forme de son exercice. Aussi est-elle assujettie à une multitude de modifications qui la restreignent plus ou moins. (z)

Nisi forte illud abfurdum admittere velint. Ifl *Antimonarchomachi, Deum esse, non dicam causam peccati, sed quod majus est, peccati, quâ talis, ut ità dicam, præmiatorem.*

(x) *Omnis Potestas originaliter à Deo est, qui eam Populo unito communicavit, ità tamen, ut teste jure Gentium, liberum relinquerit, an eam potestatem in communitatem populus sibi retinere, an verò formam illam regendi popularem in Aristocratiam, Monarchiam, vel mixtam rectionem transmutare velit, indèque fiat, si populus eò originariâ istâ divinitùs communicatâ potestate recedat, & alium modum pro sui rectione ex justis circumstantiis eligat, iste modus regendi non immediatè Deo, sed populo adscribatur, sine cujus liberâ electione, & dispositione modus ille nunquàm profluxisset. Tractatus ad Jus Publicum sacri Romani Imperii,* in quo &c. L'Ouvrage a été imprimé à Inspruk en 1681. *Cum licentiâ superiorum,* & dédié au Duc de Lorraine, Général des armées de l'Empereur, & Gouverneur pour lui de plusieurs Provinces.

(y) *Concludo, quòd potestas Regum quoad originem, & conservationem Regiæ personæ sit immediatè Deo adscribenda, verùm translatio potestatis regiæ, & forma regendi amplior, vel restrictior non immediatè Deo, sed populo sit attribuenda, quia, si Regia Potestas immediatè à Deo esset, illa per status Imperii in Capitulationibus non restringi, alterari, multò minùs Rex deponi posset, de cujus contrario ex praxi constat. Quest.* 14. Pag. 69.

(z) *Respondeo. Concedendo antecedens, iterum negari consequentiam propterea, quia Pontificia Potestas constituta ad finem spiritualem ratione originis & forma regendi immediatè à Deo Christo profluxit, Imperatoris verò potestas instituta ad finem temporalem à Deo quoad originem, sed non quoad formam regendi est, quia hæc à Republicâ dependet, indèque profluit, quòd Potestas Pontificia in causis spiritualibus & Ecclesiasticis (ad differentiam temporalis patrimonii S. Petri) ab Ecclesiâ sive Electorum Cardinalium collegio per capitulationes non alterari, minui, vel augeri possit, quia à Christo Deo in summo ejusdem in terris Vicario fundata est, ut ne portæ inferi adversus eam prævallituræ sint.*

E contrario Potestas Regia in totâ Europâ à communitate hoc vel illo modo per capitulationes in una subjectè ampliari, in altero minui, in tertio magis limitari aut augeri observatur. Ibid. Pag. 71.

Le Peuple (c'est une autre objection) a reçu immédiatement le pouvoir de Gouvernement. C'est ce même pouvoir qu'il a communiqué au Roi. La Puissance du Roi vient donc immédiatement de Dieu.

Deux raisons détruisent la conséquence. 1. On convient que c'est le Peuple qui a donné au Roi. C'est donc le Peuple qui est le collateur immédiat.

2°. Le fond du pouvoir reste toujours entre les mains du Peuple, qui ne communique pas au Prince tout ce qu'il a reçu de Dieu, & qui en réserve une partie plus ou moins grande (a).

Pour appuyer cette derniere assertion, que le Peuple se réserve une partie du pouvoir, que c'est l'objet de ses Capitulations qu'il fait avec celui qu'il se donne pour Chef, l'Auteur indique l'Art. 7. du Traité de paix conclu à Osnabruck en 1641. entre l'Empereur & le Roi de Suede, & cette vérité y est effectivement écrite.

On y lit, que du consentement unanime de l'Empereur & de tous les Etats de l'Empire, il a été trouvé bon que le même droit ou avantage que ce Traité accorde aux Etats & Sujets Catholiques & à ceux de la Confession d'Ausbourg, soit aussi accordé à ceux qui s'appellent Réformés, *sauf toutefois à jamais, les pactes, privileges, réversales, & autres dispositions que les Etats qui se nomment Protestans ont stipulé entr'eux & avec leurs Sujets, par lesquelles il a été pourvu jusqu'à présent aux Etats & Sujets de chaque lieu touchant la Religion & son exercice.*

On prévoit ensuite le cas ou quelque Prince changeroit de Religion, ou deviendroit Souverain d'un Pays, où s'exerce une Religion différente de la sienne. Alors il pourra avoir près de lui & dans sa résidence des Prédicateurs particuliers de sa Confession pour sa Cour. Mais il ne lui sera pas loisible de changer l'exercice de la Religion, ni les Loix ou Constitutions Ecclésiastiques qui auront été reçues ci-devant, non plus que d'ôter les Temples, Ecoles, Hôpitaux &c. & les appliquer aux gens de sa Religion........ ou de donner directement ou indirectement à la Religion des autres aucun trouble ou empêchement (b).

Il n'est donc pas permis aux Princes de violer les pactes, les conventions qu'ils ont faits avec leurs Sujets. C'est ce que reconnoissent plusieurs Souverains dans l'acte le plus sérieux & le plus solemnel. Dira-t-on encore après cela que l'Autorité Royale est nécessairement absolue, qu'elle ne peut être restreinte par aucun Contrat Social?

Kieffer ayant ainsi établi que l'Autorité du Gouvernement vient du Peuple, au moins pour son étendue & la maniere de l'exercer, examine dans la question 15. si les Sujets peuvent en dépouiller le Prince, quel-

---

(a) *Respondeo concesso antecedente negari consequentiam.*
Partim ideò, quia ex consequenti patet, quòd non Deus sed Populus omnem potestatem quam habuit, in Principem transtulerit, qui proindè populum pro immediato collatore habet.
Partim ideò, quia in Republica adhuc manet radicalis illa, id est prima à Deo concessa Populo potestas, quam tamen in Regem non absolutè transfert, sed in eâ sibi particulam, si velit, reservat. Ibid. Pag. 72.

(b) Corps Diplomatique du Droit des Gens, Tom. 6. Pag. 479.

que vicieux qu'il soit, lorsque ces vices ne troublent point l'Etat, & il décide la négative. Peuvent-ils le déposer, lorsqu'il renverse les Loix fondamentales, & qu'il est insensible à toutes les représentations qui lui ont été faites. C'est le sujet qu'il traite dans la question 17. Il est tenu sans doute de les observer puisqu'il l'a promis, & même avec serment. (c) L'Auteur se range à l'affirmative; & rend plusieurs raisons de sa décision.

La premiere est prise du serment & de la promesse que le Prince a fait le premier. Il y a obligation réciproque, & il ne peut pas réclamer l'exécution d'un engagement qu'il a violé lui-même. (d)

Les Grands & les Etats du Royaume sont chargés d'une maniere spéciale, de la garde des Loix fondamentales. Rempliroient-ils leurs obligations en laissant sur le Thrône un Prince qui les viole? (e)

Il est de regle que ceux qui abusent de leur jurisdiction, en soient privés. On ne voit rien qui y soustraie les Rois. (f)

Le Roi est comparé à un pere, & un pere assez dénaturé pour abuser de sa puissance, en est dépouillé.

La Puissance Royale est établie pour le bien du Royaume. Pourquoi la laisseroit-on entre les mains d'un Prince qui cherche à le renverser? (g)

La derniere preuve de Kieffer est tirée de l'Histoire & des exemples de dépositions des Rois. Il insiste principalement sur celle de l'Empe-

---

(c) *Lex Regni fundamentalis, sive Regia, est communis Reipublicæ sponsio in certas leges quæ Principibus à regno præscriptæ sunt, quibus regni status, sive realis regni majestas, ut in suo decore conservetur, sustentatur, iis sublatis evertitur; undè cùm Rex, quicumque demùm sit, ex naturâ rei habeat obligationem de conservandâ Republicâ, eo ipso quoque obstringitur, ut Leges Regni fundamentales observet, tantoque firmiùs, ubi jurejurando ad eas in Capitulationibus comprehensas fidem suam regni ordinibus dederit, cùm nihil magis naturali æquitati & rationi conveniat, quàm ut fides publica servetur.*
Undè gravis oritur dubitatio, an, si Princeps legitimus ejusmodi Leges fundamentales absque bono Reipublicæ contumaciter pessumdet, num proceres regni & subditi simul & unà eum degradare queant.
Mihi affirmativa arridet ex sequentibus rationum momentis. Ibid. Quæst. 17. Pag. 78.

(d) *Partim quia, in multis Regnis receptum est, quòd Proceres & Status Regni se se Principi non priùs obligent, quàm nisi Princeps priùs juraverit, quòd secundùm Leges Patriæ regnare, & privilegia Statuum manutenere velit, quo præstito Status sive Ordines in regno tùm primùm Regi promittunt, quare in ejusmodi reciprocâ & conditionatâ promissione & consequenter obligatione inde resultante, ubi Princeps promissis prior non steterit, sequitur, quod nec altera pars promissis stare teneatur, cùm frustrà dicatur fidem implorare, quam ipse priùs violavit.* Ibid.

(e) *Capitulationes Regiæ in bonum totius Regni Principi formantur, & Statibus regni velut fundamentis & columnis custodia eorum est commissa, per consequens si Princeps privatæ utilitatis promovendæ causâ ductus contrarium operatur, nihil refragatur, quin Status Regni juxtà tenorem suæ obligationis eum dehortari & refractarium pro non Rege declarare, eumque quà privatum non quà Subditi, sed quà Proceres Imperii (quo à Deo realis Majestas est fundata) solio degradare queant, secundùm illud: ejus est solvere, cujus est ligare.*

(f) *Dominia jurisdictionis ob abusum hujus, Magistratibus auferri possunt, quidni etiam Principes qui deberent esse patres Regni, tyranni si fiant, de sede Regiâ deturbari, & à vasallis dominio directo privari, ac pro privatis personis, cum fines mandati excedant haberi possint.*

(g) *Regia potestas ex intrinsecâ sui naturâ de Jure Divino, Gentium, Canonico, Civili est constituta ad regni utilitatem, & non destructionem.*
Ubi ergo Princeps contra primam Regum institutionem & commissam administrationem salutem publicam fisque dèque vertere tentat, sæpius dehortatus, ubi in abusu perseveraverit cum tantâ contumaciâ, ut vel Rex, aut regnum interire debeat, quid obstaret in tantâ necessitate rationi status radicali?

reur Henri IV, & rapporte la réponse que lui firent les Princes de l'Empire, lorsqu'il leur opposoit le serment qu'ils lui avoient prêté. (h)

Wernher Professeur en Droit à Virtemberg, dont l'Ouvrage a été imprimé en 1705. avec tous les caracteres de l'approbation, examine aussi la question de l'origine de la Puissance, & distingue d'abord deux opinions dont l'une la fait venir de Dieu immédiatement, & l'autre lui donne pour principe la convention. Il y rejette la premiere, comme confondant une qualité physique, avec une qualité morale. Elle exclut absolument tout pacte, toute Loi fondamentale, d'où il paroîtroit résulter que de Droit Divin, tout Gouvernement doit être arbitraire & despotique. Cette opinion n'a aucun fondement dans l'Ecriture Sainte, qui n'attribue la Puissance à Dieu, que comme cause premiere & éloignée (i). Tout se fait pour lui & par lui; *propter quem omnia, & per quem omnia*. Comment dès là le Pouvoir Souverain auroit-il une autre origine?

Sentiment de Wernher.

Les Partisans de la seconde opinion se divisent en deux classes: les uns veulent que Dieu ait commandé le Pacte Social; les autres pensent qu'il ne fait que l'approuver.

Grotius paroît être des derniers, qui n'attribuent le Contrat Civil qu'à l'expérience que les hommes ont faite des inconvéniens du défaut de Gouvernement. Mais puisque la raison devoit le leur faire sentir indépendamment de l'expérience, pourquoi ne pas attribuer leur détermination à l'auteur de la raison? Dieu, comme auteur de la Loi de la Nature, a ordonné aux hommes d'établir un Gouvernement, & on ne peut en chercher ailleurs la cause éloignée. La cause prochaine est dans la con-

(a) *Ex præjudiciis & historiis habetur, quòd in ipsis adeò regnis hæreditariis Reges fuerint depositi; quantò magis in electitiis regnis Reges ob violatas Imperii Leges fundamentales, & Capitulationes potuerunt degradari? Et quidem de jure, prout in specie habetur, quod Henricus IV. Romanorum Imperator legitimè electus & acceptatus, sed postmodum in regendo Tyrannus depositus fuerit dum illi fidelitatem juratam reponenti S. R. I. Electores ac Proceres replicarunt, se ei fidem dedisse, si justè, si more majorum, non tyrannicè imperaret, Ecclesias defenderet; aliàs sese à juramento ei præstito esse liberos. Verba litterarum Statuum ad Henricum datarum sic se habuerunt; valdè accommodata ad nostrum propositum: „Postremò per Deum rogant, ut justa postulantibus „sponte annueret, nec sibi magni cujusdam, atque inusitati facinoris necessitatem imponeret, se ei „sicut hactenus servituros eo tamen modo, quo Ingenuos homines, atque in libero Imperio natos Re- „gi servire oporteret, quòd, si armis cogere eos ulteriùs insisteret, sibi quoque, nec arma deesse, nec „rei militaris peritiam, sacramento se ei fidem dedisse quidem, sed si ad ædificationem, non ad „destructionem Ecclesiæ Dei Rex esse vellet, si justè, si legitimè, si more majorum rebus moderaretur, „si suum cuique ordinem, suum dignitatem, suas leges, tutas permanere pateretur, sin ista prior „ipse temerasset, se jam sacramenti hujus religione solutos ad ea non teneri; sed quasi cum barbaro „hoste, & Christiani nominis oppressore justum deinceps bellum gesturos, & quandiu ultima vitalis ca- „loris scintilla superesset, pro Ecclesiâ Dei, pro fide Christianâ, pro libertate etiam suâ dimicaturos &c.* Quibus non attentis Henricus obstinatus in pessundatione Legum fundamentalium cùm maneret, communi Statuum consensu degradatus, & in locum ejus Henricus V. filius solemni pompâ electus, & Pontificiâ authoritate coronatus fuit. Ex quibus clarè patescit quòd Rex violator Legum fundamentalium, & juratarum Capitulationum per Proceres Imperii degradari possit, & si id non contingat, tamen perjurio pœnas divinitùs comminatas non effugiat.

(i) *Qui primam sententiam propugnant, per electionem non tribui Majestatem contendunt, sed solum designari personam, in quam ea divinitùs conferatur. Sed hi qualitatem physicam cum morali apertè confundunt, neque intelligunt eo constitutionis civitatis ipsum Imperium sponte resultare, denique omnes conventiones inter Principem ac Subditos, Legesque fundamentales subvertunt. Neque verò huic sententiæ quicquam Sacra Scriptura favet. Hæc enim cùm Imperii potestatisque humanæ Deum auctorem constituit, de causâ primâ atque remotâ loquitur. Vid. Paul. ad Rom. 13. seq. Jung. 1. Petri. 2. V. 13. Nobis de proximâ & immediatâ sermo est. Elementa juris Naturæ & Gentium* Cap. 19. §. 3.

vention faite en conséquence. Dans l'inftant où la Société fe forme, chaque membre porte en lui-même, pour ainfi dire, les femences du Gouvernement futur, qui fe développent enfuite, & éclofent, par la convention avec le Chef qu'on a choifi. (k)

Le Texte de St. Paul rapproché des réflexions des Jurifconfultes.

On peut voir encore d'autres Jurifconfultes, dont il feroit inutile de rapporter les fuffrages (l). On va feulement rapprocher le Texte entier de Saint Paul de leurs différentes réflexions (m). Saint Paul écrit à des Chrétiens qui n'étoient que des Particuliers ifolés, difperfés dans différentes villes, qui ne formoient pas un Corps de Nation. Ils auroient pu croire que leur foumiffion à l'Evangile qu'ils venoient d'embraffer, les difpenfoit de l'obéiffance à des Souverains infideles, & qu'ils n'avoient plus d'autre Roi que Jéfus-Chrift. Ainfi l'inftruction de S. Paul regarde les Particuliers à qui il n'eft jamais permis d'employer la *réfiftance active,* mais feulement la réfiftance *paffive* qui confifte à fouffrir la perfécution plutôt que d'obéir aux Puiffances en des chofes qui font contraires à la Loi de Dieu & à la Juftice. L'Apôtre ne prétend point ôter aux Nations le droit de contraindre leurs Chefs à exécuter les pactes qu'ils ont faits avec elles, ni donner aux Souverains celui de difpofer à leur gré de la vie, de la liberté, & des propriétés de leur Sujets, fans que ceux-ci puiffent les en empêcher par leurs Repréfentans. Il ne s'agit point ici de cette derniere queftion. Cette obfervation eft néceffaire pour entendre ce Texte. Tout homme doit être foumis aux Puiffances fupérieures, & pourquoi? C'eft que toute Puiffance vient de Dieu, & que c'eft lui qui a établi toutes celles qui exiftent.

Les Livres Saints répetent continuellement que Dieu eft le feul Puiffant, le feul Tout-Puiffant, qu'à lui appartient la Puiffance, le Commandement,

---

(k) *Tertia opinio Grotii eft, qui homines non præcepto Dei, fed fponte adductos experimento infirmitatis familiarum fegregum adverfus violentiam in civilem coiiffe, idque falubre inftitutum à Deo probatum effe fentit. Enimvero cùm homines poft multiplicatum earum genus intelligerent falvos fe, citrà focietatem civilem inftitutam effe haud poffe, utique Deum Imperium humanum non demùm ex poft facto approbaffe, fed velut antecedenter per ipfam rectam rationem præcepiffe liquidò apparet.*

Igitur fecunda eaque media fententia nobis probatur, quâ Deum per ipfam naturæ legem hominibus conftitutionem fummi Imperii injunxiffe, proximè autem immediatè originem ejus à pactis, quibus civitas coaluit, dependere, afferitur.

Neque enim quifquam facilè ambigat homines ductu fanæ rationis animadvertiffe, multiplicato genere humano, pacem & tranquillitatem, nifi civili focietate, hoc eft, fummo Imperio conftituto, confervari haud poffe. Quo ipfo etiam Imperium civile à Deo, tanquam Legis naturalis auctore, profectum effe intelligitur.

Unde porrò liquet, in iis, qui in unam civitatem coalituri funt, fingulis velut difperfa latere femina fummi Imperii, quæ deinceps per pacta combinantia germinant & excitantur. Ibid.

(l) Puffendorf. Droit de la Nature & des Gens Liv. 7. Chap. 3.
Hertius. Differt. De modo conftituendi Civitates, Oper. Tom. I, Pag. 431. Edit. de 1716.
Gundling. Jus Naturæ & Gentium, Cap. 30. §. 7.
Wolff. Jus Naturæ, Part. 8, Cap. I, §. 33 & feq.

(m) *Omnis anima poteftatibus fublimioribus fubdita fit: non eft enim poteftas nifi à Deo: quæ autem funt, à Deo ordinatæ funt. Itaque qui refiftit poteftati, Dei ordinationi refiftit. Qui autem refiftunt, ipfi fibi damnationem acquirunt. Nam Principes non funt timori boni operis, fed mali. Vis autem non timere poteftatem? Bonum fac & habebis laudem ex illâ. Dei enim Minifter eft tibi in bonum. Si autem malum feceris, time: non enim fine caufâ gladium portat. Dei enim Minifter eft: vindex in iram ei, qui malum agit. Ideò neceffitate fubditi eftote, non folùm propter iram, fed etiam propter confcientium. Ideò enim & tributa præftatis: Miniftri Dei funt, in hoc ipfum fervientes.*

mandement; le Royaume; qu'il est le seul Roi, le Roi de toute la Terre, le Roi des Rois, le Seigneur des Seigneurs &c. (n) Les hommes tous parfaitement égaux entre eux sont dans un degré pareil de foiblesse & d'impuissance. Un homme ne peut avoir sur un autre homme d'autorité quelconque, qu'il ne la tienne de Dieu.

Cela n'est pas vrai de la seule Puissance Souveraine, mais de tout pouvoir en général. On a entendu plus haut saint Chrysostome faire remonter au Ciel les droits du pere sur son fils, du mari sur sa femme, autant que ceux du Prince sur ses Sujets. Jésus-Christ veut qu'on n'appelle personne son maître & son pere sur la terre; parce que nous n'avons tous qu'un maître & qu'un pere qui est dans le Ciel. Il est dit encore que toute paternité vient de Dieu dans le Ciel & sur la Terre. (o). *Vrai sens du passage: Omnis anima &c.*

On doit juger de même de tous les pouvoirs civils subordonnés. Pilate étoit un simple Gouverneur sous la Puissance Impériale; & Jésus-Christ dit très clairement qu'il a reçu son pouvoir d'enhaut. On en peut dire autant de tous les pouvoirs judiciaires, de celui d'un tuteur, d'un curateur &c. Dieu seul a par lui-même autorité sur tous les hommes sans exception. Lui seul peut mettre entre eux de la différence, & subordonner les uns aux autres. Il est la plénitude, la source unique du pouvoir. Il n'y en auroit aucun de légitime, s'il ne l'avoit pas établi. C'est donc à lui qu'il faut rapporter l'établissement des Puissances supérieures, dont l'autorité par son étendue approche le plus de la sienne.

Ainsi il faut être soumis aux Puissances supérieures, parce que toute Puissance en général, grande ou petite, vient de Dieu. C'est donc lui qui a établi les Puissances supérieures.

L'Apôtre en conclut que résister aux Puissances, c'est résister à l'ordre de Dieu.

Cette regle générale reçoit sans doute des exceptions. On n'est pas

(n) *Tua est, Domine, magnificentia, & potentia & gloria atque victoria: & tibi laus: cuncta enim quæ in cælo sunt, & in terrâ, tua sunt, tuum, Domine, Regnum, & tu es super omnes Principes.*
Tua divitiæ & tua est gloria: tu dominaris omnium, in manu tuâ virtus & potentia: in manu tuâ magnitudo & imperium omnium. 1. Paralip. Cap. 29. V. 11, 12.
Tu es Deus in cælo, & dominaris cunctis regnis gentium, in manu tuâ est fortitudo & potentia, nec quicquam tibi potest resistere. 2. Paralip. Cap. 20. V. 6.
Domine Deus omnium creator, terribilis & fortis, justus & misericors, qui solus es bonus Rex.
Solus præstans, solus justus & omnipotens. 2. Machab. V. 24, 25.
Beatus & solus potens, Rex Regum & Dominus Dominantium. 1. Timoth. Cap. 6. V. 15.
Dominus Dominorum est, & Rex Regum. Apocal. Cap. 17 V. 14. Cap. 19. V. 16.
Potestas Dei est. Psal. 61. V. 12.
In manu Dei Potestas terræ, & utilem rectorem suscitabit in tempus super illam. Eccli. Cap. 10. V. 4.
Accinctus potentiâ. Psal. 64. V. 7.
Domini est Regnum, & ipse dominabitur Gentium. Psal. 22. V. 29.
Tu es Deus solus omnium Regnorum terræ. Isai. Cap. 37. V. 16.
Unus est altissimus, creator omnipotens, & Rex potens. Eccli. 1, 8.
Rex omnis terræ Deus, Rex magnus super omnem terram. Psal. 46. V. 2. & 7.
(o) *Vos autem nolite vocari Rabbi: unus enim est Magister vester, omnes autem vos fratres estis. Et patrem nolite vocare vobis super terram: unus est enim pater vester, qui in cælis est. Nec vocemini Magistri: quia Magister vester unus est Christus.* Matth. Cap. 23. V. 8, 9, 10.
Ex quo omnis paternitas in cælis & in terrâ nominatur. Ephes. Cap. 3. V. 15.

obligé d'obéir aux Souverains, lorsqu'ils commandent quelque chose d'injuste, contraire à la Loi de Dieu, au Droit Naturel, au bien de l'Etat, ou qui excede les bornes de leur autorité. Dans tous ces cas, on ne résiste pas à l'ordre de Dieu, qui lui même prescrit la désobéissance.

On ne peut donc pas dire en général, sans aucun examen, dans toutes sortes de circonstances, qu'en refusant la soumission au Souverain, on la refuse à Dieu même.

Ce qui fait sentir l'injustice de la résistance, c'est que Dieu n'a établi les Puissances supérieures, que pour l'avantage des hommes. Elles ne sont à craindre qu'aux méchans; les gens de bien ne trouvent en elle que faveur, protection, récompense. Se soustraire à leur autorité, c'est la craindre. Or elle n'est la terreur que de ceux de qui font mal. Elle n'inspire que de la confiance & de la joie à ceux qui marchent dans les sentiers de la justice & de la vertu.

Lorsque par un renversement de toute regle, la Puissance Publique est employée à persécuter la vertu, à favoriser le vice, est-ce résister à l'ordre de Dieu, que de ne pas obéir? Saint Paul ne le décide pas.

En vain diroit-on qu'alors il y a abus de la Puissance, & qu'elle n'est pas moins établie de Dieu.

Mais saint Paul ne fonde pas le précepte de l'obéissance uniquement sur ce que toute Puissance vient de Dieu, mais sur ce qu'elle a été établie de Dieu, pour protéger les bons contre les méchans. Dans le cas d'abus de la Puissance, il n'y a plus d'ordre de Dieu, puisqu'elle est employée à une fin directement contraire à sa volonté.

Il en est alors de la Puissance Souveraine, comme il en est de la peste, de la famine, des maladies, des autres calamités générales ou particulieres. Elles viennent certainement de Dieu. Il permet cependant qu'on emploie des moyens légitimes pour les faire cesser.

Si le pere ou le mari abusent de leurs droits, pour vexer, l'un ses enfans, l'autre sa femme, il leur est permis de ne pas obéir, même d'employer les moyens établis par la Loi, pour secouer entièrement un joug qu'on a rendu insupportable. De ce qu'une autorité vient de Dieu, on en infere donc sans raison, qu'on doive y demeurer toujours soumis, qu'on ne puisse pas en être dépouillé par les hommes.

L'ordre de Dieu consiste en deux choses; dans l'établissement d'une telle puissance, & dans son emploi à une telle fin. Lorsqu'elle est convertie à une fin opposée, l'ordre de Dieu est dérangé; il est même entièrement renversé. Au lieu de donner un Roi dans sa miséricorde, il en donne un dans sa colere. Est-on obligé aux mêmes devoirs envers l'un & envers l'autre? Le bon sens dicte qu'il est injuste, qu'il est déraisonnable de résister à une Puissance qui procure la félicité publique, & qu'on doit au contraire affermir son autorité. La conduite sera-t-elle la même vis-à-vis d'un Souverain que Dieu a donné dans sa colere à cause des péchés du Peuple? Il faudra le souffrir sans doute, si on ne peut pas l'empêcher, comme il faut souffrir la famine. Mais en s'humiliant sous la main de

Il faut souffrir un mau-

Dieu, en reconnoiſſant la juſtice de ſon châtiment, on peut employer les reſſources de la prudence humaine, pour ſe procurer du pain. Pourquoi avec les mêmes ſentimens de componction & de repentir, n'eſſaiera-t-on pas de faire ceſſer le fléau public, en donnant à l'État un Chef qui uſe mieux du Pouvoir divin? Si cela eſt interdit uniquement parce que le Pouvoir Souverain vient de Dieu, il n'eſt pas permis de recourir à la Médecine, pour ſe délivrer d'une maladie; car elle vient certainement de Dieu.

vais Prince, comme on ſouffre la famine & les maladies.

Le Prince, ſuivant ſaint Paul, eſt le Miniſtre de Dieu pour notre bien, & c'eſt pour cela qu'on doit lui être ſoumis, que la réſiſtance eſt criminelle. Lorſqu'il ne fait que du mal, il n'eſt certainement pas le Miniſtre de Dieu pour notre bien; & dès-là le motif de la ſoumiſſion ceſſe, ou du moins la ſoumiſſion volontaire dégénere en ſoumiſſion forcée, parce que le bien dégénere en mal. Or Dieu approuve & fait réuſſir quelquefois, ſuivant ſes deſſeins, les voies légitimes auxquelles on a recours pour faire ceſſer les maux que nous avons attirés ſur nos têtes.

On inſiſte beaucoup ſur cette qualité de Miniſtre de Dieu. Le Prince, dit-on, eſt Miniſtre de Dieu, & non pas du Peuple. Ce n'eſt donc pas de celui-ci qu'il tient ſon pouvoir.

Il eſt Miniſtre de Dieu, pour faire du bien; c'eſt-à-dire qu'il a ordre de Dieu de faire du bien aux hommes en ſon nom, de ſa part, & pour ainſi dire à ſa place. Il n'eſt pas pour cela néceſſaire qu'il ait reçu l'infuſion immédiate du Pouvoir divin, il ſuffit que Dieu ait permis qu'il ait été élevé ſur le Trône par le choix des Peuples, puiſqu'il eſt certain que toute autorité du Gouvernement eſt néceſſairement deſtinée au bien de ceux qui ſont gouvernés. C'eſt par un effet de la Providence qu'il porte le ſceptre. De quelque main qu'il l'ait reçu, il doit toujours en faire le même uſage.

Réponſe à cette Objection: Le Prince eſt le Miniſtre de Dieu & non du Peuple.

Le Prince eſt le Miniſtre de Dieu pour faire du bien. Lorſqu'il fait le mal, eſt-il toujours Miniſtre de Dieu? Bracton Juriſconſulte Anglois, qui vivoit au commencement du treizieme ſiecle, va décider cette queſtion. On verra ſes propres paroles avec plaiſir.

„ La Puiſſance du Roi eſt une Puiſſance de juſtice & non d'injuſtice. Il eſt en quelque ſorte la ſource du droit & de la juſtice. Comment pourroit-il donner naiſſance à l'injuſtice & à la vexation? Lui qui doit réprimer les méchans, il commettroit le mal! Il ne doit donc exercer qu'un pouvoir de droit & de juſtice, comme étant le Vicaire & le Miniſtre de Dieu ſur la Terre; parce que ce pouvoir n'appartient qu'à Dieu ſeul. Le pouvoir de commettre l'injuſtice appartient au Diable & non à Dieu. Le Roi eſt Miniſtre de l'un ou de l'autre, ſelon qu'il fait leur œuvre. Rend-il juſtice? il eſt vicaire du Roi éternel; devient-il coupable d'injuſtice? il eſt Miniſtre du Diable. Il eſt appellé Roi, non parce qu'il regne, mais parce qu'il gouverne bien. S'il opprime injuſtement ſon Peuple, c'eſt un Tyran (p).”

(p) *Poteſtas itaque ſua juris eſt non injuriæ; & cùm ipſe ſit auctor juris, non debet indè injuriarum naſci occaſio, undè jura naſcuntur; & etiam qui ex officio ſuo alios prohibere neceſſe ha-*

Telles sont les observations des Publicistes sur les Textes de saint Paul. Les autres Passages de l'Ecriture Sainte, où il est dit que Dieu donne les Royaumes, ne prouvent absolument rien. Il les donne, comme il est répété en mille endroits qu'il donne les biens temporels, la victoire, une nombreuse postérité. Il les donne comme il les ôte. Il éleve ou affermit les Princes sur le Trône, comme il dispose de leurs jours. Il ne fait pas tout cela immédiatement & par lui-même. Il cache son opération sous le voile des causes secondes, qu'il tourne à l'accomplissement de ses desseins. (q)

Textes de l'Ecriture qui présentent les Rois établis par les Peuples.

On trouve d'ailleurs dans les Livres Saints d'autres Textes qui présentent les Rois comme établis par les Peuples (r).

Joseph dit à ses freres qu'il est venu en Egypte par la volonté de Dieu, qui l'a établi comme le pere de Pharaon, le maître de toute sa maison, Prince dans toute la terre d'Egypte. (s)

La puissance de Joseph en Egypte étoit donc ordonnée de Dieu. L'étoit-elle immédiatement? N'y avoit-il que Dieu seul qui pût dépouiller Joseph de cette autorité? Le Saint Esprit dit clairement qu'elle avoit été donnée par Pharaon. (t)

---

tet, id ipsum in propriâ personâ committere non debet. Exercere igitur debet Rex potestatem juris, sicut Dei Vicarius & Minister in terrâ, quia illa potestas solius Dei est; potestas autem injuria, Diaboli, & non Dei; & cujus horum opera fecerit Rex, ejus Minister erit, cujus opera fecerit. Igitur dùm facit justitiam, Vicarius est Regis æterni; Minister autem Diaboli, dùm declinat ad injuriam. Dicitur enim Rex à bene regendo, & non à regnando; quia Rex est dùm bene regit, tyrannus, dùm populum sibi creditum violentâ opprimit dominatione. De Legibus & Consuetudinibus Angliæ. Lib. 3. Cap. 9.

(q) *Scidit Dominus Regnum Israël à te hodie, & tradidit illud proximo tuo.* 1. Reg. Cap. 15, V. 28. Cap. 28, V. 17. 3 Reg. Cap. 11. V. 11, 12, 13, 31, 34, 35. Cap. 14, V. 8. 1. Paralip. Cap. 10, V. 14.

Firmabo regnum ejus. 2 Reg. Cap. 9. V. 12, 13. 1. Paralip. Cap. 17. V. 11. Cap. 22, V. 10. Cap. 28, V. 7. 2 Paralip. Cap. 7. V. 5.

Terribili & ei qui aufers spiritum Principum, terribili apud Reges Terræ. Psal. 75, V. 13.
Qui subdit populum meum sub me. Psal. 17, V. 48. 143, V. 2.

(r) *Cum ingressus fueris terram, quam Dominus Deus tuus dabit tibi, & possederis eam, habitaverisque in illâ, & dixeris: Constituam super me Regem, sicut habent omnes per circuitum nationes.*

Eum constitues quem Dominus Deus tuus elegerit de numero fratrum tuorum. Non poteris alterius gentis hominem Regem facere, qui non sit frater tuus. Deuteronom. Cap. 17, V. 14 & 15.

Rectorem te posuerunt, noli extolli. &c Eccli. Cap. 32. V. 1.

La Vulgate lit dans le Chapitre 8, verset 4, du Prophete Osée: *Ipsi regnaverunt & non ex me; Principes extiterunt, & non cognovi.* L'hébreu porte: *Ipsi Regem constituerunt, & non ex me; Principes statuerunt, & non cognovi.* Voilà des Rois établis, & qui regnent, auxquels Dieu déclare n'avoir communiqué immédiatement aucune autorité. N'étoient-ils pas des Puissances ordonnées de Dieu, ses Ministres pour le bien du Peuple?

Percussit populus terræ omnes qui conjuraverant contra Regem Amon, & constituerunt sibi Regem Josiam filium ejus pro eo. 4. Reg. Cap. 21. V. 26.

Congregati sunt omnes viri Sichem, & universa familia urbis Mello: abieruntque & constituerunt Regem Abimelech, juxta quercum quæ stabat in Sichem. Jud. Cap. 9, V. 6 & seq.

Ducet te Dominus, & Regem tuum, quem constitueris super te. Deuteronom. Cap. 28. V. 36.

Tulit universus populus Juda Azariam, annos natum sexdecim, & constituerunt eum Regem pro patre ejus Amasiâ. 4. Reg. Cap. 14. V. 21. Cap. 17. V. 21. Cap. 21, V. 24. Cap. 23, V. 30. 2. Paralip. Cap. 26. V. 1, 4, 10.

(s) *Non vestro consilio, sed Dei voluntate huc missus sum: qui fecit me quasi patrem Pharaonis, & dominum universæ domûs ejus, ac principem in omni terrâ Egypti.*

Festinate & ascendite ad patrem meum, ac dicetis ei: hæc mandat filius tuus Joseph: Deus fecit me dominum universæ terræ Egypti; descende ad me, ne moreris. Genes. Cap. 45. vs. 8, 9.

(t) *Dixit ergo ad Joseph: quia ostendit tibi Deus omnia quæ locutus es, numquid sapientiorem & consimilem tui invenire potero?*

Tu eris super domum meam, & ad oris imperium cunctus populus obediet, uno tantùm regni solio te præcedam.

On voit le Peuple faire un traité avec David, avant qu'il monte sur le Trône (u). C'est le Peuple qui choisit Simon pour son Chef au lieu de Juda & Jonathan.

Ce que Saül dit à David en sortant de la caverne, annonce que Saül ne croyoit pas son indépendance absolue en qualité d'oint du Seigneur. La générosité de David n'auroit pas exigé tant de reconnoissance, s'il n'avoit fait que remplir un devoir. (w)

Tous ceux qui ont expliqué en quel sens l'Autorité Civile venoit de Dieu immédiatement, n'ont pas pu proposer sur ce point des idées claires. Qu'on en juge par M. Daguesseau & par Barclai.

M. Daguesseau enseigne que Dieu doit être regardé comme le véritable fondateur de l'Autorité Suprême, qu'il l'annonce lui-même dans les Saintes Ecritures, que la raison est parfaitement d'accord sur ce point avec la révélation; qu'on en est convaincu en faisant deux réflexions (x). *Sentiment de M. Daguesseau.*

„ La premiere, que l'homme par sa nature, par l'institution divine
„ est appellé à l'état de Société, & d'une Société bien réglée. Or il est
„ impossible, qu'une Société soit bien ordonnée, si elle n'a un Chef ou
„ un supérieur commun, qui en éloigne, ou qui y diminue tout ce
„ qui peut être nuisible au Corps & aux Membres, qui affermisse & qui
„ augmente tout ce qui peut être avantageux; en un mot qui, sui-
„ vant l'expression d'un Jurisconsulte Romain, rende les hommes bons
„ ou bienfaisans par l'attrait de la récompense, & les empêche de de-
„ venir mauvais ou malfaisans par la crainte des peines.

„ Donc Dieu a voulu aussi, que chaque Société, chaque Nation eût

Dixitque rursùs Pharao ad Joseph: ecce constitui te super universam terram Ægypti.
Tulitque annulum de manu sua, & dedit eum in manu ejus, vestivitque eum stola byssina, & collo torquem auream circumposuit.
Fecitque eum ascendere super currum suum secundum, clamante præcone; ut omnes coram eo genu flecterent, & præpositum esse scirent universæ terræ Ægypti.
Dixit quoque Rex ad Joseph: Ego sum Pharao, absque tuo imperio non movebit quisquam manum aut pedem in omni terrâ Ægypti.

(u) *Sermonem intulit Abner ad seniores Israël... Locutus est Abner ad Benjamin. Et abiit ut loqueretur ad David in Hebron omnia quæ placuerint Israëli & universo Benjamin.*
Venitque ad David in Hebron cum viginti viris; & fecit David Abner & viris, qui venerant cum eo, convivium.
Et dixit Abner ad David: surgam ut congregem ad te Dominum meum Regem, omnem Israël, & ineam tecum fædus & imperes omnibus. 2. Reg. Cap. 3. vs. 19. & seq.
Et venerunt universæ Tribus Israël ad David in Hebron dicentes: Ecce nos, os tuum & caro tua sumus.
Sed & heri & nudiustertius cum esset Saül Rex super nos, tu eras educens & reducens Israël; dixit autem Dominus ad te. Tu pasces populum meum Israël, & tu eris dux super Israël.
Venerunt quoque & seniores Israël ad Regem in Hebron, & percussit cum eis Rex David fædus in Hebron coram Domino, unxeruntque David in Regem super Israël. Ibid. Cap. 4. vs. 1. 2. 3.
Perrexit omnis populus in Galgala, & fecerunt ibi regem Saül coram Domino. 1. Reg. Cap. 11. vs. 15.

(v) *Et accensus est spiritus populi simul ut audivit sermones istos: & responderunt voce magnâ dicentes: Tu es dux noster loco Juda & Jonathæ fratris tui.*
Pugna præliam; & omnia quæcumque dixeris nobis, faciemus. 1. Machab. Cap. 13. vs. 7. 8. 9.

(w) *Dixit Saül ad David: justior tu es quàm ego: tu enim tribuisti mihi bona, ego autem reddidi tibi mala.*
Et tu indicasti hodiè quæ feceris mihi bona, quomodò tradiderit me Dominus in manum tuam, & non occideris me.
Quis enim cùm invenerit inimicum suum, dimittet eum in viâ bonâ: sed Dominus reddat tibi vicissitudinem hanc pro eo quòd hodiè operatus es in me. Reg. Cap. 24. vs. 18. 19. 20.

(x) Oeuvres de Daguesseau Tom. 1 Pag. 532 & suiv.

,, un Chef Suprême, qui fût comme le premier moteur de ces deux
,, grands reſſorts du cœur humain, c'eſt-à-dire de l'eſpérance & de
,, la crainte.

La ſeconde réflexion conſiſte à dire, que l'homme eſt l'image du monde
entier, & que comme Dieu lui a donné la raiſon pour commander aux
paſſions, il a de même établi un Chef pour gouverner la Société.

,, Toute Puiſſance Suprême de quelque genre qu'elle ſoit, vient
,, donc de Dieu, conclut le Magiſtrat, la raiſon me l'apprend, la
,, révélation m'en aſſure." Il combat enſuite ceux qui en attribuent l'origine à l'expérience que les hommes ont faite des inconvéniens de l'état
de Nature.

,, Vous voulez, leur dit-il, que ce ſoit la crainte d'un mal inévita-
,, ble qui ait engagé les hommes à ſacrifier une partie de leur liberté,
,, au plaiſir de jouir plus tranquillement de ce qui leur en reſtoit en ſe
,, ſoumettant à un maître commun : je le veux comme vous ; mais
,, penſer & agir ainſi, n'eſt-ce pas faire un acte de raiſon & la prendre
,, pour regle de ſa conduite? Donc en banniſſant d'abord la raiſon pour
,, y ſubſtituer le motif d'une crainte fondée ſur la ſeule expérience, vous
,, êtes forcés de revenir vous-mêmes à reconnoître que c'eſt par la ré-
,, flexion, & par conſéquent par la raiſon, que les hommes ont ſenti la
,, néceſſité d'un Gouvernement, d'où il ſuit évidemment que l'établiſſe-
,, ment de toute Puiſſance Suprême a ſa ſource & ſon origine dans la
,, raiſon.

C'eſt ce qui n'eſt conteſté par perſonne.

,, J'entens enfin, continue le Magiſtrat, des Philoſophes qui raiſonnent
,, d'une autre maniere ſur un point ſi important.

,, Ils ne diſconviennent pas que la néceſſité d'un Pouvoir Suprême n'ait
,, été dictée aux hommes par la raiſon ou par une expérience qui leur en
,, a tenu lieu; mais en reconnoiſſant cette vérité, ils attribuent unique-
,, ment l'origine de tout Gouvernement à une eſpece de pacte ou de
,, convention volontaire par laquelle un Peuple ou une Nation entiere a
,, jugé à propos de ſe donner un maître, enſorte que, ſelon eux,
,, l'Autorité Suprême qui eſt établie dans chaque Etat, doit ſa naiſſan-
,, ce à la ſeule volonté de ceux qui s'y ſont ſoumis, comme ſi Dieu
,, n'en étoit par le veritable auteur."

Voici la réponſe. ,, Quoi qu'en puiſſent dire les Partiſans de ce
,, ſentiment, il n'y a jamais eu & il n'y aura jamais de Puiſſance qui
,, n'ait été & qui ne ſoit ſortie du ſein de Dieu même. C'eſt lui qui
,, ayant formé les hommes pour la Société, a voulu que les membres
,, dont elle ſeroit compoſée, fuſſent ſoumis à un Pouvoir Suprême, ſans
,, lequel elle ne pouvoit être ni parfaite ni heureuſe. C'eſt lui par
,, conſéquent qui eſt le véritable auteur de ce Pouvoir ; c'eſt de lui
,, que le Chef de chaque Nation le tient comme une portion de cette
,, Puiſſance Suprême dont la plénitude ne peut réſider que dans la Divi-
,, nité. C'eſt ainſi, pour exprimer cette vérité par une image ſenſi-

„ ble, que le foleil peut être regardé comme le pere de toute lumiere,
„ & que les Corps qui la réfléchiffent, ou qui la renvoient fur d'autres
„ Corps, les éclairent à la vérité, mais par des rayons qu'ils reçoivent
„ du foleil, dont ils empruntent tout leur éclat; & il eft aifé de
„ fentir que dans cette comparaifon, c'eft le foleil qui eft l'image de
„ Dieu, pendant que les corps qui ne brillent que par le foleil, dont
„ ils ne font que réfléchir & répandre la lumiere, repréfentent les
„ Rois ou ceux qui préfident au Gouvernement."
 Ainfi ce Magiftrat revient toujours à-peu-près à dire, que la
Puiffance Suprême vient de Dieu, en ce qu'il eft auteur de la raifon
qui a dicté fon établiffement. Tout Pouvoir fans doute vient d'en haut.
La queftion eft, s'il eft conféré immédiatement, & c'eft ce qu'on n'établit
pas en difant que la raifon veut que la Société ait un Chef.
 Il paroît dans la fuite fe rapprocher d'avantage cette idée de communication immédiate.
„ Celui ou ceux en qui réfide la Suprême Puiffance, font donc les
„ images & les Miniftres de Dieu. Elle peut être entre les mains d'un
„ feul ou de plufieurs hommes, fuivant la Conftitution de chaque Etat.
„ Dieu qui eft la fource & l'unique Auteur de toute Puiffance, Dieu qui
„ la renferme feul dans une plénitude auffi immenfe que la perfection de
„ fon Etre, a bien voulu cependant que des Etres intelligens & raifon-
„ nables, que des hommes qu'il a créés à fon image, & qu'il a mis, com-
„ me parle l'Ecriture, dans la main de leur confeil, euffent part jufques à
„ un certain point au choix de ceux qui feroient appellés à un Gouverne-
„ ment que l'état préfent de l'homme dans cette vie rend abfolument
„ néceffaire. Dieu a même trouvé bon que la maniere de faire ce
„ choix, dépende auffi jufques à un certain point de la volonté, du
„ génie, ou de l'inclination de chacun des Peuples qui forment ces
„ grandes Sociétés qu'on appelle une Nation ou un Etat".
 On ne conçoit pas pourquoi les hommes n'ont part que jufques à un
certain point, foit au choix de leur Chef, foit à la maniere de le choifir.
Ces chofes dépendent pleinement & uniquement de leur volonté, que
Dieu, qui en eft maître, tourne à l'accompliffement de fes deffeins.
„ Mais après tout, c'eft toujours M. Dagueffeau qui parle, à quoi
„ fe réduit tout ce que les Peuples peuvent faire pour fe donner un
„ maître? C'eft de fervir d'inftrument à celui qui eft naturellement le
„ maître de tous les hommes, je veux dire, à Dieu, de qui feul
„ celui qui monte fur le Trône, reçoit toute fon autorité.
„ Ainfi dans une République, à chaque changement des perfonnes
„ chargées du Gouvernement, le Peuple nomme, & préfente à Dieu,
„ fi l'on peut fe fervir de cette expreffion, ceux par qui il doit être
„ gouverné.
„ Ainfi dans les Monarchies électives, fur les fuffrages de la Na-
„ tion ou de ceux qui la repréfentent, Dieu accorde l'inftitution,
„ fi l'on peut parler ainfi, ou donne l'inveftiture de la Couronne à celui

„ qui est élu dans les formes prescrites par les Loix d'une Monarchie
„ élective.

„ Ainsi dans les Royaumes héréditaires, Dieu fait, sur le choix de
„ la famille à laquelle le sceptre est attaché, ce qu'il fait dans les Mo-
„ narchies électives, sur le choix de la personne à qui la Couronne est
„ déférée; c'est-à-dire, pour suivre la comparaison de quelques Juris-
„ consultes, que par une espece d'inféodation faite en faveur de la famille
„ dominante, Dieu veut bien transmettre la Puissance Royale de généra-
„ tion en génération, à l'aîné de cette famille ; ensorte que comme dans
„ l'ordre féodal, le Seigneur est censé renouveller la premiere investiture
„ en faveur de chaque nouveau successeur, ainsi dans les Monarchies héré-
„ ditaires chacun de ceux qui y sont appellés nécessairement, est revêtu
„ par Dieu en montant sur le Trône, du même pouvoir que son prédé-
„ cesseur.

„ C'est ce qu'il semble que Charlemagne a voulu exprimer, lorsque
„ pour prendre possession de l'Empire, il mit son épée sur l'autel, d'où
„ il la reprit ensuite comme pour protester par cette auguste cérémonie,
„ qu'il reconnoissoit tenir de Dieu le pouvoir qu'il alloit exercer sur les
„ hommes.

„ C'est aussi sur le même fondement que l'ancien usage d'élever les nou-
„ veaux Rois de France sur un pavois ou sur un bouclier étant
„ tombé en désuétude, on y a substitué dans la suite, & en France &
„ ailleurs, la cérémonie religieuse du Sacre & du Couronnement, afin
„ que d'un côté les Rois protestassent publiquement à la face des autels,
„ que c'est par Dieu qu'ils regnent, & que de l'autre, les Peuples rece-
„ vant ainsi leur Roi en quelque maniere des mains de Dieu même,
„ fussent beaucoup plus disposés par là à le révérer & à lui obéir, non
„ seulement par des motifs de crainte ou d'espérance, mais par un
„ sentiment & un principe de Religion.

„ C'est ainsi que les Monarques ou les autres Chefs du Gouverne-
„ ment dans chaque Etat, & de quelque maniere que la Suprême
„ Puissance y soit déférée, ne peuvent se dispenser de reconnoître,
„ comme ils le font publiquement, que toute leur puissance n'est qu'u-
„ ne émanation ou un foible écoulement de cette immensité de pou-
„ voir qui ne réside que dans la Divinité".

On pourroit appeller tout cela le jeu d'une imagination brillante. Toutes ces comparaisons prises du soleil, des fiefs, des bénéfices, sont des
images riantes & non des preuves solides. Il est certain que dans la
premiere comparaison, Dieu est le Soleil. Mais ceux qui combattront
le sentiment de M. Daguesseau, diront que les rayons tombent directement sur le Corps de la Nation d'où ils sont réfléchis sur la tête du Roi.
Si le Peuple présente à Dieu celui qu'il a choisi, qu'on nous dise donc
dans quel instant, par quelle voie Dieu confere le bénéfice ? Quel est
d'ailleurs le simple Patron qui puisse destituer celui qu'il a présenté au
bénéfice, lorsqu'il devient incapable d'en remplir les fonctions ? Trouve
t-on

t-on quelque fief où le nouveau vassal soit choisi par un autre que par le seigneur, qui a droit d'accorder l'investiture?

L'action de Charlemagne ne prouve absolument rien. Il étoit très convaincu qu'il ne pouvoit pas faire couronner son fils, sans le consentement de tous ses Sujets depuis le plus grand jusques au plus petit. Il a fait prendre à ce fils la Couronne sur l'autel. Quand il la lui auroit fait recevoir des mains du premier Prince du sang, il n'en auroit pas été moins persuadé que toute Puissance vient d'enhaut.

Les motifs d'un usage qui subsiste depuis un grand nombre de siecles, sont abandonnés aux conjectures, & n'établissent jamais une vérité. La cérémonie du Sacre a été regardée dès son établissement comme la prise de possession du Royaume. C'est pour cela que le même Roi se faisoit sacrer plusieurs fois, lorsqu'il avoit acquis une nouvelle Couronne. A t-on eu quelqu'autre intention en inventant cette cérémonie? C'est ce que personne ne peut sçavoir aujourd'hui : on a toujours été convaincu qu'elle ne conféroit réellement aucun pouvoir ; comment une cérémonie qui ne donne absolument rien, peut-elle désigner que le Pouvoir Suprême vient de Dieu immédiatement? (y)

Sentiment de Barclai.

Barclai soutient que les Rois ne sont point établis de Dieu immédiatement, qu'il ne l'a fait que dans des cas rares ; que celui que Dieu destine à la Couronne n'est pas Roi avant le consentement du Peuple qui l'établit tel, & le ### en possession du Royaume. Il le prouve par l'exemple de Saül & d'###zaël (z).

Dieu veut bien présenter lui-même au Peuple celui qu'il a choisi, & non contraindre sa volonté. Celui qu'il a destiné à l'Empire, n'est encore Roi qu'en espérance, jusqu'à ce qu'il ait été établi par le consentement de tout le Peuple (a).

(y) Voyez sur cette matiere un Ecrit intitulé : *Inauguration de Pharamond* ; & un autre intitulé : *L'Avocat National*.

(z) Ad utilitatem Gentilium terrenum Regnum positum est à Deo, inquit S. Irenæus, cujus enim jussu nascuntur homines, hujus jussu & Reges constituuntur, apti iis qui in illo tempore ab ipsis reguntur. Et Tertullianus : Indè est Imperator undè & homo antequàm Imperator : indè potestas illi undè & spiritus, testante scilicet Apostolo, nullam esse potestatem nisi à Deo ; & paulò post : nos judicium Dei suscipimus in Imperatoribus, qui gentibus illos præfecit. Nec hoc cùm dico id volo tamen Deum semper Reges sive Monarchas populi dare immediatè (usus ei verbo nunc locum fecit) & quis cui imperet nominatim præscribere. Id enim perrarò, & non nisi extraordinariè tantùm imitationis, reique ingentis perficiendæ causâ, priscis temporibus factum esse didici, nec cùm quem Deus expressìm destinat imperio, antè Regem esse quàm populi consensus accesserit, qui eum super se Regem constituat : & Corona Sceptrique Regalis traditione velut in Regni possessione inducat. Nam & Saülem electum à Domino, populi suffragiis posteà Regem factum constat : & Davidem, Saüle adhuc rerum potente, unctum & electum, nec Regem tamen nisi ab obitu Saülis, & voluntariâ gentis suæ in eum consensione novimus : cui etiam rei testimonio est, quòd quamvis Helias Propheta jussus sit ungere Hazaëlem Regem super Syriam, vivente adhuc Rege Benadad, tamen anno post circiter octavo decimo Rege Benadab morbo mortifero jam laborante, Elizæus Propheta eundem Hazaëlem sic effatus est. Ostendit mihi Dominus te Regem Syriæ fore. Dixit Regem fore, non fuisse, non esse, licet eum Dominus ante tertium retrò lustrum legisset pergue Heliam ungi præcepisset. De Regno & Regali Potestate adversùs Monarchomachos, Lib. 2. Cap. 2.

(a) Vult quippe Dominus, quos elegit Reges offerre populis, non obtrudere, & multitudinem spontis suæ ductu sub unius imperium & ditionem legitimam redigere : ut quem suopte nutu super se constituit, ei non solùm amorem, benevolentiam, consilium, auxilium, & quicquid potis est officii, libenter deferat : verùm etiam autoritate divinâ, & jure gentium se plané, & parendi necessitate constitutum esse sciat agnoscatque. Et hæc quidem cùm ita se habeant, consequens profectò iis est non nisi, secundùm spem, Regem dici posse ; quem Deus elegit & designavit imperio, donec à popu-

Si cela eſt, comment peut-on dire que le Royaume vient de Dieu, que les Rois regnent par lui? C'eſt répond Barclai, parce qu'il communique à celui que le Peuple a choiſi une puiſſance qui ſurpaſſe celle de tout le Peuple. Les Rois ſont établis de Dieu & en reçoivent leur pouvoir en ce ſens, qu'il eſt l'auteur & l'approbateur du pouvoir que le Peuple a conféré à ſon Chef. Le Peuple paroît avoir communiqué l'autorité. Cependant dans les Saintes Ecritures cette Puiſſance eſt regardée plus ſouvent comme un don & un bienfait de Dieu, que comme un don & un bienfait du Peuple (b).

Vit-on jamais d'idées plus louches? Ce que Dieu confere au Prince, ce n'eſt pas le pouvoir de commandement, celui qui eſt néceſſaire pour gouverner l'Etat, c'eſt un pouvoir plus grand que celui du Peuple, qui éleve le Chef au-deſſus de toute la Nation, de laquelle cependant il a reçu l'autorité.

Barclai dans ſon ſyſtême devroit dire que le Peuple ayant choiſi une certaine perſonne, Dieu, & Dieu ſeul le revêt immédiatement & par lui-même de l'Autorité Souveraine. Au contraire Barclai ſuppoſe que c'eſt la Nation qui a conféré au Roi le pouvoir; que Dieu approuve cette collation; qu'il eſt même l'auteur & la ſource de ce pouvoir communiqué par la Nation; que les Saintes Ecritures nous apprennent même que ce pouvoir vient du Peuple; quoique plus ſouvent elle le faſſe remonter à Dieu comme à ſa ſource. Quel cahos!

On dit encore, ſuivant Barclai, que c'eſt Dieu qui établit les Rois, pour faire entendre que cela n'eſt pas réſervé à la Nation, qui n'eſt en cela qu'inſtrument & cauſe ſeconde. Dieu pourroit transférer les Royaumes ſans le conſentement du Peuple; il veut bien s'aſſujettir à le prendre (c).

lo, aut populi totius nomine & conſenſu, à Primatibus qui multitudinem repræſentant Rex conſtituatur, ut olim David, quem ob hanc ſpem & promiſſionem Regni, Regem vocat Athanaſius, quomodo & Dominum aliquando dici eum, qui nondum reverà Dominus, juris civilis Authores tradiderunt. Ibid.

(b) Quod igitur poſitum eſt Regnum à Deo eſſe; Dei juſſu Reges conſtitui; Reges per Deum regnare, & quæ ſunt id genus ſumma beneficia Dei largitione conſequi: ideo pertinent, ut intelligamus Deum Regibus, ſeu inſtinctu, ſeu permiſſu divino ab hominibus legitimè conſtitutis, eam authoritatis præragativam imperiri, quæ omnem populi poteſtatem ſuperet; & amplitudine majeſtatis tantà ornare, ut Regis quàm populi celſius quoddam atque auguſtius imperium conſpiciatur. Itaque hâc ratione à Deo conſtituti eſſe & poteſtatem accipere dicuntur, quòd is poteſtatis à multitudine in ipſos collatæ, ſummus & author & approbator ſit: ut quamvis ejus potentiâ largitor populus. videatur, qui Regem ſuper ſe conſtituit, & ſuum omne imperium & poteſtatem in eum transfert: tamen id donum atque beneficium Dei frequentiùs quàm populi, in ſacris Litteris nuncupatur. Scidit Dominus Regnum Iſraël à te hodiè, inquit Samuel, & tradidit illud proximo tuo meliori te: Sic Deus per Nathan Davidem alloquitur, ego unxi te in Regem ſuper Iſraël, dedique tibi domum Iſraël & Juda. Et Salomon: vivit Dominus qui firmavit me, & collocavit ſuper ſolium David patris mei, & ædificavit mihi domum ſicut locutus eſt: lubit Deus: Ecce ego ſcindam Regnum de manu Salomonis, & dabo tibi decem tribus; & paulo poſt: quia exaltavi te de medio populi, & dedi te ducem ſuper populum meum Iſrael, & ſcidi Regnum domûs David, & dedi illud tibi; & rurſus: pro eo quod exaltavi te de pulvere, & poſui te ducem ſuper populum meum Iſraël. Ibid.

(c) Deus etiam conſtituere Regem dicitur: ne quis putet id multitudinis eſſe proprium. Sic enim Ahias Propheta: conſtituet ſibi Dominus Regem ſuper Iſraël, qui percutiet Domum Jeroboam in hâc die. Quid ità? Quod nimirum Deus ipſe Regis conſtituendi princeps autor eſt, populus verò velut inſtrumentum, cauſave ſecunda: ut quamvis pro immenſa majeſtatis ſuæ imperio, Regnum in quemlibet, ſine ullis populi ſuffragiis ullove delectu transferre poſſit, non ſecus ac Rex Prætores, vel Præſides cum imperio in ſingulas Regni Provincias mittere vel mutare; Provincialium, vel non rogatà, vel non expectatà ſententiâ, tamen quæ ſua eſt in rebus humanis diſponendis & dirigendis benigna Providentia, non niſi iſto Regis accipiendi ordine ſervato, ſummam illam in populis poteſtatem cui-

Il est ridicule de vouloir que Dieu soit dit établir les Rois en ce qu'il veut bien auparavant s'assujettir au choix de la personne fait par la Nation. La conséquence qui en résulteroit seroit plutôt toute contraire. Au surplus, il est de foi que Dieu pourroit donner aux Peuples des Rois malgré eux. On convient qu'il ne le fait pas, qu'il leur laisse le choix d'une certaine personne; tout cela ne décide pas la question de la communication immédiate du Pouvoir Souverain.

Un dernier sens dans lequel on dit que Dieu établit les Rois, est en ce que, lorsqu'ils le sont une fois, aucune autorité humaine ne peut les destituer (d).

Mais c'est encore donner à cette Maxime un sens forcé. Car quand le Corps entier de la Nation pourroit faire descendre du Throne celui que Dieu y a placé, il ne seroit pas moins vrai que c'est lui qui établit les Rois. De ce que les hommes privent de leur autorité les maris & les pères qui en abusent, elle n'en est pas moins divine dans son principe. Le Concile de la Province dépose un Evêque: son pouvoir en venoit-il moins d'enhaut?

Tout ce qu'on s'est proposé d'établir par ce détail, c'est qu'il est impossible de prouver par l'Ecriture Sainte, que l'Autorité Souveraine soit communiquée aux Princes immédiatement de la main de Dieu même. Mais quand cela seroit incontestable, & clairement révélé, cette vérité se concilieroit avec plusieurs autres, dont on va administrer les preuves.

Article V.

En supposant le Pouvoir Souverain reçu immédiatement de Dieu, cela n'empêche pas la Nation de pourvoir à ses intérêts, lorsque le Prince est devenu incapable de l'exercer, ou qu'il le néglige.

La Puissance Souveraine vient de Dieu. Autorisant les différens Gouvernemens, il communique son pouvoir à ceux qui doivent gouverner suivant les loix de la Monarchie, de la Démocratie, de l'Aristocratie. Dans un Royaume électif, le suffrage du Peuple détermine l'infusion du Pouvoir Divin sur le sujet élu. Devient-il incapable de l'exercer, parce qu'il tombe en démence, il faudra, ou lui donner un Successeur, ou nommer un Régent. Dans l'un & l'autre cas, l'élection sera encore ratifiée par la communication du pouvoir d'enhaut.

Saint Paul veut qu'on soit soumis aux Puissances supérieures comme é- *Nouvelles ré-*

---

quam mandare velit. Quemadmodum æternus ille rerum opifex Deus optimus, maximus à primâ mundi origine, res à rebus, seu causis secundis rato & perenni ordine oriri, ac procedere voluit: cùm per se potis sit omnes rerum naturalium effectus, nullo intermedio procurare: itâ Regem à populo & per populum fieri, quem ipse sine populo facere potest, ad illustriorem gloriæ suæ magnificentiam, mirabili hoc dispensationis artificio declarandam præcipit. Ibid.

(d) Dicitur etiam constituere Regem Deus, quòd potentiam dominationis instituto Regi delatam itâ confirmat, ut infringi à populo, aut infirmari amplius, nullâ ratione possit. Neque enim ut Reges creare; itâ & creatos abdicare, aut in ordinem cogere populorum arbitrio commissum est, idque infrà pluribus demonstrabitur. Ibid.

flexions sur le Texte de S. Paul. tant établies de Dieu. Mais il ne décide pas, & n'a pas entendu examiner quelles sont ces Puissances supérieures, ni en quelles mains réside le Pouvoir Souverain. Cela dépend de la forme du Gouvernement de chaque pays, & S. Pierre veut qu'on y soit soumis, quelque soit sa Constitution. *Subjecti estote omni humanæ creaturæ*, c'est à dire, *omni humanæ constitutioni, omni humano regimini.* Si saint Pierre ajoute: soit au Roi, soit aux Gouverneurs, par lui envoyés, il veut de même sans doute qu'on obéisse dans les pays où il n'y a point de Roi, dans les Aristocraties, dans les Démocraties.

Quelles sont ces Puissances établies de Dieu auxquelles on doit l'obéissance? Les Apôtres ont voulu poser une Maxime générale, & ne se sont pas occupés de cette recherche. Il n'est pas difficile de découvrir quelle est la Puissance supérieure dans un Etat Démocratique. C'est certainement le Peuple entier. Ce Peuple qui ne peut pas exercer par lui-même l'autorité qui lui appartient, a choisi des Magistrats auxquels il en a confié l'usage & l'administration. Ces Magistrats sont Puissances supérieures relativement à chaque Citoyen pris séparément, & saint Paul veut qu'on leur obéisse. Mais n'a-t-il considéré comme Puissances supérieures que ces seuls Magistrats? A-t-il refusé ce titre au Corps entier du Peuple dans lequel réside l'autorité du Gouvernement? Supposons qu'à Genève le Magistrat ait fait une Ordonnance, un Bourgeois doit y obéir. C'est une Puissance supérieure. Le Peuple assemblé casse l'Ordonnance du Magistrat, & en fait une contraire. Voilà certainement une autre Puissance supérieure, à laquelle chaque particulier doit aussi être soumis, & même préférablement à la première.

Venons présentement aux Monarchies, & voyons quelles y sont les Puissances supérieures. La Société y a un Chef unique qui exerce seul le Pouvoir Souverain. Ce Chef a-t-il seul la propriété, le fond même de *En France le Souverain n'est qu'usufruitier: la propriété du pouvoir souverain appartient à la Nation.* pouvoir exclusivement à tout particulier, exclusivement au Corps même de la Nation? C'est au moins une question controversée. Un grand nombre d'Auteurs soutiennent que les Rois ne sont que des administrateurs, des usufruitiers. En France on n'a cessé de leur dire qu'ils n'ont que l'administration & la jouissance du Pouvoir Souverain. Ils l'ont reconnu eux-mêmes mille fois, en parlant du mariage qu'ils ont contracté avec leur Couronne, du serment qu'ils ont prêté à leur Couronne, &c. Ou ces mots n'ont aucun sens, ou ils signifient, que le Roi n'est pas l'Etat, que l'Etat est fort distingué de sa personne, qu'il a des engagemens envers cet Etat. C'est parce que les Rois ne sont qu'Administrateurs, qu'ils sont dans l'heureuse impuissance d'aliéner leur domaine, de disposer de la Couronne, & de faire plusieurs autres choses. S'ils n'ont que l'administration & la jouissance, il faut qu'un autre ait la propriété; & à qui peut-elle appartenir sinon au Corps de la Nation?

Si on suppose une fois ce Corps de la Nation propriétaire du Pouvoir Souverain, & le Roi réduit à la jouissance de ce pouvoir, il y aura de même dans toutes les Monarchies deux Puissances supérieures. Le Roi sera Puissance supérieure, il le sera même seul, relativement à chaque membre de l'Etat. Il sera Puissance inférieure placé vis-à-vis le Corps de la Nation. Il n'a que l'administration & la jouissance, il ne l'a reçue que pour le bien du propriétaire, il l'a reçue à titre gratuit. Il est du droit Naturel & du bon sens, que dans de telles circonstances, le propriétaire puisse dépouiller l'usufruitier qui abuse de sa jouissance.

Indépendamment de ce que dictent sur ce point les regles générales, il peut y avoir eu des conventions particulieres. Le Monarque peut s'être soumis à rendre compte. Il peut avoir accepté la Couronne sous une clause commissoire. L'Histoire fournit une foule d'exemples de Souverainetés offertes & acceptées sous des conditions qui resserroient plus ou moins celui qui commandoit.

Supposons dans une Monarchie le Roi ordonnant une chose, & les Etats du Royaume légitimement assemblés, enjoignant le contraire; où sera la Puissance supérieure ? C'est au moins une question douteuse; & certainement elle n'est pas entrée dans l'esprit de saint Paul.

Supposons les Etats du Royaume légitimement assemblés, pour demander compte au Roi de son administration, & pour en choisir un autre à cause des abus de son Gouvernement. Où sera encore ici la Puissance supérieure, & que devra faire un Particulier? Saint Paul lui dit-il qu'il faut toujours demeurer attaché au Roi; que les tentatives de la Nation entiere ne peuvent être qu'une révolte criminelle; que le Roi est supérieur au Corps entier du Peuple; que nulle autorité sur la terre ne peut le dépouiller de son droit, à quelque excès qu'il se soit porté? On ne trouvera jamais cela dans le Texte de saint Paul, & dès-là il ne peut décider la question.

Suivant l'Apôtre, celui qui résiste à la Puissance, résiste à l'ordre de Dieu. Oui sans doute. Mais a-t-on jamais dit que le Souverain en destituant un Capitaine, un Juge par lui établi, lui résiste ? Ce terme emporte l'idée de la révolte de l'inférieur contre le supérieur reconnu pour tel, & jouissant paisiblement de son autorité. Si la Société entiere est au-dessus de son Chef, si elle a droit de le déposer & d'en choisir un autre, elle n'est pas coupable de résistance lorsqu'elle veut en user. Il faut donc encore examiner si elle a ce droit, & c'est ce qu'on ne décidera pas à la seule lumiere des paroles de Saint Paul.

Qu'un Evêque animé de l'esprit de l'Evangile, écrive aux Chrétiens répandus dans les Etats du Grand Seigneur, il leur dira qu'il faut obéir aux Puissances, qu'elles sont établies de Dieu, que qui leur résiste, résiste à l'ordre de Dieu; que Dieu les a ordonnées comme les instrumens de sa Providence pour le bien des Peuples, pour la punition des méchans, & la protection des gens de bien. Mais en qui réside la Puissance dans les Etats du Grand Seigneur ? L'Empire Ottoman est-il électif ou héréditaire, est-il Monarchique, Aristocratique, Démocratique ? Le Grand Seigneur a-t-il le pouvoir radical de commander; est-il réduit à la simple jouissance, la Nation a-t-elle des droits sur lui ? La Lettre de

S. Paul n'a point prétendu décider où est la Puissance supérieure, lorsqu'il y a conflit entre le Souverain & les Etats du Royaume.

d'Evêque laisseroit ces questions entieres. Les Chrétiens intéressés ne pourroient les décider, que par les principes du droit commun, par la forme particuliere du Gouvernement Turc.

Saint Paul a fait précisément la même chose. Il a écrit aux Chrétiens répandus dans les différentes Villes, dans les différentes Provinces de l'Empire Romain. Il les a engagés à obéir à ceux qui exerçoient la Puissance dans l'endroit de leur résidence. Il n'a pas examiné quels ils étoient, ni si cette Puissance étoit indélébile, ni s'il y avoit un moyen légitime pour la transmettre à un autre, après les en avoir dépouillés. Obéissez aux Puissances, leur a-t-il dit. Il est nécessairement sous-entendu que l'obéissance ne leur étant due que dans cette qualité de *Puissance*, ils ne pourront plus l'exiger, lorsqu'ils l'auront perdue. Peuvent-ils la perdre? c'est un point sur lequel l'Apôtre ne s'est pas expliqué. Leur être soumis, non seulement par crainte, mais par respect pour l'ordre de Dieu dont ils sont les Ministres, & par reconnoissance des services qu'ils rendent à la Société, c'est là le devoir de tous les Particuliers, & cela aussi long-tems qu'ils conserveront cette Puissance. Si la Puissance abuse de son autorité, la soumission du Sujet ne doit pas aller jusqu'à conniver à l'abus, en exécutant des ordres injustes; mais elle doit se borner à ne pas se révolter contre la Puissance reconnue par l'Etat. C'est ce que St. Paul ne dit pas dans cet endroit, mais qui évidemment y est supposé; puisque la Raison & l'Ecriture enseignent qu'il *faut obéir à Dieu plutôt qu'aux hommes.*

Saint Paul dit que toute Puissance vient de Dieu; qu'il a établi toutes celles qui subsistent; que celui qui résiste à la Puissance, résiste à l'ordre de Dieu. Mais il ne décide pas à qui appartient cette Puissance; si elle est tellement passée dans le Chef, que la Nation n'en ait conservé aucune partie; si au contraire le Chef n'a qu'un pouvoir d'exercice & d'administration, dont le fond réside toujours dans le Corps du Peuple. L'Apôtre n'a certainement pas entendu résoudre cette question controversée entre les Publicistes. Partant du principe qu'il faut obéir aux Puissances supérieures, il reste à examiner où elle réside; & cela dépend des différentes formes de Gouvernement que Dieu veut bien approuver. Le Chef de l'Etat est Puissance supérieure, relativement à chaque Particulier. A-t-il la même qualité, rapproché de la Nation entiere? C'est sur quoi Saint Paul n'a certainement pas prononcé, & ce qui dépend de la Constitution particuliere de chaque Etat.

Explication d'un Texte de S. Augustin. Rien n'est plus indifférent à la question que le Texte suivant de S. Augustin. Il enseigne que c'est la Divine Providence qui établit les Royaumes, que c'est elle qui décide du sort de la guerre, & qui fait que les uns sont à la tête du Royaume, & que les autres sont soumis à ceux qui regnent (e). C'est elle aussi qui gouverne les Empires, qui destine aux uns le com-

(e) *Prorsus Divinâ Providentiâ Regna constituuntur humana. Quæ si propterea quisquam fato tribuit, quia ipsam Dei voluntatem vel potestatem fati nomine appellat, sententiam teneat, linguam corrigat.* De Civitate Dei. Lib. 5. Cap. 1.

mandement, qui condamne les autres à l'obéissance, comme c'est elle aussi qui a tout créé & qui conduit tout dans l'ordre physique & dans le moral (f).

C'est Dieu encore qui a comblé de prospérités certains Empereurs Chrétiens, qui en a humilié d'autres par des adversités (g).

On ne prétendra pas sans doute, qu'il gouverne ainsi les Empires & en regle la prospérité & la durée, immédiatement & par lui-même. Il les donne de la même maniere par le ministere des hommes, dont tous le cœurs sont dans sa main. Il les donne aux bons & aux méchans, suivant une ordre de choses, une révolution de tems connu de lui seul (h).

Il a donné l'Empire aux Romains quand il a voulu, & autant qu'il l'a voulu, lui qui l'a donné aux Assyriens & aux Perses, qui n'adoroient pas autant de Dieux que les Romains. Il l'a donné au Peuple Hébreu qui n'adoroit que lui seul. Il a donné aux Perses des récoltes abondantes quoiqu'ils n'honorassent point la Déesse qui présidoit aux moissons. Il a donné les autres fruits de la terre à ceux qui n'honoroient pas les Dieux particuliers, qui y présidoient. Il a de même donné le Royaume à ceux qui méprisoient les faux Dieux par la puissance desquels les Payens avoient cru régner.

Si Dieu transporte les Royaumes d'un pays dans un autre, il éleve aussi sur le Thrône des Princes de caracteres fort différens. C'est lui qui y a placé également Marius & César, Auguste & Néron, Vespasien & Domitien, Constantin & Julien l'Apostat (i).

In omnibus fere gentibus, quodam modo vox naturæ ista personuit ut subjugari victoribus mallent, quibus contigit vinci, quam bellica omnifariam vastatione deleri. Hinc factum est, ut non sine Dei providentiâ, in cujus potestate est, ut quisque bello aut subjugetur, aut subjuget; quidam essent regnis prediti, quidam regnantibus subditi. Ibid. Lib. 18. Cap. 2.

(f) *Deus summus & verus, unus omnipotens, creator & factor omnis animæ atque omnis corporis..... à quo est omnis modus, omnis species, omnis ordo; à quo est mensura, numerus, pondus; à quo est quidquid naturaliter est, cujuscumque generis est, cujuslibet æstimationis est; à quo sunt semina formarum, formæ seminum, motus seminum atque formarum; qui dedit & carni originem, pulchritudinem, valetudinem, propagationis fæcunditatem, membrorum dispositionem, salutem concordiæ; qui & animæ irrationali dedit memoriam, sensum, appetitum, rationali insuper mentem, intelligentiam, voluntatem, qui non solùm cælum & terram; nec solùm Angelum & hominem; sed nec exigui & contemptibilis animantis viscera, nec avis pennulam, nec herbæ flosculum, nec arboris folium sine suarum partium convenientiâ, & quâdam velut pace dereliquit; nullo modo est credendus regna hominum corumque dominationes & servitutes à suæ providentiæ legibus alienas esse valuisse. Ibid. Lib. 5. Cap. 11.*

(g) *Ibid. Lib. 5. Cap. 25.*

(h) *Deus ille felicitatis auctor, quia solus est verus Deus, ipse dat regna terrena & bonis & malis. Neque hoc temerè & quasi fortuitò, quia Deus est, non fortuna; sed pro rerum ordine & temporum occulto nobis, notissimo sibi; cui tamen ordini temporum non subditus servit, sed cum ipse tanquam Dominus regit, moderatorque disponit. Ibid. Lib. 5. Cap. 33.*

(i) *Quæ cùm ita sint, non tribuemus dandi regni atque imperii potestatem, nisi Deo vero qui dat felicitatem in regno cælorum solis piis, regnum verò terrenum & piis & impiis, sicut ei placet, cui nihil injustè placet. Quamvis enim aliquid dixerimus, quod apertum nobis esse voluit, tamen multum est ad nos, & valdè superat vires nostras, hominum occulta discutere, & liquido examine dijudicare regnorum. Ille igitur unus verus Deus, qui nec judicio nec adjutorio deserit genus humanum quando voluit, & quantum voluit Romanis regnum dedit: qui dedit Assyris, vel etiam Persis, à quibus solos duos Deos coli, unum bonum, alterum malum continent litteræ istorum: ut taceam de populo Hebræo, de quo jam dixi, quantum visum est, qui præter unum Deum non coluit & quando regnavit. Qui ergo Persis dedit segetes sine cultu Deæ Segetiæ, qui alia dona terrarum sine cultu tot Deorum quos isti rebus singulis singulos, vel etiam rebus singulis plures præposuerunt; ipse etiam regnum dedit sine cultu eorum per quorum cultum se isti regnasse crediderunt. Sic etiam hominibus; qui Mario, ipse Caio Cæsari; qui Augusto, ipse & Neroni; qui Vespasiano,*

Il regle ainsi le sort des Etats, comme il regle le tems & le succès des guerres, les faisant cesser ou les prolongeant suivant des vues de miséricorde ou de justice (k).

En combinant tous ces Textes du Saint Docteur, sa doctrine ne paroîtra pas équivoque. C'est la Providence de Dieu qui dirige tout dans la fondation & le Gouvernement des Royaumes, comme dans tout le reste. Il donne la Couronne à chaque Prince, comme il lui donne la paix ou la guerre, un Gouvernement heureux ou malheureux. Il le fait en tournant les volontés humaines à l'accomplissement de ses desseins, en réunissant les cœurs dans le choix de tel ou tel Prince. C'est une vérité incontestable, mais totalement étrangere au point dont il s'agit.

Saint Augustin a eu occasion de parler plusieurs fois dans le même Ouvrage de l'expulsion des Tarquins par les Romains (l), & on ne voit pas qu'il leur en fasse un crime.

„ Les Etats se souviendront encore très facilement, disoit le Roi de
„ Suede dans un Memoire présenté aux Etats en 1755. de quelle ma-
„ niere surprenante il a plu à la Sagesse éternelle de la Providence de
„ me désigner pour leur Roi. Dans les circonstances les plus malheureu-
„ ses, & lorsque personne ne s'y attendoit, une main surnaturelle, &
„ qui paroissoit visiblement au-dessus de tout pouvoir humain, me fit
„ élire par un choix libre de leur part.

„ Je n'acceptai point cette nomination pour la gloire de porter u-
„ ne Couronne; car l'état dans lequel je vivois étoit agréable, tran-
„ quille & heureux; mais je la regardai comme l'ouvrage du Très-Haut,
„ & je crus par conséquent devoir me soumettre à sa volonté (m).

Voila comment Dieu donne les Couronnes.

Il est tellement vrai, suivant Saint Augustin, que tout pouvoir vient de Dieu, qu'on doit le considérer comme produisant dans les méchans non la volonté, mais le pouvoir de nuire. Il examine le Texte de l'Ecriture où il est dit que Saül fut saisi du malin esprit venant du Seigneur, c'est-à-dire du malin esprit dont Dieu avoit permis qu'il fut tourmenté?

Car, dit le Saint Docteur, quoique l'esprit soit malin par la volonté qu'il a de nuire, il ne reçoit que de Dieu seul la puissance de le faire. Comme il n'y a point de mauvaise volonté dont il soit le principe, il est au pouvoir de chaque homme de vouloir, mais non pas de faire ce qu'il veut. Le Saint Docteur confirme cette Maxime par la réponse de Jésus-Christ à Pilate, & par l'exemple du Diable qui demande la permission d'affliger Job (n).

De

vel patri vel filio, suavissimis Imperatoribus, ipsi & Domitiano crudelissimo; & ne per singulos ire necesse sit, qui Constantino Christiano, ipsi Apostatæ Juliano...... hæc plané Deus unus & verus regit & gubernat ut placet; & si occultis caussis, numquid injustis? Ibid. Lib. 5. Cap. 21.

(k) *Sic etiam tempora ipsa bellorum, sicut in ejus arbitrio est justoque judicio & misericordiâ, vel adterere, vel consolari genus humanum, ut alia citiùs, alia tardiùs finiantur. Ibid. Cap. 22.*

(l) Ibid. Lib. 2. Cap. 17. Lib. 3. Cap. 16.

(m) Acte de ce qui s'est passé de plus remarquable à la Diete de Suede de 1755. & 1756. Pag. 11. & 12.

(n) *Magis arbitror malignum spiritum à quo vexabatur Saül, ideò dictum spiritum Domini, quod occulto Domini judicio Saülem vexabat. Utitur enim Deus ministris etiam spiritibus malis ad vindictam*

De ce que le pouvoir de faire le mal vient de Dieu, en inféreroit-on qu'il n'est pas permis de tâcher de s'y souſtraire?

Le même Pere applique dans un autre endroit le Texte de S. Paul au pouvoir de croire en Dieu. Il en est certainement la ſource, puiſqu'il n'y a aucune Puiſſance qui ne vienne de lui (o).

Que prouve donc le Texte de ſaint Paul, ainſi étendu à tout pouvoir ſpituel & temporel, juſte ou injuſte, extérieur ou intérieur?

On a déja rapporté beaucoup de témoignages qui établiſſent que le Roi n'eſt qu'uſufruitier de la Couronne. On peut y joindre l'Épître dédicatoire à Louis XIII du traité *de la Souveraineté du Roi, & que Sa Majeſté ne la peut ſoumettre à qui que ce ſoit, ni aliéner ſon Domaine à perpétuité.* Savaron y parle ainſi:

„ Dieu vous a ſeul délégué avec tout pouvoir au Gouvernement & régime de votre Monarchie; Votre Majeſté ne le peut abdiquer, réſigner, déléguer ou ſubdéléguer, ſuivant la raiſon des Loix civiles & canoniques, & formelle diſpoſition des Gallicanes. La Loi Royale, Loi d'Etat, Loi fondamentale, Loi du Royaume, Loi Salique, ſelon aucuns des Docteurs François, que Votre Majeſté eſt tenue par ſerment de garder, veut & ordonne que Votre Souveraineté & Domaine ſoient inaliénables; doncques elle ne peut les aliéner ſans enfreindre ces Loix auguſtes & inviolables.

„ Le ſerment ſolemnel, Sire, que vous jurez à votre Sacre & Couronnement, au deſir de cette Loi, de maintenir votre Etat & vos Sujets, de n'aliéner le Domaine de la Couronne, & d'en recouvrer les aliénations, oblige ſi étroitement Votre Majeſté, qu'elle ne la peut abroger, ne déroger à icelle; ne peut vendre ſon Domaine à perpétuité, ne peut aſſigner appanages &c.

„ Ce défaut de pouvoir donner & aliéner, procede en outre, *de ce que le Roi n'eſt ſeulement qu'adminiſtrateur, & comme uſufruitier de ſon Ro-*

La Puiſſance que Dieu communique à un Roi de France n'eſt qu'une Puiſſance d'adminiſtration, d'uſufruit.

---

vindictam malorum vel ad bonorum probationem, alio modo ad illam rem, alio ad iſtam. Quamvis inde ſit quiſque malignus ſpiritus quia malâ voluntate nocere appetit; tamen nocendi poteſtatem non accipit niſi ab illo, ſub quo ſunt omnia certis & juſtis meritorum gradibus ordinata. Quia ſicut non eſt mala voluntas à Deo, ſic non eſt poteſtas niſi à Deo. Quamvis enim ſit in cujuſque poteſtate quid poſſit vel facere cuiquam vel à quoquam pati. Nam & ipſe filius unicus Dei paſſurus ad tempus humiliter homini ſuperbè loquenti & dicenti quòd poteſtatem haberet occidendi eum & dimittendi: non haberes, inquit, in me poteſtatem, niſi data tibi eſſet deſuper. Diabolus etiam volens nocere juſto viro Job, nocendi quidem voluntas Diabolo erat, ſed tamen à Domino poteſtatem petebat, dicens.... Spiritus ille voluntate quâ malus erat, non erat Dei: creatura verò quâ condituſerat, & poteſtate quam non ſuâ, ſed Domini omnium æquitate acceperat, Dei erat.... Per ſeipſum velle nocere habebat, id eſt comprehendere Saül, poſſe autem non habebat, niſi ſummâ juſtitiâ ſineretur. Si enim juſtè vindicat Deus, quemadmodùm ipſe dicit Apoſtolus, cum tradit homines in concupiſcentias cordis eorum, non mirum ſi nihilominùs juſtè vindicans, tradit eos etiam in concupiſcentias aliorum nocere volentium, ſuâ ſemper immutabili æquitate ſervatâ. S. Auguſtinus de diverſis Quæſtionibus Lib. 2. Tom. 6. Col. 106. & 111.

(o) *Vide nunc utrùm quiſque credat, ſi noluerit, aut non credat, ſi voluerit. Quod ſi abſurdum eſt: quid eſt enim credere, niſi conſentire verum eſſe quod dicitur? Conſenſio autem utique volentis eſt: profectò fides in poteſtate eſt, ſed, ſicut Apoſtolus dicit, non eſt poteſtas niſi à Deo. Quid igitur cauſa eſt, cur non & de iſtâ nobis dicatur, quid enim habes, quod non accepiſti? Nam & ut credamus, Deus dedit: nuſquam autem legimus in Scripturis ſanctis, non eſt voluntas niſi à Deo. Et rectè non ſcriptum eſt, quia verum non eſt; alioquin etiam peccatorum, quod abſit, auctor eſt Deus, ſi non eſt voluntas, niſi ab illo: quoniam mala voluntas jam ſola peccatum eſt, etiamſi deſit effectus, id eſt, ſi non habeat poteſtatem. Porrò cùm voluntas mala poteſtatem accipit implere quod intendit, ex judicio Dei venit apud quem non eſt iniquitas. S. Auguſtinus de Spiritu & Litterâ.* Cap. 31. Tom X. Col. 115.

yaume. C'est une sentence que Charles cinquième, votre Prédécesseur très-Chrétien, vraiment surnommé le Sage, avoit ordinairement en la bouche. Ainsi Votre Majesté ne peut disposer de la propriété &c."

Dieu qui veut bien se conformer aux Constitutions des Etats, ne confere donc au Roi qu'un pouvoir d'exercice, d'administration, d'usufruit.

ARTICLE SIXIEME.

En supposant le Pouvoir Souverain, reçu de Dieu immédiatement, il trouve bon que les Peuples y apposent des conditions; & ne s'y soumettent que sous ces conditions; & dans plusieurs cas on ne laisse pas de le perdre de plein droit.

Il y a de la différence non-seulement entre les différens genres de Gouvernement, mais entre les différentes especes du même Gouvernement. Dans certains pays, la Monarchie est établie purement & simplement; dans d'autres, elle est tempérée par l'Aristocratie, dans d'autres, elle est conditionnelle, & soumise à un pacte commissoire. Voici ce que Robertson nous apprend des anciennes Loix du Royaume d'Arragon.

Conditions imposées aux Rois d'Arragon.

„ Dans l'Arragon, la forme du Gouvernement étoit Monarchique; mais l'esprit & les principes de cette Constitution étoient purement Républicains. Les Rois qui avoient été long-temps électifs n'avoient conservé que l'ombre du pouvoir: c'étoit aux Cortès, ou aux Etats Généraux du Royaume, qu'appartenoit l'exercice réel de la Souveraineté..... Aucune Loi ne pouvoit passer dans cette Assemblée sans le consentement de chacun des Membres qui avoient droit de suffrage. On ne pouvoit, sans la permission des Etats, ni imposer des taxes, ni déclarer la guerre, ni faire la paix, ni frapper de la monnoie, ni faire aucun changement dans la monnoie courante. Ils avoient droit de revoir les procédures & les Jugemens de tous les Tribunaux inférieurs, de veiller sur tous les départemens de l'administration, & de réformer tous les abus. Ceux qui se croyoient lézés ou opprimés s'adressoient aux Etats pour demander justice, mais ce n'étoit point avec le ton de supplians, c'étoit en réclamant les droits naturels de tout homme libre, & en requérant les gardiens de la liberté publique, de décider sur les objets qu'ils mettoient sous leurs yeux.....

„ Non contens d'avoir élevé de si fortes barrieres contre les entreprises de la Puissance Royale, les Arragonois ne voulurent pas même se reposer du soin de maintenir leurs libertés sur la vigilance & l'autorité d'une Assemblée semblable aux Dietes, aux Etats Généraux, & aux Parlemens, en qui les autres Nations soumises au Gouvernement féodal, mettoient toute leur confiance. Ce Peuples eurent recours à un établissement qui leur fut particulier: ils élurent un Juge suprême qu'ils nommerent *Justiza*. Ce Magistrat dont l'office avoit quelque ressemblance avec celui des Ephores dans l'ancienne Sparte, faisoit les fonctions de protecteur du Peuple, & de surveillant du Prince. Sa personne étoit sacrée, son Pouvoir & sa Jurisdiction presque sans bornes, il étoit l'interprète suprême des loix: non-seulement les Juges inférieurs, mais encore les Rois eux-mêmes, étoient obligés de le consulter dans tous les cas douteux, & de se conformer à sa décision avec une déférence implicite. On appelloit à lui des Sentences même des Juges Royaux, comme de celles des Juges que les Barons nommoient dans leurs Domaines respectifs; il pouvoit même, sans qu'il y eût d'appel interjetté, évoquer toutes les affaires; défendre au Juge ordinaire d'en poursuivre l'instruction, en prendre sur le champ connoissance, & faire transférer un accusé dans la manifestation ou prison d'Etat, où personne ne pouvoit être admis que par sa permission. Il ne jouissoit pas d'un pouvoir moins absolu & moins efficace pour réformer l'administration du Gouvernement, que pour régler le cours de la Justice. Sa prérogative lui donnoit l'inspection sur la conduite même du Roi. Le *Justiza* avoit droit d'examiner toutes les proclamations & les Ordonnances du Prince, de déclarer si elles étoient conformes aux Loix, & si elles devoient être mises à exécution. Il pouvoit, de sa propre autorité, exclure les Ministres du Roi de la conduite des affaires, & les obliger à rendre compte de leur administration. Pour lui, il n'avoit à rendre compte qu'aux Etats de la maniere dont il s'acquittoit des fonctions de sa Charge; fonctions les plus importantes qu'on ait pu jamais confier à un Sujet.

„ Une simple énumération des privileges réservés aux Etats d'Arragon, & des droits dont jouissoit le *Justiza*, fait voir clairement qu'il ne pouvoit rester entre les mains du Roi qu'une portion de pouvoir très-bornée. Il sembloit que la Nation se fût appliquée avec soin à faire connoître & sentir à ses Monarques l'état d'impuissance auquel elle les avoit réduits. Dans le serment d'obéissance qu'on prêtoit au Prince, acte qui devoit naturellement être accompagné de protestations de soumission & de respect, les Arragonois avoient inventé une formule de serment propre à rappeller au Roi la dépendance où il étoit de ses Sujets. Le *Justiza* lui disoit au nom de ses fiers Barons: „ *Nous, qui valons chacun autant que vous, & qui tous ensemble sommes plus puissans que vous, nous promettons d'obéir à votre Gouvernement, si vous maintenez nos droits & nos Privileges; & sinon, non* (q)."

Voilà le pouvoir Monarchique conféré avec de grandes limitations, & sous une condition dont il est dépendant. Dieu qui veut bien se conformer aux différentes formes de Gouvernement, n'accordoit donc au Roi d'Arragon qu'un pouvoir très borné, & conditionnel.

On trouve dans le sixieme Concile de Tolede en 638 une condition imposée aux futurs Souverains, une sentence d'excommunication pronon-

(p) Histoire du Regne de Charles-Quint, tom. 1, pag. 313 & suiv. Tom. 2, pag. 312. & suiv.

eée contr'eux, s'ils la violent. Celui qui montera sur le Trône, à l'avenir, jurera de ne point révoquer les Loix faites contre les Juifs. S'il viole son serment, il sera excommunié (q).

L'Histoire nous a conservé d'autres exemples de sermens conditionnels faits aux Souverains.

Conditions d'un hommage fait à un Roi d'Angleterre.

En 1135, Robert, Comte de Gloceftre, fit hommage à Etienne, Roi d'Angleterre, sous cette restriction; tant qu'il conserveroit sa dignité, & qu'il garderoit les conventions qu'ils avoient faites ensemble.

Les Evêques lui firent de même un serment conditionnel: tant qu'il conserveroit la discipline & la liberté de l'Eglise.

Le Comte de Gloceftre viola bientôt son serment. Il prétendit le faire avec justice, parce que le Roi avoit enfreint le Traité fait entre eux (r).

Conditions imposées par l'Assemblée générale des François aux enfans de Pépin.

Longtems auparavant & en 768, après la mort de Pépin, les François dans leur Assemblée Générale établirent Rois ses deux enfans Charles & Carloman, sous cette condition qui leur fut imposée, de partager également entre eux le Royaume entier; ensorte que Charles eût la portion qui avoit appartenu à Pépin, son pere, & que Carloman eût l'autre portion qui avoit été gouvernée par Carloman son oncle.... Les deux Princes se soumirent à ces conditions, & reçurent chacun la portion du Royaume qui lui étoit assignée. Carloman ne vécut que deux ans; & après sa mort Charles fut établi sur la totalité du Royaume, du consentement de tous les François. (s).

(q) *Cum optimatum illustriumque virorum consensu & deliberatione sancimus, ut quisquis succedentium temporum regni sortitus fuerit apicem, ante non ascendant regiam sedem quam inter reliquas conditiones sacramento pollicitus fuerit, hanc se catholicam non permissurum eos violare fidem: sed & nullatenùs eorum perfidiæ favens, vel quolibet neglectu aut cupiditate illectus, tendentibus ad præcipitia infidelitatis aditum præbeat prævaricationis: sed quod magnoperè nostro est tempore conquisitum, debeat illibatum perseverare in futurum... Ergò postquam ordine præmisso ad gubernacula acceserit regni, si ipse temerator hujus extiterit promissi, sit anathema, maran-atha, in conspectu sempiterni Dei, & pabulum efficiatur ignis æterni, simillique cum eo damnatione perculsi quicumque sacerdotum, vel quilibet Christianorum, ejus implicati fuerint errore.* Concil. Labbe Tom. 5. Col. 1743.

(r) *Post festum Paschæ Angliam venit Robertus, Comes Gloceftriæ, Matildis frater, fiduciæ suæ cardo. In angustiis tamen actus, Regi facit hommagium; sed adjectâ conditione; scilicet, quamdiù ille dignitatem suam custodiret, & sibi Pacta servaret. Secundum illud Proverbium (inquit Parisius) Quamdiù habebis me pro Senatore, & ego te pro Imperatore.*

Fidelitatem Regi jurant Episcopi, conditionem etiam adjungentes: videlicet quamdiù ille libertatem Ecclesiæ, & vigorem disciplinæ conservaret.

Anno 1138, sub Pentecosten, Comes Gloceftriæ, conscripto ad Matildis opem in Normanniâ exercitu, hommagium quod Regi fecit, abdicat; & more Majorum, fidem atque amicitiam suam (quod diffidiare sub hoc sæculo vocant) Nunciis interdicit. Justè fieri hæc contendit, tùm quod Rex illicitè ad Regnum aspiraverat; & fidem omnem sibimet datam & juratam violaverat. Houart, Anciennes Loix des François, Tom. 2. Pag. 241. 242. 244.

(s) *Pippinus... apud Parisios, morbo aquæ intercutis diem obiit, superstitibus liberis Karolo & Karlomanno, ad quos sucessio Regni, divino nutu pervenerat. Franci siquidem, facto solemniter generali conventu, ambos sibi Reges constituunt, eâ conditione præmissâ, ut totum Regni corpus ex æquo partirentur: & Karolus eam partem, quam pater eorum Pipinus tenuerat, Karlomannus verò eam, cui Patruus eorum Karlomannus præerat, regendi gratiâ susciperet. Susceptæ sunt utrimque conditiones, & pars Regni divisi juxta modum sibi propositum ab utroque recepta est..... Karlomannus quidem post administratum communiter biennio Regnum, morbo decessit.*

Karolus autem, fratre defuncto, consensu omnium Francorum, Rex constituitur. Recueil des Historiens de France, Tom. 5. Pag. 90.

Voilà encore des conditions appofées à la réception de la Couronne, & fans l'accompliffement defquelles les deux Princes ne feroient pas montés fur le Trône.

En 1315. les trois Cantons de Zurich, Switz & d'Underwald contractent entr'eux une alliance. Ils s'obligent par ferment à ne fe foumettre à aucun Gouvernement, à ne recevoir aucun Prince ou Seigneur, que d'un confentement commun.

„ Toutefois, eft-il dit, un chacun, foit homme ou femme, fera
„ tenu de rendre le devoir & obéiffance raifonnable à fon vrai Prince
„ ou Seigneur, excepté à ceux qui par force voudroient affaillir ou
„ contredire à chofe contre équité aucuns des dits pays, à ceux là que
„ l'on ne rendra nul devoir, ne fervice, jufqu'à ce qu'il foient d'accord
„ avec les dits pays (t)."

En 1351. Guillaume de Baviere Comte de Hollande reconnoît les fervices qui lui ont été rendus pour la confervation de fon Comté, par plufieurs Chevaliers & quelques Villes qu'il nomme. Il promet de leur demeurer fortement attaché, comme un bon Seigneur le doit à fes fideles Chevaliers, Ecuyers & Villes, & de ne jamais vendre, céder, transporter, prêter, échanger ni donner à ferme la Seigneurie fufdite, fans leur confeil & confentement. Il y déclare que décédant fans enfans, le Duc Albert fon frere fera héritier de fes Seigneuries. Il prie avec beaucoup d'inftance & ordonne à tous fes Sujets de recevoir audit cas le Duc Albert pour leur Souverain pourvû, ajoute-t-il, „ que ledit Albrecht ne
„ vienne point en nos pays & villes à force ouverte, & en amenant
„ avec lui aucun de nos ennemis fufdits, ni de leurs adhérans, mais
„ qu'il jure & fcelle à nos Chevaliers & Ecuyers, à nos Villes &
„ Sujets de garder & obferver leurs droits & chartes, & de n'abandon-
„ ner jamais les dites Comtés & Seigneuries, & de ne laiffer jamais
„ entrer nos ennemis dans le pays (u)."

La Principauté de Catalogue, & les Comtés de Rouffillon & de Cerdagne ne fe font foumis à la France que fous des conditions. *Articles & conditions fous lefquels les Etats Généraux de la Principauté de Catalogne ont foumis les dites Principauté & Comtés fous l'obéiffance des Rois de France & de fes fucceffeurs.*

Conditions de la Catologne & du Rouffillon à la France.

„ Que fa Majefté obfervera & fera obferver les Ufances, Conftitu-
„ tions & Actes des Cours, & tous autres Droits Municipaux, Ac-
„ cords, Pragmatiques, & toutes difpofitions contenues au Volume
„ des Conftitutions, promettant & jurant qu'il ne fera ni permettra
„ &c.

„ Que le Roi promettra par ledit ferment, tant pour lui, que pour
„ fes fucceffeurs.... Que fa Majefté jurera & promettra &c.

„ Le Roi ayant vu & examiné de mot à mot en fon Confeil les Ar-

(t) Corps Diplomatique du Droit des Gens, Tom. 1. Part. 2. Pag. 29.
(u) Ibid. Pag. 264.

„ ticles ci-deſſus, Sa Majeſté les a agréés & acceptés, agrée & ac-
„ cepte, promet en foi de parole de Roi les garder & obſerver inviola-
„ blement, & même a agréable, lors du ſerment qu'elle fera, ainſi
„ qu'il eſt accoutumé par les Comtes de Barcelone, Rouſſillon & de
„ Cerdaigne, à l'entrée de leur Gouvernement, de jurer l'obſervation
„ deſdits Articles, comme feront ſes ſucceſſeurs enſuite. Donné à Pé-
„ ronne le 19 Septembre 1641. (v).

Louis XIII a effectivement prêté ce ſerment par le miniſtere du Maréchal de Maillé, fondé de ſon pouvoir ſpécial à cet effet, dans lequel
le Roi déclaroit ne pouvoir pas aller prêter le ſerment en perſonne à cauſe
des affaires qui le retenoient dans ſon Royaume. Non ſeulement Louis
XIII avoit promis d'aller prêter le ſerment en perſonne; mais, ſuivant les
Loix de la Catalogne, ſuivant pluſieurs Privileges accordés à la Ville
de Barcelonne par les Rois d'Arragon, & notamment par Jean ſecond, au mois d'Octobre 1339, le Comte de Barcelonne eſt tenu de
jurer en perſonne dans cette Ville, la conſervation des Privileges, libertés, franchiſes, immunités & coutumes du Pays, & il prête ce ſerment, avant que ſes nouveaux Sujets lui faſſent hommage. On fit la
lecture publique de ces Droits. On dreſſa deux Actes, portant que les
Etats ne recevoient le ſerment par Procureur, que pour cette fois ſeulement, ſans tirer à conſéquence, ſans déroger aux Loix du Pays, &
comptant ſur la promeſſe de Louis XIII, de venir réitérer le ſerment
en perſonne le plutôt qu'il lui ſeroit poſſible. Tout cela eſt écrit dans
l'Acte même de preſtation de ſerment du Maréchal de Maillé du 23
Février 1642. (w).

*Clauſe commiſ-
ſoire dans
le ſer-
ment que
les Rois
d'Eſpa-
gne fai-
ſoient
aux Peu-
ples des
Pays-
Bas.*

Le ſerment des Rois d'Eſpagne au Peuple des Pays-Bas contenoit auſſi une clauſe commiſſoire. C'eſt ce que nous apprend le Prince d'Orange, dans la Réponſe qu'il fit, le 13 Décembre 1580, aux Etats Généraux, à l'Edit de proſcription que Philippe II. Roi d'Eſpagne, avoit
publié contre lui le 15 Mars précédent.

„ Ne ſait-il pas bien, dit-il en parlant du Roi d'Eſpagne, à
„ quoi il eſt obligé à moi, à mes freres & compagnons & aux bonnes
„ Villes du Pays; à quelles conditions il tient cet Etat? Ne ſe
„ ſouvient-il non plus de ſon ſerment? Ou, s'il s'en ſouvient, fait-
„ il ſi peu de compte de ce qu'il a promis à Dieu & au Pays, & aux
„ conditions attachées à ſon Chapeau Ducal? Il ne ſeroit pas be-
„ ſoin, Meſſieurs, que je vous préſentaſſe ce qu'il nous a promis,
„ devant que nous lui ayons donné le ſerment.... En ſomme, par ſon
„ ſerment il veut qu'en cas de contravention nous ne lui ſoyons plus
„ obligés, nous ne lui rendions aucun ſervice ou obéiſſance comme
„ appert par l'Article dernier. Si donc je ne lui ſuis obligé; ſi je ne
„ lui dois plus aucun ſervice ou obéiſſance; pourquoi eſt-il ſi té-
„ méraire de dire que j'ai pris les armes contre mon Seigneur?

(v) Corps Diplomatique du Droit des Gens, Tom. 6, Part. 1. Page. 197.
(w) Ibid. Pag. 200.

„ Certainement entre nous Seigneurs & Vassaux, y a obligation
„ mutuelle ; le dire du Sénateur à un Consul sera toujours loué, *si tu
„ ne me tiens pour Sénateur, ainsi je ne te tiendrai pas pour Consul*. Mais
„ entre les Vassaux y a beaucoup de différence, demeurant les uns
„ sans comparaison en plus grande liberté que les autres, comme nous
„ sommes en Brabant, ayant tel droit jusqu'à donner graces en nos
„ Terres, qu'excepté l'hommage que nous devons, nous ne pou-
„ vons rien avoir davantage: Et entre autres droits, nous avons ce
„ privilege de servir à nos Ducs, ce que les Ephores servoient à Sparte
„ à leurs Rois. C'est de tenir la Royauté ferme en la main du bon
„ Prince, & faire venir à la raison celui qui contrevient à son ser-
„ ment. On dira qu'il y a une condition apposée, c'est que nous se-
„ rons absous de notre serment, jusqu'à ce qu'il ait réparé la faute.
„ Mais si jamais il ne la vouloit réparer ; si quand l'Empereur Ma-
„ ximilien & le Prince de l'Empire le prient & intercedent pour nous,
„ afin qu'il lui plaise décharger le Pays, pour toute réponse on leur
„ dit qu'ils se mêlent de leurs affaires; que le Roi saura bien Gou-
„ verner ses Sujets ; si quand par infinies remontrances, par envoi de
„ plusieurs illustres Seigneurs de ce Pays, nous le requérons de nous
„ faire droit, il rejette orgueilleusement nos Requêtes, il fait mourir
„ lesdits Seigneurs, & ceux qu'il peut apprehender, les fait passer
„ par la main d'un Bourreau, il poursuit les autres par toutes voies
„ indignes & cruelles; s'il nous amene nouvelles armées pour nous rui-
„ ner de fond en comble : demeurerons-nous là toujours, attendant la
„ miséricorde, jusqu'à ce que la cruauté Espagnole nous aura cou-
„ pé toute espérance de respit ? Mais-il veut réparer la faute, &
„ en a envoyé les moyens par ledit Seigneur de Selles: il a désavoué
„ le Duc d'Albe. Nous verrons toutes ces choses en leur ordre,
„ &c (x)

„ On voit la même chose dans la Déclaration publiée par les Etats-
„ Généraux des Provinces-Unies, le 26 Juillet 1581, par laquelle ils
„ ont déclaré Phillipe II déchu du droit de Souveraineté

„ Il est notoire à chacun, y est-il dit, qu'un Prince du Pays est éta-
„ bli de Dieu pour Souverain & Chef des Sujets, pour les défendre
„ & conserver de toutes injures, oppressions & violences : comme un
„ Pasteur est ordonné pour la défense & garde de ses brebis ; & que
„ les Sujets ne sont pas créés de Dieu pour l'usage du Prince, pour lui
„ être obéissans en tout ce qu'il commande, soit que la chose soit pie
„ ou impie, juste ou injuste, & le servir comme esclaves : mais le
„ Prince est pour les Sujets, sans lesquels il ne peut être Prince, afin
„ de gouverner selon droit & raison, les maintenir & aimer, com-
„ me un pere ses enfans, ou un Pasteur ses brebis, qui met son corps
„ & sa vie en danger pour les défendre & garentir. Et quand il

(x) Corps diplomatique du Droit des Gens, Tom. 5, Part. 1, Pag. 395.

,, ne le fait pas, mais qu'au lieu de défendre fes Sujets, il cherche de
,, les oppreſſer, & de leur ôter leurs privileges & anciennes coutumes,
,, leur commander & s'en ſervir comme d'eſclaves, il ne doit pas
,, être tenu pour Prince, ains pour Tyran. Et comme tel ſes Sujets,
,, felon droit & raifon, ne le peuvent plus reconnoître pour leur
,, Prince: notamment quand cela ſe fait avec délibération & autorité
,, des Etats du Pays; mais on le peut abandonner, & en ſon lieu
,, choiſir un autre, ſans ſe meſprendre, pour Chef & Seigneur qui
,, les défende: choſe qui principalement a lieu, quand les Sujets par
,, humbles prieres, requêtes & remontrances n'ont jamais ſu adoucir
,, leur Prince, ni le détourner de ſes entrepriſes & deſſeings tyranni-
,, ques. Enforte qu'il ne leur reſte autre moyen que celui-là, pour
,, conſerver & défendre leur liberté ancienne, de leurs femmes, en-
,, fans & poſtérité, pour lesquels, ſelon la Loi de Nature, ils ſont
,, obligés d'expoſer vies & biens: ainſi que pour ſemblables occaſions
,, on a vu par diverſes fois advenir en divers tems, dont les exemples
,, ſont aſſez connus. Ce qui principalement doit avoir lieu & place en
,, ces Pays, leſquels de tout tems ont été gouvernés, ſuivant le ſer-
,, ment fait par leurs Princes, quand ils ont été reçus, ſelon la teneur de
,, leurs privileges & anciennes Coutumes. Joint auſſi que la plupart
,, des dites Provinces ont toujours reçu leurs Princes à certaines con-
,, ditions & par Contrats & Accords jurés, leſquels ſi le Prince vient à
,, violer, il eſt ſelon droit, déchu de la Souveraineté du Pays. &c.
,, (y)."

Lorsque les Etats Généraux des Pays-Bas ont offert au duc d'Alençon, frere d'Henri III, la Souveraineté defdits pays, on a arrêté, le 19 Septembre 1580, les conditions ſous leſquelles ces offres étoient faites. On y voit un modele des différentes conditions ſous leſquelles un Gouvernement peut être accordé & limité. Un des Articles eſt ainſi conçu:

,, S. A. & ſes ſucceſſeurs feront le ſerment ſolemnel & accoutumé
,, en chacune Province, pardeſſus le général ſerment à faire aux Etats
,, de l'obſervation. Et en cas que S. A. ou ſes ſucceſſeurs contre-
,, viennent à ce dit Traité, en aucuns points d'icelui, les Etats ſe-
,, ront de fait abſous & déchargés de toute obeïſſance, ſerment & fi-
,, délité, & pourront prendre un autre Prince, ou autrement pourvoir,
,, comme ils trouveront convenir." (z).

Exemple de conditions appoſées dans le Gouvernement d'Angleterre.

Au Parlement d'Angleterre tenu en 1675. les partiſans de la Cour qui tendoient à l'établiſſement du Deſpotiſme, voulurent faire paſſer un Bill portant que tous ceux qui poſſédoient des Charges Eccléſiaſtiques, Civiles ou Militaires, les Conſeillers privés, les Juges & Membres du Parlement ſeroient tenus de prêter le ſerment d'abhérence, ainſi conçu:

,, Je ſouſſigné déclare, qu'il n'eſt permis ſous quelque prétexte que
,, ce ſoit, de prendre les armes contre le Roi, & que j'abhorre l'opi-
,, nion

(y) Ibid. Page. 418.
(z) Corps Diplomatique du Droit des Gens Tom. 5. Part. 1. Pag. 380.

nion féditieuse de prendre les armes de sa propre autorité contre sa perosnne, ou contre ceux qui ont commission de S. M. & qui agissent en vertu de ses ordres, en tems de guerre ou de révolte. Et je jure qu'en quelque tems que ce soit, je ne contribuerai jamais à altérer le Gouvernement, soit de l'Eglise ou de l'Etat. Ainsi Dieu me soit en aide.

La cabale étoit formée, & malgré les fortes remontrances des défenseurs de la liberté nationale, la pluralité l'emportoit. ,, Plusieurs Sei-
,, gneurs firent une protestation, soutenant que tout Bill qui assujet-
,, tit les Pairs à un serment sous quelque peine, comme faisoit celui
,, dont il s'agissoit, étoit une violation au premier Chef des libertés
,, & des priviléges des Pairs, dont celui d'avoir séance & voix dans
,, le Parlement, est un honneur que leur donne la naissance & un droit
,, tellement inhérant en eux, & si inséparable de leurs personnes, que
,, rien n'est capable de les en dépouiller, que ce qui, suivant les Loix
,, du Royaume, peut souiller leur sang, & les priver de la vie.

Ces protestations furent réitérées, & après bien des débats, l'affaire fut renvoyée à un Comité.

On y examina les différentes clauses du serment sur lesquelles on fit ces réflexions.

,, On se récria fortement contre ces termes du serment qui portent,
,, qu'il n'est pas permis, sous quelque prétexte que ce soit, de pren-
,, dre les armes contre le Roi. Les Seigneurs opposans soutinrent qu'on
,, ne pouvoit obliger les personnes qui étoient dans les hauts emplois,
,, à jurer de ne point faire une chose qui pouvoit devenir nécessaire.
,, Par exemple, disoient-ils, il y a une Loi faite sous le Regne d'E-
,, douard III, portant défense de prendre les armes contre le Roi, & dé-
,, clarant ceux qui le font, criminels de haute trahison. Cette Loi
,, est très juste & très raisonnable; mais ce seroit une question ridicule
,, de demander, s'il n'y a aucun cas où on puisse prendre les armes con-
,, tre un Prince légitime, parce qu'on ne manqueroit pas de demander en
,, même tems quelle différence il y auroit entre une Monarchie abso-
,, lue & une Monarchie réglée & limitée par les Loix; s'il n'y avoit
,, que la crainte de Dieu qui dût retenir les Rois dans leur devoir &
,, qu'ils n'eussent rien du tout à appréhender de la résistance humaine.

On examina ces mots. ,, J'abhorre l'opinion séditieuse de prendre
,, les armes par l'autorité du Roi contre sa personne. On objecta que
,, cette proposition ainsi couchée étoit générale, & que cependant il
,, y avoit beaucoup de cas où elle ne devoit pas être abhorrée par les
,, honnêtes gens. Qu'en effet il n'y avoit eu qu'un cas en Angleterre,
,, qui vraisemblablement n'arrivera plus, où cette opinion avoit pu
,, renfermer le crime de trahison: savoir le cas du long Parlement, qui
,, fut rendu perpétuel par un acte du Roi, lequel changea tout-à-fait la
,, Constitution du Gouvernement & la rendit incompatible avec elle-mê-
,, me. Sur quoi on allégua quelques exemples, où bien loin que la pri-
,, se d'armes contre la personne du Roi, en son nom & en son auto-

„ rité, fût criminelle, elle étoit même juste & nécessaire : comme
„ dans les deux cas de Henri VI. Roi d'Angleterre, & de Charles
„ VI. Roi de France. Ces deux Princes se trouvoient entre les mains
„ de leurs ennemis qui s'étoient emparés de leur puissance, & qui gar-
„ doient leurs personnes pour autoriser leur conduite. Il fallut prendre
„ les armes contre ces gens-là. Le ferment de fidélité y engageoit né-
„ cessairement ; & dans tous les cas semblables, la Loi prise dans la
„ plus grande rigueur, ne peut pas souffrir une autre interprétation.
„ Le vieux Evêque de Winchester ajouta que de prendre les armes
„ dans de semblables occasions, ce n'étoit pas les prendre contre le
„ Roi, mais pour sa personne.

„ On observa sur la partie du serment qui porte, *ou contre ceux*
„ *qui ont commission du Roi*, que si dans la suite un Roi d'Angleterre
„ vouloit lever de l'argent de son autorité privée, contre les droits &
„ les privileges des Sujets, & les contraindre au payement des taxes
„ par la force, en ce cas là on ne peut pas disconvenir qu'il ne fût
„ permis aux Sujets de repousser la force par la force, en défendant
„ leurs maisons contre une pareille violence, & que cependant cela
„ seroit contre les termes du serment. Le Garde des Sceaux répondit que
„ de semblables cas ne se pouvoient pas alléguer, parce qu'ils étoient
„ trop éloignés. Mais le Comte de Salisbury répliqua, qu'on en fe-
„ roit bientôt l'expérience, si le serment en autorisoit une fois la pra-
„ tique. Alors on leva tout-à-fait le masque, & l'on ne fit point diffi-
„ culté de proposer d'entretenir toujours une armée sur pié, par acte
„ du Parlement, ce qui ne laissa plus lieu de douter qu'on n'eût en vue
„ d'établir un Gouvernement arbitraire. Plusieurs Seigneurs dévoués
„ au Pouvoir Despotique déclarerent ouvertement, que si la com-
„ mission du Roi n'étoit pas suffisante, & qu'on pût s'y opposer sous
„ prétexte de son autorité, alors une armée qui seroit toujours sur
„ pié serviroit de Loi, toutes les fois qu'il plairoit au Roi. On sait
„ que la seule commission du Roi n'a jamais été estimée suffisante
„ pour justifier la conduite d'un homme qui agit contre l'Autorité Ro-
„ yale : de sorte qu'une pareille nouveauté sappe les fondemens les plus
„ essentiels des Loix d'Angleterre ; & particuliérement de celle qui
„ concerne la propriété des biens, laquelle deviendroit inutile aux Su-
„ jets toutes les fois qu'il plairoit au Roi.

„ On ne peut donner une meilleure idée des fatales conséquences
„ dont le Test auroit été suivi, s'il avoit eu lieu, qu'en rapportant ce
„ qu'un Auteur remarque là dessus.

„ Pour ce qui est de la commission, dit-il, si elle tend à enle-
„ ver par force les biens & la vie des Sujets, c'est cependant une com-
„ mission du Roi. Ou si la personne qui en est pourvue, se trouve
„ dans quelque cas d'inhabilité par acte du Parlement, le serment
„ leve tous les cas d'inhabilité, & la commission suffit pour autori-
„ ser tout ce qu'il fait. De sorte que si quelqu'un se défend contre

,, une pareille violence, & s'il arrive qu'il soit poursuivi en justice
,, pour fait de résistance, le Juge qui trouvera que le Test déclare
,, l'action criminelle, ne pourra se dispenser de condamner l'accusé,
,, en vertu de cette Loi, à être exécuté comme coupable de haute tra-
,, hison. Quoique le parti de la Cour eût une grande supériorité
,, dans la Chambre, cependant la vérité eut encore assez de force
,, pour empêcher que le Bill ne passât, sans cette correction, *contre*
,, *ceux qui ont une commission du Roi conforme aux Loix, en tems de re-*
,, *bellion & de guerre.*

,, On fit encore des observations sur les autres clauses, & entr'au-
,, tres sur la promesse de ne jamais contribuer à changer le Gouverne-
,, ment de l'Etat.

,, On objecta qu'elle détruisoit tous les Parlemens, & qu'elle ne
,, leur laissoit que la liberté de donner de l'argent. Car quelle est
,, l'utilité & l'occupation des Parlemens, si ce n'est de changer les
,, Réglemens, soit en ajoutant ou retranchant quelque chose dans le
,, Gouvernement de l'Eglise & de l'Etat? Il n'y a point de nouvel acte
,, du Parlement qui ne soit un changement & quelle sorte de Gouverne-
,, ment peut-on établir dans l'Eglise & dans l'Etat, sur lequel on puisse
,, jurer que jamais on n'y apportera aucun changement, quelle que soit
,, la nécessité des tems, la nature des affaires, ou la vicissitude des choses
,, humaines? Ne faudroit-il pas qu'un pareil Gouvernement fût
,, établi par Dieu même, & cela avec l'appareil des tonnerres,
,, des éclairs, & de tous les signes éclatans, dont il accompagna la
,, Loi qu'il donna aux Juifs?"

D'après ces observations, malgré les efforts de l'intrigue, le Bill ne
passa que de peu de voix, quoique la formule du serment eût été très
modifiée, & réduite à ces termes:

,, Je jure qui je ne ferai aucuns efforts pour changer la Religion
,, Protestante, établie présentement par les Loix dans l'Eglise d'Angle-
,, terre, non plus que pour changer le Gouvernement du Royaume
,, dans l'Eglise & dans l'Etat, ainsi qu'il est établi présentement par les
,, Loix. (a)."

En 1619, il y eut une Confédération signée le 31. Juillet entre les *Sembla-*
Etats Protestans de Bohême & les Provinces-Unies de Moravie, de *bles con-*
Silésie, & de Lusace; dont voici quelques articles. *ditions appofées*

Que nul ne sera désormais désigné à la succession du Royaume, & *par la*
qu'il ne lui sera prêté en conséquence aucun serment. *Confédé-*
raton de
Que le nouveau Roi sera élu par les communs suffrages du Royaume *Bohême,*
de Bohême & des Provinces incorporées. *de Mora-*
vie &c.
Le Roi élu gardera ces articles. *Autrement nul ne sera obligé de lui* *en 1619.*
rendre obéissance.

(a) Annales des Provinces-Unies de Basnage, année 1675. n, 26.

Il n'entreprendra aucune guerre sans le consentement des Etats. Il ne se déportera point du serment fait aux Etats.

Les Gouverneurs des Provinces seront tenus par serment de rendre compte tous les ans des deniers employés.

Il ne sera licite au Roi de rompre & infirmer un Arrêt, fait ès Dietes & Assemblées des Etats.

On ne rapportera pas les autres articles au nombre de 70.

Les Etats qui avoient dressé ces Articles, ne voulant par reconnoître Ferdinand pour Roi de Bohême, élurent Frédéric Electeur Palatin. A peine fut-il élu, que pour remplir les conditions qu'on lui avoit imposées, il remit aux Commissaires des Etats, des Lettres reversales en datte du 20. Octobre 1619. Il y dit que les Etats du Royaume de Bohême, & les Provinces incorporées l'ont élu pour Roi, de leur libre & franche volonté ,, en telle sorte toutefois , qu'avant notre Sacre
,, & Couronnement, nous leur prêterons le serment dû & accoutumé,
,, à l'exemple & imitation des Rois de Bohême nos prédécesseurs, &
,, que nous leur confirmerons tous le privileges & immunités, libertés,
,, droits & Statuts du Royaume, & des louables & anciennes Coutumes
,, du pays tant générales que particulieres, & singulièrement... la
,, Confédération faite entre le Royaume de Bohême d'une part, &
,, les susdites Provinces incorporées de l'autre," (c'est celle dans laquelle ont été dressés les articles cidessus) ,, & réciproquement entre
,, les Royaume de Bohême & Provinces incorporées d'une part, &
,, les hauts & bas Autrichiens de l'autre, faite, promise & contrac-
,, tée en ladite Générale Assemblée : ensemble les articles particuliers
,, pour le Royaume dressés & arrêtés dans ladite Assemblée. Comme
,, aussi ceux des autres Provinces incorporées, savoir du Marquisat
,, de Moravie, Duché de l'une & l'autre Silésie, & Marquisat de la
,, haute & basse Lusace : & tous leurs privileges, libertés, constitu-
,, tion & droits, selon la coutume de chaque Province, le tout com-
,, me il est porté par l'arrêté de ladite Assemblée.

,, Nous aussi Roi Frédéric accordons & promettons en parole de
,, Roi, & en vertu des présentes, à tous les trois susnommés Etats du
,, Royaume de Bohême, que nous jurerons & nous obligerons, mê-
,, me avant notre Sacre & Couronnement, à l'exemple des Rois de
,, Bohême nos prédécesseurs, que tout au plus dans quatre semaines,
,, aprés notredit Couronnement (que nous espérons par le bénéfice de
,, Dieu) nous ratifierons & confirmerons bénignement tous les privi-
,, leges, immunités, libertés, droits, Statuts, & anciennes & louables
,, Coutumes du dit Royaume, tant générales que particulieres.... la
,, susdite Confédération & articles particuliers du dit Royaume de
,, Bohême arrêtés dans l'Assemblée Générale, en tous leurs points,
,, clauses & articles, pleinement & sans exception : Promettant sincére-
,, ment & de bonne foi les accomplir, & faire expédier aux susdits trois

" Etats de Bohême nos Lettres Patentes sur ce sujet souscrites de notre
" main, & munies de notre Scel Royal, afin d'être gardées & con-
" servées par nous & nos successeurs les Rois de Bohême. En foi &
" témoignage de toutes lesquelles choses nous avons fait mettre notre
" scel à ces présentes signées de notre main. Donné en notre Monastere
" de Waldsassen, le 20. Octobre l'an 1619 " (b)."

Cette élection n'a pas eu de suite, les Etats de Bohême ayant reconnu dans la suite l'Empereur Ferdinand, & l'Electeur Palatin lui ayant cédé la Couronne de Bohême. On y voit toujours une Souveraineté offerte & reçue sous plusieurs conditions, dont une portoit qu'en cas de contravention de la part du Prince, on seroit dispensé de lui obéir.

En 1675. les Etats du Duché de Gueldres & du Comté de Zutphen offrent au Prince d'Orange la Souveraineté de leur pays sous un grand nombre de conditions, dont voici quelques-unes.

Les Etats de Gueldres & de Zutphen offrent au Prince d'Orange la Souveraineté sous des conditions.

La dignité de Duc de Gueldres passera à ses successeurs en ligne masculine. S'il n'en laisse aucune, la Souveraineté retournera aux Etats du Pays, sans qu'elle puisse être aliénée ni transportée. S'il laisse des enfans mineurs, le Gouvernement de la Province appartiendra aux Etats.

Il sera un bon & juste Prince & Seigneur aux Etats & habitans du Pays, les maintiendra en leurs anciens privileges qu'il confirmera & ratifiera, ainsi que tous les Princes & Seigneurs ont fait jusques ici à leur arrivée au Gouvernement, & fera ensuite tout ce qu'un bon & juste Prince est obligé de faire pour le bien & le prospérité du Pays.

Il ne pourra faire aucune paix, guerre, ou alliance avec des Princes ou Etats étrangers, ni faire ou abroger aucunes Loix, ou introduire aucun changement dans la monnoie, qu'avec le consentement des Etats de Pays.

Il ne pourra surcharger les Etats d'aucuns impôts ou charges extraordinaire, sinon ceux ou celles qui seront accordés selon l'ancienne Coûtume par le Corps de la Noblesse, & les Députés des villes.

La forme du Gouvernement & Assemblée Provinciale demeurera en l'état où elle a été jusqu'à présent. L'Assemblée Provinciale se fera une fois l'année, & se convoquera par son Altesse, ou par tel college dans cette Province qu'il autorisera à cet effet, pour délibérer les affaires de la Province. Aussi ladite Province & quartier extraordinaire respectivement pourront s'assembler autant de fois que le Corps de la Noblesse & villes desdits quartiers jugeront à propos pour le bien de la Province.

Le Prince d'Orange est prié de convoquer une Assemblée Générale, afin d'entrer en conférence avec lui sur ce qui a été couché ci-dessus, & d'y mettre la derniere main; après quoi ladite dignité lui sera déférée, suivant les formalités en tel cas requises.

Le Prince d'Orange avant d'accepter ces offres, a consulté les Etats des Provinces d'Utrecht & de Zélande. Les premiers après avoir

(a) Mercure François Tome 6. année 1619. Pag. 31. & 144.

délibéré sur les conditions qu'on lui imposoit, lui ont conseillé d'accepter la Souveraineté. Les Etats de Zélande lui ont donné le conseil contraire, & c'est le parti qu'il a pris. Ce qui l'a décidé, c'est la crainte d'exciter contre lui de la jalousie, & de faire croire qu'il n'avoit travaillé dans la guerre qu'à son avantage particulier. Les restrictions mises à la Souveraineté, ne sont entrées pour rien dans sa détermination. S'il se fût rendu aux voix de la Gueldre, auroit-on pu douter qu'il n'y eût eu un pacte entre lui & ses nouveaux Sujets, & qu'il eût reçu la Puissance Publique sous des conditions très précises? L'auroit-on regardé comme un Souverain absolu, pleinement libre & indépendant de toute autorité sur la terre? (c)

La Couronne d'Ecosse offerte en 1689 sous des conditions.

La derniere révolution d'Angleterre en 1689, fournit l'exemple d'une Couronne offerte sous des conditions. Guillaume III étant déjà en possession de la Couronne d'Angleterre, les trois Etats d'Ecosse lui offrirent aussi celle de ce Royaume.

Il fut proclamé Roi d'Ecosse le 11 Avril 1689, en ces termes.

„ D'autant que les Etats de ce Royaume d'Ecosse par leur acte du
„ présent jour, ont résolu que Guillaume & Marie Roi & Reine
„ d'Angleterre, de France & d'Irlande, soient Roi & Reine d'Ecosse,
„ & qu'ils soient déclarés tels pour posséder la Couronne & la Dignité
„ Royale du dit Royaume d'Ecosse, pendant la vie de tous deux, &
„ pendant la vie de celui des deux qui vivra le plus longtems, & que
„ le seul & plein exercice du Pouvoir Royal soit seulement en la personne
„ dudit Roi, & exercé par lui au nom des dits Roi & Reine, pendant
„ qu'ils seront tout deux en vie. D'autant aussi que les Etats ont ré-
„ solu & ordonné qu'on dresse un instrument du Gouvernement ou pétition
„ de droit, pour être présenté avec la Couronne aux dits Roi & Rei-
„ ne, ils établissent & ordonnent que Guillaume & Marie Roi &
„ Reine d'Angleterre, de France & d'Irlande, soient conformément
„ proclamés Roi & Reine d'Ecosse, à la Croix du Marché d'Edim-
„ bourg &c (d)."

L'instrument du Gouvernement ou pétition de droit qui accompagnoit l'offre de la Couronne, contient des choses remarquables.

„ D'autant, y est-il dit, que le Roi Jacques VII (en Angleterre Jacques II) s'est attribué le Pouvoir Royal, & a agi comme Roi, sans avoir jamais prêté les sermens requis par les Loix par où chaque Roi à son avénement à ce Gouvernement, est obligé de jurer..... qu'il gouvernera son Peuple selon les Loix du Royaume, & d'une Monarchie légitime & limitée, l'a changé en un Pouvoir despotique & arbitraire; & que dans une Proclamation publique, il s'est arrogé le pouvoir absolu de casser, annuller, & rendre de nul effet toutes les Loix; ...... & qu'il s'est servi de ce pouvoir....... pour violer les Loix & les libertés de ce Royaume....

(a) Supplément au Corps Diplomatique. Tom. 2. Part. 1. Pag. 392. & suiv.
(d) Mémoires de la derniere révolution d'Angleterre Tom. 2. Pag. 269.

Les Etats de ce Royaume d'Ecoſſe déclarent.... qu'il eſt déchu du droit à la Couronne, & que le Trône eſt devenu vacant.

Les dits Etats ſe trouvant en pleine & libre aſſemblée, repréſentant la Nation, déclarent, comme leurs Ancêtres en ont ordinairement uſé en cas pareils, pour maintenir & défendre leurs anciens Droits & libertés.

,, Que donner des dons ou penſions pour lever de l'argent ſans le
,, conſentement du Parlement ou la Convention des Etats, eſt contrai-
,, re aux Loix.

,, Qu'employer les Officiers de l'Armée comme Juges par le Roy-
,, aume, ou les mettre dans les Lieux où on tient pluſieurs Juris-
,, dictions, & mettre des perſonnes à mort, ſommairement & ſans
,, aucune forme de procès juridique, ſans Jurés & ſans enregiſtrement,
,, eſt contraire aux Loix.

,, Qu'impoſer des amendes extraordinaires, exiger des Cautions
,, exorbitantes, & diſpoſer des amendes & confiſcations avant ſentence
,, rendue, eſt contraire aux Loix.

,, Qu'empriſonner des perſonnes, ſans en dire auparavant les rai-
,, ſons, & différer de leur faire faire leur procès, eſt contraire aux Loix.

,, Que faire pourſuivre & confiſquer les biens des perſonnes par
,, de vieilles Loix & hors d'uſage, ſur des prétentions frivoles, lége-
,, res, ſur des preuves défectueuſes & eſtropiées, eſt contraire aux Loix.

,, Que nommer & obliger de prendre les Magiſtrats, les Con-
,, ſeils & les Greffiers des Bourgs, contre les libertés expreſſes des
,, Chartes, eſt contraire aux Loix.

,, Qu'envoyer des Lettres aux Cours de Juſtice, pour ordonner
,, aux Juges de ſurſeoir & ſe déſiſter de terminer des cauſes; ou
,, leur ordonner comme ils doivent agir dans les cauſes qui dépendent
,, d'eux, & changer la nature des charges des Juges *ad vitam aut cul-*
,, *pam*, en des Commiſſions, *durante beneplacito*; eſt contraire aux Loix.

,, Qu'accorder des protections perſonnelles pour des dettes civi-
,, les, eſt contraire aux Loix.

,, Qu'obliger des perſonnes à dépoſer contre elles-mêmes dans des
,, crimes capitaux, quoique la punition ſoit reſtreinte, eſt contraire
,, aux Loix.

,, Que ſe ſervir de la torture ſans des preuves, ou dans des crimes
,, ordinaires, eſt contraire aux Loix.

(N'y auroit-il qu'en Ecoſſe que tout cela ſeroit contraire aux Loix?)

,, Que c'eſt le droit des Sujets de pétitionner le Roi, & que tout em-
,, priſonnement & pourſuites à cauſe des dites pétitions, eſt contraire
,, aux Loix.

,, Les Etats ajoutent qu'ils font leurs pétitions & demandes, &
,, inſiſtent ſur tous & chacun des dits articles, comme ſur leurs droits &
,, libertés indubitables; & qu'aucunes Déclarations, faits ou procé-
,, dures au préjudice des Peuples en aucun des dits Articles, ne ſeront
,, ci-après tirées en conſéquence ou exemple, mais que toutes confiſ-

„ cations, amendes, pertes, décharges, emprisonnemens, bannis-
„ sement, poursuites, persécutions & rigoureuses exécutions, soient
„ considérées, & les personnes opprimées, soulagées.

„ C'est pourquoi ayant une entiere confiance que sa dite Majesté le
„ Roi d'Angleterre parférera la délivrance qu'elle a si fort avancée,
„ & continuera à les préserver de la violation de leurs droits qu'ils ont
„ ici établis, & de tous autres attentats sur leurs Loix & Libertés.

„ Les dits Etats du Royaume d'Ecosse, résolvent que Guillaume
„ & Marie, Roi & Reine d'Angleterre, France & Irlande, sont &
„ seront déclarés Roi & Reine d'Ecosse &c (a)."

Voilà une Couronne offerte sous des conditions, sous des limitations apposées au Pouvoir Souverain. Il faut, comme ledit Burlamaqui, ou les exécuter, ou refuser la Couronne, si elle ne convient pas sous ses charges.

Lorsqu'en 1707 la Souveraineté de Neufchatel étoit réclamée par tant de Prétendans, les Etats du pays publierent neuf Articles qui sont intitulés, *Articles proposés par les Etats de Neufchatel à celui qui sera élu.* Le cinquieme étoit ainsi conçu.

Conditions apposées en 1707 par les Etats de Neufchatel à celui des prétendans qui devoit être élu.

„ Que dans les Brevets des Officiers de Justice de l'Etat, au lieu
„ de la Clause, *Tant qu'il nous plaîra*, on mettra celle-ci, *Tant qu'ils*
„ *se comporteront bien*, ensorte qu'ils ne puissent, non plus que les No-
„ taires, être destitués de leurs Charges & Offices, qu'après avoir été
„ pleinement convaincus de leur malversation.

Le neuvieme s'expliquoit en ces termes.

„ Enfin, & qu'à l'avenir le Souverain, d'abord après qu'il aura
„ été reconnu & investi de la Souveraineté, prêtera le serment accou-
„ tumé tant à la ville de Neufchatel, qu'aux autres Corps de l'Etat, soit
„ par lui-même, s'il est présent, soit par Procureur, s'il est absent, ainsi
„ qu'il s'est pratiqué de toute ancienneté, à quoi il ajoutera une pro-
„ messe & assurance générale, qu'il confirme, autant que de besoin,
„ les Loix & les Constitutions fondamentales de l'Etat en général, y
„ compris les articles ci-dessus, & tous les droits, franchises & liber-
„ tés spirituelles & temporelles, bonnes anciennes Coutumes écri-
„ tes & non écrites, de chacun des Corps & Communautés, qui com-
„ posent cet Etat, comme aussi toutes les concessions perpétuelles,
„ réelles & personelles, & de quelque nature qu'elles soient accor-
„ dées, tant aux dits Corps & Communautés, qu'aux Particu-
„ liers, par tous les Princes précédens, & leurs Tuteurs & Curateurs,
„ & nommément par feu Madame la Duchesse de Nemours, notre
„ Souveraine Princesse."

Tous les Contendans à la Souveraineté promirent d'exécuter ces Articles. Le Comte de Metternick s'y obligea spécialement au nom du Roi de Prusse, qui ratifia depuis cette promesse. La Souveraineté fut

(a) Ibid.

fut adjugée à ce Prince par jugement du 3 Novembre 1707. Grotius a dit que le Corps d'une Nation ne pouvoit rendre un jugement d'autorité entre les afpirans à la Couronne; que ce n'étoit qu'une efpece de fentence arbitrale. On fe convaincroit du contraire en parcourant le jugement dont il s'agit, où tout annonce un procès décidé par le feul Juge qui peut en connoître.

„ Les dits fieurs des trois Etats donnent & adjugent par fentence
„ fouveraine & abfolue à fa dite Majefté Frédéric premier Roi de
„ Pruffe, l'inveftiture de cet Etat & Souveraineté, avec fes annexes,
„ appartenances & dépendances, pour être le dit Etat par lui poffédé,
„ comme indépendant, inaliénable & indivifible, en conservant les
„ libertés, franchifes, privileges & immunités, tant des Bourgeois
„ que des autres Peuples de cet Etat, les conceffions accordées par les
„ précédents Souverains, tant au Corps qu'aux Particulieres du pays,
„ & les Traités d'alliance & combourgeoifie faits & dreffés avec les
„ Etats voifins..... Nous avons mis en poffeffion & invefti fad.
„ Majefté le Roi de Pruffe, de ladite Souveraineté, par la tradition du
„ fceptre (f)."

Voilà encore des conditions impofées à la conceffion de la Souveraineté.

Après la mort de Charles XII, Roi de Suede, la Couronne appartenoit à la Princeffe Ulrique Eléonore, fa fœur. Elle publia un Refcrit le 26 Décembre 1718, par lequel elle convoquoit les Etats du Royaume, & renonçoit pour elle & tous fes Defcendans & Succeffeurs à ce qu'on appelle la Souveraineté; *Nous affurant, dit-elle, que nous aurons à notre difpofition Royale un pouvoir d'autant plus grand, lorfque nous l'établirons & l'affermirons avec juftice & modération dans le cœur de tous nos fideles Sujets.*

En 1718 le pouvoir arbitraire aboli en Suede par les Etats du Royaume.

Les Etats affemblés publierent leurs Recès le 4 Mai 1719.

„ Nous, les Etats du Royaume affemblés, difent-ils, acceptons,
„ élifons & déclarons la Princeffe Ulrique Eléonore pour Reine de
„ Suede...... Nous l'élifons elle & fes defcendans mâles, pour héri-
„ tiers du Royaume de Suede."

Les Etats s'engagent à ne procéder à aucune élection tant qu'il y aura des defcendans mâles de la Reine. Après le décès du dernier de ces mâles, les Etats feront obligés, fans être convoqués par qui que ce foit, de fe trouver à Stokolm, trente jours après ce décès, pour procéder à une nouvelle élection.

„ Nous remercions très humblement Sa Majefté, difent-ils encore,
„ de l'averfion jufte & raifonnable, qu'il lui a plû de témoigner pour
„ le pouvoir arbitraire & abfolu, dont nous avons éprouvé que les fuites
„ ont fort préjudicié au Royaume, & l'ont grandement affoibli à la ruine
„ irréparable de nous tous en général, deforte que nous les Confeillers
„ & Etats du Royaume affemblés ayant fait cette trifte expérience, avons
„ réfolu férieufement & d'une voix unanime, d'abolir entiérement ce pou-

(a) Supplément au Corps Diplomatique Tom. 2. Part. 2. Pag. 65, 70.

Tome II. Partie II.   F f

„ voir arbitraire si préjudiciable. C'est pourquoi nous déclarons par ces
„ présentes, que celui qui par des pratiques secretes, ou à force ou-
„ verte, cherchera à se revêtir du pouvoir arbitraire, doit être ex-
„ clus du Trône, & regardé comme ennemi du Royaume. De plus,
„ quiconque d'entre nous qui se laissera entraîner à contribuer en
„ quelque maniere que ce soit, à introduire de nouveau ce pouvoir
„ arbitraire sera traité & puni sans aucune grace, comme un traître à
„ sa Patrie; & aucune personne tant Ecclésiastique que Laïque, ne
„ pourra être revêtue d'aucun emploi, de quelque consideration que
„ ce soit, ni avoir rien à dire dans le Royaume de Suede, qu'elle n'ait
„ prêté serment contre ce pouvoir abitraire si opposé au bien du pays,
„ conformément au formulaire suivant, &c (g)."

Il n'est pas nécessaire de sortir de France pour trouver des exemples de sermens conditionnels faits à nos Rois. Henri IV en a reçu un de ce genre.

Conditions imposées à Henri IV, & consignées dans le serment qu'il a fait à ses Sujets, & non simplement à Dieu.

Par sa Déclaration datée du Camp de Saint Cloud, du 4 Août 1589, il a commencé par promettre & jurer en foi & parole de Roi, à tous ses bons & fideles Sujets, de conserver son Royaume dans la Religion Catholique & Romaine..... de faire convoquer un Concile Général ou National, d'assembler dans six mois les Etats de son Royaume..... de maintenir & garder tous ses Sujets en leurs biens, charges, dignités, états, offices, privileges, &c.

En conséquence de cette promesse & de ce serment, & sous la condition de sa fidele exécution, Henri IV a été reconnu par les Princes & autres Seigneurs qui étoient avec lui au Camp.

„ Nous Princes du Sang & autres, Ducs, Pairs & Officiers de la Couronne de France, Seigneurs, Gentilshommes & autres, attendant une Assemblée de Princes, Ducs, Pairs, & Officiers de la Couronne, & autres Seigneurs qui étoient fideles serviteurs du feu Roi Henri, troisieme de ce nom, que Dieu absolve, lors de son décès, reconnoissons pour notre Roi & Prince naturel selon les Loix fondamentales de ce Royaume, Henri IV, & lui promettons tout service & obéissance, *sur la promesse & serment qu'il nous a fait, ci-dessus escrits, & aux conditions* que, dans deux mois, Sa Majesté fera interpeller & assembler les dits Princes, Ducs, Pairs & Officiers de la Couronne, & autres Seigneurs qui étoient fideles Serviteurs du dit défunt Roi, lors de son décès, pour tous ensemble prendre plus ample délibération & résolution sur les affaires de ce Royaume: attendant la décision des Conciles & Etats Généraux, ainsi qu'il est porté en la promesse de sa Majesté &c (h).

Dans tous ces sermens conditionnels, la condition étoit imposée par les Sujets, qui ne promettoient l'obéissance, que dans le cas où le Souverain conserveroit leurs privileges, & les gouverneroit avec justice.

(g) Supplément au Corps Diplomatique. Tom. 2. Part. 2. Pag. 149. 150.
(h) Supplément au Corps Diplomatique. Tom. 2. Part. 1. N. 83.

Dans d'autres occasions, la condition a été mise par les Princes eux-mêmes qui ont consenti qu'on leur refusât l'obéissance, s'ils violoient leurs promesses. C'est ce qu'on voit dans tous les *Pacta Conventa* faits avec les Rois de Pologne, & dans tous leurs sermens.

Lorsque le Duc d'Anjou eut été élu à cette dignité en 1573, il prêta serment à Paris dans l'Eglise de Notre-Dame, en présence des Députés par les Etats de Pologne, de garder tous les articles qui avoient été accordés à Varsovie, entre les Etats & les Ambassadeurs de la France. Ce serment contient une clause résolutoire. Dans le cas où le nouveau Roi le violeroit en quelque tems, il dégage lui-même ses Sujets de l'obéissance envers lui (i).

On trouve la même clause dans le Serment prêté, le 8 Fevrier 1576, par Etienne qui fut élu Roi de Polologne, après le Duc d'Anjou (k).

Les *Pacta Conventa* d'Auguste III, en 1733 finissent ainsi:

„ Que si, dont Dieu nous préserve, nous venions à passer les bornes
„ des droits légitimes, des libertés, articles & conditions, ou à ne les
„ pas remplir; nous déclarons alors les Citoyens du Royaume, de
„ l'une & de l'autre Nation, libres de l'obéissance & de la foi qu'ils
„ nous doivent suivant les Constitutions de 1576, de 1607, & de
„ 1609 (l)."

Clause résolutoire mise dans le serment d'Auguste III Roi de Pologne dans son serment en 1733.

Outre les *Pacta Conventa* qui forment les conditions sous lesquelles le Roi est élu, il prête un serment lors de son Couronnement, & ce serment contient encore la clause résolutoire de l'obéissance. Celui qui fut prêté par Auguste III, finit ainsi.

„ Et si (à ce qu'à Dieu ne plaise) il m'arrive de violer mon serment
„ en quelques points, tous les habitans du Royaume & des autres Domai-
„ nes de chaque Nation, ne seront plus tenus de me rendre obéis-
„ sance, & même je les délivre, *ipso facto*, de la foi promise, & de
„ l'obéissance qu'ils doivent à leur Roi, conformément à l'intention des
„ Constitutions exprimées dans les *Pacta Conventa*. Je ne demanderai non
„ plus à personne l'absolution de ce même serment, ni ne la recevrai
„ quand elle me seroit offerte. Ainsi Dieu me soit en aide & ses Saints
„ Evangiles (m).

Voici la relation du Couronnement de Jean d'Albret devenu Roi de Navarre, du chef de Catherine, sa femme. La cérémonie fut faite dans l'Eglise de Pampelune, le 10 Janvier 1494, les trois Etats du Royaume étant assemblés (n).

L'Evêque de Pampelune leur demande s'ils veulent être Rois, & sur la réponse affirmative, il ajoute:

Conditions apposées à

„ Puisqu'ainsi est, très excellents Princes & puissans Seigneurs &

(i) Corps Diplomatique du Droit des Gens. Tom. 5. Part. 1. Pag. 224.
(k) Ibid Pag. 253.
(l) Science du Gouvernement. Tom. 2. Pag. 641.
(m) Mémoires pour servir à l'Histoire & au Droit public de Pologne. Pag. 61.
(n) Histoire de Charles VIII par Godefroi. Pag. 1695.

Jean d'Albret Roi de Navarre, lors de son Couronnement en 1494.

"Dames, devant que passer plus avant à la sacrée onction de votre heureux Couronnement, il est nécessaire que vos Altesses fassent aux Peuples le serment que leurs Prédécesseurs, Rois de Navarre ont fait en leurs tems, & en après le Peuple vous prêtera son serment accoutumé. Et les dits Rois & Reine répondirent qu'ils l'avoient pour agréable, & étoient prêts de faire le serment.

Il fut aussitôt prêté ainsi:

"Nous Dom Jean, par la grace de Dieu, Roi de Navarre, & nous Dona Catherine, par la même grace Reine propriétaire du dit Royaume, avec le congé du Roi Dom Jean, mon mari, & un chacun de nous à part, comme il nous appartenoit, jurons sur cette Croix & les saints Evangiles, les touchant de nos mains, à vous Prélats, Gentilshommes, Chevaliers, Bourgeois & Habitans des bonnes Villes, & à tout le Peuple de Navarre, tant absent que présent, & vous promettons vous maintenir aux Privileges, Droits & Coutumes, franchises & libertés, comme vous les avez par ci-devant eus, les garder & conserver à vos successeurs, & à tous nos Sujets du Royaume de Navarre, tout le tems de notre vie, les augmentant plutôt que de les amoindrir en aucune façon ou maniere que ce soit. Et promettons aussi abolir ou faire abolir toutes les forces & violences faites au contraire par nos Prédécesseurs Rois de Navarre, à qui Dieu pardonne, ou par leurs Officiers en leur tems, amender & remettre le tout selon le droit, quelque excuse que l'on pût prétendre.

"Semblablement voulons, & ainsi nous plaît que si en ce que nous avons juré, ou en partie d'icelui, nous venions à nous départir de quelque point, que les dits Etats & Peuples de notre dit Royaume ne soient tenus de nous obéir ès choses en quoi nous aurons contrevenu. De même nous la dite Reine Catherine, avec la permission du Roi Dom Jean, notre Seigneur & mari, & en sa présence, jurons à Dieu sur cette Croix & les Saints Evangiles touchés de la main, que chacune des choses sus dites, par le Roi, notre dit Seigneur & mari jurées autant qu'à nous est, & qu'à nous peut appartenir, les tiendrons, observerons & accomplirons de fait, sans y contrevenir en aucune maniere; & si nous le faisons, que tout soit nul & de nulle valeur."

Après le serment ainsi prêté par le Roi & la Reine, les Etats prêterent le leur en ces termes:

"Nous les Etats du Clergé, Nobles, Seigneurs, Gentilshommes, Chevaliers, Bourgeois, Procureurs & Députés des Villes du Royaume, jurons à Dieu sur cette Croix & Saints Evangiles par nous manuellement touchés, à vous notre Sire, Dom Jean, par la grace de Dieu Roi de Navarre, pour le droit qu'à vous appartient à cause de la Reine Catherine votre épouse, & notre Reine & Dame naturelle, que garderons & défendrons bien & fidélement vos illustres

„ Perſonnes, Couronne & Pays, & vous aiderons à garder, défendre
„ & maintenir toutes nos Loix & Ordonnances par vous jurées, en
„ tout ce qui nous ſera poſſible."

Grotius ne fait pas difficulté d'approuver ces clauſes commiſſoires, appoſées à la conceſſion de la Souveraineté; & dans ce cas il autoriſe la réſiſtance active.

„ Enfin, dit-il, lorſqu'en établiſſant un Roi, on a ſtipulé expreſ-
„ ſément qu'au cas qu'il arrivât telle ou telle choſe, on pourroit lui ré-
„ ſiſter; encore même que cette clauſe n'emporte aucun partage de
„ la Souveraineté, on ſe réſerve du moins par là quelque partie de
„ la liberté naturelle, & une liberté indépendante de l'Autorité Royale.
„ Or rien n'empêche que chacun, en aliénant ſes droits en faveur
„ d'autrui, ne le faſſe ſous telle reſtriction que bon lui ſemble.
„ Pourquoi ne pas dire ſans détour (c'eſt l'obſervation de Barbei-
„ rac ſur cet endroit) que cette réſerve dégage de l'obéiſſance, lorſ-
„ que le cas vient à arriver, enſorte que ſi le Prince s'obſtine à faire
„ ce qui lui eſt défendu par une telle clauſe, qui a force de Loi fonda-
„ mentale, le Peuple ne doit plus le regarder comme ſon Souverain?
„ On ne conçoit pas que la reſtriction puiſſe naturellement avoir
„ d'autre but & d'autre effet (o)."

„ Que dirons-nous, demande ailleurs Grotius, des promeſſes ac-
„ compagnées de cette clauſe, que, ſi le Roi vient à violer ſes enga-
„ gemens, il ſera déchu de la Couronne? N'eſt-ce plus alors un
„ Pouvoir Souverain? Je crois que ſi: tout ce qu'il y a, c'eſt que la
„ condition appoſée met quelques bornes à la maniere de poſſéder la
„ Souveraineté, & en fait à-peu-près une Souveraineté à tems. Il
„ en eſt ici comme d'un fond que l'on tient à charge de fidéi-commis:
„ ce fond n'eſt pas moins nôtre, que ſi on en étoit maître avec un plein
„ droit de propriété: on le poſſede ſeulement d'une maniere à crain-
„ dre qu'on ne ſoit un jour obligé de le rendre. Une ſemblable clauſe
„ commiſſoire peut être ajoutée non ſeulement aux conventions entre
„ le Peuple & le Roi, à qui il confere l'Autorité Souveraine, mais
„ encore aux autres ſortes de contrats, qui ne changent pas pour
„ cela de nature. On trouve des Traités d'alliance faits ſous cette
„ condition avec des Voiſins, ou même par leſquels il eſt ſtipulé que
„ les Sujets n'aideront point leur Roi, ou ne lui obéiront point,
„ s'il vient à violer ſes engagemens (p)."

Wolff qui avoit enſeigné d'abord en général, qu'il n'eſt jamais permis de réſiſter à celui qui eſt revêtu de la Puiſſance Publique, eſt forcé
enſuite de mettre des exceptions à ce principe, il reconnoît que le Royaume peut tomber en commiſe, ſoit lorſqu'il eſt tenu en Fief, par
la félonie envers le Suzerain, ſoit par la clauſe commiſſoire, ſuivant

Selon Grotius la réſiſtance active eſt permiſe, lorſque le Souverain viole de pareilles conditions.

Selon Barbeirac, ſi le Prince s'obſtine à violer les conditions, le Sujet eſt dégagé de l'obéiſſance.

Selon Wolff, la violation

(o) Droit de la Guerre & de la Paix. Liv. 1. Chap. 4. §. 14.
(p) Ibid. Liv. 1. Chap. 3. §. 16. N. 4.

de la clause commissoire, fait que le Souverain cesse de plein droit d'être Roi.

Le Peuple a droit de résister par la force.

laquelle les Sujets sont dégagés du serment de fidélité, dans le cas où le Souverain viendra à faire certaines choses, à se conduire d'une certaine maniere. Dans ces cas, il cesse de plein droit d'être Roi, & devient personne privée (q).

Il admet cependant une différence entre les deux cas, en ce que dans le premier, le Peuple n'a pas droit d'employer la force, parce qu'il ne s'agit que de l'intérêt du Suzerain. Mais dans le second cas, le Peuple qui a stipulé la clause commissoire, a droit de résister par la force (r).

L'Auteur donne pour exemple de ces clauses, celle qui est inférée dans tous les sermens des Rois de Pologne.

Ce seroit cependant abuser étrangement des ces clauses commissoires, que d'y chercher un prétexte à la désobéissance, ou à la résistance active, toutes les fois que le Souverain, par une suite de la fragilité humaine, auroit violé, ou sans le savoir, ou sans le vouloir, quelque article des conventions. On a cherché à prévenir cet inconvénient en Pologne.

Précautions prises en Pologne pour empêcher qu'on n'abuse de ces principes.

„ Pour empêcher que cette Loi n'occasionnât des troubles domes-
„ tiques, & que les Sujets ne renonçassent à l'obéissance du Roi,
„ aussitôt qu'il auroit fait quelque infraction aux Droits & aux *Pacta*,
„ elle fut expliquée en 1576; & l'on déclara que l'obéissance des Sujets
„ ne devoit pas cesser, si par quelque erreur naturelle aux hommes le
„ Roi laissoit échapper quelque action qui semblât blesser le droit &
„ la liberté commune, mais que cela n'avoit lieu qu'au cas que le Roi
„ volontairement & sciemment opprimât les droits & les libertés par
„ sa puissance, ou par mépris, ou par légèreté les rendit douteuses,
„ ensorte que les avertissemens du Sénat & des autres ordres du Royau-
„ me ne fissent aucune impression sur lui. Il fallut encore interpréter la
„ Loi du tems de Sigismond III, lorsqu'on reprochoit à ce Prince
„ qu'il avoit violé les droits, & négligé d'accomplir les *Pacta*, & que
„ plusieurs déclaroient ouvertement le dessein qu'ils avoient formé de
„ lui donner un successeur. Le Roi répondit à la Diete de 1607; que
„ si le droit étoit violé de propos délibéré, ou que quelqu'un fût
„ opprimé contre les droits & la liberté commune, & que la chose
„ fût claire & parlante, chaque Sénateur, dans son District, pouvoit
„ communiquer l'affaire aux autres, & en faire rapport au Primat, qui

(q) *Si Regnum committatur, sive ex felonia in eum, à cujus est feudum, sive ex clausula in ipsa delatione Imperii posita, ut, si Rex hoc aut hoc faciat, subditi omni obedientiæ vinculo solvuntur & Rex in personam privatam recidit. Quacumque enim de causa Regnum amittit, Rex esse desinit; consequenter privatus fit. Quamobrem si Regnum amittat, sive ex felonia, siquidem fuerit infeudatum, sive ex clausula commissoria in delatione Imperii posita; in personam quoque privatam recidit.* Jus Naturæ. Part. 8, §. 1061.

En 1387. Richard roi d'Angleterre ayant par sa mauvaise conduite soulevé tous ses Sujets se vit menacé de perdre la Couronne: „ Il promit de se mieux conduire; il renouvella le serment de „ son Sacre, & reçut l'hommage & le serment de fidélité de ses Sujets; ce qui supposoit en „ quelque sorte qu'ayant violé les privileges de la Nation, les premiers sermens avoient été an„ nullés." Villaret. Hist. de France. Tom. XI. pag. 439.

(r) *Facilè autem patet in casu priori, non subditis, competere jus sumendi arma, sed eos recurrere debere ad Dominum feudi, cujus res agitur. At in casu posteriori, populo jus est resistendi, qui clausulam commissoriam in delatione Imperii posuit.* Ibid.

„ seul, ou après avoir tenu Conseil avec les autres Sénateurs, en aver-
„ tiroit le Roi, lequel redresseroit ce qui auroit été mal fait; qu'au
„ cas qu'il ne le fît pas, le même Primat, de concert avec les Séna-
„ teurs du Royaume, devoit avertir une seconde fois le Roi; & enfin,
„ si la necessité l'exigeoit, exposer la chose aux Ordres assemblés en
„ Diete. Que si après tout cela, le Roi n'avoit pas de bonnes raisons
„ à alléguer de sa conduite, & ne vouloit pas déférer aux prieres des
„ Ordres, ceux-ci pourroient agir en vertu de la Loi qui ordonne de
„ refuser l'obéissance. La Constitution de 1609 ordonne pareille-
„ ment trois avertissemens avant que d'en venir au refus de l'obéissance,
„ le premier & le second en particulier, le premier, par le Primat
„ & les Sénateurs qui sont auprès du Roi, ou par quelque autre Séna-
„ teur que ce soit, & le second par les Nonces du District, auquel l'af-
„ faire aura été apportée par un Sénateur, ou par un Gentilhomme
„ dans l'Assemblée avant la Diete; & le troisieme en public par tous
„ les Ordres, en présence de la Diete. Mais, lorsque quelqu'un,
„ sans avoir observé ces avertissemens & les autres préliminaires
„ requis à ce sujet, s'aviseroit de lever des Troupes, d'exciter des
„ tumultes, & de troubler la paix, sous prétexte que le Roi auroit agi
„ contre le salut & la liberté de la République, il seroit cité à la Die-
„ te, & jugé par les Ordres du Royaume, en l'absence du Roi. La
„ République a cru devoir prendre toutes ces précautions, parce que
„ la Majesté du Prince & le salut des Citoyens peuvent souvent
„ courir de grands risques, par des soupçons qui ne parviennent pas à
„ la connoissance du Prince. Le monde en a vu un exemple, & la
„ Pologne l'a éprouvé sous Auguste II, le plus clément des Rois, lors-
„ que quelques Particuliers, faisant une scission dans la République,
„ auroient détrôné ce Prince, lui qui, bien-loin de s'obstiner dans
„ l'injustice, n'avoit point été averti dans les regles, & n'avoit rien
„ à se reprocher, si la République n'avoit courageusement défendu
„ son Roi (s)."
 Non seulement on trouve beaucoup d'exemples de clauses commissoires, apposées expressément à la promesse d'obéissance; mais il y en a
plusieurs autres qui paroissent renfermer la même condition tacite & implicite, en ce que les Souverains faisoient les premiers serment à leur
Peuple; & celui-ci ne promettoit obéissance que d'après la promesse
antérieure qui venoit de lui être faite par le nouveau Monarque.

 Henri V étant monté sur le Trône d'Angleterre, en 1412, après *Exem-*
la mort de son pere, refusa l'hommage que les Grands du Royaume *ple de Souve-*
vouloient lui rendre, parce qu'il ne s'étoit pas encore obligé à la Nation *rains qui*
par le serment. *refusent de rece-*
„ N'étant que Prince de Galles, ses violences, & la débauche effré- *voir le*
„ née dans laquelle il vivoit lui avoient fait perdre l'estime de la *serment.*

(s) Mémoires pour servir à l'histoire & au Droit Public de Pologne. Pag. 308.

MAXIMES DU DROIT

avant d'avoir fait le ferment à la Nation.

„ Nation ; un incident fingulier la lui rendit. Etant entré dans une
„ Cour de Juftice pour appuyer de fa préfence la caufe d'un de fes favo-
„ ris, qui toutefois fut condamné, il donna un foufflet au Juge fur fon
„ Tribunal. Le Magiftrat ordonna fur le champ qu'on le conduifît en
„ prifon. Le Prince revenu à lui même obéit fans répliquer. Cette
„ réparation de fa faute & fa foumiffion aux Loix lui firent beaucoup
„ d'honneur. Après la mort de fon pere, il refufa l'hommage que les
„ Grands vouloient lui rendre avant fon couronnement, en difant qu'il
„ n'étoit pas jufte qu'ils s'obligeaffent à lui être fideles, avant qu'il fe
„ fût lui même engagé par un ferment folemnel à les gouverner
„ équitablement & felon les Loix. Parvenu au Trône, il fit venir
„ tous ceux qui avoient eu part à fon dérangement, & qui comptoient
„ déjà fur fa faveur : il exhorta publiquement les complices des éga-
„ remens de fa jeuneffe à reconnoître leurs fautes & à changer de con-
„ duite ; il leur fit des préfens, & leur défendit de jamais de paroitre
„ devant lui (t)."

Les Ducs de Normandie faifoient un ferment femblable à celui des Rois de France.

Dans l'ancien formulaire du Couronnement des Ducs de Normandie,
& de leur entrée à Rouen, on voit le ferment qu'ils prétoient au Peuple.
Le ferment prêté au Couronnement eft femblable à celui de nos Rois.

A la premiere entrée dans la Ville de Rouen, le Duc jure „ Qu'il gar-
„ dera & entretiendra l'Eglife & les Miniftres d'icelle, & même les No-
„ bles & autres Manans & Habitans de fes Pays & Duché de Norman-
„ die, en leurs droitures, privileges, libertés & franchifes.

„ Qu'il gardera & maintiendra, & fera entretenir & garder les
„ Droits, Loix, Coutumes, Charte aux Normands, Ufages, Franchi-
„ fes & Liberté du dit Pays & Duché.

„ Qu'il adminiftrera & fera adminiftrer par fes Officiers à fes dits
„ Sujets & autres fréquentans au dit Pays, bonne juftice, auffi bien
„ au pauvre comme au riche, les gardera & défendra d'oppreffions,
„ exactions & violences indues."

Les Hiftoriens qui ont décrit le Couronnement de Richard, Cœur
de lion, Duc de Normandie, en 1199, rapportent que Gauthier,
Archevêque de Rouen, lui fit jurer fur les Evangiles, qu'il défendroit
l'Eglife, maintiendroit fa dignité, feroit obferver les Loix pour la confervation de la Juftice, & le repos du Peuple. Après cela, il reçut le
ferment de fidélité de tous les Barons de Normandie. Ce Cérémonial a
été obfervé à l'égard de tous fes fucceffeurs, jufqu'à la réunion de la
Normandie à la Couronne (u).

Les Ducs de Bretagne faifoient auffi ce ferment.

Lorfque les Ducs de Bretagne faifoient leur premiere entrée à Rennes, pour y être couronnés, ils trouvoient la porte de la Ville fermée. L'Evêque de Rennes y prenoit d'eux le ferment d'entretenir
l'Eglife de Bretagne & fes Miniftres en fes droits, privileges & anciennes
libertés Le Gouverneur de la Ville exigeoit un ferment femblable en faveur

---

(t) Hiftoire de France par Villaret, Tom. 13. Pag. 250.
(u) Cérémonial François Tom. 1. Pag. 602. 604.

veur de la Nobleſſe, des Villes & du commun Peuple. Ce n'eſt qu'a-
près ce ſerment qu'on lui ouvre la porte.

Ce ſerment précede très-certainement toute promeſſe de la part du
Peuple ; ce n'eſt qu'après la Meſſe du Couronnement, qu'il étoit d'uſage de recevoir les hommages des Barons & Seigneurs des Pays &
Duché, & les ſermens de fidélité. François, Duc de Bretagne, IIIe.
du nom, fils de François I. Roi de France, lors de ſon Couronnement à
Rennes, en 1532, diſpenſa de cette preſtation d'hommage & de ſerment, ſe contentant de ceux qui avoient été reçus par François I. ſon
pere, ayant l'adminiſtration & l'uſufruit du Duché. (v)

En général le ſerment du Souverain précédoit celui du Peuple; ce qui prouve que la promeſſe du Prince étoit une condition impoſée par le Peuple.

Charles VIII ſe prétendit appellé à recueillir le Duché de Bretagne,
dans le cas où le Duc décéderoit ſans poſtérité maſculine.

En conséquence de ce droit eſſentiel, il fit un Traité, le 22 Octobre 1484, avec les Seigneurs des Etats de Bretagne (w). Il y parle
d'abord ainſi:

„ Comme à notre Sacre, en enſuivant les louables coutumes &
„ anciennes obſervations de nos Prédéceſſeurs, nous avons promis &
„ juré ſolemnellement d'entretenir l'autorité & prééminence de la Cou-
„ ronne, & les droits d'icelle & de notre Royaume, garder & défendre,
„ auſſi de non aliéner ou diminuer aucun d'iceux, mais de les augmenter
„ & accroître par tous bons moyens licites & convenables."

Charles VIII ſe ſoumet à cette condition dans un Traité fait avec les Etats de Bretagne.

On peut obſerver ſur ces premieres paroles:

1°. Que nos Rois ont toujours fait ſerment à leur Sacre.

2°. Qu'ils ont regardé ce ſerment comme obligatoire, comme formant
une Loi pour eux.

3°. Que s'ils ont promis de maintenir & d'étendre leur autorité, c'eſt
par des moyens bons, licites & convenables. Si Louis XI avoit voulu
garder ſon ſerment, il n'auroit pas *mis les Rois hors de page*. Car il
n'eſt ni bon, ni licite, ni convenable d'uſurper les droits de la Nation,
& de renverſer les Loix conſtitutives de la Monarchie.

Charles VIII. ajoute qu'étant appellé à poſſéder un jour le Duché
de Bretagne, pour s'en faciliter d'avance la priſe de poſſeſſion, & pour
prévenir toute guerre en cas d'événement, il a pour le bien dudit Duché, nobles & habitans dudit Pays, accordé les Articles qu'ils lui ont requis, dont la teneur s'enſuit.

„ Que la Juſtice dudit Duché ſera entretenue & exercée, ainſi qu'elle
„ a été du tems des Ducs précédens; & le cas deſſus dit échu, ſeront
„ les Officiers natifs dudit Pays & Duché commis par Nous, de laquelle
„ Nous garderons & entretiendrons les Coutumes, prééminences &
„ privileges, tout ainſi & par la forme qu'elles ont été paiſiblement par
„ ci-devant gardées, tenues & obſervées. Item, que les Seigneurs, No-
„ bles & Subjets dudit Pays & Duché demeureront & ſeront entretenus
„ en leurs libertés, droits & privileges, tout ainſi qu'ils ont été du tems

(v) Ibid. Pag. 609 & ſuiv.
(w) Hiſtoire de Charles VIII, par Godefroi. Pag. 457.

„ des précédens Ducs, fans que aucune chofe leur y foit innovée, ou de-
„ mandée plus avant. Item, ne feront par Nous levées ni exigées aucu-
„ nes tailles, fouages & impôts, ni autres fubfides fans l'avis & délibéra-
„ tion des Etats dud. pays, & comme il a été accoutumé de faire du
„ tems des feus Ducs précédents & le Duc de préfent.
„ Si le cas préfuppofé avenoit, nous promettrons & jurerons à notre
„ entrée à Rennes, d'entretenir & garder les points & chofes deffus dites
„ & autres que les Ducs ont accoutumé de jurer; & au cas que bonnement
„ ne pourrions nous transporter audit lieu, Nous à ce faire envoierons &
„ ordonnerons aucun Prince de notre fang, ou autre grand perfonnage,
„ pour faire le dit ferment, & accomplir les chofes en tel cas requifes,
„ lequel après nous ratifierons & confirmerons ès mains d'iceux qui pour
„ lefdits Sieurs & Etats feront envoyés devant nous, tout & ainfi & par
„ la forme & maniere que par eux fera advifé. Et au cas que nous ou
„ nos fucceffeurs aurions plus d'un fils, nous avons voulu & déclaré,
„ voulons & déclarons que l'un d'eux fuccede à ladite Duché de Bretagne,
„ ainfi que par lefdits Seigneurs & Etats fera advifé. Item, s'il y a aucu-
„ nes autres chofes que les deffus dites, qui foient néceffaires & uti-
„ les pour le bien defdits Pays & Duché, nous avons promis & pro-
„ mettons les accorder & paffer ainfi qu'il fera advifé par les deffus
„ dits préfens & autres Seigneurs dudit Pays & Duché abfens & E-
„ tats d'iceux quand befoin & métier en fera. Toutes lefquelles chofes
„ & chacune d'icelles Nous par la foi & ferment de notre corps &
„ en parole de Roi, avons promis & promettons entretenir, garder
„ & accomplir, fans pour quelconque caufe venir au contraire du con-
„ tenu en ces préfentes."

En conféquence de ces promeffes, les Seigneurs Bretons firent à Charles VIII. un ferment éventuel. Voici le titre fous lequel il eft rapporté
par-tout.

„ Promeffe de divers Seigneurs de Bretaigne, faite au Roi Charles
„ VIII, de le reconnoître pour Souverain, après le décès du Duc
„ François, à condition d'être maintenus en tous leurs droits, libertés &
„ franchifes." (x).

Il y eft dit qu'ils fe font retirés vers Charles VIII, lui ont remontré l'état
& affaires du Duché, qu'il leur a accordé le contenu ès Articles qu'ils lui
ont préfentés, & que, comme il eft raifonnable & utile au bien du Pays
qu'ils lui déclarent le defir qu'ils ont de le fervir & de lui obéir en toutes
chofes, ils jurent & promettent par la foi & ferment de leur corps &c.

En 1495. Philippe Archiduc d'Autriche prend

Le 17 Novembre 1495, Philippe, Archiduc d'Autriche, prit pos-
feffeffion du Comté de Flandres & de la Ville de Gand, par le miniftere
de Commiffaires qu'il avoit députés à cet effet. On les conduifit à l'E-
glife de Saint-Jean de Gand, où le Comte de Flandre avoit coutume de
prêter ferment à fon Peuple; & ils le prêterent en cette forme.

(x) Hiftoire de Charles VIII, par Godefroi. Pag. 458.
Recueil de Traités de Paix de Léonard. Tom. 1. Pag. 295.
Corps Diplomatique du Droit des Gens. Tom. 3, Part. 2 Pag. 137.

PUBLIC FRANÇOIS. Chap. VI.

„ Nous Procureurs de notre redouté Seigneur, Philippe, Archi- *possession*
„ duc d'Autriche, Duc de Bourgogne, Comte de Flandres, jurons *du Comté*
„ en son nom de défendre & faire défendre le droit appartenant à la *de Flandres aux*
„ Sainte Eglise; de maintenir & faire maintenir le Pays de Flan- *mêmes*
„ dres, en paix, en droit & en Loi, de conserver & faire conserver *conditions.*
„ les privileges, franchises, coutumes, usages & droits de la Ville
„ de Gand, suivant le Traité derniérement fait à Casant devant
„ l'Ecluse & conformément audit Traité, de garder & faire garder
„ le droit du Pauvre & du Riche, comme un légitime Seigneur & Comte
„ de Flandres doit le faire tout le tems qu'il le sera. Ainsi nous aide
„ Dieu & tous ses Saints".

Après cela, les Commissaires de l'Archiduc furent conduits à la Place publique, où étoient tous les Officiers de Justice & tout le Peuple. Le Pensionnaire & Avocat de la Ville de Gand lui déclara que les Commissaires de l'Archiduc venoient prendre possession du Comté de Flandres; qu'ils avoient prêté en son nom le serment ordinaire & accoutumé; & en conséquence il exhorta tout le Peuple à prêter aussi serment à l'Archiduc suivant l'usage, & cela fut fait. (y)

Suivant les anciennes descriptions des cérémonies du Sacre de nos Rois, ils commençoient par faire serment au Peuple; après quoi il les acceptoit pour Souverains, & leur vouoit l'obéissance. On le voit dans le Sacre de Philippe I, en 1059, dans l'ordre dressé sous Louis VIII, en 1226. Depuis on a changé la formule, & le Peuple donne son consentement, avant la prestation du serment du Royaume.

Mais, quoi qu'il en soit de ces conditions implicites, il y en a eu d'expressément imposées dans tous les tems, dont l'inobservation autoriseroit la Nation au refus d'obéissance, & même à la résistance active.

Ainsi en supposant que Dieu communique immédiatement son pouvoir aux Rois, les Peuples ne sont pas moins libres, & dans le choix de la personne qui doit commander, & dans les conditions qu'ils imposent à ce choix. Si le Souverain le rend inutile par sa conduite, la Nation en choisira un autre, auquel Dieu départira de nouveau son autorité.

En 1185. le Pape Honoré IV. publie une Bulle pour soustraire les Peuples de Sicile aux effets du despotisme & pour restreindre l'autorité de leurs Rois. Il expose amplement dans le préambule l'inconvénient qui résulte pour les Rois eux-mêmes de la domination tyrannique (z), &

(y) *Fuit propositum, & omnibus & singulis significatum pariter... Commissarii & Procuratores juramentum, prout solitum est & consuetum, pro eodem Principe præstiterunt.... Quare admonebantur omnes & singuli, quatenùs eisdem consideratis juxta antiquam consuetudinem.... debita subjectionis, fidelitatis, atque legalitatis juramentum præstarent.* Histoire de Charles VIII, par Godefroi. Pag. 730 & suiv.

(z) *Hæc in præsidentium injuriosis processibus, & inductarum oppressionum in subditos excessibus patent apertiùs & evidentiùs ostenduntur, in quorum multiplicatione satiantur corda læsorum, & quantominùs datur opportunitas licitè propulsandi, quæ inferuntur illicitè, tanto rancor alterius radicatur interiùs & periculosiùs prorumpit excessus, opportunitate concessâ, fiunt enim plerumque hostes ex subditis, transeunt auxilia securitatis in metum, munitiones in formidinem convertuntur, nutant regnantium solia, redundant regna periculis intestinis, quatiuntur insidiis, extrinsecùs insultibus impetuntur audaciùs, & regnantes in eis, qui operantes justitiam, exaltationis gloriam mereren-*

pour en garantir les Siciliens, il prononce un grand nombre de Réglèmens, qu'on voudroit pouvoir rapporter en détail.

Le Roi ne pourra mettre à l'avenir aucuns impôts que pour la défense du pays, pour sa rançon en cas de captivité, lorsque lui ou ses enfans seront faits Chevaliers, pour le mariage de ses filles. On fixe la somme qui pourra être imposée pour chacun de ces cas; & on ne pourra pas faire différentes impositions si plusieurs de ces cas se rencontrent dans la même année.

Le Pape défend de changer les monnoies, d'obliger les Peuples à la fabrique des vaisseaux, à la garde des prisonniers, au transport de tous les effets appartenants au Roi, à la réparation des Châteaux. Il défend d'accuser & d'emprisonner, si ce n'est dans les formes de justice, & dans des Tribunaux réglés. Il veut que le Roi soit accessible à ses Sujets, & leur ouvre une porte par où leurs plaintes puissent lui parvenir. (a) Il proscrit tous les ordres arbitraires, en ordonnant que s'il y a des informations à faire contre quelqu'un, elles seront faites en sa présence, & qu'on lui en communiquera les objets, afin qu'il puisse se défendre (b).

Après plusieurs dispositions tendantes à maintenir la liberté des personnes, la propriété des biens, le droit des successions, le Pape, pour assurer l'exécution de son Decret, veut qu'on ait recours à lui, si le Roi vient à y contrevenir, si dans l'espace de dix jours, il n'a pas révoqué la contravention, sa chapelle sera interdite de plein droit. Il en sera de même au cas, où, soit lui, soit ses Officiers, empêcheroient de se pourvoir à Rome, s'il néglige cette Censure pendant deux mois, alors il sera excommunié.

Et si, c'est la clause importante, il persiste pendant six mois dans son endurcissement, alors ses Sujets ne seront tenus de lui obéir en quoi que ce soit, suivant la dispense qui leur en sera accordée par le Pape (c).

Les Rois de Sicile faisant à l'avenir au Pape l'hommage de leur Royaume, jureront d'observer tout ce qui est contenu dans cette Bulle, & le promettront par Lettres Patentes scellées de leur sceau.

tur, humiliati propter injustitias frequenter opprobrium dejectionis incurrunt. In præmissis, & si Scriptura nos instruant, efficacius tamen notis nobis docemur exemplis. Quantis enim tempore quondam Frederici olim Romanorum Imperatoris propter illatas regnicolis afflictas, illicitas & oppressiones indebitas, in Regno Siciliæ non absque immensitate gravaminis inductas ab ipso, Regnum ipsum tempestatibus fluctuarit, quot & quantis rebellionibus concussum extiterit; quot invasionibus attentatum: quantùm per ipsum, & posteros suos depaupertatum opibus; quot incolarum exilits & stragibus diminutum, nullum ferè angulum orbis latet. Quàm præcipiti Fredericus idem, & genus ipsius ruinâ corruerit, probat notorius casus ejus, & manifestus eorumdem exterminium posterorum. Supplément au Corps Diplomatique du Droit des Gens, Tom. I. Part. I. Pag. 146.

(a) Item statuimus super eo, quod Regnicolæ conquerebantur, quòd eis gravatis pro relevationis obtinendo remedio ad Regem aditus non patebat, ut per Regem taliter provideretur, quòd quærelæ subditorum ad eum valeant liberè pervenire.

(b) Providendo præcipimus, ut si quando in Regno prædicto contrà autenticam personam fuerit inquisitio facienda, nisi ed præsente, vel se per contumaciam absentante, non fiat; si verò præsens fuerit, exhibeantur sibi capitula, super quibus fuerit inquirendum, ut sit eis defensionis copia & facultas.

(c) Et si deinde per sex menses interdictâ hujusmodi sustinuerit animo indurato, exinde sit sententiâ excommunicationis innodatus, quam si per alios sex menses contumaciâ obstinatâ sustineat, ex tunc subditi ad mandatum Sedis ejusdem ipsi propterea faciendum, in nullo sibi obediant, quandiù in ejusmodi obstinatione persistet.

Honoré IV. ne croyoit certainement pas que les Rois ne puſſent mettre de bornes à leur propre puiſſance, qu'elle dût être illimitée, que les Sujets ne puſſent être en aucuns cas diſpenſés de l'obéiſſance.

On n'éludera pas ces conſéquences en diſant que c'eſt une entrepriſe ſur le temporel. Le Pape n'a prononcé ainſi, que du conſentement exprès de Charles II. & de ſon prédéceſſeur, qui par leur Lettres, l'avoient prié de travailler à la réforme de leur Royaume, ſe ſoumettant d'avance à tout ce qu'il ordonneroit à cet égard. Charles II d'ailleurs confirme expreſſément tous les Décrets du Pape par ſes Lettres du 13 Mars 1286. ordonnant à tous ſes Officiers de s'y conformer exactement.

Joſſe Marquis de Moravie, élu Empereur en 1410. a publié une Conſtitution par laquelle il donne le pouvoir le plus exprès à tous ſes Sujets, de déſobéir, de réſiſter même à lui & à ſes ſucceſſeurs, en cas qu'ils vinſſent à y contrevenir, de quelque maniere que ce fût, ou à la rétracter (d).

On n'affoibliroit pas l'autorité de ce Decret, en diſant que Joſſe n'eſt pas compté au nombre des Empereurs parce qu'il ne l'a été que ſix mois, parce qu'il n'a jamais été couronné à Aix la-Chapelle, parce que ſon élection n'avoit pas été unanime, le plus grand nombre des ſuffrages ayant été pour Sigiſmond. Tous ces faits ne prouveront rien, à moins qu'on n'établiſſe qu'ils ont été le motif unique de la Loi, que Joſſe n'auroit pas promulguée, s'il avoit été en paiſible poſſeſſion de l'Empire.

L'Auteur qui la rapporte, avertit qu'il y en a une toute ſemblable publiée par André Roi de Hongrie dans les Etats de ſon Royaume en 1222 (e).

Outre ces clauſes commiſſoires qu'on peut regarder comme générales, il y en a eu de particulieres; c'eſt à dire que les Rois ont permis à leurs Sujets de leur refuſer l'obéiſſance, même de prendre les armes contre eux, s'ils faiſoient une certaine choſe, s'ils manquoient à une certaine promeſſe. C'eſt ce qu'on lit dans le Traité d'Arras fait en 1482, par Louis XI, le plus abſolu, le plus violent de tous nos Rois, celui qui, dit-on, *les a mis hors de page*. On voit dans ce Traité, conclu avec Maximilien, Duc d'Autriche, que tous les Souverains voiſins ne regardoient pas la France comme un Royaume Deſpotique; qu'on ne croyoit pas le Roi en droit de conclure les affaires importantes

Outre les clauſes générales qui avoient pour objet la conſervation des droits de la Nation, on en a quelquefois impoſé de particulieres.

(d) *Quod ſi nos ipſi (quod abſit) aut quiſpiam ſucceſſorum noſtorum Romanorum Regum vel Imperatorum (quod non ſperamus) proceſſu temporis aliquo modo, huic noſtræ Conſtitutioni & ordinationi contravenire voluerit, aut eam retractare, aut aliquo quovis modo violare præſumpſerit, præſentium autoritate litterarum, quas mera noſtra auctoritate & poteſtatis plenitudine Regia, ex certa noſtra Majeſtatis ſcientia, cum conſenſu & beneplacito præfatorum ſacri Romani Imperii Principum Electorum, in robur perpetuæ firmitatis ſancivimus, ex tunc tam ipſi Electores quam cæteri Principes, Eccleſiaſtici & Sæculares, Prælati, Comites, Barones, Nobiles ac Communitates ſacri noſtri imperii univerſi & ſinguli, præſentes & futuri, licitam habeant ſine rebellionis aut infidelitatis crimine, reſiſtendi & contradicendi nobis & noſtris ſucceſſoribus Romanorum Regibus vel Imperatoribus in perpetuum libertatem. Datum in Frankenfort &c. anno Domini 1410. anno vero Regni primo.* Goldaſt, Conſtitutiones Imperiales. Tom. 3. Pag. 424.

(e) *Similis prorſus ſanctio eſt Decreto Andreæ Regis Hungariæ facta in Comitiis Regni, anno 1222. Ibid.*

sans le consentement des Etats. (On fait cette remarque pour profiter de l'occasion.)

La principale convention du Traité étoit le mariage du Dauphin, fils de Louis XI, avec Marguerite d'Autriche, fille du Duc Maximilien, sœur de Philippe, Comte de Flandres & d'Artois.

L'Article 33 prévoit le cas où le mariage ayant été célébré, Marguerite viendroit à recueillir les Etats de Philippe, son frere, qui par là se trouveroient dans la main du Dauphin, ou héritier présomptif de la Couronne de France, ou déjà devenu Roi. On stipule pour ce cas, que le Roi & le Dauphin promettent & bailleront leurs Lettres pour eux & leurs successeurs, *& les feront bailler par les Etats de France*, à chacun des dits pays, de les traiter selon leur nature, & de les entretenir en leurs anciens droits, exemptions, usages, coutumes & privileges, & les Villes en leurs privileges, franchises, police & Gouvernement accoutumé. Ainsi, outre la promesse du Roi & du Dauphin, on vouloit encore celle des Etats de France.

Par l'article 88. il est convenu que, pour plus grande sûreté, ce Traité sera autorisé & enregistré en la présence & du consentement du Procureur du Roi au Parlement & aux Chambres des Comtes & du Trésor.

,, Item, c'est l'article 89, se fera le Roi bailler & dépêcher Lettre
,, par les trois Etats de son Royaume, lesquels promettront, & par
,, ordonnance & commandement du Roi s'obligeront d'entretenir ledit
,, Traité, & tous les points & articles y contenus; & s'il avenoit,
,, que Dieu ne doint, que le Roi ou mondit Seigneur le Dauphin, ou
,, leurs successeurs Rois de France y contrevinssent, en ce cas ils ne les
,, aideront, assisteront & favoriseront, ainçois au contraire, porteront
,, toute aide, faveur & assistance à mondit sieur le Duc, à son fils &
,, à ses Pays pour l'entretenement du dit Traité."

Ce n'est pas tout. Le Roi fera bailler Lettres & sceller en particulier par tous les Princes du sang, subrogés au lieu des Pairs, par tous les Pairs Ecclésiastiques, par l'Université de Paris, par les Villes, Cités & Communautés de Paris, Rouen, Orléans, &c. (on nomme vingt-sept des principales Villes du Royaume) & par les Prélats & Nobles des Comtés d'Artois & de Bourgogne, tous lesquels promettront par leurs Lettres & scellés entretenir ledit Traité en tous ses points & articles.

,, Et encore, que de la part du Roi, de mondit Seigneur le Dau-
,, phin, ou autres de par eux, ne sera faite aucune entreprise ou pratique
,, au contraire du Traité, & sûretés accordées aux trois Etats de la
,, Ville de Saint-Omer, durant le tems de la minorité de la dite De-
,, moiselle, & qu'en ce ils les aideront & assisteront par effet, &
,, généralement de ajder & assister à l'entretenement de tous les autres
,, points & articles ci-dessus spécifiés & contenus audit Traité; & que
,, s'il avenoit que de la part du Roi & de mondit Seigneur le Dauphin
,, il y eût aucune enfrainte ou contravention, &, en ce cas, être aidans
,, & confortans mondit sieur le Duc, Monsieur le Duc Philippe son fils

,, & leur Pays; & à cette fin le Roi dès maintenant leur accorde & ordon-
,, ne au dit cas ainſi le faire, & les a déchargés & décharge de leur fer-
,, ment (f).
"Ce Traité a été pleinement ratifié par Louis XI. Ainſi dans le cas où il l'auroit enfreint, le Peuple François auroit été, de ſon conſentement dégagé de toute obéiſſance envers lui, autoriſé même à lui faire la guerre; & cela quoiqu'il fût revêtu d'un pouvoir deſcendu du Ciel. Tant il eſt vrai que Dieu approuve les conventions entre les Rois & les Peuples, & veut bien en rendre ſon opération dépendante.

Louis XI, en faiſant des conventions de ce genre, marchoit ſur les traces de Charles VII ſon pere. Car on en trouve de ſemblables dans le Traité ſigné dans la même ville d'Arras en 1425 entre Charles VII & Philippe le Bon Duc de Bourgogne. Voici l'article 29.

,, Et conſentira le Roi & baillera ſes lettres, que s'il arrivoit ci-a-
,, près que de ſa part fût enfreint ce préſent Traité, ſes Vaſſaux, Féaux,
,, & Sujets préſens & avenir ne ſoient plus tenus de l'obéir & ſervir;
,, mais ſoient tenus dès lors de ſervir mondit ſeigneur de Bourgogne &
,, ſes ſucceſſeurs à l'encontre de lui; & qu'au dit cas tout les dits Féaux,
,, Vaſſaux, Sujets & Serviteurs ſoient abſous & quittes de tous ſermens
,, de fidélité & autres, & de toutes promeſſes & obligations de ſervi-
,, ces, en quoi ils pourroient être tenus par avant envers le Roi Charles,
,, ſans ce que pour le tems après à venir, il leur pût être imputé à charge,
,, & que l'on leur pût rien demander, & que dès maintenant pour lors le
,, Roi Charles leur commande de ainſi faire & les quitte & décharge de
,, toutes obligations & ſermens au cas deſſus dit, & que pareillement ſoit
,, fait & conſenti au côté de mondit ſeigneur le Duc de Bourgogne au re-
,, gard de ſes Vaſſaux, Féaux, Sujets & Serviteurs."

On ſtipule dans l'article 30 que Charles VII, outre les ſermens qu'il fera entre les mains du Légat du Pape & des Ambaſſadeurs du Concile de Baſle, fera bailler au Duc de Bourgogne les ſcellés des Princes & Seigneurs de ſon ſang & autres qui promettront d'entretenir de leur part le contenu dudit ſcellé, & s'il étoit enfreint de la part du Roi, dans ce cas d'être aidans & confortans le Duc de Bourgogne & les ſiens à l'encontre du Roi.

On convient auſſi que Charles VII fera bailler ſcellés de Gens d'Egliſe & autres Nobles, & bonnes Villes de ce Royaume que le Duc de Bourgogne voudra nommer, avec ſûreté de peines corporelles & pécuniaires &c.

Ce Traité eſt d'autant plus important, qu'il a été conclu en préſence du Légat du Pape & des Députés du Concile de Baſle, & expreſſément confirmé par ce Concile (g).

Dans le Traité d'Ancenis conclu entre Louis XI & le Duc de Bréta-

---

(f) Hiſtoire de Charles VIII, par Godefroy, Pag. 324.
(g) Corps Diplomatique du Droit des Gens Tom. 2. Part. 2. Pag. 314. 315.

gné le 10 Septembre 1468 par la médiation du Duc de Calabre, on voit encore cette obligation du Roi de remettre au Duc de Bretagne les promesses & scellés des Seigneurs du sang, Gens d'Eglise, Nobles & Universités, Capitaines & Gens de Guerre (h).

Tous les exemples cités prouvent que l'on croyoit la Nation en droit de s'opposer à la violation des Traités faits avec le Souverain.

Cela suppose manifestement qu'on ne regardoit pas la Nation & ses principaux Membres, comme étant sans aucune autorité, comme n'ayant absolument aucun droit de se mêler des affaires publiques. On considéroit tous ces engagemens particuliers comme ajoutant quelque chose à celui du Roi, comme propres à en assurer l'exécution. Quel est le Souverain qui traitant aujourd'hui avec la France, s'aviseroit de demander la garantie de la ville d'Orléans ou d'une autre quelconque? Pourquoi l'exigeoit-on autrefois? on ne s'arrêtoit pas sans doute à une précaution inutile. Dans l'opinion publique de tous les Royaumes voisins, les Etats pouvoient s'opposer à l'accomplissement d'une promesse faite par le Roi, s'ils l'avoient jugée nuisible au bien de la Société entière.

On voit la même idée du droit des Etats dans les propositions d'arrangement que le Duc de Normandie fait faire à Louis XI en 1466. Le Duc demandoit son partage, ou la récompense d'icelui. Il offre de s'en raporter à ce qui sera décidé sur ce point par le Duc de Bretagne, le Duc de Calabre & autres. Si le Roi n'accepte pas ces arbitres, le Duc offre *de croire tout ce que ces trois Etats du Royaume de France en diront ou ordonneront, toutefois qu'il plaira au Roi de les assembler.* Si cela n'est pas du goût de Louis XI, le Duc de Normandie offre de se soumettre à tout ce que diront & ordonneront les Pairs de France & la Cour de Parlement ensemble, auxquels, sous l'autorité du Roi, appartient la connoissance de toutes les matieres touchant les Pairs de France (i).

La même dispense d'obéir au Souverain qui contreviendroit à son engagement, se trouve dans des Traités beaucoup plus anciens, dans celui qui fut passé, le 17. Juin 1316. après la mort de Louis le Hutin, entre Philippe le Long qui n'étoit alors que Régent du Royaume, & Eudes IV. Duc de Bourgogne.

„ Et pour ces choses & chacune d'icelles plus fortement tenir & gar„ der, nous Philippe.... voulons & avons voulu que si nous venions „ encontre les convenances ou aucune d'icelles, ou fesions venir en „ aucune maniere ou en couvert ou en repos, que nuls des sougiés des „ dits Royaumes ne soit tenus d'aide, ne puisse à nous aider ne obéir en „ ce cas, ainçois quant à cet article en quoi nous irions encontre, tous „ les sougiés des dits Royaumes soient absous de toute féauté, hommage, „ serment, & autre lien par lesquels ils seroient & seront obligés & te„ nus à nous, si encontre venions.

„ Et à ces choses & chacune d'icelles furent présens, consentans, „ conseillans & approuvans Charles de Valois & Louis d'Evreux....
„ lesquels

(h) Mémoires de Commines in 4°. Tom. 3. pag. 13.
(i) Ibidem Tom. 2. Pag. 571.

PUBLIC FRANÇOIS. Chap. VI.

„ lesquels & chacun d'iceux à notre requête promirent, & jurerent
„ touchiées les Saintes Evangiles de Dieu, garder & accomplir, & faire
„ garder toutes les choses dessus dites & chacune de icelles en tout & de
„ non venir encontre. Et requérons par ces présentes de commun ac-
„ cord pour greigneur fermeté, & greigneur sûreté des choses dessus
„ dites & de chacunes d'icelles tous les Prélats, Peres, Barons & Com-
„ tes du Royaume, & spéciaument les dessus nommés que ils veulent
„ mettre leurs sceaux en ces présentes Lettres & avec les nôtres" (*a*).

Il semble qu'un Pouvoir reçu de Dieu même de la maniere la plus im- *Comment un pouvoir reçu de Dieu immédiatement peut se perdre ipso facto.*
médiate ne devroit jamais se perdre *ipso facto*. Il n'y a aucun cas où les
Evêques & les Prêtres perdent par le seul fait le pouvoir d'Ordre qu'ils
ont reçu par l'imposition des mains.

Il en est autrement de la Puissance Civile, les Auteurs qui la font descendre du Ciel le plus immédiatement, admettent des cas où les Rois
perdent cette qualité par le seul fait; & alors il est permis de s'élever contre eux, & d'employer la force ouverte : leur personne n'est plus
sacrée. Ils se sont dépouillés eux-mêmes, par leur conduite, de la
qualité de Roi, qui faisoit leur sauvegarde. Telle est, entr'autres, la
Doctrine de Barclai.

„ Quoi donc, dit-il, ne peut-il se trouver aucun cas dans lequel le *Sentiment de Barclai.*
„ Peuple ait droit de se soulever, de prendre les armes contre son Roi,
„ & de le détrôner, lorsqu'il exerce une domination violente & tyran-
„ nique ? Certainement il ne sauroit y en avoir aucune, tant qu'un
„ Roi demeure Roi. La parole divine nous enseigne assez cette vé-
„ rité, quand elle-dit : *Honore le Roi. Celui qui résiste à la Puissan-*
„ *ce, résiste à l'Ordonnance de Dieu.* Le Peuple ne sauroit avoir nul
„ pouvoir sur son Roi, à moins que ce Souverain ne pratiquât des cho-
„ ses qui lui fissent perdre le droit & la qualité de Roi. Car alors il se
„ dépouille lui-même de sa dignité & de ses privileges, & devient un
„ homme privé, & par le même moyen le Peuple lui devient supé-
„ rieur, le droit & l'autorité qu'il avoit pendant l'interregne, avant
„ le Couronnement de son Prince, étant retournés à lui. Mais véri-
„ tablement il n'arrive gueres qu'un Prince pratique des choses de cette
„ nature, & que par conséquent lui & le Peuple en viennent à ce point
„ dont il est question. Quand je médite attentivement sur cette ma-
„ tiere, je ne conçois que deux cas où un Roi cesse d'être Roi, & se
„ dépouille de toute la Dignité Royale & de tout le pouvoir qu'il avoit
„ sur tous ses Sujets. Winzetus fait mention de ces deux sortes de cas.
„ L'un arrive lorsqu'un Prince a dessein & s'efforce de renverser le
„ Gouvernement, à l'exemple de Néron qui avoit résolu de perdre
„ le Sénat & le Peuple Romain, & de réduire en cendres & dans la
„ derniere désolation la Ville de Rome par le fer & par le feu, &
„ d'aller ensuite établir ailleurs sa demeure ; & à l'exemple encore de

(*k*) Corps Diplomatique du Droit des Gens, Tom. 1. Part. 2. Pag. 32.

„ Caligula qui déclare ouvertement, sans façon, qu'il voudroit qu'il n'y
„ eût plus ni Peuple ni Sénat!; qui avoit pris la résolution de faire
„ périr tout ce qu'il y avoit de personnages illustres & vertueux de
„ l'un & de l'autre Ordre, & de se retirer, après cette belle expédi-
„ tion, à Alexandrie, & qui, pour tout dire, se porta à cet excès de
„ cruauté, & de fureur, que de désirer que le Peuple Romain n'eût
„ qu'une tête, afin qu'il pût perdre & détruire tout ce Peuple d'un
„ seul coup. Certes quand un Roi médite & veut entreprendre sé-
„ rieusement des choses de cette nature, il abandonne dès-lors tout
„ le soin de l'Etat & perd par conséquent le droit de domination qu'il
„ avoit sur tous ses Sujets : tout de même qu'un maître cesse d'avoir
„ droit de domination sur son esclave, dès qu'il l'abandonne."

„ L'autre cas arrive, quand un Roi se met sous la protection de
„ quelqu'un, & remet entre ses mains le Royaume indépendant
„ qu'il avoit reçu de ses ancêtres & du Peuple. Car bien qu'il ne fas-
„ se pas cela peut-être dans l'intention de préjudicier au Peuple ;
„ néanmoins parce qu'il se défait de ce qu'il y a de principal & de
„ plus considérable dans son Royaume ; savoir, d'y être Souverain,
„ de n'être soumis & inférieur qu'à Dieu seul, & qu'il assujettit de for-
„ ce, & à la domination, & au pouvoir d'une Nation étrangère,
„ ce pauvre Peuple, dont il étoit obligé si étroitement de maintenir
„ & de défendre la liberté, il perd, en aliénant ainsi son Royaume, ce
„ qui lui appartenoit auparavant & ne confere & ne communique nul
„ droit pour cela à celui à qui il remet ses Etats; & par ce moyen il
„ laisse le Peuple libre & dans le pouvoir de faire ce qu'il jugera à
„ propos. Les Monumens de l'Histoire d'Ecosse nous fournissent sur
„ ce sujet un exemple bien mémorable (1)."

(1) *Quid ergò, nullîne casus incidere possunt, quibus populo sese erigere, atque in Regem impotentiùs dominantem arma capere, & invadere jure suo, sudque auctoritate liceat ? Nulli certi quandiù Rex manet. Semper enim ex Divinis id obstat : regem honorificato; & qui potestati resistit, Dei ordinationi resistit: Non alia igitur in eum populo potestas est, quàm si id committat propter quod ipso jure Rex esse desinat. Tunc enim se ipse exuit, atque in privatis constituit liber: hoc modo populus & superior efficitur: reverso ad eum scilicet jure illo, quod ante Regem inauguratum in interregno habuit. At sunt paucorum generum commissa ejusmodi, quæ hunc effectum pariunt; at ego, cùm plurima animo perlustrem, duo tantùm invenio, duas, inquam, casus, quibus Rex, ipso facto, ex Rege non Regem se facit, & omni honore & dignitate Regali, atque in subditos potestate destituit; quorum etiam meminit Winzetus. Horum unus est, si Regnum disperdat, quemadmodum de Nerone fertur, quod is nempe Senatum, Populumque Romanum, atque adeò Urbem ipsam ferro flammáque vastare, ac novas sibi sedes quærere decrevisset. Et de Caligulâ, quòd palàm denuntiari; se neque civem neque principem senatui amplius fore, inque animo habuerit, interempto utriusque Ordinis Electissimo quoque, Alexandriam commigrare, ac ut populum uno ictu interimeret, unam ei cervicem optavit. Talia cùm Rex aliquis meditatur ac molitur seriò, omnem regnandi curam & animum illicò abjicit, ac proinde imperium in subditos amittit, ut dominus servi pro derelicto habiti dominium.*

Alter casus est, si Rex in alicujus clientelam se contulit ac Regnum, quod liberum à majoribus & populo traditum accepit, alienæ ditioni mancipavit. Nam tunc quamvis fortè non ex mente id agit populi planè ut incommodet : tamen quia quod præcipuum est Regiæ dignitatis, amisit; ut summus scilicet in Regno secundùm Deum sit, & solo Deo inferior, atque populum etiam totum ignorantem vel invitum, cujus libertatem sanctam & rectam conservare debuit, in alterius gentis ditionem & potestatem dedidit; hoc velut quoddam Regni abalienatione efficit, ut nec quod ipso in Regno imperium habuit, retineat, nec in eum cui collatum voluit, juris quicquam transferat, atque itâ, eo facto, liberum jam & suæ potestatis populum relinquit; cujus rei exemplum unum Annales Scotici suppeditant. De Jure Regni contra Monarchom. Lib. 3, Cap. 16.

Cette Doctrine a été adoptée par un Auteur dont le suffrage a plus de poids que celui de Barclai. C'est Wolff qui enseigne aussi que, dans les mêmes cas, la qualité de Roi est perdue de plein droit, & que celui qui l'avoit portée jusques-là, étant réduit à la condition privée, il n'a plus aucun privilege qui empêche d'employer la force, pour se garantir des suites de ses desseins pernicieux (m).

Sentiment de Wolf.

Wolff a soin cependant d'avertir que pour mettre le Souverain dans cette position, il ne suffit pas qu'il gouverne mal son Royaume. Il faut qu'il annonce un dessein formé de le détruire entiérement, & d'opprimer son Peuple par un excés de cruauté (n).

Wolff admet plusieurs autres cas, où celui qui a été Roi, devient, de plein droit, personne privée, & perd la prérogative de ne pouvoir être contraint par la force.

Le premier est celui où il abdique la Couronne (o).

Le second est celui où, sans l'avoir abdiquée formellement, il l'abandonne entiérement (p).

Il en est de même, si dans un Royaume patrimonial, le Roi l'abdique, l'aliéne, ou le soumet à un autre, ou si n'ayant que l'usufruit de sa

(m) *Si Rex verò hostili animo in totius populi exitium feratur, Regnum amittit, & populus vi eidem resistere potest. Etenim omnis rector civitatis, quacumque lege imperium in eum fuerit translatum, obligatur ad faciendum ea, quæ ad bonum publicum promovendum requiruntur, & non ad faciendum ea, quæ eidem adversantur. Quòd si ergo animo verè hostili in totius populi exitium feratur, personam Regis exuit, ac propterea cùm Rex non amplius censeatur, Regnum amittit, consequenter perindè ac Rex qui Regnum, abdicavit, vel dereliquit, privatus fit & in eum licet omnia, quæ in privatum. Quamobrem cum naturâ homini competat jus se defendendi, consequenter lædere intendenti, aut conanti resistendi, & eum cogendi ne faciat; si Rex verò hostili animo in totius populi exitium feratur, vi eidem resistere populus potest.* Jus Naturæ. Part. 8, §. 1060.

(n) *Sunt qui existimant in Rege mentis compote accidere non posse, ut is degeneret in manifestum populi hostem, mactando cives innocentes, & populum ad inclitas redigendo ex solâ sæviendi libidine. Et ipse Grotius casum hunc restringit ad Regem, qui pluribus populis imperat, & in unius gratiam alterum perdere vult, ut colonias ibi faciat. Enimverò quamvis istiusmodi monstra sint rariora, imò rarissima: negari tamen non potest, impossibile non esse ut dentur. Exemplum habemus in Nerone, quem, Suetonio referente, Senatus hostem judicavit, & puniendum decrevit. Rectè autem legati Scotorum, apud Thuanum, monuerunt, non esse audiendos eos, qui tyrannorum castigatione bonorum Regum auctoritatem, & majestatem vilescere juxtà imprudenter & adulatoriè blaterant. Nec per hoc tollitur obedientia cum patientiâ ad quam subditi obligantur. Aliud enim est malè imperare, aliud populum perdere, & ad inclitas redigere velle ex solâ sæviendi libidine. Qui malè imperant, potestatem summam in potentiam arbitrariam convertentes, suam utilitatem quærunt cum detrimento populi: ast proptereà minimè eumdem extirpare aut prorsus perdere volunt. Neque enim ipsos sævitia propter seipsam delectat.* Ibid.

(o) *Si rector civitatis imperium abdicavit, in eum post id tempus omnia licent, quæ in privatum. Etenim si imperium abdicat, nihil amplius juris quod Rectori civitatis competit, habet consequenter, cum à privato non distinguatur, nisi per jura Majestatis, privatus & ipse fit. In eum igitur, postquam imperium abdicavit, omnia licent quæ in privatum.*

Nimirum qui imperium abdicavit, eidem vim inferenti resisti potest eodem modo quo resistere licet privato alii cuicumque: neque enim inter ipsum & privatum alium ulla est differentia, quam solum fecerit imperium. Hinc apud Justinum legitur: Pater regno publicè tradito, privatus officium Regi inter satellites faciebat. Ibid. §. 1055.

(p) *Quoniam perindè est, sive quis Regnum abdicet, sive derelinquat, cum derelictio sit tacita abdicatio; in eum autem qui imperium abdicavit, post id tempus, omnia licent, quæ in privatum; si Rector civitatis imperium derelinquit, in eum, post id tempus omnia licent, quæ in privatum.*

Non est quòd existimes, casum non esse dabilem, ut quis regnum derelinquat, quamvis regni derelictio inter ea referenda, quæ rarius contingunt. Exemplum habemus in Henrico Tertio, qui, auditâ morte fratris Caroli Noni, clùm Cracoviâ se subduxit, A. 1574. Benè tamen monet Grotius, qui imperium negligenter administrat, eum minimè censendum esse id pro derelicto habere. Qui enim rem negligenter tractat, eam tamen adhuc vult esse suam. Ibid. §. 1056.

Couronne, & ne pouvant par conséquent en difpofer valablement, il veut cependant par force fe donner un fucceffeur (q).

Cas où felon Grotius on peut réfifter au Souverain.

Wolff n'eft en tout cela que l'écho de Grotius. Ce dernier Jurifconfulte, après avoir condamné la réfiftance active, la juge légitime dans fix cas différens.

1°. Lorfque les Princes dépendent du Peuple, foit qu'ils aient d'abord été établis fur ce pied-là, foit que leur autorité ait été ainfi rendue fubalterne par une convention poftérieure, comme il arriva autrefois à Lacédémone.

2°. Si le Roi fe démet du Gouvernement, ou l'a manifeftement abandonné. On peut agir alors contre lui, comme contre un fimple Particulier.

3°. Si le Roi aliene fon Royaume, ou le rend dépendant de quelque autre Puiffance, Barclai convient qu'il eft déchu, de plein droit, de la Couronne. Grotius y trouve de la difficulté. Barbeyrac eft étonné de fon doute fur ce point.

4°. Si le Roi fe montre véritablement ennemi de tout le Peuple, & qu'il travaille à le perdre. Car la volonté de gouverner un Peuple & le defir de le perdre font deux chofes incompatibles.

5°. Lorfqu'un Royaume tombe en commife, foit pour caufe de félonie envers celui dont il releve en fief, foit en vertu d'une claufe commiffoire.

6°. Lorfque le Roi n'a qu'une partie de la Souveraineté, le refte étant réfervé au Peuple ou au Sénat, s'il ufurpe ce qui ne lui appartient pas, on peut s'y oppofer légitimement par la force, puifqu'à cet égard il n'eft nullement Souverain.

Enfin, lorfqu'en établiffant un Roi, on a ftipulé expreffément qu'au cas qu'il arrivât telle ou telle chofe, on pourroit lui réfifter. On fe réferve par là une partie de la liberté naturelle, & une liberté indépendante de l'Autorité Royale. (r)

On fait que les Barons d'Angleterre mécontens du Gouvernement de

---

(q) *Similiter cùm perindè fit, five Rex, qui Regnum in patrimonio habet, idem abdicet, five alienet, aut alii fubjiciat, cùm in utroque cafu regnum amittat; confequenter privatus fiat; fi Rex qui Regnum in patrimonio habet, idem alienet, aut alii fubjiciat, in eum poft id tempus omnia licent, quæ in privatum.*

Si Rex ufufructuarius imperium alienet; actus ipfo jure nullus eft; quod fi verò id tradere moliatur, eidem vi refifti poteft. *Quòd fi enim Regnum fuerit ufufructuarium, Rex imperium faltem in ufufructu habet, confequenter de ipfo imperio feu fubftantiâ ejus nihil prorfus difponere poteft. Quoniam itaque ipfi non competit jus regnum alienandi, fi alienet, actus fine jure factus ipfo jure nullus eft.*

Enimverò fi hoc non obftante regnum tradere moliatur, in jus populi involat. Quamobrem cùm fuperiori refiftere liceat, fi in jus populi involet, fi Rex ufufructuarius regnum à fe alienatum tradere moliatur, vi eidem refiftere licet.

Exiftere hîc cafus poteft, fi in Regno electivo imperium tradere vult Rex filio, vel agnato, aut amico cuidam fuo, vel fi idem moliatur in Regno fucceffario, five in præjudicium fucceforis legitimi, five fi fuerit ultimus in familiâ Regiâ. Modus habendi imperium non continetur in imperio; quod etfi plenum, abfolutum ac fummum fit penes Regem, is tamen nihil de modo habendi imperium invito populo, vel contra leges fundamentales difponere, nec in eo quicquam mutare poteft. Ibid. 1057, 1058.

(r) Du Droit de la Guerre & de la Paix. Liv. 1. Chap. 4. §. 8 & fuiv.

Jean-sans-Terre, offrirent la couronne à Louis fils de Philippe-Auguste. Le Pape s'y opposa prenant la défense de Jean-sans-Terre, depuis qu'il lui avoit fait indignement hommage de son Royaume. Louis envoya des Ambassadeurs à Rome qui remontrerent ,, que Jean n'avoit jamais été ,, Roi, parce que le Conseil l'avoit condamné à mort & exhérédé pour ,, ses attentats & rebellions contre le Roi son Souverain & contre l'E- ,, tat ; que d'ailleurs il y avoit eu sentence de mort contre lui par les ,, Pairs de France pour le cruel meurtre d'Artus son neveu, & que ,, quand même il auroit été Roi légitime, il étoit déchu de ce ,, droit, parce qu'il étoit devenu Tyran, & que la Tyrannie étoit la ,, destruction de la Royauté (s).''

On croyoit donc alors en France qu'un Roi, qui convertissoit en Tyrannie la puissance Souveraine, cessoit de plein droit d'être Roi.

Il seroit inutile de réunir un plus grand nombre de témoins en faveur de cette doctrine. Les adversaires les plus déclarés de la résistance active conviennent qu'un Roi cesse de plein droit d'être tel dans plusieurs cas, & qu'alors rien n'empêche d'employer contre lui la force. Ainsi le Pouvoir Souverain, quoique reçu de Dieu même par la communication la plus immédiate, peut cependant être perdu de plein droit.

Le Cardinal du Perron regarde aussi le Souverain comme déchu de la Royauté, lorsqu'il détruit absolument le serment qu'il fait à son Peuple. On est bien éloigné sans doute, d'approuver tout ce que renferme cette fameuse harangue qu'il prononça aux Etats assemblés à Paris le 2 Janvier 1615. ni le Droit qu'il attribue au Pape de déposer les Rois. Mais quelque jugement qu'on porte de ce Discours, on y trouve toujours la preuve de ce fait, savoir, que jusques là on n'avoit connu ni en France, ni ailleurs, cette prétendue indépendance de toute puissance créée qu'on attribue aux Souverains.

Sentiment du Cardinal du Perron.

Le Cardinal distingue trois points principaux dans le célebre article dressé par le Tiers-Etat. 1°. Pour quelque cause que ce soit, il n'est permis d'assassiner les Rois. 2°. Les Rois de France sont Souverains de toute Souveraineté temporelle, ne dépendant en rien du Pape ni d'aucun autre Prince. Il rend hommage à ces Maximes au nom du Clergé.

Le Tiers-Etat décidoit en troisieme lieu que les Sujets ne pouvoient être absous dans aucun cas du serment de fidélité qu'ils ont fait à leur Prince.

,, C'est ce point là, dit le Cardinal, que nous disons être conten- ,, tieux & disputé, car votre article contient la négative à savoir, qu'il ,, n'y a nul cas auquel les Sujets puissent être absous du serment de fi- ,, délité qu'ils ont fait à leurs Princes: & au contraire toutes les autres ,, parties de l'Eglise Catholique, voire même toute l'Eglise Gallica- ,, ne, depuis que les Ecoles de Théologie y ont été instituées jus- ,, qu'à la venue de Calvin, tiennent l'affirmative, à savoir, que quand

(s) Mézeraï. abrégé Chronologique de l'histoire de France Tom. 3. Pag. 206.

,, un Prince vient à violer le ferment qu'il a fait à Dieu & à ſes Sujets,
,, de vivre & mourir en la Religion Catholique, & non ſeulement ſe
,, rend Arien ou Mahométan, mais paſſe juſqu'à déclarer la guerre à
,, Jéſus-Chriſt, c'eſt-à-dire juſqu'à forcer ſes Sujets en leurs conſcien-
,, ces, & les contraindre d'embraſſer l'Arianiſme ou le Mahométiſme,
,, ou autre ſemblable infidélité, ce Prince-là peut être déclaré déchu
,, de ſes Droits, comme coupable de félonie envers celui à qui il a fait
,, le ferment de ſon Royaume, c'eſt-à-dire envers Jéſus-Chriſt: & ſes
,, Sujets être abſous en conſcience & au tribunal ſpirituel & eccléſiaſti-
,, que du ferment de fidélité qu'ils lui ont prêté. Et que ce cas-là arri-
,, rivant, c'eſt à l'autorité de l'Egliſe réſidente, ou en ſon Chef qui eſt
,, le Pape, ou en ſon Corps qui eſt le Concile, de faire cette déclara-
,, tion. Et non ſeulement toutes les autres parties de l'Egliſe Catholi-
,, que, mais même tous les Docteurs qui ont été en France depuis que
,, les Ecoles en Théologie y ont été inſtituées; ont tenu l'affirmative...
,, Au moyen de quoi, quand la doctrine contraire ſeroit la plus vraie
,, du monde, ce que toutes les autres parties de l'Egliſe vous diſpu-
,, tent, vous ne la pourriez tenir au plus que pour problématique en
,, matiere de foi.
Le Cardinal trouve quatre inconvéniens dans cette portion de l'article.
,, Le premier, que c'eſt forcer les ames & jetter des lacqs aux con-
,, ſciences, en les obligeant de croire & jurer ſous peine d'anathême,
,, & comme doctrine de foi & conforme à la parole de Dieu, une
,, doctrine dont le contraire eſt tenu par toutes les autres parties de
,, l'Egliſe Catholique, & l'a été juſques ici par leurs propres prédé-
,, ceſſeurs...
,, La méthode que j'obſerverai, ſera de montrer deux choſes par
,, l'hiſtoire & par la pratique de l'Egliſe. L'une que non ſeulement
,, toutes les autres parties de l'Egliſe, qui ſont aujourd'hui au mon-
,, de, tiennent l'affirmative, à ſavoir qu'en cas de Princes hèréti-
,, ques ou apoſtats, & perſécutant la foi, les Sujets peuvent être ab-
,, ſous du ferment fait à eux ou à leurs prédéceſſeurs; mais même
,, que depuis onze cents ans, il n'y a eu ſiecle auquel en diverſes Na-
,, tions cette doctrine n'ait été crue & pratiquée. Et l'autre que cette
,, doctrine a été conſtamment tenue en France, où nos Rois, & par-
,, ticuliérement ceux de la derniere race l'ont protégée par leur autori-
,, té & par leurs armes, où nos Conciles l'ont appuyée & mainte-
,, nue, où tous nos Evêques & Docteurs ſcholaſtiques, depuis que l'E-
,, cole de la Théologie eſt inſtituée juſqu'à nos jours, l'ont écrite,
,, preſchée & enſeignée, & où finalement tous nos Magiſtrats, Offi-
,, ciers ou Juriſconſultes l'ont ſuivie & favoriſée, voire ſouvent pour
,, des crimes de Religion plus légers que l'héréſie ou l'apoſtaſie: mais
,, deſquels je ne me pretends aider, ſinon autant qu'ils peuvent ſervir à
,, défendre, ou la theſe générale, à ſavoir, qu'en quelques cas les
,, Sujets peuvent être abſous du ferment fait par eux à leurs Princes,

,, ou cette hypothese particuliere qu'en cas de Princes hérétiques ou
,, apoſtats, & perſécutans la foi, les Sujets peuvent être diſpenſés de
,, leur obéir. Car afin de vous ôter toute ombrage, je ne veux débat-
,, tre votre article que par les mêmes Maximes dont les Docteurs
,, François qui ont écrit pour défendre l'autorité temporelle des Rois,
,, ſont d'accord ; & encore que tenant dans les ſimples voies du fait,
,, & ſans paſſer à celles du droit, duquel la déciſion n'appartient ni
,, à ce lieu, ni à ce tems.

Le Cardinal cite enſuite pluſieurs faits de l'Hiſtoire, des Textes de St. Thomas, de Guillaume Okam, de Jean de Paris, d'Almain & de Gerſon, de Jean de Selve, Premier-Préſident au Parlement de Paris, d'Aufrerius, Préſident au Parlement de Toulouſe, de Joannes Faber, de Raoul des Preſles, Conſeiller, & Maître des Requêtes de Charles V. du ſonge du Vergier, & de Pierre Grégoire dans ſon Livre de la République.

Le Cardinal prévient une objection. Il peut arriver que le Pape ou par erreur ou par paſſion déclare hérétique un Roi qui ne l'eſt pas. Voici ſa réponſe.

,, Les Auteurs de l'exception proteſtent qu'ils entendent parler d'une
,, héréſie notoire, & condamnée par ſentence précédente de l'Egliſe,
,, & ſecondement ils ne confeſſent pas que l'exécution temporelle de
,, ces jugemens eccléſiaſtiques, c'eſt-à-dire la dépoſſeſſion actuelle ap-
,, partienne au Pape, mais au Corps du Royaume. Au moyen de quoi
,, ſi le Pape erre en fait, & qu'il préſupoſe à faux qu'un Prince
,, faſſe publique profeſſion de croire ou établir une héréſie condamnée
,, par l'Egliſe, choſe qui ne peut être occulte, le Clergé & tout le
,, reſte du Royaume, au lieu de ſuivre le jugement du Pape, ſe joi-
,, gnent avec le Roi, & interviennent avec le Peuple, & lui remontrent
,, qu'il a été ſurpris au fait, & demandent que la choſe ſoit jugée,
,, l'Egliſe Gallicane préſente, en plein Concile. De maniere que
,, tant s'en faut que cette procédure reſtreinte au ſeul cas d'héréſie ou
,, apoſtaſie manifeſte de la Religion Chrétienne, puiſſe faire courir
,, fortune aux Rois Catholiques, qu'au contraire elle les aſſure &
,, fortifie d'un double rempart; car ſi les Sujets ont quelque mauvaiſe
,, volonté, il ne leur eſt permis de rien remuer ſous prétexte de Reli-
,, gion contre leur Prince, que premiérement l'autorité de l'Egliſe
,, univerſelle réſidente, ou en ſon Chef, qui eſt le Pape, ou en ſon
,, Corps, qui eſt le Concile, ne l'ait déclaré tombé en héréſie ou apoſ-
,, taſie de la Religion Chrétienne. Et ſi le Pape étant trompé & ſur-
,, pris au fait, le déclare tel précipitamment & injuſtement, outre le
,, recours que les François ont accoutumé d'avoir à requérir le Pape,
,, que la choſe puiſſe être examinée en un Concile, où les Evêques de
,, toute l'Egliſe, & particuliérement ceux de l'Egliſe Gallicane ſoient
,, préſens, la declaration du Pape ne peut être ſuivie de l'effet tempo-
,, rel, qui eſt la dépoſition actuelle, que le Royaume n'y conſente, &

„ ne voie par la connoissance présente & oculaire qu'il a de la con-
„ versation de son Prince, s'il fait profession de la Religion Catholi-
„ que ou d'une autre. Or qui ne reconnoît qu'il est trop utile aux
„ Rois d'avoir ce rempart devant eux, à savoir, que rien ne se
„ puisse desseigner contr'eux, sans la prévention du jugement universel
„ de l'Eglise, ni effectuer sans l'accession du consentement de leurs
„ Peuples, que de laisser à la liberté de chaque Particulier de juger de
„ la Religion de son Prince, & après qu'il en a jugé, se rendre ar-
„ bitre du remede qu'il y faut apporter.

Le Cardinal ajoute „ que les Ecrivains Anglois qui avoient mis la
„ main à la plume pour défendre le serment du Roi d'Angletterre
„ contre le Pape, n'avoient pu trouver aucun Docteur, & parti-
„ culiérement François, qui eût tenu leur opinion, avant les der-
„ niers troubles, & qu'ils n'en avoient jamais sçu produire un
„ seul, ni Théologien, ni Jurisconsulte, qui dît, qu'en cas d'hérésie
„ ou d'apostasie de la Religion Chrétienne, les Sujets ne peuvent être ab-
„ sous du serment de fidélité. Or ceux mêmes, dit le Cardinal, qui
„ ont entrepris de propos délibéré, de chercher en faveur du serment
„ d'Angleterre, des Auteurs qui affirmassent, qu'en cas d'hérésie ou
„ d'infidélité, les Sujets ne peuvent être absous de l'obligation qu'ils
„ doivent à leurs Princes, n'en ont sçu produire aucun. Et si ceux,
„ qui ont écrit après eux de la même matiere en France, n'ont jamais
„ pu trouver en toute la France, depuis que les Ecoles de Théologie
„ y ont été instituées jusqu'à nos jours, un seul Docteur, ni Théo-
„ logien, ni Jurisconsulte, un seul Decret, un seul Concile, un seul
„ Arrêt de Parlement, un seul Magistrat, ni Ecclésiastique, ni Po-
„ litique qui ait dit, qu'en cas d'hérésie ou d'infidélité, les Sujets ne
„ puissent être absous du serment de fidélité qu'ils doivent à leurs Prin-
„ ces; au contraire si tous ceux qui ont écrit pour défendre la
„ puissance temporelle des Rois contre les Papes, en ont toujours ex-
„ cepté le cas de l'hérésie ou celui de l'apostasie de la Religion Chrétien-
„ ne, comment est-ce que l'on pourra, sans forcer & violenter
„ les consciences, non seulement faire recevoir cette doctrine,
„ qu'en nul cas les Sujets ne peuvent être absous du serment de fidélité
„ qu'ils doivent à leurs Princes, pour la doctrine perpétuelle &
„ universelle de l'Eglise Gallicane, mais même les faire jurer à tous les
„ Evêques, Abbés & autres Ecclésiastiques, comme doctrine de foi,
„ & condamner l'opposite comme impie, perverse & détestable? Et
„ comment fera-t-on pour faire passer comme Loi fondamentale de
„ l'Etat, une proposition qui est née en France plus de douze cents ans
„ après que l'Etat a été fondé? Et puis, quand il se trouveroit autant
„ de personnes qui ont suivi l'opposite, que s'en pourroit-il inférer
„ au plus, les autres Nations y contredisant, sinon de la tenir pour
„ problématique en matiere de foi, & non de la faire jurer, comme
„ conforme à la parole de Dieu, & nécessaire à salut, & abjurer l'au-
„ tre,

,, tre, 'comme contraire à la parole de Dieu, & impie, perverfe & ,, détestable?

Après avoir expofé les trois autres inconvéniens de l'article du Tiers-Etat, le Cardinal prévient une difficulté qu'on auroit pu tirer de fes principes.

,, Encore que l'Eglife défende qu'on entreprenne fur la vie des ,, Princes, néanmoins fi les Princes venant à tomber en héréfie ou a-,, poftafie incorrigible, & fe rendent ,, perfécuteurs de la foi, & que l'E-,, glife là-deffus déclare leurs Sujets abfous du ferment de fidélité, & ,, que nonobftant cette déclaration, ils les veulent forcer de continuer ,, à leur obéir, ils deviennent tyrans. Or, ajoutent-ils, les Loix politiques ,, permettent à chaque Particulier d'entreprendre fur la perfonne des ,, Tyrans; & par conféquent leur vie en cas d'héréfie ou d'apoftafie, ne ,, peut être affurée.

,, A cette objection, la réponfe eft courte & facile. Si l'on dit que ,, l'Eglife n'ordonne pas le meurtre, mais qu'elle eft caufe qu'il fe fait, ,, d'autant plus que la République venant à fe conformer au jugement ,, de l'Eglife, & à faire la même décifion au Tribunal Politique, fi le ,, Prince veut paffer outre, la République le déclare Tyran & ennemi ,, de l'Etat, & parconféquent le foumet à l'effet des Loix politiques qui ,, permettent de confpirer par affaffinat contre les Tyrans: nous appor-,, tons premiérement cette exception, qu'il y a grande différence ,, entre les Tyrans d'ufurpation, lefquels les Loix permettent d'extermi-,, ner par toutes fortes de voies, & les Tyrans d'adminiftration qui font ,, légitimement appellés à la Principauté, mais l'adminiftrent mal; & ,, ajoutons que les Princes hérétiques qui perfécutent la Foi & leurs Sujets ,, Catholiques font du nombre des Tyrans d'adminiftration, & non du ,, nombre des Tyrans d'ufurpation, contre lefquels feuls il eft permis ,, de confpirer par embuches occultes & clandeftines. Et fi l'on re-,, part que les Loix politiques permettent de confpirer contre les uns & ,, les autres, nous répondons que ce font les Loix politiques profanes & ,, païennes, comme celles des anciens Romains, ou des vieux Grecs; & ,, non les Loix politiques Chrétiennes. Car les Loix politiques Chré-,, tiennes, ne confiderent pas feulement en leurs Princes, le refpect ,, qui leur eft dû pour le bien de la Police temporelle, & à caufe de la ,, Majefté de l'Etat, qu'ils repréfentent, mais confiderent en eux, l'i-,, mage, & l'onction de Dieu qui les a appellés à cette dignité. De forte ,, que ceux qui ont eu une fois la vocation légitime à la Royauté, quel-,, que Tyrannie qu'ils exercent, jamais les Loix politiques Chrétien-,, nes ne paffent jufqu'à permettre qu'on ufe de profcriptions contre ,, leurs perfonnes, & qu'on attente par conjurations clandeftines fur ,, leur vie, mais leur portent le même refpect que porta David à Saül, ,, encore qu'il fût qu'il étoit rejetté & réprouvé de Dieu, lorfqu'il dit, ,, *qui eft-ce qui mettra la main fur l'Oint du Seigneur, & qui fera in-* ,, *nocent?* De maniere que fi les Chrétiens font contraints de défen-

Tome II. Partie II. Ii

„ dre leur Religion & leur vie contre les Princes hérétiques ou apostats,
„ de la fidélité desquels ils ont été absous, les Loix politiques Chrétien-
„ nes ne leur permettent rien plus que ce qui est permis par le Droit
„ des Gens: à savoir la guerre ouverte, & non les assassinats & conjuration
„ clandestine. Car il reste toujours en eux une certaine habitude à la Di-
„ gnité Royale & comme une espece de caractere politique, qui les dis-
„ cerne des simples Particuliers, & même quand l'obstacle est ôté,
„ c'est-à-dire quand ils viennent à se corriger & à donner satisfaction
„ d'eux, les reporte à l'usage légitime de la Royauté. Et pour ce voyons-
„ nous qu'en tant de controverses que les Papes ont eues avec les Princes
„ temporels, jamais aucun Pape n'est passé jusqu'à prêter conseil ou con-
„ sentement aux assassinats des Princes."

Il y a sans doute dans le Cardinal du Perron une exagération visible, lorsqu'il soutient que jamais personne n'a douté, même en France, que les Souverains ne pussent être déposés pour crime d'hérésie ou d'apostasie, que leurs Sujets ne pussent être absous par le Pape du serment de fidélité. Mais ce dont on ne peut disconvenir, c'est que cette doctrine n'ait été fort commune, qu'elle n'ait été adoptée par beaucoup d'Auteurs, comme une exception à la regle qui refuse à l'Eglise tout pouvoir, même indirect, sur le temporel des Rois.

De tout tems on a cru dans l'Eglise qu'il y avoit des occasions où la Nation pouvoit déposer son Roi.

Or, ce droit de l'Eglise sur les Souverains hérétiques ou schismatiques, comment le concilier avec cette dépendance de Dieu seul, qu'on veut aujourd'hui leur attribuer, ou cette indépendance absolue de toute Puissance créée? On ne voyoit donc pas alors dans les Textes de St. Paul & dans les autres passages de l'Ecriture Sainte, ces conséquences qu'on en tire, qu'on veut y être si clairement renfermées. Toute Puissance vient de Dieu, celui qui lui résiste, résiste à l'ordre de Dieu, c'est par lui que les Rois regnent, c'est lui qui donne les Empires &c, & malgré tout cela un Roi hérétique étoit dépouillé de sa Couronne par le Pape, ses Sujets ne devoient plus, ne pouvoient plus lui obéir. On ne croyoit donc pas qu'ils fussent comptables à Dieu seul que la vengeance lui en fût réservée, puisque le Pape les punissoit, les déthrônoit à cause de l'hérésie & du schisme.

Si d'ailleurs cette indépendance absolue eût été un dogme régnant, fondé sur les Textes les plus clairs des Livres Saints, comment ceux qui ont entrepris la défense des Souverains contre les Papes, n'ont-ils pas fait usage d'un moyen si triomphant?

Vous avez prononcé, devoient-ils dire au Pape, une sentence de déposition contre l'Empereur, vous avez délié ses Sujets de l'obligation de lui obéir, & votre jugement est doublement incompétent. Vous êtes revêtu de la puissance spirituelle qui ne s'étend que sur les ames. Jésus-Christ dont le Royaume n'est pas de ce monde, ne vous a donné aucun pouvoir sur les corps, sur les biens, sur tout ce qui est purement temporel. C'est un premier vice de votre Decret: mais il en renferme encore un autre.

En supposant que le Pouvoir Spirituel pût par sa nature s'étendre sur les choses temporelles, il faudroit au moins en excepter les Souverainetés, les Couronnes, la puissance des Souverains. Dieu s'est réservé le droit de les juger. Il n'a donné de pouvoir à cet égard à aucune créature. Toute puissance vient de lui. Il fait régner les mauvais Princes, il donne les Rois dans sa fureur, & lui seul peut les ôter. Ils sont ses ministres. Vous avez entrepris de leur résister, en essayant de leur arracher le Sceptre, & par-là vous vous êtes rendu coupable de désobéissance envers Dieu.

Qui ne sent la force de ce raisonnement, & comment a-t-on toujours négligé un argument si victorieux? Qu'on parcoure toutes les apologies faites par les Souverains eux-mêmes & pour eux, on verra leurs défenses bornées à la seule nature du Pouvoir ecclésiastique, qui ne regne pas sur le temporel, qui par conséquent ne peut pas disposer des Sceptres & des Couronnes. Aucun d'eux n'a dit au Pape. Vous êtes un pur homme, & par conséquent vous n'êtes pas mon juge, car je n'en ai d'autre que Dieu même. Aucun d'eux n'a dit: quelque grands, quelque multipliés que soient mes crimes, Dieu seul en est, & peut en être le vengeur. Je suis Roi, je le serai nécessairement malgré toute la terre jusques au dernier soupir. Le Roi des Rois peut seul me chasser du Throne, où seul il m'a placé. Aucun d'eux n'a dit: l'impunité en ce monde est un privilege inséparable de mon Diadême. Je n'ai pas droit d'être injuste, oppresseur, cruel même: mais je le veux être, & je le serai impunément. Tous mes Sujets n'ont à prendre d'autre parti que celui de la patience, jusqu'à ce qu'il plaise à Dieu de me retirer du monde, ou de me convertir. C'est une vérité écrite à chaque page de la Sainte Ecriture. Elle appartient à la Foi Catholique. Oser seulement en douter, c'est tomber dans la révolte contre Dieu même.

Ces Maximes supposées, démontroient évidemment l'incompétence des jugemens du Pape; & cependant on n'y a jamais eu recours. On s'est borné à prouver que la Puissance Temporelle ne dépendoit pas de l'autre. Loin d'aspirer à cette indépendance absolue de toute Puissance créée, les Princes contens de se soustraire à celle du Pape, se sont reconnus soumis à celle de la Nation. C'est ce qu'on voit bien clairement dans le *Defensor Pacis* composé par Marsile de Padoue, pour l'Empereur Louis de Baviere. Qu'on juge si on connoissoit alors ces dogmes, qu'on nous donne aujourd'hui pour clairement révélés.

Ces réflexions nous ramenent à la harangue du Cardinal du Perron. Il distingue les simples contraventions que les Princes font aux sermens qu'ils ont prêtés à leurs Peuples, & la destruction totale du serment.

,, Quand un Prince par fragilité, ou par passion humaine commet
,, quelqu'injustice, il contrevient bien au serment qu'il a fait à ses
,, Peuples de leur rendre justice. Néanmoins il ne détruit pas pour
,, cela son serment. Mais s'il faisoit un serment contraire, c'est-à-dire,
,, qu'au lieu qu'il a juré publiquement & solemnellement à ses Peuples de

,, leur rendre justice, ce qui se doit entendre, entant que la fragilité
,, humaine le peut permettre, il jurât & s'obligeât par un autre fer-
,, ment public & solemnel, de ne vouloir jamais leur rendre la Justi-
,, ce, ou plutôt de ne leur vouloir jamais rendre qu'injustice; alors il
,, détruiroit son serment, & renonceroit lui-même à la Royauté, eu
,, renonçant par un serment contraire aux clauses de son premier ser-
,, ment, & aux conditions pour lesquelles la Royauté est instituée.
,, Et pour ce Barcleus, l'Achille de la doctrine de votre article, a eu
,, très juste occasion de les reprendre; mais en les reprenant, il a réservé
,, une exception de deux cas qui portent beaucoup plus de préjudice
,, aux Rois, que les censures de l'Eglise dont il les veut exempter".

M. Bossuet se moque du Cardinal du Perron. Il traite d'extravagante l'hypothèse du Prince qui s'oblige par serment à ne jamais rendre Justice. Si le cas arrivoit par impossible, M. Bossuet ne balance pas à dire qu'il faudroit éloigner un tel Prince du Gouvernement, & lui donner un Tuteur, non parce qu'il auroit violé les conditions de son serment, mais parce qu'il seroit devenu le plus fou de tous les hommes. On le mettroit en tutele comme on y met les Princes furieux & phénétiques. Ce droit n'appartiendroit pas à la Puissance Ecclésiastique, mais au Corps de la Nation. (t).

On est donc forcé d'abandonner cette indépendance absolue des Souverains dans les deux cas marqués par Barclai & dans celui qu'a imaginé le Cardinal du Perron, & sur quoi appuie-t-on de telles exceptions. Le Droit Divin n'en admet aucune. On a tort de confondre l'injustice & la cruauté avec la folie, & la corruption du cœur, avec le dérangement de l'esprit. Un Prince qui voudroit incendier toutes les villes de son Royaume, qui promettroit d'être toujours injuste, n'est pas physiquement incapable de gouverner. Sa raison n'est pas altérée, quoique sa volonté soit mauvaise. Il agit en parfaite connoissance de cause, sachant ce qu'il fait. Il est toujours la Puissance ordonnée de Dieu, dépendante de lui seul. Les Peuples ne peuvent lui désobéir sans combattre l'ordre de Dieu. Ils doivent donc souffrir en paix sa tyrannie. Les autorise-t-on à s'y soustraire? Il n'est plus vrai que les Sujets ne puissent jamais dans aucun cas désobéir au Monarque, secouer le joug de son autorité.

Cela est d'autant plus évident, que les Peuples ne sont pas intéressés aux paroles du Prince, mais à sa conduite. Il pourroit arriver que s'étant devoué par serment à l'injustice, il ne tînt pas sa parole & qu'il

---

(t) *Quamobrem si fingendum est quid fieret de Principe qui ità justitiam ejuraret, facilè respondemus, amovendum eum à gubernaculis, dandumque tutorem, non quidem ut ei qui regnandi conditionem violaverit, sed ut ei qui propriè strictèque suprà omnem humanum morem insaniat. Ità, inquam, ei tutor adhibendus est, uti phreneticis & furentibus Principibus factum est, ab iis ad quos pertinet: non tamen à Romano Pontifice aut sacrorum Antistitibus, qui quidem nihilomagis huic rei se immisceant, etiam si eam vel maximè placet fieri, & conditionalibus pactis. Maneret enim jus suum integrum liberæ civitati, quo jure fraudari nequeat: nequidem si Religio conditionali federe contineretur. Eo enim casu postquam de Religione sacrisque, sacrorum Antistites, tùm de Imperio, libera Respublica civitasque decerneret.* Defensio declarationis & Cleri Gallicani, Part. 1, Lib. 4. Cap. 15.

gouvernât avec équité. Seroit-il permis de s'éloigner d'un Prince, auquel on ne pourroit rien reprocher dans le gouvernement de son Etat? C'est la conduite qu'il faut interroger. Qu'importe que le Prince écrase ses Sujets en conséquence de sa promesse, ou qu'il le fasse sans l'avoir promis? Les droits de la Nation sont les mêmes dans l'un & l'autre cas. Si donc on pouvoit sans crime dépouiller de l'autorité un Prince qui tyranniseroit par suite de son vœu, on pourroit traiter de même celui qui le feroit, sans en avoir contracté l'engagement.

Sentiment de Wernher.

Wernher, très opposé d'ailleurs à la résistance active des Sujets, examine si elle peut être permise dans quelque cas. Il convient qu'on ne doit plus l'obéissance à celui qui renonce lui-même à l'autorité avec dessein de s'en dépouiller; ce que les Jurisconsultes appellent *habere pro derelicto*. Mais il ne veut pas qu'on suppose cette intention dans le Prince, qui néglige le plus pleinement toutes les affaires de son Royaume, dont il ne s'occupe ni par lui-même ni par ses Ministres. Un Particulier, dit-il, n'est pas censé abandonner la propriété de son bien; lorsqu'il n'apporte pas à sa gestion tout le soin nécessaire. (u).

La comparaison n'est pas heureuse. Un Particulier possede son bien pour lui, & pour lui seul. Il souffre seul de sa négligence. Le Roi est tel pour l'interêt du Peuple, auquel il doit & a promis de veiller avec le plus grand soin.

Wernher soutient en conséquence, que la molesse & l'indolence du Prince, l'abandon le plus entier des affaires publiques de sa part, ne peuvent jamais servir de prétexte à sa déposition. Tant que le Prince n'est coupable que d'inaction, sa volonté relativement aux affaires publiques, doit toujours être regardée comme la volonté de tous les membres contre laquelle il n'est pas permis de s'élever (v).

Mais il s'agit d'un Prince qui n'a aucune volonté relativement à l'intérêt de la Société, puisqu'on suppose qu'il ne s'en met nullement en peine. Par-là l'Auteur blâme indirectement la conduite des François envers Childeric. Mais sa censure n'a rien d'effrayant. Il a mieux raisonné sur d'autres cas.

Si le Prince aliene le Royaume dont il n'a pas la libre disposition, l'aliénation est sans doute nulle. & sans effet. Si le Cessionnaire veut employer la force pour se mettre en possession, on peut lui résister par

(u) *Sicuti vero de animo Regnum pro derelicto habendi evidenter constare debet; ità in aprico est perindè illum non dari in eo, qui per socordem ignaviam Regnum negligit, nec saltem per idoneos Ministros publica negotia expediri curat. Nam & privatus non statim pro derelictis res suas habere creditur, cum in illis negligentiùs versatur.* Elementa Juris Naturæ & Gentium Cap. 23. §. 7.

(v) *Undè stolida nonnullorum opinio haud immeritò notatur, qui subditos propter ignaviam Principis jugum penitus excutere, & fasces in alium transferre posse, autumant. Quamdiù enim Rex non directè animo hostili civitatem subvertere, & salutem universorum pessumdare conatur, quod à Principe sanæ mentis nunquam fiet, voluntas ejus circa negotia civitatis pro singulorum voluntate habenda, quam proindè illis, saltem hoc cum effectu, ut eundem tali prætextu destituere, & fidem datam abrumpere queant, improbare non licet. Exemplum in Wenceslao Caroli IV. filio, quem Germani Imperatoriâ dignitate exuerunt nihil ad institutum facit, cùm non solam segnitiem causam ejus de solio præcipitandi fuisse, constet.* Ibid.

les armes, & le traiter en ennemi. Si le Cédant se joint à lui, & qu'ils joignent leurs forces, on a droit de prendre les armes contre les deux pour défendre la liberté publique & les Loix Fondamentales (w).

Un autre cas dans lequel Wernher autorise, sans balancer, la résistance, est celui où le Prince se déclare publiquement l'ennemi de ses Sujets, & veut ruiner entiérement son Etat. Il dépose alors le personnage de Prince, & renonce en quelque sorte au Gouvernement, la volonté de gouverner & celle de détruire étant inconciliables (x).

L'Auteur a grand soin d'ajouter que cela ne peut pas entrer dans l'esprit d'un Prince, qu'il ne soit devenu fou. Il suppose que ce Roi de Pégu qui avoit défendu sous peine de mort, de labourer la terre pendant trois ans, & avoit donné plusieurs autres preuves de haine de ses Sujets, étoit ensorcelé, ou malade. Il convient cependant aussitôt qu'un Prince qui gouverne en même tems deux pays, peut sans délirer, vouloir élever l'un sur la ruine de l'autre, & il cite l'exemple de Philippe Roi de Macédoine.

Malgré tous ces palliatifs par lesquels on cherche à déguiser la vérité qu'on ne peut nier, elle demeure constante. Il y a, de l'aveu des plus zélés défenseurs de l'indépendance absolue des Souverains, certains cas, où on peut sans crime, où on est forcé de leur résister. Il n'est donc pas vrai indistinctement & sans aucune exception, que Dieu seul soit leur supérieur & leur juge. Ou ils n'ont pas reçu leur autorité de lui immédiatement, ou malgré cela ils ne laissent pas de la perdre dans certaines circonstances. Quelque système qu'on embrasse sur l'origine du Pouvoir Suprême, il n'est pas vrai que dans aucun cas on ne puisse sans crime résister au Souverain.

(w) *Quod si Princeps Regnum, quod non in patrimonio habet, sed solo electionis vel successionis jure obtinet, alienet, hanc quidem alienationem ipso jure nullam esse adeoque omni carere effectu in aprico est. Sed si de facto id agat, ut emptori illud tradat, posse huic, quominus ex lege conventionis illud ingrediatur, & occupet, à populo resisti ambigendum haud est. Voluntas enim populi cum summum Imperium uni vel homini, vel familiæ traderet, citra omne dubium hâc fuit ut in allum, extra familiam regnatricem, transferri non deberet. Hâc ergo extinctâ, sui arbitri est civitas, facultate quam initio habuerat, de suis rebus proprio ex judicio statuendi ad eandem reversâ. Quam si præripere voluerit Cessionarius, per violentiam bellicam, tanquam hosti, jure repelletur. Neque Cedens ubi cum illo fuerit, & copias junxerit, justam conquerendi causam habet, si pro libertate Regni & Legibus fundamentalibus tuendis in ipsum quoque arma capessantur.* Ibid. §. 8.

(x) *Illud nemo in dubium revocabit, quin fas sit, Regi qui aperte animum hostilem erga universos prodit, & toti civitati exitium afferre palam conatur, arma opponere. Is enim Principis personam plane exuisse, & Regno se abdicasse videtur, cum voluntas imperandi & perdendi simul consistere non possint. Quamvis id in Rege mentis compote vix fieri posse recte moneat Grotius. Nec vero dubitem, Regis illius Pegu, quem ex itinerario Joann. Moquet. L. 4. memorat Pufendorsius, tantum odium erga suos cives concepisse, ut eos plane perdendi libido ipsum incesserit, eoque sub pœnâ mortis, ne intra triennium terra coleretur, interdixerit, mentem, sive artibus Magorum, ut ferebatur, sive morbo alio ita corruptam occæcatamque fuisse, ut sibi amplius non constaret. Quod si tamen Princeps duobus populis simul imperet, fieri potest, ut unius excidio alterius conditionem meliorem facere cupiat. Quod Philippum Regem Macedonum molitum fuisse constat ex Lib. de Bell. Maced. L. 40. C. 3. seq.* Ibid. §. 9.

ARTICLE SEPTIEME.

L'Histoire fournit plusieurs exemples de dépositions de Souverains, qui abusoient de leur autorité. Elles n'ont point été regardées comme des infractions du Droit Divin.

Conrad fils de l'Empereur Henri IV. avoit été élu Roi des Romains. Mais comme il se révolta contre son pere, auquel il vouloit même ôter la vie pour remplir plutôt le Thrône Impérial, l'Empereur assembla les Princes de l'Empire, & les exhorta à le venger de son propre fils.

Par le Decret de l'Assemblée, Conrad fut déposé en 1096. & sa dignité fut transférée à Henri son frere puîné (y).

Peu après & en 1106. l'Empereur Henri IV. fut déposé lui-même, & son fils fut placé sur le Thrône impérial, sous le nom d'Henri V. On voit par les Lettres d'Henri IV. à son fils, & aux Electeurs, & par la réponse de ceux-ci, que l'Empereur se plaignoit de sa déposition comme injuste. Il ne l'attaquoit pas comme incompétemment prononcée, ou comme un attentat sur les droits de Dieu. Il étoit prêt à rendre compte de l'administration de l'Empire, pourvû qu'il n'eût rien à craindre pour la sûreté de sa personne. Henri V. son fils, les Princes & même le Corps entier de l'Empire lui donnent à cet effet un sauf-conduit, prêts à écouter ses plaintes (z).

En 1297. l'Empereur Adolphe fut déposé comme coupable de négligence dans l'administration de l'Empire, & par conséquent de parjure, d'homicide, de viol, & d'autres crimes. Albert I. fut élu à sa place (a).

En 1400. l'Empereur Venceslas eut le même sort. La sentence rendue contre lui, lui reproche différens crimes, de n'avoir pas travaillé à donner la paix à l'Eglise, dont il étoit spécialement le Défenseur en sa qualité, d'avoir démembré de l'Empire plusieurs Provinces, d'avoir vendu des Lettres en blanc, scellées de son sceau, dans lesquelles on pouvoit écrire tout ce qu'on vouloit; de n'avoir pris aucun soin de prévenir, ou de faire cesser les guerres qui désoloient l'Empire, d'avoir accordé l'impunité à toutes sortes de crimes, enforte que les Citoyens n'étoient point en sûreté, & d'avoir fait mourir de même, sans aucune sorte de droit un grand nombre de personnes.

Les Electeurs & les Princes de l'Empire lui ont fait plusieurs fois

---

(y) Aventinus, *Annales Boiorum.* Lib. 5. Cap. 17.
(z) Goldast *Constitutiones Imperiales*, Tom. 1. Pag. 248. & suiv.
(a) *Moguntinus Pontifex, Saxoniæ atque Brandeburgii Præsides legati Regis Bohemiæ; Reguluni Saxorum arbitrium honorarium (quippe Rodolphus Præfectus Prætorio Rheni Rectorque Boiariæ cujus munus est veluti de querimoniis adversus Cæsarem delatis cognoscere jusque dicere, sententiam pronunciare, venire recusarat) capiunt, tribunali imponunt, Adolphum homicidii, stupri in virginem, socordiæ, negligentiæ, perjurii, quod à Francis occidentalibus intercepta non repeteret, accusant. Deinde senatusconsulto eum in ordinem redigunt, à fastigio deturbant, Rempublicam orbam capite esse decernunt. Postremò ne Imperium sine capite esset; sicut corpus sine animo contabescunt, Albertum suis suffragiis rebus imponunt, Cæsarem designant, nuncupant, nonis Kalendis Julii declarant.* Aventinus, *Annales Boiorum,* Lib. 7. Cap. 12.

des Remontrances de vive voix & par écrit, & elles ont été inutiles. Le ferment qui les lie à l'Empire, ne leur permettant pas de fouffrir plus long-tems ces défordres, étant d'ailleurs preffés par tout le monde d'y apporter remede, ils ont cité juridiquement l'Empereur pour venir rendre compte de fa conduite, & il n'a point comparu. Ils l'ont averti encore plufieurs fois, foit en particulier, foit dans différentes Dietes. Ils ont porté l'affaire en Cour de Rome, ils font enfin forcés de dépofer l'Empereur, comme négligeant le foin de l'Empire, comme le détruifant même (b).

L'Archevêque de Mayence porte en conféquence la fentence tant en fon nom, qu'en celui des autres Electeurs. Vencelas eft déclaré inutile, négligent, diffipateur & indigne de la qualité de Défenfeur de l'Empire. Il en eft privé en conféquence & de tous les droits qui y étoient attachés. Tous les Sujets font déliés du ferment qu'ils lui avoient fait, & il leur eft défendu de lui rendre aucune obéiffance (c).

La fentence eft fignée non feulement des Electeurs, mais d'un grand nombre de Seigneurs tant Eccléfiaftiques que Laïcs.

L'Auteur de l'Hiftoire d'Allemagne imprimée publiquement à Paris en 1771, Tom. 8. Pag. 22. juge à propos de révoquer en doute fi l'Empereur peut être dépofé.

„ Aucune Loi de l'Empire, dit-il, ancienne ou moderne, n'a décidé
„ fi l'Empereur pouvoit être dépofé : mais on prétend que l'Empire n'é-
„ tant point héréditaire, ni l'Empereur abfolu, il paroît très vrai-
„ femblable que les Electeurs de concert avec les autres Etats de l'Empi-
„ re ont droit de le dépofer, fur-tout s'il fe rend indigne de gouverner.

L'Auteur convient qu'on a dépofé Adolphe de Naffau, Henri IV. & Vencelas. Il auroit pu joindre Conrad Roi des Romains.

„ Ces exemples, continue-t-il, „ prouvent bien qu'on a dépofé des
„ Empereurs, & qu'on peut en dépofer encore, mais il ne prouvent
„ pas qu'on foit en droit de le faire, à moins qu'ils ne foient évidem-
„ ment des Tyrans. Il eft vrai qu'un Peuple libre, avant de céder fon
„ pouvoir

(b) *Idcircò malum hoc toti Chriftianæ Reipublicæ exitiale ; minimè diutius ferendum & tolerandum cenfentes, animo bene confirmato, poft multos variofque tractatus confultationefque, tùm inter nos ipfos, tùm etiam cum aliis Principibus & Optimatibus facri Imperii feriò habitas, pro Ecclefiæ falute, Chriftiani Orbis confolatione, facri Imperii honore & utilitate, præfatum Dominum Vencelaum, tanquam negligentem & deftructorem Imperii, eoque indignum à facro Romano Imperio, omnique ejus dignitate hoc tempore penitus removendum effe duximus.*

(c) *Nos itaque Joannes Archiepifcopus, nomine prædictorum Dominorum facri Romani Imperii Electorum, noftroque, tùm commemoratis, tùm pluribus aliis infignibus defectibus, caufifque moti, hâc noftrâ fententiâ, quam præfenti fcripto damus atque ferimus, prædictum Dominum Vencelaum, ceu inutilem, negligentem, diffipatorem, & indignum facri Romani Imperii defenforem, eodem Romano Imperio, omnique ejus gradu, dignitate ac ditione ad idem pertinente, privamus & fubmovemus, cunctis Principibus, Optimatibus, Equitibus, Ingenuis, Urbibus, Provinciis & Subditis facri Romani Imperii denunciantes, eos ab omni hommagio & juramento, perfonæ Vencelai nomine Imperii præftito prorfus effe liberos requirentes atque monentes eos, fub jurisjurandi fide, quâ facro Imperio diftricti tenentur, ne prædicto Domino Vencelao, tanquam Romanorum Regi, deinceps obediant & obfequantur, neque ille jus ullum, obfequium, cenfum, reditum, aut ullam aliam obventionem, quocumque nomine tandem appellanda veniat, ceu Romanorum Regi pendant, exhibeant, aut exhiberi permittant: fed ejufmodi debita utili, & ideò Romanorum Regi, Divino favente numine deinceps fufficiendo, afferyent.* Goldaft, Conftitutiones Imperiales, Tom. I. Pag. 379.

,, pouvoir, pourroit faire confentir celui qu'il voudroit élire pour être
,, Chef, à la Loi d'être déchu, en cas qu'il vînt à manquer aux conditions
,, fous lefquelles on l'auroit choifi. Mais on ne trouve dans l'Empire
,, aucune Loi fondamentale de cette Nature. Au contraire les Capitu-
,, lations qui bornent la puiffance de l'Empereur, difent fimplement que
,, tout ce que ce Prince fera au préjudice des Conftitutions de l'Em-
,, pire, fera caffé & annullé fans autre procédure : preuve certaine
,, qu'elles ne veulent point que l'Empereur foit détrôné, quand mê-
,, me il contréviendroit aux articles ftipulés & promis. Il n'y a donc
,, que le cas de tyrannie où la dépofition foit permife, encore faut-il
,, que les Ordres de l'Etat y procedent conjointement, fans quoi la
,, dépofition eft abfolument invalide. Si on examinoit de près celle des
,, Empereurs, dont nous venons de parler, y trouveroit-on l'unanimi-
,, té & le concours requis en pareil cas. Wenceflas eft le feul qu'on
,, puiffe dire avoir été dépofé du confentement général de l'Empire.
,, Mais Wenceflas étoit un infâme oppreffeur. Les autres ont été plus
,, malheureux que coupables.

Inutilement infifteroit-on fur le raifonnement de cet Auteur pour en faire fentir la foibleffe? Tout ce que l'Empereur fera contre les Capitulations fera caffé. Donc on ne pourra pas le dépofer. La nullité de ce qu'il aura fait ainfi, eft un premier remede. S'il prenoit l'habitude de contrevenir fouvent aux Capitulations, s'il violoit fouvent les Loix de l'Empire, il abuferoit vifiblement de fon autorité; &, en matiere importante, il faudroit employer un remede plus efficace, & en venir à la dépofition.

On ne croyoit pas en France vers le milieu de treizieme fiecle, que l'Empereur fût à l'abri de la dépofition.

En 1239. Grégoire IX. envoya des Légats en France, avec des Lettres qui devoient être lues au Roi & à tous les Barons. Elles portoient que le Pape avoit dépofé l'Empereur Fréderic, & avoit nommé à fa place Robert, Comte d'Artois, frere du Roi Saint Louis. (d).

L'Affemblée Françoife s'arrêtant d'abord à la forme, jugea que fi l'Empereur avoit mérité la dépofition, elle ne devoit pas être prononcée par le Pape, mais par le Concile Général (e). Au fond on regarda les accufations comme n'ayant aucun fondement. Il fut cependant réfolu d'envoyer des Ambaffadeurs à Fréderic pour s'affurer de fa foi. Ce qui fuppofe que s'il eût été hérétique, il auroit pu être fujet à la dépofition.

C'étoit par l'ignorance du fiecle qu'on foumettoit au Concile Général la Puiffance Impériale. Mais cela prouve au moins qu'on étoit perfuadé que les Empereurs & les Rois n'étoient pas indépendans de toute puiffance humaine.

(d) *Papa fcripfit Regi Francorum... Nuntios delegando jubens Epiftolam fuam coram ipfo & toto Baronagio legi... Noverit illuftris Rex & totum Francorum Baronagium &c.* Goldaft, Conftitutiones Imperiales. Tom. I. Pag. 301.
(e) *Qui fi meritis fuis exigentibus deponendus effet, non nifi per Generale Concilium caffandus judicaretur.* Ibid.

On ne voit pas même que dans tous les démêlés des Empereurs & des Rois & des Papes, on ait jamais fait valoir cette indépendance absolue. On s'est retranché dans la distinction des deux Puissances. On a soutenu que l'Eglise & ses Ministres n'avoient aucun pouvoir sur le Temporel, & on n'a pas été plus loin.

Cette indépendance absolue de toute puissance humaine auroit fourni aux Princes un premier moyen victorieux. Tenant de Dieu seul notre pouvoir, auroient-ils dit, lui seul peut nous l'ôter. Nous ne dépendons que de lui. Nous ne sommes comptables qu'à lui. Lui seul peut nous ôter la Couronne que nous avons reçue immédiatement de sa main. Ils auroient ajouté subsidiairement que, quand ils seroient soumis à quelque puissance, ils ne l'étoient pas à celle du Pape, dont le pouvoir étoit concentré dans le spirituel.

Combien une telle défense n'eût-elle pas été victorieuse? Le premier moyen eût sans doute été beaucoup plus fort que le second. On ne voit pas cependant qu'il ait été proposé. Le dogme de l'indépendance absolue des Souverains, de toute puissance créée, n'étoit pas encore connu.

Christiern II. déposé en Dannemarck.

,, Christiern II. succéda dans le Royaume de Dannemarck à Jean
,, son pere, dont il avoit en partie causé les malheurs, & voulut
,, faire valoir par les armes le droit qu'il prétendoit avoir sur le Ro-
,, yaume de Suede, comme ayant succédé à tous les droits de son pe-
,, re & de son aïeul. Stenon qui se croyoit solidement affermi sur son
,, Trône, s'étant laissé corrompre par les conseils des flatteurs, dont
,, les Cours des Princes sont toujours remplies, fit beaucoup de fautes,
,, s'attira la haine des Grands & perdit l'affection du Peuple. Le Roi
,, de Dannemarck informé de cette disposition des Suédois, voulut en
,, profiter, & pour cela il leva une armée de Saxons, de Frisons, d'E-
,, cossois & de François, & s'étant mis à la tête de ses troupes, vint
,, mettre le siege devant Stockholm Capitale de la Suede. Mais Stenon
,, étant accouru le contraignit bien-tôt de le lever, & réduisit à l'ex-
,, tremité son ennemi, qui pendant trois mois attendit inutilement un
,, vent favorable pour retourner dans ses Etats. Cependant Stenon qui
,, avoit ses raisons pour lui faire plaisir & gagner son amitié, lui four-
,, nit tout ce qui étoit nécessaire pour son retour, & engagea sa parole
,, qu'il le laisseroit tranquillement embarquer ses troupes sans l'attaquer.
,, Mais quatre ans après Christiern paya de la plus noire perfidie un
,, procédé si généreux. Car ayant souhaité d'avoir une entrevue avec
,, Stenon, il voulut alors se rendre maître de la personne de ce Prince,
,, qui croyant n'avoir rien à craindre, étoit presque entré dans son
,, vaisseau; & il s'en fallut peu qu'il ne réussît dans cette détestable en-
,, treprise. Frustré de son espérance, il emmena avec lui en Danne-
,, marck, contre la parole qu'il avoit donnée, les Ambassadeurs du Roi
,, de Suede Hemminge Gad, & Gustave fils de Henri Ericson.
,, Cette infâme trahison fut peu de chose, en comparaison de l'horri-
,, ble action qu'il commit l'année suivante. Les Danois étant entrés

,, dans la Weſtgothie avec une armée plus forte qu'auparavant, il
,, ſe donna une bataille ſur les glaces de la mer, où Stenon reçut
,, dans la cuiſſe un coup de feu, dont il mourut peu de tems après. Les
,, Suédois ayant perdu leur Roi ſe troublerent & furent aiſément
,, mis en déroute. Chriſtiern fut enſuite élu Roi de Suede par les
,, Grands de la faction Danoiſe, & couronné à Stockholm. Mais ce
,, même jour, ce Prince craignant que pendant ſon abſence quelqu'un
,, des enfans de Stenon ne fut mis ſur le Trône par les Chefs de la
,, faction contraire, fit fermer les portes de la ville, & ayant aſſem-
,, blé les plus conſidérables de cette faction de différents Etats, com-
,, me pour leur donner un repas magnifique, il les fit tous maſſacrer
,, au nombre de 74. aux yeux du Peuple effrayé de ce ſpectacle, &
,, laiſſa enſuite leurs corps ſanglans expoſés pluſieurs jours à la vue de
,, tout le monde pour imprimer mieux la terreur dans tous les eſ-
,, prits. On exhuma auſſi par l'ordre du nouveau Tyran, le corps
,, de l'infortuné Stenon, & on le brûla publiquement avec ceux des
,, autres. Chriſtiern en même tems dépouilla de tous leurs biens les
,, veuves & les enfans de ceux qui avoient été traités ſi cruellement.
,, Après cette barbare exécution, il partit de Stockolm couvert du
,, ſang de ſes nouveaux Sujets, & reprit le chemin de Dannemarck.
,, Mais à peine avoit-il fait trente mille, que les Suédois indignés de
,, ſa barbarie, prirent les armes & vinrent l'attaquer dans ſa marche.
,, Il fut obligé de prendre des chemins détournés, ne marchant que
,, la nuit, & paſſant le jour dans les bois, & ce ne fut qu'avec beau-
,, coup de peine qu'il échappa à leur pourſuite. De retour en Danne-
,, marck le Tyran trempa ſans horreur dans le ſang des Danois ſes mains,
,, que dans la Suede il avoit accoutumées au carnage. Mais comme
,, rien ne pouvoit aſſouvir ſa barbarie & ſa cruauté, ſon oncle Frédéric
,, Prince de Holſace & la Ville de Lubec lui déclarerent la guerre, &
,, leurs armes joints aux affreux reproches de ſa conſcience, le for-
,, cerent de s'enfuir, & de ſe retirer dans la Zélande, avec ſa femme
,, Iſabelle ſœur de l'Empereur, & avec ſes enfans, trois années après
,, le maſſacre de Stockholm, c'eſt-à-dire l'an 1523.
,, Cependant Guſtave, fils d'Eric, qui avoit échappé à la fureur de
,, Chriſtiern, & qui ſous prétexte d'avoir ſoin de Chriſtine, veuve
,, de Stenon, avoit épouſé la Princeſſe ſa fille, fut mis ſur le Thrô-
,, ne de Suede par les Grands de l'Etat & par le ſecours de la ville de
,, Lubec. Pour ce qui regarde la Couronne de Dannemarck, dont
,, Chriſtiern étoit déchu, on la mit ſur la tête de ſon frere Frédéric,
,, Prince d'une grande ſageſſe, qui fut élu par tous les Ordres du Ro-
,, yaume aſſemblés. Alors le Roi fugitif écrivit à l'Empereur pour
,, lui faire des plaintes de la révolte de ſes Sujets, & de l'injuſtice qu'on
,, lui avoit faite. Mais le Roi Frédéric & la ville de Lubec, qui eſt très
,, puiſſante, & qui a beaucoup d'autorité dans le Nord, publierent
,, conjointement un Manifeſte pour réfuter la Lettre de Chriſtiern,

„ & y exposerent au Pape & aux Princes de l'Empire le détail de ses
„ crimes énormes. Corneille Sœper y répondit au nom de Christiern,
„ par un Ecrit qui nous reste, où il est dit entr'autres choses que Léon
„ X. ayant envoyé le Cardinal de Potenza pour faire des informations
„ sur le massacre de Stockholm, ce Légat avoit déclaré après un mûr
„ examen, que Christiern n'avoit rien fait en cette occasion qui fût con-
„ tre le droit. Cependant comme les écrits qu'on publia alors des
„ deux côtés furent inutiles, il fallut avoir recours à la voie des armes.
„ Mais ce fut sans aucun succès de la part du Roi banni, parce que
„ l'Empereur étoit alors occupé à faire la guerre à la France. Enfin
„ ce Prince féroce ennuyé de son exil, las de son regne, équipa une
„ flotte au bout de neuf ans par le secours de l'Empereur, & voulut
„ tenter la fortune des armes. Mais la colere de Dieu & les vents contrai-
„ res firent périr ou échouer la plus grande partie de ses vaisseaux, &
„ le firent tomber lui-même entre les mains de son oncle. Afin qu'il ne
„ restât rien de ce Tyran, & que la crainte de voir jamais reparoître un
„ pareil monstre pût s'éteindre avec sa race, la Providence permit que son
„ fils, qui étoit à la Cour de l'Empereur, mourût dans le même tems (f).

Jean II. déposé par les Catalans.

„ Dans la Principauté de Catalogne qui étoit annexée au Royaume
„ d'Arragon, les Peuples se croyant opprimés par le Prince Jean II, pri-
„ rent les armes contre lui pour se faire justice, révoquerent par un ac-
„ te solemnel le serment d'obéissance qu'ils avoient fait à ce Prince, le
„ déclarant lui & ses descendans indignes de monter sur le Thrône, &
„ voulurent établir en Catalogne une forme du Gouvernement Républicain,
„ afin de s'assurer à perpétuité la jouissance de la liberté à laquelle ils
„ aspiroient.

Henri IV. Roi de Castille déposé.

„ Environ vers le même tems, l'odieuse & foible administration
„ d'Henri IV, Roi de Castille, ayant soulevé tous les Nobles du
„ Royaume, ils se liguerent contre lui & s'arrogerent, comme un
„ privilege inhérent à leur Ordre, le droit de juger leur Souverain. A-
„ fin de rendre l'exercice de ce pouvoir aussi public & aussi solemnel
„ que leur prétention étoit hardie, ils inviterent tous ceux de leur par-
„ ti à s'assembler à Avila. On éleva un vaste théâtre dans une plaine
„ hors des murs de la Ville, & l'on y plaça une figure représentant
„ Henri IV. assis sur son Trône, revêtu des habits Royaux, une
„ Couronne sur la tête, un Sceptre à la main, & l'Epée de Justice à
„ son côté. L'accusation contre le Roi fut lue à haute voix, & la
„ sentence qui le déposoit, fut prononcée devant une nombreuse as-
„ semblée. Lorsqu'on eut lu le premier chef d'accusation, l'Archevê-
„ que de Tolede s'avança, & ôta la Couronne de dessus la tête de la fi-
„ gure; après la lecture du second chef, le Comte de Plaisance déta-
„ cha l'Epée de Justice, après la lecture du troisieme, le Comte de
„ Bénévent arracha le Sceptre; & après le dernier article, Dom Dié-

(f) Histoire de Thou, Traduction Françoise Tom. 1. Pag. 49. & suiv.

,, go Lopès de Stuniga jetta la figure du haut du Trône à terre. Au
,, même inſtant, Dom Alphonſe, frere de Henri, fut proclamé Roi de
,, Caſtille & de Léon (g).

,, Alphonſe, onzieme Roi de Caſtille, étant mort, laiſſa Pierre ſon
,, fils aîné ſucceſſeur de la Couronne, & non de ſa vertu ni de ſa modéra-
,, tion: car ce nouveau Roi encore en bas âge, tomba au pouvoir de Tu-
,, teurs qui ne ſongeant qu'à leurs affaires particulieres, vengeoient les
,, outrages qu'ils prétendoient avoir reçus de leurs ennemis, & abu-
,, ſant de la Puiſſance Royale dont ils avoient la diſpoſition, ruinoient
,, tout ceux qui pouvoient s'oppoſer à leurs deſſeins, & dont la grande
,, fortune leur donnoit ou de la jalouſie, ou de l'eſpérance d'en profi-
,, ter. Cependant ils abandonnerent le ſoin de l'éducation du jeune Roi,
,, le laiſſerent engager dans les vices, auxquels déja ſon mauvais naturel
,, le portoit avec trop de penchant & trop d'inclination, & même pour
,, continuer leurs déſordres & aſſurer leur crédit, ils firent naître dans
,, l'eſprit du Roi de la défiance, & enſuite de la haine contre les prin-
,, cipales Maiſons d'Eſpagne, & lui perſuaderent qu'il étoit néceſſaire
,, non ſeulement de faire la paix avec les Rois Sarrazins, mais encore
,, de les attacher à ſes intérêts par le nœud d'une étroite & ſolide allian-
,, ce afin de ſe pouvoir ſervir de leurs forces pour réprimer les entrepri-
,, ſes que ſes Sujets méditoient contre ſon autorité; ainſi ces mauvais
,, Conſeillers remplirent toute la Caſtille de troubles, de mécontente-
,, ment, de meurtres, de déſolation, nourrirent dans l'eſprit du Roi une
,, averſion générale pour les perſonnes les plus conſidérables de ſon
,, Royaume, & en même-tems étouffèrent cette affection réciproque
,, qui attache les bons Rois à leurs Sujets, & les Peuples à leurs Prin-
,, ces légitimes (h).

Pierre Roi de Caſtille dépoſé.

Le Roi Alphonſe avoit eu huit enfans bâtards, dont l'aîné étoit Henri
Comte de Tranſtamare ou Triſtemare. Il avoit laiſſé auſſi trois enfans
légitimes, dont Pierre étoit l'aîné. Après la mort d'Alphonſe, Eléonore
de Guzman mere des bâtards, ſe retira avec ſes huit enfans. Elle engagea dans ſa retraite les deux enfans légitimes. Pierre les fit ſuivre,
fit arrêter la mere, & la fit mourir. Les enfans ſe réfugierent en Portugal. Le Roi de Portugal fit ſolliciter leur grace par ſon Ambaſſadeur, &
Pierre la leur accorda.

Il épouſa Blanche de Bourbon, ſœur de la femme de Charles V. Le
Contrat de ce mariage eſt du 13 Juillet 1352. Mais il alla paſſer la nuit
même de ſes noces, avec Dona Maria Padilla, pour laquelle il avoit de
l'inclination, & ſuivit même cette fille qu'il avoit fait ſemblant d'éloigner de ſa Cour.

,, Portant ſes fureurs avec excès, il contraignit ſa mere même de ſor-
,, tir des Terres de Caſtille, fit arrêter & mourir trois de ſes freres,

(g) Robertſon, Introduction à l'Hiſtoire de Charles Quint. Tom. I. P. 311.
(h) Hiſtoire de Bertrand du Gueſclin Connétable de France, par Paul Hay du Chatelet; Paris 1666,
Pag. 92 & ſuiv.

„ expofa aux lions (dit l'ancienne Hiſtoire de Du Gueſclin) ſes ſœurs
„ bâtardes filles de Dona Eléonore de Guzman, mais les innocentes
„ Princeſſes, par un miracle viſible, furent conſervées contre la férocí-
„ té de ces bêtes: il aſſaſſina de ſa main le Roi de Belmarin, nommé
„ Mahomet le Roux, qui l'étoit venu viſiter ſur ſa parole, & par ce
„ meurtre, viola honteuſement le droit de l'hoſpitalité. Il dépouilla
„ les Egliſes de leurs biens pour enrichir les miniſtres des ſes abomina-
„ tions; renonça, dit-on, ſecrétement à ſon baptême, & fut cir-
„ concis; il exerça en un mot mille cruautés; remplit toute l'Eſpagne
„ de ſang & de larmes, & fit voir tout d'un coup en ſa perſonne les
„ Sardanapales, les Nérons, & les Domitiens; ayant enfin monté
„ de crime en crime juſques au comble de la rage & de l'inhumanité,
„ il oſa faire étouffer la Reine ſa femme dans une ville où il l'avoit ré-
„ léguée. Cette horrible action après tant d'autres, fit échapper la
„ patience à tous les honnêtes gens d'Eſpagne, leſquels obligerent Dom
„ Henri, qui étoit l'aſtre de la Cour; (car Dom Pedre avoit fait mourir
„ ſes freres légitimes) & qui étoit Prince de grand mérite & de gran-
„ de conſidération, de porter au Roi leur douleur, & leurs remontran-
„ ces. Henri s'acquitta de cette commiſſion avec toute la prudence
„ & l'adreſſe poſſible; mais l'eſprit du Roi étoit tellement poſſédé par
„ ſes Favoris, & ſurtout par les Juifs qui le gouvernoient abſolument,
„ qu'encore que d'abord il eût écouté ſon frere avec douceur & avec bien-
„ veillance, à peine le Prince étoit-il ſorti de ſon cabinet, qu'il le fit
„ rappeller, lui dit mille injures, & lui commanda indignement de ſor-
„ tir pour jamais de ſa préſence & de ſes Etats, ou qu'autrement il
„ le feroit pendre. Henri dont le cœur étoit grand & ſenſible aux ou-
„ trages, ménagea néanmoins ſon premier reſſentiment, & répondit au
„ Roi d'une façon très ſoumiſe, que toujours il avoit tâché de lui faire
„ paroître que l'affection qu'il avoit pour ſon ſervice étoit ſincere, &
„ ſa fidélité inviolable, qu'enfin il étoit tout prêt en ſe retirant, de
„ lui donner des marques de ſon extrême obéiſſance."

Un ancien Hiſtorien nous a conſervé la Remontrance que Henri fit à Pierre (1).

„ Comment eſt-ce, noble Roi? Vous ne nous maintenés pas ainſi
„ comme le Roi de France, qui tout eſt noble, doux & courtois: &
„ comme fit notre bon pere, qui tout ſon vivant guerria les Sarra-
„ zins, prinſt & aſſiéga leurs châteaux. Et décy juſques en Gre-
„ nade conquit le Pays, dont il deſconfit le Roi lequel s'enfouy. Et
„ auſſi par lui deſconfit en bataille le Roi de Belmarin, & ſes deux
„ fils prins & grantplanté de Sarrazins. Mais vous ne leur faites nul-
„ les guerres; ains leur donnez tréves & reſpiz, pour l'or & pour l'ar-
„ gent que vous en avez...... Si le vous dy pour votre bien. Car je ſe-
„ rois courroucé, & pouceurois-je d'honneur, ſe vous perdés le vô-

(1) Hiſtoire de Bertrand du Gueſclin Connétable de France, écrite l'an 1387, publiée par Claude Ménard. Paris 1618. Chap. 15.

" tre. Si vous regardés à votre fait, & vous avisés; & si otés tous ces
" Juifs d'avec vous, & créés, amés, & prisés tous vos Barons. Car
" li homs n'est pas sires de son pays, qui est hais & despités de ses gens. Et
" d'autre part, avisés vous du peschié que vous faites envers Madame
" votre femme, qui tant est bonne, loyal & gentil Dame, & extraite
" de si bon sanc & noble, comme de Monseigneur saint Loys, &c".
Henri ayant rencontré dans le Palais de Dom Pedre un Juif nommé
Jacob, qu'on soupçonnoit de lui inspirer des mouvemens de cruauté, tira
son épée & le tua.

" Cette mort fit beaucoup de bruit, & le Roi y étant accouru,
" voulut tuer de sa main Dom Henri son frere, qui pour se garan-
" tir, se sauva dans la ville, & de là, secouru par ses amis, dont il avoit
" un très grand nombre, il sortit hors des Terres de Castille. Dom
" Pedre dépêcha des gens pour le prendre, avec ordre de le suivre
" jusques dans les Royaumes étrangers, s'il y passoit, & de le rede-
" mander comme un criminel de leze-Majesté, & en cas de refus, il
" commanda à ses gens de déclarer la guerre en son nom à quelque
" Prince que ce fût, qui lui donnât retraite".

Le Roi d'Arragon n'ayant pas voulu souffrir Henri dans ses Etats,
il se retira à Avignon, & s'attacha au service du Roi Jean qui lui donna
une Pension. Il y eut divers traités faits en 1362, entre lui & le Roi
Jean, & les Capitaines des Compagnies blanches qui désoloient alors la
France (k). Par ces Traités, Henri enrôle ces Compagnies, du consen-
ment du Roi, pour les emmener en Castille.

Il y eut aussi une ligue formée contre Pierre, Roi de Castille, entre le
Pape, & les Rois de France, d'Arragon & de Navarre. Le Pape étoit
irrité du mépris de Pierre pour la Religion & pour ses Ministres. Charles V. avoit du ressentiment de la mort de Blanche de Bourbon sa Bel-
le-sœur, & aussi des alliances de Pierre avec les Anglois. Les Rois d'Arragon & de Navarre cherchoient l'occasion de recouvrer ce que les
Rois de Castille avoient usurpé sur eux. Le Pape Urbain V. excom-
munia Dom Pedre, le déclara incapable & déchu de la Couronne de
Castille, délia ses Sujets du serment de fidélité, & donna l'investiture
de ses Royaumes à Henri Comte de Tristamare son frere, ou au premier
Prince qui pourroit les occuper.

Le Connétable Du Guesclin, étant arrivé sur les frontieres d'Espagne a-
vec les Compagnies qu'il conduisoit, le Comte de Transtamare déclara publiquement la guerre à Dom Pedre. Il proposa dans un Manifeste cinq
raisons de sa conduite.

" La premiere étoit l'outrage qu'il avoit reçu en la personne de Dom
" Léonora de Gusman sa mere, que Dom Pedre avoit fait mourir sans
" aucune formalité de justice, & ajoutoit les mauvais traitemens que
" sa famille avoit reçus depuis l'entrée de son Regne.

(k) Preuves de l'Histoire de Du Guesclin, par Duchatelet, P. 313. & suiv.)

„ La seconde raison étoit fondée sur les violences & les cruau-
„ tés de Dom Pedre contre tous les Particuliers, & les plus hon-
„ nêtes gens de tous ses Sujets.

„ La troisieme, l'alliance qu'il avoit faite & qu'il entretenoit avec les
„ Rois Maures.

„ La quatrieme, son incapacité de posséder le Royaume en consé-
„ quence des jugemens du Pape qui l'avoit mis en interdit, & en a-
„ voit donné l'investiture au premier Prince qui le pourroit conquérir,
„ sur ce que notoirement il étoit sectateur de Mahomet, impie &
„ cruel.

Henri disoit en cinquieme lieu, que Dom Pedre étoit fils d'un Juif,
& qu'il avoit été substitué à une fille, dont sa mere étoit accouchée.
Il soutenoit qu'on ne pouvoit pas lui reprocher à lui-même le vice de bâtardise, parce que le Roi Alphonse avoit fiancé sa mere. „ Il ne fut pas
„ difficile à Dom Pedre de détruire ces deux dernieres raisons; mais
„ par sa Tyrannie, il avoit tellement perdu l'amitié des Peuples, sa do-
„ mination étoit une charge si pesante à ses Sujets, que Dom Henri
„ trouva parmi eux une entiere croyance de tout ce qu'il avança con-
„ tre lui.

Dom Henri étant pressé par Du Guesclin de prendre le titre de Roi
de Castille, ne pouvoit s'y déterminer. „ Il appréhendoit qu'en deve-
„ nant Roi de Castille, la Cour de Rome ne prétendît qu'il en avoit
„ reçu la qualité en conséquence de l'interdit & de l'investiture du Pa-
„ pe, & que dès là, ses successeurs au Pontificat ne fondassent un droit
„ imaginaire sur le Royaume, dont il ne vouloit en aucune façon bles-
„ ser la souveraineté; & quoique les conjonctures l'obligeassent de per-
„ mettre que l'on fît servir cet interdit au bien de ses affaires, & à l'a-
„ vancement de ses desseins, il ne le vouloit point autoriser par aucun
„ consentement; d'autant qu'en effet il ne l'estimoit pas valable; au
„ contraire il croyoit comme une vérité certaine, que le saint Pere ne
„ peut sous quelque considération que ce soit, porter sa puissance sur le
„ temporel des Princes, & que l'empire de l'Eglise ne doit s'étendre
„ que sur les consciences, de maniere qu'il s'opposoit fortement au désir
„ universel de ses amis, & il ne pouvoit consentir à se charger encore
„ du nom de Roi.

„ Du Guesclin qui voyoit l'importance de cette délibération, prit
„ la parole, & représenta au Comte Dom Henri qu'il ne devoit pas
„ s'opiniâtrer plus longtems contre l'avis où étoit toute l'Armée, dont
„ les très humbles prieres lui demandoient qu'il fît cet effort sur sa mo-
„ destie, qu'il ne falloit pas préférer son opinion particuliere aux vœux
„ & à l'amour de l'Espagne entiere, qu'il avoit à considérer que les vi-
„ ces chassoient son ennemi du Trône, & que la vertu l'y appelloit;
„ qu'il n'étoit point ici question de l'interdit du Pape, ni des préten-
„ tions de la Chambre Apostolique, & que son épée dépossédoit juste-
„ ment Dom Pedre qui l'avoit engagé par ses cruautés dans une défen-
„ se

,, fe qui étant naturelle, avoit produit une guerre légitime ; qu'il ne
,, devoit pas regarder fon intérêt, mais celui des Peuples à qui ce
,, changement étoit fi néceffaire, que le nom de Roi lui feroit avanta-
,, geux ; parce qu'en effet, comme il contient l'image de Dieu mê-
,, me, il infpire aux Particuliers de l'obéïffance, de l'amour & du ref-
,, pect : & qu'au refte fon armée victorieufe & conquérante avoit droit
,, de le proclamer Roi, auffi bien que les Armées Romaines avoient
,, autrefois celui de donner des Empereurs à l'univers ; qu'il lui pro-
,, teftoit que les mêmes foldats, qui le nommoient Roi de Caftille, em-
,, ployeroient leur valeur, pour le maintenir dans cette Royale Di-
,, gnité.
,, Sur cela Du Guefclin au nom des Troupes le falua brufquement
,, Roi de Caftille, & à haute voix cria : *vive Henri deuxieme par la
,, Grace de Dieu, le victorieux Roi des deux Caftilles, de Séville & de
,, Léon*. Alors ceux qui étoient dans l'Affemblée, pousserent le même
,, cri de, *vive le Roi*, que toute l'Armée & les Bourgeois répéte-
,, rent enfuite plufieurs fois. C'eft de cette maniere que Dom Henri
,, fut reconnu Roi de Caftille dans la ville de Calahorra.

Le Couronnement des Rois de Caftille fe fait ordinairement à Burgos,
& cette ville étoit au pouvoir de Dom Pedre. Dom Henri manda
aux habitans que Dieu l'ayant élevé à la Couronne par le choix univerfel
du Peuple & de l'Armée, il fe difpofoit à aller prendre dans leur ville
les ornemens de la Royauté, & à y faire, & y recevoir les fermens ordinaires. Les habitans délibérerent fur le parti qu'ils devoient prendre.
Il fut convenu que les Chrétiens, les Juifs, les Mahométans s'affemble-
roient féparément.

,, Les Chrétiens qui faifoient la plus grande & la plus forte partie des
,, Bourgeois, étant féparément affemblés, l'Evêque de Burgos leur
,, dit, que Dieu en leur donnant le Roi Dom Pedre, les avoit voulu châ-
,, tier de leurs péchés ; mais qu'aujourd'hui par le préfent que il leur
,, faifoit de Dom Henri, ils avoient fujet de croire que fa Miféricorde
,, avoit défarmé fa Juftice ; que l'échange d'un maître cruel & infup-
,, portable pour un Prince illuftre par fa douceur & par fon équité,
,, faifoit fenfiblement connoître que la fortune du Royaume alloit être
,, meilleure, & que le nouveau Prince étoit deftiné pour effuyer les lar-
,, mes que l'autre y avoit fait répandre, qu'il eftimoit donc qu'on ne
,, devoit pas manquer à le recevoir, d'autant plus que c'étoit vifible-
,, ment un ordre de la Providence Divine, laquelle pour fe faire
,, mieux paroître, avoit mis en la main de Dom Henri des forces
,, fuffifantes pour les y contraindre, en cas qu'ils y apportaffent de la
,, réfiftance ; mais que ce feroit par le fang de leurs Citoyens, par la
,, ruine de leurs Familles, & par l'entiere défolation de leur Patrie.
,, L'Evêque ayant fini fon difcours, la compagnie perfuadée des vérités
,, qu'elle venoit d'entendre, témoigna par fes applaudiffemens une
,, extrême impatience de voir Dom Henri dans la Ville, & prefque

„ en même tems les Juifs & les Sarrazins ayant envoyé leurs avis
„ par leurs Députés, tous les fentimens fe trouverent conformes;
„ ainfi il ne fut plus queſtion que de ſavoir de quelle maniere on rece-
„ vroit Henri.

„ Quelques-uns vouloient que ce fût fans condition, parce que, di-
„ foient-ils, l'on ne pouvoit rien craindre de fâcheux d'un Prince ſi
„ excellent; les autres vouloient que pour l'honneur de la Ville, on en-
„ trât en négociation avec lui; & par un Traité folemnel entre lui &
„ les Bourgeois, il fut arrêté que leurs anciens privileges leur feroient en-
„ tiérement conſervés. Un tiers avis qui étoit le tempérament des deux
„ premiers, vouloit qu'on reçût le nouveau Roi fans condition, mais
„ que les Députés qui lui feroient envoyés, le fuppliaffent de main-
„ tenir la Ville dans les droits qui lui avoient été accordés par les Rois
„ fes prédéceffeurs. Ce troifieme avis prévalut, & la Délibération
„ fut réfolue là-deſſus.

L'ancien Hiſtorien ne convient pas que les habitans de Burgos fe
foient livrés à la difcrétion de leur nouveau Roi, fans lui impofer de
condition. Ils envoyerent deux Cordeliers lui faire part de leurs réfolutions.

„ A donc l'un des Cordeliers, qui étoit moult prudhomme, falua
„ moult hautement, la Baronie, & puis leur dit: Meſſieurs, loez foit
„ le nom de Dieu fouverain, par qui nous vivons tous. Car toutes
„ les Nations de la noble Cité de Burs, c'eſt affavoir Chrétiens,
„ Juifs & Sarrazins, & de tous les Etats de leurs Loix fe recommen-
„ dent à vous, & font preſt & appareilliés de recevoir le bon Hen-
„ ri, de lui livrer les clefs de la bonne Cité, & le couronner en
„ icelle *par telle condition* qu'il leur promettra à maintenir Eſpengne,
„ felon l'ancienne Coutume, ainſi comme fit Olivier le filz Lion."

Lorfque les Bourgeois de Burgos vinrent au-devant de Henri, l'Evêque lui parla en ces termes.

„ Sire, nous vous rendrons Roi d'Eſpengne, & à vous obéirons:
„ mais que vous nous veuilliés tenir aux Us & aux Coutumes ancien-
„ nes, ainſi comme fiſt vos prédéceffeur le Roi Olivier, qui fu filz
„ Lion de Bourges en Berry, & Henri leur octroya pleinement. (a)
„ Après la priſe de Burgos, Henri & Du Gueſclin marcherent vers
„ Tolede. Dom Pedre qui en fut averti, en fortit auſſi-tôt, & fit
„ charger ce qu'il avoit d'argent, & de plus précieux meubles, & en-
„ tre autres une Table d'or toute garnie de figures de relief, & en-
„ richie de pierreries, ouvrage d'un prix ineſtimable. Comme il fut
„ forti de cette grande Cité, il fe retourna devant fes murailles, &
„ ayant confidéré le déplorable état de fa fortune qui l'obligeoit ainſi
„ de fuir honteufement de devant fon frere bâtard, fans avoir eu le
„ crédit de lui oppofer aucunes troupes au milieu de fon propre Roy-

(a) Hiſtoire de Du Gueſclin par Ménard, chap. 19.

„ aume, il s'attendrit malgré fa férocité naturelle, & dit tout haut;
„ ah! que je reffens bien que c'eſt ici la peine de mes fautes paſſées,
„ & combien il eſt vrai qu'un Roi doit compte à Dieu du foin & du
„ repos des Peuples, qu'il commet à ſon Gouvernement; je ne verrai
„ jamais Tolede, & je ne vais dans les autres Villes de mon Etat que
„ pour leur apprendre ma défaite, & y annoncer le triomphe de mon
„ ennemi; enfin j'y vais marquer par un fameux exemple à tous les
„ Rois du monde, qu'un Prince qui n'a point d'amis, ne doit point
„ s'aſſurer d'avoir de véritables Sujets."

Les habitans de Tolede ayant été fommés de ſe rendre, l'Evêque dit en pleine aſſemblée; „ Que la ſortie de Dom Pedre marquoit ſuffiſam-
„ ment la ruine de ſes affaires, par ſon déſeſpoir & par ſon impuiſſan-
„ ce; qu'un ſi prompt renverſement de la fortune d'un ſi grand Roi,
„ montroit bien que Dieu avoit lancé ſes foudres contre lui, & que Hen-
„ ri n'étoit que le Miniſtre de la Juſtice Divine; que ſi le Dieu des Ar-
„ mées combattoit lui-même pour cette cauſe, ce qui ſe voyoit ſen-
„ ſiblement par la valeur du ſecours qu'il avoit ſuſcité au Prince, la
„ réſiſtance qu'ils feroient, ſeroit non ſeulement inutile, mais enco-
„ re pleine de crime & de témérité, & attireroit ſur eux des calamités
„ infinies.

Dom Pedre ayant perdu Tolede & Séville, fut trouver le Roi de Portugal, dont il ne put tirer aucun ſecours. Ses ſollicitations furent plus efficaces auprès du Prince de Galles, qu'il vint trouver à Bordeaux. Ce Prince lui promit ſon aſſiſtance & la lui accorda effectivement. Du Gueſclin de ſon côté, vint en France, & y leva douze mille chevaux pour conduire en Eſpagne.

On peut voir dans Rymer le Traité d'alliance qui fut conclu le 23 Septembre 1366, entre Dom Pedre, le Prince de Galles, & Charles le Mauvais, Roi de Navarre, & les différens engagemens que Dom Pedre contracta envers le Prince de Galles (a).

Le Prince de Galles avant de livrer bataille, écrivit à Henri le 1 Avril 1367, pour lui témoigner ſa ſurpriſe de ce qu'il étoit révolté contre ſon Roi légitime. Henri répondit à cette lettre le 2 Avril 1367, & ſe lava du reproche qui lui étoit fait. La lettre & la réponſe ſont dans Rymer (a).

La bataille ſe donna à Navarret le 3 Avril. L'Armée du Prince de Galles remporta la victoire, & Du Gueſclin fut fait priſonnier. Henri ſe retira en France, & fut ravager la Guienne. Mais le Prince de Galles revint auſſi-tôt pour défendre ſon pays, fort mécontent d'ailleurs de Dom Pedre, qui lui avoit manqué de parole.

Du Gueſclin ayant été mis en liberté moyennant une rançon conſidérable, retourna en Eſpagne avec Dom Henri, & avec les troupes qu'il avoit levées en France.

(a) Tom. 3. Part. 2, Pag. 116 & ſuiv.
(a) Ibid. Pag. 131.

Depuis cet instant, Henri combattit toujours avec succés. Il gagna cinq batailles contre Dom Pedre, & contre les Maures qu'il avoit appellés à son secours. Dom Pedre fut fait prisonnier dans la derniere, & sa mort soumit à Dom Henri toute la Castille.

La conduite de Henri est approuvée par les Rois de France.

Ce qui paroît résulter de cet événement, c'est que l'on ne croyoit pas alors en France, que ce fût un crime aux Sujets de secouer un Gouvernement tyrannique, & de se choisir un autre Souverain. On ne peut douter que le Roi Jean, & Charles V n'aient appuyé cette prétendue révolte. Les Traités fait entre le Roi Jean & Henri Comte de Tristamare, les troupes Françoises menées à son secours sous les ordres de Du Guesclin, en sont la preuve. Henri a fait un autre Traité avec le Duc d'Anjou frere de Charles V, le 8 Septembre 1367, en qualité de Roi de Castille & de Léon. Charles V a fait des alliances avec lui dans la même qualité, en 1368 & 1369 (a).

Or comment Charles V se seroit-il rendu complice d'une révolte criminelle en la soutenant de tout son pouvoir? Si les Maximes actuelles avoient été alors connues, tous les Souverains auroient été obligés, ou de prendre parti pour Dom Pedre, ou au moins de ne pas se mêler de la querelle; mais soutenir de toutes ses forces le Sujet rebelle, comment auroit-on pu se le permettre?

On ne voit pas que l'Histoire ait blâmé Charles V de la conduite qu'il a tenue en cette occasion. On voit au contraire que l'Auteur du *songe du Vergier* la met dans sa Préface, au nombre des actions mémorables de ce Prince.

„ Et aussi il ne fait mie à oblier comment le Roi Pietre d'Espaigne
„ qui étoit grand persécuteur de sainte Eglise & de ses Ministres,
„ & faisoit plusieurs autres inhumanités, a été soubdainement par ton
„ aide & par ta puissance de sa vie & de son Royaume privé, & est
„ le Royaume à son frere Henri translaté, qui a été ung fait moult
„ merveilleux, considéré le grant povoir & puissance qu'il avoit en
„ Espaigne."

Suivant Mézerai le Prince de Galles eut beaucoup de réputation auprès des Gens de guerre, d'avoir reconquis l'Espagne en une seule journée; mais peu d'honneur auprès des gens de bien, d'avoir rétabli un Tyran (a).

Villaret dit aussi, qu'Edouard ne recueillit de cette expédition que le triste honneur d'avoir rétabli un Tyran, qui paya ses bienfaits de la plus noire ingratitude (b).

La réflexion qu'on vient de faire sur la conduite de Charles V. envers Henri Comte de Tristamare, s'applique à celle qui a été tenue par la France & les autres Royaumes avec Cromwel.

(a) Histoire de du Guesclin par du Chatelet Pag. 320. des Preuves.
(a) Abrégé Chronologique de l'Histoire de France, in 4. Tom. 2, Pag. 389.
(b) Histoire de France, Tom. 10, Pag. 125.

Après la révolution qui a coûté la vie à Charles I, on a aboli la Royauté en Angleterre, pour y substituer le Gouvernement Républicain, & Cromwel a été déclaré Protecteur de cette nouvelle République. Si c'étoit un crime aux Anglois de s'être élevés contre Charles I, de l'avoir fait descendre du Trône, d'avoir changé la forme du Gouvernement, c'étoit, ce semble, un devoir pour toutes les Puissances voisines de ne donner aucune marque d'approbation à ce nouveau Gouvernement, qui ne devoit sa naissance qu'à un crime, & à un crime grave. Toutes les Têtes Couronnées devoient regarder Cromwel comme un injuste usurpateur & l'Angleterre comme étant dans un état de révolte & d'anarchie. Cependant en 1655, cinq ans après la révolution, on voit les Ambassadeurs d'Espagne présenter un Mémoire au nom de leur maître, où Cromwel est traité de *Votre Altesse*. Il doit, dit-on, avoir conservé le souvenir des preuves d'amitié & de bonne correspondance avec laquelle le Roi d'Espagne a tâché d'obliger cette République dès le moment qu'elle s'est formée, & Cromwel, depuis qu'il s'est chargé de sa protection. On fait un mérite au Roi d'Espagne d'avoir été le premier qui ait reconnu cette République, & qui ait envoyé un Plénipotentiaire, qui a traité avec les Commissaires du Parlement, avant que Cromwel eût été déclaré Protecteur.

Cromwel reçoit des marques d'approbation de la part des principales Puissances de l'Europe.

On voit de même un Traité d'alliance & de commerce conclu en 1655, entre la France & Cromwel. On en voit un autre conclu en 1658. Un autre en 1659, avec Richard Cromwel, fils d'Olivier Cromwel, & qui fut Protecteur de la République après son pere (a).

Il paroît difficile de concilier ce procédé avec l'indépendance absolue des Souverains, avec l'obligation stricte dans laquelle sont les Peuples de souffrir toutes sortes d'excès de leur part sans pouvoir opposer autre chose que les Remontrances les plus humbles. Si les Usurpateurs sont autorisés, si celui que le Peuple substitue à son Souverain légitime, est reconnu par les autres Puissances, tous les Monarques conspirent donc contr'eux-mêmes, & se réunissent pour autoriser un excès révoltant.

Lorsqu'on a voulu reprocher aux Prétendus Réformés François d'accorder aux différens Peuples, des droits sur leurs Rois, ils ont répondu par des faits tirés de l'Histoire de France.

„ Quand la France reçoit la Couronne d'Angleterre par les suffrages
„ du Peuple qui dégrade Jean-sans-Terre pour sa tyrannie, & qui élit
„ Louis de France, fils de Philippe Auguste, pour Roi ; quand Louis
„ passe la mer, aidé du Roi Auguste son pere, & se fait couronner à
„ Londres, ce droit du Peuple d'Angleterre étoit-il alors plus légitime
„ qu'auparavant, ou qu'il ne l'a été depuis.

„ Quand la France vers le milieu du dernier siecle, accepta la Sou-
„ veraineté de la Catalogne qui lui fut déférée par le Peuple soulevé
„ contre l'oppression de Philippe IV & de ses Ministres : quand elle y

(a) Recueil des Traités de Paix de Léonard, Tom. 5.

„ envoya ses Vice-Rois, qui ont tenu les principales Villes, ne re-
„ connoissoit-elle pas alors le droit du Peuple, qui secouoit le joug
„ du Prince naturel, & qui appelloit un étranger?

„ Ne l'a-t-elle pas encore reconnu ce Droit du Peuple, lors-
„ qu'elle a si hautement appuyé la Maison de Bragance, qui ne re-
„ monta sur le Trône de Portugal que par les suffrages de la Nation
„ à qui le joug des Princes Autrichiens sembla trop pésant, & qui
„ reprenant son droit pour s'en affranchir, ne voulut plus recon-
„ noître Philippe IV. C'étoit pourtant le troisième de ces Princes
„ qui régnoit sur elle, & à qui, comme aux deux premiers, elle
„ avoit fait serment de fidélité. Cependant lasse de leur Gouverne-
„ ment elle s'en soustrait, & se donne un nouveau Roi, que la
„ France appuie de toutes ses forces, & qu'elle affermit sur le Trône.

„ Elle a fait plus cette Monarchie qui déclame tant aujourd'hui par
„ la plume de notre donneur d'avis, contre le Droit du Peuple: elle
„ l'a fait valoir pour elle-même: & c'est à ce droit que la Race Capé-
„ tienne, dont celle de Bourbon est une branche, doit son élévation
„ à la Royauté. Quelques raisons qu'on puisse alléguer pour soutenir
„ l'exclusion de Charles, Duc de Lorraine, issu du sang de Charlema-
„ gne, & l'installation de Hugues Capet, la meilleure, disent les
„ Historiens François, ou plutôt la seule légitime, c'étoit le droit du
„ Peuple, qui déposa le premier, & qui lui préféra l'autre.

„ La même chose étoit arrivée 250 ans auparavant à Pepin, que
„ les Etats préférerent à Childeric, le dernier de la Race des Méro-
„ vingiens, qu'ils détrônerent & confinerent dans un Cloître, pour
„ faire régner Pepin à sa place. Le Pape Zacharie dont j'ai déja parlé,
„ envoya son approbation......

„ Pour citer quelque chose de plus nouveau, François I eut be-
„ soin de ce Droit du Peuple dans l'Assemblé de Cognac, pour y faire
„ casser le Traité qu'il avoit fait avec Charles-Quint. Il souffrit
„ alors que les Etats lui dissent, que quoiqu'il eût beaucoup de vouloir
„ pour l'exécution du Traité, toutefois cela n'étoit pas en son seul vouloir.

„ Que le Panégyriste de la Cour de France vienne après cela nous
„ reprocher la variété de nos sentimens sur l'indépendance des Rois,
„ & le Droit du Peuple; qu'il les compare à des habits de rechange
„ qu'on garde dans les occasions pour la pluie & pour le beau
„ tems; qu'il nous accuse de nous jouer du monde, & de souffler le
„ chaud & le froid, il ne pourra rien nous dire que nous ne le puis-
„ sions rétorquer fortement contre lui; rien que la France n'ait exé-
„ cuté elle même, & sous sa premiere Monarchie, en excluant Chil-
„ déric, & sous sa seconde, en abjurant Charles de Lorraine; &
„ sous sa troisième, en acceptant les Etats de ses voisins, que le Peuple
„ lui déféroit; ou en favorisant les translations qu'il en faisoit au pré-
„ judice des légitimes Souverains (t).''

(t) Réponse à l'Avis aux Réfugiés. 1709. Page 177.

On ne s'arrêtera pas d'avantage sur ce point. La Maison de Bourbon regne par la grace de Dieu, en ce qu'elle exerce son autorité. Elle regne par la grace du Peuple, sans le choix duquel elle n'auroit jamais été revêtue du Pouvoir Divin.

Massillon a donc pu dire: ,, Oüi, Sire, c'est le choix de la Nation qui mit d'abord le Sceptre entre les mains de vos ancêtres; c'est elle qui les éleva sur le bouclier militaire, & les proclama Souverains. Le Royaume devint ensuite l'héritage de leurs Successeurs: mais ils le dûrent originairement au consentement libre des Sujets. Leur naissance seule les mit en possession du Trône; mais ce furent les suffrages publics qui attacherent d'abord ce droit & cette prérogative à leur naissance. En un mot comme *la premiere source de leur autorité vient de nous*, les Rois n'en doivent faire usage que pour nous."

Les Princes du Sang ont pu dire: ,, Personne ne peut avoir (la Couronne de France) que celui qui y est appellé par les Loix fondamentales...... Le Peuple François, qui est plus ancien que ses Rois, *ne leur a cédé sa puissance, & confié son autorité publique, que sous ces conditions*...... En France, celui qui succede à la Couronne, ne tient rien du Roi son Prédécesseur, mais *du Peuple* (u)."

Terminons cet article par une observation.

De quelque maniere qu'on entende les Textes de l'Ecriture Sainte, soit qu'on regarde le Pouvoir Divin comme reçu par les Souverains de la main de Dieu même en vertu de la communication la plus immédiate, soit qu'on le regarde comme conféré au Prince par le Corps du Peuple, cela paroît fort indifférent pour la pratique, & il n'en résulte absolument aucune conséquence. Tout le monde avoue que Dieu veut bien se conformer non seulement au choix que le Peuple fait d'une certaine personne, mais encore à toutes les modifications, à toutes les restrictions, sous lesquelles il a choisi. En supposant le Prince revêtu du Pouvoir Divin, le Peuple a été maître de ne lui en confier que l'exercice & la simple administration. Il a été maître d'apposer à son choix une clause commissoire en vertu de laquelle le Prince pourra être dépouillé de ce Pouvoir Divin. Il est certain encore que sans aucune condition expresse apposée par le Peuple, il y en a de nécessairement sousentendues, en conséquence desquelles le Souverain se conduisant d'une certaine maniere, perd de plein droit la Souveraineté, & par conséquent ce Pouvoir Divin qu'il tenoit du ciel. Qu'importe après cela que le pouvoir soit humain ou divin dans son principe?

Que le pouvoir soit divin ou humain dans son principe, il est toujours constant que les Souverains le perdent quelquefois de plein droit.

On emploie la comparaison des Evêques, dont le pouvoir est certainement divin, surnaturel, communiqué par voie de sacrement, quoique les hommes choisissent la personne qui en sera revêtue. Mais si cet Evêque abuse de son pouvoir, il en est dépouillé justement, régulièrement par d'autres hommes. Pourquoi n'en sera-t-il pas de même d'un Monar-

(u) Mémoires des Princes du Sang, pour répondre à ceux des Princes légitimés, seconde Proposition.

que dont le pouvoir, en le supposant aussi divin dans son principe, n'est certainement pas surnturel & miraculeux?

Il n'y a point de Puissance qui ne vienne de Dieu, & cela est vrai du pouvoir du pere, du mari &c. Or lorsque le pere, le mari, le maître abusent de leur pouvoir, ils en sont privés par les hommes. On ne peut donc pas conclure de ce qu'une Autorité vient de Dieu, qu'elle soit inamissible.

C'est donc opposer un foible argument à ceux qui sont pour la résistance active, que d'essayer de prouver que ceux qui gouvernent tiennent leur pouvoir de Dieu immédiatement, non pas de la Nation qui les a placés à sa tête.

On peut excuser après cela quelques Publicistes, qui ont mis cette question de l'origine du Pouvoir Souverain au rang des disputes de mots, dont il ne sort aucune conséquence propre à régler la conduite. (m)

Conclusion de la réponse à la 3e. Objection.

L'objection fondée sur les regles de Loysel, & la qualification de *Roi par la grace de Dieu*, n'a donc aucune force. De ce que nos Rois ne doivent l'hommage à aucune Puissance sur la terre, il ne s'ensuivra jamais que les Cours Souveraines n'aient pas droit d'examiner & de vérifier les Edits qui leur sont adressés; & qu'ils soient obligatoires indépendamment de cette vérification. Il n'en résultera pas davantage que le Roi puisse par le seul effet de sa volonté abroger les Loix les plus sages, renverser l'ancienne économie de ses Etats, détruire les établissemens les plus utiles à ses Sujets, & se jouer de tous les droits nationaux. Quelle étrange maniere de relever la majesté & la puissance des Rois, que de compter parmi les prérogatives de leur Couronne, celle de pouvoir ébranler leur propre Trône, & de faire à leurs Peuples, à leurs successeurs, à eux-mêmes la plus funeste des plaies!

QUATRIEME OBJECTION.

L'Ordonnance de Moulins du mois de Février 1566.

Lettres-Patentes en forme d'Edit du mois de Février de 1641. L'Ordonnance de 1667, & autres Loix.

CEUX qui ont intérêt de contester aux Cours Souveraines le droit de vérification libre des Loix, font ordinairement usage des dispositions de quelques

---

(m) *Primarium in hâc controversiâ argumentum est : Populo non competere majestatem, inde nec illum hanc in Principem posse transferre. Suamque hanc hipothesim stabiliunt argumentis ex jure naturæ, ac sanctâ scripturâ petitis. Licet verò hæc sententia neque justo nitatur fundamento, neque cum origine Rerumpublicarum connecti queat, haud tamen assentior illis, qui eam aut tyrannidis, aut seditionis arguunt: neque contrarium sentientes hereseos accusandos esse puto, sed potius suffragor illustri Thomasio, quòd quæstio hæc sit merè Theoretica, & quòd nullum in definiendis præceptis juris naturæ habeat usum, sed ad Logomachias juris naturæ pertineat.* Fleischer, Institutiones juris Naturæ & Gentium Lib. 3. Cap. 6, § 4. Gribner, Principia jurisprudentiæ naturalis, Lib. 2. Cap. 2. §. 2. n. 5.

quelques Ordonnances, & spécialement de celle de Moulins du mois de Février 1566, & des Lettres-Patentes en forme d'Edit du mois de Février 1641, qui enjoignent aux Cours de publier sans délai les Loix qui leur sont envoyées par le Roi, & qui, leur permettant de faire des Remontrances, veulent qu'aussitôt après la réponse du Législateur, ils les enregistrent & fassent exécuter. Voilà, dit-on, le système de la nécessité des vérifications libres proscrit par des Ordonnances solemnelles, qui ne permettent plus de faire revivre cette vieille prétention.

Examinons séparément ce que portent ces Ordonnances, & quelle peut être leur autorité.

ARTICLE PREMIER.

L'Ordonnance de Moulins.

1°. Le premier article de l'Ordonnance de Moulins portoit que „ les Ordonnances par nous faites, depuis notre avénement à la Couronne, tant à la requête des trois Etats, que autres, mêmement celles concernant le fait de la justice, & semblablement celles de nos Prédécesseurs, qui ne seroient spécialement révoquées ou modérées, seront gardées & observées en nos Parlemens, Grand-Conseil, Chambre des Comptes, & autres nos Cours & Justices, & entre tous nos Sujets, *nonobstant les Remontrances faites, & réservées à faire sur aucuns articles d'icelles; nonobstant aussi que nos Edits & Ordonnances n'aient été publiés en aucunes desdites Cours.* Pourront néanmoins les Gens de nosdits Parlemens & Cours Souveraines [si par succès de temps, usage & expérience, aucuns articles desdites Ordonnances se trouvoient contre l'utilité & commodité publique, ou être sujets à interprétation, déclaration ou modération], nous en faire telles Remontrances qu'il appartiendra, pour y être pourvu, & cependant nosdites Ordonnances tiendront: ce que nous voulons avoir lieu tant pour les Ordonnances ja faites qu'à faire."

Le 2 article étoit plus précis. „ Après que nos Edits & Ordonnances auront été renvoyées en nos Cours de Parlemens, & autres Souveraines, pour y être publiées, *voulons y être procédé, toutes affaires délaissées, sinon qu'ils avisassent nous faire quelques Remontrances;* auquel cas leur enjoignons les faire incontinent: *& après que sur icelles Remontrances, leur aurons fait entendre notre volonté, voulons & ordonnons être passé outre à la publication, sans aucune remise à autres secondes* (a)".

Cette Loi, la premiere qui ait porté atteinte au droit des Cours Souveraines, est un témoin non suspect de la possession où elles étoient, non-seulement de faire des Remontrances, & de les réitérer quand elles le jugeoient nécessaire, mais même de refuser de publier les Edits & Ordonnances qui leur paroissoient dangereuses. L'article premier fait

(a) Recueil de Néron, tom. 1, pag. 446, édition de 1720.

mention d'Ordonnances qui n'avoient point été enregistrées, & qui par cette raison étoient demeurées sans exécution, puisque Charles IX veut qu'*elles soient gardées & observées*, nonobstant qu'*elles n'aient été publiées en aucune desdites Cours*. Ce Monarque n'eût pas pensé d'ailleurs à restreindre la liberté des Cours, à leur enjoindre d'enregistrer malgré leurs répugnances, s'il eût été constant & reconnu que les Cours, ne tenant que d'une concession libre & révocable du Prince la faculté d'examiner les nouvelles Loix, & d'aviser à des Remontrances, étoient obligées de *passer outre à la publication*, dès que le Législateur persistoit, & employoit la voie de l'autorité & de la justion.

Opposition des Parlemens à cet Art. de l'Ordonnance de Moulins.

Le Parlement de Paris ne crut pas pouvoir procéder à la vérification de cette Loi; il arrêta des Remontrances sur un assez grand nombre d'articles, & spécialement sur les deux premiers. Les Remontrances présentées au Roi, & examinées dans son Conseil, donnerent lieu à une premiere Déclaration interprétative du 10 Juillet 1566 (o). Par l'article 3, le Roi déclara que ,, sur les Remontrances de notredite Cour de Parlement de Paris au contenu és articles premier & second de l'Ordonnance faite à Moulins, le premier article recevoit son interprétation & restriction par le deuxieme, *pour avoir lieu seulement à l'avenir*". Le

Charles IX le modifie.

Conseil de Charles IX ne put se dispenser de reconnnoître combien il étoit exorbitant d'exiger des Cours, qu'elles se soumissent à des Ordonnances qu'elles n'avoient ni publiées ni enregistrées; le Roi recula sur cette disposition, & consentit que la Loi imposée par les deux premiers articles de l'Ordonnance de Moulins n'eût d'exécution que *pour l'avenir seulement*.

Le Parlement, peu satisfait, fit d'itératives Remontrances. Il paroît qu'elles n'eurent pas un grand succès, & que Charles IX ayant persisté, cette Cour se détermina à enregistrer, en exceptant néanmoins plusieurs articles de l'Ordonnance de Moulins, & en se réservant de tenter sur les autres de nouvelles Remontrances, *toutes choses demeurant en état*. Nous apprenons ce détail du préambule d'une seconde Déclaration du mois de Décembre de la même année. ,, Aurions néanmoins reçu les Remontrances de notre Parlement de Paris sur aucuns desdits articles (de l'Ordonnance de Moulins); sur lesquels aurions fait entendre à notredit Parlement nos vouloir & intention sous notre scel, dès le dixieme jour de Juillet passé; & depuis auroit notredit Parlement réitéré certaines Remontrances, sur lesquelles aurions derechef fait réponse, & fait entendre à notredit Parlement notre bon plaisir dès le premier Août suivant. Ce néanmoins, en publiant lesdites Ordonnances le septieme jour dudit mois, notredite Cour auroit excepté de ladite publication plusieurs articles, & sur autres réservé faire itératives Remontrances, *les choses demeurant en état, dont seroit advenu que nosdites Ordonnances ne sont aucunement publiées, gardées, ni observées*."

(o) Ibid, pag. 491.

Charles IX défirant donc ,, ôter tout moyen & occafion d'incertitude entre nos Sujets, & les faire en Loi claire & certaine, fous notre autorité, & adminiftration de la Juftice, (ordonna par fa Déclaration du 11 Décembre) que nofdites Ordonnances foient & demeurent généralement publiées, obfervées & gardées...... fans aucune exception ou réfervation; jouxte toutes fois; & fuivant nos lettres de Déclaration envoyées à notredit Parlement, & felon le contenu en ces préfentes par lefquelles Déclarations notre vouloir & intention auroit été, & eft, que les gens de nos Parlemens puiffent nous faire & nous réitérer telles Remontrances qu'ils aviferont fur les Edits, Ordonnances & Lettres-Patentes qui leur feront adreffées, mais, après avoir été publiées, feront gardées & obfervées fans y contrevenir, encore que la publication fût faite de notre très-exprès Mandement, ou que l'on eût retenu & réfervé d'en faire plus amples & itératives Remontrances.... Si donnons en Mandement..... que ces préfentes nos Lettres de Déclaration, avec les précédentes ci-deffus mentionnées, ils faffent lire, publier & enregiftrer.... fans délai, & toutes autres affaires délaiffées, garder & obferver........ le contenu inviolablement; enfemble de tous nos Edits & Ordonnnances, *vérifiées en notredite Cour*, fans permettre qu'il y foit aucunement contrevenu."

Cette Déclaration fût enfin enregiftrée le 23 Décembre 1566, mais *du commandement très-exprès dudit Seigneur Roi, & par lui plufieurs fois réitéré, ainfi qu'il eft contenu au Regiftre de la Cour* (p). *Il eft enfin enregiftré du très exprès commandement du Roi, mais il a été fans exécution.*

Charles IX avoue dans cette derniere Loi, 1°. que le défaut de publication de certains articles de l'Ordonnance de Moulins, & la réferve d'itératives Remontrances fur d'autres, *toutes chofes demeurant en état*, en avoient empêché l'exécution. 2°. Que les Cours n'étoient tenues de garder & obferver que les Edits & Ordonnances par elles *vérifiées*.

Si ce Prince ordonna que celles qui feroient publiées du très-exprès commandement, & avec réferve de Remontrances, auroient dorefnavant leur pleine exécution; cette difpofition eft une reconnoiffance au moins tacite que les Loix ainfi publiées n'avoient point été jufqu'alors réputées obligatoires, & cette difpofition ne fut enregiftrée qu'avec la claufe *du très-exprès commandement*. Le Parlement ne fe foumit donc pas à faire obferver les Edits & Ordonnances qu'il ne vérifieroit pas librement, & qu'il n'enregiftreroit qu'en exprimant dans fon Arrêt la contrainte qui lui avoit été faite.

Dans cet état, peut-on dire que l'Ordonnance de Moulins ait profcrit l'ancienne doctrine fur la néceffité de l'enregiftrement libre & délibéré? Quatre réflexions vont démontrer le faux de cette prétention.

D'abord, comment concilier ce fyftême avec la conduite que tint Charles IX lui-même dans l'année 1566? Pendant que ce Prince faifoit tant d'efforts pour affujettir le Parlement à publier & exécuter fes loix,

(p) Ibid. *pag.* 495.

après de premieres Remontrances, ou du moins, lorsqu'après plusieurs Remontrances elles avoient été enregistrées de l'exprès commandement ; il publia deux Déclarations, l'une au mois de Février 1566. sur le Domaine, l'autre au mois de Juillet de la même année, sur la réversion nécessaire à la Couronne, des Terres érigées en dignité, par lesquelles il défendit au Parlement de procéder à *l'enthérinement & vérification* de toutes lettres contraires, *quelque commandement, jussion ou dérogation qui y pût être insérée ; lesquelles jussions nous avons dès à présent, comme pour lors, & pour lors, comme dès maintenant, déclaré & déclarons nulles & de nul effet & valeur.* Il n'est pas aisé de concevoir que le Parlement eût les mains liées pour enregistrer sur des Jussions réitérées, & que cependant les enregistremens faits du très-exprès commandement, en conséquence de ces jussions nulles, fussent valables, efficaces & obligatoires. Charles IX détruisoit d'une main ce qu'il cherchoit à établir de l'autre. Mais, dans une circonstance, ce Prince, ou plutôt le Chancelier de l'Hôpital, ne pensoit qu'à étendre la Puissance Royale, ou à la rendre plus absolue ; dans l'autre, tout occupé de l'importance des Loix qu'il publioit, il ne cherchoit qu'à en assurer l'exécution, & pour y parvenir, il falloit rendre hommage au principe de la nécessité de la vérification libre.

En second lieu, l'Ordonnance de Moulins & ses Déclarations interprétatives eurent si peu d'exécution sur l'article des enregistremens forcés, que leur disposition étoit oubliée en 1579, treize ans seulement après leur publication. Il étoit si notoire, à cet époque, que les enregistremens faits du très-exprès commandement, ne lioient pas les Cours, ou du moins, n'avoient aucune stabilité ; qu'Henri III, successeur immédiat de Charles IX, fut obligé d'user de violence pour faire supprimer dans l'Arrêt d'enregistrement de l'Ordonnance de Blois, la clause de *l'exprès commandement* ; & que, dans les Remontrances que le Parlement fit en 1580, sur cet usage absolu de la Puissance Royale, cette Cour insista sur ce que les Magistrats *jugent des Edits, & en doivent juger en leur conscience, bien informés de la vérité par la Loi & la raison,* & que les Rois Prédécesseurs *n'avoient trouvé mauvais ne étrange,* que ceux du Parlement *répondissent en la vérification des lettres dont ils étoient poursuivis, qu'ils ne pouvoient procéder à la vérification desdites lettres usant de ces mots:* NON POSSUMUS, NEQUE DEBEMUS.

Or, en supposant que l'Ordonnance de Moulins, & la Déclaration du 11 Décembre 1566 eussent acquis force de Loi, il est évident qu'Henri III n'auroit eu aucun intérêt de s'offenser de la clause apposée à l'enregistrement de l'Ordonnance de Blois, puisqu'elle auroit été de nulle conséquence, & que le Parlement lié par l'enregistrement de ces Loix, n'auroit eu aucun motif raisonnable de se plaindre.

En troisieme lieu, l'Ordonnance de Moulins, & principalement la disposition de ses deux premiers articles, fut l'ouvrage du Chancelier de l'Hôpital, Magistrat à qui l'histoire a donné des éloges, & qui les a mérités à plusieurs égards ; mais dont le zêle pour la puissance de son Roi fut trop ardent, ou qui ne sçut pas se garantir de la passion de dominer, si naturelle à l'homme, & si dangereuse dans les hommes élevés aux grandes places. En 1561, le Chancelier de l'Hôpital s'étoit livré à un acte de Despotisme, en faisant publier dans les Bailliages des Lettres-Patentes qui n'avoient point été vérifiées au Parlement ; de sorte que furent en propos en cette Cour, de lui faire donner ajournement. Les premiers articles de l'Ordonnance de Moulins furent l'effet de son ressentiment : mais revenu à lui-même, & lorsque sa fin approchoit, il sentit son tort & le funeste exemple qu'il avoit donné ; il s'en repentit amérement, & regarda cette démarche comme une de celles qui lui faisoient le plus redouter les reproches du Souverain Juge devant qui il étoit prêt de paroître. Pour le réparer autant qu'il étoit en lui, il chargea le Premier-Président d'en faire part au Roi: ce Magistrat s'acquitta en effet de la commission dans le discours de Remontrances qu'il fit à Henri III au mois de Janvier 1580. Il déclara à ce Prince, ,, qu'il avoit charge de remontrer que l'on avoit voulu persuader au Roi que, puisque le Parlemeut auroit une fois fait Remontrance, & que nonobstant icelle, il plaise au Roi qu'il fût passé outre, sans user d'autre modification ne restriction, suivant les Lettres-Patentes qui autrefois ont été apportées au Parlement, du temps du feu M. le Chancelier de l'Hôpital, qui n'avoient jamais été enthérinées, ne vérifiées par le Parlement, & que nonobstant icelles, ladite Cour avoit ordonné & arrêté, conformément à ce qui avoit été fait de tout temps & ancienneté, qu'elle useroit de toutes & telles Remontrances qu'elle trouveroit devoir être faites par raison. Et a dit au Roi que ledit feu sieur Chancelier *l'avoit expressément requis*, quand il se trouveroit à propos de le pouvoir dire & déclarer au Roi; qu'il dit *apertement* que lesdites Lettres, par lesquelles étoit porté que le Parlement n'usât d'itératives Remontrances, ains qu'il passât outre, ayant entendu la volonté du Roi *être le plus pernicieux Edit, & de mauvaise conséquence que oncque fut présenté au Parlement, & que l'une des choses dont il sentoit sa conscience la plus chargée, étoit d'avoir obstinément soutenu ledit Edit; & persuadé qu'il falloit qu'il eût lieu, & fût gardé & entretenu par ceux du Parlement, & estimoit que c'étoit l'une des choses en laquelle il avoit plus offensé le Public, & qu'il pensoit avoir été cause de sa défaveur & de son reculement & éloignement de la Cour* (q).''

Enfin l'Ordonnance de 1629, où le Garde des Sceaux de Marillac fit insérer les dispositions de celle de Moulins, n'a pas eu un succès plus favorable. Quoique Louis XIII l'eût fait enregistrer en sa présence, le Parlement de Paris n'a jamais voulu la reconnoître, & ceux des autres Parlemens qui l'ont enregistrée, ne l'ont fait, qu'avec des modifications qui ont rendu cette seconde tentative aussi inutile que celle du Chan-

Le Chancelier de l'Hôpital qui avoit engagé à cet acte de Despotisme, déclara en mourant qu'il avoit eu tort; & que cet Edit étoit pernicieux.

(q) |D'Argentré, collect. Judic. tom. 2. pag. 452. Du Boulay, Hist. Universit. Paris. t. 6; pag. 771.

celier de l'Hôpital. Les difficultés qu'a éprouvées le Code Marillac en 1629 font une preuve invincible que l'Ordonnance de Moulins étoit demeurée fans aucune exécution.

Article Second.
L'Edit de Février 1641.

Preuves de l'inexécution de cet Edit dans fes différens Chefs.

L'Edit du mois de Février 1641 n'a pas eu plus d'effet. Il fut l'ouvrage du Cardinal de Richelieu, ce Miniftre entreprenant, très-capable de marcher fur les traces du Chancelier de l'Hôpital dans les actes d'autorité abfolue, mais peu difpofé à l'imiter dans fa pénitence (il mourut le 4 Décembre 1642.) L'Edit de 1641 déclaroit ,, que la Cour de Parlement & toutes les autres Cours n'avoient été établies que pour rendre juftice aux Sujets du Roi. Il leur défendoit de prendre à l'avenir aucune connoiffance d'aucune affaire concernant l'Etat, Adminiftration & Gouvernement d'icelui; fi ce n'eft que le Roi lui en donnât le pouvoir & commandement fpécial par fes Lettres-Patentes, fe réfervant de prendre fur les affaires publiques les avis du Parlement, lorfqu'il le jugeroit à propos. Il déclare dès à préfent toutes Délibérations & Arrêts contraires nuls & de nul effet, comme faits par perfonnes qui n'ont aucun pouvoir de lui de s'entremettre du Gouvernement du Royaume. Il veut qu'on procede contre ceux qui fe feront trouvés aux Délibérations, comme défobéiffans à fes ordres, & entreprenans fur fon autorité.

Et d'autant que Notre Cour de Parlement de Paris *a fouvent arrêté l'exécution des Edits & Déclarations vérifiées en notre préfence, & féant en notre lit de Juftice;* comme fi nos Officiers vouloient révoquer en doute la vérification des Edits faits de notre Autorité Souveraine; Nous voulons & entendons que les Edits & Déclarations qui avoient été vérifiées en cette forme, foient pleinement exécutées, felon leur forme & teneur, faifant deffenfes à notredite Cour de Parlement de Paris & tous autres, d'y apporter aucun empêchement; fauf néanmoins à nofdits Officiers de nous faire telles Remontrances qu'ils aviferont être bon fur l'exécution des Edits pour le bien de notre fervice, après lefquelles Remontrances nous voulons & entendons qu'ils aient à obéir à nos volontés, & faire exécuter les Edits, fuivant la vérification qui en aura été faite de notre autorité. Si ainfi leur ordonnons.

,, Quant aux Edits qui leur feront envoyés concernant le Gouvernement & l'Adminiftration de l'Etat, Nous leur commandons & enjoignons de les faire publier & enregiftrer fans en prendre connoiffance, ni faire aucune délibération fur iceux. Et pour les Edits & Déclarations qui regardent nos Finances, nous voulons & entendons que lorfqu'ils leur feront envoyés, s'ils y trouvent quelques difficultés en la vérification, qu'ils fe retirent par devers nous pour nous les repréfenter, afin que nous y pourvoyons ainfi que nous le jugerons à propos; fans qu'ils puiffent de leur autorité y apporter aucune modification ni changement, ni ufer de ces mots: *nous ne devons ni ne pouvons*, qui font injurieux à l'autorité du Prince. Et en cas que nous jugions que les Edits doivent être vérifiés & exécutés en la forme que nous les avons envoyés, & après avoir entendu les Remontrances fur iceux, nous voulons & entendons que après en avoir reçu notre commandement, ils aient à procéder à la vérification & enregiftrement, toute affaire ceffante; fi ce n'eft que nous leur permettions de nous faire de fecondes Remontrances, après lefquelles nous voulons qu'il foit paffé outre fans aucun délai.

„ Et attendu que la défobéiffance qui a été rendue par notre Cour de Parlement de Paris à l'Edit de création de quelque nombre de Confeillers en icelle ne peut être diffimulée plus long-temps, fans bleffer notre autorité, ayant à la vue de tout le monde empêché ceux qui font pourvus defdites charges, d'en faire jufqu'ici librement leurs fonctions, (quelqu'exprès commandement qu'ils en aient reçu de nous; nous avons eftimé à propos, pour leur faire connoître que la fubftitution des charges ne dépend que de nous; que la fuppreffion & création eft un effet de notre puiffance, de fupprimer les charges de ceux auxquels par bonté nous avons fait feulement commandement de fe retirer de ladite Compagnie, avec défenfes d'y entrer jufqu'à ce qu'autrement en ait été ordonné : & pour cet effet, nous avons de notre certaine fcience, pleine puiffance & autorité Royale, dès à préfent éteint & fupprimé, éteignons & fupprimons les Charges de Confeiller-Préfident dont eft pourvu M. Barillon, les charges de Confeillers en notredite Cour de Parlement dont font pourvus MM. Paul Scaron l'aîné, Bidaut, Sévin & Salo; nous réfervant de pourvoir à leur rembourfement, ainfi que nous le jugerons à propos; faifant très-expreffes inhibitions & deffenfes à notredite Cour de Parlement de leur donner aucune entrée à l'avenir en leur Compagnie, & à nos Sujets de les reconnoître pour Officiers, & à eux à l'avenir de prendre la qualité d'Officiers; afin que l'exemple de la peine encourue en leur perfonne retienne les autres Officiers dans leur devoir (r)."

Il n'eft pas difficile d'imaginer quels dûrent être les fentimens du Parlement à la lecture d'un Edit fi étonnant, & où étoient peints le fiel, la hauteur & le Defpotifme du Cardinal de Richelieu. Le Parlement crut ne devoir faire alors aucune démarche, & il fe contenta de n'avoir aucun égard à l'Edit qui depuis fut révoqué, au moins indirectement, par la Déclaration de 1648.

Le Parlement n'a point eu égard à cet Edit.

L'Edit de 1641 vouloit que toutes les Ordonnances que le Roi avoit fait vérifier en Lit de Juftice, fuffent gardées & obfervées felon leur forme & teneur, avec défenfes au Parlement d'y apporter aucun empêchement. Le Code Michault n'en fut ni plus reconnu, ni plus obfervé par cette Cour.

La fuppreffion des Charges ne fubfifta pas long-temps. Le 20 Avril

(r) *Mémoires de Talon. tom. 2, pag. 224 & fuiv.*

L'inobservation du Code Michault en est une preuve.

1643, le Parlement fut mandé par Députés à S. Germain en Laye, & Louis XIII, alors malade, leur dit „ qu'il s'étoit souvenu de ceux de la Compagnie qui étoient absens; qu'il accordoit leur retour & l'exercice de leurs Charges". Il fit expédier des Lettres-Patentes en conséquence (s).

Dans la même année le Parlement enregistre avec modifications une Déclaration sur les Finances.

L'Edit de 1641 fut si peu exécuté, que le premier Septembre, le Parlement ayant reçu un Edit portant aliénation de 15,000,000 liv. sur les Aides & Gabelles pour être distribués aux plus riches & notables habitans de Paris, M. Talon conclut à l'enregistrement, mais avec des modifications qui furent adoptées par l'Arrêt (t).

Le lendemain 2 Septembre, M. le Prince se transporta au Parlement pour la nomination de Commissaires qui seroient chargés de désigner les Sujets qu'on forceroit de prendre des rentes. La délibération fut remise au 5. Le 6 M. le Duc d'Orléans & M. le Prince se rendirent au Parlement pour y faire enregistrer une Déclaration, où le Roi se plaignoit de l'Arrêt du 1 Septembre, en ce qu'il avoit restreint aux seuls Financiers l'obligation de prendre des rentes. La Déclaration nommoit elle-même les Commissaires.

M. Talon requit l'enregistrement avec des modifications qui excluoient un grand nombre d'états de la nécessité d'acheter des rentes. L'Arrêt suivit les conclusions, & prononça en même temps qu'aucun de Messieurs du Conseil ne pourroit être Commissaire, & que ceux du Parlement seroient choisis par la Cour, Chambres assemblées. Le 7 Septembre M. le Duc d'Orléans fut au Parlement, & on y nomma six Commissaires, qui demeurerent avec ceux que la Reine avoit choisis.

On voit dans cet événement des modifications mises à un Edit concernant les Finances, quoique l'Edit de 1641 l'eût expressément défendu.

En 1633, M. Payen, Conseiller au Parlement, avoit été banni par Arrêt rendu sur contumace, & Louis XIII avoit fait enregistrer, en lit de Justice, une Déclaration qui, révoquant la disposition de l'Ordonnance de Moulins, portoit que les Officiers condamnés par contumace perdroient à l'instant & irrévocablement leurs offices. En conséquence, ce Prince avoit nommé M. de la Haye, pour remplacer M. Payen. En 1634, M. Payen s'étant représenté, obtint le premier Juillet de cette année un Arrêt qui le déchargea de l'accusation. Le Parlement arrêta en même temps, que l'office dont étoit pourvu le successeur de M. de la Haye, demeureroit supprimée; & que l'Ordonnance de Moulins qui accorde cinq ans aux Coutumaces, pour se représenter, seroit exactement gardée.

Cet Arrêt ne tenoit aucun compte de la Déclaration de 1633, & on ne manqua pas d'accuser le Parlement d'entreprendre sur l'autorité du Roi, en annullant en quelque sorte une Loi vérifiée par ses ordres & en

sa

(s) Traité de la majorité des Rois, tom. 2, pag. 324 & 334. Mémoires de Talon, tom. 3. pag. 6. & 9.
(t) Ibid. pag. 286. & suiv.

sa présence. M. Talon composa un Mémoire pour justifier la conduite du Parlement. Il y établit fortement la nécessité de la vérification libre (u).

Au mois de Juin 1645, on envoya au Parlement un Edit, qui concernoit l'abonnement & le rachat des droits seigneuriaux appartenans au Roi. L'Edit fut rejetté. Le Parlement reçut des Lettres de Jussion ; M. Talon conclut à l'enregistrement avec des modifications. L'Edit fut encore rejetté. Secondes Lettres de Jussion qui furent registrées, à condition que l'Edit seroit réformé, & qu'il y seroit mis que le rachat ne pourroit être forcé (v).

En 1645 un autre Edit est rejetté, puis enregistré avec modifications.

Le 7 Septembre suivant, le Roi tint son Lit de Justice pour faire enregistrer 19 Edits bursaux. M. Talon s'éleva avec vigueur, dans son Plaidoyer, contre les Enregistremens forcés (w). [Nous en avons cités le endroits les plus frappans.]

On a vu enfin comment ce Magistrat s'exprima sur la même matiere dans le Lit de Justice du 15 Janvier 1648.

Seroit-il besoin de joindre des réflexions à ce détail historique? Les faits seuls prouvent assez, & que l'événement de 1641, fut une affaire de violence, & que l'Edit du Cardinal de Richelieu n'eut aucune exécution. Le Cardinal de Retz en parle dans ses Mémoires, & porte du Cardinal de Richelieu un jugement qui ne peut être qu'approuvé. Son texte est si intéressant, qu'on en excusera la longueur.

Réflexions du Cardinal de Retz sur le Gouvernement du Cardinal de Richelieu.

„ Il y a plus de 1200 ans que la France a des Rois: mais ces Rois n'ont pas toujours été absolus au point qu'ils le sont aujourd'hui. Leur autorité n'a jamais été réglée, comme celles des Rois d'Angleterre & d'Arragon, par des Loix écrites; elle a été seulement tempérée par des coutumes reçues, & comme mises en dépôt au commencement dans les mains des Etats Généraux, & depuis dans celles des Parlemens. Les enregistremens des Traités faits entre les Couronnes, & les vérifications des Edits pour les levées d'argent, sont des images presqu'effacées de ce sage milieu que nos Peres avoient trouvé entre la licence des Rois & le libertinage des Peuples. Ce milieu a été considéré par les sages & les bons Princes, comme un assaisonnement de leur pouvoir, très-utile même pour le faire goûter aux Sujets: il a été regardé par les malhabiles & les mal intentionnés, comme un obstacle à leur déréglemens & à leurs caprices. L'histoire du Sire de Joinville nous fait voir clairement que S. Louis l'a connu & estimé ; & les ouvrages d'Oresme, Evêque de Lizieux, & du fameux Juvénal des Ursins, nous convainquent que Charles V, qui mérite le titre de Sage, n'a jamais cru que sa puissance fût au-dessus des Loix & de son devoir. Louis XI, plus artificieux que prudent, donna sur ce chef, aussi-bien que sur tous les autres, atteinte à la bonne foi. Louis XII l'eut rétabli, si l'ambition du Cardinal d'Amboise, maître absolu de son esprit, ne s'y fût oppo-

(u) Ibid. pag. 313 & suiv.   (v) Ibid. pag. 352 & suiv.   (w) Ibid pag. 365.

Tome II. Partie II.

fée. L'avarice infatiable du Connétable de Montmorency lui donna bien plus de mouvement à étendre l'Autorité de François I, qu'à la régler. Les vaftes & lointains deffeins de Meffieurs de Guife ne leur permirent pas fous François II, de penfer à y donner des bornes. Sous Charles IX, & fous Henri III, la Cour fut fi fatiguée des troubles, que l'on y prit pour révolte ce qui n'étoit pas foumiffion. Henri IV, qui ne fe défioit pas des Loix, parce qu'il fe fioit en lui-même, marqua combien il les eftimoit, par la confidération qu'il eut pour les remontrances très-hardies de Miron, Prévôt des Marchands, touchant les rentes de l'Hôtel-de-Ville. M. de Rohan difoit que Louis XIII n'étoit jaloux de fon autorité, qu'à force de ne la pas connoître. Le Maréchal d'Ancre, & M. de Luynes n'étoient que des ignorans qui n'étoient pas capables de l'en informer.

„ Le Cardinal de Richelieu, qui leur fuccéda, fit, pour ainfi parler, un fond de toutes les mauvaifes intentions & de toutes les ignorances des deux derniers fiecles, pour s'en fervir felon fes intérêts. Il les déguifa en Maximes utiles & néceffaires pour établir l'Autorité Royale; & la fortune fecondant fes deffeins, par le défarmement du Parti Proteftant en France, par les victoires des Suédois, par la foibleffe de l'Empire, par l'incapacité de l'Efpagne, il forma dans la plus légitime des Monarchies la plus fcandaleufe & la plus dangereufe tyrannie qui ait peut-être jamais afservi un Etat. L'habitude qui a eu la force en quelques pays d'accoutumer les hommes au feu, nous a endurcis à des chofes que nos Peres ont apprehendé plus que le feu même. Nous ne fentons plus la fervitude qu'ils ont déteftée, moins pour leur propre intérêt que pour celui de leurs maîtres, & le Cardinal de Richelieu a fait des crimes de ce qui faifoit autrefois des vertus. Les Mirons, les Harlais, les Marillacs, les Pibracs & les Fayes, ces martyrs de l'Etat qui ont plus diffipé de factions par leurs bonnes & faintes Maximes, que l'or d'Efpagne & d'Angleterre n'en a fait naître, ont été les défenfeurs de la doctrine, pour la confervation de laquelle, le Cardinal de Richelieu confina M. le Préfident de Barillon à Amboife; & c'eft lui qui a commencé à punir les Magiftrats, pour avoir avancé des vérités pour lefquelles leur ferment les obligeoit d'expofer leur propre vie.

„ Les Rois qui ont été fages, & qui ont connu leurs véritables intérêts, ont rendu les Parlemens dépofitaires de leurs Ordonnances, particuliérement pour fe décharger d'une partie de l'envie & de la haine que l'exécution des plus faintes & même des plus néceffaires produit quelquefois. Ils n'ont pas cru s'abaiffer en s'y liant eux-mêmes, femblables à Dieu qui obéit toujours à ce qu'il a commandé une fois. Les Miniftres, qui font toujours affez aveuglés par leur fortune, pour ne fe pas contenter de ce que les Ordonnances permettent, ne s'appliquent qu'à les renverfer; & le Cardinal de Richelieu, plus qu'aucun autre, y a travaillé avec autant d'imprudence que d'application (a).

(a) Mémoires du Cardinal de Retz, tom. I. liv. 2. pag, 89, édit, de 1723.

Veut-on favoir ce qui déplaifoit tant dans les Remontrances du Parlement? c'est qu'il y faifoit une peinture également vraie & forte de différens abus qu'on ne pouvoit imputer qu'aux Miniftres, & ils appelloient cela, décrier le Gouvernement. (y)

,, Si on allegue que leurs Majeftés n'ont pas bien reçu les Remon-
,, trances du Parlement, elles font à la vérité dignes de l'autorité &
,, prudence de ce grand Sénat; mais pardonnez moi, s'il vous plait, fi
,, parlant comme Particulier de ces premiers Officiers du Royaume en
,, l'adminiftration de la Juftice, à qui je dois tant de refpect & fer-
,, vice, & auxquels je le rends auffi très volontiers, je dis qu'une ré-
,, prehenfion fi févere devoit être faite à l'oreille, ou en préfence feule-
,, ment des Grands du Royaume & des Principaux du Confeil, pour
,, perfuader leurs Majeftés de pourvoir à cette réformation qu'ils montrent
,, defirer, fans fouffrir qu'elle fût expofée à la vue d'un chacun, comme
,, il a été fait, attendu que cette publication ne pouvoit fervir qu'à
,, décrier le Gouvernement & fournir de prétexte à quiconque au-
,, roit volonté de mal faire. J'eftime bien que le mal eft avenu fans le
,, fçu du Parlement, rempli d'un trop grand nombre de perfonnes
,, d'intégrité & fuffifance pour croire d'eux qu'ils y aient participé, &
,, qu'on le doit attribuer à la licence du tems & malice d'aucuns qui l'ont
,, fait pour favorifer des deffeins dommageables à l'Etat. Je fuis néan-
,, moins contraint de dire avec le refpect que je dois à cette grande & ho-
,, norable Compagnie qu'ils ont été furpris & circonvenus en plufieurs
,, articles contenus efdites Remontrances, par ceux qui leur ont donné
,, des mémoires & avis des chofes, dont ils étoient très mal informés. Ce
,, que ce Parlement eut bien reconnu, & en fuffent tous demeurés fatis-
,, faits, s'ils euffent député quelques-uns d'entr'eux pour en conférer amia-
,, blement avec ceux du Confeil qui en étoient mieux inftruits. Ce
,, font ces Remontrances & l'Arrêt de la Cour du 28 Mars pour con-
,, voquer au Parlement les Grands du Royaume, afin de délibérer avec
,, eux des affaires de l'Etat, fans en avoir averti le Roi qui étoit à Pa-
,, ris, qui ont offenfé leurs Majeftés, & été caufe de l'Arrêt qu'on
,, trouve avoir trop d'aigreur; conférez-les, je vous fupplie très hum-

(y) Les ennemis de la patrie voudroient bien que le Public ignorât toutes les démarches & les Remontrances que les Peres de la Patrie ont fait en différens tems pour obtenir un foulagement pour les Peuples: ils réuffiroient plus fûrement à les indifpofer contre leurs protecteurs; mais ne pouvant en impofer à ceux qui ont lu ces Réclamations, ils fe fervent de leur publicité pour aigrir contre eux le Souverain.

C'est toujours à regret que les Magiftrats ont produit fous les yeux du Public les doléances qu'ils étoient obligés de porter au pied du Trône. Ils favent combien il eft important que les Sujets ne s'occupent point de ces triftes débats d'autorité. Mais comme ils font comptables à la Nation du foin de la protéger auprès du Trône, ils ont dû fe juftifier du peu de fuccès de leurs démarches, en mettant fous les yeux les éloquentes Supplications, les peintures vives & naturelles de fes maux, telles qu'ils les avoient préfentées au Souverain. Ce font ces Supplications qui font leur crime auprès des Miniftres ambitieux: parce qu'elles tendent toujours à engager le Prince à fe défier de fes flatteurs. Il ne leur eft pas difficile d'étourdir le Prince, & de le diftraire de tous ces objets, mais il ne leur eft pas également aifé de faire illufion au Public. Voilà pourquoi la publicité des Remontrances leur tient tant à cœur. *Le Parlement Juftifié*, 2de Lettre. Dans le Recueil des Ecrits patriotiques intitulé: *Les Efforts de la Liberté & du Patriotifme contre le Defpotifme du Sr. de Maupeou Chancelier de France*. Tom. IV. p. 73.

,, blement, avec ce que les Prédéceſſeurs Rois ont fait en occaſion de
,, moindre importance, & qui n'entamoient ſi avant leur autorité, &
,, vous jugerez, je m'aſſure, que leur colere en ce premier mouvement a
,, été juſte, & qu'ils ont été obligés d'en uſer ainſi, s'ils n'euſſent voulu
,, laiſſer tomber à mépris ce droit de Souveraineté, qui tient les Sujets
,, en obéiſſance & devoir. Ils ne laiſſent pourtant de ſe ſouvenir
,, tous les jours qu'ils ont un grand intérêt, & plus que nuls autres,
,, même que le Parlement, de conſerver inviolable & entiere l'auto-
,, rité de la Juſtice, qui leur a été commiſe: leurs Majeſtés s'aſſurant
,, auſſi qu'ils ſont trop ſages pour différer plus long-tems à ſe réconcilier
,, avec leur Roi, qui deſire les reconnoître & tenir pour ſes bons & loyaux
,, Sujets, Officiers & Serviteurs "

C'eſt ainſi que parloit le Préſident Jeannin Contrôleur Général dans
une Lettre au Maréchal de Bouillon du 26 Juin 1615. (z)

On ne ſera pas ſurpris de ce langage de la part d'un Contrôleur Général, piqué de ce qu'on a relevé les abus dans l'adminiſtration des finances. Il faut que les Miniſtres faſſent tout impunément. Examiner leur conduite, en relever les abus, c'eſt décrier le Gouvernement. Où eſt
l'entrepriſe ſur l'autorité du Roi dans un Arrêt qui, ſous ſon bon plaiſir,
invite les Princes & Pairs à venir délibérer ſur les objets de Remontrances importantes, qu'on veut lui préſenter, & cela dans un Royaume
où les affaires publiques n'étoient autrefois traitées que dans les Aſſemblées de la Nation? Quelle eſt la Loi qui a interdit aux Princes & au
premier Tribunal du Royaume de faire des Repréſentations au Souverain ſur les affaires les plus importantes au ſalut de l'Etat & au bien des
Peuples? Cependant, ſuivant ce bas Courtiſan, on doit encore admirer la clémence du Roi, de s'être borné à rendre l'Arrêt du Conſeil le
plus injurieux & le plus flétriſſant contre le Parlement.

On puiſera des idées plus juſtes de l'Arrêt & des Remontrances du Parlement, & de l'Arrêt du Conſeil, dans le manifeſte que le Prince de
Condé publia le 6 Août 1615, & qu'il adreſſa à tous les Princes à &
tous les Parlemens. On verra avec plaiſir quelques extraits de cette piece
intéreſſante.

Le Prince expoſe d'abord l'inutilité des Etats Généraux qui venoient
de ſe tenir à Paris, & il en rend ainſi la raiſon.

,, Ce que voyant ces mauvais Conſeillers, & qu'ils ne pouvoient faire
,, une ſi équitable demande, ils prirent reſolution de les faire aſſem-
,, bler en la ville de Paris, lieu de leur bienſéance: pour les faire
,, réuſſir, en ſorte que les plaintes des Sujets du Roi fuſſent ſuppri-
,, mées, les entrepriſes contre l'Etat diſſimulées, l'impunité des crimes
,, favoriſée, les déſordres & la confuſion établis, toutes ſortes de lar-
,, cins autoriſés pour le paſſé, & provignés pour l'avenir, & le
,, nom d'Etat à jamais odieux & abominable aux François; & pour

(z) Recueil des pieces concernant l'hiſtoire de Louis XIII, Tom. 1. pag. 273.

,, en faciliter l'exécution, firent des menées dans les Provinces pour
,, avoir les Députés à leur dévotion, promettant aux plus intelligens
,, des dons & gratifications, & menaçant les plus timides, comme si
,, à bien faire on s'encouroit peine & coulpe, faisant même rétracter l'é-
,, lection de plusieurs, disant fauffement qu'ils n'étoient agréables à
,, leurs Majestés. En quelques endroits ceux de leur faction se font
,, députés eux-mêmes, s'attribuant par la force l'honneur qu'ils ne
,, pouvoient légitimement espérer, bref toute sorte de liberté y a été
,, entiérement opprimée. On ne s'est pas contenté de cela, on a
,, envoyé par les Provinces des Mémoires de ce que l'on vouloit être
,, mis dans les Cahiers, lesquels en beaucoup de lieux, voire quasi par-
,, tout ont été adressés sans les communiquer aux Corps des Villes &
,, Communautés tant de la Noblesse que du Peuple, de sorte que l'on
,, peut dire avec vérité que cette Assemblée n'avoit des Etats autre
,, chose que le nom; le Peuple en a crié & s'en plaint encore publique-
,, ment; mais ceux qui profitent de sa misere & moissonnent ces cala-
,, mités savent que telles plaintes par les tems sont ensevelies dans l'ou-
,, bli, & que l'accoutumance rendra toutes sortes de maux suppor-
,, tables.....

,, On a vu en même tems recevoir toutes sortes d'avis en inventions
,, pour lever les deniers sur le Peuple, 35 ou 40 Edit scellés pour
,, cet effet: mais les deniers non plus que ceux qui procéderent de
,, la nouvelle revente des Greffes & autres domaines, qui par le bon
,, ménage du feu Roi s'en alloient dégagés ne sont pas destinés pour
,, entrer aux coffres du Roi ni pour pourvoir aux nécessités publiques,
,, mais pour assouvir l'avarice insatiable du Maréchal d'Ancre, qui est
,, telle qu'il se vérifiera que depuis la mort du feu Roi par divers
,, moyens & par suppositions & noms empruntés, pour faciliter la véri-
,, cation des dons, il a tiré en deniers clairs plus de six millions de
,, livres......

,, Ces choses & plusieurs autres entreprises avec hardiesse, & atten-
,, tées avec impunité, ont fiérement paru à la face des Etats, auxquels
,, n'étant resté que le masque de leur ancienne dignité, il n'a pas été
,, loisible d'y rien proposer sans le consentement des auteurs des dé-
,, sordres, pour lesquels réformer ils avoient été assemblés, ni même à
,, moi d'y avoir l'entrée & séance qui est due à ma qualité; ce que j'ai
,, voulu faire pour fortifier les volontés de quelques gens de bien, non
,, souillés de corruption, & dans le cœur desquels étoient encore quel-
,, ques vieilles étincelles de la vertu de nos Ancêtres; & aussi pour ex-
,, poser mes actions passées & présentes à la censure des Etats, &
,, réveiller leur fidélité & leur devoir à faire toute diligence à met-
,, tre en évidence les causes & les auteurs de tant de miseres, en
,, proposer au Roi les remedes, & le supplier de faire punir ceux qui
,, en seront coupables. Mais ces déloyaux Conseillers employerent
,, encore le nom de sa Majesté, & furent si audacieux de lui faire

„ dire qu'il me défendoit d'aller aux Etats, ayant par le monopole de
„ leurs partifans & penfionnaires fait réfoudre par l'Affemblée que fi
„ je m'y fuffe préfenté, je n'y euffe été reçu avec l'honneur dû à mon
„ rang & qualité....."

C'eft, felon le Prince, le peu de fuccès des Etats-Généraux & la continuation des défordres, qui ont obligé le Parlement à rendre l'Arrêt portant convocation des Princes & Pairs.

„ Ces Etats donc n'ayant apporté aucun fruit, finon des penfions &
„ Coadjutoreries à plufieurs Députés de confcience vénale, & au pau-
„ vre Peuple renouvellement de mifere; la Cour de Parlement de Pa-
„ ris qui en divers tems a rendu tant de témoignages de fa fidélité à la
„ confervation de cette Couronne, & qui veille continuellement pour
„ le fervice du Roi, auroit par Arrêt du 26 Mars dernier arrêté fous
„ le bon plaifir du Roi, que les Princes, Ducs, Pairs & autres
„ Officiers de la Couronne, qui ont féance & voix délibérative en la
„ Cour, feroient invités de s'y trouver, pour avifer fur les propofi-
„ tions qui feroient faites pour le fervice du Roi, foulagement de
„ fes Sujets & bien de fon Etat; mais tout ainfi que ceux qui veulent
„ poffeder contre droit & juftice une puiffance abfolue, qui ne leur
„ appartient, eftiment & croient, comme il eft vrai, qu'ils ne la
„ peuvent retenir que dans le défordre & confufion: ces mauvais
„ Confeillers voyant que la réformation de l'Etat étoit leur ruine iné-
„ vitable, firent tant par leurs artifices, qu'ils perfuaderent à leurs
„ Majeftés que le Parlement avoit entrepris fur leur autorité; de for-
„ te que les juftes intentions de cette Compagnie leur étant fufpectes, &
„ eux avertis de ces mauvais rapports, dreflerent leurs Remontran-
„ ces en termes humbles & refpectueux, qu'ils préfenterent en
„ Corps & en toute humilité & révérence à leurs Majeftés, par la
„ lecture defquelles leur furent repréfentées les miferes préfentes de
„ cet Etat, & le moyen d'y remédier, par le châtiment des auteurs
„ qui, fans les nommer, étoient affez intelligiblement défignés. Ce-
„ la faifoit efpérer aux bons François de voir bientôt une bonne ré-
„ formation & des exemples de juftice en la punition des coupables.
„ Mais ces mauvais Confeillers caufes de telles Remontrances, au lieu
„ de fe juftifier ou fe contenir dans la modeftie toujours bienféante aux
„ accufés, abufans de la bonté de leurs Majeftés, & fe fervant de
„ leur autorité & puiffance, ont entrepris une action la plus déréglée
„ & profane à l'endroit de la Juftice qui fe puiffe imaginer, aux coupa-
„ bles accufés par la clameur publique, & notoirement convaincus
„ des cas mentionnés aux Remontrances, qui eft de faire un Arrêt
„ qu'ils difent être donné par le Roi en fon Confeil, dans lequel ils dé-
„ clarent le Parlement incompétent de repréfenter à fa Majefté les dé-
„ fordres qui tous les jours fe multiplient en fon Etat, prononcent
„ calomnieufes fes Remontrances, les appellant entreprifes fur fon Au-
„ torité, & ordonnent que pour en éteindre la mémoire, elles feront

,, rayées & ôtées des Regiſtres de la Cour, & le Greffier tenu de les
,, rapporter à ſa Majeſté à peine de privation de ſa charge ; en quoi
,, ils font aſſez connoître qu'ils n'ont autre but que d'étouffer la vérité,
,, la punition de leurs maléfices : choſe étrange qu'il ne ſoit loiſible
,, à ceux qui ſouffrent de ſe plaindre & chercher le remede pour leur
,, ſoulagement. Cela ne ſe peut autrement appeller qu'une violence
,, à la Nature, qui dès la naiſſance inſpire à tous les animaux le deſir
,, de ſe conſerver.

,, Ces malheureux, qui ſe diſent le Conſeil du Roi reçoivent jour-
,, nellement ſous le nom de ſa Majeſté toutes ſortes de propoſitions qui
,, vont à la foule du Peuple, & n'y a rien ſi commun que les Arrêts
,, qu'ils donnent pour le droit d'avis à ceux qui font auteurs de telles
,, inventions condamnées par les Ordonnances de nos Rois, qui veu-
,, lent que telles perſonnes ſoient châtiées, comme oppreſſeurs du
,, Public ; & ſi le Parlement en a voulu faire quelques Remontrances,
,, ces mêmes Conſeillers abuſant indignement de l'autorité de la Ma-
,, jeſté, en la foibleſſe de ſon âge, lui ont fait rejetter avec paroles ai-
,, gres ce qui partoit d'une ſi vénérable Compagnie. Mais il ne faut
,, trouver étrange ſi ceux, qui ont violé toutes les Loix & renverſé
,, tout l'ordre de Juſtice, s'efforcent d'abbattre l'autorité de ce grand Sé-
,, nat, ce qui leur eſt le plus contraire, & qui fait plus trembler
,, leurs conſciences ulcérées de leurs méchancetés, & contre lequel ils
,, croient avoir quelque jour beſoin d'alléguer incompétence, à quoi
,, ils ſe préparent, ayant déjà tiré quelques pieces des Regiſtres du
,, Grand-Conſeil pour tâcher à l'élever par deſſus toute autre Juſtice,
,, & le rendre ſeul juge de toutes leurs actions ; mais ils ſe trom-
,, pent : car ſi l'âge ne lui permet pas de connoître les dangers qui
,, environnent ſon Etat, & que tout accès à ſa Majeſté ne ſoit permis à
,, ceux qui l'en peuvent avertir, ou avoir recours qu'au Parlement,
,, où aſſiſtent les Princes, Ducs, Pairs & autres grands Seigneurs
,, de ce Royaume ; & ſi les plaintes ſont juſtes, d'où pourroit ſortir
,, le remede que d'une ſi grande & célebre Compagnie ! ſi elles ſont
,, fauſſes, où eſt-ce que les accuſés pourroient trouver une plus glo-
,, rieuſe juſtification ? mais telles épreuves dignes des plus aſſurées
,, & nettes conſciences, ne peuvent être que très épouvantables à ceux
,, qui intérieurement tourmentés du reſſentiment de leurs de crimes, ont
,, déjà mille bourreaux en leurs ames, & une juſte appréhenſion des
,, ſupplices qu'ils ont mérités.

,, C'eſt ce qui leur a fait caſſer ce tant néceſſaire Arrêt du Parle-
,, ment, pour tâcher à ſupprimer de ſaintes Remontrances, afin que le
,, tems & leurs artifices en faſſent périr les preuves, & que le Roi
,, venu avec les ans à la vraie connoiſſance des maux qui affligent
,, ſon Etat, ne puiſſe faire Juſtice d'une ſi malheureuſe & déloyale Ad-
,, miniſtration. C'eſt à ce même deſſein qu'ils font précipiter le
,, mariage du Roi & en preſſent l'accompliſſement, pour s'acquérir les

„ bonnes graces de la Reine future, afin que sa faveur & protection
„ leur soit un asile de toute sûreté contre la haine universelle du Peu-
„ ple & malédiction de toute la France. Qui pourroit souffrir
„ plus long-tems de tels Conseillers qui ne sont que quatre ou cinq ve-
„ nus de rien, lesquels usurpent toute la puissance du Royaume,
„ prenant insolemment l'autorité d'ordonner & changer toutes cho-
„ ses à leur volonté, renverser les Loix & tout ordre de Justice, &
„ se jouer licentieusement de la fortune de ce grand Empire ? Qui
„ souffriroit voir le Roi exposé au mépris & à l'irrévérence, & toute
„ la Cour aujourd'hui suivre ceux qui peuvent faire donner des Pen-
„ sions, des Bénéfices, des Charges & Gouvernemens, & à ceux qui
„ ont fait violence à la porte de son Louvre, en sa propre chambre,
„ & en sa présence ! Il faut que ce soit des ames du tout viles, ino-
„ bles, étrangeres & sans courage &c."

Le Prince désigne ensuite par leur nom quelques-uns des auteurs des maux publics.

„ Toutes ces choses m'obligent de supplier très humblement le Roi de
„ pourvoir avant son partement à la réformation de ses Conseils & aux
„ abus & désordres de son Etat, dont j'ai nommé les principaux au-
„ teurs à sa Majesté, qui sont le Maréchal d'Ancre, le Chancelier,
„ le Commandeur de Sillery, Bullion, & Dollé, lesquels par leurs
„ violens conseils & par leur intelligence secrete dedans & dehors le
„ Royaume, remplissent toute la France, ses voisins & alliés, de
„ soupçons & méfiances (a)."

Tels sont les motifs véritables de l'Arrêt & des Remontrances du Parlement; & en les considérant sous ce point de vue, qu'y trouvera-t-on de répréhensible ?

On dira sans doute que quand le Prince de Condé parloit ainsi, il avoit les armes à la main.

Premiérement il a déclaré que les armes, qu'il étoit contraint de
„ prendre, n'étoient que pour le Roi, & pour conserver sa person-
„ ne, sa liberté, sa couronne, & les Loix fondamentales du Royau-
„ me, & qu'il les poseroit quand sa Majesté plus libre & mieux con-
„ seillée auroit pourvu à ce qui étoit ci-dessus représenté, & à ce qui
„ étoit plus particuliérement déclaré par les Remontrances de la Cour
„ du Parlement & par les Cayers des Etats (b)."

D'ailleurs la position, dans laquelle étoit alors le Prince, ne change rien à la vérité des faits, & on verra dans un moment Louis XIII les reconnoître vrais au moins par rapport au Maréchal d'Ancre.

Quelle a été la fin de cette grande affaire ? On publia sous le nom du Roi une Déclaration datée de Poitiers du 10 Septembre 1615, qui déclaroit le Prince de Condé & ses adhérans criminels de Leze-Majes-té;

(a) Recueil de pieces concernant l'histoire de Louis XIII. T. I. pag. 294.
(b) Ibid pag. 312.

té, & vouloit qu'on fît, leur procès si dans un mois ils ne reconnoissoient leur faute (c).

„ Sur cette Déclaration le Parlement, toutes les Chambres assem-
„ blées, rendit Arrêt le 18 Septembre, portant „ que le Roi sera aver-
„ ti par Lettres qui lui seront écrites, des causes & considérations
„ très importantes à son service, pour lesquelles la Cour n'a pu ni
„ dû procéder à la publication & enregistrement desdites Lettres, &
„ néanmoins pour arrêter le cours des mouvemens, & contenir ses
„ Sujets en leur devoir & obéissance, a fait & fait défenses à toutes per-
„ sonnes de quelque qualité & condition qu'elles soient, de prendre les
„ armes, faire assemblée & levée de gens de guerre pour quelque cause
„ & sous quelque prétexte que ce soit, sans mandement & commis-
„ sion du Roi : Enjoint à tous Princes, Officiers de la Couronne,
„ Seigneurs, Gentilshommes, qui ont levé les armes sans commission
„ du Roi, les poser & se retirer; savoir les Princes & Officiers de la
„ Couronne près la personne du Roi pour le servir, ainsi qu'il leur sera
„ commandé, & tous Seigneurs, Gentilshommes & autres en leurs
„ maisons, dans un mois pourtant de délai: Et à faute de ce faire, sera
„ procédé contr'eux comme Criminels de Leze-Majesté, perturba-
„ teurs du repos public, suivant la rigueur des Ordonnances (d)."

Cet Arrêt déplût aux Ministres, que le Prince de Condé avoit si bien dépeints. Ils trouverent moyen, on ne sait par quel artifice, de faire publier un Arrêt différent de celui qui avoit été rendu (e). Le Prince de Condé s'en plaignit dans une Déclaration qu'il publia le 14 Octobre 1615 au sujet de celle qui avoit été donnée contre lui sous le nom du Roi. Ce Prince y parle des tyranniques & violentes procédures dont on a usé pour falsifier & supposer un prétendu Arrêt qu'on a osé faire publier, quoique contraire à la délibération de la Cour. (f) On entendra encore dans la suite de nouvelles plaintes de cette falsification.

Il y eut une conférence tenue à Loudun sur les articles proposés au Roi par le Prince de Condé & les autres Princes & Seigneurs qui lui étoient unis. Voici quelques-unes des demandes des Princes & des réponses du Roi.

„ Maintenir & conserver les Cours Souveraines du Royaume en une
„ libre & entiere fonction; ne souffrir qu'à l'avenir leur dignité &
„ autorité soit affoiblie ni déprimée, & que Mr. le Jai Président en
„ la Cour de Parlement de Paris soit présentement mis en liberté, &
„ rétabli en l'exercice de son Office avec l'honneur dû à un Officier de
„ telle qualité & mérite.

„ L'intention du Roi a toujours été, & est, que les Cours Souve-
„ raines de son Royaume soient maintenues & conservées en la li-
„ bre & entiere fonction de leurs charges, & en l'autorité & juris-
„ diction qui leur a été donnée par les Rois ses Prédécesseurs.

(c) Ibid pag. 316. (d) Ibid pag. 328.
(e) Ibid pag. 326. (f) Ibid pag. 330.

„ Révoquer l'Arrêt du Conseil contre ladite Cour de Parlement,
„ sur le sujet des Remontrances qu'elle a présentées au Roi.

„ Il a été ci-devant proposé de faire une conférence entre aucuns
„ des principaux du Conseil du Roi & ceux du Parlement, afin de
„ pourvoir sur les Remontrances dudit Parlement en ce qui est de leur
„ jurisdiction, telle qu'elle leur a été attribuée par leur établissement, à
„ quoi sa Majesté aura bien agréable qu'il soit satisfait, nonobstant ledit
„ Arrêt du Conseil, lequel demeurera sans effet.

„ Que la Déclaration faite à Poitiers sous le nom du Roi, au mois
„ de Septembre dernier, envoyée dans tous les Parlemens, soit révo-
„ quée & déclarée nulle, & comme calomnieuse & pleine de faussetés,
„ faite sans exemple & contre les Loix & formes du Royaume de
„ tout tems observées, soit ôtée de tous les Registres desdits Parle-
„ mens & leurs jurisdictions : ensemble tous Arrêts intervenus sur
„ icelle, & qu'il soit particuliérement informé des faussetés & sup-
„ positions de l'Arrêt du 15 Septembre publié sous le nom du Parle-
„ ment de Paris, contre l'intention de la dite Cour, & procédé con-
„ tre les Auteurs de cette fraude & supposition, suivant le poids de la
„ Justice en tel cas accoutumé.

„ Ladite Délaration faite à Poitiers demeurera nulle & de nul effet, &
„ comme si jamais elle n'étoit avenue, & sera ôtée des Registres du
„ Parlement de Paris, sans qu'elle puisse porter préjudice, ni que
„ l'exemple d'icelle puisse être tiré à conséquence à l'avenir, en ce
„ qui regarde l'honneur & dignité des Princes du Sang, lesquels néan-
„ moins demeureront sujets de la Justice du Roi selon les formes an-
„ ciennes, ordinaires, & accoutumées du Royaume : & quant à
„ l'enregistrement de la dite Déclaration, le Roi entend qu'en quel-
„ que sorte & maniere qu'il ait été fait, il soit tiré des Registres du-
„ dit Parlement de Paris ; & pareillement que ladite Déclaration &
„ les Arrêts & Sentences données sur icelle en tous les autres Parlemens
„ & jurisdictions inférieures, soient ôtées & tirées des Registres (g).

Sur ces réponses du Roi a été dressé l'Edit connu sous le nom d'E-
dit de Loudun, quoiqu'il ait été donné à Blois au mois de Mai 1616.
Les Articles IX & X sont ainsi conçus.

„ Voulons & entendons, comme nous avons toujours fait, que les
„ Cours Souveraines de notre Royaume soient maintenues & con-
„ servées en la libre & entiere fonction de leurs charges, & en l'auto-
„ rité de jurisdiction qui leur a été donnée par les Rois nos Prédécesseurs.

„ Pour pourvoir aux Remontrances qui ont été faites par notre
„ Cour de Parlement de Paris en ce qui concerne la jurisdiction à eux
„ attribuée, tant par leur établissement qu'Ordonnances des Rois nos
„ Prédécesseurs, sera fait une conférence, suivant ce qui a été ci-
„ devant proposé, des principaux de notre Conseil & de notre dite

(g.) Ibid pag. 346. 354.

„ Cour de Parlement, nonobſtant l'Arrêt de notre dit Conſeil du 23 „ Mai dernier, lequel demeurera ſans effet."

L'article XXX concerne la Déclaration publiée contre le Prince de Condé. Il eſt littéralement conforme à ce qui avoit été arrêté à ce ſujet dans la conférence (h).

Les troubles recommencerent bientôt après. Les Ducs de Vendome & de Maïenne, le Maréchal de Bouillon & autres, dans une Remontrance qu'ils préſenterent au Roi le 4 Fevrier 1617, parlent ainſi du Maréchal d'Ancre:

„ Chacun ſait les artifices, dont il a uſé depuis la mort du feu Roi
„ de très heureuſe mémoire, pour attirer à ſoi l'entiere & abſolue
„ adminiſtration de votre Royaume, ſe rendre maître de vos Conſeils,
„ de vos finances, de vos armes & de vos foreteresſes, diſpoſer des
„ Offices & Charges publiques, des bénéfices & des graces, pour ſe
„ rendre arbitre des honneurs & dignités, & diſpoſer de la vie & de la
„ mort de vos Sujets, les moyens qu'il a tenus pour éloigner & divi-
„ ſer les Princes de votre Sang & les autres Princes & Officiers de votre
„ Couronne, & principaux Seigneurs de votre Royaume, les pratiques
„ & corruptions dont il s'eſt ſervi pour affoiblir & déprimer l'auto-
„ rité de vos Parlemens, étouffer par violence la légitime liberté de
„ leurs Remontrances, faire empriſonner vos principaux Officiers &
„ mettre la diviſion en tous les Ordres de votre Royaume, afin d'en
„ avoir l'entiere diſpoſition & régner ſeul dans votre Etat, ainſi
„ qu'il fait maintenant avec une audace & inſolence inſupportable, eſ-
„ timant que rien ne ſe peut oppoſer à ſes ambitieux desſeins, depuis
„ que par une extrême injuſtice & violence il a fait empriſonner le
„ premier Prince de votre ſang, & par cette action audacieuſe violé
„ la foi publique du Traité de Loudun, de l'obſervation duquel dé-
„ pendoit le repos & la tranquilité de votre Etat, qu'il aime mieux
„ rejetter aux miſeres de la guerre, que de ſouffrir qu'on lui arrache le
„ maſque de votre Autorité Royale, dont il ſe ſert comme d'inſtrument
„ de la ruine de vos plus fideles ſerviteurs (i)."

„ On lit dans une *Déclaration & Proteſtation publiée le 5 Mars 1617*
„ *par les Princes, Ducs, Pairs, Officiers de la Couronne, Gouverneurs*
„ *de Provinces, Seigneurs, Chevaliers, Villes & Communautés aſſo-*
„ *ciés & confédérés pour le rétabliſſement de l'autorité du Roi & la con-*
„ *ſervation du Royaume contre la conjuration & tyrannie du Maréchal*
„ *d'Ancre & ſes adhérans.*

„ Et afin de pouvoir faire toutes choſes à ſa fantaiſie, & établir ſa
„ tyrannie au Conſeil du Roi & près de ſa perſonne, il a ôté les Sceaux
„ à Mr. Du Vair, & éloigné avec mépris les anciens Conſeillers du
„ feu Roi, qui pour leur probité avoient le témoignage de tous les
„ gens de bien, parce qu'ils s'oppoſoient à ce qu'ils reconnoiſſoient

(h) Ibid pag. 367. 381.
(i) Ibidem pag. 14. Tom. 2.

,, être dommageable & pernicieux à l'Etat ; & à leur place en a intro-
,, duit d'autres de fa faction, penfionnaires & étrangers, gens de
,, baffe & infame qualité, ignorans & mercenaires, &, par un exemple
,, nouveau, a fait d'un Evêque un Secrétaire d'Etat contre les Loix &
,, Conftitutions Canoniques : d'un petit fermier & partifan, un Surin-
,, tendant des finances, afin d'être feul arbitre de toutes les affaires
,, du Royaume, difpofer de la paix & de la guerre, de la vie même
,, & des biens des Particuliers, faire réfoudre & arrêter tout ce que
,, bon lui femble fans contredit & faire paffer toutes chofes fous la
,, Loi de fa volonté.

,, En fomme, il a ufurpé fous le nom du Roi, ainfi qu'autrefois nos
,, Maires du Palais, une autorité abfolue dans le Royaume, & ne laif-
,, fe à fa Majefté que le titre & l'image de la Dignité Royale, ayant
,, attiré à foi la domination entiere de l'Etat, qu'il exerce avec telle
,, tyrannie, qu'il n'eft pas même loifible fans crime d'ouvrir la
,, bouche pour fe plaindre ; & lorfque les Etats Generaux & les Cours
,, Souveraines du Royaume ont voulu parler de fes défordres, il a auf-
,, fitôt étouffé la liberté de leurs Remontrances ou par violence, ou
,, par corruption, qui font les deux principaux moyens dont il fe fert
,, pour opprimer la Juftice, & réduire la France à une miférable
,, fervitude : audacieux jufques là d'avoir fait enlever des principaux
,, Officiers à main armée, au milieu de la Ville Capitale, à la face du
,, Parlement de Paris, & enfermer dans le château d'Amboife, fans
,, forme ni figure de procès, fans accufation ni preuve de crimes,
,, employant le nom du Roi & fon Autorité Royale, qui doit être l'ap-
,, pui & la protection de la Juftice, pour la violer, comme fi fa puif-
,, fance n'étoit pas abfolue fans ces violences & voies extraordinaires,
,, & n'avoit pas affez de force pour punir équitablement par les for-
,, mes ordinaires de la Juftice ceux qui fe trouveront coupables : & fi
,, après ces offenfes & outrages ils ne fléchiffent fous fa Tyrannie,
,, ains demeurent fermes à ce qui eft de leur devoir pour le fervice du
,, Roi & le bien de fon Etat, il les fait déclarer rebelles & criminels
,, de Leze-Majefté, pour les priver de leurs charges.

,, Mais fes deffeins vont bien plus avant ; ils tendent au changement
,, & mutation de l'Etat en faveur des Etrangers, par la ruine des Prin-
,, ces du Sang de la Maifon de Bourbon qui refte feule de la Famille
,, Royale, laquelle aujourd'hui eft en fon entiere difpofition, & le Roi &
,, le Royal Monfeigneur fon frere ne font pas en fûreté entre fes mains,
,, puifque lui & fa femme, par une impiété & curiofité puniffable par
,, les Loix, fe font enquis de la durée de leur vie, qu'ils ont conful-
,, té des Magiciens fur le tems de leur mort, dont peut-être ils ont
,, limité le terme par leurs enchantemens & fortileges, étant notoire
,, qu'à ce deffein il entretenoit le Médecin Montalte & l'Abbé de Saint
,, Mahé, ce monftre abominable, qui par l'horreur de fa mort a té-
,, moigné quel il étoit en vie.

,, On fait qu'en l'affemblée des Etats Généraux il fit propofer par
,, fes partifans de faire paffer en Loi: que les Princes du Sang ne fuffent
,, déformais admis au Gouvernement & adminiftration de l'Etat; ce
,, qui fut rejetté comme contraire aux Loix du Royaume qui leur
,, déferent ce droit, & en excluent les femmes & les étrangers. Et
,, depuis voyant Monfieur le Prince armé pour la defenfe de l'Autorité
,, du Roi & fa confervation, il fe fervit de cette occafion pour le
,, faire déclarer criminel de Leze-Majefté, jufqu'à noter fa poftéri-
,, té. Ce que la Cour du Parlement de Paris n'ayant trouvé jufte, ains
,, fait fans exemple, & contre les Loix & formes du Royaume de
,, tout tems obfervées & inviolablement pratiquées en telles manie-
,, res, & ordonné qu'on écriroit au Roi les raifons pour lefquelles el-
,, le n'avoit pu ni dû procéder à la vérification & enregiftrement d'u-
,, ne telle Déclaration, il trouva des Miniftres fi infolens exécuteurs de
,, toutes fes paffions, qu'ils fuppoferent & firent publier un faux Ar-
,, rêt, attentant par une audace infupportable & fraude manifefte, ce
,, qui n'avoit jamais été vu ni entendu en cette Compagnie vénérable,
,, dont les réfolutions ainfi folemnellement données & concertées, a-
,, voient été jufques-là faintes & inviolables, & lorfque les Officiers
,, qui en favoient la fauffeté, voulurent ouvrir la bouche pour la
,, découvrir & faire réparer cet outrage fait à leur Compagnie, il les
,, fit menacer de les priver de leurs Charges & bannir de leurs maifons;
,, & d'autant que par le Traité de Loudun M. le Prince ayant été
,, rétabli en la dignité & autorité qui lui appartient par fa naiffance & la
,, grandeur de fon extraction, fes deffeins demeuroient inutiles: pour
,, en venir à bout, il a rompu violemment la paix & tranquilité pu-
,, blique & faifant croire que Monfieur le Prince avoit fait entreprife
,, fur la perfonne du Roi & de la Reine fa mere, fous cette couleur l'a
,, fait retenir & emprifonner, afin d'en difpofer à fa fantaifie &c (k).
Calomnioit-on le Maréchal d'Ancre en parlant ainfi de lui? Le Roi dans
fa Lettre aux Gouverneurs de Provinces du 24 Avril 1617 leur parle ainfi:
,, Je ne doute point que dans le cours des affaires qui fe font paf-
,, fées depuis la mort du feu Roi mon Seigneur & Pere, que Dieu abfolve
,, vous n'ayiez facilement remarqué comme le Maréchal d'Ancre & fa
,, femme abufans de mon bas âge & du pouvoir qu'ils fe font acquis de
,, longue main fur l'efprit de la Reine Madame ma mere; ont projet-
,, té d'ufurper toute l'autorité, difpofer abfolument des affaires de
,, mon Etat, & m'ôter le moyen d'en prendre connoiffance, def-
,, fein qu'il ont pouffé fi avant, qu'il ne m'eft jufqu'ici refté que le feul
,, nom de Roi, & que c'eût été un crime capital à mes Officiers & Su-
,, jets de me voir en particulier & m'entretenir de quelque difcours
,, férieux. Ce que Dieu par fa toute bonté m'ayant fait appercevoir,
,, & toucher au doigt, le péril éminent que ma perfonne & mon Etat

(k) Ibid. Pag. 65.

,, encouroient dans une si déréglée ambition, si j'eusse donné quelque
,, témoignage de mon ressentiment & du desir extrême que j'avois d'y
,, apporter l'ordre requis, j'ai été contraint de dissimuler & couvrir par
,, toutes mes actions extérieures ce que j'avois de bon en l'intérieur,
,, en attendant qu'il plût à cette même bonté me préparer la voie, &
,, l'opportunité d'y remédier (l).''

Le même Prince dans sa Déclaration du 12 Mars 1617 en faveur des Princes & autres qui s'étoient éloignés de lui, dit encore :

,, La promte obéissance qu'ont rendu à nos commandemens, de-
,, puis la mort du Maréchal d'Ancre, les Princes, Ducs, Pairs, Officiers
,, de notre Couronne, Seigneurs, Gentilshommes, Officiers de nos
,, Cours Souveraines, & tous ceux qui les avoient assistés, contre les-
,, quels nous avions décerné nos Lettres Patentes des mois de Jan-
,, vier & Février dernier, nous a fait assez connoître que le seul de-
,, sir de leur conservation & d'empêcher la ruine qui leur étoit procu-
,, rée par les insolens, violens, & pernicieux desseins dudit Maréchal
,, d'Ancre, les avoit contraints à s'éloigner de nous, & chercher leur
,, sûreté dans les armes, bien qu'illicites, d'autant que ledit Maréchal se
,, servoit, contre notre intention, de nos forces pour les opprimer (m).''

Le Roi dit encore dans une autre Déclaration du 7 Août 1617 que
,, par ses Lettres Patentes du mois de Mai dernier il a reconnu pour
,, ses bons & loyaux Sujets & serviteurs les Princes, Ducs, Pairs,
,, Officiers de sa Couronne, & tous ceux qui les avoient assistés, &
,, qui conjointement avec eux s'étoient retirés de sa Cour & pris les
,, armes pour s'opposer aux violences dont le Maréchal d'Ancre se
,, servoit pour les opprimer & ruiner (n)''.

Le 8 Juillet précédent le Parlement avoit rendu Arrêt contre la mémoire du Maréchal d'Ancre & sa femme, & les avoit déclarés criminels de Leze-Majesté divine & humaine &c (o).

Après ce detail historique on est en état d'apprécier l'Arrêt du Conseil du 23 Mai 1615. C'étoit un acte de Despotisme, ou plutôt de la Tyrannie du Maréchal d'Ancre, auquel le Chancelier auroit dû s'opposer de toutes ses forces, loin d'y donner les mains, comme il a fait. Le Roi rendu à lui-même a consenti qu'il fût regardé comme non avenu, & a promis de faire droit sur les Remontrances du Parlement, contre lesquelles on lui avoit fait témoigner tant d'indignation.

Aujourd'hui que le Machiavélisme est la Politique régnante, on comble le Cardinal de Richelieu d'éloges. Il est très digne en effet d'avoir pour Panégyristes les partisans de ce Système. Son portrait a été tracé plus fidélement par Monsieur, frere unique de Louis XIII & par la Reine sa mere dans les Lettres qu'ils ont écrites au Roi & dans les procédures qu'ils ont faites au Parlement contre lui.

Monsieur dit au Roi son frere dans une Lettre en 1631:

(l) Ibid. pag. 79.
(n) Ibidem. pag. 93.
(m) Ibid. Pag. 82.
(o) Ibid. p. 89.

„ Ce qui me fait juger encore que Votre Majesté n'a point vu ma let-
„ tre, c'est qu'elle me blâme & condamne les miens sur deux points,
„ dans lesquels je ne comprends pas qu'il y ait matiere de me reprendre.
„ Le premier d'avoir décrié & censuré vos actions, le second d'avoir
„ eu dessein de fortifier des factions dans votre Royaume, d'avoir vou-
„ lu empêcher l'établissement du repos en Bretagne, la prise de la
„ Rochelle, le secours de Ré, & la protection de vos alliés. Pour le
„ premier, tant s'en faut que j'aie failli, comme vous m'imputez,
„ qu'au contraire sachant que votre Ministre est en horreur & en abo-
„ mination à vos Peuples par la violence, la perfidie, & l'inhumani-
„ té dont il use en son administration, j'ai eu un soin particulier de
„ faire voir dans ma Lettre combien votre Naturel & vos intentions
„ sont éloignées de ces procédures injustes & extraordinaires, même
„ de celles qu'il a tenues envers la Reine Madame ma mere & envers
„ moi, afin qu'il demeurât seul chargé des malédictions du Peu-
„ ple, & que les effets de ses mauvaises actions ne fussent point ca-
„ pables d'altérer les affections naturelles que vous portent vos Sujets
„ & qu'ils vous doivent à cause de votre dignité & vertu. Que si
„ j'ai dit que vous êtes souvent surpris & forcé par ses fourberies &
„ intrigues; je ne pense point pourtant vous avoir offensé, car il
„ n'est pas nouveau qu'un Pirnce très sage & très habile soit quel-
„ quefois trompé, & même contraint d'agir malgré lui par les me-
„ nées & les artifices d'un méchant (p)."

Monsieur présenta Requête au Parlement, par laquelle il se rendoit partie formelle contre le Cardinal de Richelieu, ses fauteurs & adhérans, pour leur faire faire leurs procès sur les faits mentionnés en la Requête, demandant permission d'informer, d'obtenir Monitoire, & l'adjonction du Procureur Général du Roi.

Il y eut contre cette Requête un Arrêt du Conseil le 22 Mai 1631, (q) & une Déclaration du Roi du 26 du même mois (r). Cette Déclaration étoit un vrai Panégyrique du Cardinal. Aussi ne fut-elle registrée dans aucun Parlement, mais publiée seulement à l'audience de la Chancellerie le 5 Juin.

„ A l'égard de l'Arrêt du Conseil on y fait dire au Roi, qu'on a
„ voulu calomnier ses principaux Ministres, contre lesquels on ne
„ peut, en ne doit former aucune plainte, si aucune étoit à faire, que
„ par très humbles supplications à la personne propre de sa dite Majesté
„ laquelle a particuliere connoissance de leur fidélité, de leurs grands,
„ continuels, laborieux & recommendables services, rendus tant
„ au dedans qu'au dehors du Royaume. Fait sa dite Majesté très ex-
„ presses inhibitions & défenses audit Roger & tous autres, de pré-
„ senter ladite Requête ni autres semblables en sa Cour de Parle-
„ ment de Paris ni autres Cours, auxquelles par les Loix du Royau-

Portrait du Cardinal de Richelieu par Monsieur frere du Roi Louis XIII.

(p) Recueil de pieces concernant l'histoire de Louis XIII, Tom 3. page 12, & 39.
(q) Ibidem pag. 45.   (r) Ibidem pag. 46.

,, me & usage de tout tems observé, n'est permis de prendre connois-
,, sance des affaires de l'Etat, ni de ce qui concerne l'administration,
,, maniement, gouvernement, & honneur des Ministres choisis par
,, sa Majesté."

Quelle Maxime! Et dans quelle Ordonnance la trouvera-t'on écrite?
De quel principe de Droit public sera-t-elle la conséquence? c'est un
nouveau dogme avancé par un Ministre pour s'assurer l'impunité. (On
établira dans la suite qu'en France la personne du Roi est seule exemte
de la jurisdiction du Parlement.) Quoi! un Ministre se rendra coupable de concussion, de violence, d'injustices & de crimes de tout genre, & il faudra présumer qu'il a fait tout cela pour le bien du Royaume,
pour le service du Roi, & par son ordre? fut-il certain qu'il a obéi à
des commandemens exprès, il ne seroit pas plus innocent, parce qu'un
ordre surpris au Roi ne change pas la nature des actions. L'intérêt public demande que les Princes ne trouvent point de lâches exécuteurs
de toutes leurs volontés, qui sacrifient bassement à leurs intérêts l'honneur & la conscience.

D'ailleurs le prétendu privilege des Ministres s'étendroit aux Chanceliers, aux Officiers militaires, aux Gouverneurs de Provinces ou de
Places, au Contrôleur-Général, & autres Officiers de finances. Il faudroit le communiquer aux Commis des Ministres & à d'autres Subalternes qu'on prétendroit avoir par état le secret des affaires. On ne verroit
que des Privilégiés qui oseroient tout avec hardiesse, parce qu'on ne pourroit les punir sans la permission expresse du Roi qu'on n'obtiendroit jamais.

Monsieur adressa au Parlement le 30 Mai 1631 une Lettre qu'il écrivoit
au Roi, & qu'il vouloit lui être présentée par cette Compagnie. Il y
fait connoître le Cardinal de Richelieu.

,, Que pour comble de son effronterie, corrompant l'usage de la
,, Justice & de la Puissance Royale, il a autorisé ses violences par des
,, Déclarations qu'il a fait signer de votre nom & sceller de votre
,, sceau, traité injurieusement à la face de vos Peuples, avec scanda-
,, le, infamie, & proscriptions la plus auguste Compagnie de votre
,, Royaume, pour n'avoir pas voulu trahir leurs consciences & contri-
,, buer par leurs suffrages à couvrir du manteau de la justice les calom-
,, nies, qu'il publie contre ma réputation, & les persécutions qu'il
,, m'a fait souffrir jusqu'ici, & qu'il prépare encore à l'avenir contre
,, moi & les miens pour son ambition.....

,, Il y a longtems que le Cardinal de Richelieu a dessein formé de se
,, rendre Souverain de cette Monarchie, sous le titre de Ministre du
,, Royaume: & encore qu'il vous laisse le nom & la figure de Roi
,, pour un tems, il veut pourtant vous mettre en sa dépendance de
,, gré ou de force, & après s'être défait de vous & de moi, finale-
,, ment demeurer le maître.

,, Pour mettre son plan en œuvre, il a jugé nécessaire d'avoir en mê-
,, me tems trois choses en sa puissance: la premiere est la force du
Royaume

,, Royaume : la seconde, votre conduite : & la troisieme, votre
,, perſonne, celle de la Reine Madame votre mere, & la mienne,
,, conjointement en ſa poſſeſſion.

,, Quant aux deux premieres il n'a plus rien à ſouhaiter : car pour
,, l'une, il tient en ſa main toute la France, ſoit par les Places fortes
,, où il commande, ſoit par l'autorité abſolue qu'il a ſur les gens de
,, guerre, la diſpoſition de votre artillerie & de tout ce qui en de-
,, pend, ayant deſtitué l'Officier de la Couronne qui en avoit la char-
,, ge ; l'empire & l'établiſſement indépendant ſur la mer : l'adminiſ-
,, tration des finances par une de ſes créatures : la plus grande par-
,, tie de l'argent comptant du Royaume, qu'il a fait retirer dans ſes
,, Places : la faculté de diſtribuer ſeul les bienfaits, d'accorder les
,, graces, d'infliger les peines : bref par la créance empreinte dans tous
,, les eſprits que le bien & le mal dépendent de ſa volonté, ſeule toute
,, puiſſante & ſans contredit.

,, Et quant à la ſeconde il eſt aujourd'hui maître de votre condui-
,, te, non ſeulement par l'entiere créance que vous avez en lui,
,, mais encore parce qu'il a tellement occupé les avenues de votre ſecret
,, & domine ſi puiſſamment ſur tout ce qui vous environne, qu'à pré-
,, ſent la Reine Madame ma mere ne peut plus vous approcher, un
,, ſeul organe n'agit plus auprès de vous que par ſon mouvement, &
,, que tous les ſons que vous entendez, ne ſont que des échos qui rai-
,, ſonnent par ſa voix : en ſorte qu'il eſt vrai, Monſeigneur, que vous
,, n'avez pas pu éviter juſqu'ici, quelques lumieres d'eſprit que vous
,, ayiez (leſquelles je connois être très grandes) que vos volontés & ac-
,, tions ne ſoient tombées en ſa dépendance.

,, Et pour le regard de la troiſieme, il eſt bien conſtant qu'il tient
,, votre perſonne ouvertement, auſſi bien que celle de la Reine Madame
,, ma mere ouvertement en ſa puiſſance, & qu'il ne lui manque de ce
,, dernier point, que de tenir la mienne conjointement avec celles
,, de vos Majeſtés, pour conſommer entiérement ſon deſſein. Auſſi
,, n'ayant pu me faire arrêter, il travaille par tous moyens à me faire
,, périr, comme vous connoitrez par la ſuite de ce diſcours.

,, On peut vous particulariſer ponctuellement l'état où il eſt à
,, préſent & quant & quant la principale partie des inſtrumens qu'il
,, a employés & les reſſorts qu'il a fait mouvoir pour y parvenir ; je
,, commencerai à vous dire, Monſeigneur, que vous même avez é-
,, té, & êtes encore tous les jours, le principal miniſtre de ſes pro-
,, grès, & celui qu'il fait le plus agir à ſon établiſſement contre vos
,, propres intérêts : & pour vous induire à ce faire, il vous ſurprend
,, par de continuelles intrigues......

,, Il poſſede aujourd'hui cette charge de Généraliſſime, comme un
,, titre nouveau de la Couronne, & enjoint avec un empire du tout
,, abſolu & indépendant, & avec des prérogatives nouvelles & i-
,, nouies, que n'ont jamais eu les Connétables, ni même les Enfans

,, de France, qui ont exercé semblables charges, mais seulement les
,, Maires du Palais qu'il prend pour ses exemples.....

,, Ce qu'il fait afin que les Peuples s'accoutument par degrés à trouver
,, moins étrange qu'il le veuille élever à la Suprême Dignité, comme
,, je m'assure qu'il sera assez entreprenant pour prétendre au premier
,, jour le rang au dessus de vous-même, vû qu'il l'a déjà usurpé sur les
,, Princes de votre Sang, lesquels l'on ne doit non plus diviser de
,, votre Majesté, qu'un Chef ne peut être séparé de ses membres, pour
,, subsister naturellement.

,, Et dès à présent ne semble-t'il pas que le crime de Leze-Majesté
,, n'est plus d'attenter contre le Roi ou contre l'Etat, mais que c'est
,, de n'avoir pas un zèle & une obéissance aveugle pour toutes les volon-
,, tés & les desseins du Cardinal de Richelieu?

,, Cela est assez clair par les derniers emprisonnemens & bannisse-
,, mens de vos Ministres, Officiers de la Couronne, & d'autres de vos
,, Sujets, comme du Garde des Sceaux de Marillac, du Maréchal
,, son frere, du Maréchal de Bassompierre, de l'Abbé de Foix, de la
,, Princesse de Conti, de ma sœur d'Elbeuf, de la Duchesse d'Oigna-
,, no, & d'autres, qu'il a déclaré publiquement avoir ainsi traités,
,, parce qu'ils faisoient contre son service. Il pourroit bien encore ré-
,, péter ici l'exemple du sieur de Briançon, qu'il a fait emprisonner
,, pour avoir seulement porté une de mes Lettres où il étoit parlé cou-
,, vertement de lui.....

,, J'aurois bien encore ici à vous déduire à quelles fins & par quelles
,, manieres il flétrit le lustre & la dignité & détruit la force de tous les
,, Ordres de votre Royaume. Pourquoi & par quelles voies il étouffe les
,, fonctions des Compagnies Souveraines, spécialement de votre Par-
,, lement de Paris, (dont la fidélité généreuse a tant de fois sauvé la
,, France de naufrage), les déprime, leur ferme la bouche, leur ôte
,, l'accès auprès de Votre Majesté, quoique leur principal devoir con-
,, siste à représenter la vérité librement aux Rois pour le bien de leur
,, service: & en combien d'exemples & de faits singuliers, même bien
,, recens, il viole la foi & la sûreté publique, renverse & ruine l'au-
,, torité de la Justice, qui est l'asile sacré des gens de bien......

,, Je vous supplie très humblement, Monseigneur, de vous représenter
,, le déplorable état où est à présent votre Royaume par les effets de
,, l'ambition du Cardinal & de sa profusion, qui est telle qu'on m'a
,, rapporté qu'il a consommé en son particulier plus de deux cents mil-
,, lions, depuis qu'il gouverne vos affaires, & qu'il dépense par jour
,, dix fois plus en sa maison que vous ne faites en la vôtre. Je ne vous
,, particulariserai point ici les diverses exactions, par lesquelles il a réduit
,, la France en cette extremité. Beaucoup d'autres vous en peuvent
,, mieux informer que moi, quand il vous plaira les ouir. Seulement je
,, vous dirai ce que j'ai vu.

,, C'est qu'il n'y a pas un tiers de vos Sujets dans la campagne qui

„ mange du pain d'ordinaire, l'autre tiers ne vit que de pain d'avoine,
„ & l'autre tiers n'eſt pas ſeulement réduit à mendicité, mais languit
„ dans une néceſſité ſi lamentable, qu'une partie meurt effectivement
„ de faim, l'autre ne ſubſiſtante que de gland, d'herbes & choſes ſem-
„ blables comme les bêtes, & les moindres à plaindre de ceux-ci ne
„ mangent que du ſon & du ſang, qu'ils ramaſſent dans les ruiſſeaux
„ des boucheries. J'ai vu ces miſeres de mes yeux en divers endroits
„ depuis mon partement de Paris ; calamité prodigieuſe & honteuſe
„ pour cet Etat, mais augure de mauvais préſage. Dieu veuille que les
„ ſanglots qu'elle tire de ces miſérables, dont les voix plaintives pé-
„ netrent le ciel, ne provoquent ſon ire, ne la faſſent tomber ſur la tête
„ du Cardinal, ſeule cauſe de leur déſolation, & qu'ainſi le murmu-
„ re, que l'excès de leur douleur excite quelquefois contre le nom de
„ votre Majeſté, duquel il ſe ſert pour les opprimer, n'en faſſe rien
„ réjaillir ſur votre perſonne, qui en effet ne participe jamais d'inten-
„ tion au moindre mal qu'aient ſouffert les Peuples.

„ Et cela ſeul ſuffiroit pour rendre le Cardinal inexcuſable, & le faire
„ châtier ſévérement, de voir que par ſon adminiſtration, & même
„ pendant la paix ſous le regne d'un ſi bon & ſi pieux Prince, comme
„ vous êtes, vos Sujets ſoient accablés de tant de miſeres, que leurs maux
„ preſſans n'ont point de rapport avec tout ce qu'ils ont ſouffert
„ pendant les plus cruelles guerres civiles, qui ont agité la France de-
„ puis l'établiſſement de cette Monarchie (s)."

On eſt obligé de ſupprimer beaucoup d'autres endroits également in-
téreſſans de cette longue Lettre.

La Reine mere ſe rendit auſſi partie contre le Cardinal de Richelieu
dans une Requête qu'elle préſenta au Parlement. Elle écrivit auſſi ſoit
à cette Compagnie, ſoit au Roi, des Lettres, dont on ne rapportera
qu'un ſeul morceau (t).

„ Je ne demande pour toute choſe, ſinon que le Cardinal de Riche-
„ lieu ſoit mis en juſtice, & qu'il reponde à ce que j'ai à dire contre
„ lui touchant votre Etat & votre Couronne. J'ai ſû que lorſque
„ vous étiez à Compiegne, il avoit apoſté un certain Caſuiſte, pour
„ vous perſuader que vous pouviez mettre votre mere en priſon, ſup-
„ poſant que c'étoit le bien de votre Etat. Permettez que l'on vous re-
„ préſente, qu'à plus forte raiſon vous devez, pour le même bien
„ de votre Royaume, & pour votre vie de plus, vous aſſurer d'une
„ perſonne ſi peu conſidérable par ſa naiſſance, & qui ne laiſſe pas d'a-
„ voir l'effronterie, ou plutôt la folie, de vouloir faire le Prince, &
„ de ſe dire deſcendu de Louis le Gros, pour fonder ſur cette fable
„ un titre & une prétention ſur votre Couronne. Vous pouvez
„ diſpoſer en faveur de ceux qui le méritent mieux que lui, de tant de
„ biens qu'il uſurpe ſans votre conſentement, & qu'il poſſede contre

Portrait du même par la Reine mere de Louis XIII.

(s) Ibid. pag. 52 & ſuiv.   (t) Ibid. pag. 98. 109. 139. 149. 159.

,, votre volonté. Il a assez de Charges, de Bénéfices, & de Gouver-
,, nemens pour en fournir la meilleure partie de votre Cour. On lui
,, trouvera assez d'argent pour soulager de la taille deux ou trois ans
,, votre pauvre Peuple : aussi bien ne le tient-il que des larcins qu'il
,, exerce sur vous & sur eux: Ce sera une action digne de votre justi-
,, ce de leur rendre le même bien, qu'il leur vole tous les jours, com-
,, me il ravit les Charges & les honneurs à vos fideles serviteurs, qui
,, sont en grand nombre, quoiqu'il vous veuille persuader (étant le
,, plus infidele de tous les hommes) que toute la fidélité de la France
,, est enclose en sa personne. Ce n'est pas moi seule qui vous de-
,, mande justice de lui : ce sont les Princes de votre Etat, vos Parle-
,, mens, votre Noblesse, vos Officiers, vos Peuples, & générale-
,, ment tous vos Sujets & vos meilleurs serviteurs. Ils languissent
,, sous la plus violente oppression qui se soit jamais reçue d'un mau-
,, vais Ministre ; Mais ils souffrent encore plus pour vous-même,
,, voyant que votre bonté est manifestement surprise, votre Etat prêt
,, de tomber en subversion, & votre vie menacée d'un extrême malheur.
,, Et afin que vous ne doutiez point que ce que je dis en général pour
,, tous vos Sujets, ne se trouve véritable en chacun d'eux (excepté
,, ceux que la crainte de ses persécutions, ou l'intérêt manifeste qu'ils
,, ont avec lui, fait parler contre leur conscience) donnez leur la li-
,, berté de vous faire leurs plaintes, & vous entendrez des choses si
,, épouvantables du Cardinal de Richelieu, que vous aurez en hor-
,, reur la vue d'un homme si détestable, & avouerez de n'avoir point
,, de plus véritables serviteurs, que ceux qui vous auront fait connoître
,, ses tyrannies, & qui aideront à vous en délivrer.

,, J'acheverai cette lettre par une plainte que je veux adresser à vous-
,, même, que vous ayiez fait déclarer criminels mes domestiques, &
,, donné les charges de ceux qui me servent. Je vous les aurois ren-
,, voyés pour sauver leur liberté, ne réservant auprès de moi un seul de
,, vos Sujets, si ce n'étoit offenser votre bonté & votre fidélité tout
,, ensemble ; & si je n'étois assurée que tout ce qui se fait en cela étant
,, contre votre volonté, vous aimerez beaucoup mieux que je suive
,, vos intentions, que les choses que l'on publie malgré vous. Avec quel-
,, le justice ceux qui ne sont atteints ni de crimes ni de soupçons, &
,, qui ont employé leurs biens pour avoir l'honneur d'être auprès de
,, moi, perdroient-ils les charges qu'ils ont à cette heure en France,
,, s'ils me servent, ou celles qu'ils ont chez moi s'ils ne me servent
,, pas ? Croyez, Monsieur mon fils, que cet homme a bien envie de
,, vous faire perdre le titre de juste. Mais quoi qu'il arrive, je ferai
,, bien en sorte que personne ne perdra pour me servir. Quant à ce
,, qui me touche particulièrement, je ne veux point vous attribuer la
,, saisie de mes biens & l'inventaire que l'on a fait de votre mere,
,, comme si elle étoit déjà morte: il n'est pas croyable que vous vouliez
,, ôter les alimens à celle qui vous a donné la vie, ni que vous ayiez in-

,, tention de ravir à votre mere par violence ce qui eſt à elle devant
,, que vous fuſſiez au monde: vous ſavez que Dieu vous a fait premié-
,, rement fils de votre mere, que de vous faire ſon Roi ; & qu'il n'a
,, pas moins inſtitué l'obéiſſance des Enfans à leurs Peres, que celle des
,, Sujets à leurs Rois : il ne m'a point obligée, comme ſont tous
,, les peres & meres, de vous nourrir les ſept premieres années de
,, votre vie, afin que vous me faſſiez mourir de faim, pour le moins
,, que vous me contraigniez de vivre du bien d'autrui les dernieres
,, de la mienne. Avez-vous plus de droit ſur le bien que j'ai apporté en
,, France par un contract de Souverain à Souverain, que d'aller
,, prendre celui du Grand-Duc mon neveu, ou de quelqu'autre Prince?
,, ſi ce n'eſt que pour vous avoir mis au monde, j'aie perdu le rang que
,, j'y ai apporté dès ma naiſſance, & que je ne ſois ſujette que parce
,, que je ſuis votre mere. Le même Contrat par lequel vous êtes Roi,
,, eſt celui qui me donne le douaire ſur la France: vous ne me le ſau-
,, riez ôter ſans dénier ce que vous êtes, & ſans que la Poſtérité vous
,, remarque pour le premier enfant, qui auroit jamais prétendu ce
,, pouvoir ſur le bien de ſa mere. Mais ce ſont les nouvelles Maxi-
,, mes d'Etat & de conſcience de celui qui dit qu'on ne périt pour être
,, méchant, mais pour ne l'être pas aſſez."

Ne rougira-t'on jamais des éloges qu'on prodigue à un tel homme! Un bon Miniſtre ne doit ſans doute travailler que pour le bien du Peuple, auquel le Roi eſt uniquement conſacré. Quelqu'un ſera-t'il tenté de regarder le Cardinal de Richelieu comme un Miniſtre uniquement dévoué au bien public, & dépouillé de tout intérêt perſonnel? Si le Cardinal de Richelieu étoit un Deſpote, un Tyran, à qui les crimes ne coutoient rien pour ſatisfaire ſon ambition & ſa paſſion de dominer, on ne ſera pas étonné qu'il ait publié l'Edit de 1641. C'étoit ſon ouvrage, & non celui du Roi.

Dans cet Edit du mois de Février 1641, on faiſoit au Parlement des reproches très-graves. On y avoit réuni avec complaiſance pluſieurs des actes de Deſpotiſme exercés en différens temps contre lui. On l'accuſoit, par exemple, d'avoir entrepris par une action qui bleſſoit *les Loix fondamentales de la Monarchie*, d'ordonner du Gouvernement du Royaume & de la perſonne de Louis XIII..... d'avoir réſolu par un Arrêt que les Princes, Ducs & Pairs & Officiers de la Couronne ayant ſéance & voix délibérative, ſeroient invités de ſe trouver au Parlement, pour aviſer ſur ce qui ſeroit propoſé pour le bien du ſervice du Roi. On y citoit des Lettres-Patentes en forme de Déclaration de François I, par leſquelles il défend au Parlement de s'entremettre du fait de l'Etat & d'autres choſes, que de la Juſtice: déclarant nul tout ce qui ſeroit fait au contraire ; ordonnant que tous les ans le Parlement prendroit des Lettres générales de ſon pouvoir & délégation, en la forme & maniere qu'il avoit été fait auparavant, avec défenſes d'uſer d'aucunes limitations, modifications ou reſtrictions ſur les Ordonnances, Edits & Lettres en

Examen de deux pieces citées dans cet Edit, 1°. d'une prétendu Déclaration de François

MAXIMES DU DROIT

I. du 24 Juillet 1527, dans ses motifs & ses différens points, notamment en ce qu'il y est dit que le Parlement n'a point d'autorité sur le Chancelier de France.

forme de charte; sauf au Parlement à en donner avis au Roi, en cas qu'il y eût quelque chose à ajouter ou diminuer.

On y citoit encore l'Arrêt du Conseil de 1615, qui cassoit l'Arrêt portant invitation des Princes & Pairs, & ordonnoit que cet Arrêt & les Remontrances dont il avoit été suivi, seroient biffés & tirés du regître.

Pour juger de l'esprit qui a présidé à la rédaction de cet Edit de 1641, qu'il soit permis de faire quelques réflexions sur ces deux pieces.

La premiere sous François I, est l'ouvrage du Chancelier Duprat; cette observation pourroit suffire.

Ce qu'on appelle des Lettres-Patentes en forme de Déclaration, est un acte sans aucune forme, commençant tout d'un coup par ces mots, *le Roi vous défend*; sans autre signature que celle de Robertet Secrétaire d'Etat, & sans aucun sceau. Le 24 Juillet 1527, le Roi manda le Parlement, & lui fit faire lecture de cette piece: les Magistrats voulant faire des représentations, le Roi se leva & se retira.

Trois jours après, & le 27 Juillet, le Roi vint au Parlement pour la prononciation de l'Arrêt contre le Connétable de Bourbon. Quand il fut parti, Robertet donna au Greffier Dutillet cette piece sans sceau, ni signature du Roi; lui ordonnant de la part du Chancelier de l'enregîtrer. Le Greffier ayant fait ce rapport à la Cour, & voulant lire la piece, on lui dit de faire tout ce que bon lui sembleroit, & ce qui lui avoit été ordonné (u). Voilà ce qu'on appelle des Lettres-Patentes en forme de Déclaration, enregîtrées au Parlement.

L'Histoire nous découvre les motifs secrets de cette piece, & nous met à portée par-là d'en apprécier l'autorité.

François I. avoit établi sa mere Régente du Royaume, & lui avoit accordé le 12 Août 1523 des Lettres à cet effet qui contenoient un pouvoir fort ample (w). Le Parlement auquel elles furent présentées, ordonna le 7 Septembre 1523, que l'addresse des lettres seroit réformée, parce que le Grand-Conseil étoit nommé avant lui. Il refusa à la Régente le droit de conférer les Bénéfices en Régale, & celui de créer de nouveaux Offices de Judicature (x).

Ces Lettres demeurerent sans effet, parce que François I n'entreprit pas alors le voyage qu'il avoit résolu : mais le 17 Octobre suivant, il publia d'autres Lettres qui ordonnoient l'exécution des premieres dans toute leur étendue, *sans qu'il fût besoin de vérification au Parlement*. Une telle clause blessoit toutes les Loix du Royaume. Les Lettres furent présentées & vérifiées au Parlement le 30 Novembre 1523, sous les modifications portées par l'Arrêt du 7 Septembre précédent (y)

Mézerai dépeint cette Princesse ,, comme une femme altiere & violen-,, te qui ne vouloit connoître de Loix que ses volontés (z) " Avec ce

---

(u) Histoire de la Pragmatique & du Concordat par Dupuy, pag. 156. Traité de la majorité des Rois, tom. 1. pag. 485.
(w) Ibid. pag. 445.   (x) Ibid. pag. 462.   (y) Ibid. pag. 467.
(z) Abrégé de l'Histoire de France, tom. 5, pag. 212.

caractere, elle souffrit impatiemment les restrictions légeres que le Parlement avoit mises à son pouvoir. Elle s'en plaignit au Roi, & c'est ce qui occasionna au Parlement la défense de connoître des affaires d'Etat.

Le Chancelier Duprat, après avoir servi la Reine-mere, chercha aussi à satisfaire sa querelle personnelle. Dès le 27. Juin 1521, le Parlement avoit ordonné que le Chancelier étant arrivé en cette ville, il le manderoit pour lui faire les Remontrances qu'il aviseroit pour le bien de la Justice & de la chose publique (a).

Pour profiter du Concordat dont il étoit l'auteur, Duprat se fit nommer par le Roi à l'Archevêché de Sens, & à l'Abbaye de S. Benoît sur Loire. Le Chapitre de Sens qui respectoit peu le Concordat, élût un Evêque. François Poncher, Evêque de Paris, osa disputer au Chancelier l'Abbaye. L'intérêt du Chancelier étoit que les deux procès se suivissent au Grand-Conseil: il les y fit évoquer; il y poursuivit M. Hennequin que le Parlement avoit envoyé à S. Benoît sur Loire pour y rétablir le calme.

La procédure ayant toujours été suivie au Parlement, le Chancelier fit évoquer ces deux contestations à la personne même de la Régente. Le porteur des lettres d'évocation ayant été interrogé au Parlement, on reconnut que c'étoit le Chancelier qui les lui avoit remises, ainsi que sa lettre de créance, & qu'il avoit ordre de la Reine de faire tout ce que le Chancelier lui diroit.

Sur cela un Arrêt rendu, les Chambres assemblées le 3 Juillet 1525, ordonna l'exécution des Arrêts précédens, & défendit au Procureur-Général & aux Parties de comparoir ailleurs qu'au Parlement, à peine de perdition de cause, & de cent marcs d'or.

Le 27 du même mois, le Procureur-Général se plaignit de ce qu'on avoit publié à Orléans des défenses d'exécuter les Arrêts de la Cour au sujet de l'Abbaye de S. Benoit. Le Parlement arrêta qu'on écriroit à la Régente, qu'il lui plût envoyer le Chancelier en la Cour, pour conférer avec lui d'affaires importantes. La Cour écrivit au Chancelier pour le même sujet. „ A cette cause, porte cette lettre, a été délibéré de vous écrire, & mander venir par deçà le plutôt qu'il sera possible, pour avec nous aviser ce à quoi sera nécessaire donner ordre, afin qu'aucun inconvénient ne puisse advenir. Par quoi, venez vous en incontinent, & le plutôt que vous pourrez."

Le Parlement commit Guillaume Budé, Maître des Requêtes, & cinq Conseillers pour feuilleter les registres, évocations & autres lettres extraordinaires que le Chancelier avoit scellées & expédiées, & leur donna pouvoir d'informer sur les articles que bailleroit le Procureur Général. Il fut retenu *in mente curiæ* que, si le Chancelier ne venoit dans le 15 Novembre, il seroit ajourné à comparoir en personne (b).

Tout cela annonçoit un procès criminel contre le Chancelier; & sera-

---

(a) Histoire des Chanceliers par Godefroy, *pag.* 103.
(b) Histoire de la Pragmatique & du Concordat, *pag. & suiv.* Histoire des Chanceliers par Godefroy *pag.* 104.

t-on étonné qu'il ait fait déclarer au Roi, que le Parlement n'a point d'autorité sur le Chancelier de France?

Après ce détail sur la forme & sur les motifs secrets de cette piece, seroit-il nécessaire d'entrer dans le fond de ce qu'elle contient?

On y défend au Parlement de s'entremettre des affaires d'Etat; & cependant au mois de Décembre suivant, il a connu, en présence du Roi, de l'exécution du Traité de Madrid, & dix ans après, il a rendu Arrêt contre l'Empereur Charles-Quint.

On y ordonne au Parlement de prendre chacun an des lettres de confirmation, & c'est ce qui n'a jamais été fait, ni depuis 1527, ni long-temps auparavant.

Un autre chef qui interdisoit au Parlement la connoissance des matieres concernant les Archevêchés, Evêchés & Abbayes, n'a pas eu plus d'exécution.

Le Roi déclare nulles toutes les limitations qui ont été apposées au pouvoir de la Régente sa mere. Cependant Loyseau nous apprend qu'elle s'est désisté volontairement du droit d'accorder des lettres de grace, sur la difficulté que le Parlement faisoit de vérifier la concession de ce pouvoir (c).

Quant à la défense d'apposer aux Edits aucunes limitations, il suffit d'invoquer à cet égard la notoriété. Sous François I, & sous tous ses Successeurs, les Parlemens ont perpétuellement modifié les Edits.

,, Ledit Seigneur vous dit & déclare que vous n'avez aucune Jurisdiction ne pouvoir sur le Chancelier de France, laquelle appartient audit Seigneur, & non à autre. Et par ainsi tout ce que par vous a été attenté à l'encontre de lui, il le déclare nul, comme fait par gens privés, & non ayant Jurisdiction sur lui."

C'est le langage d'un Chancelier coupable qui abuse de la bonté du Roi, pour se soustraire à ses Juges, & s'assurer l'impunité.

N'est-ce pas à l'occasion d'une telle piece qu'il faut dire avec le Chancelier de l'Hôpital, qu'*il n'y a que les Ordonnances qui soient les vrais commandemens du Roi?* Un homme en crédit fera dire au Roi que le premier Tribunal du Royaume n'a pas d'autorité sur sa personne; & une telle déclaration faite sans aucune forme deviendra une Loi du Royaume, une regle pour les siecles futurs? Cela n'est pas tolérable.

Le Parlement a autorité sur tous les Sujets du Roi.

Si le Parlement n'a point d'autorité sur le Chancelier de France, il faut qu'il ne soit pas Sujet du Roi. Il n'en est aucun, quelqu'éminente que soit sa dignité, qui ne soit soumis à la Jurisdiction du Parlement; *la personne du Roi en est seule exempte.* (d).

La Reine-Blanche, dans un procès qu'elle soutenoit au Parlement en 1384, faisoit plaider par Jean le Coq, son Avocat, que le Parlement étoit Juge de tous les François, & qu'elle y étoit elle-même soumise (e).

Gerson,

(c) Des Seigneuries, *ch. 3. n. 34.*
(d) Voyez sur cette prétention, que *le Chancelier n'est pas justiciable de la Cour des Pairs*, l'Avocat National.
(e) *Curia Parlamenti est omnium Judex, & ejus est regina subdita.* Joannes Galli quæst. 16.

Gerson, dans son discours au Roi Charles VI en 1413, dit: " c'est la plus principale garde de votre Royaume, ce que vous n'avez qu'une Cour de Justice Souveraine. C'est votre Parlement, auquel vous-même répondez; & tous autres Sujets le doivent mieux faire. Par défaut d'une telle Cour, vont à perdition autres pays (f)."

Charles VII, dans des Lettres-Patentes du 27 Mars 1445, registrées le deux Mai 1446, dit que *sa Cour de Parlement est Souveraine, à laquelle tous ceux de son Royaume sont Sujets* (g).

Les Ambassadeurs de ce Prince, répondant dans l'assemblée de Mantoue aux plaintes de Pie II, attestent de même la Jurisdiction du Parlement sur tous les Sujets du Roi, sans aucune exception, quelque grands & puissans qu'ils soient (h).

„ Le 23 Décembre 1497, les Maîtres des Requêtes ayant par leur Sentence déclaré les biens d'Antoine Thenot, Procureur au Parlement, acquis & confisqués au Chancelier pour crime de faux, commis en des Lettres Royaux, l'Avocat du Roi se porta pour appellant du chef de ladite Sentence, concernant la confiscation au profit dudit Chancelier; d'où s'ensuivit Arrêt le lendemain, portant confirmation de la Sentence de mort, & déclaration des biens confisqués, sans dire à qui. Et pour sçavoir à qui ladite confiscation appartiendroit, ou au Roi, ou au Chancelier, ladite Cour ordonna que *ledit Procureur-Général seroit oui en ladite cause d'appel, & ledit Chancelier en ses défenses; & eux ouis, en seroit ordonné ce que de raison* (i)."

On a vu plus haut en 1561, qu'on avoit mis en délibération au Parlement de décréter d'ajournement personnel le Chancelier de l'Hôpital, pour avoir fait publier des Edits & Lettres-Patentes qui n'avoient pas été vérifiées. On a aussi entendu Charles IX charger expressément le Procureur Général, de répéter contre le Chancelier les sommes qui auroient été payées en vertu de certaines lettres qu'il auroit scellées. Le Prince de Condé, dit en opinant dans le Conseil du Roi le 4 Janvier 1615, que *la personne seule du Roi en France est exempte de la Jurisdiction du Parlement* (k).

Les Chanceliers sont justiciables du Parlement.

Le même Prince venu au Parlement le 11 Février suivant, visita toutes les Chambres, même celle des Requêtes du Palais, les priant de s'assembler. *On tenoit que ce qu'il s'opiniâtroit à faire assembler les Chambres, étoit à dessein de déférer le Chancelier, & de lui faire son procès* (l).

Croira-t-on après ces témoignages, que le Parlement soit sans autorité sur le Chancelier? Toute la Police du Royaume sera-t-elle renversée par un mot qu'on aura suggéré au Roi? Ne doit-on pas se rap-

(f) Du Boulay. Hist. Univers. Paris. tom. 5. pag. 245.
(g) Ibid. pag. 539.
(h) *De quibuscumque ad eos querimonia defertur, sive de Officiariis regis, sive de quibuscumque aliis in ipso regno quantumcumque potentibus, Per ipsam cuique Justitia ministratur.* Spondeg. tom. 3. pag. 821. édit. in-fol.
(i) Histoire de la Chancellerie par Tessereau, tom. 1, pag. 75. édit. de 1710.
(k) Mercure François, tom. 3. pag. 334.
(l) Recueil des Etats de 1614 par Rapine pag. 404.

peller ici ce que lui difoit en 1527 le Préfident Guillard: *Il n'eſt pas à préſumer de tout droit & raiſon, que par une ſeule parole dite ou écrite, vous veuilliés annuller & caſſer toutes les Loix & Ordonnances?*

Auſſi la prétendue Loi de 1527 qu'on diſcute, n'a-t-elle pas eu plus d'exécution ſur ce point que ſur tous les autres.

„Le Chancelier ne voulut pas qu'il demeurât aucun veſtige de l'ajournement perſonnel ci-deſſus; manda au Greffier de la Cour de lui apporter le regiſtre où il devoit être: à quoi ledit Greffier fit réponſe, que ledit Arrêté d'ajournement n'étoit dans le regiſtre ordinaire, mais qu'il avoit eu commandement d'en faire un ſecret qui étoit par devers la Cour: de quoi il donna avis à ladite Cour, qui ordonna que le regiſtre ſecret ne ſeroit porté audit Chancelier, mais que s'il vouloit venir en la Cour, ou y envoyer quelqu'un de ſa part, qu'il lui ſeroit montré & communiqué (m).”

Procès fait par le Parlement au Chancelier Poyet.

Tout le monde eſt inſtruit du procès fait au Chancelier Poyet. On pourroit croire qu'il ne prouve pas d'une maniere déciſive la Juriſdiction du Parlement, parce qu'il paroît avoir été inſtruit par des Commiſſaires. Il eſt à propos de diſſiper ce nuage; on nous pardonnera quelque détail à cet égard.

Pour ſçavoir par qui le procès a été fait, il ſuffit de lire les Lettres-Patentes de François I qui ont nommé les Juges; les voici telles qu'elles ſont énoncées dans l'Arrêt qui en a ordonné l'exécution:

Du lundi 21 jour d'Avril, 1544 après Pâques.

„Ce jourd'hui ont été préſentées à la Cour les Lettres-Patentes du Roi, données à Evreux le tiers jour de ce mois d'Avril, par leſquelles & pour les cauſes contenues en icelles, le Roi mande, & en tant que beſoin ſeroit, commet à la Cour que, toutes autres affaires ceſſantes, elle procede ou faſſe procéder au Jugement définitif des procès de Meſſire Guillaume Poyet, Maître Louis Martine, & Jean le Royer dénommés eſdites Lettres; auxquels, pour l'abbréviation de Juſtice, & à ce que ladite Cour ne ſoit du tout déſemparée, veut ſeulement vingt-deux Conſeillers d'icelle non ſuſpects audit Poyet, ni par lui récuſés, aſſiſter audit procès; aſſemblés toutefois avec eux des Conſeillers de ſes autres Cours & Grand-Conſeil, au nombre de neuf ou dix, jà nommés audit Poyet, & par lui non récuſés; leſquels pour l'effet deſſus dit auſſi, ledit Seigneur, en tant que beſoin, a commis & commet; faiſant leſd. Conſeillers en tout le nombre de trente ou trente un; enſorte qu'à la définition & concluſion deſdits procès, il y en demeure pour le moins vingt-quatre; & pour ce que ledit Seigneur a entendu que du nombre des Conſeillers de ladite Cour, ledit Poyet n'a voulu ou pu récuſer Maître André Guillard, Maître des Requêtes ordinaire de ſon Hôtel, Nicole Sanguin........ veut & ordonne icelui Seigneur, que par eux, ou les trente de iceux, ſoit procédé au Jugement définitif deſdits procès,

(m) Hiſtoire des Chanceliers par Godefroy, *pag.* 104.

en tel lieu & Chambre que par ladite Cour fera ordonné ; confidéré le nombre defdits accufés & autres qui ont été interrogés audit procès ; enfemble qu'il ne vouloit l'état ordinaire de ladite Cour quant à l'expédition de Juftice être différé ni interverti, comme dit eft ; & néanmoins où il fe trouveroit aucuns dudit nombre de trente, tant des Confeillers de ladite Cour que autres deffus nommés, être malades ou empêchés : veut ledit Seigneur que la conclufion & définition defdits Jugemens foient faites par les vingt-quatre d'iceux, tant defdits Confeillers de ladite Cour, qu'autres deffus nommés; *& le Jugement qui ainfi par eux fera donné, être Arrêt de ladite Cour."*

Les gens du Roi ayant été mandés pour prendre des conclufions, M. Brulard Procureur-Général, & M. de Marillac Avocat du Roi, vinrent feuls, (M. le Maître étoit abfent,) & s'excuferent de conclure pour certaines caufes qu'ils difoient les mouvoir. M. Brulard indiqua Martineau fon Subftitut, qui prendroit des conclufions : il les prit en effet, & confentit l'exécution ; l'heure fonna comme on alloit commencer la délibération, & elle fut remife au lendemain.

Du mardi 22 dudit mois audit an 1544 après Paques.

„ Ce jourd'hui, toutes les Chambres affemblées, Préfident, Maître Jacques le Roux, Confeiller en ladite Cour de céans, pour l'empêchement de Maître Jean Bertrand, Préfident en ladite Cour, qui commença le jour d'hier à préfider pour les excufes du Premier & fecond Préfident, a été procédé pour délibérer fur les Lettres-Patentes du Roi le jour d'hier préfentées & lues en ladite Cour, touchant le procès de Meffire Guillaume Poyet ; & finalement, la Cour a ordonné en enthérinant lefd. Lettres, & fuivant le bon plaifir & vouloir du Roi, qu'il fera procédé par les nommés en icelles Lettres au Jugement dudit procès, qu'elles feront communiquées audit Poyet, pour fçavoir s'il veut rien dire contr'eux, ou aucun d'eux ; & pour procéder au Jugement dudit procès, ladite Cour leur a député la Salle S. Louis, lieu par elle élu & choifi pour le plus aifé & le plus commode.

„ Le 24 Avril, les Juges étant affemblés en la Salle Saint Louis, Martineau, Subftitut du Procureur-Général, a dit : Combien que les Chanceliers de France fe foient voulu exempter de tous Juges, *fauf de la Cour de céans, toutes les Chambres affemblées*; & encore y ait eu exemption de ladite Cour de céans, & de toutes autres Cours Souveraines de ce Royaume, du temps du feu Chancelier Duprat, Légat en France : toutefois, n'étant telle exemption que perfonnelle, le Roi pour les cas impofés à Meffire Guillaume Poyet Chancelier de France, avoit décerné fes Lettres-Patentes de commiffion adreffantes à la Cour de céans, pour procéder au Jugement du procès fait contre ledit Poyet ; comme étant ladite Cour le chef & principale Juftice de fon Royaume ; & parce qu'aucuns des Préfidens & Confeillers de ladite Cour ont été par ledit Poyet récufés, & les autres accufés audit procès ; que fi toutes les Chambres étoient assemblées, viendroit grandement à la foule des Parties plaidantes en ladite Cour, d'autant que la Justice ordinaire pouvoit être longuement discontinuée & différée; le Roi par sesdites Lettres-Patentes, vouloit & entendoit ledit procès être jugé par les dénommés esdites lettres, dont la plus grande partie étoient de la Cour de céans; & les autres qui sont au nombre de neuf ou dix, des autres Parlemens de ce Royaume & Grand-Conseil; afin que tout ainsi que ledit Poyet, étoit chef de la Justice universelle du Royaume, il y eût de chacun Parlement non récusé aucuns Conseillers qui assistassent au Jugement dudit procès; Pour ce requéroit pour le Roi, que la Compagnie assemblée représentant toute ladite Cour de Parlement, eût à procéder au Jugement desdits procès; & que suivant l'intention & vouloir du Roi, du dixieme de ce mois, ledit Poyet fut amené de la Bastille, où il est prisonnier, en la Chambre de dessus la tour-quarrée, sous telle garde & sûreté que par ladite Cour seroit ordonné. Il requit aussi qu'on nommât un Rapporteur".

Par l'Arrêt, le procès fut distribué à Jacques de Ligneris, ,, & a ordonné ladite Cour, que M. André Guillard, Conseiller du Roi & Maître des requêtes ordinaire de son Hôtel, & André Baudry, Conseiller en ladite Cour, Président en la Chambre du Domaine d'icelle, se transporteront en la Bastille Saint-Antoine par devers ledit Poyet, pour sçavoir s'il veut rien dire contre les Juges dénommés esdites Lettres-Patentes & commission du Roi, les noms desquels lui seront signifiés; & qu'à cette fin, lui sera donné à entendre le contenu d'icelles Lettres-Patentes par lesdits Guillard & de Baudry, qui lui déclareront davantage, que pour fidélement rédiger par écrit ce qui sera fait audit procès, & être Greffier en ladite cause, a été nommé & pris pour Greffier Maître Martin Berruyer, Secrétaire du Roi, & l'un des quatre Notaires de la Cour de Parlement; pour entendre dudit Chancelier, s'il avoit cause de récusation ou suspicion contre ledit Berruyer".

Messieurs Guillard & de Baudry, en exécution de cette commission, se transporterent à la Bastille le même jour de relevée, virent le Chancelier, ,, auquel ledit sieur Guillard a donné à entendre, que le Roi avoit décerné ses Lettres-Patentes adressantes à la Cour de Parlement, pour procéder au jugement de son procès, par les juges qui autrefois lui avoient été nommés, & qu'il n'avoit récusés; que néanmoins ladite Cour, toutes les Chambres assemblées avoit ordonné, que les noms & surnoms desdits Juges lui seroient montrés & communiqués, pour sçavoir s'il ne voudroit rien dire contr'eux où aucun d'eux; & après que lesdits noms lui ont été lus par nous Berruyer, lui encore ledit Guillard fait entendre qu'icelle Cour, toutes les Chambres assemblées, avoit ordonné que la substance d'icelles Lettres-Patentes lui seroit communiquée qui étoit telle, que le Roi vouloit & entendoit être procédé par ladite Cour de Parlement au jugement définitif de son procès, auquel pour l'abréviation de Justice, & à ce que ladite Cour ne soit du tout désemparée, le Roi vouloit vingt ou vingt-deux Conseillers d'icelle Cour, non suspects, ni par lui récufés, affifter, affemblés toutefois avec eux des Confeillers des autres Cours de Parlement & Grand Confeil, jufqu'au nombre de neuf ou dix, qui lui avoient jà été nommés, & qu'il n'avoit récufés; ... & que par tous lefdits Juges, les noms defquels avoient été lus, fut procédé au jugement du procès, en tel lieu & Chambre que par ladite Cour feroit avifé, & que pour le lieu commode, ladite Cour de Parlement avoit élu & choifi la Salle Saint-Louis......... Outre vouloit le Roi par fes Lettres-Patentes, ... le jugement qui feroit par eux donné, *être Arrêt de fa Cour de Parlement, & de tel effet & vertu, comme s'il avoit été donné par ladite Cour toutes les Chambres affemblées*".

Le Chancelier ne répondit autre chofe, finon qu'il requéroit que l'Ordonnance de la Cour de Parlement & caufes d'icelle fuffent communiquées à fon Confeil, qui lui en put librement parler & communiquer.

Le Chancelier fut amené fur une mule, de la Baftille à la Conciergerie, & mis dans la Chambre au deffus de la Tour quarrée fous la garde d'un Huiffier.

On ne doutera pas, après cela, que le procès n'ait été fait par le Parlement: c'eft à lui que les Lettres-Patentes font adreffées. Si tous fes membres n'y ont affifté, c'eft pour l'intérêt public, & afin que la Cour entiere étant occupée de ce procès, auquel le Roi vouloit qu'on travaillât, toutes affaires ceffantes, celles des Particuliers n'en fouffriffent pas. Le Roi dit expreffément, qu'il veut que l'Arrêt qui fera rendu, foit regardé comme un Arrêt prononcé par le Parlement, toutes les Chambres affemblées. Dans le compte rendu des Lettres-Patentes foit au Parlement, foit au Chancelier lui-même, c'eft le Parlement qu'on annonce comme juge. Tous les Arrêts, rendus dans le cours de l'inftruction, portent le nom du Parlement: *La Cour, toutes les Chambres affemblées, appellés en icelle les Confeillers des autres Parlemens & du Grand Confeil. La Cour, toutes les Chambres affemblées, avec les Confeillers des autres Parlemens & Grand Confeil.*

La veille du jugement on délibéra fur la forme dans laquelle l'Arrêt feroit prononcé à l'Accufé, & voici l'Arrêt qui fut rendu.

„Ce jour la Cour, toutes les Chambres affemblées, avec les Confeillers des autres Parlemens & Grand-Confeil qui avoient ci-devant affifté au rapport & jugement du procès fait en icelle Cour, contre Meffire Guillaume Poyet, Chancelier de France, & après que ceux qui étoient récufés, fe font retirés; & que l'Arrêt & jugement, fur ce donné, a été lu & vu, la matiere mife depuis en délibération fur la féance ou forme en laquelle devoit être ledit Chancelier durant la prononciation dudit Arrêt, attendu que par icelui, ni par les Lettres-Patentes du Roi contenans fes vouloir & déclaration pour le regard d'icelle prononciation, n'y avoit été fpécialement pourvu: A été finalement avifé, arrêté & conclu, que demain, toutes les Chambres affemblées, avec lefdits juges & Confeillers des autres Parlemens & du Grand Confeil par lefquels a été donné le jugement & Arrêt en ladite Cour, en tel état, ordre, & habillés comme contenu ésdites lettres, sera amené ledit Chancelier au parquet de la Grand'-Chambre du plaidoyer d'icelle Cour, mis & colloqué au dedans, & vers le bas d'icelui parquet, & après ouverture des huis de ladite Cour, sera à icelui Chancelier, étant debout & nue tête, prononcé sondit Arrêt & jugement contre lui donné selon sa forme contenue ésdites Lettres-Patentes dudit sieur. Fait en Parlement, le 22 Avril 1545 après Pâques".

Le jugement définitif du 24 Avril 1545 s'explique ainsi:

„ Vû par la Cour le procès criminel... plusieurs lettres & pieces mises par devers ladite Cour, ... après que lesdits prisonniers ont été amplement ouis en ladite Cour;..... il sera dit, en tant que touche ledit Poyet Chancelier, que pour les abus, fautes, malversations, *entreprises, outre & par-dessus son pouvoir de Chancelier*, crimes & délits privilégiés par lui commis, mentionnés audit procès, & dont il s'est trouvé chargé, que ledit Poyet sera privé & le prive ladite Cour de ses état & office de Chancelier; l'a déclaré & déclare inhabile & incapable de jamais tenir Office Royal; & pour plus amplement tirer réparation desdits cas & crimes privilégiés, ladite Cour l'a condamné en la somme de 100000 livres parisis d'amende envers le Roi, & à tenir prison jusques à plein & entier paiement d'icelle. Et pour aucunes causes à ce mouvant, ladite Cour a ordonné & ordonne, que ledit Poyet sera confiné durant le tems & espace de cinq ans, en telle ville, & sous telle garde qu'il plaira au Roi ordonner, &c."

Voici le procès verbal de la prononciation du Jugement.

„ Aujourd'hui en la Cour, toutes les Chambres assemblées, séans en robes & chaperons d'écarlate: appellés en icelle les Conseillers des autres Parlemens & du Grand Conseil, qui avoient assisté au jugement du Procès, naguères fait contre Messire Guillaume Poyet Chancelier de France, présens & assistans à ce les Procureurs du Roi en cette partie, ensemble les Avocats & Procureurs Généraux dudit Seigneur, a été amené & fait venir ledit Messire Guillaume Poyet, prisonnier; & lui entré en icelle Cour, en grande révérence & humilité, & à l'instant mis & colloqué au devant du parquet de la grand chambre du plaidoyer, vers l'endroit le plus bas d'icelui, ont été ouverts les huis du Parlement; & le silence fait, a été par Me. Martin Berruyer, Notaire-Secrétaire d'icelle Cour, qui avoit assisté audit procès, lû & prononcé l'Arrêt & jugement donné par ladite Cour contre ledit Poyet, étant debout & nue tête. Après la prononciation duquel Arrêt, & la révérence encore faite par ledit Poyet, il a dit ces mots: *Je remercie Dieu de sa bonté, & le Roi de la sienne; Dieu lui doit tenir ses affaires toujours en bonne prospérité: & à moi grace de faire prieres à Dieu qui lui soient agréables:* Et à tant ledit Poyet fait retirer en la chambre du Conseil, près ladite Grand'Chambre vuidée du Peuple."

On lut ensuite des Lettres-Patentes qui ordonnoient que le Chancelier tiendrait prison à la Bastille. On manda le lieutenant du capitaine de la Bastille auquel le Chancelier fut remis. Fait en Parlement le vingt-cinq Avril, quinze cent quarante cinq (n).

Sur cet exposé, il sera évident que c'est le Parlement qui a fait le procès au Chancelier Poyet, & qu'il l'a fait en exécution de la volonté formelle de François I. Aussi est-il dit dans les célebres Remontrances de 1615, dont on a parlé plus haut que François I fit faire le procès par son Parlement au Chancelier Poyet pour les concussions & malversations dont il étoit prévenu, & entreprises faites par dessus son pouvoir (o). Que pensera-t-on de la Déclaration suggérée à ce Prince 25 ans auparavant, que le Parlement n'avoit aucun pouvoir sur sa personne?

Il est facile après cela de juger du mérite de cette Déclaration informe de François I: qui est la premiere piece citée dans l'Edit de 1641. Il faut examiner la seconde, l'Arrêt du Conseil de 1615.

Examen de la 2de piece citée savoir: l'Arrêt du Conseil de 1615.

Pour sçavoir ce qui s'est passé alors, il n'y a qu'à ouvrir le second volume de l'histoire de Louis XIII de le Vassor; on ne fera qu'abréger son récit & ses réflexions.

Le Roi avoit promis de ne pas répondre aux cahiers qui lui seroient présentés par les Etats, & de ne prendre aucune résolution, sans avoir auparavant entendu les Remontrances que le Parlement avoit à lui faire pour son service pour le maintien de son autorité, la conservation de sa personne, & le bien de l'Etat. Pour donner plus de poids à la délibération, on crut devoir y appeller tous les Grands du Royaume. Le Parlement rendit donc un Arrêt le 28 Mars 1615, portant ,, que sous le bon plaisir du Roi les Princes & les Ducs & Pairs, & les Officiers de la Couronne ayant séance & voix délibérative au Parlement, qui se trouvoient pour lors à Paris, seroient invités à venir délibérer avec M. le Chancelier, & avec toutes les Chambres assemblées, sur les propositions qui seroient faites pour le service du Roi, le soulagement de ses Sujets & le bien de son Etat (p).

Histoire de cet Arrêt.

,, La Cour ne manquoit ni de créatures, ni d'espions dans le Parlement. Une de ces ames vénales rapporta incontinent aux Ministres la résolution prise de donner l'Arrêt: ils ne manquerent pas d'insinuer à la Reine que le Parlement prétendoit se mêler des affaires d'Etat, prendre connoissance du Gouvernement, & donner des conseils au Roi sans en être prié. C'est une entreprise manifeste sur l'Autorité Souveraine, crioient ces lâches Courtisans; on voit bien le dessein des Magistrats, ils en veulent à la Régence de la Reine. Ces Messieurs ne pensent à rien moins qu'à s'ériger en examinateurs & en Juges de ce qui s'est fait durant la Minorité.

(n) Histoire des Chanceliers par Godefroy pag. 108, 109. Les actes du procès du Chancelier Poyet, sont dans un grand nombre de Bibliotheques publiques ou particulieres. Lors du procès de M. Fouquet, on a imprimé un *Recueil de quelques points, tirés des actes restans du procès qui fut fait sous le regne de François I au Chancelier Poyet.* Il est joint à une Lettre sur la Question, *Si les Chanceliers de France peuvent être recusés.*
(o) Recueil de pieces concernant l'histoire de Louis XIII, Tom. I. pag. 239.
(p) Recueil de pieces concernant l'Histoire de Louis XIII. Tom. I. p. 232.

„ Molé, Procureur-Général du Roi, fut mandé au Louvre le lendemain avec Servin & le Bret, Avocats-Généraux. Quand ils furent admis à l'audience de leurs Majeſtés, le Chancelier de Sillery, vil & mépriſable eſclave du Maréchal d'Ancre, qui ne lui vouloit pas plus de bien dans le fond qu'aux autres Miniſtres ; Sillery, dis-je, déclara aux trois Magiſtrats que le Roi les avoit mandés ſur l'avis donné d'une réſolution que le Parlement avoit priſe le jour précédent, de convoquer les Princes, les Ducs & Pairs, & les Officiers de la Couronne, pour aviſer avec eux au Gouvernement. Leurs Majeſtés, ajouta-t-il, trouvent fort étrange que le Parlement s'ingere ainſi d'aſſembler de ſon autorité privée les premieres perſonnes de l'Etat; cela n'eſt pas de la compétence des Magiſtrats établis pour rendre la Juſtice aux Particuliers.

„ Le Conſeil fut aſſemblé ſur le champ, afin que les Gens du Roi fuſſent en état de rapporter au Parlement les raiſons du mécontentement du Roi.

Voici la premiere.

„ *Le Roi étant à Paris le Parlement n'avoit pas dû s'aſſembler pour délibérer ſur les affaires de l'Etat, ni convier les Princes & Pairs, & les Seigneurs ayant ſéance au Parlement, ſans avoir parlé premiérement à Sa Majeſté.* On ne s'étoit point aſſemblé pour délibérer ſur le Gouvernement. Le Roi n'avoit-il pas promis de ne répondre point aux cahiers des Etats Généraux, ſans avoir attendu les Remontrances que le Parlement croyoit devoir faire à Sa Majeſté ? Il pouvoit donc s'aſſembler pour concerter ſes Remontrances: & l'affaire étant d'une extrême importance pour tout le Royaume, le Parlement étoit louable dans le fond, d'avoir voulu prendre l'avis de Princes & des Seigneurs qui ont droit d'aſſiſter à ſes délibérations; il n'étoit pas beſoin d'avoir la permiſſion du Roi pour les inviter. Chaque Particulier ne peut-il pas prier les Princes & les Pairs du Royaume de ſe trouver au Jugement de ſon procès ? On ne devoit donc pas trouver à redire que le Parlement eût ordonné que les Princes, les Pairs, les Officiers de la Couronne, ſeroient priés de venir l'aider de leurs bons avis dans une affaire difficile & importante au ſervice du Roi & au bien du Peuple."

„ La ſeconde raiſon ne valoit pas mieux. *Le Roi eſt majeur ſelon les Loix,* diſoit-on, *quoique tout autre de ſes Sujets ſoit mineur à ſon âge. Dieu l'ayant comblé de graces extraordinaires, il doit être cenſé plus vertueux que les autres hommes ; enfin ſon autorité n'eſt pas moindre que celle de ſes Prédéceſſeurs.* On dit de grandes pauvretés dans le Conſeil du Roi auſſi-bien qu'ailleurs......... (on a déja dit qu'on copie le Vaſſor). Mais enfin, quelqu'extraordinare que fût la ſageſſe d'un Roi de France, le Parlement a droit, ſelon l'uſage établi de temps immémorial, de faire des Remontrances. On ne révoquoit pas en doute la majorité de Louis ; on ne prétendoit pas lui donner moins de puiſſance qu'à ſes Prédéceſſeurs. Les Magiſtrats ne leur ont-ils pas repréſenté librement ce qui étoit plus avantageux au Royaume ?"

„ La

,, La troisieme raison n'étoit pas moins pitoyable que les deux autres. *Cette convocation extraordinaire ne se pouvoit faire que par des Lettres-Patentes de Sa Majesté, cela est de son seul & souverain pouvoir.* Les Princes & les Pairs de France prennent-ils des Lettres-Patentes pour aller tous les jours au Parlement? N'ont-ils pas droit de s'y trouver dès qu'ils ont atteint l'âge prescrit par les Loix? Tous les Particuliers ne peuvent-ils pas les prier d'y assister en quelque occasion que ce soit?"

,, Le Roi déclara qu'il vouloit que le regiftre de la délibération lui fût envoyé, que le Procureur-Général & les Avocats-Généraux lui apportaffent eux-mêmes l'Arrêt du Parlement, à l'exécution duquel il défendit de passer outre."

,, L'Arrêt ayant été porté au Roi, il dit qu'il feroit sçavoir sa volonté, & il manda à cet effet les Députés du Parlement.

,, Sillery prit alors la parole, & ce fut d'une maniere tout-à-fait indigne d'un premier Magiftrat, que sa dignité oblige d'être une espece de médiateur entre le Souverain & le Peuple. Le Chancelier déclara donc nettement aux Gens du Parlement, que *le Roi étoit offensé de l'entreprise faite sur son autorité, quoiqu'il fût majeur & préfent dans la Ville Capitale de son Royaume. C'est une chose sans exemple & sans raison,* pourfuivit-il, *que vous avez voulu assembler les Princes, les Pairs & les Officiers de la Couronne; jamais aucun Parlement ne fit rien de semblable. Croit-on que Sa Majesté ignore que le pouvoir & la Jurisdiction du Parlement ont leurs justes bornes? Il n'a pas plus de droit de se mêler de ce qui regarde le Gouvernement de l'Etat, que de connoître des affaires des Comptes & des Gabelles. Les Rois se sont réservé l'un, & ils ont attribué le jugement des deux autres à deux Tribunaux différens.* Quand on est revêtu d'un caractere fupérieur, on se donne aisément le privilege de dire hardiment les plus grandes absurdités; on suppose même que les inférieurs n'auront pas l'esprit de les remarquer."

,, Si le Parlement de Paris, selon son ancienne & premiere inftitution, ne peut prendre aucune connoissance de ce qui concerne le Gouvernement du Royaume, pourquoi les Rois lui ont-ils toujours donné leurs Edits & Déclarations à vérifier? Pourquoi ont-ils écouté les Remontrances qu'il leur a faites sur les besoins du Peuple, sur la justice ou injustice de leurs Ordonnances, qu'ils foumettoient, pour dire la vérité, à l'examen des Magiftrats? D'où vient que les Princes, les Pairs & les Officiers de la Couronne, qui sont le véritable & plus ancien Conseil d'Etat, ont séance au Parlement? Quelle raison Marie de Médicis avoit-t-elle eu de se preffer si fort d'être déclarée Régente du Royaume durant la minorité de son fils? Quelle nécessité y avoit-il que Louis XIII y allât se faire reconnoître majeur, & capable selon les Loix de gouverner désormais par lui-même? Le Chancelier allégua là fort mal à propos la réponse que le Premier-Président de la Vacquerie fit au Duc d'Orléans du temps de Charles VIII; certaines hauteurs de Louis XII & de François I au regard de leur Parlement; l'exemple de Charles IX qui fit biffer une délibération des Magistrats, qu'il croyoit contraire à son autorité. Si la Vacquerie ne jugea pas à propos de seconder en quelque rencontre les desseins du Duc d'Orléans, cela ne diminue en rien l'autorité du Parlement. Jamais un homme de bon sens & de probité ne proposera François I, ou Charles IX, pour modeles d'un bon Prince; que si Louis XII a rejetté quelquefois avec trop de hauteur les Remontrances de son Parlement, est-ce par-là qu'il a mérité la réputation d'un bon Roi, & le beau surnom de pere du Peuple? Les meilleurs Princes font des fautes; mais moins grandes & moins fréquentes que les autres.

„ Pardonnons à Sillery ses mauvais raisonnemens. Comment lui passerons-nous sa lâcheté d'avoir voulu, contre les lumieres de sa conscience, & contre l'intérêt d'un Royaume, où il remplissoit avec si peu d'honneur une des premieres places, enlever à un Parlement un droit dont il est en possession de temps immémorial; & qu'il devroit conserver encore, si les conseils violens des Ministres de Louis XIV ne lui avoient fait pousser l'injustice beaucoup plus loin que son pere ? Ce que le Chancelier dit ensuite, est d'un cœur si bas & si corrompu, que j'ai honte de le rapporter. *Votre Compagnie qui est la premiere du Royaume, tenant son autorité du Roi, elle ne doit l'employer qu'à faire valoir celle de Sa Majesté.*

„ Il est vrai qu'originairement, le Souverain ayant droit de nommer aux Magistratures des gens capables de les bien remplir, on peut dire en ce sens qu'ils tiennent leur autorité du Roi. Mais s'ensuit-il de là qu'en reconnoissance du bienfait reçu du Roi, les Magistrats le doivent aider à étendre sa puissance au delà de ses bornes légitimes, & à se mettre au dessus de toutes les Loix?

„ Le discours du Chancelier finit par une défense d'exécuter l'Arrêt du Parlement, d'assembler les Princes & les Pairs, & de faire aucune délibération sur cette affaire, ce que le Roi confirma de sa propre bouche.

„ Le Premier-Président répondit au Roi avec beaucoup de respect, de sagesse & de courage. Ce que ce Magistrat dit en peu de mots auroit dû couvrir de confusion le lâche Sillery; si un homme vendu & prostitué à la Cour pouvoit être sensible à la honte qu'on a si bien nommé le supplice des honnêtes gens.

„ Sur le récit fait au Parlement par le Premier-Président, cette Compagnie nomma des Commissaires pour dresser ses Remontrances : la Reine qui en fut aussitôt avertie, manda de nouveau les Députés du Parlement.

„ Sillery ne se trouva pas à cette audience. Ne craignit-il point de soulever tout de bon contre lui le Parlement, déjà trop indigné des manieres basses du Chancelier, qui cherchoit à soutenir sa fortune ébranlée ? Les Remontrances qu'on préparoit lui causoient de l'inquiétude. Il avoit donné de grands sujets d'y parler de son avarice, & du trafic honteux qu'il faisoit de la Justice."

On fit défenses au Parlement de continuer ses Remontrances : il ne crut pas être obligé de déférer à de telles défenses, & son travail étant achevé, le Roi voulut bien recevoir les Remontrances & donna jour au 22 Mai pour leur préfentation (q) Elles lui furent non-feulement préfentées, mais lues en fa préfence. Il en témoigna fon mécontentement; la Reine & le Chancelier le témoignerent encore plus fortement : le Contrôleur-Général voulut auffi répondre à ce qui y étoit dit contre la mauvaife adminiftration des finances. ,, Quand il eut ceffé de parler, les Ducs de Guife, de Montmorency & de Vendôme offrirent au Roi leurs biens, leur vie & leur épée contre tous ceux qui refuferoient de lui obéir: ils lui proteftérent qu'ils n'iroient point au Parlement, à moins que Sa Majefté ne les y envoyât pour foutenir l'Autorité Royale. *Les Magiftrats*, dit alors le Duc d'Epernon avec fa fierté ordinaire, *n'ont pas le pouvoir d'appeller les Pairs, ni de les affembler fans la permiffion du Roi: j'ai l'honneur d'y avoir féance; à Dieu ne plaife que je l'informe jamais des affaires d'Etat.*

,, Tel eft depuis long-temps l'aveuglement des Seigneurs & Gentilshommes François. Eblouis de la moindre récompenfe que la Cour leur montre, ils travaillent eux-mêmes à l'établiffement d'un pouvoir qui les ruine & qui les accable ; Guife, Vendôme, Montmorency & Epernon furent bien punis fous l'impérieux Cardinal de Richelieu de leur baffe complaifance ; l'un mourut par la main du bourreau, & les autres furent mis en prifon ou relégués. *C'eft donner au Prince des armes contre foi-même & contre fa Famille, que de le fervir à fe rendre le maître de tout.* Marie de Médicis fe vit elle-même réduite à implorer vainement le fecours & l'autorité du Parlement qu'elle avoit opprimé ; elle s'y prenoit trop tard. Le Parlement auroit pu être de quelqu'utilité à cette Reine infortunée, aux Ducs de Guife, de Vendôme, de Montmorency & d'Epernon contre la violence d'un Miniftre vindicatif, s'il avoient eu l'efprit de prévoir qu'ils pourroient un jour fe trouver en telle fituation qu'il leur feroit avantageux que le Parlement eût droit d'entrer en quelque connoiffance des affaires d'Etat. Verdun, Premier-Préfident, voulut répartir aux Ducs d'Epernon & aux autres Seigneurs qui condamnoient lâchement contre leur propre intérêt & contre leur confcience, les démarches du Parlement. On commençoit à fe dire des paroles aigres de part & d'autre; mais la Reine interpofa fon autorité pour empêcher que les chofes n'allaffent plus loin."

Le lendemain vingt-trois Mai, parût un Arrêt du Confeil, dans le préambule duquel on fait dire au Roi que le Parlement avoit paffé les bornes de fon pouvoir; qu'il n'eft établi que pour rendre la Juftice aux Peuples, & non pour fe mêler des affaires d'Etat, finon lorfqu'il lui eft commandé.

Le Roi caffe & annulle de nouveau l'Arrêt du 28 Mars qui avoit ordonné la convocation des Pairs; faifant inhibition & défenfes au Par-

(q) Ces Remontrances font dans la Bibliotheque du Droit François de Bouchel, au mot *Remontrances.* Recueil de pieces concernant l'Hiftoire de Louis XIII. Tom. 3. p. 233.

lement de s'entremettre à l'avenir des affaires d'Etat, sinon quand il lui sera commandé.

„Et afin, ajoute l'Arrêt, que la mémoire de cette entreprise & désobéissance soit du tout éteinte„ veut que ledit Arrêt, ensemble lesdites Remontrances, soient biffées & ôtées des regiftres ; & à cet effet, que le Greffier soit tenu les apporter à Sa Majesté incontinent après la signification qui lui sera faite du présent Arrêt, à peine de perdre son Office ; se réservant néanmoins Sadite Majesté de pourvoir au plutôt, & le plus favorablement qu'elle pourra, aux plaintes & Remontrances contenues dans les cahiers des Etats Généraux qu'Elle fait voir & examiner de jour à autre, non-seulement en ce qui regarde la Justice, mais aussi le Clergé, la Noblesse, la Police & les Finances, dont les Edits seront renvoyés au Parlement, & à tous autres Parlemens & Cours Souveraines du Royaume, pour les vérifier & y faire les Remontrances qu'ils jugeront en leurs consciences devoir être utiles au public ; & lors Elle les recevra volontiers, les mettra en considération, & y aura autant d'égard qu'il sera requis, pour témoigner le soin que Sa Majesté veut avoir du bien & soulagement de ses bons Sujets (r).

Dans tous les tems les Ministres ambitieux & les Rois Despotes ont redouté les Remontrances des Parlemens & la résistance de ces Corps dépositaires des Loix Fondamentales. C'est, comme nous l'avons vu plus haut l'attachement de ces Corps pour la Constitution Nationale qui leur a attiré si souvent des disgraces ; mais la Postérité leur rend justice, & reconnoit que c'est à leurs soins que la France est redevable de la conservation de ses Loix Fondamentales.

De tout ce que nous avons dit, nous avons droit de conclurre que dans l'Edit de 1641 on a cité deux pieces qui ne peuvent que couvrir de honte les Chanceliers qui les ont surprises à la religion de nos Rois. L'Edit lui-même n'a eu aucune exécution. Il est tombé avec son auteur, le Cardinal de Richelieu, *cet homme*, dit Montesquieu, *qui, quand il n'auroit pas eu le Despotisme dans le cœur, l'auroit eu dans la tête* (s).

───────────

(r) Bouchel, *Ibid.* Recueil de pieces concernant l'Histoire de Louis XIII. Tom. 1. p. 259.
(s) Esprit des Loix, tom. 1, liv. 5, chap. 10, pag. 55, édition de 1749 in-4°.

●

FIN DU TOME II. PARTIE II.

MAXIMES
DU DROIT PUBLIC
FRANÇOIS.

───────────────────────────

SUITE DU CHAPITRE VI.

ARTICLE TROISIEME.

Ordonnances de 1667, & autres Loix.

LE titre premier de l'Ordonnance de 1667 est trop favorable au Despotisme, pour n'être pas invoqué par ses partisans. Elle est l'ouvrage de Louis XIV; c'est-à-dire, d'un Prince qui disoit souvent, que de tous les Gouvernemens du monde, il n'y en avoit point de plus beau que celui de Turquie ou de Perse (t). Sera-t-on étonné de ce qu'il peut avoir fait pour étendre son autorité au-delà de toutes bornes?

L'article III veut que, s'il se présente quelque difficulté dans le jugement d'un procès, sur l'exécution de quelques articles de l'Ordonnance, les Parlemens se retirent devers le Roi pour apprendre ce qui sera de son intention. Il leur est défendu de les interpréter.

On ne craint pas de dire que cette disposition est manifestement un acte de pouvoir arbitraire. Il faut distinguer en effet, deux sortes d'interprétations des Loix; l'interprétation *d'autorité*, & l'interprétation de *doctrine*. La premiere appartient au Prince. Sans la seconde il est impossible de remplir la fonction de Juge. *Deux sortes d'interprétation des Loix.*

Que dans un acte légal revêtu de la signature du sceau du Roi, il dise que par un tel article d'une certaine Ordonnance, il a eu dessein de décider telle chose, ce sera une nouvelle Loi aussi authentique que la premiere; qui prescrira la regle des jugemens futurs. Cette interprétation est sans doute réservée au Législateur lui-même (u). *Interprétation d'autorité.*

───────────

(t) *Lettres Persannes, Lettre* 35.
(u) *Quælibet Lex clara esse debet; vel si nimis obscura sit, jus declarandi & interpretandi authentice est iisdem penès Imperautem.*

Tome II. Partie III.   Rr 3

Interprétation de doctrine.

Mais il est impossible de rendre la Justice, & de remplir les fonctions d'Avocat, sans interpréter les Loix, sans chercher à découvrir l'intention du Législateur. Ce qu'on appelle la science de la Jurisprudence, ne consiste que dans cette habitude de prendre les Loix dans leur véritable sens, & de les appliquer aux circonstances du fait (w).

L'interprétation de doctrine appartient aux Jurisconsultes.

Défendre aux Juges d'interpréter les Loix dans la décision des procès des Particuliers, c'est vouloir qu'ils soient servilement astreints à la lettre de la Loi; qu'ils soient sans pouvoir dans toutes les questions qui ne seront pas expressément décidées par les propres termes du texte. C'est ouvrir la porte à la cassation des trois quarts des Arrêts, parce qu'on prétendra que les Magistrats ont percé l'écorce de la lettre, & qu'ils ont cherché à découvrir le dessein du Législateur.

On cherche un appui à cette décision dans quelques Loix Romaines, & singuliérement dans la Loi derniere, Cod. *de Legibus*, d'où a été tiré ce brocard si connu: *Ejus est interpretari, cujus & condere.*

Tous les Jurisconsultes ont expliqué ces Loix par la distinction de l'interprétation de puissance, & de l'interprétation de science. On se contentera de rapporter le suffrage d'un ancien Jurisconsulte Espagnol.

Il se moque d'un Auteur qui avoit écrit avant lui, & qui refusoit aux Sujets toute interprétation quelconque de la Loi, comme étant inférieurs au Législateur. Il suivroit de là, dit-il, que lorsqu'il se trouve une difficulté sur le Droit Divin ou le Droit Naturel, il faut se faire des aîles, & aller consulter Dieu dans le ciel, au risque d'avoir le sort d'Icare. Tout Juge a nécessairement le droit & le pouvoir d'interpréter la Loi pour la décision des procès pendans à son tribunal. Son interprétation differe de celle du Prince, en ce qu'il ne peut interpréter la Loi, que pour terminer un procès particulier dont il est Juge; au lieu que l'interprétation du Prince sera la regle des Jugemens dans tout le Royaume. Les autres Tribunaux ne sont pas obligés d'adopter l'interprétation faite dans un siege particulier; & ils sont tenus de se conformer à celle du Prince. L'interprétation du Prince forme une Loi proprement

---

Quilibet est optimus suorum verborum interpres, & sic etiam Legislator; præsertim si Legis sententia adeo dubia sit, ut commodè intelligi nequeat. Hæc declaratio seu interpretatio solet alias dici authentica, habetque eamdem virtutem, quàm Lex ipsa; quia ita imperans sensum Legis declarat, Cui ergo jus ferendarum Legum concessum illi quoque jus Leges authenticè interpretandi haud denegandum. Quin etiam Legislator collegio cuidam hanc potestatem delegare potest, ut interpretatio eorum in casibus dubiis authentica habenda sit: prout in Concilio Tridentino congregationi Cardinalium hoc negotium delatum esse constat, & olim suo modo Juris-Consultis, quibus per speciale beneficium hoc jus datum erat. Boehmer, introd. in Jus Public. Univers pag. 406.

(w) *Interim his, qui jura docent & illustrant, aut secundùm illa judicant, non erit adempta facultas, sensum ex legibus eruendi secundùm probabiles conjecturas, cùm absque hoc medio interpretandi, jura nec doceri nec applicari valeant.*

Doctrina juris non est sine Legum interpretatione, imò tota in eâ consistit, cùm verba tenere non sufficiat, sed potius vis & potestas eruenda. Atque hunc in finem solent Juris-Consulti constitui, qui casus dubios suâ interpretatione resolvant; ne ubique recurratur ad Imperantem..... Quid enim aliud est judicare, quàm Leges singulis casibus interpretando applicare? Verum hæc interpretatio à priori adhuc differt, quod non sit authentica, adeoque probabilitatem tantùm operetur, nec liget judicem, ut secundùm illam præcisè judicare debeat, quamvis judicis interpretatio, quæ in ipso judicando sese exserit, in illâ lite, de quâ jus dicit, jus perfectum constituat. Ibid. pag. 407.

dite; celle des Sieges particuliers ne fournit que des exemples, des attestations d'usage (x).

L'Auteur a posé encore les mêmes principes dans un autre endroit. Il y distingue encore l'interprétation du Prince qui forme une Loi pour l'avenir, & l'interprétation du Juge, dont l'autorité ne s'étend pas au-delà du procès particulier qu'il a décidé (y).

On ne peut donc pas justifier la défense formelle faite aux Juges, d'interpréter l'Ordnnance, & l'obligation qu'on leur impose de recourir au Roi, lorsqu'il se présentera dans le cours d'un procès, quelque difficulté sur un texte.

Il y a cependant long-temps qu'on essaie d'enlever aux Juges François, le droit d'interpréter les Ordonnances, en affectant de confondre les deux especes d'interprétation.

„ Le Roi fait une Ordonnance, vous l'interprétez, ... cela ne „ vous appartient pas "; disoit le Chancelier de l'Hôpital au Lit de Justice, tenu à Rouen en 1563, pour la publication de l'Edit de la majorité des Rois (z).

„ Je vois que vous estimez tant vos Arrêts, que vous les mettez par dessus les Ordonnances lesquelles après que vous les avez reçues, vous les interprétez comme il vous plaît: ce n'est pas à vous d'interpréter

---

(x) *Quando Lex civilis dubia est, Princeps potest interpretari.* [Leg. final. Cod. de Legib.] *Nam & quilibet Judex idem possit facere, non secus, quàm Princeps potest Jus Divinum, aut Naturale (cujus respectu ipse inferior est) interpretari. Est tamen verum, quod doctissimus frater Alfonsus scripsit: Quoties Legis verba præ se ferrent duas significationes ex æquo, & proprias, & Populi usu receptas, tunc Judicem inferiorem non posse non consulere superiorem: quia, inquit, ejus est legem interpretari, cujus est condere.* [Leg. final. Cod. de Legibus]. *Cujus verus sensus (ut ipse arbitratur) is est; secundùm quæ, si quando in sacris litteris aliqua vox quæ duas significationes æque proprias & æquæ usu receptas contineret, reperiretur; cereas, vel alterius materiæ, alas nobis aptare (id quod Dædalum & Icarum olim fecisse Poëtæ fabulantur) necesse haberemus; in cælum Dei optimi maximi consulendi gratiâ evolaturi. Ergò unusquisque Judex (verius est) ut in causis sibi à Principe suo commissis, jus potestatemque habeat Leges interpretandi ad definitionem omnium omninò causarum, ut hâc in re Principe suo differat, tanquàm pars à toto. Ea tamen hujus Judicis interpretatio, facit jus, quoad illas tantùm causas, quas ipse definivit; non etiam quoad alias, quæ sub aliis Judicibus sunt; & hoc est quod dici vulgò solet, exemplis non judicandum. Exemplis, inquam, intelligendum est aliorum Judicum, ut ibi: nam ipsius Principis exemplis judicare debemus, eaque imitari, & insequi...... Et is verus sensus,* [Dict. Leg. final. Codic. de Legibus], *ut interpretatio Principis faciat jus, quoad omnes: nec ad hunc effectum universalem ab alio, quàm ab ipso fieri possit. Sed non id impedimento est, quin unusquisque Judex & possit, & debeat leges interpretari, ad definitionem causarum sibi commissarum, & tunc quoad eas, non etiam quoad causas reliquas, jus faciet ea interpretatio, ut dictum est. Secundùm quæ, jus tàm divinum, quàm naturale & gentium, unusquisque Princeps, (Deo optimo, maximo inconsulto,) & potest, & debet interpretari, licet respectu Juris tàm Divini, quàm Naturalis, vel gentium, inferior esse videatur. Vasquius, de Successionibus, tom. 2, lib. 1, in Præf. n. 48 & seq.*

(y) *Cujus est legem condere, quod ejus solius, & non alterius sit, eam interpretari, intelligendum est procedere quoad interpretationem generalem, quam etiam alii. Judices sequi teneantur, ut pote habentem vim Legis, id quod ipsemet Legislator, non etiam alius facere potest. Non sic, quoad interpretationem particularem quæ tam à Judice in litem coram eo motâ. Tunc enim ipse, ut quotidie fit, potest & debet Legem interpretari & declarare ex vero simili mente Legislatoris, quasi ipsemet Legislator de eo casu interrogatus, ita responsurus esset; etiamsi talis interpretatio & declaratio aliquâ ex parte adversaretur Legi generali & verbis ipsius Legis..... Et hujusmodi interpretationes, quas Judices facere & solent & debent, in causis coram eis agitatis, quoad Judices sequi & imitari non tenentur: Et hoc est, quod dici solet, exemplis non judicandum: Licet interpretationem factam ab ipso Legislatore cum causa cognitione, reliqui omnes Judices sequi teneantur, quasi vim Legis habere intelligamur: & iste est verus sensus & communis dictæ Legis finalis. Cod. de Legibus. Ibid. tom. 3, lib. 1, §. 9, n. 30, 31.*

(z) Cérémonial François, tom. 2. pag. 574.

l'Ordonnance ; c'est au Roi seul, même les Ordonnances qui concernent le bien public. J'ai cet honneur de lui être Chef de la Justice, mais je serois bien marri de lui faire une interprétation de ses Ordonnances de moi-même, & sans lui en communiquer ". C'est ce que disoit le même Chancelier de l'Hôpital au Lit de Justice tenu à Bordeaux le 11 Avril 1564 (a).

Ce n'est pas d'aujourd'hui que les Chanceliers, établis pour être les modérateurs de la Puissance Royale, donnent les mains à l'établissement du Despotisme.

Réflexions sur l'Art. de l'Ord. de 1667 qui regarde les enregistremens.

Les Articles de l'Ordonnance de 1667, relatifs à l'enregistrement portent que les Loix publiées en présence du Roi, ou de son exprès mandement porté par quelqu'un de sa part, seront observées du jour de leur publication ; qu'à l'égard des Loix que le Roi envoiera pour être registrées, les Cours seront tenues de faire des Remontrances dans huitaine ou dans six semaines, suivant l'éloignement ; après lequel temps, elles seront tenues pour publiées, & en conséquence observées; que les Cours seront tenues de procéder aux enregistremens sans délai , & sitôt qu'elles les auront reçues; sauf à elles à représenter les inconvéniens de la Loi que l'expérience auroit découverts.

Ces dispositions n'ouvroient pas un champ assez vaste au pouvoir arbitraire ; elles ont encore été étendues par la Déclaration du mois de Février 1673, qui a interdit toute opposition des Particuliers à l'enregistrement des Edits, Déclarations & Lettres-Patentes concernant les affaires publiques : usage précieux qui ne tendoit qu'à l'affermissement des Loix anciennes, à prévenir celles que la surprise auroit arrachées, à éclairer la religion des Magistrats & celle du Roi lui-même sur l'inconvénient des nouveaux Réglemens, & qui ne pouvoit jamais nuire qu'à l'établissement du Despotisme ; image de l'ancien Droit National qui assujettissoit les Loix à la délibération de l'Assemblée du Peuple, dont chaque Membre pouvoit proposer ses refléxions sur les avantages ou les dangers de l'Ordonnance qu'on projettoit. C'est un état violent dans lequel a été la Monarchie sous le long Regne de Louis XIV : les Loix du Royaume ont plié sous la force; Louis XIV est mort le premier Septembre 1715, & dès le 15 de ce mois, on a rendu au Parlement la liberté de faire des Remontrances avant l'enregistrement.

Distinction chimérique entre les Loix apportées par le Roi lui-même, ou un Porteur d'Ordres

Conçoit-on facilement la différence qu'on a voulu mettre entre les Loix que le Roi apporte lui-même au Parlement, ou qu'il y fait apporter par quelqu'un de sa part, & celles qu'il y envoie seulement ? Le droit de faire des Remontrances doit dépendre, sans doute du fond de la Loi, & non de la forme dans laquelle elle parvient à la connoissance des Magistrats. Que le Roi l'apporte lui-même en personne, qu'il charge quelqu'un de l'apporter, ou qu'il la fasse remettre par le Procureur-Général ; qu'importe cette différence de cérémonial, si la Loi est mauvai-se,

(a) Ibid. pag. 581.

PUBLIC FRANÇOIS. *Chap. VI.* 319

se, injuste ; si elle entraîne des conséquences nuisibles à l'Ordre Public ? *& les* Ne doit-on pas représenter dans un cas comme dans l'autre, les suites *Loix en-* fâcheuses qu'elle peut avoir, & éclairer la religion du Souverain sur *voyées au* les surprises qui lui ont été faites ? Cependant, à l'égard des Loix pu- *ment.* bliées en présence du Roi, ou d'un porteur de ses ordres, toutes Remontrances sont interdites ; il n'est pas permis d'ouvrir la bouche : elles seront gardées du jour de la publication qui en aura été faite. A l'égard des autres que le Roi a seulement envoyées, les Cours seront tenues de les enregistrer purement & simplement ; sauf à faire des Remontrances dans le délai prescrit.

Pourquoi ne feront-elles pas également des Remontrances après l'enregistrement sur les Loix que le Roi a lui-même apportées ? La raison en est sensible ; c'est qu'il n'enverra que les Loix à l'enregistrement desquelles il s'intéresse moins, celles qu'il sçait ne devoir éprouver aucune difficulté : à l'égard de celles qui tendront à la subversion de la Monarchie, à l'établissement du Despotisme ; si par exemple, le Roi veut se déclarer propriétaire de tous les biens de ses Sujets ; s'il veut se soustraire entièrement à la nécessité de l'enregistrement des Ordonnances ; il dressera une Loi à cet effet qu'il apportera lui-même au Parlement. Par la seule vertu de sa présence, cette Loi sera inviolablement exécutée dès cet instant, sans que l'observation puisse en être sursie sous aucun prétexte, sans qu'il soit possible même de faire des représentations. Il n'y a plus dès-là de principes constitutifs de notre Gouvernement ; il n'y a plus rien qui le tempere, qui le distingue de l'Empire Turc ou Persan. On nous parle vainement de ces établissemens vénérables, que nos Rois avouent être *dans l'heureuse impuissance* de renverser : leur puissance est au contraire sans bornes, & *un* Edit enregistré en leur présence franchit toutes les barrieres.

Si le Royaume se trouvoit dans une circonstance unique, où, par la réunion de certains événemens, il fût de la derniere importance de faire au plutôt exécuter une Loi, peut-être alors par la force de la nécessité, qui l'emporte sur tout, le Roi pourroit-il faire enregistrer un Edit en sa présence par autorité absolue. Il paroît au moins que c'étoit l'idée de la Reine mere de Louis XIII dans un Mémoire qu'elle présenta à son fils le 8 juillet 1620.

„ Pour ce qui regarde la justice, Sa majesté est très humblement sup-
„ pliée de maintenir ses Parlemens & autres Cours Souveraines en leur
„ autorité, conformément aux Edits de leur établissement, de faire ex-
„ actement observer les Ordonnances sur le réglement de la Justice : &
„ pour obvier aux abus qui s'y commettent à la foule & oppression du
„ Peuple, de trouver bon que nulle Commission ne puisse être envoyée
„ pour exécuter dans les Provinces, sans être premièrement vérifiée
„ aux Parlemens, & de ne faire passer aucuns Edits par présence &
„ autorité, que lorsque la notoriété fera paroître que tout délai sera
„ dangereux. (b)

(b) Recueil de pieces concernant l'histoire de Louis XIII, Tom 2, page 310.

Tome II. Partie III. S s

En renfermant les Enregistremens forcés au pur cas de nécessité pressante de l'Etat qui souffriroit de tout délai, ils auroient peu d'inconvéniens. En faire le Droit commun, la forme ordinaire & usitée de la publication de toutes les Loix nouvelles, c'est renverser d'un seul coup toutes les anciennes regles, & livrer le Royaume aux suites du pouvoir arbitraire.

Réflexions sur les Lettres-Patentes du 26. Août 1718.

Le Lit de Justice tenu au Château des Thuilleries le 26 Août 1718, offre de nouvelles atteintes portées à la liberté nationale, aux droits des Magistrats. L'article Ier des Lettres-Patentes qui y ont été registrées, permet au Parlement de faire des Remontrances sur les Loix qui lui seront adressées; mais il lui est défendu *de faire aucunes Remontrances, delibérations ni représentations sur les Ordonnances, Edits, Déclarations & Lettres-Patentes qui ne lui auront pas été adressées.*

Ainsi on adressera les Loix à un Tribunal autre que le Parlement, & par là on évitera tout obstacle, toutes représentations de sa part.

Faute par le Parlement de faire ses Remontrances dans la huitaine de la présentation des Loix, elles seront tenues pour enregistrées, & envoyées dans tous les Bailliages. C'est interdire les Remontrances en faisant semblant de les permettre. Les Compagnies marchent à pas lents: elles nomment d'abord des Commissaires qui doivent s'assembler pour dresser des Remontrances, & qui ne peuvent pas y travailler sans relâche, étant détournés par les fonctions ordinaires de leurs charges qu'ils ne doivent pas interrompre. Pour rédiger des Remontrances, il faut comparer la Loi nouvelle avec toutes les anciennes, feuilleter les Registres, s'assurer de quelques faits arrivés dans le ressort; & tout cela exige souvent un travail de plus de huit jours. Cependant, à l'expiration de ce délai fatal, la Loi est réputée enregistrée.

La forme des Remontrances est quelquefois essentielle à leur succès. Lorsque le Roi est trompé par son Ministre qui lui a déguisé quelque fait important, il est nécessaire de frapper l'oreille du Prince par des représentations de vive voix: des Remontrances par écrit remises au Secrétaires d'Etat ne lui parviendroient pas, ou on l'empêcheroit de les lire. C'est au Parlement en conséquence à choisir entre des représentations de vive voix, & les Remontrances écrites, suivant le besoin des circonstances; & il avoit toujours eu cette option.

Cependant, suivant les articles trois & quatre des Lettres-Patentes de 1718, lorsque le Parlement aura délibéré de faire des Remontrances, le Roi lui fera sçavoir, s'il desire les recevoir de vive voix ou par écrit. Au premier cas, il indiquera un jour; au second cas, faute de remise dans la huitaine des Remontrances écrites, la Loi sera tenue pour enregistrée. Si, après les représentations entendues, ou les Remontrances reçues, le Roi persiste dans sa volonté, le Parlement sera tenu d'obeir; sinon l'enregistrement sera censé fait, & la Loi envoyée dans tous les Bailliages; sauf à faire après l'enregistrement d'itératives Remontrances.

L'article 6 défend l'interprétation & la modification des Loix: on a vu ce qu'on doit en penser ; & ce qui s'est passé journellement depuis, suffit pour établir que les Lettres-Patentes n'ont point été exécutées.

C'est aussi le sort qu'a eu la Déclaration du 18 Août 1732, dont l'article 1. dit que les Loix publiées en présence du Roi, seront observées, à compter du jour de la publication, sans que l'exécution en puisse être différée, même sous prétexte des Remontrances que le Roi auroit permis de faire. L'article second veut que le Parlement ayant entendu la volonté du Roi sur la réponse aux Remontrances, soit tenu de s'y conformer, à peine de désobéissance, sans pouvoir réitérer des Remontrances.

La Déclaration du 18 Août 1732, n'a point eu d'exécution.

Les autres articles veulent que les appels comme d'abus des Ordonnances des Ecclésiastiques ne puissent être portés qu'en la Grand-Chambre, où il ne sera rendu aucun Arrêt que sur le Réquisitoire des Gens du Roi, ou sur la proposition faite par le Premier Président. Il est défendu aux Enquêtes & Requêtes de délibérer ailleurs que dans l'assemblée des Chambres, de s'assembler entr'elles, d'avoir un registre commun, &c. Enfin la cessation du service est interdite dans toutes sortes de cas.

Le 20 Août, le Parlement arrêta qu'il seroit fait au Roi des Remontrances itératives sur la détention de ses Membres ; dans lesquelles le Roi seroit très-humblement supplié de retirer la Déclaration ; toutes les Chambres demeurant assemblées jusques après la réponse du Roi sur l'un & sur l'autre articles.

Le Ministere crut alors devoir user de la ressource qu'il s'étoit ménagée dans l'Ordonnance de 1667, en faisant tenir un Lit de Justice. D'après ces nouveaux principes, la Déclaration étant publiée en présence du Roi, devoit être exécutée dès cet instant. Le Lit de Justice fut indiqué à Versailles pour le trois Septembre 1732 : le 2, le Parlement arrêta que, s'il étoit question de la Déclaration, M. Pelletier supplieroit le Roi d'entendre que, le devoir le plus indispensable du Parlement étoit de ne cesser jamais de lui représenter que l'exécution des articles contenus dans la Déclaration, ne peut s'accorder avec le bien de son service & de l'Etat.

M. le Président Pelletier remplit la commission dont il étoit chargé. M. Gilbert de Voisins fit sentir tout le mal que la Déclaration pouvoit causer ; & cependant *faisant au Roi, puisqu'il l'ordonnoit, l'humble sacrifice de ses propres sentimens*, il requit l'enregistrement qui fut prononcé suivant l'usage.

Le lendemain 4, le Parlement fit l'arrêté suivant.

„ La Cour, toutes les Chambres assemblées, en délibérant sur ce qui s'est passé au Lit de Justice, tenu le jour d'hier à Versailles, a arrêté qu'il sera dressé procès-verbal de tout ce qui y a été dit & fait, au bas duquel il sera mis, qu'attendu le lieu ou ledit Lit de Justice a été tenu, & le défaut de communication d'aucune des matieres qui devoient y être traitées, elle n'a pu, ni dû, ni entendu donner son avis ; & en conséquence sur la Déclaration pour la prorogation des 4 sols pour livres & autres droits, a arrêté que le Roi sera de nouveau très-humblement supplié de la faire remettre à la Compagnie, pour y délibérer en la manière accoutumée; & en ce qui concerne la Déclaration du 18 Août, a arrêté que la Compagnie ne cessera de représenter au Roi l'impossibilité dans laquelle elle est d'exécuter ladite Déclaration, & que cependant elle continuera toujours de se conformer aux anciens usages, maximes & discipline qui lui sont propres, & qu'elle a toujours observés depuis son institution; usage dont l'observation a été si utile pour le bien public & pour la conservation des droits du Roi dans les temps les plus difficiles. Et au surplus, l'arrêté du 20 Août dernier sera exécuté en ce qui concerne les itératives Remontrances pour le retour de ceux de Messieurs qui sont absens, les Chambres demeurant assemblées jusqu'à ce qu'il ait plu audit Seigneur Roi de donner réponse auxdites Remontrances".

Tout le monde sçait que, le 4 Décembre 1732, les Députés du Parlement étant allés à Versailles complimenter le Roi sur la mort du Roi de Sardaigne, M. le Chancelier leur dit par ordre & en présence du Roi, *que le Roi vouloit bien que la Déclaration du 18 Août 1732 demeurât en surséance.* Le Parlement assemblé le 5 Décembre, ordonna qu'il seroit fait registre de la réponse du Roi; & les Magistrats observerent dans le cours des opinions, que *surseoir* de la part du Roi, ou *supprimer*, c'étoit la même chose. Tout ce qui s'est passé depuis a prouvé la réalité de cette suppression.

La Déclaration du 10 Décembre 1756 n'a point eu d'exécution.

La Déclaration du 10 Décembre 1756 porte, art. 8, que le Parlement pourra arrêter des Remontrances, en délibérant sur l'enregistrement des Edits, qui seront faites dans la quinzaine de leur présentation.

Suivant l'article 10, lorsque le Parlement aura entendu la réponse du Roi aux Remontrances, il sera tenu d'enregistrer dès le lendemain; sauf après l'enregistrement, à faire de nouvelles Remontrances; sinon les Edits seront tenus pour enregistrés, & envoyés dans les Bailliages.

Tous les autres articles tendoient à concentrer dans la Grand-Chambre, & même dans le Premier Président, toute l'autorité du Parlement. On privoit de voix délibérative dans les assemblées de Chambre, tous les Magistrats qui n'avoient pas dix ans de service. L'article 14 défendoit enfin de cesser le service, pour quelque prétexte que ce fût, à peine de désobéissance & de privation des Offices.

Le samedi 11 Décembre, surveille du Lit de Justice, le Parlement avoit arrêté que le Roi seroit supplié ,, d'ordonner que tous Edits, Déclarations ou Lettres-Patentes qui pourroient être présentés, seront communiqués à la Cour, pour être vus & délibérés en icelle en la manière ordinaire, avant que les Membres de ladite Cour donnent leur avis sur des matieres qui ne peuvent être décidées sans risquer de compromettre également le bien de la Religion & le repos de l'Etat; ne pouvant ladite Cour, sans cet examen préalable & cette délibération libre & réfléchie, coopérer ni prendre aucune part à tout ce qui pourroit être fait au dit Lit de Justice, ni aux suites qui en pourroient résulter".

A peine le Roi étoit-il forti du Parlement le lundi 13 Décembre, que les Magiftrats fe retirerent dans leurs Chambres; & toutes les Enquêtes & Requêtes, ainfi que quelques Membres de la Grand'Chambre, donnerent leur démiffion.

Le Parlement ne fut réuni que le premier Septembre 1757, & le lundi cinq, il fit un arrêté portant qu'il feroit préfenté au Roi de refpectueufes Remontrances au fujet de la Déclaration du 10 Décembre 1756, concernant la difcipline de la Compagnie; & néanmoins que *la Cour continuera de fe conformer à fes anciens ufages, maximes & difcipline qui lui font propres.* Depuis ce temps, il n'a plus été queftion de cette Déclaration, ni de fon exécution.

Toutes ces Loix préfentent des tentatives faites par les Miniftres pour fe fouftraire à la Loi de l'enregiftrement. La réfiftance courageufe des Magiftrats les a toutes rendues inutiles. Nous leur fommes redevables d'avoir confervé ce foible refte de notre ancienne forme légiflative, toutes ces Loix n'ont jamais été exécutées; elles font tombées dans l'oubli dans l'inftant même de leur naiffance.

On prétend aujourd'hui qu'elles n'en font pas moins efficaces; que la défuétude n'abolit pas la Loi; qu'elle conferve tout fon empire à moins qu'elle n'ait été formellement révoquée par le Souverain.

Pour que ces Déclarations foient nulles, il n'eft pas néceffaire qu'elles foient révoquées par le Souverain.

On fe gardera bien de s'étendre pour réfuter une affertion fi étrange; on n'y oppofera que l'art. 1 de l'Ordonnance de 1629, une de celles dont on argumente, qui enjoint l'exécution de toutes les Ordonnances qui ne font point fpécialement révoquées, *ni abrogées par ufage contraire, reçu & approuvé de nos prédéceffeurs & de nous.* Il réfulte de-là clairement, que les Loix font abrogées par l'ufage contraire, au moins lorfqu'il eft approuvé du Roi: cette approbation, fi elle étoit expreffe, emporteroit de la part du Souverain la révocation formelle; il ne peut donc être queftion que d'une approbation tacite. Or, qui peut douter qu'il n'y ait une telle approbation de fa part, lorfque fous fes yeux il fouffre qu'on pratique le contraire de la Loi? Combien d'articles de l'Ordonnance de 1667 qui font aujourd'hui totalement oubliés; qui n'ont pas plus de force que fi ils n'y avoient pas été inférés? Pour n'en citer qu'un feul exemple, elle fixe à dix ans le délai pour interjetter appel. Il eft notoire que dans l'ufage, cette faculté eft prorogée à trente ans; & cet ufage a paffé mille fois fous les yeux du Roi & de fon Confeil, fans jamais avoir été blâmé.

Quand on pourroit douter, relativement aux Loix ordinaires, fi l'ufage qui fubfifte eft connu du Roi, le même doute naîtroit-il relativement aux Loix dont il s'agit, qui intéreffent directement l'Autorité Royale; qui n'ont été projettées par les Miniftres que pour l'étendre au-delà de toutes bornes? Ils ont fans doute les yeux ouverts fur la conduite des Magiftrats. Lorfqu'il s'établit tranquillement un ufage directement oppofé à la Loi, lorfque les Magiftrats continuent d'agir comme fi elle n'avoit pas été promulguée, on ne peut douter qu'ils ne le faffent du confentement du Roi.

Il y a même plus que son consentement tacite à leur inobservation ; on a sur ce point son consentement exprès. La désuétude où sont tombées ces Loix est la suite, ou de quelque promesse précise de sa part, ou d'une espece de négociation faite par ses ordres entre les Magistrats & le Ministere.

Avantages qui revien-droient à la Nation, si les Loix ne tom-boient pas en désuétude.

Les François ont à se féliciter, s'il est vrai que les Loix ne tombent point en désuétude : nous verrons revivre les premiers âges de la Monarchie, & l'ancienne liberté nationale. Jamais aucune Loi n'a formellement abrogé le capitulaire de Charles le Chauve, qui avoue la nécessité du concours du Peuple à la formation de la Loi : *consensu populi & constitutione Regis*. Jamais aucune Loi n'a abrogé formellement tant de reconnoissances de nos Rois, qu'ils ne pouvoient imposer de tributs, que de l'*octroi des trois Etats*. Ces Loix primitives de notre Gouvernement ont conservé tout leur empire. En ne s'y conformant plus aujourd'hui, le Roi blesse la justice, il entreprend sur les droits légitimes de ses Sujets.

Réflexions sur toutes ces Loix qui n'ont pas été exécutées.

Ecartons, au surplus, toute idée de désuétude, d'abrogation tacite par usage contraire : accordons aux Loix qu'on examine, toute leur vertu impérative, & rapprochons-les un instant du Traité de Troyes, portant transport de la Couronne de France au Roi d'Angleterre. Charles VI l'a revêtu de Lettres-Patentes, & il tient un lit de Justice pour les faire enregistrer. On le suppose, toute résistance de la part des Magistrats seroit criminelle : ils seroient coupables de désobéissance, & encourroient la privation de leurs charges. Par cela seul que le Roi s'est transporté au Parlement & a fait publier les Lettres en sa présence, elles seront exécutées dès cet instant, & envoyées à tous les Bailliages, afin que tous les Sujets prêtent au plutôt serment de fidélité au Roi d'Angleterre. Voilà ce que Louis XIV a décidé en 1667, & ce qu'on a fait décider à Louis XV en 1718, en 1732, 1756. Malgré cela cependant, tous ces Monarques ont reconnu qu'il y avoit en France des Loix fondamentales qu'ils ne pouvoient pas renverser.

Qui ne seroit frappé de ces variations continuelles dans la forme de la Législation ? Un Roi défend les Remontrances, un autre les permet : aujourd'hui on les autorise avant l'enregistrement, demain elles ne seront permises qu'après ; dans un autre temps elles n'auront lieu que sur les Edits envoyés au Parlement par le canal des Gens du Roi, & non sur ceux que le Roi aura apportés lui-même. Jusques à présent on a bien voulu que toutes les Loix passassent sous les yeux du Parlement ; sauf à le rendre spectateur forcé de la publication. Dans une autre circonstance où cette vaine cérémonie paroîtra trop gênante encore, on les adressera directement aux premiers Juges dans les Provinces, ou on les fera publier en Chancellerie. De cette multitude de Loix & de Réglemens publiés par Henri IV & par Louis XIII sur les parties casuelles, on n'en trouve point qui aient été enregistrées au Parlement ; ils ont tous été lus & publiés en la Grand-Chancellerie : les Chanceliers sont depuis longtemps des personnages fort complaisans ; ils annoncent par leurs actions ce que le Chancelier de Birague difoit hautement de bouche, qu'ils font Chanceliers du Roi de France, & non Chanceliers du Royaume de France.

Henri IV vouloit publier fon fameux Edit de la Paulette. Il y trouvoit un obftacle dans un grand nombre de furvivances qu'on avoit acquis de lui à titre onéreux. Comment rendre cafuelles des charges dont a vendu, moyennant finance, l'hérédité ou la furvivance ? Le Parlement avoit-il tort de ne pas approuver ce violement de la parole Royale, & d'un engagement formel contracté par le Roi ? Sa réfiftance n'en a pas moins déplu, & le Roi s'eft fouftrait à la néceffité de la vérification.

Il dit dans une Déclaration du dernier Juin 1698, qu'au mois de Mars précédent, il a fait plufieurs belles Ordonnances pour l'obfervation defquelles a été dreffé fon Edit qu'il a envoyé à fes Cours de Parlement pour le faire publier & regiftrer: mais, ajoute-t-il d'autant que nofdites Cours n'ont encore procédé à la vérication d'icelui, le défordre continue cependant...... fpécialement en ce qui eft de la révocation des furvivances: tellement que pour éviter une plus grande longueur, avons jugé qu'il étoit néceffaire faire entendre fur ce, notre vouloir & intention.

En conféquence, le Roi révoque toutes les furvivances, & accorde feulement des augmentations de gages à ceux qui les ont achetées.

Mandons, ajoute-t-il, *à nos Baillis..... & tous autres Juges Royaux*, qu'attendant la vérification pure & fimple de notre Edit, ils faffent lire, publier & enregiftrer ces préfentes. Il veut que celui qui aura levé la charge aux parties cafuelles, y foit reçu fans aucune difficulté malgré toute furvivance; encore que cette Déclaration ne foit adreffée ni regiftrée en nofdites Cours & Chambres; ce que ne voulons nuire ni préjudicier en quelque forte & maniere que ce foit, à celui qui fe fera fait pourvoir (c).

Si c'eft-là une regle de conduite qu'Henri IV a donnée à fes Succeffeurs, la néceffité de la vérification eft à jamais abolie; & cependant cette Loi même en fuppofe clairement la néceffité.

Jufques à préfent on a rédigé les Loix par écrit; dans cinquante ans, le Roi n'annoncera plus fes volontés que par des Déclarations verbales. On prétendra qu'il en a le droit parce qu'il eft le maître, & que d'ailleurs n'ayant pas moins d'autorité que fes Prédéceffeurs, il peut faire ce qu'a fait Henri III. Ce trait de Henri III eft fingulier.

Le 21 Mars 1580, ce Prince mande deux Préfidens & deux Confeillers du Grand Confeil, *pour entendre une Déclaration qu'il vouloit leur faire de fa volonté fur la nomination aux Abbayes & Prieurés électifs de Moniales*. Les procès nés à ce fujet avoient été jugés diverfement dans les Parlemens, *non affez informés de fa volonté*. Pour cela, il en a retenu la connoiffance à fon Confeil privé, de laquelle voulant à préfent le décharger, il les renvoie tous à fon Grand-Confeil, *en interdifant la connoiffance à tous autres*

(c) Fontanon, *tom 2. pag.* 574.

Juges & Cours de son Royaume, moyennant la Déclaration qu'il fait à son-dit. Grand-Conseil de sa volonté qu'il entend & commande être entiérement suivie de point en point, & en ce faisant, que le possessoire desdits Bénéfices soit adjugé..... ,, Laquelle Déclaration il auroit voulu leur faire entendre pour toute la Compagnie de sondit Grand Conseil; auquel il enjoint expressément *faire enregistrer ladite présente Déclaration en un Registre à part & séparé d'avec les autres expéditions qui se communiquent aux Parties*; n'ayant voulu Sadite Majesté, pour certaines considérations, en faire, ni publier autre Edit & Déclaration que la présente qu'il veut être de tel effet, force & vertu, que s'il étoit passé *par Edit publié en son Grand-Conseil & par tous les Parlemens de son Royaume*; déclarant nul tout ce qui seroit ci-après fait par les Gens de sondit Grand-Conseil au contraire de ladite Déclaration, nonobstant quelconques Edits & Lettres à ce contraires''.

Le Grand-Conseil, *sur le rapport de ses Députés*, a enregistré cette Déclaration de la volonté du Roi, pour y avoir recours au Jugement des procès, & se régler par icelle, suivant l'exprès commandement de Sadite Majesté, qui sera suppliée très-humblement de déclarer si elle n'entend pas excepter aucuns desdits Monasteres &c (d). Voilà, peut-être, la forme de Législation qui nous est destinée par la suite, si chaque Souverain n'a d'autre regle à cet égard que sa volonté séduite.

Nos Rois autrefois, loin de craindre les Remontrances, les desiroient, & remercioient les Tribunaux d'avoir instruit leur religion. En 1364, Charles V avoit donné au Comte d'Etampes pour lui & ses héritiers, la Terre de Lunel dans la Sénéchaussée de Beaucaire. Les Députés de la Chambre des Comptes lui représenterent l'inconvénient de cette concession ainsi conçue; en ce que le Comte d'Etampes mourant sans enfans, il auroit pour héritier le Roi de Navarre, alors ennemi de la Couronne de France. *Vous avez très-bien fait*, leur dit Charles V, *de m'avertir de ce à quoi je ne pensois pas*; & les Lettres de don furent de nouveau rédigées sous d'autres conditions (e).

Louis XI, qui le croiroit? après les violences qu'il avoit employées pour faire abolir la Pragmatique, voulut, ordonna qu'on lui fit des Représentations sur les inconvéniens qui en résultoient: c'est ce qui a occasionné les célebres Remontrances connues de tout le monde.

,, En obéissant, y est-il dit, au bon plaisir du Roi, qui...... a mandé puis naguerres à sa Cour de Parlement l'avertir des plaintes & doléances que raisonnablement on pourroit faire........ pour lesquelles plaintes & doléances remontrer & dudit remede avertir le Roi & son Conseil, ainsi qu'il mande, icelle Cour a baillé charge à &c''.

Le

(d) Pinson. Notes sommaires sur les Indults, *pag.* 656.
(e) *Qui quidem dominus Rex his auditis, respondit dictis gentibus Computorum Optimè facitis sic avisando me super hoc, quia non advertebam..... & tunc dominus rex præcepit dicto Cancellario, quod fierent litteræ aliæ, & sub aliâ formâ; videlicet, pro dicto Comite, & ejus hæredibus à suo proprio corpore procreandis; vel saltem, quod constituat ad hoc Regem hæredem suum.* Brussel. Examen de l'usage général des Fiefs, pag. 122 des pieces justificatives.

Le Parlement ayant ordonné des Remontrances sur l'Edit de Charles IX du mois de Janvier 1561 pour la pacification des troubles de religion, les Députés pour porter les Remontrances firent leur rapport à la Cour le 16 Fevrier. Sur les Remontrances le Conseil du Roi fit dresser une Déclaration interprétative de l'Edit & des Lettres de jussion, qui furent communiquées aux Députés. Les Lettres de jussion portoient ces mots ; *Nonobstant les Remontrances faites par la Cour.*

„ Supplierent que ces mots, *nonobstant les Remontrances*, fussent
„ ôtés, disant qu'ils seroient mal prins par la Compagnie, & que
„ cela la rendroit plus mal aisée à user de Remontrances par ci-après, en
„ ce qu'elle verroit être à remontrer au Roi, si leurs Remontrances é-
„ toient ainsi méprisées & contemnées, & que l'on n'y eut aucun
„ égard & considération ; & enfin cela leur fut accordé". (f)

La Reine Mere dans un Mémoire qu'elle présenta au Roi le 8 Juillet 1620 parle ainsi :

„ La Reine Mere du Roi, voyant avec toute la France, à son très
„ grand regret, les désordres de cet Etat venus jusqu'à tel point que le
„ mécontentement universel, qu'en ont tous les Sujets du Roi, en pour-
„ roit produire une entiere subversion, animée des vrais sentimens de me-
„ re, & fortifiée par l'avis des Princes du sang, autres Princes, Ducs,
„ Pairs, & Officiers de la Couronne, & Communautés de ce Royau-
„ me, supplie très humblement le Roi de trouver bon qu'elle lui
„ fasse entendre les moyens qu'elle estime les plus convenables pour y
„ pourvoir : parce que l'origine des maux de l'Etat consiste en ce que
„ personne n'ose parler librement au Roi sur les occurrences les plus im-
„ portantes, Sa Majesté est très humblement suppliée de considérer
„ que les Rois ses Prédécesseurs ayant toujours plus qu'aucuns au-
„ tres de la terre fait cette grace à leurs Sujets, que de leur donner
„ libre accès auprès d'eux, il est très nécessaire non seulement qu'elle
„ permette aux plus Grands d'approcher de sa personne, mais en outre
„ qu'elle leur commande, comme aussi à ses Parlemens & autres
„ Communautés, de lui représenter ce qu'ils estiment important pour le
„ bien de sa personne & de son Etat sur peine d'encourir l'indignation
„ du ciel & la sienne". (g).

Aujourd'hui, on restreint, on abolit tant qu'on peut, le droit de Remontrances : on est presqu'assuré d'entendre dire au Roi, *je veux être obéi ;* & ce langage Asiatique qui lui est suggéré par des flatteurs contre son inclination naturelle, est la réponse ordinaire aux raisons les plus fortes, aux peintures les plus touchantes & les plus vraies de la misére du Peuple.

Charlemagne ne faisoit pas difficulté de corriger ses propres Loix. Il vouloit en cela donner l'exemple à ses successeurs (h). Il a malheureusement été peu suivi.

(f) Memoires de Condé in 4°. Tom. 3. p. 68.
(g) Recueil de pieces concernant l'histoire de Louis XIII, Tom. 2. pag. 306.
(h) *Secundâ vice, propter ampliorem observantiam, Apostolicâ auteritate, & multorum sanctorum Episcoporum admonitione instructi, sanctorumque Canonum regulis edocti, consultu videlicet omnium Nobilium nostrorum, nosmetipsos corrigentes, posterisque nostris exemplum dantes, volumus &c.* Baluse, Capitul. Tom. 1. Col. 409.

On fait entendre à nos Rois que leurs volontés, telles qu'elles foient doivent toujours être exécutées, & que céder à des repréſentations c'eſt en quelque ſorte capituler avec ſes Sujets.

On faiſoit la même objection en 1568 à ceux qui engageoient le Roi à traiter humainement ſes Sujets de la Religion Prétendue Réformée & à leur accorder la paix, eux qui avoient pris les armes. Ecoutons la réponſe du Chancelier de l'Hopital dans *le Diſcours* qu'il compoſa alors *des raiſons & perſuaſions de la paix.*

„ Certainement ſi le Roi quittoit quelque choſe de ſon droit ou au-
„ torité, je n'aurois que répondre, combien qu'il faille quitter de ſon
„ droit, ſi le ſalut de la République le requiert, car même ce n'eſt plus
„ droit s'il empêche le bien public & nuit à l'Etat: mais ſa Majeſté
„ ne leur donne par ce Traité ni Etat ni Terres, ni les allege d'au-
„ cuns tributs ou ſubſides, ne leur quitte aucuns devoirs ou charges, il
„ laiſſe ſeulement leur conſcience en liberté. Cela s'appelle-t-il capitu-
„ ler? Eſt-ce capituler de promettre pour toute convention que le Roi
„ demeurera leur Prince, & ils demeureront ſes Sujets? Si le Roi leur ô-
„ toit la liberté, ils ſeroient ſes eſclaves & non pas ſes Sujets, il ſeroit
„ leur oppreſſeur, & non pas leur Prince; car la Principauté eſt ſur
„ les hommes libres: donques en leur laiſſant la liberté il ſe conſtitue leur
„ Prince, c'eſt-à-dire, protecteur de leur ſalut & liberté, & ils ſe décla-
„ rent ſes Sujets obligés à maintenir ſon Etat. Qui eſt-ce qui ſera ſi im-
„ pudent de dire que c'eſt capituler?... Donc c'eſt une frénéſie bien ferme
„ d'appeler capitulation la Loi du Prince qui conſerve la juſte liberté à
„ ſes Sujets, les munit contre l'oppreſſion, ratifie ce que longtems y
„ a que ſa Majeſté & ſon Conſeil a arrêté & ordonné, & qu'il faudroit
„ de nouveau ordonner, s'il étoit à faire, & lui conſerve le nom & le
„ titre de bon Prince. Mais c'eſt bien perſécuter hoſtilement ſon
„ Prince, d'éloigner ſa volonté par malices & artifices d'une tant ſalutai-
„ re & ſainte réconciliation, avec menace de l'abandonner s'il y veut
„ entendre, n'eſt-ce pas le tyranniſer & l'opprimer?

„ Ceux qui ſont de cet avis, demeurans à couvert loin des coups,
„ deſirent que le Roi pourſuive ſa pointe, & par guerre haſarde ſon
„ Etat avec la certaine & infaillible perte de tous ſes hommes.... On
„ ne doit prendre leur avis que pour un trait envenimé aveuglément con-
„ tre les adverſaires, & comme l'opinion des ennemis jurés de la Ré-
„ publique. Auquel rang ſont tous ceux qui ſéparent les conſeils du
„ Public, ayant plus de reſpect à leurs particulieres haines qu'au ſa-
„ lut du Peuple: Néanmoins pour ce qu'ils y mêlent pour luſtre l'hon-
„ neur du Roi, on les écoute favorablement comme bien zélés à la
„ conſervation de ſon autorité, de laquelle toutefois ils abuſent perſé-
„ véramment, impoſans à ſa Majeſté par l'apparence du mot d'*hon-*
„ *neur* & de *capituler*, empêchans un bien tant néceſſaire, & donnans
„ occaſion à infinis maux les plus exécrables qu'on pourroit penſer....

„ Ceux qui manient un Etat, doivent en ſe dépouillant de tout re-
„ gard particulier, mettant à part toutes haines & malveillance, tour-

,, ner toutes leurs études, foin & diligence au falut du Peuple & à
,, la confervation de l'Etat, fans s'opiniâtrer comme ils firent, dont
,, s'enfuivit leur ruine & la perte de l'Empire & de la majefté du Peu-
,, ple Romain. Ceux donc qui fous prétexte de ne rien céder & de te-
,, nir leur fourcil refrongné, tâchans de s'agrandir & venger leurs mau-
,, vais courages, tenans à peu le hafard de l'Etat & la certaine ruine
,, du Roi & de fes Sujets, peuvent à bon droit être appellés peftes &
,, proditeurs de la République, de leur Patrie & de fa Majefté.....
,, Ainfi fera la paix heureufement entretenue, la procuration & con-
,, fervation de laquelle eft le propre office & devoir du Roi. A ce but
,, tend l'établiffement des Etats & Seigneuries, à favoir à la fruition
,, de la paix, dont la douceur & plaifir a donné commencement au
,, Pays & aux Loix, & a fait connoître au plus fort le plus foible, &
,, affujettir volontairement les uns aux autres.
,, Pourtant le vrai office du Roi eft, comme gardien & tuteur de
,, la paix, de la maintenir inviolable quand Dieu la lui aura donnée, &
,, punir âprement les contempteurs de fes Loix". (i)

Un Cardinal a dit: *Pereat orbis, dùm maneat autoritas Papæ*. Nos Miniftres en diroient volontiers autant du Roi: on croiroit que l'agrandiffe-
ment de l'Autorité Royale au-delà de toutes bornes, eft le feul but qu'ils
fe propofent; & qu'il n'y a point de mal particulier dont la crainte doive
l'emporter fur la confidération d'un bien général fi defirable. Une telle
Loi a des inconvéniens très-grands, mais elle a été promulguée; il ne
faut pas que l'autorité recule, le Roi veut être obéi. Un tel impôt
furcharge les Peuples. Il feroit à fouhaiter qu'on ne l'eût pas établi.
Mais il l'eft. La Puiffance Souveraine eft engagée. Le Roi veut
être obéi. *Pereat Orbis &c.*

Plût à Dieu que nos Magiftrats & fur-tout les Gens du Roi, n'euffent pas partagé jufques à un certain point cette difpofition, en pofant
pour dogme, que le Roi n'eft pas foumis aux Coutumes, que les Arrêts rendus contre lui n'ont aucune ftabilité, & d'autres Maximes femblables, qui ne tendent qu'à donner au Roi & à fon domaine, mille privileges exorbitans, qui n'ont pas feulement l'apparence de fondement.
N'y a-t-il donc pas de balance à tenir entre le Roi & fes Sujets,
& fes droits doivent-ils abforber tous ceux des Peuples?

On combat depuis long-temps le franc-aleu avec plus de zéle qu'on
n'en témoigneroit contre la plus dangereufe héréfie. Le Roi a la directe
univerfelle de tous les fonds du Royaume; il eft le Souverain fieffeux?
C'eft que lors de la conquête des Gaules, il a donné les terres en fief
à fes Capitaines. Il eft cependant aujourd'hui conftant que les Bénéfices n'ont abfolument rien de commun avec les fiefs, connus au plutôt fur
la fin du dixieme fiecle. Que ne diroit-on pas de mille autres Maximes
femblables?

(i) Recueil de divers Mémoires, Harangues &c. fervant à l'hiftoire de notre tems. Paris 1623,
Pag. 187 & fuiv.

La Maxime ancienne étoit : *fiscus post omnes*, aujourd'hui c'est *fiscus ante omnes & super omnia*.

"Philippe II Roi d'Espagne étant informé par le docteur Vélasqués, d'une affaire fiscale, où il étoit besoin que Sa Majesté fît savoir sa volonté, il la lui expliqua en ces termes; *Prenez garde, monsieur le Docteur, & le Conseil avec qui vous jugerez le même, qu'en toutes les affaires de cette nature, où il se trouvera le moindre doute, j'entends que vous soyez toujours contre moi*.

"O! sentence digne d'être écrite en lettres d'or dans tous les Palais des plus grands Monarques! O paroles qui méritent d'entrer dans le solemnel serment qu'ils font, lorsqu'ils sont couronnés! O! Maxime pleine d'équité & de bonté Royale" (k)!

On a vu plusieurs fois flétrir comme séditieux des ouvrages, où on ne réclamoit que les justes droits des Citoyens ou de la Nation. Dans le Recueil des Assertions des jésuites, on a confondu avec les détestables Maximes du Régicide & du Tyrannicide, des principes qui ne sont rien moins qu'erronés, qui sont enseignés par tous les Publicistes & par un grand nombre de Théologiens estimés.

Ceux qui préviennent l'esprit des Souverains, contre l'Assemblée des Etats sont coupables de Leze-Majesté.

On est parvenu à rendre odieux au Roi tous les Corps de Magistrature, à les lui faire envisager comme des rivaux, dont le but unique est d'affoiblir, de partager même son autorité. Quelle horreur n'aura-t-on pas inspiré des Etats Généraux du Royaume, dont le Chancelier de l'Hopital présente la convocation comme l'objet des desirs d'un bon Roi?

"Le 13 Décembre 1560 l'Hopital fit l'ouverture de l'Assemblée par un Discours où il parla avec beaucoup d'élévation de l'origine des Etats, de leur dignité, de leur autorité, de la nécessité de les convoquer souvent, de l'impossibilité où étoit le Prince de connoître les besoins de la Nation, s'il ne la consultoit elle-même, de la bassesse des Courtisans qui osoient faire craindre au Roi la réunion de ses Sujets, de l'horreur qu'il devoit avoir pour des conseils aussi pernicieux, de l'obligation essentielle où il étoit d'écouter leurs plaintes & de leur rendre justice. A ce sujet il rapporta le trait de cette femme Macédonienne à qui le Roi Philippe refusoit une audience, & qui, pour lui faire sentir qu'il manquoit au premier de ses devoirs, eut la fermeté de lui dire: NE SOYEZ DONC PAS ROI.

"D'avantage, poursuivit l'Hopital, les Rois tenant les Etats, oïent ou entendent la voix de vérité, qui leur est souvent cachée par leurs serviteurs. Car la plupart des Princes ne voient que par les yeux d'autrui, ne jugent que par le jugement & arbitration d'autrui, & au lieu qu'ils dussent mener les autres, se laissent mener. Qui est la cause qu'aucuns bons Rois se défiant de ceux qui sont autour d'eux, se sont déguisés & mêlés avec le Peuple, inconnus, pour savoir & entendre ce que l'on disoit d'eux, non pour punir ceux

(k) La Mothe le Vaïer. Tom. 2. Instruction pour M. le Dauphin, Titre *des finances du Roi* pag. 341.

„ qui en difoient mal, mais pour foi amander & corriger. Le bon
„ Roi Louis XII prenoit plaifir à ouïr jouer farces & comédies, même
„ qui étoient jouées en grande liberté, difant que par là il apprenoit
„ beaucoup de chofes qui étoient faites en fon Royaume, que au-
„ trement il n'eut fçues. Cette forte de familiarité n'a jamais nui à nos
„ Rois. Les derniers de la Race de Pharamond ne fe laiffoient voir
„ qu'une fois l'an, comme les Affyriens; & les uns & les autres vin-
„ rent à mépris vers leurs Sujets & en perdirent leur Royaume. La
„ façon de ne fe laiffer voir à fon Peuple, & ne communiquer avec
„ lui, eft barbare & monftrueufe. Ceux qui tiennent pour une autre
„ opinion, font gens qui veulent feuls gouverner & conduire tout
„ à leur vouloir & plaifir, qui craignent leurs faits être connus par
„ autres, affiegent le Prince, & gardent que nul ne l'approche.
„ Enfuite le Chancelier parla de l'utilité particuliere dont pouvoit
„ être l'Affemblée des Etats dans les circonftances actuelles. Il montra
„ dans quel précipice on iroit infailliblement fe perdre, fi la vertu & les
„ mœurs des Particuliers ne fuppléoient à ce qui manquoit aux
„ Loix pour affurer le repos public. De-là il prit occafion d'expofer les
„ principes fur lefquels le Roi, les Princes, le Clergé, la Nobleffe
„ & le Tiers-Etat devoient diriger leur conduite. Il infifta fur la né-
„ ceffité de convoquer un Concile National. Il exhorta l'Affemblée à
„ établir les Loix les plus féveres pour contenir & réprimer les fé-
„ ditieux de chaque parti. Enfuite il parla du mauvais état des finan-
„ ces, & dit que le Roi prioit l'Affemblée de vouloir bien les exa-
„ miner, & d'établir dans cette partie de l'adminiftration, un ordre
„ qui fût un Réglement perpétuel pour la Maifon de France; & il
„ finit par engager les Députés à donner leurs avis avec hardieffe &
„ liberté" (1).

Avant le Chancelier de l'Hopital, Philippe de Commines avoit porté le
même jugement de ceux qui détournent le Prince de la convocation des
Etats.

„ Pour parler de l'expérience de la bonté des François, ne faut al-
„ léguer de notre tems que les trois Etats tenus à Tours, après le décès
„ de notre bon maître Louis XI (à qui Dieu faffe pardon) qui fut l'an
„ 1483. L'on pouvoit eftimer lors, que cette bonne Affemblé étoit dan-
„ gereufe: & difoient quelques-uns de petite condition & de petite
„ vertu, & ont dit par plufieurs fois depuis, que c'eft un crime de Leze-
„ Majefté que de parler d'affembler les Etats, & que c'eft pour dimi-
„ nuer l'autorité du Roi: & ce font ceux qui commettent ce crime
„ envers Dieu & le Roi & la chofe publique: mais fervoient ces paro-
„ les, & fervent à ceux qui font en autorité & en crédit, fans en rien
„ l'avoir mérité, & qui ne font point propres d'y être, & n'ont accou-
„ tumé que de flageoller & fleureter en l'oreille, & parler de chofes de

(1) Vie du Chancelier de l'Hopital pag. 161 & fuiv.

„ peu de valeur, & craignent les grandes Assemblées, de peur qu'ils
„ ne soient connus, ou que leurs œuvres ne soient blâmées". (m)

La convocation des Etats a toujours été regardée comme un grand bien par tous ceux, qui se sont intéressés véritablement à l'avantage de la Société.

„ Le Prince de Condé dans sa lettre à la Reine du 18 Février 1614
„ dit que aux Minorités des Rois ont toujours été assemblés les Etats
„ Généraux si nécessaires, que les Rois les ont convoqués en leurs ma-
„ jorités pour beaucoup moindres désordres que ceux d'apréfent.
„ Plût à Dieu, Madame, qu'il m'eût couté partie de mon sang,
„ que les eussiez assemblés incontinent après le décès du Roi, vous
„ fussiez en plus grande & aussi juste autorité, au gré de l'Eglise, de la
„ Noblesse, & du Tiers-Etat. La France n'eût perdu ce généreux
„ nom d'arbitre de la Chrétienté, acquis si glorieusement par le dé-
„ funt Roi, titre qui tenoit la balance entre les deux grandes factions
„ en l'Europe, protégeant la tranquilité publique, & cette perte est
„ d'autant plus déplorable, qu'il semble que nous soyons sortis du che-
„ min que le feu Roi nous avoit tracé…. Les Parlemens n'eussent été
„ empêchés en la libre fonction de leurs charges. Les Gouvernemens
„ des Provinces & Places mportantes n'eussent été donnés à personnes
„ indignes & incapables…. L'autorité des Parlemens n'eût été vio-
„ lée, ains maintenue en son entier. On n'eût donné aucune charge ni
„ par faveur, ni par argent; l'avis en eût été demandé aux Princes,
„ Pairs, & Officiers de la Couronne, pour par votre Majesté être après
„ conférés à gens capables….. On eût retranché tant de dons immen-
„ ses à personnes indignes. Le peu de personnes ne se fût attribué les
„ principales dignités de l'Etat, sans avis d'aucuns Princes ni des Offi-
„ ciers susdits…. Votre Majesté considérera, s'il lui plait, les dé-
„ sordres susdits & les suivans, & par iceux jugera la nécessité d'as-
„ sembler les Etats Généraux sûrs & libres. Le châtiment des méchans
„ & la récompense des bons, soutien des Monarchies bien ordon-
„ nées, étant pervertis, donnent assez à connoître le danger de ce
„ Royaume. Tous les Offices de judicature & des finances sont
„ montés à un prix excessif; il ne reste plus de récompense pour la
„ vertu, puisque la faveur, l'alliance, la parenté & l'argent ont tout
„ pouvoir, & que les finances sont de telle façon profuses, que les
„ cent mille pistoles ne coutent rien, même sont employées à choses de
„ néant, & à gens qui s'enrichissent sans travail du sang du Peuple". (n)

La Reine dans sa réponse du 27 Février 1614 parle de l'Assemblée des Etats comme d'un bon remede pour pourvoir aux désordres, qui a toujours été estimé & desiré d'elle. (o)

Le Traité de sainte Menehout conclu avec le Prince de Condé le 15 Mai 1614 porte, Article premier:

(m) Memoires, Liv. 5 Chap 19. Tom. I. pag. 334 in 4°.
(n) Recueil de pieces concernant l'histoire de Louis XIII, Tom. I. pag. 50.
(o) Ibidem pag. 57.

,, Que les Etats Généraux du Royaume feront convoqués & affem-
,, blés en la ville de Sens, à la maniere accoutumée dans le 25 du
,, mois d'Août prochain, en laquelle les Députés des trois Ordres qui
,, y affifteront, pourront en toute liberté faire les propofitions & re-
,, montrances qu'ils jugeront en leur confcience être utiles pour le bien
,, du Royaume & le foulagement des Sujets, afin que fur icelles Sa Ma-
,, jefté, par l'avis des Princes de fon fang, autres Princes, Officiers de
,, la Couronne & principaux Seigneurs de fon Confeil, puiffe faire
,, quelques bons Réglemens & Ordonnances, pour contenir un chacun
,, en devoir, affermir les Loix & Edits faits pour la confervation de
,, la tranquilité publique, & réformer en mieux les défordres qui
,, peuvent donner quelque jufte occafion de plainte & de méconten-
,, tement à fes bons Sujets". (p)

À l'occafion des Gens du Roi dont on vient de parler, on dira un mot de l'abus qu'ils font de leur place pour étendre au delà de toutes bornes les droits du Roi, & les privileges du fifc. Les juftes reproches qu'on a droit de leur faire à cet égard, ne font pas particuliers à la France. Leyfer, Jurifconfulte Allemand, a fait une differtation *de Caufis odii erga Advocatos fifci, eorumque flagitiis.* On ne fera peut-être pas fâché d'en trouver ici l'efquiffe (q).

Réflexions fur la conduite des Gens du Roi.

Il examine d'abord les caufes qui engagent les Avocats du fifc à ces prévarications. Il les trouve dans le défir de plaire aux Souverains ou à leurs Miniftres, qui ne cherchent qu'à s'enrichir de la fubftance des Peuples, & dans l'intérêt perfonnel des Officiers eux-mêmes, auxquels on a accordé une part dans les confifcations & les amendes.

Il rapporte à ce fujet quelques-uns des privileges, accordés au fifc par Juftinien. Il s'éleve avec force contre la L. 1. *de conditis in publicis horreis.*

Suivant cette Loi barbare, on doit diftribuer aux troupes tout le bled vieux qui eft depuis long-tems dans les greniers publics, avant de leur donner le bled nouveau; & fi le bled vieux eft tellement gâté qu'on ne puiffe le faire manger aux foldats, fans exciter leurs plaintes, on le mêlera avec du bled nouveau, afin de couvrir la corruption de l'autre & que le fifc ne reçoive aucun dommage. C'eft dire équivalemment que le Souverain a droit d'empoifonner une partie de fes Sujets, pour éviter une perte de cent mille écus ou d'un million (r).

Après le détail des autres privileges du fifc, l'Auteur revient aux Officiers chargés de fa défenfe, & le premier grief qu'il propofe contr'eux, c'eft d'intenter trop facilement l'accufation de crime de trahifon, & de

(p) Ibid. pag. 78.
(q) Méditationes ad Pandectas, Tom. I. Pag. 527.
(r) *Omnia quae in horreis habentur, expendi volumus, itâ ut non priùs ad frumentum extendatur expenfio, quod fub præfecturâ tuâ urbis horreis infertur, quàm vetera condita fuerint erogata; & fi forte vetuftate fpecies itâ corrupta eft, ut per femet erogari fine querelâ non poffit, eidem ex novâ portione mifceatur, cujus adjectione corruptio velata damnum fifco non faciat. L. 1 Cod. de conditis in publicis horreis.*

Leze-Majesté. On seroit étonné de voir combien sous les Empereurs, il y avoit d'actions innocentes, transformées en crimes de Leze-Majesté (s).

Mais ce qui, suivant Leyser, fournit le plus souvent matiere aux accusations de crime de Leze-Majesté, ce sont les paroles indiscretes. Il rapporte la belle Loi de l'Empereur Théodose sur cette matiere, qu'on trouve au Tit. du Code, *si quis Imperatori maledixerit*. Il se plaint de ce que les Avocats du fisc ne se conforment pas à sa disposition, & poursuivent au grand criminel quelques mots échappés par légereté. Mais malgré leur zéle, toutes les fois que les Princes ont consulté, où fait intenter sur ce point des procédures criminelles, les jugemens des Tribunaux, les décisions des Jurisconsultes, ont suivi la Loi de Théodose (t).

L'Auteur rapporte un exemple beaucoup plus moderne d'une action légitime, qu'on a voulu convertir en crime d'Etat. Ce sont les très humbles doléances de Citoyens qui portent des plaintes respectueuses sur les abus du Gouvernement, & demandent qu'on y remédie. Huber qui rapporte

---

(s) *Sed missis legum latoribus, veniamus ad ipsa Advocatorum facta, quæ injustitiæ accusari possunt. Primum inter illa est, quod facillimè crimina perduellionis & læsæ Majestatis confingant, saltem ut ad confiscationem bonorum agere queant. Non opus est ut antiqua illa tempora evolvamus, quibus ut* Taciti Annalis III. Cap. 38. *ait Majestatis crimen omnium accusationum complementum erat. Sed nemo tamen sine horrore leget Majestatis reos fuisse, qui carmina Imperatoris aspernatus esset, aut tantum negligentius audisset,* Philostratus Lib. 4. de vita Apolonii Cap. 13. *qui servum suum verberasset, cum is drachmam Principis imagine signatam teneret,* Idem Lib. 1. Cap. 2. *qui Principis imaginem in suâ domo non haberet,* Julius Capitolinus in M. Antonio Philosopho Cap. 18. *Qui statuæ Principis caput dempsisset, ut aliud imponeret, qui circa Principis simulacrum servum cecidisset, vestimenta mutasset, qui nummo vel annulo effigiem impressam latrinæ, aut lupanari intulisset, qui dictum illum factumque Principis existimatione aliquâ læsisset, qui honores eodem die decerni sibi passus esset quo & decreti Principi olim erant,* Suetonius in Tiberio Cap. 58. *qui matellam contigisset prius, quàm annulum; qui expressam Principis imaginem præ se ferebat, digito detraxisset,* Seneca Lib. 3. de Benefic. Cap. 26. *qui urinam eo loco fecisset, in quo statuæ & imagines Principum erant; qui coronas imaginibus Principis detraxissent, ut alias ponerent,* Ælius Spartianus in Antonino Caracalla Cap. 5. *qui ante statuam Principis exuisset,* Xiphilinum in Domitium, *qui effigiem Principis promiscuum ad usum argenti vertisset,* Taciti annalis III. Cap. 70. *qui inter cultores Principis, qui per omnes domos in modum collegiorum habebantur, hominem viliorem adscivisset, qui, venditis hortis, statuam Principis simul mancipasset, qui nomen Principis perjurio violasset,* Taciti annalis I. Cap. 73. *qui statuam altius quàm Cæsarum istam haberet,* Idem Cap. 74.

(t) *In Germaniâ nostrâ quantamcumque curam Legum tam publicarum, quàm privatarum conditores in circumscribendis criminis læsæ Majestatis cancellis adhibuerint, efficere tamen non potuerunt, ut non Advocati fisci jura invita sæpè ad periculum vitæ bonisque civium faciendum trahant. Rem unico exemplo declarabimus, Crimen perduellionis & læsæ Majestatis olim quoque ab iis, qui verba contumeliosa in Principem evomisserat, commissum fuisse, non solum ex* Julii Pauli Recept. sent. Lib. 5. Tit. 29, *sed etiam clarius ex* Suetonio in Tiberio, Cap. 31. & in Nerone Cap. 32. Tacito annali 1. Cap. 72. Dione Lib. 57 *apparet. At sequentes imperatores rigorem istum temperarunt, & verba quidem seditiosa aut turbulenta duriore, non tamen capitali pœna coërcuerunt,* L. 28. § 3. de pœnis, *meras autem contumelias generoso animo contempserunt. Extat de iis* L. un. C. si quis Imperatori maledixerit *in quâ Cæsaris maledictores & obtrectatores hujus pœnæ subjugari à judicibus inferioribus, aut durum aliquod vel asperum sustinere vetant, sed integris omnibus „ hæc ad suam scientiam referre jubent, ut ipsi ex personis hominum dicta pensare, &, utrùm prætermitti, aut exquiri debeant, censere possint. Quoniam, inquiunt, si id ex levitate processerit, contemnendum est, si ex insania, miseratione dignissimum, si ab injuria, remittendum. Nihilominus tamen Advocati fisci plerumque, cùm tale quid protervius dictum ad notitiam eorum pervenit, & judices inferiores, ut de illis cognoscant, & peractâ inquisitione sententiam destultivam à collegio Jurisconsultorum requirant perpellunt. At, Jurisconsulti, quotiescumque hujusmodi acta ad ipsos mittuntur, secundùm* L. istam *pronunciare solent, rem ad Principem referri oportere. Quod si verò Princeps ipse crimen hujusmodi vindicandum putet, &, ut sententia à collegio feratur, urgeat, tum, siquidem dictum seditiosum non sit, pœnam quidem aliquam, sed mitiorem, quàm, quæ perduellibus & Majestatem lædentibus infligitur, imponunt.*

PUBLIC FRANÇOIS. Chap. VI.   335

rapporte ce fait, prend leur défense, & soutient qu'une telle conduite ne renferme rien de contraire au devoir de Sujet (u).

Un autre grief contre les Avocats fiscaux, c'est l'excès de leur zèle dans la révocation des prétendus domaines aliénés (v).

Il seroit trop long de rapporter le reste de la dissertation. On se contentera d'indiquer le Titre des Chapitres (w).

Leyser est occupé dans le dernier Chapitre, des moyens qui pourroient prévenir ce qu'il vient de reprocher aux défenseurs du fisc. Il voudroit qu'il ne leur fût permis d'entreprendre aucune action sans la permission du Prince ou de quelques Membres de son Conseil; qu'on les obligeât à prêter le serment de calomnie, qu'ils fussent condamnés aux dépens en leur nom, & sujets à la prise à partie.

Les Ducs de Bretagne avoient été obligés autrefois d'employer une par-

---

(u) *Quæsitum est, an querela de pravâ civitatis administratione, referri possit ad crimen læsæ Majestatis, saltem in specie dictæ; quod ità visum Ordinibus Frisiæ, cùm hinc ante decennium nonnulli cives querelam ejusmodi ad Ordines generales detulissent, Edicto 14. Februarii 1678. à Curiâ tamen supremâ, postulante Procuratore generali, re judicatâ non est firmatum. Querela quidem in genere, petitioque reformationis non potest huic dici, sed est jus civium, supplicare in eum finem, ut rectè judicatum in Angliâ nuper, cùm Reges novissimi petitiones sibi oblatas, hujus penè criminis notâ insignitas velle visi fuissent. In nostrâ Republicâ ejusmodi petitiones vocantur Doleantien, querelæ dolentium Reipublicæ causâ, cujusmodi plures olim fuere, quarum una insignis, Principe Philippo Austriaco II. anno 1554. de quâ plures egregiæ Constitutiones emanarunt, quarum specimina videre licet. &c.* Huber prælectiones Juris Civilis Lib. 41. Tit. 4.

(x) *Peccant porrò Advocati fisci, qui privatis possessionibus suis spoliare, easque fisco, seu cameræ & domanio, uti hodie loquuntur, promiscuè vindicare conantur. Postquam enim hodie in aliquibus Germaniæ provinciis sententia recepta est, bona domanialia seu cameralia Principi tantum quod ad usum-fructum concessa esse, adeoque alienari non posse, & si alienentur rectè revocari, possessoresque illorum nullâ præscriptione, aut arte non aliâ, quam immemoriali, securos reddi, latissimus aperitur campus fisci Advocatis, possessiones privatorum turbandi; quidquid enim secundum Choppinum de Domanio Gallico Lib. 1. Tit. 2. §. 12. per decem annos à Principe possessum fuisse ostendi potest, domaniale est. Quinimò Corbin au Code de Louis XIII. Tom. 2. Liv. 5. post Tit. 10, P. 40. ex Edicto reunionis Henrici IV. Regis demonstrat, Principem nihil privatim habere, sed cuncta quæ possidet, ad domanium publicum pertinere. Etsi autem istas quæ à Principibus sæpè plus justo liberalibus fiunt, alienationes & immunitates regnorum atque provinciarum omnes non probemus, præsertim cùm illæ contra pacta cum Ordinibus provinciarum inita susceperint, sed tunc eas à successore revocari posse, concedamus; attamen illud æquo animo ferre non possumus, quod Advocati fisci cam doctrinam latè nimis extendunt quod in eis etiam provinciis, in quibus absoluta Principis nullisque pactis restricta potestas est, revocationi bonorum alienatorum locum faciunt, quod Auctores Gallos secuti omnia bona quorum possessionem aliquandò Princeps acquisivit, ad domanium referunt, quod omnem alienationem hujusmodi bonorum, quæcumque solemnia tandem adhibita fuerint, nullam declarant, quod bona etiam exigua alienata revocant, quod et qui illa bonâ fide emit, aut permutatione acquisivit, id, quod pro iis dedit, non restituunt, quod possessores præterea ad rationes fructuum dici à majoribus eorum perceptorum reddendas compellunt, atque hâc ratione etiam reliquis bonis eos exuunt, quod nullam atque aliqui nec immemorialem quidem præscriptionem his bonis admittunt, quod bonum aliquod domaniale præsumi, possessoremque contrarium probare debere iniquissimè contendunt. Hæc & similia, quæ tamen vulgò ab Advocatis fisci urgentur, impia sunt, atque jurisconsulto boni & æqui studioso indigna.*

(x) *Peccant Advocati fisci, qui ad revocationem privilegiorum sine justâ causâ agunt.*
· *Qui causas fisci semper tumultuario processu tractare, nec ordinem judicii servare volunt.*
 Qui novas feloniæ species excogitant, & temerè ad privationem feudi agunt.
 Qui litibus privatis causam fisci intermiscent.
 Qui nullam contra fiscum præscriptionem admittunt.
· *Qui fisco actiones à privatis cedi curant.*
 Qui temerè ad rescissionem contractuum à fisco initorum agunt.
 Qui administratores rerum fiscalium ob damnum casu fortuito datum conveniunt.
 Qui rationes diu expunctas retractant.
 Qui eos, adversus quos agunt ad edendum possessionis titulum compellunt.
 Qui in actionibus cessis non jure cedentis, sed privilegio fisci uti volunt.
 Qui vano populi rumore, ad agendum vel accusandum inducuntur.
 Qui in processu ultimum sibi semper scriptum vindicant.
 Qui omnes res repertas fisco vindicant & ad regalia trahunt.

tie de ces remedes. L'un d'eux dans une Ordonnance de 1420. se plaint fort des malversations dont ses Procureurs se rendoient coupables, & leur défend de rien entreprendre sans la permission des Juges (x).

Quels efforts n'a-t-on pas fait pour asservir tous les Corps, pour les dépouiller de leur liberté, pour les gêner dans le droit de s'assembler, &c. On est forcé de le dire, les Gens du Roi sont souvent les plus ardens promoteurs du Despotisme.

Ceux qui engagent les Rois à s'élever ainsi au-dessus de toutes les Regles, sont criminels de Leze-Majesté.

C'est mal faire sa cour à un bon Roi, que de rompre ainsi toutes les barrieres qui empêchent l'abus du pouvoir. Engager un Prince à ne connoître aucun frein, à se mettre au-dessus de toutes les regles, à renverser même les Loix fondamentales; c'est, au yeux d'un Politique, commettre le crime de Leze-Majesté.

„ S'il est vrai (ce que l'on a vu dans tous les temps) qu'à mesure que le pouvoir du Monarque devient immense, sa sûreté diminue; corrompre ce pouvoir jusqu'à le faire changer de nature, n'est-ce pas un crime de Leze-Majesté contre lui (y) "?

Un autre Politique expose encore la même vérité avec beaucoup d'énergie.

„ Il n'y a que Dieu, dit le Cardinal de Retz, qui puisse subsister par lui seul; les Monarchies les mieux établies, & les Monarques les plus autorisés, ne se soutiennent que par l'assemblage des armes & des Loix, & cet assemblage est si nécessaire que les unes ne se peuvent maintenir sans les autres. Les Loix sans le secours des armes, tombent dans le mépris; les armes qui ne sont point modérées par les Loix, tombent bientôt dans l'anarchie. La République Romaine ayant été anéantie par Jules-César, la puissance dévolue par la force de ses armes à ses successeurs, subsista autant de temps qu'ils purent eux-mêmes conserver l'autorité des Loix. Aussitôt qu'elles perdirent leur force, celle des Empereurs s'évanouit par le moyen de ceux-mêmes qui s'étant rendus maîtres de leurs sceaux & de leurs armes par la faveur qu'ils avoient auprès d'eux, convertirent à leur propre substance celle de leurs Maîtres, qu'ils sucerent pour ainsi parler, à l'abri de ces loix anéanties. L'Empire Romain mis à l'encan, & celui des Ottomans exposé tous les jours au cordeau, nous marquent par des caracteres bien sanglans, l'aveuglement de ceux qui ne font consister l'autorité que dans la force.

„ Mais pourquoi chercher des exemples étrangers, où nous en avons tant de domestiques? Pepin n'employa pour détrôner les Mérovingiens, & Capet ne se servit, pour déposséder les Carlovingiens, que de la même puissance que les Ministres, prédécesseurs de l'un & de l'autre, s'étoient acquise sous le nom de leurs maîtres; & il est à observer que les Maires du Palais & que les Comtes de Paris se placerent dans le trône des Rois justement & également par la même voie par laquelle ils s'étoient insinués dans leurs esprits; c'est-à-dire, par l'affoiblis-

(x) Perchambault sur l'art. 14 de la Coutume de Bretagne.
(y) Esprit des Loix, tom. I. liv. 8, chap. 7, in fine.

sement & par le changement des Loix de l'Etat, qui plaît toujours d'abord aux Princes peu éclairés, parce qu'ils s'imaginent y voir l'agrandissement de leur autorité; & qui dans les suites servent de prétexte aux Grands, & de motifs aux Peuples pour se soulever.

„ Le Cardinal de Richelieu étoit trop habile, pour ne pas avoir toutes ces vues; mais il les sacrifia à son intérêt. Il voulut régner selon son inclination, qui ne se donnoit point de regles, même dans les choses où il ne lui eût rien coûté de s'en donner: & il fit si bien, que si le destin lui eût donné un successeur de son mérite, je ne sçai si la qualité de premier Ministre qu'il a pris le premier, n'auroit pas pu être, avec un peu de temps, aussi odieuse en France, que l'ont été par l'événement, celle de Maire du Palais & de Comte de Paris (z)."

D'après ces idées vraies, il n'y a donc de Sujets fideles que ceux qui travaillent à retenir le pouvoir dans ses justes bornes, & qui pour cela disent au Souverain la vérité, avec autant de franchise que le Maréchal d'Ornano la disoit à Henri IV.

„ Le jour de devant qu'il se fit tailler, étant allé trouver le Roi, lui dit: *Sire, j'ai fait mon testament, & me suis disposé à mourir. Je recommande à Votre Majesté mes enfans, qui ont grand besoin de son support; & pour décharge de ma conscience, je crois devoir vous rappeller avant mourir, ce que je vous ai dit autrefois de votre Conseil, qu'il ne vaut rien au moins pour la plupart, & qu'il est besoin de le changer, pour le soulagement de votre Peuple & la sûreté de votre Etat.* Sur quoi, le Roi l'ayant embrassé, lui répondit: *J'y ai pensé, & j'y penserai encore, & lorsque vous serez guéri, comme je l'espere, je me servirai de votre aide & de vos conseils en cette affaire & autres importantes: pensez à votre santé, & je penserai à vos enfans.*

„ Quelque temps auparavant, ce Maréchal parlant au Roi sur divers abus qui étoient dans le Royaume, dont le Roi lui avoit permis de dire son avis, il lui dit qu'il étoit en très-mauvaise estime parmi son Peuple; que dans toute la Guienne, on n'avoit jamais tant médit du feu Roi, comme on faisoit par-tout de Sa Majesté; en un mot que son Peuple se plaignoit publiquement des nouvelles charges dont on l'accabloit journellement, lesquelles étoient beaucoup plus grandes que celles qu'il avoit souffertes sous le feu Roi pendant les guerres; & pour ne rien déguiser, *votre Peuple n'en peut plus; que si pour une levée de soixante mille écus que fit faire le feu Roi, pour donner à Messieurs de Joyeuse & d'Espernon, le Peuple l'eut en horreur; que pensez-vous, Sire, vous qui ne levez pas seulement les mille écus, mais les millions d'écus? Je craindrois fort pour Votre Majesté un désespoir & une révolte. Le feu Roi avoit plus de Noblesse que vous n'en avez, & plus de Peuple à sa dévotion; & cependant ce bon Prince fut contraint de quitter Paris & sa maison à ces rebelles, & nous tous avec lui, heureux de remporter nos têtes le jour des barricades.* Ce

(z) Mémoires du Cardinal de Retz, tom. 3. pag. 92, édit de 1723.

discours fit d'abord entrer le Roi en colere: mais après y avoir bien pensé, il l'en remercia, le caressa fort, & l'emmena à Saint-Germain, où il lui fit l'honneur de dire tout haut en présence de la Cour, que depuis son avénement à la Couronne, il n'avoit pas trouvé en son Royaume ni Prince, ni autre qui lui eût parlé si franchement que M. d'Ornano, ni qui lui eût dit la vérité (a)".

Quel est le plus véritablement ami du Roi, ou du Chancelier du Prat qui disoit à François I, qu'il étoit le maître de tous les biens de ses Sujets; ou de du Chatel, Evêque de Tulle, qui assura le même Prince, que cette détestable Maxime avoit formé les Caligula & les Nérons (b)? Quel est le plus ami du Roi, ou de ces lâches Courtisans qui disoient en présence du Chancelier de Birague, qu'il falloit mépriser, ou rejetter tout-à-fait le Peuple, ou de ce Chancelier qui leur répondit: *Qui n'aime pas le Peuple, n'aime pas le Roi. Car le Roi ne commande pas à une seule personne, ni aux bêtes, & ne seroit Roi sans son Peuple* (c). Avec combien de vérité M. Bossuet n'a-t-il pas dit, que *Dieu prend en sa protection tous les Gouvernemens légitimes, en quelque forme qu'ils soient établis? Qui entreprend de les renverser, n'est pas seulement ennemi public, mais encore ennemi de Dieu* (d).

„ Environ l'an 1660, le Comte d'Aubijoux, personne d'une qualité
„ distinguée de la province de Languedoc, mais ennemi de la Cour
„ & fort haï du Cardinal Mazarin, avoit comparu en jugement devant
„ le Parlement de Toulouse à qui il avoit été déféré pour un Duel, où
„ un Gentilhomme avoit été tué; la Cour étant pour lors en cette ville,
„ il lui sembla qu'il avoit été renvoyé absous sur de fausses Lettres
„ de rémission, par le moyen de faux témoins, par le crédit de ses amis
„ & par d'autres moyens illégitimes. Mazarin qui souhaitoit sa perte,
„ remua ciel & terre pour lui faire faire son procès tout de nouveau;
„ mais le Chancelier Séguier dit à la Reine Mere que cela étoit une
„ chose impossible, parce que la Loi ne permettoit pas qu'on inquiétât
„ une seconde fois pour la même action un homme qui avoit déjà
„ été déchargé; & que si on interrompoit le cours de la Loi, ni la
„ Loi Salique, ni la succession de ses enfans ne seroient pas en sûreté,
„ en un mot, qu'il ne resteroit plus rien en France sur quoi on pût fai-
„ re fond (e)".

C'est donc un crime de Leze-Majesté d'interrompre le cours des Loix, puisque la succession au Trône dépend de leur exécution.

„ Ceux-là, dit un Auteur moderne imprimé publiquement à Paris,
„ sont coupables du crime de haute trahison, de Leze-Majesté Divine
„ & humaine, qui cherchant à légitimer tous les abus de l'autorité, dans
„ l'espérance d'en profiter, s'efforcent secrétement d'insinuer aux Souve-

(a) Journal de Henri IV. tom. 4, pag. 4.   (b) Vie du Chancelier de l'Hôpital.
(c) Politique, liv. 2, art. 1, proposit. 12.
(d) Histoire des Chanceliers par Godefroy, pag. 122.
(e) Sidney, Discours sur le Gouvernement, Tom. 3, pag. 24.

rains que leur Despotisme est arbitraire & absolument indépendant de toute regle ; que leurs volontés seules enfin constituent le juste & l'injuste. Cette perfidie ne peut réussir qu'à la faveur d'un défaut de lumieres, qui ne permet pas aux Souverains de voir évidemment que l'Ordre Social est naturellement & nécessairement établi sur l'ordre physique même, qu'il n'est point en leur puissance de changer: faute de connoître cette vérité, ils se laissent persuader qu'un pouvoir arbitraire peut leur être d'une grande utilité pour faire le bien ; mais un pouvoir arbitraire ne peut servir qu'à faire le mal: car il n'y a que le mal qui puisse être arbitraire, soit dans la forme, soit dans le fond. Tout ce qui est dans l'ordre, a des Loix immuables qui n'ont rien d'arbitraire & qui produisent nécessairement le bien pour lequel elles sont instituées: ainsi ce n'est qu'autant qu'un Despote s'écarteroit des Loix de l'ordre, pour se livrer au désordre, qu'il pourroit faire un usage arbitraire de son pouvoir; or il est démontré que l'ordre est tout à l'avantage du Souverain & de la Souveraineté, que le désordre ne peut que lui devenir funeste, à lui personnellement & à son autorité, &c. (f)."

Le Roi reconnoît, ainsi que ses Prédécesseurs, qu'il y a dans le Royaume des établissemens qu'il est *dans l'heureuse impuissance* de détruire. Cette heureuse impuissance est ou de fait, ou de droit, ou physique, ou morale. Il n'y a certainement en eux aucune impuissance physique. Ils ont seuls la force en main; & d'ailleurs c'est une ressource interdite aux Particuliers. Leur impuissance est donc morale. Ils n'ont pas droit de révoquer certaines Loix, ils le feroient illicitement. Il faut donc, pour réaliser cette impuissance de leur part, qu'il soit permis de leur opposer l'autorité des Loix ; de leur dire hardiment, qu'il n'est pas en leur pouvoir de les révoquer; & de s'exposer à tout, plutôt que de consentir à la révocation.

Or que deviendra cette impuissance de révoquer les Loix, si le Roi est maître de publier un Edit d'abrogation; & si, ou sans aucun enregistrement au Parlement, ou parce que le Roi l'y aura lui-même apporté, il devient une Loi du Royaume à laquelle on doit conformer sa conduite; contre laquelle on fera inutilement des représentations; qu'il ne sera pas permis d'enfreindre sans être coupable de désobéissance & de révolte?

Si la Nation Françoise n'est protégée ni par la force des armes, ni par l'autorité des Loix; si pour renverser les plus anciennes Ordonnances, les formes constitutives de la Monarchie, il ne faut que le cérémonial d'un Lit de Justice; sommes-nous en France, ou en Turquie?

„ L'inexécution des Loix ayant toujours été la ruine des Empires,
„ & au contraire l'observation d'icelles, leur grandeur, nous fait
„ appréhender l'une & souhaiter l'autre" (g). Ce sont les termes de Louis XIII dans sa Déclaration du 16 Mars 1617 pour la confiscation des biens des Ducs de Nevers, de Vendôme &c.

(f) L'ordre naturel & essentiel des Sociétés Politiques, tom. 1, pag. 314.
(g) Recueil de pieces concernant l'histoire de Louis XIII, T. 2 pag. 76.

Que devient cette exécution, s'il ne faut que la pompe d'un Lit de Juſtice, ou l'envoi d'un Porteur d'ordres, non ſeulement pour ſuſpendre l'activité des Loix dans une circonſtance particuliere, mais même pour les abolir entiérement, pour leur en ſubſtituer d'autres directement contraires?

Toute Loi éverſive des Loix fondamentales, eſt nulle de plein droit.

Il y auroit donc eu encore vingt Loix pareilles à celles qu'on vient de diſcuter, qu'on ne pourroit en tirer qu'une ſeule conſéquence; c'eſt que nous ſommes obligés de plier ſous les efforts de la violence; & que, *ſilent leges inter arma.* Mais, comme le dit M. Boſſuet, *il y a des Loix dans les Empires, contre leſquelles* TOUT CE QUI SE FAIT EST NUL DE DROIT; *& il y a toujours ouverture à revenir contre, ou dans d'autres occaſions, ou dans d'autres temps.*

,, Demeure toujours la dignité & autorité Royale en ſon entier, non pas totalement abſolue, ne auſſi reſtreinte par trop, mais *réglée & réfrénée par bonnes Loix, Ordonnances & Coutumes,* leſquelles ſont établies de telle ſorte, qu'à peine ſe peuvent rompre & annihiler, jaçoit qu'en quelque temps & en quelque endroit il y advienne quelque infraction & violence (h).

,, Le tiers frein eſt celui de la Police; c'eſt à ſçavoir de pluſieurs Ordonnances qui ont été faites par les Rois mêmes, & après confirmées & approuvées de temps en temps, leſquelles tendent à la conſervation du Royaume, en univerſel & particulier; & ſi ont été gardées par tel & ſi long-temps, que les Princes ne entreprennent point d'y déroger; & *quand le voudroient faire, l'on n'obéit point à leurs commandemens* (i) ".

Le Roi ne peut pas faire conſtament ce qui tend à ébranler ſon propre Trône, & à faire tomber le Sceptre de ſes mains; c'eſt l'effet naturel & néceſſaire des Loix qui lui donneroient un pouvoir illimité & ſans aucun frein. En les publiant, il manque donc à ce qu'il doit à ſa propre Couronne dont il n'eſt que dépoſitaire, & qu'il doit tranſmettre à ſes Succeſſeurs auſſi ſtable, auſſi aſſurée qu'il l'a reçue.

Les Rois promettent avec ſerment de conſerver les Loix.

Henri IV regardoit la néceſſité de conſerver ſon domaine, comme un engagement qu'il avoit contracté envers ſa propre Couronne.

,, Les Rois nos Prédéceſſeurs, depuis pluſieurs ſiecles en ça, ſe ſont avec beaucoup de prudence, tellement rendus ſoigneux de leur domaine, que comme choſe ſacrée, ils l'ont tiré hors du commerce des hommes, & par le ſerment ſolemnel de leur Sacre, obligés à ſa conſervation & augmentation; lequel ſerment ils ont déclaré pour ce regard, faire part de celui de fidélité que eux (à qui toute fidélité étoit due) doivent à leur Couronne...... La cauſe la plus juſte de laquelle réunion a pour la plupart conſiſté en ce que noſdits Prédéceſſeurs ſe ſont dédiés & conſacrés au Public, duquel ne voulant rien avoir de diſtinct & ſéparé, ils ont contracté avec leur Couronne une eſpece de mariage communément appellé ſaint & politique, par lequel ils l'ont dotée de toutes les Seigneuries qui, à titre particulier, leur pouvoient appartenir, mouvantes

---

(h) Seyſſel. Monarchie Françoiſe, *part.* 1, *chap.* 8.   (i) Ibid. *chap.* 11.

directement d'elles, & de celles defquelles y étoient jà unies & raſſemblées. La juſtification de ce grand & perpétuel dot, ſe peut aiſément recueillir d'une bonne partie deſdites unions &c. (k)".

Pluſieurs ſiecles auparavant & en 1361 le Roi Jean parloit de ce ſerment de fidélité qu'il avoit fait à ſa Couronne, qui ne lui permettoit pas de démembrer ſon Domaine.

Il unit à la Couronne le Duché de Bourgogne, les Comtés de Champagne & de Toulouſe. Il ne peut pas de même y unir le Duché de Normandie, parce qu'il l'a donné à ſon fils aîné le Dauphin, & qu'il ne veut dépouiller ni lui ni aucun autre d'un droit légitimement acquis. Il ne prononce qu'une union conditionnelle dans l'un ou l'autre des deux cas qui peuvent arriver.

Le premier eſt celui où le Dauphin lui ſuccédera, & dès à préſent il lui ordonne de conſommer l'union, & de le jurer à ſon Couronnement. Le ſecond cas eſt celui où il ſurvivra au Dauphin, & dans ce cas il s'oblige dès à préſent à prononcer alors l'union. Il promet ſous le ſerment de fidélité qu'il a fait à ſa Couronne, de ne jamais venir contre la préſente Ordonnance, & le jure dès à préſent ſur les ſaints Evangiles, & veut que tous ſes ſucceſſeurs le jurent de même à leur Couronnement (l).

Si le Roi manque au ſerment de fidélité qu'il a fait à ſa Couronne, à la foi conjugale qu'il lui a vouée, en aliénant ſon domaine; combien plus y manque-t-il, en cherchant non-ſeulement à l'appauvrir, mais à la détruire entiérement, en excitant les Peuples à ſecouer le joug d'une autorité devenue inſupportable, par cela ſeul qu'on en a reculé les juſtes bornes; en rompant tous les liens qui les tenoient attachés par le cœur?

C'eſt ſans doute ce que vouloit éviter Philippe II Roi d'Eſpagne, lorſqu'il exigea la rétractation d'un Prédicateur qui avoit avancé qu'il étoit le maître de la vie & des biens des Citoyens (m).

Des Auteurs dévoués d'ailleurs au Deſpotiſme, ſont forcés de reconnoître que le Roi n'eſt point au deſſus des Loix fondamentales.

„ Quelque auguſte que ſoit le pouvoir des Rois, il n'eſt pas au deſſus de la Loi fondamentale de l'Etat. Juges Souverains de la fortune & du ſort de leurs Sujets; diſpenſateurs de la Juſtice, diſtributeurs des graces, ils n'en doivent pas moins obſerver une Loi primitive, à laquelle il ſont redevables de leur Couronne. Les Loix fondamentales de l'Etat ont précédé la grandeur du Prince, & doivent lui ſurvivre. Pour ne pouvoir changer ces Loix, il n'en eſt pas moins abſolu dans l'exercice de la puiſſance que

(k) Edit du mois de Juillet 1607, portant union du Patrimoine d'Henri IV à la Couronne. Recueil de Deſcorbiac, pag. 940.
(l) Promittenies ſub fidelitatis juramento quo eidem noſtra Corona ſumus obligati, contrà hujus modi diſpoſitionem & ordinationem prædictas, ſeu contrà aliqua promiſſorum, aliquid vel directè, vel exquiſito colore per obliquam & indirectè non venire vel in contrarium attemptare. Quæ ſic fieri & adimpleri jam ad ſuprà ſancta Dei Evangelia, manibus ſurſum elevatis, juravimus ſolemniter & ſervari, & ad quæ perficienda & obſervanda perpetuò nos & futuros ſucceſſores noſtros Reges Franciæ obligamus, & volumus eſſe aſtrictos, ac dum inſignia coronationis recipient, ad prædicta juramenta renovanda per eoſdem modo & formâ prædictis ipſos, teneri volumus ac decernimus per preſentes. Ordonnances du Louvre, Tom. 4. pag. 213.
(m) De l'Inſtruction de Monſeigneur le Dauphin par la Mothe-le-Valer, chap. des Finances.

ces Loix lui donnent: heureuse impuissance que celle qui empêche de faire le mal!

„Dans tout Gouvernement il y a des Loix fondamentales; & il n'est point d'Etat où le droit de commander aux hommes ne suppose l'obligation de les gouverner justement; cette obligation est exprimée dans les sermens que les Rois les plus absolus font à leur Sacre, ou dans les cérémonies de leur Couronnement. J'engage ma foi à mon Souverain dans l'espérance & en vue de son équité; c'est la condition expresse ou sous-entendue du serment de fidélité que je lui prête (n)".

Il faut effacer jusques au nom de Loi fondamentale, si le Roi peut publier une Ordonnance par laquelle il s'arrogera le droit de faire tout ce qu'il voudra; il faut dire même que nous n'avons plus de Loix: car comment donner ce nom à un établissement versatile, qui peut à chaque instant être anéanti sans cause & sans forme? Il se sera donc fait une terrible révolution dans notre Monarchie depuis son commencement. Un ancien Commentateur de la Coutume de Poitou, atteste avoir vu dans les Archives de l'Abbaye S. Maixant un vieux manuscrit de la Loi Salique, dans lequel on définissoit ainsi la Loi: *Lex est constitutio Populi, quam majores natu cum Plebibus sanxerunt, statuerunt, judicaverunt, vel stabilierunt ad discernendum rectum* (o).

CINQUIEME OBJECTION.

Si l'exécution, & même à certains égards, la force obligatoire des Loix dépendent de la vérification libre des Cours, ne partagent-elles pas avec le Roi la Puissance Souveraine, ou n'ont-elles pas du moins un droit de supériorité qui soumet à leur censure l'exercice du Pouvoir Législatif?

CETTE difficulté est peut-être la plus apparente de celles qui ont été proposées contre la nécessité de l'enregistrement volontaire & délibéré.

Ce sont deux Maximes qu'on ne pourroit attaquer ou révoquer en doute sans se rendre coupable, & auxquelles les Parlemens n'ont cessé de rendre le plus parfait hommage. 1°. Que la Puissance Publique est pleine & entiere dans la main du Roi. 2°. Que les Magistrats, ses Officiers, tiennent de lui toute l'autorité dont ils sont dépositaires, parce que, dans notre Monarchie, il n'est point de pouvoir intermédiaire qui ne soit subordonné & dépendant.

Comment donc concilier ces Maximes avec la nécessité d'une vérification libre, qui donne à la Loi sa derniere forme, & qui en soit une condition indispensable? Cet accord dépend de quelques principes qu'on va tâcher d'éclaircir. 1°. Les

---

(n) La science du Gouvernement par de Réal, tom. 4. pag. 130.
(o) Rat, sur l'art 1. de la Coutume de Poitou, pag. 14.

1°. Les Publicistes examinent s'il est possible que le Pouvoir Souverain soit divisé; si l'on peut concevoir un Gouvernement où les droits de la Souveraineté n'appartiendroient qu'en partie au Roi, pendant que le surplus résideroit dans la main du Peuple ou d'un Sénat. Ils sont partagés sur cette question (p). Mais, quand l'existence d'un Gouvernement de cette espece ne seroit pas répugnante & incompréhensible, tout le monde se réunit pour reconnoître les énormes inconvéniens de ce régime extraordinaire.

Dans l'hypotese de ce partage de la Puissance Publique, tous les actes de la Législation & du Gouvernement découlant de deux sources rivales, porteroient l'empreinte des deux principes qui leur donneroient l'être. Produits par leur influence commune, ils ne seroient pas seulement le fruit de leur délibération combinée; ils seroient réellement l'ouvrage de chacun des possesseurs de la puissance civile & coactive. Ces actes seroient faits au nom des deux; c'est de l'autorité de l'un & de l'autre qu'ils tireroient leur force; & les Sujets assujettis uniquement à ce qui procéderoit de leur volonté réunie, ne seroient liés que par les commandemens qui porteroient le sceau & le caractere des deux Souverains.

En est-il ainsi des Parlemens par rapport au Roi? Ils ne l'ont jamais prétendu, & il y a une distance infinie de la communication des attributs Majestatifs, au simple droit de la vérification libre des Loix.

1°. Tous les actes d'administration générale sont absolument étrangers aux Cours Souveraines. Elles ne traitent point avec les Puissances voisines; elles ne décident ni de la paix ni de la guerre; les troupes ne sont point à leurs ordres. Sur tous ces objets, elles ne jouissent pas même du droit de Conseil; ou elles ne l'auroient qu'autant qu'il plairoit au Roi de prendre leurs avis. *Les Cours Souveraines n'ont point part à l'Administration.*

2°. Les Parlemens n'ont pas plus de part au Pouvoir Législatif. Ce qui le constitue, c'est que la Loi émane du Souverain, dépositaire de ce pouvoir, & que la vertu de la Loi dérive de la seule autorité de celui dont elle est émanée. Le Roi est seul Législateur, parce que c'est lui qui fait la Loi; qu'elle est publiée en son nom; qu'elle s'exécute par son commandement. Les Parlemens ne participent point à l'Autorité Législative, si, même après les Arrêts d'enregistremens, les Loix ne sont point réputées les Loix des Parlemens; si elles ne portent pas leur nom; si elles ne sont point exécutées en vertu de leur autorité, ou du moins de leur autorité comme indépendante de celle du Monarque. Or les Peuples ne voient que le Roi seul dans la formation, dans la publication, dans l'exécution des Loix. La qualité de Législateur suppose un territoire où elle est reconnue, & des Sujets sur qui elle s'exerce. Il n'y a point de Loix, sans la volonté du Législateur; il ne publie que celles qu'il croit utiles à ses Etats; lui seul peut les révoquer, en restreindre les dispositions, ou les interpréter avec autorité, quand elles sont absolument muettes ou ob- *Elles n'en ont pas au Pouvoir Législatif.*

(p) Boehmer. Introduct. in jus publicum universale, pag. 213.

scures. Les Parlemens n'ont & ne réclament aucun de ces droits. Quelquefois ils font des Réglemens sur des matieres de jurisprudence ou de police publique; mais ils ne les font que sous le bon plaisir du Roi, & leurs Réglemens ne sont jamais que provisoires. Il n'est donc pas possible qu'ils partagent avec le Roi le Pouvoir Législatif.

Le droit de vérification n'est pas une partie du Pouvoir Législatif.

Il faudroit, afin que l'usage de la vérification opérât une scission de la Puissance législative, qu'il enlevât au Roi une portion des attributs inséparables de cette puissance, pour les transporter aux Parlemens; il faudroit que le Roi cessât d'avoir & d'exercer seul cette puissance, & que les Parlemens commençassent à se l'approprier, lorsque le Roi la verroit expirer dans sa main. Il faudroit enfin ou que les Parlemens possédassent exclusivement au Roi quelques-uns des droits propres & inhérens à la Puissance Législative, ou qu'il y eût au moins une concurrence entre le Roi & ses Parlemens par rapport à ces droits essentiels. Or il n'est aucun de ces droits qui ne soit réservé au Roi; il n'en est aucun que les Parlemens possedent à son exclusion, ou même qu'ils partagent avec lui. Leur droit de vérification consiste, non à faire la Loi, mais à l'examiner, à l'inférer au dépôt des Loix, s'ils n'y apperçoivent aucun défaut, ou à faire des Remontrances sur les inconvéniens qu'elle peut entraîner. Le dernier effort de ce droit se borne à refuser de consentir à l'exécution de la Loi; lorsque le serment & la conscience des Magistrats les empêchent de lui prêter leur ministere. Y a-t-il quelque chose dans l'exercice de ce droit qui intéresse le Pouvoir Législatif, ou qui en soit une dépendance & une communication nécessaire?

Un Prince ne cede pas son Pouvoir Législatif en requérant pour la validité de ses Loix le jugement d'un Sénat.

IIº. Les Jurisconsultes se proposent cette question: Un Prince qui attache la validité de ses Loix au jugement d'un Sénat ou d'une autre Compagnie, renonce-t-il à son Pouvoir législatif, le partage-t-il avec cette Compagnie? Le Gouvernement devient-il mixte par cet établissement (q)? Non, répond Vitriarius; parce que le Souverain ne transporte pas sa puissance à ceux, dont il veut avoir l'approbation. Leur concours rendu nécessaire ne s'étend pas à la puissance même de commander; il ne se réfere qu'à la maniere d'administrer. Lorsque la Compagnie rejette un projet, c'est par l'ordre même du Prince, par le propre effet de son pouvoir qu'il est censé réprouvé. Le Prince a voulu, par cette prudente précaution, se garantir des surprises. Il en est de cette précaution comme de celle qui empêche le Souverain de signer un rescrit, avant qu'il ait été souscrit par son Chancelier, dont il connoît les lumieres & la probité (r).

Hertius traite la même question à l'occasion de la célebre Loi de Théodose, qui soumit l'examen de ses Constitutions Impériales au Sénat;

(q) *Si Reges acta quædam sua nolint esse rata, nisi à Senatu aut alio cœtu aliquo probentur, erit-ne partitio & Respublica mixta?* Vitriarius, Inst. Jur. Nat. & Gent. l. 1, cap. 3, §. 51.

(r) *Respondeo, non: sed est tantùm simulacrum Reipublicæ mixtæ; quia facultas imperandi sic non communicatur cum Senatu aut alio cœtu aliquo, sed tantùm modus administrandi; & quæ acta in eum modum rescinduntur, intelligi debent rescindi Regis ipsius imperio, qui eo modo sibi cavere voluit, ne quid fallaciter impetratum pro verâ ipsius voluntate haberetur. Simile quid est, si Rex non subscribere velit, nisi priùs subscriptum videat à suo Cancellario, cujus fidem in omnibus perspectam habet.* Ibid.

& il la décide comme Vitriarius, & sur les mêmes motifs. Cet Auteur ne croit pas qu'elle puisse faire la matiere d'un doute raisonnable : *neque dubitandum.... uti facilè negabit nemo* (s). C'est aussi la doctrine de Boehmer, qui la prouve par l'exemple de nos anciens Rois & de Charlemagne lui-même, qui ne prononçoient aucune Loi sans le consentement des Grands du Royaume; & par l'usage des Souverains Ecclésiastiques d'Allemagne, qui publient leurs Edits du consentement de leur Chapitre, quoiqu'il n'ait aucune part au Gouvernement (t).

Comme Théodose ne crut pas démembrer sa puissance ni partager sa Couronne, lorsqu'il s'engagea à ne publier aucune Loi qui n'eût mérité l'approbation du Sénat; nos Rois ne font pas davantage le sacrifice de leur puissance, ils ne dégradent point leur Majesté, en laissant aux Cours Souveraines le soin de comparer leurs Loix nouvelles avec le Code des Loix antérieures & reçues.

Nos Rois ont un Conseil, dont ils prennent l'avis, dont la commune délibération fait ordinairement leur regle. Dira-t-on qu'ils partagent la Puissance Souveraine avec les Membres de ce Conseil, parce qu'ils les consultent, parce qu'ils déferent à leur décision?

Nos Rois par leurs Ordonnances se sont interdits l'usage des lettres closes ou des Lettres de Cachet sur le fait de la Justice; ils ont voulu que leurs volontés légales ne fussent manifestées que par des Lettres-Patentes, & ils ont défendu aux Parlemens d'obéir aux commandemens qui ne leur seroient point adressés dans cette forme. Ces entraves qu'ils ont mis eux-mêmes à l'exercice de leur autorité, sont-elles capables de la restreindre, de la diminuer, ou de la transférer en partie aux Cours, que leur serment oblige de ne point reconnoître les mandemens qui n'ont pas la forme légale.

C'est un devoir du Chancelier de ne point sceller les lettres suprises au Prince, ou qui paroissent nuisibles. ,, Il doit, dit Papon, canceller, rompre, briser, révoquer, refuser & dénier toutes choses déraisonnables, inciviles & préjudiciables au Prince & à son Peuple; *encore que par lui-même de vive voix elles fussent commandées, octroyées & accordées* (u)". Il est, suivant Loyseau, le correcteur & le contrôleur des Loix & des Mandemens du Prince (w); ce sont les Ordonnances qui font imposé cette charge au Chancelier sous le lien de l'obéissance: il y en a une disposition formelle dans l'art. 214 de l'Ordonnance de Charles VI de 1413, & dans plusieurs autres. Les Chanceliers sont ils égaux aux Monarques? Partagent-ils leur Couronne? Nos Rois sont-ils sous leur dépendance, parce qu'il leur est enjoint d'examiner les volontés légales du Monarque, de

Le devoir d'un Chancelier est de refuser toutes choses préjudiciables au Prince ou au Peuple.

Il ne partagent pas pour cela la Souveraineté.

(s) Son texte a été cité au commencement du cinquieme Chapitre.
(t) *Sic olim in Regno Franciæ ex more inveterato obtinuit, ut leges consensu Procerum conderentur, quem morem ipse Carolus Magnus adhuc retinuit..... Alicubi adsunt Status Provinciales, quorum consilio de summis rerum deliberationes instituuntur: & sic quandoque legum ferendarum cura huic referenda, quemadmodùm in plerisque Episcopatibus consensu Capituli leges novæ conduntur.* Introd. ad Jus public. Univ. pag. 380.
(u) Troisieme Notaire, Tit. des provisions réservées au Prince, *pag.* 325.
(w.) Des Offices, *liv.* 4, *chap.* 2, *n.* 29.

leur faire les juftes repréfentations qu'exige le bien de leur fervice, ou l'intérêt de l'Etat; parce que ce n'eft pas là même que *finit leur Miniftere*, & que, fi le Prince perfifte à vouloir faire fceller un refcrit injufte ou pernicieux, *ils font aftreints par la Loi du devoir à le refufer* conftamment?

Mais fi le Prince portoit la précaution jufqu'à donner au Chancelier lui-même un furveillant, qui pût par fa contradiction réparer fes fautes, arrêter la publication des Refcrits qu'il auroit eu la foibleffe ou la lâcheté de foufcrire & de fceller; cette précaution ultérieure entameroit-elle davantage la Puiffance Souveraine, l'exercice indépendant du Pouvoir Légiflatif? Or, fuivant Papon, le Parlement eft ce furveillant à qui il eft enjoint de corriger les erreurs ou les furprifes du Chancelier. „On ne „doit douter que le Parlement de Paris n'ait de tout temps, & de„puis fon érection, *eu voix, autorité & moyen* de pourvoir à ce qu'il „a connu être mal & finiftrement conduit par le Chancelier de Fran„ce (x)."

Nos Rois n'étoient-ils donc pas feuls Légiflateurs lorfqu'avant que le Parlement fût fédentaire, ils ne publioient aucune Loi qu'elle n'y eût été délibérée? Etoient-ils moins Monarques & feuls Souverains, lorfque fous les deux premieres Races, les Loix étoient propofées, difcutées & arrêtées dans l'affemblée générale des Francs ou Féaux? Alors, ce n'étoit pas feulement à la publication de la Loi que coopéroient ces Affemblées auguftes, c'eft à fa formation même qu'elles participoient.

Le droit de vérification dont jouiffent les Cours Souveraines, n'eft affurément pas fi confidérable que celui des Affemblées du Champ de Mars ou des anciens Parlemens. Il ne l'eft pas plus que celui des Chanceliers qui peuvent & doivent rendre fans effet les volontés furprifes du Monarque, *en déniant toutes chofes déraifonnables & inciviles*. Toutes les difficultés qu'on peut oppofer à la vérification libre s'appliquent à ces exemples; & toutes les folutions dont elles font fufceptibles à l'égard des Chanceliers & des anciens Parlemens, vengent les Cours Souveraines des imputations que leur attire le droit de libre vérification.

Quelque néceffaire que foit l'obftacle que les Cours Souveraines apportent à l'exécution de la volonté du Prince, le Prince n'en eft pas moins Souverain.

III°. Mais, ne pourra-t-on pas répliquer que, s'il plait au Monarque de gêner lui-même la liberté, cet acte purement volontaire n'intéreffe point fa puiffance, parce qu'il eft l'effet de fon choix; & qu'il n'en feroit pas de même fi l'obftacle rendu néceffaire ne lui permettoit pas de le furmonter.

On répond 1°. que fi l'acte par lequel le Monarque foumet fes Loix à la délibération d'un Confeil, n'eft point une altération de fon Pouvoir Légiflatif; que s'il n'en opere pas la tranfmiffion au Confeil qui délibere fur la Loi; & que fi le Gouvernement ne devient pas mixte par le concours du Corps qui donne fon fuffrage; ces actes répétés ne font pas plus capables de former une aliénation de la Puiffance Publique, d'en faire une fciffion pour la communiquer en partie au Confeil délibérant.

(x) Ibid. Tit. des Chancelleries de France, *pag.* 328.

Que le Prince se lie lui-même pour sa vie, & qu'il s'interdise, comme le fit Théodose, la faculté de publier aucune Loi qui n'ait subi l'examen & l'épreuve du Sénat ; qu'il érige même cet établissement en Loi fixe & stable, dans l'intention que ses Successeurs le respectent & en perpétuent l'exécution, ces circonstances ne changent pas la nature de l'acte. Il n'a rien de plus dans sa substance & dans son être, à raison de ce qu'il acquiert plus de durée & plus de consistance. Puisqu'il n'étoit point une dégradation & un partage de la Souveraineté, il ne le devient pas davantage pour être répété, multiplié & consolidé ; il ne sera dans la suite des temps que ce qu'il étoit dans sa premiere origine. Ce n'étoit qu'une maniere particuliere d'exercer la Puissance Législative ; une simple précaution de sagesse, non pour diminuer ce pouvoir, mais pour en prévenir l'abus : il ne renfermera jamais autre chose tant qu'il existera ; dût-il être immuable & inaccessible aux révolutions des siecles ?

On répond en second lieu que, dans les premiers âges de la Monarchie, nos Rois ne se croyoient pas maîtres de faire des Loix qui n'eussent point été délibérées dans les Assemblées qui formoient leur Conseil légal & nécessaire ; qu'encore aujourd'hui il est indispensable que les Loix soient signées & scellées par le Chancelier ; que cet usage ancien & fondé sur les Ordonnances est, selon les expressions des Jurisconsultes, une *bride* qui tempere le Pouvoir Souverain, sans l'altérer ni le dégrader. La vérification libre des Cours Souveraines n'a pas plus d'effet : sa nécessité n'est pas, & ne peut pas être plus éversive du Trône & de ses attributs essentiels, que celle de la signature du Chancelier & de l'apposition du sceau dont il est le gardien & le dépositaire. Le Chancelier ne s'érige pas en rival du Roi ; il ne s'assied pas sur son Trône, lorsque cédant aux mouvemens d'une conscience éclairée, il refuse, pour remplir & garder son serment, de sceller un Edit pernicieux. Ces reproches ne sont ni plus vrais ni moins déplacés, lorsqu'on les fait aux Cours Souveraines que leurs lumieres & leur religon empêchent de se prêter à publication d'un Edit dangereux & nuisible.

On répond en troisieme lieu, que les Auteurs enseignent qu'il est au pouvoir du Prince de s'engager à ne délibérer les Loix qu'avec un Conseil légal & que cet engagement peut même être érigé en Loi fondamentale dans un Etat. Si les Loix fondamentales d'une Monarchie exigent, dit Boehmer, que le Souverain consulte les Grands de son Royaume, & qu'ils déliberent avec lui les Loix nouvelles, il ne sçauroit se dispenser d'obtenir leur consentement ; il en cite pour exemple l'ancien usage de France (y). Suivant Burlamaqui, il est possible qu'il y ait dans un Royaume un Conseil, un Sénat, un Parlement sans le consentement duquel le Prince ne puisse rien faire par rapport aux choses qu'on n'a pas voulu soumettre à sa volonté". Ces sortes de précautions *limitent*, à la vérité le

Ce ne sont point les Cours Souveraines qui limitent la Puissance

(y) *Quòd si tamen legibus reipublicæ fundamentalibus aliud provisum cautumque ut procerum in conventu, de lege novâ ferendâ deliberari debeat, Imperans ad consensum procerum obligatus est. Sic olim in Regno Franciæ ex more inveterato obtinuit.* Ibid. pag. 380.

Souverain, mais les Loix antérieures au Souverain & en vertu desquelles il est Souverain.

Pouvoir Souverain; elles mettent des bornes à son exercice." Mais si cette limitation est avantageuse aux Peuples, elle ne fait aucun tort aux Princes mêmes; on peut même dire qu'elle tourne à leur avantage, & qu'elle fait la plus grande sûreté de leur autorité ,,. Cet Auteur ajoute que ces sortes de limitations, ou les réglemens qui les contiennent, s'appellent des Loix *Fondamentales*;" & que les Loix proprement ainsi nommées ne sont que des précautions plus particulieres..... pour obliger plus fortement les Souverains à user de leur autorité, conformément à la regle générale du bien public (z)."

Or, dès qu'au jugement de ces Publicistes, le Prince peut être gêné dans la formation des Loix, lorsque les Statuts fondamentaux l'ont ainsi réglé dans ses Etats sans néanmoins que les droits de la Souveraineté soient altérés ou partagés par cette limitation positive; parce qu'au lieu d'enlever au Prince le Pouvoir Législatif, elle se réduit à une précaution qui en modere l'usage conformément aux regles de l'équité & de l'intérêt public; il est de toute évidence que la nécessité de la vérification libre des Loix ne sçauroit ni entamer le Pouvoir Législatif, ni en opérer une scission; moins encore en transporter l'exercice aux Cours chargées de la fonction de vérifier les Loix.

Comme le Prince qui a le Droit d'examiner, modifier & refuser les Decrets de la Puissance Ecclésiastique ne prétend pas partager l'autorité Spirituelle; de même les Parlemens ne prétendent pas partager l'Autorité Souveraine en vérifiant les Edits.

IV°. Si l'on veut une nouvelle preuve que l'usage de la vérification délibérée ne touche point au Pouvoir Législatif, qui ne cesse point de résider dans sa plénitude sur la tête du Souverain; il ne faut que comparer cet usage avec l'autorité qu'on ne sçauroit contester aux Princes d'examiner les decrets de la Puissance Ecclésiastique, avant d'en permettre la promulgation & l'exécution dans leurs Etats. On ne pretend pas, sans doute, que le Prince qui visite ces decrets, qui en modifie les clauses dans certains cas, qui dans d'autres leur refuse toute autorisation, s'attribue ou partage l'Autorité Spirituelle, autorité divine dans sa source comme celle des Souverains, & par sa nature indépendante des Puissances Temporelles; l'acte de Puissance que le Monarque exerce sur ces decrets n'est qu'un obstacle prohibitif à leur introduction & à leur exécution dans son Royaume; & il n'use que du pouvoir qui lui est propre, en refusant de se soumettre à ces decrets & de les laisser publier. L'usage de la vérification libre est beaucoup moins susceptible du soupçon d'entreprise sur l'Autorité Royale: le refus de vérifier suppose le Pouvoir Législatif du Prince, & il ne fait qu'en arrêter ou rejetter un acte. Il met obstacle, à la vérité, à la publication de la nouvelle Loi, mais ce n'est point en méconnoissant l'autorité du Prince dont elle est émanée: ce n'est point par un acte de puissance propre au Parlement qui refuse de vérifier; ce n'est pas encore en défendant aux Sujets de reconnoître la Loi, comme en use le Souverain pour les decrets ecclésiastiques. Le refus se borne à déclarer au Prince qu'on ne peut, sans violer son serment, prêter son ministere à la publication de la Loi; il n'est que l'e-

(z) *Principes du Droit Politique*, tom. 2, part. 1, ch. 7, n. 42 & suiv.

xercice d'une autorité émanée des Princes eux-mêmes, & dirigée par la Loi qui fait défenses aux Magistrats d'enregistrer les lettres ou mandemens obtenus par surprise ou importunité.

V°. Pour se former une idée juste de l'usage de la vérification, il n'est besoin que d'imaginer un Juge établi par le Prince dans un certain district, mais sous la condition qu'un Conseil qui lui sera assigné, aura droit de revoir ses Sentences avant leur publication, & d'empêcher l'exécution de celles qui seroient ou injustes ou contraires aux Loix.

Dans cette hypothese le Conseil ne seroit point Juge, il ne partageroit point le pouvoir judiciaire, puisqu'il n'auroit aucune jurisdiction, & qu'il ne rendroit point de sentences; la fonction de ce Conseil ne consisteroit qu'à éclairer la conduite du Juge pour l'empêcher d'abuser de son pouvoir.

On n'apperçoit dans le Ministere de ce Conseil qu'une simple précaution de prudence, pour prévenir les erreurs du Juge, pour le garantir des fautes qu'il pourroit commettre par surprise, par ignorance, ou par passion.

C'est-à-peu-près l'état des Cours Souveraines en ce qui concerne la vérification des Loix qui leur sont adressées. Elles n'ont point le Pouvoir Législatif: elles ne publient point de Loix en leur nom; contentes de les examiner, elles les enregistrent, ou elles représentent respectueusement au Prince de qui elles sont émanées, que leur exécution seroit sujette à des inconvéniens, que le Prince doit ou les retirer ou les changer. Le Monarque n'en est pas moins le seul Législateur: ce n'est pas faire la Loi que de mettre sous les yeux du Législateur les dangers de celles qu'il veut publier; ce n'est point usurper le Pouvoir Législatif, que de s'efforcer d'en empêcher l'abus, ou de refuser de prêter son consentement & son ministere à cet abus.

La nécessité de la vérification libre, est d'ailleurs d'une utilité évidente pour garantir le Trône des surprises. Le Monarque qui n'a d'autre interêt ni d'autre but que de faire des Loix sages, ne sçauroit prendre des mesures trop sûres pour assurer ce caractere aux Loix qu'il publie: plus elles subissent d'examens & de censures, & plus sa conscience sera tranquille. „Les Princes, dit l'Abbé Duguet, qui méritent par leur sagesse & leur maturité de donner des Loix aux hommes, consultent long-temps avant que d'ordonner: ils écoutent pour être dignes d'être obéis; & ils pensent à donner une solide autorité à leurs Ordonnances par la sagesse & la justice, & non à faire valoir la leur en se contentant de commander (a)".

VI°. On convient qu'il reste une derniere difficulté à résoudre: les Parlemens ne prétendront point au Pouvoir Législatif; mais ils seront toujours maîtres de rendre les nouvelles Loix inutiles. Qu'ils s'obstinent à ne pas les enregistrer, le Prince qui ne pourra vaincre leur résistance, sera réduit à la nécessité de les retirer; il sera seul Législateur, & l'usage de cette qualité dépendra souverainement de la volonté des Magistrats qui sont ses Officiers.

Solution de cette objection: Le parlement étant chargé de vérifier, rendra,

(a) Institution d'un Prince, part. 2, ch. 7, art. 2, n. 5.

L'objection, loin d'en être une, prouve plutôt l'heureuse constitution de notre Monarchie. Est-ce donc un malheur pour le Prince que, si son Conseil s'égare, que s'il est trompé lui-même par un Ministre qui aura sçu gagner sa confiance, il trouve dans les Magistrats une opposition respectueuse, mais ferme, qui sauve l'Etat, qui le garantisse d'une Loi inspirée par la passion, & capable de ternir la gloire du Monarque ? Le Souverain qui a de pareilles ressources contre les surprises est le plus fortuné des Législateurs ; il est presque assuré de ne jamais abuser de son pouvoir. Si, par impossible, la résistance des Magistrats retardoit ou empêchoit même la publication d'une Loi qui pourroit produire quelque avantage ; ce léger inconvénient est-il comparable à l'avantage qu'il retire & quil a droit d'attendre de la fidélité des Magistrats ? A la vérité, il ne pourra pas faire un bien particulier par la promulgation de la Loi sur laquelle les Cours se sont méprises ; mais combien n'en est-il pas dédommagé par les fautes que leur zèle lui aura épargnées !

quand il voudra, les nouvelles Loix inutiles. Donc le Pouvoir Législatif est anéanti.

La nécessité où est le Prince de faire vérifier ses Edits, forme l'heureuse impuissance où il est de changer les Loix fondamentales.

Les Magistrats sont, sans doute, ses Sujets & ses Officiers ; mais c'est par cette raison qu'il doit prendre plus de confiance dans les conseils qu'ils lui donnent. Comme Sujets, ils respectent leur Souverain, ils l'aiment ; le devoir leur inspire la plus entière soumission : comme ses Officiers, ils connoissent ses droits, ils sont chargés de les défendre, ils s'intéressent à son bonheur : voudroient-ils mettre des bornes à son Pouvoir, rendre sa bienfaisance pour les Peuples inutile & sans effet, s'exposer à sa disgrace pour avoir le funeste plaisir de le contredire ?

C'est le langage de la flatterie qui fait appréhender au Roi que ses Cours ne s'unissent par un criminel complot pour rejetter les bonnes Loix qu'il leur adresse. Elles ont les motifs les plus puissans pour enregistrer ces Loix ; leur devoir, l'amour du bien public, le désir de satisfaire leur Prince, tout les porte à consentir à la publication : ils n'ont aucun motif qui les engage à se roidir contre une Loi utile ; quel avantage retireroient-ils de cette résistance ? Ils mortifieroient leur Prince, ils s'attireroient le blâme du Public, ce seroit pour eux une source de désagrémens.

Il n'est pas vraisemblable que tout un Corps de Magistrature se trompe sur la bonté d'une Loi.

Quelqu'éclairé que soit le Conseil particulier du Prince, le Monarque doit toujours se défier de ses lumières, lorsque les opérations qui y ont été arrêtées éprouvent la contradiction du Corps de la Magistrature. Il ne doit point oublier de quel poids est le témoignage d'une multitude de Magistrats qui ont vieilli dans l'étude & la connoissance des Loix. Combien la défiance doit-elle augmenter, si la Loi refusée est l'ouvrage d'un seul Ministre, & si son objet est d'étendre le pouvoir du Prince ? Il n'y a point d'exemple dans l'Histoire, que les Cours se soient persévéramment refusées à la promulgation d'une Loi sage ; mais combien n'en fournit-t-elle pas de Ministres entreprenans qui ont violenté les Cours pour faire prévaloir les Réglemens & les projets dont ils étoient les auteurs ?

Qu'il y a de justesse & de vérité dans ces paroles de l'Abbé Duguet ! Le Prince „ ne craint point que des hommes zêlés pour sa gloire & pleins de respect pour ses volontés, n'acceptent avec discernement & avec

PUBLIC FRANÇOIS. *Chap. VI.* 351

lumiere la Loi qu'il leur adresse...... C'est d'ordinaire par l'inspiration d'un Ministre trop absolu, que le Prince défend toute réflexion sur ses Edits: ils sont l'ouvrage de ce Ministre, qui ne veut être ni éclairé ni contredit, qui ne peut souffrir que son autorité soit balancée par celle d'aucun Tribunal...... Ce Ministre a souvent des vues particulieres opposées au bien public..... Le Prince dont les intérêts sont inséparables de ceux de l'Etat, charge les Sénateurs de veiller contre les surprises, & leur envoie à ce dessein tout ce qui doit être revêtu d'une forme authentique; & par une inconstance dont la jalousie de son Ministre est le principe, il retracte ce qu'il commande, & il défend d'avoir aucune attention sur ses intérêts, ni aucun zêle pour le bien public. Quand le Ministre a sçu imposer silence à tout le monde, & rendre son Maître l'exécuteur de ses volontés, il passe souvent jusqu'à lui épargner la peine d'en être instruit..... Cependant tout fléchit sous le pouvoir arbitraire d'un serviteur, parce qu'il a sçu persuader son Maître que l'obéissance est la premiere vertu des premiers Juges..... & il arrive ainsi que plus un Prince affecte d'être absolu, plus il montre au Public la dépendance où le tient son Ministre (b)."

A quiconque ne consultera que les lumieres de la raison, il ne paroîtra jamais vraisemblable que le Corps entier de la Magistrature se méprenne sur le caractere & les effets d'une Loi nouvelle; que le Conseil particulier du Prince, qu'un seul Ministre, à plus forte raison, ait des vues plus justes, plus sûres & plus étendues que toutes les Cours Souveraines, dont le suffrage réuni entraîne presque toujours le Corps entier des hommes versés dans la connoissance des Loix. Mais, quand on supposeroit que dans ces occasions qui ne pourroient être que très-rares, ce fût le corps de la Magistrature qui se livrât à l'illusion, qu'en résulteroit-il, qu'une bonne Loi ne seroit pas reçue & publiée, qu'on différeroit à un temps plus opportun pour la faire promulguer? La seule opposition du corps de la Magistrature offriroit au Monarque une raison pour suspendre l'exécution de sa Loi. Si, au lieu de consulter les Magistrats, il lui étoit possible de consulter la Nation assemblée; & que, quelque persuadé qu'il fût de l'utilité de sa Loi, il vît dans les esprits la plus forte répugnance pour elle; en politique éclairé, en pere affectionné pour ses Peuples, il retireroit son projet; parce qu'enfin la Loi est faite pour l'utilité des Sujets, pour le bien de la Société, & qu'une Loi contre laquelle sont prévenus & cabrés, pour ainsi dire, tous ceux qui la doivent exécuter, n'a pas, au moins pour le moment actuel, tous les caracteres nécessaires à une Loi. L'opposition générale de la Magistrature doit faire une impression à peu près semblable sur l'esprit du Législateur, qui a pour regle inviolable de ne jamais commander pour faire montre de son pouvoir, & sans autre motif que celui de faire valoir son droit de commander.

En supposant que la Magistrature se trompe, tout le mal qui en résultera sera qu'une bonne Loi ne sera pas reçue & vérifiée.

Toute Loi donnée contre le gré des Peuples, ne peut tourner au bien de la Société.

En écartant cet inconvénient, qui, s'il est possible, se fera sentir à peine deux ou trois fois, dans le cours de plusieurs siecles, quels avantages

(b) *Ibid. n.* 10, 11, 12, & 13.

Tome II. Partie III. Y y

réels le Prince ne retire-t-il pas de la nécessité de la vérification libre ? Quel intérêt n'a-t-il pas à conserver cet usage ? Quels maux ne feroit pas envisager son abrogation, qui peut-être pourroit dans la suite causer la subversion du Royaume. Que cet usage ait même, si l'on veut, quelques inconvéniens ; quel est l'établissement humain, qui en soit exempt ? Ils n'ont pas empêché nos peres de respecter cet usage. Nos Rois en ont eux-mêmes reconnu l'importance. Les motifs qui l'ont fait établir, son ancienneté, l'intérêt qu'y a pris la Nation, les heureux effets qu'il a produit, seroient aux yeux du Monarque, des raisons décisives pour ne le pas interrompre ; quand il ne seroit qu'une de ces Loix ordinaires, que les Princes ont établies & peuvent révoquer. Mais s'il appartient à la Constitution de la Monarchie ; s'il tient à ses Loix fondamentales positives, le Prince est trop équitable pour vouloir rompre des engagemens, qui ne doivent pas être moins sacrés pour lui, que pour ses prédécesseurs. Sa puissance en seroit plus absolue sans doute, sans *cette bride qui modere & tempere la volonté d'un seul*. Mais il ne regardera pas comme un malheur n'avoir des obstacles qui ne la gênent, qui ne la limitent que pour sa propre gloire, & pour l'intérêt de ses Sujets : il avouera volontiers, qu'il est *dans l'heureuse impuissance de changer une institution, dont la stabilité est garantie par son propre intérêt, inséparablement lié avec celui de ses Peuples*.

Les regles de la Discipline Ecclésiastique fourniroient une réponse suffisante à l'objection qu'on réfute. Dans les premiers âges de l'Eglise, l'Evêque ne devoit rien faire, sans avoir consulté son clergé. Les anciens Canons sont remplis de dispositions sur ce point. Il subsiste encore quelques foibles restes de cet usage, en ce que sur certaines matieres, l'Evêque est obligé de prendre l'agrément du Chapitre, & d'énoncer même qu'il l'a obtenu.

L'Evêque n'en est pas moins le seul Législateur dans le Diocese, seul en droit de publier des Mandemens & des Ordonnances. Les Ordonnances ainsi publiées de concert avec le Chapitre, ne sont pas émanées du Chapitre, mais de l'Evêque, duquel seul elles portent le nom & l'empreinte : le Chapitre n'a aucune part à la Puissance Législative. Il consent seulement à ce que la Loi soit publiée de l'autorité de l'Evêque. S'il refuse son adhésion, l'Ordonnance ne sera pas promulguée ; s'il accede, elle le sera sous le nom de l'Evêque.

Il en est à-peu-près de même des Parlemens vis-à-vis du Roi. Sous les deux premieres Races, la Loi étoit formée dans l'Assemblée de la Nation. Depuis, par un changement d'usage, le Roi la dresse tout seul ; & quand elle est faite, il l'envoie aux Magistrats pour l'examiner, comme l'Evêque envoie son Mandement au Chapitre. Que les Magistrats rendent hommage à la sagesse de la Loi : qu'ils soient forcés de refuser la vérification ; ils ne partagent pas plus le Pouvoir Législatif, que ne le fait le Chapitre, soit qu'il approuve, soit qu'il improuve le Mandement de l'Evêque. La Loi jugée utile & consignée dans le dépôt, ne sera jamais l'Ordonnance du Parlement tout seul ni l'Ordonnance du

Roi & du Parlement. Ce fera l'Ordonnance du Roi feul, formée par la puiſſance du Roi feul, publiée fous le nom du Roi feul, fcellée de fon fceau feul; mais jugée falutaire par les Magiſtrats, & exécutée enfuite au nom & fous l'autorité du Roi feul. Il eſt tellement certain que la vérification n'eſt pas un acte de Légiſlation, mais feulement un témoignage authentique de la fageſſe de la Loi, que, depuis cette vérification, le Roi peut retirer fon Ordonnance, & ne la pas publier.

Le refus de vérifier eſt encore moins un acte légiſlatif; puifqu'il ne peut y avoir d'exercice d'un acte de ce genre, fans qu'il exiſte une Loi. C'eſt un jugement d'improbation d'une Loi porté par des Magiſtrats, qui expoſent refpectueuſement au Légiſlateur les inconvéniens qui fuivent de la Loi qu'il veut publier, le dommage qu'elle cauſeroit à la choſe publique. Leur oppoſition conſtante empêchera la publication & l'exécution de la Loi; comme l'oppoſition du Chapitre arrêtera la publication & l'exécution du Mandement Epiſcopal. Le Roi & l'Evêque ne feront pas moins feuls Légiſlateurs, l'un dans l'Ordre Civil, l'autre dans l'Ordre Eccléſiaſtique.

Il en réſultera, il eſt vrai, qu'ils ne pourront ni l'un ni l'autre uſer arbitrairement du Pouvoir Légiſlatif; qu'ils feront obligés de le furbordonner à l'intérêt de l'Etat, à celui du Dioceſe. Cette forme n'eſt-elle pas auſſi avantageuſe aux Souverains qu'aux Sujets? & ceſſe-t-on de poſſéder un pouvoir, & de le poſſéder même excluſivement, parce qu'on eſt dans l'heureuſe impuiſſance d'en faire un mauvais uſage? On a vu dans les Chapitres précédens les principes poſés fur ce point par Burlamaqui. Ils font puiſés dans la droite raiſon.

SIXIEME OBJECTION.

Obéiſſance due par les Magiſtrats.

Les Magiſtrats doivent l'obéiſſance au Souverain; ils la doivent & comme Sujets & comme Magiſtrats. Sous cette dernière qualité, il font Officiers du Roi, & à ce titre ils ont des devoirs particuliers; ils font liés par des fermens relatifs à leur état. Pourroient-ils, fans manquer à leur ferment & à la foumiſſion qu'ils ont jurée, fe refuſer à l'enregiſtrement d'une Loi nouvelle, lorfqu'après avoir entendu leurs Remontrances, après avoir peſé & balancé leurs raiſons, le Roi perfiſte, & commande d'enregiſtrer? Les Cours, en perſévérant dans leur refus, ne fe révoltent-elles pas contre le Prince, & leur révolte n'eſt-elle pas d'autant plus pernicieuſe, dautant plus condamnable, qu'elles font prépoſées pour faire refpecter le Monarque, & maintenir les Peuples dans le devoir de l'obéiſſance?

MAXIMES DU DROIT

La Maxime générale, que les Magistrats sont obligés d'obéir au Prince, est trop évidente en elle-même, pour qu'elle puisse être sujette à contestation. Il est aussi certain que cette obligation entraîne celle d'enregistrer les Loix nouvelles, puisque le Prince comme Législateur a droit de publier des Loix, & que ce droit deviendroit illusoire, si les Cours, chargées seulement de vérifier & enregistrer, pouvoient arbitrairement refuser celles qui leur sont adressées par le Monarque, seul dépositaire de la Puissance Publique.

Est-ce une révolte de refuser d'enregistrer?

Mais lorsque les Cours trouvent la Loi injuste & dangereuse, & que, non-obstant leurs représentations, le Législateur ordonne d'enregistrer, sont-elles tenues d'obéir? Est-ce une révolte de leur part de déclarer qu'elles ne le peuvent ni ne le doivent? Leur réclamation constante & indéfectible n'est-elle pas au contraire un acte de courage, ou même l'exécution d'un devoir? La décision de la question dépend de quelques principes qu'il faut exposer.

Différence entre la révolte & le refus d'obéir.

1°. C'est une erreur assez répandue de confondre la révolte avec le simple refus d'obéir; ces deux idées sont néanmoins fort différentes. Le refus d'obéir peut être légitime dans certains cas, & la révolte n'est jamais permise. Le refus d'obéir n'attaque point l'autorité du Supérieur. On reconnoît cette autorité dans le temps même qu'on ne se prête pas à ce qu'il commande; soit parce qu'on pense qu'il excède son pouvoir; soit parce qu'on regarde comme illicite ou injuste la chose commandée. La révolte tend directement à détruire la puissance du Supérieur; elle la méconnoît, elle rompt les liens de l'obéissance (c).

„L'obéissance active, dit un Moderne, consiste à faire ce que le Souverain commande; elle rend ministre de l'action: l'obéissance passive consiste à souffrir ce qu'on ne peut empêcher sans renverser l'ordre; elle ne rend pas ministre de l'action. L'obéissance active n'est pas toujours due: elle ne le seroit pas, par exemple, si le Prince faisoit des commandemens contraires à la Loi de Dieu, ou à la Loi Naturelle; mais l'obéissance passive est indispensable dans tous les cas.

„Comme il y a deux sortes d'obéissances, il y a de même deux sortes de désobéissances; l'active & la passive. L'active consiste à agir contre les ordres du Souverain, & elle est criminelle; la passive à ne pas agir, & elle est quelquefois légitime (d).”

Se révolter, c'est, aux termes de nos Ordonnances, employer la force pour se soustraire à la puissance du Prince: c'est le crime d'un Sujet qui excède par des injures ou des voies de fait les Officiers qui lui notifient les ordres du Roi. L'article 190 de l'Ordonnance de Blois défend

---

(c) *Aliud recusare, aliud rebellare; aliud resistere, & obluctari moderatè, aliud impetere; aliud non assurgere, aliud insurgere; aliud non parere, aliud in praecipitem irruere; aliud denique operas illicitas non exhibere, aliud edere, jubentem conviciis & maledictis incessere, vel armis atque omnibus nocendi artibus petere, pulsareque. Haec in faciendo, illa plurimùm in non faciendo consistunt.* Barclaïus, *de Regno & Regali Potestate adversus Monarchomachos*. lib. 4, cap. 4.

(d) La Science du Gouvernement, par de Réal, imprimée à Paris avec approbation & privilège en 1764, pag. 107.

d'outrager aucun des Magistrats, Officiers, Huissiers ou Sergens, faisans & exécutans acte de Justice: il prononce des peines rigoureuses contre ceux qui se rendroient coupables de ces excès, *comme ayant directement attenté contre l'autorité & puissance du Roi.* L'art. second de l'Edit de Charles IX du mois de Janvier 1572 sévit contre les Sujets qui faisant résistance d'ouvrir aux Juges & Commissaires exécuteurs des Arrêts & Jugemens Souverains, tiendroient fort en leurs maisons & Châteaux contre la Justice & decrets d'icelle; il prononce la confiscation des maisons & Châteaux. L'article 5 punit comme une rebellion à la Justice le bris des saisies faites par son autorité. L'art. premier de cet Edit, & l'art. 34 de l'Ordonnance de Moulins renouvellent les défenses d'excéder & outrager les Ministres de la Justice, sous peine de la vie.

On voit par ces traits exprimés dans les Ordonnances; ce qui caractérise la vraie rebellion: c'est un délit qu'on ne sçauroit imputer à celui qui, sans pratiquer aucune sorte de voies de fait ni de violence, se borne à exécuter un ordre qu'il a reçu. Mais la simple désobéissance, quoique séparée de toute circonstance qui indique & dénote la révolte, ne laisse pas d'être un crime très-punissable. L'autorité du Prince est celle même de Dieu dont il est l'image sur la terre. La Société ne peut subsister que par la subordination; elle seroit bientôt livrée à la plus effrayante anarchie, si les liens de l'obéissance n'étoient pas respectés.

2°. La difficulté est de fixer les bornes de l'obéissance; tout Supérieur peut excéder dans le commandement, ou en ordonnant ce qui est hors de son pouvoir, ou en prescrivant des actes mauvais & injustes. Les Princes étant hommes, ne sont pas à l'abri de ces défauts; on peut au moins leur surprendre des ordres qui méritent l'un ou l'autre de ces reproches. On n'effacera jamais des Livres saints la regle d'éternelle vérité; *qu'il faut obéir à Dieu plutôt qu'aux hommes.* Les Apôtres ne pouvoient pas être taxés de désobéissance, lorsqu'ils disoient au Sanhédrin assemblé: *jugez vous-mêmes, s'il est juste devant Dieu de vous obéir plutôt qu'à Dieu* (e). Il y a des occasions où la fidélité même des Sujets met dans la nécessité de ne point obéir. ,, Il faut, dit Massillon, entendre par ,, fidélité inviolable, une fidélité qui ne connoit point de bornes, ,, lors même qu'*elle en met à l'obéissance;* une fidélité qui éclate par ,, des nouvelles marques de soumission, de respect & d'amour dans ,, ces occasions où *ce seroit être infidele que d'obéir.*" (f).

3°. Les Princes ou leurs Ministres peuvent donner des ordres injustes. Il faut, ou adopter le système impie de Hobbes, qui n'admet d'autre regle du juste & de l'injuste, que la volonté du Monarque, ou convenir que les Sujets ne sont point obligés d'obéir à ces ordres, ou même que quelquefois ils doivent n'y point obéir. Il en est de même à plus forte raison des Loix générales qui seroient contraires à la Justice: c'est la doctrine d'Estius qui tient un rang si distingué parmi les Théologiens.

Une fidélité qui met des bornes à l'obéissance n'en est pas moins inviolable.

C'est la Doctrine

(e.) Actes des Apotres, ch. 4, v. 19.   (f) Petit Carême prêché en 1724.

Pagination incorrecte — date incorrecte

NF Z 43-120-12

commune des Théologiens, qu'on peut & qu'on doit en certains cas ne pas obéir.

Sentiment de d'Estius.

Expliquant le texte où S. Paul dit, que toute Puissance vient de Dieu, il en exclut la puissance usurpée, comme celle des tyrans & des voleurs, qui n'est pas, à proprement parler, une Puissance; comme des mauvaises Loix ne sont pas des Loix. Si on peut regarder Dieu comme l'auteur d'une telle puissance, c'est uniquement en ce sens, que rien n'arrive sans sa permission (g).

Développant quelques lignes après l'autre texte, où il est parlé de la résistance aux Puissances, il le restreint aux Puissances légitimes. Il en conclut qu'on ne peut pas reprocher ce crime à ceux qui refusent d'obéir à des Loix injustes, parce qu'elles ne sont pas émanées d'une Puissance légitime, ou d'un usage légitime de cette Puissance. Il reconnoît cependant des raisons de prudence qui peuvent conseiller quelquefois cette soumission que le devoir ne prescrit point (h).

Il a traité ce point plus amplement dans son Commentaire sur le Maître des Sentences: il demande si les Sujets peuvent ou doivent quelquefois résister à leurs supérieurs: ou, en refusant simplement l'obéissance, ou, en employant même la résistance active. Il pose d'abord pour regle générale qu'on doit leur obéir dans tout ce en quoi ils font un usage légitime de leur pouvoir; en quoi ils n'excedent pas les bornes de leur autorité (i).

Si dans leurs Loix, dans leurs Mandemens, ils excedent les limites de leur pouvoir; ou ce qu'ils ordonnent est bon ou indifférent, ou il est mauvais: si la chose commandée est bonne ou indifférente, l'inférieur n'est pas obligé d'obéir par la force du commandement, à cause du défaut de pouvoir dans celui qui a commandé.

Si le Supérieur enjoint une chose mauvaise, contraire à la loi de Dieu, il est défendu alors de lui obéir: dans ce cas, non seulement il usurpe un droit qu'il n'a pas, mais il ose mettre ses ordres en contradiction avec ceux du Tout-Puissant, & de la source de tout pouvoir humain (k).

(g) *Potestas usurpata, cujusmodi est tyrannorum & latronum, non est absolutè potestas nec superioritas; sicut & leges inutiles ac mala non sunt leges: tametsi & hoc genus potestatis suo modo à Deo sit, & illi præsentem sententiam interdùm accommodet Augustinus, docens eam potestatem quâ Dæmones & mali homines affligunt & vexant bonos, datam illis esse à Deo. Neque enim, inquit, habet in eos quisquam ullam potestatem, nisi cui data fuerit desuper. Non est enim potestas nisi à Deo, sive jubente, sive sinente. Sic ille lib. XXII contra Faustum, cap. 75, similiter accommodat. lib. de naturâ boni, 32, & in enarrat. Psalm. XXXVIII, Conc. 2. ac alibi. Estius in Paulum,* pag. 154. édit. de 1679.

(h) *Docet hic locus in Deum peccare quicumque legem transgreditur humanam à quâcumque potestate, modò legitimâ positam; ut etiam in potestate civili locum habeat quod de Ecclesiasticâ dictum est: qui vos audit, me audit: & qui vos spernit, me spernit. Sed ea res amplius patebit ex sequentibus; cæterùm injustis legibus, quoniam à legitimâ potestate, seu potestatis usu non procedunt aut non obediri, aut etiam adversus earum vim se se tueri, non est potestati resistere; quanquam id vel ob metum majoris mali, vel ne scandalum detur infirmis, sæpè non expedit.* Ibid. pag. 155.

(i) *Quæstio igitur hunc sensum habet, an subditi possint vel debeant aliquando resistere superioribus; idque, vel simpliciter non obediendo præceptis eorum, vel etiam adversus eos vim inferentes, repugnando. Ad quam respondendum quod eis nequaquam resistere liceat rectè & legitimè utentibus suâ potestate; id est, in iis omnibus quæ jubet Deus eis exhiberi: jubet autem quidquid ab illis præcipitur comprehensum intra limites dictæ potestatis à Deo derivatæ. Estius in Sententias,* lib. 2. Dist. 42, §. 2, tom. 1, pag. 397, édit. de 1672.

(k) *Si verò præcipitur ab illis aliquid quod eam potestatem egreditur, tunc distinguere oportet: aut enim bonum est quod præcipitur, aut malum, aut indifferens. Si vel bonum est vel indifferens, tunc*

On trouve la même doctrine dans *l'analyse de la Foi* de Holden, ouvrage imprimé plusieurs fois, & qui a été publié de nouveau à Paris en 1767. L'Auteur établit d'abord que les hommes sont naturellement libres & raisonnables; & il en résulte que toute Société civile doit avoir été formée librement & avec raison. De-là il conclut, que celui qui s'est soumis par violence d'autres hommes qui lui étoient pleinement égaux en indépendance, a commis une injustice : il en infere aussi qu'il est impossible que toute société n'ait pas pour but l'avantage de ceux qui se sont ainsi réunis ; ils auroient renoncé manifestement à la raison, s'ils s'étoient donné un Chef à la discrétion duquel ils eussent livré arbitrairement leurs biens, leurs personnes & leurs vies (l). La fin de toute Loi civile est donc nécessairement le bien des Citoyens (m).

Après avoir établi fortement par tous les textes de l'Ecriture Sainte l'obligation d'obéir aux Puissances, Holden enseigne que toute Puissance humaine doit avoir nécessairement des regles & des bornes; étant établie pour l'edification, & non pour la destruction (n). Il essaie ensuite de les fixer : la premiere est, que toute puissance créée ne peut rien ordonner de contraire à la Loi de Dieu, ou au Droit Naturel (o).

Sentiment de Holden.

licet subditus simpliciter ad tale praeceptum non teneatur, ob defectum potestatis in eo qui praecipit ; plerumque tamen tenetur ad vitandum scandalum, seu speciem inobedientiae. Quâ ratione & Christus pro se & Petro solvere voluit didrachma ad quod alloqui non tenebatur.
Sin autem malum ac Dei legi contrarium aliquid praecipitur, nullo modo est obediendum ; quia tale praeceptum non egreditur tantùm potestatem praecipientis, sed etiam pervertit ordinem potestatis supremae. Undè Principibus Sacerdotum prohibentibus Evangelii praedicationem, sapientissimè à Petro responsum est ; obedire oportet Deo magis quàm hominibus. Sic ergò Apostoli & Martyres restiterunt potestati, de quibus canit Ecclesia, quod contemnentes jussa Principum, meruerunt praemia aeterna. Ibid.

(l) *Homines esse naturaliter liberos, & rationis facultate ornatos. Ad hoc igitur ut societatem rectè ineant, necesse est ut cum libertate & cum ratione hoc fiat. Cùm autem ex parâ natura constitutione nullus sit alteri legitimus superior (licet longè robustior) qui vi & armis plures sibi subdiderit invitos, eis certè injurias facit ; quapropter ab libero omnium consensu debet quaevis societas originem sumere. Quandoquidem etiam similiter homines creaturas rationales esse supponimus, oportet ut hujusmodi communitatis ac societatis initae ratio & conditio nata sit omnium totius societatis membrorum commodum ac bonum procurare. Nequit enim imaginari quivis sensatus, velle hominum rationis facultate praeditorum multitudinem liberè societatem inire, nisi hoc in eorum bonum cedere praeviderent : multòminus si indè ruinam & destructionem suam evidenter & manifestè consecuturam prospicerent ; in quo licet pauci forsan & leviores possent decipi ; verumtamen si manifestam esse ponamus huiusce periculi rationem, impossibile est omnes simul adeò excutire, seu potius insanire, ut liberè vellent in omnem servitutis & captivitatis miseriam ac calamitatem se praecipites agere.* Divinae Fidei analysis, pag. 303, édit. Paris 1767.

(m) *Quidquid in quâvis societate civili à Magistratu supremo decretum ac sancitum est, ad civium salutem aeternam procurandam, ad eorum vitam ab omni discrimine liberam tuendam, necnon ad pacificè conservandum unicuique quod suum est, certissimè intendit.* Ibid. pag. 105.

(n) *Omnem prorsùs in terris potestatem & limites, & regulas habere, nemini sanae mentis licet dubitare. Quis enim, non penitùs insipiens aut vesanus, insiclabitur omnem regendi ac bonum publicum administrandi potestatem datam esse, (à quocumque ea data sit, quam ab Apostolus à Domino recepit. 2 Cor. 23.) in aedificationem & non in destructionem.* Ibid. pag. 307.

(o) *Sit igitur constans limes, & ab aeterno Creatoris imperio cuicumque potestati creatae constituta immobilis regula ; quòd nihil prorsus vel divinis edictis & ordinationibus, vel naturae legibus & institutis evidenter & manifestè oppositum, possit à quacumque potestate subditis suis imponi ; quidquid enim sempiternae felicitatis animabus adipiscendae est medium omninò necessarium (sive ad bonum prosequendum, sive malum fugiendum spectet) extra omnem in terris potestatem situm est, quae allibet hominem inhibere, quominus liberè & licitè illud amplectatur ac prosequatur. Hoc ab Apostolis didicimus qui dixerunt : Obedire oportet Deo magis quàm hominibus. Quamobrem, si Rempublicam seu Regnum quodcumque Christianâ religione instructum ponamus, cuius universalis sit fides, hanc solam religionem continere veram divini cultûs methodum, & unicam esse viam ad salutem aeternam : vellet autem suprema potestas vi & armis fidem hanc atque Religionem abolere & eradicare ; necnon in ejus locum Judaismum, Turcismum aut alium quemquam cultum profanum ac*

MAXIMES DU DROIT

La seconde borne est le salut du Peuple, qui forme la Loi suprême. Si donc un Prince, sans regle, sans forme, vouloit disposer arbitrairement de la vie des Citoyens, ordonner des choses qui tendent manifestement à la ruine de l'Etat; comme s'il interdisoit toute agriculture, tout commerce, il n'y auroit pas encore obligation de lui obéir (p).

Holden pose pour troisieme borne de l'autorité l'avantage des Citoyens particuliers, leur liberté, leur propriété. La Société n'a été formée que pour assurer à chacun ses droits; le Prince qui les usurpe va directement contre sa fin, & on ne lui doit pas l'obéissance (q).

Enfin, si le Prince violoit les Loix fondamentales, les conditions sous lesquelles il a reçu la Couronne, il n'y auroit aucune obligation de lui obéir (r).

Ces témoignages peuvent suffire pour annoncer l'enseignement commun des Théologiens sur la matiere dont il s'agit. De simples Particuliers ne sont point tenus d'obéir à des Loix constamment injustes, contraires au Droit Divin, au Droit Naturel, aux Loix Fondamentales, au Bien Public, attentatoires à la Liberté légitime des Citoyens, à la Propriété incontestable qu'ils ont de leurs biens.

Les Publicistes sont en cela d'accord avec les Théologiens.

Puffendorf a cru qu'on pouvoit, comme instrument, exécuter une action injuste commandée par le Souverain, mais sous ces trois conditions réunies; 1o. qu'on prêteroit son ministere comme à une action à laquelle on ne veut prendre aucune part: 2o. qu'on n'obéiroit qu'avec répugnance,

---

Idololatriam introducere; certo certius est hujus Imperii subditos nec teneri, nec debere hujuscemodi mandatis obedire. Ibid. pag. 309.

(p) *Adhuc licet potestatis supremæ limites contrahere. Neminem latet hæc veritas: Salus populi suprema lex. Si quando igitur aut directè & apertè absque omni legum vel jurium formulâ, ad libitum & gratuitò velit hæc suprema potestas subditorum vitam quocumque modo invadere, eosque animi causâ per plateas interficere: aut etiam indirectè, & ex obliquo statuere quidquam quod manifestissimè & evidentissimè totius Reipublicæ seu subversionem & ruinam necessariò afferret (veluti agriculturam omnem, commercium & similia prohibere) eâdem quâ superius, evidentiâ constat, obsequium hæc imperanti nequaquam præstandum esse.* Ibid. pag. 309.

(q) *Arctioribus adhuc terminis supremæ potestatis imperium occludere licet. Tria sunt quæ ad statum certum cujusque civitatis seu reipublicæ adeo spectant, ut si quid eorum cuilibet oppositum universim & communiter (nequeat omninò societatis ratio & substantia conservari) bonum scilicet temporale totius communitatis, libertas naturalis subditorum, & proprietas seu dominium particulare uniuscujusque societatis membri ad ea quæ non sunt pluribus communia. Ad hæc tuenda constituta est omnis potestas civilis: ad hæc sarta tecta conservanda datum est omne civile imperium. Illic scopus, hic finis civilis cujuscumque autoritatis superioris: cum autem Agens quodcumque, maximè publicum & rationale, à fine suo principali, ad quem præcipuè fuerit ordinatum communiter in omni actione suâ & muneris administratione, scienter & impotenter aberraverit; palàm est, quòd eo ipso obedientiam officio suo jure debitam amittit, & imperandi potestatis jacturam facit. Quandocumque igitur imperat suprema potestas quidquam quod publici communitatis boni (quæ omnis societatis ineundæ ratio est) manifesta sit depopulatio & eversio; vel quòd subditorum libertatem naturalem tollat: quo illos nimirùm vult passim gratuitò & nullâ de causâ in captivitatem cogere, ac servitutem addicere; vel denique quo uniuscujusque peculium (nempe quod industriâ aut alio quovis justo titulo, sibi proprium quisque adscripserit & peculiare fecerit) vult universim ab omnibus ad libitum auferre; adeòque subditos quoscumque ditioni suæ, etiam invitos, bonis ac facultatibus suis absque aliquâ communi societatis necessitate exuere & spoliare: clarum est obsequentiam hujusmodi mandatis minimè tribuendam esse.* Ibid. pag. 310.

(r) *Tandem cùm ex pactis initis populum inter & supremam potestatem, initium nanciscatur omnis societas; cujus regiminis & disciplinæ leges & regula mutuo consensu stabilitus, sint ipsius communitatis fundamentum, forma & vita: constat certè, si quid hisce legibus contrarium juberet auctoritas suprema, velletque apertè erigere imperium voluntarium & gratuitum, ac diceret, stat pro ratione voluntas. hoc est, quæ nec rationem, nec justitiam, nec legem aliquam regiminis sui modum proponeret; eo ipso ab obedientiâ hujuscemodi præceptis exhibendâ liberarentur subditi ejus.* Ibid. pag. 311.

ce, & après avoir tout tenté pour se décharger de la commission; 3°. qu'on seroit menacé de la mort, ou de quelque peine très-grave (s)

Barbeyrac a combattu fortement cette opinion singuliere de Puffendorf (t). „De quelque maniere que le Sujet agisse, dit cet Auteur, ou en „son propre nom, ou au nom du Prince, sa volonté concourt tou-„jours en quelque sorte à l'action injuste & criminelle qu'il exécute „par l'ordre de son Souverain: ainsi, ou il faut toujours lui imputer „en partie ces sortes d'actions, ou il ne faut jamais lui en imputer aucu-„ne; & il ne serviroit de rien de dire que dans le cas dont notre Au-„teur parle, l'action est du nombre de celles qu'on appelle mixtes, ou „d'alléguer ici les droits & les privileges de la nécessité". Barbeyrac renvoie à ce qu'il a établi ailleurs sur ces deux circonstances & continue ainsi: „Le plus sûr est donc de soutenir généralement & sans restricti-on, que les plus grandes menaces du monde ne doivent jamais porter à faire, même par ordre & au nom d'un Supérieur, la moindre chose qui nous paroisse manifestement injuste ou criminelle; & qu'encore que l'on soit fort excusable au Tribunal humain, on ne l'est pas entiérement devant le Tribunal Divin".

Puffendorf prétend dans son apologie que, „si l'on n'admet le senti-ment qu'il soutient ici, on sera obligé nécessairement de reconnoître que tous les soldats, les huissiers, les boureaux &c. doivent entendre la Politique & la Jurisprudence; & qu'ils peuvent se dispenser d'obéir, sous prétexte qu'ils ne sont pas bien convaincus de la justice de ce qu'on leur commande; ce qui réduiroit à rien l'autorité du Prince, & le met-troit hors d'état d'exercer les fonctions du Gouvernement: mais cela prouve seulement que les Sujets ne peuvent pas, & ne doivent pas même toujours examiner tous les ordres de leurs Souverains, pour sçavoir s'ils sont justes ou non. Si cela étoit, il n'y auroit, je l'avoue, presqu'aucun soldat qui fît innocemment son métier. Combien peu y en a-t-il qui sçachent les véritables raisons du Prince pour qui ils portent les armes? & quand ils les sçauroient, combien peu y en a-t-il qui fussent capables d'en juger! Ainsi, pour l'ordinaire, la plupart des gens que le Souverain enrôle dans ses Etats, ne peuvent pas s'excuser sur les doutes qu'ils ont au sujet de la justice de la guerre où on les fait marcher; parce que cela demande une discussion qui est au dessus de leur portée; au lieu qu'ils n'ont pas besoin d'un grand sçavoir, ni d'une grande pénétration pour être clairement convaincus de l'obligation où ils sont d'obéir à leur Souverain. Mais si un Officier habile Politique, & qui connoît bien les affaires & les intérêts de l'Etat, voit avec la derniere évidence que son Prince s'en-gage dans une guerre injuste ou non nécessaire, ne doit-il pas tout sacrifier, & même sa propre vie, plutôt que de servir dans une guerre comme celle-là? Il ne faut pas toujours être extraordinairement éclairé,

Qui sont ceux qui peuvent examiner les ordres du Sou-verain & refuser d'obéir.

(s) Droit de la Nature & des Gens, liv. 8, chap. 1, §. 6.
(t) Note sur cet endroit.

ni avoir entrée dans le Conseil du Cabinet, pour découvrir l'injustice des guerres qu'entreprennent les Princes ambitieux ou peu scrupuleux. Souvent les Manifestes qu'ils publient eux-mêmes, comparés un peu attentivement avec ceux de leurs ennemis, suffisent pour faire voir à quiconque a tant soit peu de bon sens & de droiture, la foiblesse de leurs raisons, & l'iniquité de leur cause. En ce cas-là, on est non-seulement dispensé d'obéir, mais on doit même s'en abstenir à quelque prix que ce soit. *Il faut dire la même chose, à mon avis, d'un Parlement à qui le Prince ordonne d'enregistrer un Édit manifestement injuste;* d'un Ministre d'Etat que son Souverain veut obliger à expédier, ou à faire exécuter quelque ordre plein d'iniquité ou de tyrannie; d'un Ambassadeur à qui son Maître donne des ordres accompagnés d'une injustice manifeste; d'un Officier à qui le Roi commande de tuer un homme dont l'innocence est claire comme le jour &c.

„ Et ce ne sont pas seulement les personnes d'une condition distinguée, ou d'une habileté & d'une pénétration au-dessus du commun qui peuvent & doivent se dispenser d'obéir, par la raison que nous avons dite. Les gens les plus simples se trouvent aussi quelquefois, quoique plus rarement, dans une obligation indispensable de refuser à leur Souverain le ministere de leurs bras, au péril même de leur vie. Ainsi, un Huissier n'est pas ordinairement tenu de s'informer si le Magistrat qui lui commande de se saisir d'une personne, a juste sujet ou non d'ordonner contr'elle prise de corps: ce n'est pas là son affaire, & il doit bien présumer en faveur de ceux qui administrent la Justice, tant qu'il n'a pas des preuves manifestes du contraire. Mais supposé qu'il ait effectivement de telles preuves, je soutiens, qu'en ce cas-là, il ne doit point obéir, & cette supposition ne renferme rien d'impossible. Il peut arriver, par exemple, & chacun le concevra aisément, que l'Huissier connoisse avec une entiere certitude l'innocence d'un homme accusé, par exemple, de meurtre ou de vol, & qui est perdu si une fois il est entre les mains de la Justice".

Sentiment de Burlamaqui.

Burlamaqui agite la question, & la résout par les mêmes principes que Barbeyrac. „ On demande si un Sujet peut exécuter innocemment un ordre injuste de son Souverain, ou s'il doit plutôt refuser constamment d'obéir, même au péril de perdre la vie. Puffendorf semble ne répondre à cette question qu'en hésitant; mais il se détermine enfin pour le sentiment de Hobbes, & il dit qu'il faut bien distinguer si le Souverain nous commande de faire en notre propre nom une action injuste, qui soit réputée nôtre; ou bien s'il nous ordonne de l'exécuter en son nom & en qualité de simple instrument, & comme une action qu'il répute sienne. Au dernier cas, il prétend que l'on peut sans crainte exécuter l'action ordonnée par le Souverain qui alors en doit être regardé comme l'unique auteur, & sur qui toute la faute doit retomber. C'est ainsi, par exemple, que les soldats doivent toujours exécuter les ordres de leur Prince, parce qu'ils n'agissent pas en leur propre nom, mais comme instrument & au nom de leur Maître. Mais au contraire, il n'est jamais

permis de faire en son propre nom une action injuste, directement opposée aux lumieres d'une conscience éclairée : c'est ainsi, par exemple,
qu'un Juge ne devroit jamais, quelqu'ordre qu'il en eût du Prince, condamner un innocent, ni un témoin déposer contre la vérité.

„ Mais il me semble que cette distinction ne leve pas la difficulté: car,
de quelque maniere qu'on prétende qu'un Sujet agisse dans ce cas-là, soit
en son propre nom, soit au nom du Prince, sa volonté concourt toujours
en quelque sorte à l'action injuste & criminelle qu'il exécute. Ainsi, ou
il faut toujours lui imputer en partie l'une & l'autre action, ou l'on ne
doit lui en imputer aucune.

Il faut distinguer un ordre évidemment injuste d'avec celui qui l'est d'une maniere douteuse.

„ Le plus sûr est donc de distinguer ici entre un ordre évidemment
& manifestement injuste, & celui dont l'injustice n'est que douteuse &
apparente. Quant au premier, il faut soutenir *généralement & sans restriction*, que les plus grandes menaces ne doivent jamais porter à faire,
même par ordre & au nom du Souverain, une chose qui nous paroît é-
videmment injuste & criminelle; & qu'encore que l'on soit fort excusable
devant le Tribunal humain d'avoir succombé à une si grande épreuve,
on ne l'est pourtant pas devant le Tribunal de Dieu.

„ Ainsi *un Parlement*, par exemple, *à qui un Prince ordonneroit d'enregiftrer un Edit manifestement injuste, doit sans contredit refuser de le
faire.* J'en dis autant d'un Ministre d'Etat que son maître voudroit o-
bliger à expédier, ou à faire exécuter quelque ordre plein d'iniquité ou
de tyrannie; d'un Ambassadeur à qui son Maitre donne des ordres accompagnés d'une injustice manifeste, ou d'un Officier à qui le Roi commanderoit de tuer un homme dont l'innocence est claire comme le jour.
Dans ces cas là, il faut montrer un noble courage & résister de toutes
ses forces à l'injustice, même au péril de tout ce qui peut nous en arriver: *il vaut mieux obéir à Dieu qu'aux hommes*; & en promettant
au Souverain une fidele obéissance, on n'a jamais pu le faire que sous la
condition qu'il n'ordonneroit jamais rien qui fût manifestement contraire
aux Loix de Dieu, soit naturelles, soit révélées.

„ Il y a là-dessus un beau passage dans une tragédie de Sophocle. Je
ne croyois pas, dit Antigones à Créon, Roi de Thebes, que les É-
dits d'un homme mortel tel que vous, eussent tant de force qu'ils dussent
l'emporter sur les Loix des Dieux mêmes; Loix non écrites à la vérité, mais certaines & immuables; car elles ne sont pas d'hier ni d'aujour-
d'hui; on les trouve établies de temps immémorial, personne ne sçait
quand elles ont commencé. Je ne devois donc pas par la crainte d'aucun homme, m'exposer en les violant, à la punition des Dieux.

„ Mais s'il s'agissoit d'un ordre qui nous parût injuste, mais d'une
injustice douteuse, alors le plus sûr, sans contredit, c'est d'obéir, le devoir de l'obéissance étant d'une obligation claire & évidente, il doit
l'emporter sans doute: autrement, & si l'obligation où sont les Sujets
d'obéir aux ordres de leur Souverain leur permettoit de refuser de les exécuter jusqu'à ce qu'ils fussent pleinement convaincus de leur injustice;

cela réduiroit manifestement l'autorité du Prince à rien ; anéantiroit tout ordre & le Gouvernement même. Il faudroit que les soldats, les huissiers, les boureaux entendissent la Politique & la Jurisprudence ; sans quoi ils pourroient se dispenser d'obéir, sous prétexte qu'ils ne seroient pas bien convaincus de la justice des ordres qu'on leur donne ; ce qui mettroit évidemment le Prince hors d'état d'exercer les fonctions du Gouvernement. C'est donc aux Sujets à obéir dans ces circonstances ; & si l'action est injuste en elle-même, on ne sçauroit raisonnablement leur en rien imputer, mais la faute toute entiere retombe sur le Souverain (u)".

Sentimens de Titius, d'Heineccius & de Strick.

Ces deux Auteurs ne sont pas les seuls qui aient réfuté Puffendorf ; il l'a été par tous ceux qui ont commenté son Traité *des Devoirs de l'Homme & du Citoyen*, & entr'autres par Titius & par Heineccius. Avant eux, Strick avoit prouvé par des raisons sensibles le faux de son système.

C'est envain que Puffendorf ne voit qu'un pur instrument dans le Sujet à qui la crainte fait exécuter un ordre injuste de son Prince. Il ne faut pas comparer un instrument naturel & passif à un instrument moral, à l'être raisonnable, qui, quoique conduit par la terreur, se détermine volontairement à exécuter un ordre qu'il sçait être injuste. Les hommes qui ont de la droiture & de la conscience, préferent la mort à la honte d'une action lâche & criminelle : ce n'est pas le cas d'appliquer la Maxime : *de deux maux, on doit préférer le moindre* ; elle n'a lieu que pour les maux physiques ; & ce seroit en abuser que de la prendre pour regle dans le concours d'un mal physique avec un mal moral. La charité Chrétienne ne nous oblige-t-elle pas de donner en certain cas notre vie pour le salut de nos freres ?

Il est vrai que le Sujet à qui les menaces font exécuter un ordre injuste, paroît plus à plaindre que coupable ; mais le motif qui le fait agir n'empêche pas que son action ne soit contraire au droit & à l'équité. Il ne sçauroit s'excuser sur la violence qui lui est faite, parce que la circonstance où il se trouve n'a pas les caracteres de la nécessité proprement dite, qui fait cesser l'obligation de la Loi ; il a un moyen de se garantir en refusant l'obéissance (v).

Conclura-t-on de-là, ajoute Strick, qu'on peut résister au Prince par la voie de la force ? Non sans doute. Autre chose est de refuser simplement d'obéir aux commandemens injustes du Prince, autre chose est de

---

(u) Principes du Droit Naturel & Politique, tom. 2. part. 3. ch. 1, n. 25 & suiv.

(x) Et eatenus puto sententia D. Puffendorf subscribendum non esse. Quomodo enim hanc Epistalmatis executionem meram dicere possumus, aut hominem exequentem ut merum instrumentum considerare ? Diversa enim ratio est inter instrumentum naturale & morale, seu hominem agentem. Quod ipse Puffendorf fateatur etiam nudam executionem quorumdam actuum multis ipsa morte acerbiorem videri : neque enim hic applicari potest regula, ex duobus malis minus esse eligendum ; cum alterum sit morale, alterum tantûm physicum, quo casu malum morale preferri nequit. Imò & charitas Christiana ad quam provocat, ad hoc etiam nos videtur obligare, ut in certis casibus vitam pro fratribus nostris profundamus. Equidem hoc casu extremo magis excusandi quàm inculpandi videntur. Sed minimè inde inferendum ac si nihil contra jus & æquum factum sit. Neque hic necessitus præsidium aliquod affert, cùm hic deficiant illa requisita, quæ necessaria sunt ad liberationem ab obligatione legis. Videlicet necessitas quidem adest, sed medium evadendi provenit à malignitate superioris, quo casu necessitas non excusat. Dissert. Jurid. Tom. 7, pag. 442, édit. de 1745.

se révolter contre lui. L'un est absolument défendu aux Sujets, l'autre leur est permis, & même c'est pour eux une obligation (w).

Notre Jurisconsulte Allemand convient que, quelque vrais que soient ces principes dans la théorie, il est rare qu'on les suive dans la pratique. Cependant il cite l'exemple de Papinien le Jurisconsulte, qui eut le courage de s'exposer à la mort, plutôt que d'obéir à Caracalla qui lui avoit ordonné d'employer ses talens à défendre un parricide (x).

Il s'objecte, que, suivant les Loix, les ordres des Princes sont sacrés; que le Prince est le vicaire de Dieu sur la terre; que les Sujets sont liés par leur serment de fidélité; & il répond que les commandemens du Prince cessent d'être sacrés, lorsqu'ils sont contraires à ceux du Souverain Seigneur des Princes, comme des autres hommes; que le Prince n'est Vicaire de Dieu qu'à la charge de se conformer à ce qu'exige cette qualité; & que les clauses de certaine science & de pleine puissance, n'ont aucune force pour autoriser des commandemens injustes; enfin que le serment ne sçauroit lier le Sujet contre les ordres de Dieu; & que si le Prince est grand, la raison & la vérité sont au-dessus de lui (y).

Strick examine dans un autre ouvrage, si le Prince commandant des choses condamnées par la Loi de Dieu, ou contraires au Droit Naturel, le Sujet doit obéir; & après avoir remarqué qu'il n'est pas à présumer que les Princes donnent des ordres semblables, il décide, que, si le fait arrivoit, le Sujet, bien loin d'être tenu d'obéir, seroit obligé de résister, c'est-à-dire de refuser l'obéissance (z). Il suppose néanmoins que le Sujet ait l'usage de la raison, & qu'il soit en état de discerner l'honnête de ce qui ne l'est pas. Alors, il doit sçavoir qu'il est obligé d'obéir à Dieu par préférence au Prince, & de suivre les principes de l'équité, qui, nés avec nous, sont gravés si profondément dans le fond de notre ame, qu'on voit même dans les enfans, qui n'ont pas encore le juge-

---

(w) *Indè tamen non inferendum quod Principi violenter resisti possit. Aliud enim est Principi impia præcipienti vel iniqua per subditos exequi volenti non obtemperare; aliud Domino cum violentia resistere..... Illud subditis licet, quin & facere convenit. Hoc non item.* Ibid.

(x) *Sed quanquam hæc in theoriâ firmo nitantur fundamento, valdè tamen dubito an praxis ei satis respondeat, cum Epistalmatum major haberi soleat ratio quàm justitiæ & conscientiæ. Comprobavit tamen hanc theoriam egregio exemplo Jurisconsultus Papinianus, qui ab Antonino Caracallâ parricidium fratris Getæ juris aliquo colore defendere jussus, illud recusavit, rationem hanc subnectens, non tàm facile esse Parricidia excusare, quàm admittere, & itâ mortem sustinuit.* Ibid.

(y) *Magnus est Cæsar, sed major est ratio & veritas. Addo, jussus Principum sunt vocanturque sacri, sed non sunt sacri ubi Majestatem Dei sacram violant. Princeps est vicarius Dei in terris; sed quatenùs se ut vicarium Dei gerit, eatenùs etiam si sine ullo dubio debetur obsequium: at ita ils quæ sunt injusta præcipiendis, non se gerit ut vicarium Dei. Et nihil hic operabuntur omnes clausulæ : de plenitudine potestatis; non obstante; motu proprio; ex certa scientiâ. Præsumptio enim pro Principe est nulla, ubi evidens adest injustitia. Imò illud quoque hic addendum, subditos, nequidem ex vi homagii seu juramenti subjectionis, ad executionem talium Epistalmatum teneri; nam & formula juramenti solùm obligat ad ea quæ Dei jussa non lædunt.* Ibid.

(z) *Si princeps à justi & æqui tramite aberret, & contra eum cui debet quidquid habet, nonnihil audeat, ejusque sacro-sancta jura contrariis mandatis & sanctionibus temerare contendat, an ipsius nefariâ voluntati parere teneatur subditus, & injustis obligetur jussionibus? Fateor equidem non licere tale quicquam de Principe cogitare, cùm semper Princeps præsumatur justus, imò ipsa censeatur justitia; sed si contingit, quod dicebam, tantum abest ut injustis illis mandatis obligetur subditus, ut potius iisdem resistere possit, denegando nempe obsequium.* Disput. Jurid. tom. 14, pag. 48.

ment pleinement formé, une horreur subite contre les actions défendues par la Loi Naturelle (a). Il termine en distinguant avec les Auteurs les ordres dont l'injustice est manifeste, de ceux sur lesquels il y a un doute raisonnable; & il pense comme eux, que lorsqu'il y a du doute, il faut obéir.

On doit donc tenir pour principe, que l'obéissance des Sujets a ses bornes; & que si le commandement du Prince renferme une injustice évidente, non-seulement il n'y a point d'obligation de l'exécuter, mais que le refus d'obéir devient indispensable, plutôt que de prévariquer contre la Loi Divine ou les préceptes du Droit Naturel. Inutilement diroit-on, d'après Puffendorf, que le Sujet n'est qu'un pur instrument, qu'il n'agit point en son nom, & que le Souverain demeure seul responsable des suites de l'action. Excuses frivoles, qui ne sçauroient disculper le Sujet qui exécute un ordre constamment injuste. Il doit alors, non se révolter, mais refuser l'obéissance, & persévérer dans ce refus, sans que les plus grandes menaces puissent le porter à coopérer, par son ministere, à un acte d'iniquité.

Observations sur la Doctrine des Publicistes.

Cette Doctrine des Publicistes fournit matiere à quelques observations.

1°. Ils parlent tous principalement d'ordres particuliers, qui ne sont donnés qu'à un seul Sujet. Aucun d'eux ne s'est occupé des Loix générales qui intéressent tout le Corps de la Nation.

2°. Ils décident unanimement qu'on ne peut pas obéir à des ordres, dont l'injustice est évidente, & qu'on doit au contraire prêter son ministere, lorsqu'elle est douteuse. Cette décision est-elle sûre? L'injustice de l'ordre ne sera pas, si l'on veut, de la derniere évidence, & plus claire que le jour; mais elle approchera de la certitude. Tout portera à croire que l'ordre est injuste. Les raisons de ce parti seront infiniment plus fortes que les motifs de l'opinion contraire. En un mot, l'injustice de l'ordre paroîtra & devra paroître certaine, quoiqu'elle ne soit peut-être pas de la derniere évidence. Peut-on alors l'exécuter? Est-il permis dans un doute réel & bien fondé, de s'exposer au danger d'offenser Dieu, & de commettre une injustice?

Il seroit ridicule, sans doute, de vouloir que chaque Particulier eût une conviction personnelle de la justice & de la sagesse positives de l'ordre qui lui est donné. Mais on suppose un homme qui croit réellement l'ordre injuste, & qui a un fondement légitime de le croire. Peut-il agir

(a) *Judicium hinc jure in subdito requirimus quo possit justa discernere ab injustis, licita secundùm dictamen rectæ rationis ab illicitis; ne ut Ixion pro Junone nubem amplectatur. Nam præter quam quod quis Deo, tanquam Domino, superiori magis quàm Principi obligetur, etiam principia naturalia nobiscum nata sunt, quæ majorem habent evidentiam quàm ut prædicari queat, ut neminem facilè reperiri existimem, nisi planè remotæ sit mentis, qui non judicare valeat ac distinguere quid illis congruat, quidve repugnet; cum idem in proximis infantiæ cernere liceat, in quibus tamen judicium abesse, aut maximam partem vacillare censetur, qui, si quid honesti, bonisque moribus parùm convenientia admiserint trepidare solent, sibique semper ferulam malorum ultricem imminere putant. Quod si itaque statuat quid Princeps, nullo negotio intelligere poterit subditus, nùmne intra limites suæ se jurisdictionis contineat Princeps, an eos excedat; & quid sibi faciendum videatur, nùmne illius imperio obsecundare, an illud detrectare salvâ conscientiâ queat, &c.* Ibid.

contre sa conscience, contre sa conviction personnelle, quoiqu'elle n'aille pas jusqu'à la plus parfaite évidence?

Heineccius est le seul des Publicistes qui paroisse avoir senti la difficulté. Il examine & réfute, comme tous les autres, le systême de Puffendorf, suivant lequel les sages-femmes d'Egypte ne devoient pas obéir à Pharaon, parce qu'il commandoit une action qui leur auroit été propre & personnelle; le bourreau au contraire doit mettre à mort un innocent, parce qu'il n'est que le simple exécuteur de la condamnation prononcée par le Prince.

Heineccius a mieux senti la difficulté & le vrai point de la question.

Cela est faux, dit Heineccius: car si le Prince ordonne l'exécution d'un jugement, de l'injustice duquel je suis convaincu, il faut plutôt obéir à Dieu qu'aux hommes; & il n'est jamais permis d'agir contre sa conscience. La distinction de Puffendorf n'a d'ailleurs aucune réalité. Car dans la position des sages-femmes d'Egypte, comme dans toutes les autres, le Sujet n'est jamais que le simple exécuteur des ordres du Prince. Il faut donc faire une autre distinction, entre les ordres justes & injustes. Les premiers exigent l'obéissance; à l'égard des seconds, ou l'injustice est manifeste, ou elle est cachée. Au premier cas, il faut obéir à Dieu: dans le second, il est juste de se soumettre au Prince, surtout lorsque celui qui reçoit l'ordre, n'est pas obligé par état, ou n'est pas capable d'en examiner le mérite. C'est le cas du bourreau, qui n'est pas obligé d'examiner si le patient a mérité la mort. C'est le cas du simple soldat, dont les lumieres ne vont pas jusqu'à discerner entre la guerre juste & injuste (b).

Mais, s'objecte Heineccius, dans le doute, il faut prendre le parti le plus sûr; & il n'est pas permis de s'exposer au danger de pécher. Cette difficulté l'embarrasse; & il l'élude plutôt qu'il ne la résout. Il faut, dit-il, se dispenser de l'action, si on peut. Ne le peut-on pas? il faut se déterminer ou à la faire, ou à souffrir la peine qui suivra le refus d'obéir (c).

C'est donc s'exprimer avec trop peu d'exactitude, que de permettre ou d'enjoindre l'obéissance, toutes les fois que l'injustice de l'ordre n'est pas assez palpable pour être mise au rang des choses évidentes. Il faut obéir sans doute, lorsqu'on ne connoît pas l'injustice, lorsqu'on n'en a

(b) *De iniquis jussibus potissimùm quæstio est, an & illis parendum? Distinguit Auctor; an factum proprium injungat an sui facti executionem: Priore casu, non parendum esse monet; posteriore autem, obsequium omninò deberi; exempli gratiâ, non parendum erat obstetricibus Ægyptiis, quùm juberentur Israelitarum infantes occidere; parendum autem est carnifici, si jubetur sententiam exsequi. Enim verò id, falsum, si enim Princeps jubeat exsequi sententiam, de cujus iniquitate convictus sum; magis obediendum Deo quàm hominibus, nec quisquam agere potest contra conscientiam. Immò ne realis quidem est illa distinctio; quidquid jubeat Princeps, semper exsequitur subditus Principis sententiam, ceu exemplo obstetricum Ægyptiarum patet. Nos potius respondemus, distinguendum esse inter jussa æqua & iniqua; illa absciссè exequenda; in his subdistinguendum utrùm manifesta sit iniquitas, an occulta. Illo casu, plus obsequii debetur Deo, quàm homini; hoc, rectè obsequium præstatur; maximè ubi is qui quid facere jubetur, nec tenetur, nec potest de æquitate vel iniquitate jussûs judicare. Sic carnificis Judicii res non est, an sententia justa sit; militum Gregariorum capiti superat quæstio, bellum justum sit, militat ergò. In Puffendorfium de Officio hominis & civis, lib. 2, cap. 12, §. 6.*

(c) *At contra conscientiam dubiam nihil agendum? Respondeo: omittat ergo actionem, si in ejus arbitrio sit; sin minùs, aut agendum, aut patiendum erit. Ibid.*

que de légers soupçons, de foibles conjectures, qu'on n'est pas obligé par état d'éclaircir. Le devoir est-il le même, quand on est persuadé, convaincu de l'injustice de l'ordre, & qu'on est obligé par état de s'en assurer? Les regles de la saine Morale, celles même de la droite raison ne permettent pas de le penser.

On ne doit pas obéir aux ordres manifestement Injustes.

Tous les Auteurs se réunissent à dire qu'on ne doit pas obéir aux ordres manifestement injustes; & ils regardent comme tels ceux qui attaquent directement le Droit Divin, ou le Droit Naturel. L'un & l'autre défendent également l'usurpation, le desir même du bien d'autrui; ce qui s'entend non-seulement des biens & droits des Particuliers, mais aussi de ceux du Peuple entier, du Corps de la Nation. On a démontré que le Roi n'est pas propriétaire du bien de ses Sujets. Une Loi par laquelle il se déclareroit tel, seroit par conséquent une Loi injuste, par laquelle il usurperoit le bien d'autrui. On a démontré que les François sont libres, qu'ils n'ont fait le sacrifice de leur liberté que dans les choses où elle étoit incompatible avec le salut de l'Etat.

Application de cette Maxime au Droit public François.

Dès-là des Lettres de Cachet arbitraires pour emprisonner & exiler, sont des ordres injustes, auxquels on n'est pas tenu d'obéir par devoir. Dès-là, une Loi telle que l'Edit du mois de Juillet 1705, dont on a parlé plus haut, par laquelle le Roi s'attribue le droit de reléguer ses Sujets à sa volonté, est une Loi injuste, qui renferme une entreprise sur les droits les plus certains du Peuple. Dès-là, toute Loi par laquelle, sans disposer actuellement des biens & de la liberté naturelle des Peuples, le Roi se donneroit la faculté de le faire quand il le jugeroit à propos, seroit encore une Loi injuste, comme tendant à consacrer toutes les injustices futures. En un mot, toute Loi qui, sans cause, & sans un véritable intérêt d'Etat, donne atteinte à la propriété des biens, ou à la liberté des personnes, est manifestement usurpative du bien d'autrui, & par conséquent contraire au Droit Divin, & à la Loi Naturelle.

Mais des ordres particuliers ou des Loix générales peuvent encore être injustes, sans paroître blesser directement ces Loix vénérables. On peut accuser d'injustice tout ce en quoi le Souverain excede les bornes de son autorité. Il est injuste d'exiger l'obéissance de ceux qui ne la doivent point. On ne la doit qu'au Supérieur, & le Monarque ne l'est que rélativement à certaines matieres & à certaines choses. Une Loi que le Prince feroit concernant la Religion, & qui ne pourroit pas être regardée comme la confirmation & l'exécution des Loix Ecclésiastiques, n'exigeroit aucune soumission; parce qu'un Prince n'est pas Législateur de son chef, & pour ainsi dire en premiere instance sur cette matiere.

Il peut également, même dans l'Ordre Civil, excéder les limites de son autorité. L'aliénation du Domaine de la Couronne, sa division entre les enfans, l'admission des filles à y succéder, pourroient ne rien renfermer de contraire au Droit Divin & Naturel. Nos Rois reconnoissent cependant être dans l'impuissance de prononcer de telles décisions.

Toutes

Toutes les Loix qu'on envifageoit, il n'y a qu'un moment, comme injuftes, parce qu'elles renfermoient l'ufurpation des droits du Peuple, reviennent encore ici : car les Monarques n'ont droit de faire que ce qui eft utile au falut de l'Etat : fur tout le refte, ils font fans pouvoir. Or le falut de l'Etat ne demande pas qu'on enleve aux Citoyens leur propriété, leur liberté; il ne demande pas qu'on établiffe des impôts qui ne font pas néceffaires, ou qu'on en divertiffe le produit à des ufages particuliers. Le Monarque n'a donc pas droit de le faire. Il ne peut pas exiger l'obéiffance, il n'a pas droit de commander.

On a vu qu'il falloit diftinguer deux efpeces de Loix dans toutes les Monarchies réglées, dont les unes font fujettes à changement; les autres font immuables. De cette derniere claffe font certainement les Loix fondamentales; celles qui prefcrivent les regles du Gouvernement, la forme de la Légiflation. On doit encore placer au même rang ces Loix qui font immuables par leur mérite intrinfeque; qui dans toute forte de temps & de circonftances feront néceffairement utiles; dont l'abrogation entraîneroit un dommage certain. Le Souverain ne peut les révoquer, puifque la mefure de fon autorité eft l'utilité publique. Il excéderoit donc les bornes de fon pouvoir, s'il entreprenoit de le faire.

Ce n'eft pas feulement par rapport à l'abrogation totale de ces Loix, que le Souverain eft obligé de confulter l'intérêt public; c'eft auffi par rapport aux difpenfes de les exécuter : car, & la regle & l'exception, tout doit être mefuré fur le falut du Peuple.

Si la difpenfe d'une Loi n'a pas été dictée par l'avantage général; fi elle a eu pour motif unique la fatisfaction d'un Particulier, elle renferme un abus du Pouvoir Suprême.

On doit encore diftinguer fur la queftion dont il s'agit, les Loix injuftes auxquelles il eft permis d'obéir, de celles dont l'exécution feroit criminelle. Toutes les fois que le Souverain commande un crime, c'en feroit un que de lui obéir. Mais comme il eft permis à chacun de renoncer à fon droit, le Particulier qui eft la victime de l'entreprife, & qui n'eft pas tenu d'obéir, peut le faire légitimement. Le mal eft dans le commandement, il n'y en a aucun dans l'exécution. Ainfi un Citoyen relégué aux extrémites du Royaume par une Lettre de Cachet, qui n'a pas feulement de prétexte plaufible, peut en confcience ne pas obéir; il peut auffi l'exécuter. Nous n'examinons pas s'il feroit plus courageux de ne le pas faire, de donner un exemple de fermeté & de patience, qui, s'il étoit fuivi, tariroit enfin la fource des ordres arbitraires; & d'être par-là en quelque forte anathême pour fes freres. Il eft toujours certain qu'en cédant à la violence qui lui eft faite, il n'offenfe ni Dieu ni les hommes; lui qui comme fimple Particulier n'eft pas obligé par état de s'expofer aux fuites de fa défobéiffance apparente.

On fe tromperoit encore en regardant les Sujets comme tenus d'obéir à tous les ordres, pourvû qu'ils ne foient pas clairement contraires au Droit Divin & au Droit Naturel. Je fuppofe qu'il plaife au Roi d'enjoin-

Il faut diftinguer les ordres injuftes auxquels il eft permis d'obéir de ceux dont l'exécution feroit criminelle. Il eft permis à un particulier d'obéir à une Lettre de Cachet qui l'exile injuftement; mais il n'eft pas obligé. Exemples qui montrent

<small>clairement la vérité de cette proposition.</small>

dre à un Magistrat de remplacer le Bourreau, & d'exécuter de ses propres mains, un criminel qu'il a condamné très justement & très régulièrement. Je suppose qu'il plaise au Roi d'enjoindre à une Duchesse de remplir la fonction des Sœurs Grises dans une Paroisse de Paris. De tels ordres n'ont rien de clairement opposé au droit Divin & au Droit Naturel. Seroit-on coupable en n'y obéissant pas? Le Magistrat a droit de dire que comme tel, il a contracté l'obligation de prononcer des Sentences criminelles, mais non de les mettre à exécution lui-même. Le Magistrat & la Duchesse diroient que comme Citoyens, ils n'ont fait le sacrifice de leur liberté naturelle que dans tout ce qui est absolument nécessaire au bien de l'Etat. Dans tout le reste, ils sont demeurés pleinement maîtres de leurs actions. Le bien de l'Etat n'exige certainement pas que le Jugement soit exécuté par le Magistrat lui-même, pendant qu'il y a un homme chargé de ce ministere, & très disposé à l'exercer. La République ne souffrira aucun dommage si les Sœurs Grises conservent leur poste, & ne sont pas substituées par la Duchesse.

On dit tous les jours que le Roi est le maître des rangs dans son Royaume. Il prononcera en conséquence, qu'aux Cérémonies publiques, la Communauté des Savetiers aura le pas sur les Cours Souveraines. Devra-t-on se soumettre parce que cet ordre ne contient rien de contraire à la foi & aux bonnes mœurs? L'avantage du Royaume demande que les rangs soient réglés entre les différentes Sociétés particulieres qui forment par leur réunion la Société générale; & qu'ils soient réglés d'une maniere conforme à la raison. Or, la raison se révolte à la seule idée de la préférence donnée à la plus basse Communauté d'Artisans, sur les premiers Magistrats. (d).

On pourroit citer mille exemples d'ordres semblables qui, sans paroître blesser directement les Loix Divine & Naturelle, ont pour principe unique le caprice, la fantaisie, l'envie de dominer. Pour s'assurer qu'on ne leur doit point l'obéissance, il suffit de se rappeller que sous le joug de la Monarchie, nous avons tous conservé la liberté naturelle dans tout ce qui n'a visiblement aucun rapport avec l'intérêt public. Or, tous les ordres de caprice & de pur Despotisme sont absolument étrangers au salut de l'Etat. Le Roi n'a pas droit de nous commander à cet égard; nous n'avons ni promis ni juré de lui obéir dans tout ce qu'il commanderoit sans autre motif que son bon plaisir, & uniquement pour gêner notre liberté dont il veut se rendre maître. Employer la force pour faire respecter de tels ordres, c'est ajouter une seconde injustice à la premiere.

<small>Sentiment de Wolf, sur le droit de ne pas obéir quel-</small>

Tous les Auteurs enseignent que le Souverain commandant des choses contraires aux Loix fondamentales, les Sujets ne sont pas obligés de lui obéir. Il est tenu d'observer les Loix fondamentales. Il n'a reçu

---

(d) Voyez sur cette matiere, la Iere des 9 Lettres ingénieuses intitulées: *Lettres d'un homme à un autre homme*, dans le Recueil qui porte pour titre: *Efforts de la Liberté &c. contre le Sr. de Maupeou*. Ier. Tom. p. 145.

l'empire que sous cette déclaration, qu'on entendoit ne lui pas obéir lors- *quefois* qu'il contreviendroit à ces Loix. Il ne peut pas exiger une obéissance *au Souve-* plus étendue que celle qu'on a voulu lui promettre. Dès là nulle obliga- *rain.* tion d'exécuter ses ordres qui sont en contradiction avec les Loix fondamentales (e).

Quoique les Sujets ne soient pas obligés d'obéir dans ce cas, ils peuvent cependant le faire, parce que chacun est maître de renoncer au droit qu'il a de faire ou de ne pas faire une certaine chose (f).

C'est la différence qu'il y a entre les Loix fondamentales & les Loix naturelles ou divines. Les hommes ne peuvent pas se soustraire à l'empire de celles-ci, dont ils ne sont pas les Auteurs, il ne leur est jamais permis de les blesser. Les Loix fondamentales au contraire sont l'ouvrage du Peuple, qui peut les changer, les abolir, ou y déroger dans une occasion particuliere, en voulant bien se prêter à ce qui leur est contraire (g).

Le même auteur va plus loin. Si le Prince ne se borne pas à enfreindre les Loix fondamentales, mais qu'il porte des atteintes directes aux droits du Peuple ou des Grands, il permet non-seulement de ne lui point obéir, mais même de lui résister. Il se rend alors coupable d'une injustice réelle envers ceux dont il usurpe les droits, & ils ne sont pas obligés de le souffrir. (h)

En vain opposeroit-on la Maxime: que l'inférieur ne peut pas contraindre son supérieur. Car relativement à ce Droit réservé au Peuple ou aux Grands, le Prince n'est pas leur supérieur. D'ailleurs la Maxime dont il s'agit, n'est pas généralement vraie. Car dans l'Etat de Nature

---

(e) *Si superior imperat legibus fundamentalibus adversa, subditi obedire non obligantur; obedire tamen licet. Quoniam enim adstringitur ad legum fundamentalium observantiam, imperium ipso delatum est cum hac exceptione, quod Populus obedire nolit, si quid imperet quod legibus fundamentalibus sit adversum. Quare cum superior populum sibi obligare non possit ultra voluntatem suam si imperat legibus fundamentalibus adversis, subditi eidem obedire non obligantur.* Wolff. Jus Naturæ part. 8. §. 1046.

(f) *Enimvero cum à Populi voluntate unice dependeat, num imperium in superiorem certa quidem Lege transferre velit, an absque ulla lege; si sub certa lege transtulit, ipsi jus est ad non obediendum, quando eidem adversa imperat. Quoniam vero quilibet jus suum remittere potest ad non obediendum non obligatur, consequenter ipsi liberum est obedire vel non obedire, ac ideo obedire licet.* Ibid.

(g) *Alia longe ratio est si superior imperat legi naturæ, quam si imperat legi fundamentali adversa. Leges enim fundamentales voluntate populi constituuntur, non autem leges naturæ quæ ipsâ naturâ constitutæ sunt. Illas vel prorsus tollere, vel saltem quoad actum præsentem, id quod dispensationis speciem habet, arbitrii populi est; has vero non tollere non item. Quemadmodum vero multa sunt quæ suadent ut jure nostro non utamur; ita nec desunt causæ suasoriæ cur imperanti ea, quæ contra leges fundamentales sunt, potius obediatur quam non obediatur. Sed ea expendenda sunt in Politica.* Ibidem.

(h) *Si superior involat in jus Populo vel optimatibus reservatum, injuriam Populo facit, & illi resistere eumque coercere licet. Etenim si populus certa quædam jura ad imperium spectantia sibi vel optimatibus reservavit, superior in ea involans jus Populi violat, idque perfectum. Quamobrem cum violatio juris perfecti alterius injuria sit, si superior involat in jus Populo vel optimatibus reservatum, injuriam Populo facit. Enimvero cum alterum lædat, qui quid facit quod est contra jus ipsius, homini autem competat jus non patiendi perfectum, ut alius ipsum lædat, consequenter jus ipsius violantem cogere potest ne faciat, si superior involat in jus Populo aut optimatibus reservatum, injuriam Populo facit, & illi resistere eumque coercere potest.* Ibidem §. 1047.

tous les hommes étoient égaux, & cependant ils pouvoient se contraindre réciproquement à la restitution de ce qui leur appartenoit. (i).

On ne s'occupe point ici de ce Droit de résister, on fait attention uniquement à ce dogme qui ne peut être contesté; que les Sujets ne sont pas tenus d'obéir au Prince, qui combat les Loix fondamentales. Pourquoi restreindroit-on cette Maxime aux seules Loix fondamentales positives? Les Loix fondamentales Naturelles, fondées sur le Droit Divin, sur le Droit Naturel, sur la fin nécessaire de toute Société civile, sur la Nature même des choses, ont-elles moins d'autorité? C'est en conséquence d'une convention que le Prince ne pourra publier de Loix que dans une certaine forme; qu'il ne lui sera permis de faire la paix ou la guerre qu'avec un certain conseil. C'est par la force du Droit Naturel & du Droit Divin, qu'il lui est interdit d'attenter à la liberté de ses Sujets par des exils & des emprisonnemens arbitraires, de s'emparer de leurs biens sans cause légitime, soit en les dépouillant effectivement de leurs propriétés, soit en les surchargeant d'impôts sans aucun besoin réel pour l'Etat, & uniquement pour satisfaire ses passions. Tout cela est encore opposé directement au but de tout Gouvernement supposé légitime. Pourquoi les Sujets dégagés de l'obéissance dans un cas, y seront-ils soumis dans l'autre?

Wolff en a imaginé la raison. Après avoir établi qu'on ne doit pas obéir au Prince qui commande des choses contraires à la Loi Naturelle, il s'objecte à lui-même que le Prince qui abuse de son autorité, viole la Loi Naturelle, qui l'oblige à ne l'employer que pour le bien public.

Autre chose est, dit-il, de faire ce qui est contraire à la Loi Naturelle, autre chose de souffrir l'injustice faite par celui qui prescrit le violement du Droit Naturel, & auquel on ne peut résister. La souffrance paisible d'une injustice n'est pas contraire à la Loi Naturelle; elle y est même conforme dans le cas particulier (k).

Wolf confond la résistance passive avec celle qui est active.

En raisonnant ainsi Wolff confond la résistance passive ou le simple refus d'obéir, avec la résistance active par le secours de la force. Il s'agit uniquement de l'obligation d'obéir. Sans doute les Sujets ne violeront pas le Droit Naturel, en souffrant avec patience les maux dont on les accablera. Le point précis de la difficulté est, s'ils mériteront des châtimens pour avoir désobéi au Souverain, dont les ordres étoient inconciliables avec le salut de l'Etat. Pourquoi les mériteroient-ils, puisqu'on avoue

(i) *Si jus quoddam Populus sibi vel optimatibus reservat, quoad hoc jus Rector civitatis non est Populo superior. Nulla igitur est exceptio, inferioris non esse cogere superiorem, sed qui alterum cogere possit superiorem eo esse debere: id quod fallere, etiam inde patet, quod in statu naturali homines omnes aequales sint, hoc tamen non obstante unus alterum cogere possit ad tribuendum sibi jus suum, ut ideo non semper sit superioris.* Ibidem.

(k) *Naturaliter obligamur ad non obediendum superiori ea imperanti, quae juri naturae repugnant, neque eidem nos obligare potuimus ad obedlendum. Non est quod excipias, quod male imperare etiam sit legi naturae adversum, vi cujus imperans ad bene imperandum, seu Rempublicam bene regendam obligatur. Aliud enim est facere legi naturae adversa, aliud tolerare injuriam factam ab eo, qui legi naturae adversa committit & cui resisti non potest. Injuriarum tolerantia non est contra jus naturae; sed haud raro, sicut & in praesenti casu eidem convenit.* Ibid. §. 1044.

qu'ils n'y font pas expofés en refufant d'obéir au préjudice des Loix fondamentales pofitives? Il y a dans un cas comme dans l'autre des Loix fondamentales à conferver, également importantes, également certaines, également autorifées.

Ce que l'on dit des Loix fondamentales peut & doit s'appliquer aux Loix Naturelles.

Il eft plus facile, on en convient, de juger fi le Prince contrevient à un point précis, réglé par une Loi expreffe, que de prononcer en général qu'il abufe de fon autorité dans les différens chefs de fon adminiftration, dirigeant toutes fes vues à fon avantage particulier, au lieu de les tourner au falut public.

Mais le plus, le moins de difficulté dans ce jugement ne change pas les principes; on peut fe tromper; malheur à ceux qui fe tromperont & qui par là s'expoferont à de juftes peines.

Peut-on d'ailleurs fe tromper, en jugeant qu'il y a contravention aux Loix fondamentales Naturelles de la part d'un Prince, qui ne laiffe à fes Sujets aucune liberté de leur perfonne, prodigant fans mefure les Lettres de Cachet d'exil, dans un Royaume, où la propriété n'étant qu'un vain nom, fous les plus légers prétextes on les prive de leur patrimoine fans néceffité, même fans utilité publique; où leur propriété eft prodigieufement entamée par des impots levés pour un intérêt particulier & employés à toute autre chofe qu'à l'ufage public; où les Loix font étouffées fous la multitude des ordres particuliers par lefquels on décide les affaires les plus importantes; où la juftice en un mot eft prefque toujours opprimée par le crédit, & où la volonté momentanée du Monarque eft la Loi Souveraine?

Courroit-on rifque de fe tromper, en jugeant qu'un Prince qui fe conduit ainfi, ne cefferoit de violer les Loix fondamentales Naturelles, celles qui lui ont été impofées par le Roi des Rois, par la Nature, par la fin de tout Gouvernement? Sur quoi fondera-t-on l'obligation de confcience de lui obéir dans tous ces points, pendant qu'on en feroit difpenfé, s'il contrevenoit à une Loi qui lui auroit été nommément impofée, quoique peut-être en foi beaucoup moins importante?

Un Moderne qui prêche partout le Defpotifme en difant qu'il le combat, a pofé fur l'obéiffance aux Loix des principes révoltans.

Réfutation des Principes defpotiques de l'Auteur de la Science du Gouvernement.

,, Un principe que les Citoyens de tous les pays doivent avoir conti-
,, nuellement devant les yeux, c'eft que la force de la Loi n'eft pas for-
,, mellement dans fa juftice, mais dans l'autorité du Légiflateur, ou
,, pour m'exprimer dans d'autres termes, que l'obéiffance à la Loi n'eft
,, pas attachée à la juftice de fes difpofitions, mais à l'autorité du Lé-
,, giflateur" (1).

Pour parler ainfi, il faut être dépourvu de fens. L'Auteur nous dira dans la fuite qu'on n'eft pas tenu d'obéir aux ordres contraires au Droit Naturel & au Droit Divin. Il eft donc faux que l'obligation d'obéir ne foit fondée que fur l'autorité qui commande indépendamment de la juftice du commandement. On ne peut jamais féparer ces deux chofes, parce

(1) Science du Gouvernement par de Réal, Tom. 4. pag. 107 & fuiv.

que personne n'a droit de commander l'injustice. L'obligation d'obéir à une Loi juste vient & de l'autorité du Législateur & de la Justice de la Loi. A l'égard d'une Loi injuste, il ne faut pas examiner d'où procede l'obligation de lui être soumis, parce que cette obligation n'existe pas.

On croiroit au langage de ces prétendus Politiques que le Prince est placé sur le trône pour lui-même, qu'il n'a d'autre regle que son intérêt personnel, qu'il peut ordonner pour le plaisir de se faire obéir. Quel renversement dans toutes les idées! Si le Souverain est tenu par le devoir le plus étroit de consacrer sa puissance à l'utilité publique, s'il n'a pas droit de commander ce qui y est contraire, où sera l'obligation d'obéir à celui qui n'a pas droit de commander?

„ La désobéissance aux Loix est, s'il est permis de parler ainsi, une
„ maladie épidémique, qui se communique rapidement à toutes les
„ parties d'un Etat, & qui le ruine. Dès que quelques Particuliers peu-
„ vent désobéir impunément, le reste de la Nation devient indocile."
Vaine flatterie! on appliqueroit ces propos vagues à une Loi contraire au Droit Divin & Naturel, aux Loix constitutives de la Monarchie.

„ La Loi ne doit pas être portée sans des raisons solides; mais dès
„ qu'elle est faite, elle forme un engagement absolu, & exige une e-
„ xécution exacte, non à cause des raisons qui ont donné lieu à son é-
„ tablissement, mais par rapport à l'autorité du Supérieur de qui elle
„ émane. S'il en étoit autrement, les Edits & les Ordonnances des
„ Princes seroient confondus avec les avis des Docteurs & les conseils
„ des Jurisconsultes, qui n'ont de force qu'autant que la raison leur
„ en donne."
On n'a jamais dit que le devoir de l'obéissance fût fondé sur les raisons qui ont donné lieu à la publication de la Loi. On obéit au Supérieur qui commande une chose juste par soumission à son autorité. On lui désobéit, lorsqu'il commande une chose injuste, parce qu'alors il n'a point d'autorité, il n'est pas supérieur, on ne lui a pas promis l'obéissance. En cela on ne réduit point la Loi au rang de l'avis d'un Docteur. Car lors même qu'on est convaincu de la solidité des motifs sur lesquels il est fondé, on est le maître de le suivre ou de s'en écarter. Le consultant n'a point d'autorité coactive. En ne suivant pas sa décision, on ne se révolte contre aucune Puissance ordonnée de Dieu. Le Prince au contraire a le pouvoir d'ordonner. Lorsqu'on exécute sa Loi juste, on le fait par respect pour la Puissance dont il est revêtu. Lors même qu'on est forcé de lui désobéir, on reconnoit en lui l'autorité impérative, on lui représente seulement que l'abus qu'il en a fait, dispense ou empêche même de lui obéir dans le cas particulier.

„ Qu'y auroit-il de plus absurde! chaque Particulier auroit Droit d'e-
„ xaminer les Loix, & ne seroit tenu de les observer qu'autant qu'il
„ les auroit approuvées, ce qui feroit la plus étrange confusion du
„ monde, & réduiroit la Puissance politique à une pure chimere."
Ainsi un Roi par un Edit remettra sa Couronne à la disposition du

Pape, & déclarera son Royaume tributaire du Saint Siege. Ainsi par des Lettres Patentes il déclarera s'emparer de la maison d'un de ses Sujets, & la donnera en même tems à un de ses Favoris. Ainsi il imposera sur toutes les Provinces un million pour fournir aux divertissemens qu'il entend donner dans sa cour, le carnaval suivant. Il ordonnera d'autres choses du même genre, sur ce motif unique, qu'il est le maître, & qu'on lui doit l'obéissance. Chaque Particulier aura donc droit d'examiner ses Loix. Il ne sera tenu de les observer qu'autant qu'il les aura approuvées. Ce sera la plus étrange confusion du monde. La Puissance politique sera réduite à une pure chimere.

,, L'on ne s'avise pas de disputer ni sur les ordres du Souverain, ni
,, sur ceux du Général d'armée, lorsqu'on est disposé à obéir. S'il est
,, permis à chacun, dit un Ancien, d'examiner les raisons qu'on a de
,, commander, dès lors il n'y a plus d'obéissance, & l'obéissance man-
,, quant, le commandement tombe aussi & entraîne après lui la ruine des
,, armées, qui ne subsistent que par l'autorité des Chefs & par l'obéis-
,, sance des Membres. Un Auteur moderne s'explique sur ce point
,, tout aussi précisément dans un stile qui lui est propre: heureux le Peu-
,, ple, dit-il, qui fait ce qu'on commande, mieux que ceux qui com-
,, mandent sans se tourmenter des causes, qui se laisse mollement rou-
,, ler après le roulement céleste. L'obéissance n'est jamais pure ni
,, tranquille en celui qui raisonne & qui plaide."

Il n'est pas vrai que lorsqu'on est disposé à obéir, on ne s'avise pas de disputer sur les ordres. Jamais on n'autorisera à chercher à disputer & à chicaner sur ce point. Mais il peut arriver qu'on ait une connoissance claire de l'injustice formelle, ou de la Loi générale, ou de l'ordre particulier. Vouloir malgré cela qu'on obéisse, c'est oublier en même tems les regles de la morale & celles de la raison.

Le Texte de Tacite ne veut pas qu'il soit permis aux inférieurs de demander toujours les motifs de l'ordre qu'ils reçoivent, & tout le monde y souscrira, d'autant plus qu'il paroit principalement relatif à la discipline militaire. Quant à Montagne, il faisoit consister le Souverain bien à passer sa vie dans une molle indifférence. Un tel Auteur ne devroit pas être invoqué dans une matiere sérieuse.

,, La Société civile est formée de l'union de toutes les volontés en
,, une seule. L'obéissance des Particuliers à l'égard de la Société, ou
,, de celui qui la représente éminemment, est donc ce qui la constitue.
,, Le Souverain en donnant des Loix, soumet les lumieres mêmes de ses
,, Sujets. On doit lui obéir, parce qu'il commande, & non parce que
,, ce qu'il ordonne paroît juste."

Que ne dit-on plus clairement que la Société ne peut subsister que dans un Etat Despotique, où toutes les volontés quelconques du Souverain doivent régner par dessus les Loix Divines, Naturelles & Fondamentales? Elle suppose sans doute dans les Peuples la nécessité d'obéir. Mais est-ce la nécessité d'obéir à toutes & chacune des Loix, à tous & chacun des ordres particuliers? L'Etat tombera-t'il dans l'anarchie, parce que le Peuple, qui a jufques à préfent obéi à toutes les Loix, refufera la foumiffion à une feule par les motifs les plus preffans de confcience, ou d'intérêt perfonnel; & cela, fans méconnoître l'autorité du Légiflateur?

Le Prince foumet les lumieres mêmes de fes Sujets. Auroit-on cru que l'excès pût aller jufques là? ainfi lorfque les Peuples fe font réunis en corps d'Etat, ils font devenus des automates, de pures machines. Ils ont fait le facrifice de leurs lumieres, foit naturelles, foit acquifes. Ils ont renoncé à l'ufage de leur raifon pour vouer une obéiffance aveugle. Ils ont promis de baifer, d'adorer toutes les émanations de la Puiffance Publique & d'y obéir les yeux fermés, comme on faifoit en Espagne aux Bulles du Pape.

L'Auteur s'appuie de deux Loix Romaines. Suivant l'une le Préteur eft regardé comme rendant la juftice, lors même qu'il a prononcé un jugement injufte. Il eft certain en effet que la prononciation d'un Arrêt injufte, eft l'exercice du Pouvoir judiciaire. C'eft tout ce que la Loi décide.

L'autre Loi veut qu'on préfume toujours en faveur de l'équité du jugement. On doit auffi préfumer en faveur de la juftice de la Loi; tant qu'il y a matiere à préfomption, on préfumera qu'elle eft fage, équitable, conforme au bien de la Société. Mais on fuppofe un Citoyen convaincu par des preuves claires de l'injuftice & du danger de la Loi. Peut-il fe déterminer fur des préfomptions contraires?

,, Dans un Etat Monarchique les Citoyens peu inftruits des principes,
,, difent affez fouvent que le Monarque étant tenu de gouverner felon
,, la raifon, on n'eft obligé d'obéir que lorfqu'il s'y conforme. Ils e-
,, xaminent fur cette Maxime ce que le Prince ordonne, & s'ils ne le
,, trouvent pas conforme à leur raifon particuliere, l'amour propre
,, leur dit que le Prince s'eft trompé; de là ils concluent que ce fera le
,, fervir que de lui défobéir. Lorfque la crainte les retient extérieu-
,, rement dans le devoir, ils tâchent d'éluder l'exécution d'une Loi ou
,, d'un ordre qui leur paroît injufte, parce qu'il ne leur eft pas agréable,
,, comme fi l'abus même de l'autorité pouvoit autorifer les inférieurs à
,, s'y fouftraire."

Chaque phrafe renferme une erreur monftrueufe. *L'abus de l'Autorité ne peut autorifer les inférieurs à s'y fouftraire.* Si l'Auteur avoit été à la place de l'Apôtre faint Pierre il auroit ceffé de prêcher l'Evangile. En vain lui auroit-on oppofé que les Juifs abufoient de leur autorité. Il auroit répondu que l'abus de l'autorité ne donne pas droit aux inférieurs de la méconnoître.

,, Un Sujet ne peut confulter fa raifon particuliere pour fe fouftrai-
,, re à celle du Souverain, fans violer toutes les Loix de la fubordination,
,, fans rompre les liens du Gouvernement, fans divifer l'Etat, fans
,, le renverfer. Ne vouloir fe rendre qu'à fa propre lumiere, c'eft
,, s'ériger à foi-même un tribunal fupérieur à celui du Souverain,
,, c'eft méprifer la Puiffance Suprême, c'eft fe révolter; juger les jugemens

„ gemens du Souverain, c'eſt s'établir le Souverain du Souverain
„ même, c'eſt prétendre réduire à l'obéiſſance celui qui eſt né pour
„ commander."

Ce n'eſt pas là la réflexion tranquille d'un Politique, mais l'exagération d'un Ecolier de Rhétorique.

„ Le Prince ſait tout le ſecret & toute la ſuite des affaires; il voit
„ non ſeulement ce que nous voyons, mais encore bien des choſes que
„ nous ne voyons pas; il voit de plus haut, & conſéquemment plus
„ loin. Il faut lui obéir & lui obéir exactement. Toute conduite du
„ Sujet, qui a pour regle l'eſprit particulier dans une affaire publi-
„ que, a ſon principe dans une ſource empoiſonnée.

„ Eſt-ce à ceux qui doivent être gouvernés, à gouverner? Dans
„ les Corps moraux, non plus que dans les Corps Naturels, il n'ap-
„ partient ni aux pieds, ni aux membres inférieurs d'uſurper les fonc-
„ tions de la langue ou des yeux pour prononcer & pour conduire
„ & aſſujettir la tête."

Voilà des mots vuides de ſens. Que le Prince ſache le ſecret de l'Etat, qu'il ſoit inſtruit de ce que le ſimple Citoyen ignore, c'eſt principalement dans ce qui concerne la paix ou la guerre, & les rapports du Royaume avec les Etats voiſins. Auſſi dans une matiere de ce genre on ne voit gueres les Sujets tentés de refuſer la ſoumiſſion, par la difficulté d'acquérir la connoiſſance perſonnelle de l'injuſtice de la Loi. Il eſt cependant poſſible qu'un Officier s'aſſure que la guerre eſt injuſte, ou par la lecture des Manifeſtes publiés par les Puiſſances belligérantes, ou par quelqu'autre voie. L'Auteur lui diroit qu'il doit toujours ſervir, parce qu'il a promis une obéiſſance aveugle, & en cela il n'eſt pas d'accord avec Barbeirac & Burlamaqui.

Faut-il d'ailleurs connoître le ſecret de l'Etat, pour apprécier une Loi pareille à celles dont on a donné quelques exemples? Mais c'eſt trop s'arrêter à combattre un homme qui oſe preſcrire aux Sujets une obéiſſance entiérement aveugle comme un devoir étroit, attaché à leur qualité. Il a employé un Chapitre à examiner la conduite qu'on doit tenir relativement aux ordres injuſtes (m). C'eſt un tiſſu d'idées louches & contradictoires. Il adopte le Syſtême de Puffendorff aujourd'hui univerſellement abandonné, & il le rejette enſuite, au moins en partie. Il enſeigne qu'on ne peche jamais en obéiſſant aux ordres qui ne ſont contraires qu'aux Loix civiles. Il diſpenſe cependant d'exécuter ceux qui bleſſent les Loix fondamentales, qui ſont certainement des Loix civiles. Il met en theſe qu'en bonne morale on ne peut faire une action, lorsqu'on eſt incertain ſi elle eſt juſte ou injuſte, & veut en même tems qu'on ne ſoit diſpenſé d'obéir que quand on a une entiere certitude de l'injuſtice de l'ordre. Il décide que le parti le plus ſûr eſt d'obéir à l'ordre. Dès là le parti le plus ſûr eſt d'obéir aux hommes plutôt qu'à Dieu.

(m) Tom. 4. pag. 370.

Après toutes ces abſurdités il expoſe ainſi la doctrine, à laquelle il ſe réduit :

„ Entre les choſes vicieuſes, il y en a qui le ſont tellement, qu'elles
„ ne peuvent pas être bonnes ; ce ſont celles que le Droit Naturel &
„ le Droit Divin poſitif défendent. Il y en a d'autres qui ſont tantôt
„ vicieuſes, & tantôt bonnes, ſelon les circonſtances qui les accompa-
„ gnent. Un Sujet ne doit jamais obéir à ſon Prince dans les premie-
„ res, quelqu'ordre qu'il en reçoive, puiſque ces ordres ſont contraires
„ à des ordres ſupérieurs. La déſobéiſſance dans les autres ſouffre de
„ la difficulté. On ne peut dans celles-là déſobéir au Prince qu'en ju-
„ geant que ce qu'il commande, eſt vicieux, & qu'il n'a pas le pou-
„ voir de le commander ; mais les Sujets ont renoncé à leur propre
„ jugement pour ſuivre celui du Prince.

„ Nous avons deux ſortes de connoiſſances : les unes ſont ſimples
„ & claires par elles-mêmes, & les autres dépendent d'une longue ſui-
„ te de raiſonnemens. Les premieres ne nous trompent point ; les au-
„ tres nous en impoſent quelquefois. Je ne puis ſoumettre mon juge-
„ ment à celui d'un autre dans les premieres connoiſſances, mais je
„ puis le faire dans les ſecondes qui ſont elles-mêmes des jugemens ;
„ car juger, c'eſt connoître avec diſcuſſion : or ce qui eſt vicieux,
„ parce que le Droit Naturel & le Droit Divin poſitif le défendent,
„ appartient aux premieres connoiſſances, & lorſque j'ai renoncé à
„ mon jugement, je n'ai pas renoncé à me conduire en une telle con-
„ jonêture par ces connoiſſances, qui n'étant pas des jugemens, ne
„ ſont pas compriſes dans la rénonciation que j'ai faite à l'égard des
„ choſes qui ſont tantôt vicieuſes, tantôt bonnes, ſelon les circon-
„ ſtances ; comme on n'en peut faire la différence que par la voie de
„ l'examen, & par une ſuite de raiſonnemens, ces connoiſſances ſont
„ de véritables jugemens, d'où il ſuit que j'y puis ſoumettre le mien
„ à celui d'un autre. C'eſt pourquoi ſi mon Prince me commande quel-
„ que choſe de vicieux de cette eſpece, je ſuis obligé de lui obéir ;
„ car je ne puis refuſer de lui obéir qu'en jugeant de ſon commande-
„ ment, & je ne dois pas en juger. Je ſuis donc obligé de lui obéir,
„ & je puis le faire ſans ſcrupule, parce que le mal, qu'il y a dans ce
„ qu'il me commande, le regarde, & non pas moi qui ne fais que lui
„ obéir. Au contraire mon obéiſſance eſt louable, & je pécherois
„ ſi je ne lui obéiſſois pas. Une action n'eſt vicieuſe, que quand ce-
„ lui qui la fait, la croit, ou la doit croire vicieuſe. Or je ne dois pas
„ croire vicieux ce que je fais par l'ordre de mon Prince, puiſqu'il
„ ne m'eſt pas permis de juger de lui. Je ne dois pas agir en homme qui
„ juge, mais en Sujet qui n'examine pas, & qui ne doit pas examiner."

Ces Maximes ſont commodes, elles favoriſent la cupidité, & c'eſt leur ſeul mérite. Elles ſont d'ailleurs contraires non ſeulement à la Religion, mais à la probité payenne & au bon ſens.

Où eſt-il écrit qu'il ſoit défendu à un Sujet d'examiner les ordres du

Prince, & de les comparer aux Loix divines & humaines? Les Peuples n'ont promis qu'une obéissance raisonnable ; & aucun Supérieur sur la terre ne peut en exiger une autre.

Si l'Auteur se fut borné à dire qu'un Soldat particulier ne doit pas examiner si la guerre a des motifs légitimes; que le Bourreau ne doit pas discuter préalablement si le criminel, qu'il va pendre, a été justement condamné, cela pourroit être toléré. Mais il faut une regle générale qui embrasse tous les Citoyens sans exception, les savans comme les ignorans ; ceux qui par état ont fait une étude profonde des Loix, comme ceux qui les ignorent. Ils sont tous dans une obligation égale d'obéir les yeux fermés ; il leur est défendu à tous de juger de la conduite du Prince. Ils ont fait le sacrifice de leurs lumieres & de leur raison, & doivent exécuter servilement tout ce qui leur sera ordonné.

C'est en vain qu'avec de tels principes on prétend mettre à couvert le Droit Naturel & le Droit Divin. Car pour savoir si le Prince les a blessés, il faut toujours examiner sa conduite. Tout ce qui leur est contraire, est vicieux. Mais un tel ordre s'en écarte-t-il ? C'est une question qu'il faut examiner. Il y a des choses qui paroissent contraires à ces Loix respectables, sans l'être réellement. Il n'est pas vrai qu'on voie avec certitude au premier coup d'œil qu'un ordre blesse le Droit Naturel & le Droit Divin. On ne peut souvent s'en écarter que par une suite de raisonnemens, parce qu'il y a des conséquences plus ou moins éloignées de l'un & de l'autre Droit; & pourquoi dans ces matieres ne pourroit-on pas soumettre son jugement à celui d'un autre, puisqu'il y a réellement de la difficulté & de l'obscurité ?

Si l'auteur avoit dit que les Peuples ont renoncé à leur volonté pour suivre celle du Souverain dans tout ce qui concernera l'intérêt de l'Etat, on pourroit peut-être lui passer ce langage. Mais qu'ils aient renoncé à leur jugement pour suivre celui du Prince ; qu'ils aient promis de ne plus faire usage de leurs lumieres, soit naturelles, soit acquises, & de se laisser mener comme des machines, comme des Etres non pensans ; c'est une extravagance, c'est la plus basse adulation, par laquelle on achete le droit d'être imprimé avec privilege.

Que deviendront dans ce Systême les Remontrances respectueuses ? On ne peut en faire sans juger que le Prince a blessé les Loix ? Que deviendront les Ordonnances qui prescrivent de n'avoir aucun égard à tout ce qui blesse les Loix positives humaines ? Pour les mettre à exécution, il faut nécessairement juger de la conduite du Prince.

Dans ce Systême il faut admirer l'Iduméen Döeg, qui sur le refus criminel de tous les Officiers de Saül, eut la docilité de massacrer quatre-vingt cinq Prêtres, que ce Prince accusoit d'être les complices de David qu'il regardoit comme l'ennemi de son Trône & de son Etat. (n).

(n) *Dixit Rex: morte morieris, Achimelech, tu & omnis domus Patris tui. Et ait Emissariis qui circumstabant eum: convertimini & interficite sacerdotes Domini, nam manus*

Dans ce Syſtême, on doit accuſer d'infidélité la Légion Thébaine, qui aima mieux ſe laiſſer égorger que de tuer les Chrétiens. Elle n'a pu refuſer l'obéiſſance qu'en jugeant que l'Empereur pourſuivoit les Chrétiens comme tels, & non comme Sujets révoltés; qu'en jugeant que la Religion chrétienne étoit la ſeule véritable, & que les Dieux des Payens n'étoient que de vaines idoles. Tous ces jugemens lui étoient interdits. Elle pouvoit & devoit ſe rapporter ſur ce point au jugement du Prince, au lieu d'examiner ſa conduite.

Il a paru indiſpenſable de joindre ces éclairciſſemens à la doctrine des Juriſconſultes. On peut à préſent ſe rapprocher de la queſtion préciſe qui les a fait naître.

Quelqu'étendue que ſoit la ſoumiſſion due par le Sujet en qualité de Sujet, elle a cependant des bornes. Il n'en eſt pas d'un Sujet comme d'un Religieux qui a fait le ſacrifice de ſa volonté par le vœu d'obéiſſance. Le Sujet a ſes Droits; il jouit d'une liberté légitime, & ſon ſerment de fidélité ne ſçauroit frapper ſur l'abandon de ces Droits, puiſque les Sociétés n'ont été formées, & que la Puiſſance Publique n'a été établie que pour en aſſurer la poſſeſſion aux Sujets. Naboth n'étoit pas ſans doute dans l'obligation de livrer ſa vigne, ni de remettre les titres de propriété s'il en avoit: il ne pouvoit être tenu que de ſouffrir la violence & de céder à la force, ſans en oppoſer aucune de ſa part. Ce n'eſt pas un devoir pour le Sujet que des ordres injuſtes condamnent à la priſon, d'ouvrir ſes portes; il ſuffit qu'il n'emploie aucune voie de fait, lorſqu'on prend le parti de les enfoncer; & il peut, ſi les conjonctures le lui permettent, chercher ſon ſalut dans la ſuite.

Refus d'obéiſſance & même réſiſtance active autoriſée dans certains cas par les anciennes Ordonnances.

Nos anciennes Ordonnances ſur la levée des ſubſides prouvent elles-mêmes qu'il y a des cas où les Sujets refuſent légitimement d'obéir. Le Roi Jean reconnut dans une Ordonnance du dernier Mars 1350, que les habitans du Bailliage de Vermandois, ,, de leur bonne volonté, lui avoient gracieuſement accordé & octroyé une impoſition de 6 deniers pour liv. ſous pluſieurs modifications & conditions." L'une de ces conditions étoit ,, que pendant l'année du ſubſide, il ne pourroit être pris pour le Roi & pour ſon Hôtel, ni pour ceux de la Reine........ aucuns vivres, chevaux, chars & charettes de ceux qui ſupporteroient ladite impoſition, ſi ce n'étoit à juſte prix & en payant comptant." L'Ordonnance ajoute que, ſi aucun en vertu de commiſſion (du Prince) faiſoit ou s'efforçoit de faire le contraire, qu'*en rien ne ſoit obéi, & que pour la déſobéiſſance, il ne ſoit pris aucune amende* (o)." Le refus d'obéir ne pouvoit pas être plus clairement autoriſé.

On trouve de ſemblables diſpoſitions dans pluſieurs autres Ordon-

eorum cum David eſt, ſcientes quòd fugiſſet, & non indicaverunt mihi. Noluerunt autem ſervi Regis extendere manus ſuas in ſacerdotes Domini.
Et ait Rex Doëg: convertere tu, & irrue in ſacerdotes. Converſusque Doëg Idumæus irruit in ſacerdotes, & trucidavit in die illâ octoginta quinque viros veſtitos Ephod lineo. Reg. lib. I. Cap. 22.

(o) *Ordonnance du Louvre*, tom. 2. p. 394.

nances (p). Celle du même Roi Jean du 28 Décembre 1355 paroît même aller plus loin. Elle porte que ,, l'imposition (accordée) sera employée aux frais de la guerre, sans que le Roi ou autre puisse en rien détourner pour autres usages. Elle ne sera pas reçue par les Gens & Officiers du Roi, mais seulement par les Députés des trois Etats qui jureront, quelque nécessité qui advienne, de ne donner aucun argent au Roi. Le Prince promet en bonne foi, & fera promettre par la Reine, par le Duc de Normandie son fils, & fera jurer sur les Evangiles par ses autres enfans, par les Princes du Sang, par ses Officiers, par tous ceux qui se mêleront dudit fait, qu'ils n'emploieront l'argent qu'au fait de la guerre. Si par importunité ou autrement, aucun impétroit lettres ou mandemens du Roi, ou d'autres au contraire, *les Deputés ou Receveurs jureront sur l'Evangile de n'y point obéir*; & s'ils le faisoient, ils seroient privés de leurs Offices & mis en prison fermée. Si aucun des Officiers du Roi, sous ombre de mandemens ou impétrations, s'efforçoit de prendre ledit argent, *les Députés ou Receveurs seroient tenus de résister de fait*, & pourroient assembler leurs voisins de bonnes Villes, selon ce que bon leur sembleroit, *pour à eux résister.*"

Le démêlé de Philippe le Bel avec le Pape Boniface VIII, fournit un exemple célebre de la résistance qu'on peut faire aux volontés du Prince, quand c'est pour défendre les propres intérêts du Monarque & de la Nation. Dans le cours de cette querelle, la Nation craignant que le Roi n'eût pas assez de fermeté, déclare que, si Philippe le Bel vouloit tolérer les entreprises du Pape, elle ne le souffrira pas. C'étoit annoncer une résolution décidée de ne pas obéir aux ordres du Monarque. Les Barons mandent dans une lettre qu'ils écrivirent aux Cardinaux: ,, Bien voulons que vous soyez certains que, ne pour vie, ne pour mort, nous ne nous départirons, ne ne véons à départir de ce procès, & ne fut ores ainsi que le Roi notre Sire le voulsit bien (q)." Les Evêques eux-mêmes, dans une lettre à Boniface VIII, rendirent témoignage à cette résolution en laquelle étoient les Barons & les Procureurs & Députés des Villes (r).

Les Barons de France & d'Angleterre disposés à désobéir & même à résister en certains cas.

Long-temps auparavant, & en 1216, Innocent III engageant Philippe-Auguste à protéger Jean-sans-terre, Roi d'Angleterre, qui lui avoit fait bassement hommage de sa Couronne, ce Prince répondit, qu'aucun Roi ne pouvoit donner son Royaume sans le consentement des Barons qui sont tenus de le défendre; & ceux-ci témoignerent être prêts à soutenir cette vérité, même au péril de leur vie (s).

(p) Ibid. *pag.* 402, 439, 503, 529, 567. *Tom.* 3. *pag.* 21, &c.
(q) Preuves des libertés, *chap.* 7. n. 15.
(r) *Adjicientes expressiùs vivâ voce, quòd si præfatus Dominus Rex præmissa, quod absit, elligeret tolerare, vel sub dissimulatione transire, ea ipsi nullatenùs sustincrent.* Ibid. num. 14.
(s) *Rex autem Francorum cùm hæc verba intellexisset, incontinenti respondit: Regnum Angliæ patrimonium Petri nunquàm fuit, nec est, nec erit: item nullus Rex vel Princeps potest dare Regnum suum sine assensu Baronum suorum qui regnum illud tenentur defendere; & si Papa hunc errorem tueri decrevit; perniciosissimum Regnis omnibus dat exemplum. Tunc quoque magnates uno ore clamare cœperunt, quòd pro isto articulo starent usque ad mortem, ne videlicet Rex vel*

Telle étoit aussi la disposition des Barons d'Angleterre au commencement du quatorzieme siecle. Boniface VIII ayant écrit à Edouard, Roi d'Angleterre, que le Royaume d'Ecosse appartenoit à l'Eglise Romaine, & que s'il y prétendoit quelque Droit, il envoyât des Procureurs en Cour de Rome où la contestation étoit évoquée; ils répondirent au Pape, & exposerent les raisons qui combattoient son entreprise, & lui dirent très-franchement que, quand le Roi voudroit s'y prêter, ils lui résisteroient courageusement (t).

Le Pape avoit des prétentions sur la propriété du Comté de Valentinois, & il les fondoit sur des *Lettres de Louis XI*, à l'exécution desquelles les Etats du Dauphiné s'étoient toujours opposés. Charles VIII loin d'être scandalisé de cette résistance, envoya des Ambassadeurs à Rome en 1484, & les chargea de dire, „ que les Avocats, Procureurs
„ & Officiers Dauphinaulx, tant du feu Roi que du Roi présent, par
„ oppositions, & appellations autrement, se sont toujours mis en con-
„ tradiction pour montrer que ledit Saint Siege Apostolique n'avoit ja-
„ mais eu droit quelconque en ladite Comté de Valentinois, & que les
„ Lettres du feu Roi ne donnoient point de nouvel droit. Pour laquel-
„ le contradiction notre dit St. Pere n'a jamais été paisible possesseur
„ d'icelle Comté. Et ne pouvoit ledit feu Roi bailler ladite Comté; car
„ au tems qu'il la bailla, il n'y avoit rien, mais appartenoit à Mons le
„ Dauphin, à present Roi, lequel en étoit possesseur.

„ Avec ce diront les dits Ambassadeurs que tous ceux du Dauphiné en
„ ont fait grant instance, & encores continuellement la poursuivent, di-
„ sans que ladite Comté est jointe & demeure unie inséparablement audit
„ pays de Dauphiné, en maniere que quant ores les Lettres Patentes du feu
„ Roi seroient couchées en la plus avantageuse forme que faire se pourroit
„ au profit du St. siege, si n'auroit-il été selon droit en la puissance d'icelui
„ feu Seigneur de séparer ladite Comté, ne de icelle transporter au-
„ dit St. Siege Apostolique. Et pour cette cause ont les dits du Dauphi-
„ né envoyé notable Ambassade devers le Roi, qui est à présent,
„ requerir que cette dite Comté ne soit disjointe d'icelui Pays de Dau-
„ phiné, mais demeure perpétuellement conjointe & unie avecque
„ ledit pays, & lui ont expressément dit en présence des Seigneurs de

Princeps per solam voluntatem suam possit Regnum dare, vel tributarium facere; undè Nobiles Regni efficerentur servi. Matth. Paris. ad ann. 1216.

(t) *Undè habito tractatu & deliberatione diligenti super contentis in litteris vestris memoratis, communis, concors & unanimis omnium nostrûm & singulorum consensus fuit, est & erit inconcussâ Deo propitio in futurum; quod præfatus Dominus Rex noster, super juribus Regni Scotiæ, aut aliis suis temporalibus, nullatenùs respondeat judicialiter coràm vobis, nec judicium habeat quoquo modo, aut jura sua prædicta in dubium quæstionis deducat; nec ad præsentiam vestram Procuratores aut nuntios ad hoc mittat: præcipuè cùm præmissa cederent manifestè in exhæredationem juris Coronæ Regni Angliæ & regiæ dignitatis, ac subversionem status ejusdem Regni notoriam, necnon in præjudicium libertatis, consuetudinum & legum paternarum; ad quarum observationem & defensionem ex debito præstiti juramenti astringimur, & quæ in manu tenebimus toto posse, totiusque viribus cum Dei auxilio defendamus. Nec etiam permittimus, nec aliqualiter permittemus, sicut non possumus nec debemus, præmissa tam insolita, indebita, præjudicialia, & alias inaudita, prælibatum Dominum Regem nostrum, etiam si vellet, facere; seu modo quolibet attentare.* Matth. Vestmonast. ann. 1302, p. 435.

,, son sang & des autres de son Conseil, que à parler en termes de rai-
,, son, il n'est pas en son pouvoir de le faire autrement (u).''

Le Premier-Président de Selve cherchant à détourner François I de la résolution où il paroissoit être de retourner prisonnier à Madrid, lui disoit en 1527, ,, que quand il voudroit s'en aller hors du Royaume,
,, & retourner en captivité, son Peuple & ses Sujets ne le souffriroient
,, jamais ; mais que plutôt les démembreroit-on & mettroit-on en
,, pieces, qu'ils l'endurassent, ne souffrissent (v).''

Henri IV, dans son Instruction aux Députés envoyés pour traiter de son absolution en Cour de Rome, les charge de maintenir les Loix du Royaume, ,, lequel ne doit reconnoître, après Dieu, nulle obéissance en ce qui regarde & concerne le temporel d'icelui, qu'à son Roi & son Souverain Prince & Seigneur. A quoi ils remontreront à Sa Sainteté que Sa Majesté ne consentira jamais qu'il soit fait brêche aucune, non plus que les Parlemens du Royaume, Officiers de la Couronne & de son Conseil ; tous lesquels avec Sadite Majesté, hazarderont plutôt leurs vies, & se submettront à toutes sortes de périls, quoiqu'ils puissent être, que de souffrir qu'un tel attentat soit fait à l'honneur & à l'autorité Royale de Sa Majesté & aux libertés & prérogatives du Royaume ; lesquelles Sa Majesté veut conserver entieres & inviolables à ses Successeurs telles qu'elle les a recueillies des Rois ses Prédécesseurs (w).''

Enfin le Prince de Condé opinant le 4 Juillet 1615 dans le Conseil du Roi, & rappellant l'histoire du démêlé de Boniface VIII avec Philippe le Bel, dit ,, qu'alors tous les Evêques de France, hormis deux, soutinrent courageusement nos Maximes, & que la Noblesse fit un trait à jamais mémorable. Ecrivant au Pape, elle manda qu'en tout, elle vouloit obéir au Roi ; mais que si le Roi vouloit soumettre au Pape sa puissance temporelle pour les Droits de sa Couronne & Successeurs, elle s'y opposeroit (x).''

Regarderoit-on comme un crime ces protestations solemnelles & réitérées de refuser d'obéir au Roi ? N'est-il pas sensible au contraire que la soumission dans ces occasions eût été une véritable lâcheté ; & que le refus d'obéissance ne pouvoit être que l'effet de cette fidélité qui éclate par de nouvelles marques de soumission, de respect & d'amour, dans les cas où ce seroit être infidele que d'obéir ?

Dans ces circonstances, la Nation a résisté au Roi qui vouloit abandonner une partie de son autorité, soumettre lui-même & son Royaume à une Puissance étrangere. Combien plus ce Droit de résistance seroit-il acquis si un Souverain vouloit changer toute la constitution de son Etat ; opprimer tous ses Sujets par violence, leur ôter la liberté, leurs biens,

(u) Baluse miscellenea Tom. 7. pag. 565.
(v) Cérémonial François, tom. 2. pag. 494.
(w) Preuves des libertés, chap. 7. n. 61.
(x) Résolutions & Arrêtés de la Chambre du Tiers-Etat, touchant le premier article de leur cayer, pag. 167.

Sentiment de Barclai sur le Droit de résistance active & passive.

leur vie même ; les réduire en un mot dans un véritable esclavage. Ecoutons Barclai, le moins suspect de tous les Auteurs sur cette matiere, le plus zélé défenseur de la Monarchie.

„ Faudra-t-il donc, s'objecte-t-il à lui-même, que le Peuple se soumette à la cruauté, à la fureur de la tyrannie ? Doit-il souffrir que ses Villes soient ravagées par la faim, le fer & le feu ; que la passion du tyran se joue des hommes, les précipite dans tous les dangers, leur fasse éprouver toute sorte d'incommodités & de miseres ? Lui contestera-t-on ce que tous les êtres animés tiennent de la nature, le Droit de repousser la force par la force, & de se mettre à couvert des injustices ?

„ Je réponds en un mot qu'on doit lui accorder la liberté de se défendre, qui est de Droit Naturel ; mais non celle de se venger de son Roi, qui est contraire à la Nature. Si donc le Roi ne se borne pas à vexer des Particuliers ; si par une cruauté & une tyrannie insupportable, il vexe le Corps entier de l'Etat dont il est le Chef, c'est-à-dire, tout le Peuple, ou au moins une partie notable ; celui-ci peut alors résister, & se mettre à couvert des mauvais traitemens. Mais il lui est permis de se mettre à couvert seulement, & non d'attaquer son Prince ; de faire réparer le tort qu'il a reçu, & non de s'écarter du respect dû au Souverain dont il a lieu de se plaindre ; en un mot de repousser une violence actuelle, non de tirer vengeance d'une violence passée. Il est conforme à la Nature de défendre sa vie & son corps ; mais elle s'oppose à ce que l'inférieur punisse son Supérieur. Avant la consommation du mal, le Peuple peut employer les moyens propres à le prévenir. L'injustice est-elle consommée ? il ne peut rien sur la personne du Prince qui en est l'auteur. Voici donc la différence qu'il y a entre le Corps de la Nation & des Particuliers. Ceux-ci n'ont d'autre ressource que la patience : celui-là peut résister avec respect à une tyrannie intolérable, car il doit supporter tranquillement des maux qui ne sont pas portés à leur comble (y). "

Quelque

(y) *Quòd si quis dicat, ergone populus tyrannicæ crudelitati & furori jugulum semper præbebit ? Ergone multitudo civitates suas fame, ferro & flammâ vastari, seque conjuges & liberos fortunæ ludibrio & tyranni libidini exponi, inque omnia vitæ pericula, omnesque miserias & molestias à Rege deduci patientur ? Num illis quod animantium est à naturâ tributum, denegari debet, ut scilicet vim vi repellant, seseque ab injuriâ tueantur ? Huic breviter responsum sit, populo universo non negari defensionem, quæ juris naturalis est, neque ultionem quæ præter naturam est adversus Regem, concedi debere. Quapropter, si Rex non in singulares tantùm personas aliquot privatum odium exerceat, sed corpus etiam Reipublicæ cujus ipse caput est, id est totum populum, vel insignem aliquam ejus partem, immani & intolerandâ sævitiâ seu tyrannide divexet ; populo quidem hoc casu resistendi ac tuendi se ab injuriâ potestas competit ; sed tuendi se tantùm, non autem in Principem invadendi, & restituendæ injuriæ illatæ, non recedendi à debitâ reverentiâ propter acceptam injuriam ; præteritum denique impetum propulsandi, non vim præteritam ulciscendi jus habet. Horum enim alterum à naturâ est, ut vitam scilicet corpusque tueamur. Alterum verò contra naturam, ut inferior de superiori supplicium sumat. Quod itaque populus malum, antequam factum sit, impedire potest ne fiat ; id postquam factum est, in Regem autorem sceleris vindicare non potest. Populus igitur hoc amplius quàm privatus quispiam habet ; quòd huic, vel ipsis adversariis judicibus, excepto Buchanano, nullum nisi in patientiâ remedium superest : cum ille, si intolerabilis tyrannus est, (modicum enim ferre omninò debet) resistere cum reverentiâ possit.* Contra Monarchomachos, lib. 3, cap. 8.

Quelque jugement qu'on porte de cette doctrine de Barclai, personne ne doutera au moins que la Nation entiere, ou ses principaux organes, comme les Princes & les Magistrats, ne puissent & ne doivent résister à des Loix éversives de la constitution Monarchique, & qui ne tendent qu'à l'établissement du Despotisme ; qu'ils ne puissent & ne doivent s'y opposer par des représentations, des réclamations, des protestations. Combien de telles Loix sont-elles plus nuisibles au Corps de l'Etat, qu'un excès de soumission à la Puissance Ecclésiastique, contre lequel les Barons de France & ceux d'Agleterre ont montré tant de courage ? Personne ne doutera encore qu'il ne soit permis aux simples Citoyens, de chercher un remede dans la patience, & de s'exposer à des peines plutôt que d'obéir à des Loix générales, à des ordres singuliers qui les dépouillent de leurs droits les plus précieux, qui les réduisent en servitude.

5°. Nous trouvons dans notre Histoire plusieurs exemples de citoyens éclairés qui ont mis en pratique ces principes sur la résistance aux volontés arbitraires des Souverains.

Saint Nizier étant appellé à l'Evêché de Trêves vers l'an 527. disoit le jour de son Sacre, ,, La volonté de Dieu sera faite, & la vo-
,, lonté du Roi ne sera accomplie dans rien de tout ce qui sera mal,
,, par la résistance que j'y apporterai." (*Vies des Peres par Grég. de Tours*, Chap. 18.)

On doit obéir au Roi, disoient les Peres du Concile de Tolede, en tout ce qui peut contribuer à son salut, en tout ce qui tend à l'avantage de la Patrie. *Obediendum est Regi quidquid saluti ejus proficiat, & Patriæ consuluerit.* (Concil. Toletani XII. Can. 1. Anno J. C. 680. Regni Regis Ervigii I°. *Traité des Libertés de l'Egl. Gallic.* Tom. II., Part. 1. No. 7, pag. 66. Edition de 1731.

Le célebre Hincmar Archevêque de Reins ayant été accusé par ses ennemis d'avoir favorisé l'invasion que Louis Roi de Germanie frere de Charles-le-Chauve fit en France en 853, ce Prince voulut l'obliger à lui prêter un nouveau serment de fidélité, suivant une formule qu'il lui fit proposer au Concile de *Pontion*, ou *Ponthieu*. Cette formule parut à Hincmar une innovation contraire à l'ancien serment de fidélité que faisoient les Evêques d'être *fideles au Roi, selon leur savoir & pouvoir, en ce qui seroit de leur Ministere, ainsi qu'un Evêque doit lui être fidele, en ce qui est de droit & de raison,* ,, *Sicut Archiepiscopus per rectum Imperatori fidelis esse debet.*" (Hincmar, Tom. II. n. 61. Pag. 836 & 837.); parce qu'on y avoit ajouté la promesse d'être fidele, & obéissant, & de prêter aide EN TOUTES CHOSES. *In omnibus scilicet fidelis & obediens adjutor ero.* (Ibid, P. 836.)

Le prélat soutint qu'une clause aussi générale étoit absolument contraire à l'usage établi par rapport au serment que les Sujets doivent aux Princes, & même à celui que les Maîtres exigent de leurs serfs. Con-

trā consuetudinem juramenti quod Principes & Domini suis subjectis & etiam servis jurare debent adscripsit (Pag. 835.) „Le savant Auteur de cette „ formule nouvelle, disoit cet Evêque avec une ironie piquante, eût „ bien dû examiner, avant de la proposer, si un Evêque doit obéir „ & prêter aide, lorsque par surprise faite à sa Religion, le Prince „ commanderoit ou feroit ce qui ne conviendroit point au ministère „ Episcopal." *Si forte Dominus noster, quod absit, subreptione aliquid jusserit vel egerit, quod Episcopali ministerio non conveniat, videre debuerat hic scriptor sagacissimus, si obediens & adjutor in hoc illi Episcopus esse debeat* (Pag. 835. & 836.). Hincmar ajoute affirmativement, „ qu'il n'y a aucun homme qui puisse remplir l'obligation envers un autre de lui être fidèle & obéïssant, & de lui prêter aide en toutes choses, sans exception, à moins d'interpréter ces expressions de l'habile Auteur de la formule, comme si l'on supposoit (ce qu'il faut souhaiter) que celui à qui nous jurons ainsi ordonnera & fera toujours des choses dans lesquelles nous devions & puissions lui obéir, & pour lesquelles nous puissions & devions lui être en aide." *Et non puto ut ullus homo sit qui alteri homini in omnibus fidelis & obediens & adjutor insimul esse possit; nisi forte illo genere locutionis hanc illius viri docti sententiam intelligamus.... ut videlicet cupiamus eum ea semper jubere ac semper agere, quibus debeamus & valeamus obedire & ad quæ illi debeamus & valeamus adjutores esse* (Pag. 836.)

Désobéissances louables de gouverneurs de Provinces & d'Officiers.

Le Regne de Henry III. fournit un Exemple de résistance à des ordres particuliers qui sera toujours l'objet des plus grands éloges. Mézerai dit que le Roi comptant sur la fidélité & le courage de Crillon Mestre de Camp du Régiment des Gardes, pensa qu'il pourroit lui servir d'exécuteur pour la mort du Duc de Guise. L'ayant donc fait venir dans son cabinet, il lui exposa les insolences du Duc, l'extrêmité où elles l'avoient réduit, & le conjura de le délivrer de ce méchant homme, & de le faire arquebuser quand il entreroit dans le Louvre. Crillon répondit au Roi en jurant, comme il avoit coutume, que „ bien qu'il „ fût *capable* de tout entreprendre pour le service de S. M., il ne „ *l'étoit point de commettre un assassinat*; que s'il lui plaisoit, il feroit „ mettre l'épée à la main au Duc de Guise, se vantant de lui passer la „ sienne dans le ventre, dût-il s'enferrer avec lui." (Hist. de France par Mézerai Tom. III. Pag. 737. de l'Edition de 1685. in fol.).

Quelques justes que soient les commandemens des Rois, dit à ce propos le P. Daniel, ils sont quelquefois de telle nature, qu'un honnête homme ne peut avec honneur se charger de l'exécution. Il leur faut (aux Rois) des ames basses, & mal nées, dont ils ne manquent jamais, pour être dans ces occasions les ministres de leur justice. Une sorte de bienséance les oblige à les récompenser; mais ils ne doivent jamais le faire par un emploi de confiance, ni par leur estime (a). C'est ainsi que

(z) Tout autre qu'un Jésuite eût dit qu'un Prince feroit une nouvelle faute en récompensant de pareils hommes. Car n'est-ce pas inviter au crime que de le récompenser?

Henry III. en ufa à l'égard de Loignac Capitaine des 45. dont il s'étoit fervi pour tuer le Duc de Guife. (Hift. de France par Daniel, Tom. XIII, Pag. 161. de l'Edition in 12.)

Après la convention d'Amboife, fous le Roi de France Charles IX. en 1563, les Allemands, Reitres, & Lansquenets furent payés des deniers du Roi, & renvoyés dans leur Pays, avec un ample Sauf-conduit pour traverfer le Royaume. La Reine Catherine de Médicis qui gouvernoit alors (femme vindicative, & infidele à fa parole, pour peu qu'elle crût avoir intérêt d'y manquer), écrivit à Tavannes Commandant en Bourgogne, d'attaquer les Allemands en route, malgré leur fauf-conduit, & de les détruire. *Tavannes ne voulut pas violer un Traité de paix, il refufa prudemment d'obéir.* Efprit de la Ligue, Tom. I. Liv. 2.

Ce même Monarque que fa politique inhumaine détermina à immoler à fa Religion ceux de fes Sujets qui avoient embraffé la Réforme, non content de l'affreux maffacre qu'il en fit faire fous fes yeux dans la Capitale le jour horrible de la Saint Barthelemy, avoit fait expédier des ordres pour qu'on exerçât les mêmes cruautés fur ces fectaires infortunés dans le refte du Royaume. La fageffe des Gouverneurs de Places & de Provinces qui refuferent d'exécuter ces ordres fanguinaires à rendu leurs noms prétieux à la poftérité.

Honorat de Savoye, Comte de Tende, Marquis de Villars, Gouverneur de Provence, le Marquis de Gordes Lieutenant de Roi en Dauphiné, Eléonor de Chabot-Charny Gouverneur de Bourgogne, Saint Héran Gouverneur de l'Auvergne, Thomaffear de Curfay Lieutenant de Roi à Angers, empêcherent fagement le défordre, répondant aux porteurs des ordres pour le maffacre, ,, qu'ils ne pouvoient croire une cho-
,, fe fi barbare, & fi contraire aux dernieres nouvelles que le Roi leur
,, avoit envoyées; que la févérité, & les fupplices n'ayant fait jufque-
,, là qu'irriter les Huguenots, il feroit mieux de les ramener à leur de-
,, voir pas les voies de douceur & d'humanité, que de les porter à u-
,, ne extrême rage, par une telle perfidie."

Philbert de la Guiche Gouverneur de Macon, fit que la prifon fervît d'azile aux Proteftans.

Jean Hennuyer Docteur de Paris qui avoît été premier Aumônier & Confeffeur du Roi Henri II, après la mort de ce Prince, devint Evêque de Lifieux. Il y avoit 12 ans qu'il gouvernoit fon Diocefe, en inftruifant fon Peuple, & l'édifiant par l'exemple de toutes les vertus Chrétiennes, lorfqu'en 1572. le Lieutenant de Roi en cette Ville alla lui communiquer les ordres qu'il venoit de recevoir pour faire maffacrer tous les Calviniftes. ,, Non, non, lui dit le faint Evêque, je m'oppofe, & je
,, m'oppoferai toujours à l'exécution d'un pareil ordre. Je fuis le Paf-
,, teur de Lifieux, & ces hommes qu'on vous commande d'égorger
,, font mes ouailles. Quoiqu'elles foient égarées, étant forties de la
,, bergerie dont le Souverain Pafteur m'a confié la garde, je ne perds
,, pas efpérance de les y voir rentrer. Je ne vois point dans l'E-

,, vangile que le Pasteur doive souffrir qu'on répande le sang de ses
,, brebis: au contraire j'y vois qu'il est obligé de verser le sien pour el-
,, les. Retournez-vous en donc avec cet ordre qu'on n'exécutera jamais,
,, tandis que Dieu me conservera la vie, qu'il ne m'a donnée que pour
,, l'employer au bien spirituel & temporel de mon troupeau." Mais
répliqua le Lieutenant de Roi, donnez-moi donc par écrit, pour ma
décharge, le refus que vous faites de laisser exécuter les Ordres du
Roi. ,, Très volontiers, dit le Prélat, je connois la bonté du Roi,
,, & je ne doute nullement que je n'en sois bien avoué. En tout cas,
,, je me charge de tout le mal qui en peut arriver, dont je vous garan-
,, tis." Hennuyer écrivit & signa un *Acte autentique de son opposition &
de ses réponses*. Cet écrit étant parvenu au Roi, il retira ses ordres (a).
Le Vicomte d'Ortez qui commandoit à Bayonne, homme violent,
mais qui abhorroit les lâchetés, ne permit point à la populace de se soulever contre les Protestans. Sa réponse aux Lettres du Roi à ce sujet,
étoit conçue en ces termes. ,, Sire, j'ai communiqué le commande-
,, ment de votre M. à ses fideles Habitans & Gens de guerre de la
,, Garnison. Je n'y ai trouvé que bons citoyens & braves soldats,
,, mais *pas un bourreau*. C'est pourquoi, eux & moi, supplions très
,, humblement V. M. de vouloir employer nos bras & nos vies en cho-
,, ses possibles, quelques hazardeuses qu'elles soient, nous y mettrons
,, jusqu'à la derniere goutte de notre sang. (Histoire de France par Da-
,, niel, Tom. XIII, Pag. 262.")
Le Maréchal de Lesdiguieres en 1616, se fit un mérite de désobéir
aux ordres précis du Roi Louis XIII, réitérés plusieurs fois, parce qu'ils
lui paroissoient injustes, contraires à la parole que le Roi avoit donnée à
un Prince allié de la Couronne, & honteux à la Nation Françoise. ,, Je
,, vais, disoit-il, au secours de M. le Duc de Savoye, contre l'inten-
,, tion & les ordres précis de la Cour: Mais *il faut savoir désobéir
,, en certaines occasions à son Prince*, pour le servir selon ses véritables
,, intérêts." (Histoire du Connétable de Lesdiguieres, Liv. IX. Chap.
2 & 3.)
Quelle différence, Mr., entre les Militaires du tems passé, & ceux
d'aujourd'hui! Une Lettre de Cachet, un mot d'un Ministre les fait
trembler. Aussi rampans que l'ami de Séjan (b), ils croient que le pouvoir

---

(a) *Histoire du Calvinisme par Maimbourg*, Liv. VI. Pag. 486, de l'Edition in 4°. *Esprit de la Ligue*, Liv. IV. Tom. 3. Jean Hennuyer né à St. Quentin au Diocese de Laon en 1497, nommé par François II. à l'Evêché de Lisieux, en 1558, mourut en 1578. Son portrait se voit encore dans le réfectoire de la Maison de Navarre de Paris. Il étoit Doyen de la Faculté de Théologie. Il a vécu sous les Regnes de Charles VIII, de Louis XII, de François I, de François II, de Charles IX & de Henri III.

(b) M. Terentius Chevalier Romain accusé d'avoir été l'ami de Séjan (après la disgrace de celui-ci) se défendit en disant à Tibere. ,, Ce n'est point à nous à juger ni les objets, ni les ,, motifs de vos graces. Les Dieux vous ont donné le pouvoir suprême, & ne nous ont lais- ,, sé que le mérite de l'obéissance. *Non est nostrum aestimare quem supra caeteros, & quibus ,, de causis extollas; tibi summum rerum judicium Dii dedere; nobis obsequii gloria relicta est.*" (Tacit. Annal. Lib. VI. C. 8. n. 5.) Tel est l'effet de la flatterie honteuse, & de l'avilissement odieux qui ne conviennent qu'à des regnes semblables à celui de Tibere, & qui caractérisent les ames basses & intéressées.

du Monarque eſt ſans bornes, & que l'obéiſſance aveugle aux commandemens les plus injuſtes, les plus contraires au bien de l'Etat, fait toute la gloire, toute la diſtinction d'un Officier de la Couronne, d'un Pair de France, d'un Prince du Sang.

L'hiſtoire de Bretagne fournit un fait plus ancien, & à-peu-près du même genre que ceux que l'on a rapporté plus haut. Le Duc de Bretagne Jean IV. en 1387, ayant réſolu de perdre le Connétable de Cliſſon, le conduiſit dans le Château de l'Hermine qu'il venoit de faire bâtir dans la ville de Vannes, ſous prétexte d'en faire la viſite, & l'y fit retenir par des gardes apoſtés. Le ſoir même le Duc donna ordre à l'Officier gardien du Château de faire mettre le Connétable dans un ſac, & de le jetter à la mer ſecrettement, & qu'il ne manquât pas d'exécuter cet ordre la nuit ſuivante, à peine de la vie. Cet Officier (Meſſire Jean de Bavalan) homme de grande ſageſſe que le Duc avoit employé avec ſuccès dans pluſieurs ambaſſades, lui repréſenta l'horreur, l'injuſtice, & les conſéquences d'une telle action. Le Duc furieux déclara qu'il vouloit être obéi. Cependant Bavalan ſuſpendit l'exécution des ordres qu'il avoit reçu. Pendant la nuit, le Duc cédant à un ſentiment plus impérieux que la haine, ſe troubla; le remords chaſſa le ſommeil de ſes yeux. Dès la pointe du jour il fit venir Bavalan, & lui dit avec émotion, *eſt-il mort?*.... Bavalan ignorant le changement qui venoit de ſe faire dans l'ame du Prince, répond: Je vous ai obéi. *Quoi, dit le Duc, Cliſſon eſt mort?....* Oui, Monſeigneur, répartit Bavalan, cette nuit il a été noyé. Le Duc déſeſpéré ordonne à Bavalan de ſe retirer; il s'abandonne à la douleur, ne veut plus voir perſonne, refuſe de prendre aucune nourriture, & ſe condamne lui-même à la mort. Ses gémiſſemens & ſes cris ſe font entendre. Ses Ecuyers, & ſes Domeſtiques s'empreſſent pour le ſoulager, ſans pouvoir pénétrer la cauſe de ſes maux. Bavalan informé de la triſte ſituation du Duc, & voyant que ſon repentir étoit véritable, crut devoir calmer les agitations de ſon eſprit, & le rappeller à la vie. Il ſe préſente à lui malgré ſes défenſes, & lui dit qu'il avoit oſé ſuſpendre l'exécution de ſes ordres, & que le Connétable vivoit encore. Le Duc tranſporté de joie, ſe jette au cou de Bavalan, loue ſa prudence, lui dit que c'eſt là le plus grand ſervice qu'il lui ait jamais rendu, & lui donne une récompenſe. (Hiſt. de Bretagne par Dargentré, Liv..... & par Dom. Morice, Tom. 1. Pag. 398.)

Villaret qui a rapporté ce trait d'Hiſtoire (Hiſt. de France, Tom. XI. Pag. 444), donne Bavalan (c) pour un Officier vertueux, digne par ſa ſageſſe, & ſon courage de ſervir à jamais de modele aux ſerviteurs & Miniſtres des Souverains: mais cet Officier n'auroit-il pas mieux fait de ne pas promettre d'obéir, & de refuſer ſon miniſtere, comme Crillon & le Vicomte d'Ortez? Leçon importante, ajoute Villaret, pour les Grands, & pour ceux qui les approchent. Heureux les Prin-

(c) Il n'exiſte plus aucun rejetton de la famille de *Bavalan*.

ces qui trouvent des Sujets assez généreux pour leur désobéir lorsqu'ils commandent un crime.

Ces traits Historiques sont la preuve d'un grand courage civil, vertu beaucoup plus rare, & souvent plus utile que le courage militaire. Et quel est l'homme Chrétien, quel est le Citoyen vertueux qui ose blâmer des Sujets généreux d'avoir désobéi dans de telles circonstances?

6°. Burlamaqui & Barbeyrac décident d'un commun accord, qu'un Parlement à qui le Prince ordonneroit d'enregistrer un Edit manifestement injuste, doit sans contredit refuser de le faire; & cette décision est une conséquence nécessaire des Maximes établies par ces Auteurs: c'en est assez pour écarter l'objection qu'on nous oppose. Il n'est donc pas vrai que le serment des Magistrats, & que l'obéissance dont ils doivent donner l'exemple, leur imposent la nécessité de vérifier les Loix, lors même qu'elles leur paroissent dangereuses, nuisibles, contraires à la constitution de la Monarchie.

On a entendu plus haut l'Impératrice de Russie dire, à propos des Corps politiques dépositaires des Loix, que ,, leur Institution empêche le Peuple de mépriser impunément les ordres du Souverain; & elle le met en même temps à l'abri des caprices & de la cupidité; car elle légitime d'une part les peines destinées aux transgresseurs des Loix, & autorise d'autre part le refus d'enregistrer celles qui sont contraires à l'ordre établi dans l'Etat, ou celui de s'y conformer dans l'administration de la justice & des affaires publiques".

Les Magistrats sont donc autorisés à refuser la vérification & l'exécution des Loix qui leur paroissent injustes: ils seroient autrement des dépositaires infideles, ou du moins inutiles.

C'est principalement par rapport à l'administration de la justice, que les officiers chargés de la rendre ne doivent pas se regarder comme des instrumens passifs, qui ne répondent point de l'iniquité des jussions qu'ils peuvent recevoir. Strick rapporte, & propose comme un exemple dont doivent être frappés les grands qui approchent les Princes, la conduite d'un Président du Parlement de Paris, qui ayant reçu ordre de la Cour, sous peine d'être privé de son office, de rendre un Jugement conforme à ce que le Roi desiroit, répondit avec une fermeté inébranlable, qu'il préféreroit mille fois de perdre sa place à déplaire à Dieu par un Arrêt injuste (d).

Désobéissance louable des Chanceliers & des Magistrats.

Les Chanceliers violent leur serment & les Ordonnances, lorsqu'ils scellent des Edits pernicieux. Leur imputeroit-on à désobéissance la fidélité qui les porteroit à refuser leur ministere pour un rescrit dont ils ne pourroient se dissimuler le danger? Le Chancelier de Philippe second, Duc de Bourgogne, aima mieux renoncer à sa charge, que de *passer une*

(d) *Notatu dignum exemplum, quod qui à latere Principis meritò, intueri debent, quod de Præside Parlamenti Parisiensis; cui cùm Rex mandasset ut, sub pœnâ depositionis, sententiam ejus voluntati conformem ferret in causâ quâdam, respondisse fertur: malo officium perdere, quàm scienter Deum offendere. Ità etiam officio privatus fuit, postmodùm tamen ob candorem revocatus & honoribus meritis condecoratus.* Dissert. Jurid. tom. 7, pag. 442.

chose inique." Bodin qui nous a conservé la mémoire de ce fait, plus respectable qu'il n'est imité, ajoute „que le Duc voyant la constance invariable de son Chancelier qui vouloit quitter les Sceaux, révoqua le mandement par lui fait; & souvent (c'est la réflexion de Bodin) cette constance & fermeté des Magistrats a sauvé l'honneur des Princes, & retenu la République en sa grandeur, quand il y va de l'équité Naturelle (e)."

Le Lord Bridgmann Garde des Sceaux d'Angleterre aima mieux perdre les Sceaux, que de les apposer à une déclaration qu'il croyoit contraire aux Loix. (f)

„ Sous le regne de Richard Second, le Chevalier Richard Feroo-
„ pe fut fait Chancelier d'Angleterre. C'étoit un homme d'un méri-
„ te si reconnu & si porté à la justice, qu'il fut élevé à ce grand pos-
„ te à la requête des deux Chambres du Parlement. Ce Magistrat étoit
„ trop honnête homme pour exercer longtems cette Charge; il ne vou-
„ loit pas faire les affaires des Favoris, & les Favoris ne voulurent
„ pas lui laisser servir le Roi & le Royaume. Ils avoient mandié des
„ concessions de plusieurs Seigneuries échues nouvellement à la Cou-
„ ronne; mais ce que le Roi avoit eu la foiblesse d'accorder, le Chan-
„ celier eut la probité de le refuser: il allégua les besoins du Roi, ses
„ dettes, & la nécessité de satisfaire les créanciers; qu'aucun bon Sujet
„ ne préféroit ses propres avantages aux intérêts du Roi, le profit d'un
„ Particulier au bien public: qu'ils avoient déjà reçu du Roi de gran-
„ des libéralités, & que la modestie vouloit qu'ils n'en demandassent
„ pas davantage. Ce refus les enflamma de courroux; ils allerent
„ porter au Roi des accusations graves contre le Chancelier; il é-
„ toit opiniâtre, il méprisoit les ordres de sa Majesté, il méritoit de
„ subir un châtiment exemplaire pour sa désobéissance & son mépris de
„ l'Autorité Royale, dont l'exemple sans cela deviendroit contagieux.

„ C'en fut assez pour exciter le courroux de ce Roi peu judicieux,
„ qui dans sa fureur envoie demander les Sceaux au Chancelier. Di-
„ rons-nous que ces Favoris qui trompoient & voloient le Roi, avoient
„ accusé le Chancelier par des motifs désintéressés, & pour faire valoir
„ uniquement les prérogatives Royales. Il ne faut pas douter que ces
„ Messieurs ne le représentassent dans les pays étrangers avec des cou-
„ leurs bien noires, comme un homme fier & insolent, qui s'étoit em-
„ paré de toute la faveur, qui maltraitoit les meilleurs amis du Roi,
„ & qui faisoit le rôle de Roi. Ces imputations n'étoient pas différen-
„ tes de celles que d'autres à sa place avoient méritées, & ainsi elles
„ étoient croyables de ce Chancelier, qui reçut une rude censure, & fut
„ congédié avec ingratitude, pour avoir montré une fidélité & une in-
„ tégrité rares (g).

(e) De la République, liv. 3. ch. 4. pag. 295.
(f) Histoire d'Angleterre par Burnet Tom. 2. Liv. 2. pag. 239. Edit. de 1727.
(g) Discours sur Tacite par Gordon, Tom. 3, Discours 3, section 5.

,, Il m'est arrivé de perdre patience, en lifant en quelqu'en droit
,, l'Histoire fuivante d'un Prince, qui de nos jours fe donnoit le nom
,, de Grand, à mon avis, très mal à propos. Il contoit à une de fes
,, maîtreffes combien lui avoit procuré de repos d'efprit fon Confef-
,, feur à qui il avoit communiqué fon inquiétude fur l'oppreffion & l'é-
,, puifement de fon Peuple. Que le bon Réligieux avoit diffipé tous
,, fes fcrupules, en l'affurant que tout ce que fes Sujets avoient étoit
,, à lui, & qu'il pouvoit en confcience prendre ce qui lui appartenoit.
,, On dit que la Dame lui répondit d'une maniere franche & jufte;
,, *Etes-vous affez fot pour le croire?* Il n'y avoit fans doute point de
,, flatterie, point de vues intéreffées pour la faveur & les bienfaits de la
,, Cour dans les décifions des queftions d'Etat & de confcience, de
,, ce faint & impitoyable impofteur qui fe fervoit de la Loi de Dieu
,, pour autorifer l'oppreffion, & fantifier les énormités d'un tyran.
,, Lorfque le Roi Jacques I demanda à l'Eveque Néal, s'il ne pou-
,, voit pas puifer dans la bourfe de fes Sujets fans les formalités & le
,, confentement des Parlemens, l'Evêque lui répondit rondement qu'il
,, le pouvoit. *A Dieu ne plaife, Sire, que vous ne le puffiez, vous
,, êtes le fouffle de nos narines.* Avec ce jargon & une application impie
,, & burlefque de l'Ecriture, ce Prélat auroit voulu autorifer la fub-
,, verfion des Loix fondamentales de l'Etat, & lâcher la bride au Roi
,, pour dépouiller fes Sujets au mépris du devoir d'un Roi, du fer-
,, ment prêté à fon facre, & de la Conftitution du Royaume. Pour-
,, quoi la Loi n'a-t-elle point ordonné des châtimens pour un tel parrici-
,, de empoifonneur, ennemi déclaré des Loix & de la liberté? On pro-
,, nonce avec juftice que projetter la mort d'un Roi eft un crime de hau-
,, te trahifon. L'Evêque projettoit la deftruction de l'Etat. Il y a
,, apparence que cet impie Pédant ne fe porta à cet excès de méchan-
,, ceté & d'impofture, que pour complaire au Roi, favorifer l'Epifco-
,, pat, & fe frayer le chemin aux honneurs eccléfiaftiques. J'ignore
,, dans quel autre fens le Roi pouvoit être *le fouffle des narines de
,, l'Evêque.* Ce dont je fuis certain eft que ç'auroit été un faux com-
,, pliment dans la bouche des Peuples, s'ils avoient été dépouillés &
,, volés contre la difpofition de la Loi, felon le défir du bon Prince & le
,, fentiment du pieux Evêque. Ce miférable motif dans une ame baffe
,, comme la fienne, étoit fupérieur au bonheur de la Société Civile,
,, aux Loix de la Patrie, & à toutes chofes (h).
,, Louis XIII Roi de France aimoit l'Autorité Souveraine autant
,, qu'il étoit incapable de l'exercer: En voici un exemple: Le Peuple
,, de Touloufe lui préfenta des Placets unanimes & fort preffans pour
,, lui demander la grace du Duc de Montmorency condamné à mort.
,, Il répondit, *que s'il fe conduifoit felon les défirs de fon Peuple, il n'a-
,, giroit pas en Roi.....* Quelles étranges & fuperbes idées ont dû
,, maîtrifer

(h) Difcours fur Tacite de Gordon, Tom. 2, Dicours 6. fection 6.

„ maîtriser le foible cerveau de ce Prince, qu'un Roi doive agir pour
„ lui-même contre son Peuple! la chose n'est souvent que trop vraie;
„ mais qu'on me dise ce que le Peuple feroit pour lui-même en pareil-
„ les occasions, je ne dis pas le Peuple de Toulouse dans cette con-
„ jonéture, mais une Nation entiere, qui voit dans la maniere de
„ gouverner du Souverain qu'il ne songe qu'à lui même, sans songer
„ à ses Sujets, qu'il considere comme une chose qui lui appartient en
„ propre. Ceux qui ont un pouvoir injuste, mal acquis ou excessif,
„ sont toujours jaloux & ombrageux: ils craignent ceux qu'ils ne devroient
„ pas craindre, & tâchent d'opprimer ou de détruire ceux qui le
„ craignent. C'est la nature & le cours de la tyrannie: *Cuncta ferit,*
„ *dùm cuncta timet*......
„ Pour revenir à Louis XIII, outre l'infamie & l'injustice criante
„ de ce Prince qui faisoit gémir son Royaume sous le poids impitoyable
„ des prérogatives mises en œuvre pour violer les droits des Peuples,
„ leur liberté & les Loix, tout le nouveau pouvoir que le Prince a-
„ voit usurpé étoit possédé par son Ministre. C'étoit le Cardinal qui
„ tenoit le sceptre de fer: il en abusoit jusqu'à le faire craindre de
„ son maître & à le couvrir d'ignominie. Ce Monarque qui se met-
„ toit au-dessus des Loix, qui fouloit aux pieds les Remontrances
„ de ses Parlemens, ne fit en cela autre chose, que mettre le Cardi-
„ nal au-dessus de lui; c'étoit de sa foiblesse, pour ne rien dire de pis,
„ que son Ministre tiroit son autorité excessive. Delà en avant ce
„ Monarque ne put ni n'osa se servir de ses yeux ou de ses oreilles
„ que par la permission de cette Eminence (i)."

Cette obligation du Chancelier, de ne point sceller les lettres contraires à la justice & au bien public, a toujours été si notoire, que les Etats du Royaume assemblés sous Charles VI, lui reprochoient publiquement par la bouche de l'Université, d'y avoir contrevenu.

„ Item, & quand est au fait de votre Chancellerie, il est bien sçu
que votre Chancelier de France a soutenu maintes grans peines, & est
bien digne d'avoir grans prouffits, voire sans préjudice du bien commun; mais combien que pour ses gages, il ne doive avoir que deux mille livres Parisis, néanmoins depuis vingt ans en çà, il en a prins outre lesdits deux mille livres Parisis, & outre le don de deux mille francs sur les émolumens du Scel. Item, & outre ce, il a prins le Regiftre de....
& des rémissions, qui monte sur chacune vingt souls Parisis, & peuvent monter par an en une grande somme d'argent. Item, & avec ce, il a prins autres deux mille francs sur les Aides, ayant cours sur le fait de la guerre: Item, & avec ce, il prend chacun an deux cents francs pour ses vêtemens: Item il a prins, & prend chacun an sur le Trésor, sur sa Chancellerie, de cinq à six cents livres Parisis: Item, & outre les choses dessus dites, il a eu sur les tailles & impositions plusieurs grans dons,

---

(i) Discours sur Tacite par Gordon, Tom. 2, Discours 7. section 4.

qui se peuvent estimer à une grande somme. *Item, il a légiérement passé & scellé lettres de dons excessifs, sans faire quelque résistance;* & les particularités seront trouvées par les comptes de Michel de Sabulon, d'Alexandre Bourlier, & de plusieurs autres qui ne se sont pas feins d'y faire leurs souppes : Item, & à plus à plain déclarer le précédent article, on trouveroit plus de six mille francs de dons particuliers, qui voudroit visiter les comptes des dessusdits), & des autres Receveurs-généraux, *desquels dons ledit Chancelier a scellé lettres, nonobstant qu'il sçut bien que ladite finance étoit ordonnée pour le fait de la guerre.* Item, en ladite Chancellerie, est venu un grand émolument d'argent, lequel émolument est à grand somme de deniers: & sont gouvernées les finances dudit scel par Maître Henri Machalie, & par Maître Buder, Contre-rolleur dudit scel de ladite Chancellerie, & sur le droit du Roi prennent doubles gages: c'est à sçavoir, du Notaire & du Secrétaire, sans leurs bourses, & en prennent aussi dons & pensions excessives; & ainsi est la Chancellerie tellement gouvernée, qu'il n'en vient pas grand prouffit à Vous, jaçoit ce chose que l'émolument dudit Scel soit bien grand (k)."

On trouve quelques exemples de Chanceliers qui ont connu leurs obligations sur ce point, & qui les ont remplies avec plus ou moins de courage.

Il y avoit une contestation sur la propriété du Comté de Valentinois entre Louis de Saint Vallier & Charles Dauphin fils de Charles VI, Régent du Royaume. Saint Vallier déclara qu'il se tiendroit à ce qui seroit ordonné par la Justice même du Dauphin. En conséquence le Dauphin nomma des Commissaires. Depuis le Dauphin céda à Saint Vallier tout le droit qu'il prétendoit, & promit de faire prononcer la sentence en sa faveur.

„ Le dernier Juin 1422 le Chancelier de France, qui étoit après
„ le Régent, & les autres de son Conseil, firent un acte qu'ils ne
„ pouvoient donner leur avis & consentement à la sentence qui de-
„ voit intervenir pour le fait desdits Comtés, pour le grand dommage
„ qui en devoit arriver à la chose publique.

„ Le I.er Juillet il se passa un acte assez considérable: il porte que le
„ Régent étant assis en sa chaire, assisté de son Chancelier & de plu-
„ sieurs Grands & autres Conseillers, le Chancelier représenta que Mon-
„ sieur le Régent avoit promis à l'Evêque de Valence frere du sieur
„ de Saint Vallier, de donner ce même jour sentence sur lesdits com-
„ tés de Valence & de Die au profit dudit sieur de S. Vallier; que ladi-
„ te sentence avoit été baillée par écrit par ledit Evêque, pour lui
„ être délivrée ainsi qu'il la desiroit, ce qui fit murmurer plusieurs du
„ Conseil; même lui Chancelier ne se pouvoit consentir: que sur ce,
„ l'Evêque se leva & dit que Monsieur le Régent l'avoit aussi promis
„ & le somma d'ainsi le faire, & qu'aussitôt il présenta la dite sen-

(k) Recueil des Etats tenus en France, *part.* I, *pag.* 17.

,, tence, la fit lire, & demanda audit Régent fi il ne la vouloit pas
,, ainfi ; à quoi il répondit qu'oui, fans autre chofe. Que l'Evêque
,, ayant demandé que les affiftans fuffent nommés dans la fentence, le
,, Chancelier dit qu'il ne le falloit pas, & que jamais le Roi ni Mon-
,, fieur le Régent ne mettoient les préfens quand ils donnoient fen-
,, tence, & pour ce auffi qu'aucuns n'en étoient d'accord, dont ledit
,, Chancelier demanda lettres audit Régent, ce que firent auffi d'au-
,, tres Officiers pour leur décharge. Enfuite de ce, ledit Evêque com-
,, me Procureur dudit fieur de Saint Valier offrit faire la foi audit Ré-
,, gent pour lefdits Comtés; mais le Chancelier répondit que le Roi ni
,, le Régent ne recevoient point les hommages, principalement des
,, Comtés & Duchés par Procureur."

Le Procureur Général du Régent interjetta Appel de cette fentence du Régent Dauphin mal confeillé audit Régent bien confeillé, à fon Grand-Confeil, à la Cour de Parlement & du Dauphiné, & ce, en préfence du Régent & de plufieurs de fon Confeil.

Le 10 Juillet le Procureur Général du Roi interjetta un autre appel de cette fentence au Roi & au Régent étant enfemble; le Roi étant en fa liberté, ou du Régent non averti & non bien confeillé, à lui bien confeillé, ou à la Cour de Parlement du Roi.

Il intervint Arrêt le 30 Mars 1422 par lequel le tranfport, la donation, & la fentence font déclarés nuls & de nulle valeur, & mis au néant (1).

Le Chancelier de Birague refufa de fceller les Lettres portant pouvoir de remettre au Duc de Savoye quelques Places frontieres. Le Roi reprit les Sceaux, les fit fceller en fa préfence; & le Chancelier voulut qu'il en fût dreffé un acte pour fa décharge. Il eft affez court pour pouvoir être tranfcrit (m).

Le Chancelier de Chiverny annonça vingt ans aprés, moins de courage : il fcella contre le témoignage de fa propre confcience des lettres dont il fentoit les conféquences pernicieufes; croyant avoir rempli ce qu'il devoit à Dieu & aux hommes, pourvû qu'il fût établi qu'il y avoit mis le fceau contre fon propre avis.

(l) Dupuy, Traité des Droits du Roi pag. 635.
(m) ,, Aujourd'hui 7e. jour d'Octobre 1574, le Roi étant à Lyon, ayant pour aucunes grandes
,, confidérations advifé de remettre à Monfeigneur le Duc de Savoye les Villes & Places de Pire-
,, rol, Seuillant & de la Pérouſe, & l'Abbaye de Germolles ; & député Meffeigneurs les Duc
,, de Nivernois, Pair de France, Gouverneur & Lieutenant-Général de Sa Majefté delà les
,, Monts, & Grand-Prieur de France, & les fieurs Charles de Birague, auffi Lieutenant- Général
,, de Sadite Majefté, delà lefdits Monts en l'abfence de mondit Seigneur de Nivernois ; & de
,, Sauve, fon Confeiller & Secrétaire d'Etat, pour faire de fa part ladite reftitution ; dont les pou-
,, voirs leur ont été du commandement de Sadite Majefté expédiés par moi, fon Confeiller & Se-
,, crétaire d'Etat, dès le 25 Septembre ; d'autant que Monfeigneur le Chancelier a *pour le dû de
,, fa charge*, fait difficulté de les fceller; Sa Majefté lui a, par exprès, commandé d'apporter
,, par devers elle les Sceaux ; à quoi mondit fieur le Chancelier ayant obéi & fatisfait, ont
,, été lefdits pouvoirs & autres lettres concernant ladite reftitution, fcellés & expédiés en fa pré-
,, fence, & par le commandement exprès de Sadite Majefté ; laquelle m'a commandé en expé-
,, dier le préfent Brevet qu'Elle a figné de fa propre main, & fait contrefigner par moi, *pour
,, fervir de décharge à mondit fieur le Chancelier, partout où il appartiendra*". Signé, Henri,
& plus bas, de Neufville. *Hiftoire des Chanceliers, de Godefroi, pag. 120.*

Lors de l'accommodement du Duc de Guife avec Henri IV, au mois de Novembre 1594, le Roi voulut bien lui promettre un des grands Gouvernemens du Royaume. Le Duc defiroit celui de Champagne : le Roi ne voulant pas l'ôter au Duc de Nevers, lui donna celui de Provence.

„ Le Chancelier de Chiverny parla très-fortement contre cette indulgence du Roi: il dit que c'étoit un fecret de la politique des Souverains, de ne donner jamais à quelque Seigneur que ce foit, un Gouvernement fur lequel il eût des droits; qu'on fçavoit que les Princes Lorrains defcendus d'Ioland, femme de René d'Anjou, Roi de Sicile, avoient toujours prétendu que la Provence leur appartenoit; que le Cardinal de Lorraine avoit pris le nom d'Anjou, il y avoit trente-cinq ans; que Charles, Duc de Lorraine, chef de la famille, prenoit encore aujourd'hui le titre de Comte de Provence; que le feu Roi avoit fait en ce genre une faute toute pareille, & qui, comme l'expérience le faifoit voir, étoit bien funefte à l'Etat, en ôtant la Bretagne à Louis de Bourbon, Duc de Montpenfier, & à fon petit-fils Henri Prince de Dombe, pour la donner à Emmanuel de Lorraine dont il avoit époufé la fœur, & à qui il avoit fait donner en mariage Marie de Luxembourg, héritiere de la Maifon de Penthievre, qui faifoit remonter fes prétentions fur le Duché de Bretagne jufqu'au temps où les Comtes de Blois dont elle defcendoit, difputerent cette Souveraineté à la Maifon de Montfort; que comme il étoit alors à la tête du Confeil de Henri III, il avoit fait tous fes efforts pour empêcher qu'on ne donnât le Gouvernement de cette Province à un héritier de la Maifon de Penthievre; que toutes ces remontrances ayant été inutiles, il avoit obtenu du feu Roi un certificat des repréfentations qu'il avoit faites à cette occafion ; qu'il demandoit donc la même grace à Sa Majefté dans la conjoncture préfente, d'autant plus qu'étant revêtu de la premiere Magiftrature du Royaume, il craignoit qu'on ne pût un jour reprocher à lui & aux fiens d'avoir par lâcheté ou par diffimulation, gardé le filence fur une affaire qui pouvoit avoir des fuites fâcheufes.

„ Le Roi qui avoit donné fa parole au Duc de Guife, & qui abfolument réfolu de tirer le Duc d'Epernon de ce pays-là, fe foucioit peu, pour me fervir de fon expreffion, d'envoyer la pefte dans cette Province, pourvû qu'il pût la guérir d'une autre pefte, n'eut pas plus d'égard que fon Prédéceffeur aux remontrances du Chancelier. Il lui donna de même un acte figné des quatre Secrétaires d'Etat, de ce qu'il avoit dit dans le Confeil en cette occafion ; & ce Magiftrat non content de cette affurance, lorfqu'il fcella les Provifions du Duc de Guife, écrivit de fa propre main au deffous du fceau, que par un acte authentique figné des quatre Secrétaires d'Etat, Sa Majefté avoit reconnu que c'étoit contre fon avis qu'elle avoit accordé ce Gouvernement (n)."

(n) Hiftoire de Thou, tom. 12, pag. 301, traduct. Franç.

Le Chancelier de l'Hôpital avoit eu de son tems la même foiblesse que le Chancelier de Chiverni.

„ Le Cardinal de Ferrare, envoyé Légat en France, demandoit des „ Lettres patentes qui confirmassent ses pouvoirs: " L'Hôpital s'y opposoit, parce qu'il les trouvoit contraires aux Libertés de l'Eglise Gallicane. Le Cardinal employa toute son adresse pour gagner le Chancelier, qu'il trouva inflexible. Il y eut entr'eux des contestations, dans lesquelles tous les deux s'échaufferent & se dirent réciproquement des choses assez vives. Cependant à force d'intrigues & de souplesse, le Légat obtint du Roi les lettres qu'il demandoit, sous cette condition qu'il ne feroit point usage de ses pouvoirs; mais le Chancelier refusa de les sceller. Le Cardinal eut encore assez de crédit pour lui en faire donner un ordre exprès du Roi. L'Hôpital alors obéit; mais il mit sous le sceau cette protestation, *Sans mon consentement*. Le Parlement ne voulut enregistrer ces lettres qu'avec les conditions sous lesquelles elles avoient été accordées (o).

Les Cours ne sont pas moins liées par leur serment *à pourvoir à ce qui auroit été mal & sinistrement conduit par le Chancelier de France*; elles ne sont pas moins obligées de ne point vérifier les Rescrits surpris au Prince. Les Ordonnances leur ont enjoint de ne pas consentir à ce que ces rescrits fussent mis dans le dépôt des Loix, sous peine d'être eux-mêmes *réputés désobéissans & infracteurs des Ordonnances*. C'est pourquoi le Chancelier de l'Hôpital disoit au Parlement de Paris qu'il avoit fait serment *d'obéir aux Ordonnances, qui sont les vrais Commandemens du Roi*. Omer Talon représentoit au Roi séant en son Lit de Justice, en 1648, „ que la résistance respectueuse dont usent quelquefois les Magistrats dans les affaires publiques, ne doit pas être imputée comme une marque de désobéissance, mais plutôt comme un effet nécessaire de la fonction de leurs charges."

Loin donc que les Magistrats doivent à l'obéissance qu'ils ont jurée au Souverain, d'enregistrer les Loix injustes; loin de se rendre coupables en refusant constamment de les vérifier, ils manqueroient à la fidélité, qu'ils doivent au Roi, ils iroient contre leur serment, s'ils avoient la lâcheté de sacrifier leurs lumieres & leur conscience à la volonté momentanée du Prince. Quelque commandement qui leur soit fait, quelques jussions qu'ils reçoivent, leur constance doit être à l'épreuve de ces ordres qui ne sçauroient dénaturer les rescrits pernicieux.

La résistance, qu'ils opposent à des Edits nuisibles au bien public, ou éversifs des droits nationaux, & des Loix fondamentales de la Monarchie, ne sçauroit être un crime; puisqu'elle est de devoir pour eux. Chargés par état d'examiner les Loix, ils iroient directement contre l'objet de cette importante fonction; ils tromperoient l'attente & l'intention de ceux qui leur ont confié cette charge, si la crainte ou une fausse

(o) Vie du Chancelier de L'Hôpital pag. 239.

complaisance leur arrachoit une vérification dont ils rendront compte au Souverain Juge. Ils se doivent à eux-mêmes comme Citoyens, de ne pas souscrire à une Loi injuste ou destructive des droits Nationaux. Ils le doivent au Roi, qu'ils tromperoient, en lui faisant entendre par leur consentement, que l'Edit qu'ils auroient vérifiés, n'a rien de contraire à l'équité & aux Loix. Ils le doivent au public comme ses juges, parce que liés par la vérification, ils seroient obligés de faire exécuter la Loi qu'ils auroient vérifiée, & qu'ils ne pourroient que rendre des Arrêts injustes, en se conformant aux dispositions d'une Loi injuste.

Loin que la résistance des Magistrats leur ait été imputée à crime, elle a été louée par nos Rois en différentes occasions.

Charles VIII par des Lettres du 22 Septembre 1483 avoit prononcé la révocation des Domaines aliénés. Dans d'autres Lettres du 27 Décembre 1484 il reconnoit que cédant à l'importunité, il a accordé plusieurs dispenses de l'exécution de la premiere Loi.

„ Et pour ce que, dit-il, vous, Gens de nosdites Cours de Parle-
„ ment, de nos Comptes & Thrésoriers, en vous conduisant vertueu-
„ sement, & acquittans vos sermens & Loyautés envers nous, comme
„ vous devez pour le bien de nous & de notre dit Domaine, en gardant
„ & entretenant notre dite Ordonnance, n'avez voulu vérifier les-
„ dites Lettres & dons, aliénations ou confirmations d'iceux, les au-
„ cuns des dessus-dits qui n'entendent que à leur profit particulier
„ ont, comme l'on dit, derechef obtenu autres Lettres réitératives
„ des premieres, lesquelles ils ont seulement dirigées, & fait adresser
„ à aucuns de nos Conseillers de nos dites Cours de Parlement, de vous
„ Baillis & Sénéchaux, vos Lieutenans & autres Commissaires parti-
„ culiers à poste, & sous ombre & couleur d'icelles, qui sont contre
„ les Ordonnances faites sur le fait de notre Domaine & de nos Finan-
„ ces, s'efforcent encore tenir & occuper plusieurs des terres, Sei-
„ gneuries, & membres de notre dit Domaine &c (p)."

On peut juger par là si le refus de vérifier des Rescrits émanés du Roi est imputé à révolte.

On étoit si accoutumé à la résistance de la part des Magistrats, que lorsqu'au Conseil du Roi on vouloit faire des choses contraires aux regles ordinaires, on prenoit des précautions pour la prévenir.

Il avoit été résolu au Conseil du Roi le 15 Août 1484 de permettre au Cardinal Balue Légat en France de faire son entrée solemnelle à Paris, avec les honneurs ordinaires, quoique ses facultés n'eussent pas été vérifiées. Les motifs, qui déterminoient à s'écarter ainsi de l'usage ordinaire, paroissent très foibles.

„ Toutefois a été avisé que pour ce que Messieurs de la Cour de
„ Parlement & de la ville de Paris pourroient faire quelque murmura-
„ tion, en faire quelques protestations & résistances, pensans s'ils

(p) Histoire de Charles VIII par Godefroi pag. 464.

,, n'étoient avertis des choses dessus-dites que ledit Cardinal voulsisse
,, user de sadite Légation, & aussi qu'on les voulsit contemner, afin
,, de contenter lesdits sieurs de Parlement & de la ville, qu'après di-
,, ner M. le Chancelier fera venir certain nombre de Présidens &
,, Conseillers de ladite Cour audit Conseil du Roi, pour les advertir
,, de toutes les raisons dessus dites, & déclaration faite par ledit Cardi-
,, nal Légat, de n'user de ses dites facultés, sinon ainsi qu'il plaira au
,, Roi, en ensuivant son premier scellé & promesse."

On voit par une autre délibération prise au Conseil du Roi le 17 Août 1484 que le Parlement avoit fait crier à son de trompe que le Cardinal ne fût reçu, ne réputé Légat, & lui avoit défendu de faire porter la croix devant lui. On fit au Conseil un Arrêté contraire. Cependant le lendemain il y fut résolu que cette matiere devoit être communiquée au Parlement. Le Chancelier & autres furent chargés d'y venir pour lui en communiquer, pour que le Parlement en fit ensuite rapport au Roi & à son Conseil (q).

Bodin examine si les Magistrats peuvent se démettre, plutôt que d'enregistrer une Loi, que tous estiment mauvaise & injuste ; & il ne balance pas à autoriser dans ce cas le parti des démissions. ,, La différence, dit-il, est bien notable entre les Edits & Ordonnances publiées, & celles qui sont envoyées pour publier. Car tous les Magistrats, par le serment qu'ils font, quand on les reçoit, jurent garder les Ordonnances ; & s'ils font autrement, outre la peine apposée aux Edits qu'ils encourent, ils sont aussi sujets à la note d'infamie comme parjures. Mais aux Edits & Mandemens non publiés, & qu'on leur apporte pour vérifier, ils ont la liberté de les examiner, & faire leurs Remontrances au Prince, devant que de les publier, comme nous avons dit ci-dessus, encore qu'il ne soit question que de l'intérêt particulier de quelqu'un ; à plus forte raison s'il y va de l'intérêt & dommage que peut souffrir, ou de l'utilité qui peut réussir à la République, laquelle, si elle est fort grande, couvre aucunement l'injustice de l'Edit, comme disoient les anciens. Mais il ne faut pas procéder si avant que ce profit, pour grand qu'il soit, commande à la raison : ni suivre les Lacédémoniens qui n'avoient autre justice que l'utilité publique, ainsi que dit Plutarque ; pour laquelle il n'y avoit serment, ni raison, ni justice, ni Loi naturelle qui tînt en leur endroit, quand il alloit du public. *Il est beaucoup plus expédient pour la République*, & plus séant pour la dignité du Magistrat, *de se démettre de l'Etat*, comme fit le Chancelier de Philippe second, Duc de Bourgogne (r)."

7°. Mais n'est-ce point assez que les Cours fassent de premieres & même d'itératives représentations ? Si leurs Remontrances sont toujours mal accueillies ; si le Monarque déclare qu'il ne veut point y avoir égard ; si par des jussions réitérées il enjoint aux Magistrats, sous peine de déso-

(q) Histoire de Charles VIII par Godefroi, pag. 440 & suiv.
(r) Ibid.

béissance, d'enregistrer; leur ministere n'est-il pas rempli? Leur est-il permis de persévérer dans le refus d'obéir? Ne sera-t-on pas fondé à soutenir qu'ils ont par leurs réclamations satisfait à tout ce que le devoir demandoit de leur zêle ; qu'ils sont contraints de plier sous des ordres absolus, puisque, dans un Etat Monarchique, on n'admet point de partage d'autorité; que le Monarque seul a droit de juger en dernier ressort des inconvéniens ou des avantages d'une Loi nouvelle, & que la résistance invincible des Cours pourroit priver l'Etat d'une Loi véritablement utile?

Discours! peu réfléchi, qu'une fausse politique suggere, & que la sévérité des principes désavoue!

L'obligation des Magistrats ne seroit pas remplie, s'ils enregistroient après des Remontrances réitérées.

Prétendre que l'obligation des Magistrats est remplie par leurs instantes représentations, & qu'il ne leur reste plus qu'à céder, qu'à enregistrer un Edit injuste, si le Prince l'ordonne: c'est dire qu'il est permis de trahir la justice & la vérité connues. Ce parti peut être plus commode, plus conforme à la tranquillité personnelle du Magistrat; mais comment le concilier avec la Loi du devoir? La réclamation ne doit-elle pas persévérer autant que la cause de réclamer subsiste ? Si l'Edit est réellement injuste, si son danger à déterminé les premieres réclamations, les lettres de jussion qui surviennent sont-elles capables de changer l'Edit, de couvrir ses défauts, de faire disparoître les justes appréhensions qu'il a causées ? L'Edit demeurant ce qu'il étoit, les motifs de refuser l'enregistrement sont les mêmes; & si l'on a la foiblesse de déférer aux ordres absolus, ce ne peut être que par la crainte des disgraces, & par des considérations humaines qui font taire la conscience ; & qui subjuguent ses remords.

Malgré le zêle des partisans peu éclairés de l'autorité trop absolue, & quelque persuadés qu'ils paroissent que la volonté du Prince est indéfiniment la Loi suprême de l'Etat, qu'elle est supérieure & prédominante sur tous les pouvoirs intermédiaires, il faut qu'ils avouent que la Loi Divine forme une exception certaine, & qu'un Edit qui l'attaqueroit ne pourroit jamais être vérifié par des Magistrats Chrétiens (s). Il est indispensable qu'ils admettent pour deuxieme exception le maintien des Loix fondamentales soit de droit soit positives, parce que les Magistrats n'ont pas plus le pouvoir de sacrifier les droits nationaux, que de trahir ceux de la Religion. C'est encore une exception à laquelle ils ne pourront se refuser, que le Droit Naturel, la Loi de l'équité & des mœurs, ne sçauroient succomber sous les efforts de la puissance absolue, si malheureusement il arrivoit qu'un Prince mal conseillé publiât une Loi qui y fût contraire. Or toute Loi qui est évidemment injuste, attaque ces principes immuables.

Que

(s) Tel fut l'Edit, par lequel Chilperic I défendit de dire qu'il y a plusieurs personnes en Dieu, & dont parle Grégoire de Tours. D. Cellier, Auteur Ecclesiastique, Vie de Grégoire de Tours, tom. 17, pag. 4.

Quelle considération pourroit mériter l'autorité de le Bret contre ces réflexions, dont la vérité convainc tout esprit droit, s'il étoit vrai que cet auteur les eût méconnues. Il dit ,, que l'opinion de ceux qui croi-
,, roient que les principaux Officiers & Magistrats peuvent légitime-
,, ment s'opposer aux commandemens du Roi, lorsqu'ils les reconnois-
,, sent être injustes, est entiérement absurde (a)." Mais qu'entend-t-il par *s'opposer aux commandemens du Roi*? sinon lui résister par violence, ou tenter de lui faire son procès; la certitude de cette décision de le Bret est incontestable. ,, Il faut tenir pour Maxime, que, bien que
,, le Souverain outrepasse la juste mesure de sa puissance, il n'est pas
,, permis pour cela de lui résister. C'est le conseil que donne Saint
,, Pierre.... Les anciens Chrétiens ne voulurent jamais *se rebeller* con-
,, tre leurs Princes." C'est alors qu'il ajoute, qu'il est *absurde* de croire que les Magistrats peuvent s'opposer aux commandemens du Roi; il en donne pour raison ,, qu'il ne leur est pas permis de faire aucune ré-
,, sistance aux volontés de leurs Princes, bien qu'ils exercent toutes
,, sortes de violences." Ce qui veut dire seulement qu'il ne leur est pas plus permis qu'aux autres Sujets de *se rebeller*. ,, Car tous les Officiers,
,, bien qu'ils soient élevés en dignité, ne tiennent leur puissance que du
,, Roi, & sont aussi bien ses naturels Sujets que tous les autres du Peu-
,, ple; saint Paul ayant dit en termes généraux, *omnis anima sublimioribus*
,, POTESTATIBUS SUBDITA SIT."

Erreur & inconséquence de ceux qui veulent que les Cours cedent après de premieres ou d'itératives représentations.

Cet Auteur avoue, dans un autre endroit, ,, que les plus fameux Théologiens & Politiques enseignent qu'*on ne doit aucune obéissance* aux Rois, lorsqu'ils commandent quelque chose de contraire aux Commandemens de Dieu, suivant cette parole précise de Saint Pierre, *obedire oportet Deo magis quàm hominibus* (u)." Si parlant de l'enregistrement des Edits bursaux, & après avoir soutenu ,, qu'il y va de la réputation des Cours Souveraines de faire au Prince de sérieuses Remontrances; & de tâcher par toutes sortes de moyens de le détourner de tels conseils ..... Et que les Compagnies doivent persévérer jusqu'à ce qu'elles aient obtenu quelque chose;" il ajoute, ,, ou qu'elles en aient du tout perdu l'espérance; car alors il faut se résoudre à l'obéissance, suivant la Constitution de Justinien, *in Auth. de Mandatis*, [qui n'en dit pas un mot] & suivant l'Edit de Charles IX, touchant les Remontrances des Magistrats au Prince." (Edit qui causa tant de larmes au Chancelier de l'Hôpital, & qui n'a point eu d'exécution:) ,, autrement la Majesté & l'autorité Royale seroient, par ce moyen, sujettes aux volontés de ses Officiers, ce qui seroit trop préjudiciable à l'Etat du Prince Souverain." Il faut croire que cet Auteur a voulu borner sa Maxime à la publication *des Edits bursaux*, ou des créations d'Offices inutiles & superflus. Encore auroit-elle trop d'étendue; puisque les Edits bursaux, qui sont excessifs, portent atteinte à la propriété des Sujets, & qu'en diffé-

(r) Traité de la Souveraineté, *liv.* 4 *ch.* 3, *pag.* 136, Edition de 1689.
(u) Ibid. *liv.* 2, *ch.* 9.

rentes occasions, les premieres Compagnies du Royaume ont opposé la plus grande résistance à la vérification de ces Edits; mais s'il a prétendu en faire une regle générale, & l'étendre à des Loix qui blesseroient ouvertement la Justice, ou les Loix fondamentales, c'est une erreur dans laquelle il est tombé, & dans laquelle ne faut pas le suivre.

Cet Auteur, il faut l'avouer, paroît n'avoir pas eu sur cette matiere des idées pleinement justes; il a vu & respecté jusqu'à un certain degré la Maxime de la nécessité de la vérification libre; mais, séduit par une fausse lueur, il y a mis des bornes qui la rendroient inutile, toutes les fois que le Prince ou son Ministre auroit recours au remede extrême de la puissance absolue. C'est par une suite du même préjugé, qu'il „ lui semble qu'on (les Cours) „ fera prudemment de ne point aller vers le „ Roi, si l'on connoît qu'il ne soit pas en humeur d'écouter aucunes „ Remontrances,...... sans se roidir contre le torrent; parce que „ le laboureur ne doit semer, ni prendre la peine de cultiver sa ter- „ re, s'il n'a l'espérance d'une bonne récolte." C'est-à-dire, qu'il lui semble que, s'il y a le moindre danger pour les Magistrats, ils ne doivent plus s'embarrasser de leur réputation, ni de servir l'Etat & le Roi, en travaillant à le détromper.

La résistance passive ne suppose pas une autorité rivale.

Qu'on eût écouté ces sentimens pusillanimes du temps de Charles IX, & dans les différens orages, que le Royaume a éprouvés, les Cours n'eussent eté qu'un composé d'hommes timides & sans courage, sur lesquels le Monarque & la Patrie eussent inutilement compté; ils eussent lâchement abandonné l'un & l'autre à leurs propres malheurs.

Que veut-on dire lorsqu'on objecte que la résistance suppose une autorité rivale & supérieure, qui ne se connoît point dans un Etat Monarchique? L'argument ne porte que sur une équivoque. *Résister*, c'est-à-dire, se révolter, opposer la force à la force, suppose une puissance rivale, à la bonne-heure; mais il n'est pas question de cette résistance ici. *Résister*, c'est-à-dire, refuser respectueusement d'obéir, quand le serment & la conscience le défendent, il ne faut ni supériorité ni puissance rivale dans le Magistrat qui résiste de cette maniere. Elle prouve plutôt un zéle sincere, & d'autant plus courageux qu'il s'expose à des disgraces pour servir son Prince & l'Etat.

Nos Rois auroient-ils voulu élever contr'eux mêmes une puissance rivale lorsqu'ils ont publié tant d'Ordonnances qui défendent aux Magistrats de déférer aux lettres closes, aux commandemens contraires à la justice ou aux Loix? Louis XIV, ce Monarque si jaloux de sa puissance, pensoit-il la dégrader dans son Edit du mois de Juin 1643 sur les Duels? „ si nonobstant toutes nos précautions à ce qu'il ne s'expédie jamais des Lettres contraires à aucune des closes du présent Edit, il arrivoit par surprise qu'il s'en expédiât quelques-unes, Nous voulons & entendons qu'elles soient nulles & de nul effet, comme données contre notre intention & contre notre foi: *faisant très-expresses défenses à nos Cours Souveraines, & autres Juges d'y avoir aucun égard.*" Dans la

Déclaration du 7 Septembre 1651, ce Prince renouvella les mêmes défenses avec la clause : ,, *Nonobstant toutes Lettres closes & patentes, & tous autres commandemens qu'ils pourroient recevoir de Nous, auxquels nous leur défendons d'avoir aucun égard, sur tant qu'ils désirent nous obéir & complaire.*''

Le Clergé de France assemblé en 1614 prêchoit donc la révolte, lorsqu'il supplioit le Roi ,, de répondre favorablement les très humbles
,, Remontrances & Supplications que les Prélats & autres Ecclésiastiques
,, assistés des deux autres Ordres de votre Royaume lui ont fait, tant
,, de vive voix que par écrit, & icelle autorisant, Ordonner par
,, une Loi perpétuelle & irrévocable que les peines portées par les pré-
,, cédens Edits seront executées contre les coupables, & que tant ceux
,, qui appellent ou feront appeller au combat, que ceux qui appellés
,, iront, s'offriront, serviront de second, ou assisteront les uns ou les
,, autres en telle occasion, seront pour jamais privés de tous hon-
,, neurs, chargés, Offices, gages, pensions, & déclarés incapables
,, d'en posséder à l'avenir..... sera très expressément défendu à Mon-
,, sieur le Chancelier & à vos Secrétaires d'Etat de sceller ni signer
,, aucunes Lettres d'abolition & de graces, ou de Brevets de don dés-
,, dits biens confisqués, où par importunité ou surprise il s'en trou-
,, veroit d'obtenus, sera mandé à tous vos juges tant Souverains
,, qu'autres, n'y avoir aucun égard, ainsi enjoint à vos Procureurs Gé-
,, néraux, nonobstant lesdites lettres, faire faire les poursuites contre
,, les prévenus de ce crime jusqu'à jugement définitif..... Et afin que
,, ce qui aura été arrêté par Votre Majesté sur ce sujet soit à jamais
,, inviolable, Votre Majesté permettra & jurera (s'il lui plait) en foi
,, & parole de Roi, n'accorder, pour quelqu'occasion que ce soit &
,, à qui que ce puisse être, aucune grace ni remise des peines y des-
,, sus. La Reine votre mere est aussi très-humblement suppliée s'obli-
,, ger par serment d'y tenir la main, & pour les Princes de votre sang,
,, autres Princes, Ducs, & Officiers de la Couronne, Votre Majesté
,, aura agréable leur faire jurer de ne s'interposer jamais, ni requerir au-
,, cune grace à l'avenir en faveur pour qui que ce soit, à cause du-
,, dit crime ; & en ce qui est de Monsieur le Chancelier, de vos
,, Parlemens & Officiers, jureront & promettront à Dieu & à Votre Ma-
,, jesté n'aller jamais au contraire de vos Edits & Ordonnances, qui in-
,, terviendront sur la présente Remontrance, ains les observer de
,, point en point, sans dispenser aucun des peines & rigueurs y con-
,, tenues (v).''

C'est sur cette Remontrance qu'ont été dressés les Edits de Louis XIII contre les Duels cités dans le premier volume. Des Prélats, qui parloient ainsi, croioient-ils que les Parlemens fussent coupables en rejettant un ordre surpris; que le Roi ne fût lié en aucune maniere par sa parole

(v) Recueil de pieces concernant l'Histoire de Louis XIII, Tom. 3. pag. 580.

& par son serment; qu'une Loi de cette nature fût absolument versatile dans la main du Souverain & qu'il pût la révoquer à son plaisir?

Il n'est donc pas vrai que les Tribunaux ne puissent refuser aucune vérification, sans usurper une puissance rivale, égale, ou même supérieure à celle du Souverain. En résistant, pour obéir aux anciennes Ordonnances qu'ils ont juré de garder, n'est-ce pas l'autorité même du Monarque qu'ils exercent pour sa propre gloire, pour *lui obéir & lui complaire?* C'est ce que n'ont pas assez senti les Auteurs qui ont borné le ministere des Cours à de simples représentations; ils n'ont pas connu l'étendue du devoir, les droits de la conscience & de l'inviolable fidélité, qui exigent une fermeté indéfectible contre tout ce qui a évidemment le caractere d'injuste. Ils n'ont pas fait attention qu'un premier témoignage dicté par le devoir, & dans lequel on ne persévere pas, est la condamnation de celui qui l'a rendu, quand l'injustice qui a excité la premiere réclamation est subsistante: autrement il faudroit dire qu'on n'est tenu d'être Sujet fidele qu'autant que la fidélité n'expose à aucune disgrace; erreur sensible dont le Bret n'a pas sçu se garantir pleinement.

Le Roi quoique Législateur ne peut pas forcer les Magistrats à se soumettre à une Loi qu'ils croient injuste.

Mais le Roi seul Souverain, seul Législateur, n'a-t-il pas le Jugement en dernier ressort de la justice ou de l'injustice de la Loi, & lorsqu'il a manifesté son Jugement, les Magistrats, ne doivent-ils pas s'y soumettre?

A entendre certains politiques, tout l'art du Gouvernement consiste à ne donner aucunes bornes à la puissance du Souverain, sans beaucoup s'inquiéter de l'usage qu'il en peut faire. Le Prince qui est pénétré des engagemens qu'impose le rang suprême, se conduit par des vues fort différentes. S'il maintient, comme il le doit, le pouvoir qu'il a reçu pour le bonheur de ses Sujets, il ne craint rien davantage que de le porter au-delà de ses bornes; & toujours en garde contre le langage des flatteurs qui ne cessent de lui répéter qu'il peut tout, il appréhende plus l'abus de sa puissance, que sa diminution.

C'est au Chef de l'Etat qu'il appartient de juger de ce qui lui est utile; & on doit toujours présumer qu'il a pris le parti le plus avantageux: mais quelque forte que puisse être cette présomption, elle est combattue par la possibilité des surprises; il faut qu'on avoue que beaucoup d'écueils environnent le Trône. Nos Rois n'ont pu se le cacher à eux-mêmes; puisque pour les éviter ils ont pris des précautions si honorables à leur sagesse. Elles eussent été inutiles, s'il étoit irrévocablement décidé que la volonté du Monarque doit toujours prévaloir. Dans tous les cas où le Prince trompé ordonne des choses contraires à l'avantage de ses Sujets, &, par conséquent à sa gloire & à ses vraies intentions; on seroit également fondé à dire qu'il est le seul Juge du bien de l'Etat. L'argument n'est donc pas décisif; il ne faut pas lui donner plus de force que nos Rois ne lui en ont eux-mêmes donné dans les Loix qu'ils ont publiées pour prévenir les surprises qu'ils appréhendoient. Ces Loix ordonnent de refuser l'obéissance en certaines circonstances; elles supposent donc que le Monarque peut être induit en erreur, & que les commandemens qui font la fuite de cette erreur ne doivent pas être exécutés, fous prétexte que le Roi eft le feul Juge des vrais intérêts de fon Royaume.

Nos politiques font forcés de convenir que les Cours ont droit de faire des repréfentations, & qu'elles doivent en faire lorfque les Edits intéreffent les Loix fondamentales, les droits de la Juftice, le bien de l'Etat. Qu'il foit permis de leur demander à eux-mêmes ce que doivent faire les Magiftrats dont les repréfentations ne font pas écoutées.

La qualité de feul Légiflateur, qui réfide conftamment en la perfonne du Roi, n'a pas dû empêcher la premiere réclamation commandée par le devoir & la confcience. Les mêmes motifs n'exigent-ils pas que les Magiftrats perféverent? Etablis par état pour examiner les Loix, pourroient-ils, après s'être convaincus par un examen férieux du danger & de l'injuftice de la Loi, fe prêter à fon enregiftrement contre leur propre conviction; tant qu'ils auront les mêmes fentimens, toute approbation de leur part à la Loi ne feroit-elle pas une prévarication réelle?

On fait aujourd'hui un crime aux Magiftrats de la perfévérance de leur oppofition; on la traite d'obftination, de révolte. Il faut, dit-on, que le Roi ait le dernier, il ne feroit plus Roi s'il étoit obligé de céder. Dans d'autres occafions, on les a accufés de lâcheté, pour n'avoir pas perfifté dans leur refus.

On a demandé fi des lettres de juffion faifoient ceffer le devoir & l'obligation de confcience: c'eft ce qu'à fait, entr'autres Jean de Montluc, Evêque de Valence, opinant dans le Confeil du Roi Charles IX, en préfence des Deputés du Parlement qui étoient venus lui faire des Remontrances au Sujet [de la publication faite à Rouen en 1563, de l'Edit de fa majorité.

„ Je pafferai plus outre; que la Cour en fes Remontrances ufe bien fouvent de cette claufe qui peut être caufe de beaucoup de maux: *La Cour ne peut ni doit felon leur confcience, entériner ce qui lui a été mandé;* & avec le même refpect je protefte comme j'ai déjà fait, de ne vouloir parler de cette Compagnie qu'avec honneur. Je dis, Sire, que de ces paroles en advient fouvent de grands inconvéniens. Le premier eft que, comme le Peuple entend que MM. de la Cour font preffés fi avant par votre autorité, qu'ils font contraints de recourir au devoir de leurs confciences, il fait finiftre jugement de la vôtre & de ceux qui vous confeillent, qui eft un grand aiguillon pour les acheminer à une rebellion & défobéiffance: le fecond inconvénient eft, qu'il avient fouvent que ces MM, après avoir ufé de ces mots fi féveres & fi rigoureux, peu de temps après, comme s'ils avoient oublié le devoir de leurs confciences, paffent outre, & accordent ce qu'ils avoient refufé: & par expérience, il vous fouvient, Sire, qu'il y a environ deux ans qu'ils refuferent par deux fois vos Lettres-Patentes fur les facultés de M. le Cardinal de Ferrare, ufant toujours de ces mots; *Nous ne pouvons, ne devons felon nos confciences;* & toutefois, deux mois après, fur une lettre miffive, en une matinée ils reçurent & approuverent lefdites facultés qu'ils avoient refufées avec tant d'opiniâtreté ; je demanderois volontiers, que deviennent lors leurs confciences ? Ce qui me fait dire, & les prie, Sire, en votre préfence, qu'ils foient dorefnavant plus retenus à ufer de telles claufes, & confidérer que s'ils demeurent en leurs opinions, ils font grand tort à Votre Majefté ; s'ils changent, ils donnent à mal penfer à beaucoup de gens de leurs confciences. (w)."

M. de Thou nous apprend que *ce lâche adulateur parloit ainfi, moins pour établir la Souveraine puiffance du Roi, que pour faire plaifir à la Reine, & fervir baffement l'ambition d'une femme hautaine & impérieufe* (x).

Quoi qu'il en foit du motif de Montluc, fon premier raifonnement eft pitoyable. La feule chofe que les Peuples puiffent conclure de la réfiftance du Parlement, c'eft que les Rois ne font pas infaillibles, & qu'ils peuvent être trompés. Faudroit-il que pour éviter ce prétendu jugement finiftre que porteront les Peuples, le Parlement ne réfiftât jamais, & qu'il enregiftrât tout ? C'eft ce que voudroient les Miniftres.

L'autre reproche de Montluc au Parlement eft bien fondé : car, s'il y a un devoir de confcience, on doit s'expofer à tout, plutôt que de participer à l'injuftice. Une lettre de cachet, des juffions même itératives ne rendent pas blanc ce qui étoit noir, & ne font pas ceffer l'injuftice de la Loi.

Ainfi d'une part, on veut que le Parlement cede, parce que le Roi doit être le maître ; & lorfqu'il aura cédé, on l'accufera de molleffe & de lâcheté ; on dira qu'il aura préféré fon intérêt à fon devoir.

Si quelque chofe pouvoit furprendre en genre de mal de la part du Chancelier Duprat, on feroit révolté du ferment qu'il prêta entre les mains de François I, le 7 Janvier 1514 : en voici la formule, telle qu'elle a été rédigée alors par le Secrétaire du Chancelier.

,, Vous jurez Dieu le Créateur, & fur votre foi & honneur, que......... quand on vous apportera à fceller quelque Lettre, fignée par le commandement du Roi, fi elle n'eft de juftice & de raifon, ne la fcellerez point, encore que ledit Seigneur le commandât par une ou deux fois ; mais viendrez devers icelui Seigneur & lui remontrerez tous les points par lefquels ladite lettre n'eft raifonnable ; & après que aura entendu lefd. points, s'il vous commande la fceller, la fcellerez, *car lors le péché en fera fur led. Seigneur, & non fur vous* : exalterez à votre pouvoir les bons, fçavans & vertueux perfonnages, les promouverez ou ferez promouvoir aux états & offices de Judicature, dont avertirez le Roi, quand les vacations d'iceux offices adviendront : ferez punir les mauvais ; en forte que foit punition à eux & exemple aux autres ; ferez garder les Ordonnances Royaux, tant par les Secrétaires, que par les autres Officiers (y)."

(w) Traité de la majorité des Rois, *tom. à, pag.* 127.
(x) Hiftoire, *tom.* 4. *pag.* 554. *trad. Franç.*
(y) Hiftoire généalogique des grands Officiers de la Couronne, *tom.* 6. *pag.* 613. Hiftoire des Chanceliers par Godefroi, *pag.* 105.

C'est sans doute Duprat lui-même qui avoit dressé la formule de son serment; cette morale est digne de lui. Qui n'en seroit indigné? Quelle folie que cette transfusion du péché sur la conscience du Roi par la réitération des ordres : comme si le devoir des Sujets n'étoit pas réglé par des Loix fixes; comme si une troisieme jussion pouvoit ôter au Droit Divin, au Droit Naturel, aux Ordonnances du Royaume l'empire qu'ils avoient conservé jusques-là! &c.

Duprat est le seul Chancelier qui ait prêté un serment si scandaleux, si dérisoire. Mais la conduite que tiennent quelques Magistrats, feroit soupçonner qu'ils sont imbus jusques à un certain point des mêmes idées. Nous voyons depuis environ 150 ans les Gens du Roi représenter de la maniere la plus forte, les inconvéniens, l'injustice formelle des Edits qu'on présente dans les Lits de Justice, & tous ces éloquens discours se terminent par un Réquisitoire tendant à l'enregistrement : Réquisitoire qu'on avoue être donné contre le témoignage de la conscience, & en faisant au Roi l'humble sacrifice des lumieres & de la conviction personnelle. Ce n'est pas ainsi que se conduisoient ceux qui avant ce tems remplissoient ces importantes places: on en a vu plusieurs preuves dans le cours de cet ouvrage, & l'histoire en fournit beaucoup d'autres.

Inconséquence de la conduite des Gens du Roi depuis 150 ans.

Jamais Roi n'a aliéné son Domaine avec tant de profusion que Louis XI; jamais Prince n'a été en même temps plus absolu, plus emporté, plus cruel même contre ceux qui résistoient à ses volontés. Toutes ces considérations n'ont pas empêché ceux qui remplissoient alors les fonctions du ministere public, de s'opposer courageusement à cette dissipation du Domaine. On ne sera pas fâché de trouver ici l'acte de cette opposition, tel qu'il est dans les Registres du Parlement.

Exemples de résistance courageuse de la part des Gens du Roi.

Du onzieme Juin 1470.

„Ce jour, présens trois Présidens, l'Evêque de Paris & trente-quatre Conseillers, les Avocats & Procureur du Roi ont aujourd'hui dit en pleine Cour, que du dû de leurs Offices, & en gardant le serment qu'ils ont au Roi pour la conservation des Droits & Domaine dudit Seigneur & de la Couronne, & pour le bien & intérêt de la chose publique, & entretenement des Ordonnances sur ce fait, & enregistrées en ladite Cour, ont fait plusieurs oppositions pour empêcher les aliénations dudit Domaine & droit du Roi, & les publications, enregistremens & entérinemens de plusieurs dons faits par le Roi des terres & seigneuries, & des droits appartenans audit Seigneur & à la Couronne, par importunité de requérans au préjudice d'icelui Seigneur, ont déclaré les causes de leur opposition ès cas qui sont avenus, & entre autres au regard de ladite publication de don fait au seigneur de Saint-Quentin, de la Vicomté de Beaumont-le-Roger, & autres dons, & depuis le Roi averti desdites causes & raisons, après plusieurs lettres, mandemens & instructions par plusieurs fois réitérés sur grandes peines &

comminations, veut qu'ils consentent la publication desdites lettres de don, nonobstant lesdites raisons, & aussi leur a écrit consentir le don de la seigneurie de Basoches, & le temps passé de jour en jour leur en ont été faites, & sont faites plusieurs comminations par lettres ou autrement de n'empêcher les dons & aliénations dessusdits, & autres, ains iceux consentir, pourquoi ont été & sont empêchés d'impugner les dons, & poursuivre lesdites oppositions jà faites: & combien que par plusieurs fois en aient averti le Roi, néanmoins encore pour faire leur devoir, ils ont déclaré & déclarent en ladite Cour, qu'ils persistent en leurs oppositions, & derechef s'opposent à toutes les aliénations qui se feront dorénavant de l'ancien Domaine de la Couronne, & à la publication & entérinement d'iceux, prests de les poursuivre quand ils auront opportunité, en déclarant outre que pour quelque réponse, taciturnité, dissimulation ou cessation de poursuivre leur dite opposition à quelque publication de tels dons & aliénations, & tous autres semblables faits en leur présence, en ladite Cour, & sans contradiction, ils n'entendent consentir icelles publications, ni eux départir de leurs oppositions, & que s'ils font aucunes réponses dérogatoires à leur dite déclaration & opposition, que ce n'est point de leur consentement, ni intention libérale, protestant qu'icelles publications, enregistrement ou entérinement qui ont été ou seront faites par telles manieres & importunités, soient de nul effet & valeur, & qu'elles ne puissent préjudicier au Roi, & qu'on ne leur puisse imputer aucune chose, faute, coulpe ou négligence, & requierent à la Cour, que sur ce & à celles & pareilles publications, & autres poursuites par icelles manieres d'impressions, comminations & importunités, soit donnée provision telle qu'icelle Cour avisera au bien du Roi, & à la conservation de ses droits & Domaine, soit par déclaration dérogatoire ou autrement, ainsi qu'elle en ordonnera, & en telle forme que telles & semblables choses ne soient autorisées, ne réputées d'aucun effet au préjudice du Roi, de la chose publique, ni au fait de la Justice, protestant outre par eux que par ce, ils n'entendent dire autre chose contre l'honneur & autorité du Roi, ne venir contre son bon plaisir, en soumettant tout à la bonne discrétion & avis du Roi & de ladite Cour, & que cette présente déclaration, opposition, requête & protestation leur vaillent pour leur acquit & décharge, requérant qu'à cette fin soit enregistrée au Livres du Conseil. *Signé* Simon, de Saint-Romain, Hallé & Ganay."

Louis XI n'a tenu aucun compte de cette démarche. Il a continué d'aliéner son Domaine, & les Gens du Roi ont été obligés de renouveller leurs protestations, comme on le voit encore dans les Registres.

Du Vendredi 13 Mars 1477.

„ Ce jour après que le Procureur & Avocats du Roi sont venus en la Cour, & qu'il leur a été demandé, s'ils vouloient rien dire touchant la lecture,

lecture, publication & regiſtre des lettres octroyées par ledit Seigneur à Meſſire Robert d'Eſtouteville, Chevalier, Prevôt de Paris, des Comté, Terre & Seigneurie de Cimay au mois de Juin dernier paſſé, ſemblablement des lettres octroyées par ledit Seigneur le..... au Seigneur de Saint-Pierre, touchant la Seigneurie de Carladez ; leſdits Procureur & Avocats ont dit qu'ils perſéverent en leur oppoſition générale, autrefois faite & enregiſtrée céans le onzieme jour de Juin 1470. S'y a la Cour ordonné que ſur toutes leſdites lettres ſera mis *lecta*, *publicata* & *regiſtrata*, ſans préjudice de ladite oppoſition, mais que ces mots, ſans préjudice de ladite oppoſition, ne ſeront pas écrits ſur leſdites lettres."

Louis XI par des Lettres du 14 Juin 1480 avoit permis à Julien de la Rovere Cardinal du titre de St. Pierre-ès-liens Légat en France d'uſer de ſes facultés, ſans qu'elles euſſent été examinées ni vérifiées. Elles lui donnoient pouvoir entr'autres choſes de contraindre par cenſures à faire la paix entre Louis XI & le Duc d'Autriche.

Les Gens du Roi qui redoutoient le courroux de Louis XI, qui avoit ſollicité lui-même cette faculté d'excommunier, s'oppoſerent ſecrétement à la publication & à l'exécution des facultés du Légat.

„ Aujourd'hui Mardi cinquieme jour de Septembre 1480, avant que les
„ huis fuſſent ouverts pour la réception des Lettres du Légat Cardinal *ſanc-*
„ *ti Petri ad vincula*, ſont venus en la cour civile maîtres François Hallé
„ & Guillaume de Ganay advocats du Roi, & *in ſecreto* en mes mains ſe
„ ſont oppoſés contre la lecture, publication de la faculté octroyée par
„ notre ſaint Pere le Pape audit Cardinal nommé Meſſire Julien ; laquel-
„ le faculté étoit pour traiter la paix entre le Roi & Maximilien Duc
„ d'Autriche & ſa femme, & contraindre ceux qui à ce ſeront à contrain-
„ dre par excommunication & cenſure, & ont proteſté & proteſtent
„ que quelque choſe qui ſoit fait en cette partie, ne puiſſe préjudicier
„ au Roi notre Souverain Seigneur, à ſa Couronne, ne à ſes droits
„ Royaux. Leſquelles oppoſitions & proteſtations ils entendent bailler
„ plus amplement par écrits quand il en ſera beſoin." (z)

Henri II. en 1549, avoit accordé des Lettres Patentes, qui donnoient au Pape les droits les plus exceſſifs ſur les Bénéfices de Bretagne. Elles avoient été accompagnées de Lettres miſſives du Roi, du 14. Août 1549, qui preſcrivoient dans les termes les p'us impératifs, d'enregiſtrer ſans aucunes reſtrictions, modifications ni difficultés.

Sur la communication aux Gens du Roi, Monſieur le Prévôt, Avocat Général, fit un long Requiſitoire, qu'il termina ainſi :

„ Partant, attendu les raiſons deſſus dites, & autres que la Cour
„ pourra mieux conſidérer empêchent que leſdites Lettres ſoient lues,
„ publiées & enregiſtrées, ſuppliant la Cour ordonner que des deſſus-
„ dits articles, & autres qui ſeront aviſés, ſera fait extraits & arti-
„ cles dreſſés, pour remontrer au Roi les cauſes pour leſquelles la pu-

(z) Mémoires de Commines in 4°. Tom. 3. pag. 574, 795.

„ blication des dites Lettres a été différée, & pour faire les dites
„ Remontrances, requierent qu'ils soient députés deux des Messieurs,
„ tels qu'il plaira à la Cour aviser.

Ce courage des Gens du Roi n'eut aucun effet par la fin singuliere de cette affaire. Le Roi impatient du delai, manda un Président du Parlement de Bretagne, auquel il remit de nouvelles Lettres de jussion, le chargeant en même tems de son intention secrete. Il vouloit qu'on en regiſtrât sans modifications, restrictions ni remontrances. S'il se présentoit dans un court délai quelque procès à juger relatif aux Lettres-Patentes, il exigeoit qu'il y fût sursis. Pour l'avenir, il consentoit que sans avoir égard aux Lettres & à leur publication, les procès fussent jugés comme ils l'avoient été par le passé, sans s'arrêter aux Lettres, ni s'y conformer.

Sur ce récit fait au Parlement, il arrêta le 13. Septembre, qu'après la lecture des Lettres, les Gens du Roi se rapporteroient à la prudence de la Cour, qu'on enregistreroit purement & simplement.

„ Et néanmoins est retenu, que les jugemens des appellations com-
„ me d'abus, & autres qui toucheront les articles & points dudit E-
„ dit, seront différés jusqu'à ce qu'autrement en ait été ordonné, & à
„ l'avenir seront faits & donnés tels & semblables Arrêts & jugemens
„ aux dites matieres, lorsqu'ils s'offriront, que on a fait au passé,
„ sans avoir égard, & sans s'arrêter aux dites Lettres & publication d'i-
„ celles (a).

Oseroit-on dire qu'une telle conduite étoit un jeu peu digne du Roi & d'un Parlement?

De nouvelles aliénations du Domaine ont occasionné en 1555 d'autres protestations des Gens du Roi.

„ Ce jour les Gens du Roi par Mᵉ. Denis Riant, Avocat dudit Seigneur ont dit à la Cour avant l'ouverture de l'Audience, qu'ils ont été présentement avertis de quelques Lettres-Patentes adressées à certains Juges, pour connoître des aliénations faites par ledit Seigneur de plusieurs lieux & endroits de la forêt d'Orléans, appellées Terres vagues, esdites aliénations faites, *modico retento & multo fortasse dato*; n'ont été lesdites Lettres-Patentes à la Cour de céans présentées, comme il est requis, & encore communiquées au Procureur-Général du Roi, combien qu'il soit question du Domaine, & que cela dépende de la vérification faite en ladite Cour; & néanmoins sont avertis que ce matin on a commencé à y besogner, & que l'on veut continuer: A cette cause pour le devoir de leurs états, & fidélité qu'ils doivent au Roi & à Justice, s'opposent, jusques à ce que la commission prétendue ait été présentée céans, & à eux communiquée; requérans leur opposition à cette fin, signée par eux trois, être enregistrée & signifiée auxdits Juges & Commissaires. La Cour ordonne que le Procureur-Général du Roi aura acte de

(a) Histoire de Bretagne de Dom Morice, Tom. 3. des Preuves, Col. 1005.

son opposition, laquelle sera enregistrée ès Regiſtres d'icelle, & signifiée aux Commiſſaires. Du 14 Janvier 1555 (b)".

Les Puînés de la Province d'Anjou, auxquels la Coutume ne donne qu'un viager, avoient obtenu en 1561 une Déclaration du Roi qui leur accordoit le droit de ſuccéder en propriété. Le Procureur Général s'oppoſa ſi fortement à l'enregiſtrement, que l'affaire n'a point eu de ſuite, & que la diſpoſition a toujours ſubſiſté. (c)

Henri IV avoit publié des Lettres Patentes le 13 Avril 1590, portant déſunion de ſon Domaine particulier d'avec le Domaine de la Couronne. Le Parlement ayant refuſé de les enregiſtrer, il y eut deux lettres de juſſion les 18 Avril & 29 Mai, accompagnées d'une Lettre de cachet. M. de la Gueſle, Procureur-Général, perſiſta dans ſon oppoſition à l'enregiſtrement.

„ Comme les commandemens du Roi, dit-il, nous ſont très vénérables, auſſi nous y obéiſſons en ce qui eſt de notre perſonne par la préſentation de ſes lettres. Mais en ce qui eſt de notre Charge, nous tenons qu'il n'eſt pas tant de notre devoir de conſidérer tout ce qu'il veut pour l'heure, que ce que pour toujours il voudra avoir voulu. L'honnête liberté & la foi ſoumiſe à une obéiſſance ſervile, feroient en cet endroit, à lui-même le premier, un très-notable préjudice."

Après une Remontrance qui contient plus de 140 pages d'impreſſion, il conclut en ces termes: „ *J'empêche pour le Roi l'entérinement des lettres du 13 Avril 1590, & lettres de juſſion ſubſéquentes.*" L'Arrêt fut conforme à ſes concluſions.

Le Roi en reconnut dans la ſuite la juſtice. Par ſon Edit du mois de Juillet 1607, il révoqua ſes Lettres-Patentes du 13 Avril, & les Arrêts d'enregiſtrement d'icelles; confirma en tant que de beſoin, l'Arrêt du Parlement de Paris du 29 Juillet 1651, & déclara ſes biens perſonnels réunis de plein droit au Domaine dans l'inſtant de ſon avénement à la Couronne (d).

C'eſt dans le dernier ſiecle que les Gens du Roi ont commencé à dégénérer du courage de leurs Prédéceſſeurs. M. Servin a donné ce mauvais exemple au Lit de Juſtice du 18 Février 1620. On a rapporté plus haut ſon diſcours plein de la liberté Françoiſe. Il annonçoit une oppoſition formelle à l'enregiſtrement; c'eſt ce que demandoient la conſcience, l'honneur & la raiſon même. *Deſinit in piſcem mulier formoſa ſuperne.*

„ Mais, Sire, ſi la préſence de Votre Majeſté nous contraint de paſſer par deſſus toutes ces conſidérations, ce ſera avec proteſtation que, pour le ſalut de nos ames, que nous devons à Dieu, & en après nos corps & biens à Votre Majeſté, nous entendons ſéparer la charge qui

(b) De la Souveraineté du Roi, & qu'il ne peut la ſoumettre à qui ce ſoit &c. par Savaron, pag. 92.
(c) Choppin ſur Anjou, Tom. 2. Lib. 3. tit. 2. n. 5 Dupineau ſur Anjou, Tom. 1. pag. 562.
(d) Remontrances de la Gueſle, pag. 92. & 212.

en pourroit être sur nos consciences, d'avec l'intérêt de ceux qui sont les auteurs de ces conseils; les noms & les dignités desquels nous supplions très-humblement Votre Majesté nous déférer, & en faire charger les Regiſtres de cette Cour, pour être contre eux informé."

Le Garde des Sceaux ayant dit: *Concluez, Gens du Roi,* M. Servin le fit en ces termes:

„ Sire, puiſqu'il plaît à Votre Majeſté, nous nous contenterons
„ de vous avoir repréſenté l'importance de cette affaire; & au reſte
„ tendrons le col à l'obéiſſance; & conclurons par votre commande-
„ ment, puiſque nous y ſommes contraints, qu'il ſoit mis ſur ces
„ Edits: *lu & publié, enregiſtré, ce requérant votre Procureur-Général*
„ (e)."

Quelle ſinguliere façon de décharger ſa conscience: en ſe prêtant au mal, au lieu d'y réſiſter courageuſement & aux dépens de tout!

Devoir des Gens du Roi.

On a vu dans un même Lit de Juſtice où l'on préſentoit trois Edits, un Avocat-Général ſupplier le Roi de retirer le premier, *qui formoit un contraſte étonnant avec les Loix & les Ordonnances du Royaume, auxquelles il n'avoit pas même dérogé;* & requérir l'enregiſtrement des deux autres, en vertu *de l'obéiſſance aveugle, contre le témoignage de ſa conſcience, dont il dépoſoit au pied du Trône la réclamation authentique, & du très-exprès commandement du Roi, que ſa préſence lui impoſoit.*

Quel langage! Fera-t-on voir, ou dans les Proviſions des Gens du Roi, ou dans les Ordonnances qui ont réglé les fonctions de leurs offices, cette obligation de leur part, d'obéir aveuglément; de ſe prêter à toutes les volontés du Souverain, quelqu'injuſtes qu'elles puiſſent être, & contre le cri de leur conſcience? Ne ſent-on pas que les devoirs du Miniſtere Public ſont les mêmes que ceux des Juges; qu'ils ſont liés par ſerment à l'obſervation des mêmes Loix; que les uns requierent ou empêchent ſur les mêmes motifs ſur leſquels les autres décident; que dès-là, les concluſions des Gens du Roi ne peuvent pas être contraints, pendant que les opinions des Juges ſont libres? Ils doivent tous une obéiſſance du même genre. Les Juges étant obligés de rejetter les Loix injuſtes malgré les injonctions les plus préciſes de les enregiſtrer, les Gens du Roi ſont tenus par la même raiſon de s'oppoſer à l'enregiſtrement; & ce, quoiqu'ils aient reçu des ordres formels de le provoquer. Il n'y a pas une conſcience pour le Miniſtere Public, & une conſcience pour les Juges; & on ne concevra jamais qu'il ſoit poſſible de rejetter dans la ſeconde qualité ce qu'on auroit adopté dans la premiere.

Quelle idée ſe former d'une conſcience qui porte à bien parler & à défendre la vérité & la juſtice dans ſes diſcours, & à les trahir par ſes actions; à ne lui rendre hommage dans des Réquiſitoires éloquens, que pour employer enſuite ſon miniſtere contr'elle?

Avec de tels principes, les Apôtres auroient ceſſé de prêcher l'Evan-

---

(e) *Opuſcules de Loyſel. pag.* 567.

gile; en protestant que c'étoit malgré eux, & par obéissance aveugle au Sanhédrin. Avec de tels principes, les Gens du Roi requerront l'enregistrement d'un Edit portant translation de la Couronne de France à une Famille étrangere : ils en seront quittes pour dire qu'ils exécutent le vœu qu'ils ont fait d'une obéissance aveugle, pour déposer aux pieds du Trône le témoignage authentique de la réclamation de leur conscience.

En tenant un tel langage, on demande acte à tout l'univers qu'on agit contre sa conscience ; ce qui blesse certainement les premieres regles de la Morale. Le Ministere Public a-t-il un privilege particulier qui le dispense de s'y conformer dans la pratique?

On fait valoir en dernier lieu les inconvéniens. L'opposition persévérante des Cours peut, dit-on, empêcher la publication d'un Loi utile.

Réponse à cette objection: L'opposition perséverante des Cours peut empêcher la publication d'une Loi utile.

Il est singulier sans doute, d'entendre opposer les inconvéniens à la forme du gouvernement. Toutes les Sociétés politiques n'ont pas été dressées sur le même plan, & certains Gouvernemens sont moins parfaits. Il est possible que dans la formation primitive de la Société civile, le Peuple n'ait voulu céder qu'une partie des droits de la Souveraineté, & se soit réservé l'autre. Tout le monde connoît les Dyarchies, où le Pouvoir Souverain appartient solidairement & indivisément à deux personnes, dont les volontés doivent concourir à tous les actes d'administration. Les inconvéniens de ces deux especs de Gouvernement sont palpables; ils ont été relevés par tous les Publicistes. Pour les faire cesser, il faudra que le Monarque opprime ses Sujets par violence, afin d'attirer à lui la portion de Puissance Publique qu'ils se sont réservée ; il faudra qu'un des Dyarques écrase l'autre, afin de faire cesser ce concours incommode de deux personnes dans un seul & même Gouvernement.

,, S'il survenoit, dit Burlamaqui, quelques cas extraordinaires, dans lesquels le Souverain estimât qu'il fût du bien public qu'on s'écartât des Loix fondamentales, le Prince ne sçauroit le faire de son Chef, au mépris de son engagement ; mais il devroit dans ces circonstances consulter là-dessus le peuple lui-même, ou ses représentans. Autrement, sous prétexte de quelque nécessité ou de quelqu'utilité, le Souverain pourroit aisément éluder sa parole, & anéantir l'effet des précautions que la Nation a prises pour restreindre son pouvoir (f).

,, La limitation du Pouvoir Souverain, dit-il ailleurs, ne fait aucun tort aux Princes; car au fonds, s'ils ne pouvoient se résoudre à n'avoir qu'une autorité bornée, il ne tenoit qu'à eux de refuser la Couronne ; & s'ils l'acceptent une fois à ces conditions, ils ne sont plus les maîtres de chercher dans la suite à les anéantir, ou de travailler à se rendre absolus (g)''.

Wolff avoit décidé en général, que les Loix les plus sacrées, les Loix fondamentales, renfermoient toujours l'exception tacite du salut de

(f) Principes du Droit Politique, *part. 1, ch. 7. n. 42.*
(g) Ibid. *n. 32.*

l'Etat qui est la regle suprême. Il permettoit en conséquence au Prince de s'écarter des Loix fondamentales lorsque dans un cas particulier il le jugeoit nécessaire au bien commun (h).

Un Auteur qui a fait des observations sur l'ouvrage de Wolff, propose sur ce point la réflexion suivante.

„ Voici encore une question délicate, & qui ne doit être décidée qu'avec beaucoup de circonspection. Si vous admettez la décision générale de l'Auteur, il semble que c'est ouvrir au Prince un moyen assuré d'éluder les Loix fondamentales, par lesquelles on a voulu mettre des bornes à son pouvoir. Comme c'est à lui, suivant M. Wolff, de juger de ce qu'exigent les conjonctures, relativement au bien public, un Prince ambitieux trouvera toujours que c'est le cas de se mettre au-dessus des constitutions qui le gênent. D'un autre côté, il est certain que tout doit céder au bien, & sur-tout au salut de l'Etat; que c'est au Régent de l'Etat de juger, dans un cas pressant, de ce qu'exige le salut public, & qu'il ne doit pas être arrêté par des constitutions particulieres. Voici peut-être le moyen de tout concilier. Le Prince ne peut abroger seul une Loi fondamentale; il doit obtenir pour cela le consentement du Peuple: mais il peut y faire une exception dans un cas pressant, sauf à demander ensuite l'approbation & la ratification du Peuple (i)."

Cherchera-t-on encore après cela, dans des inconvéniens prétendus, un prétexte pour autoriser le renversement des anciens usages de la Monarchie, pour y substituer le Despotisme?

Parellele des inconvéniens qui peuvent résulter de la résistance des Parlemens avec ceux qui découlent infailliblement du pouvoir sans bornes.

Si d'ailleurs l'on se détermine sur la crainte des inconvéniens, il faut les mettre tous dans la balance, & adopter le parti où ils seront & plus rares & moins dangereux. Est-il donc plus vraisemblable que tous les Magistrats se ligueront contre une bonne Loi, qu'il ne l'est que des courtisans en surprennent de mauvaises, sur-tout sous le voile séducteur de maintenir ou d'augmenter la puissance du Monarque?

Quand on admettroit quelque réalité dans ce cas presque métaphysique, d'un concert de tout le Corps de la Magistrature pour rejetter une Loi sans motifs, ou même contre l'évidence de son utilité, le mal qui en seroit la suite ne seroit pas comparable à celui de la publication d'une mauvaise Loi contre le vœu de la Magistrature. L'Etat seroit privé d'un avantage qu'il n'a pas encore connu; il ne perdroit aucun de ceux qu'il possédoit. Les anciennes Loix conserveroient tout leur empire, sa constitution ne seroit point ébranlée. En un mot, la Monarchie ne demeureroit pas sans Loi, parce qu'un nouvel Edit n'y seroit pas reçu. Mais quelles funestes conséquences ne peut pas entraîner une Loi pernicieuse? Elle peut opérer ou préparer le renversement de la Monarchie; changer la nature de sa constitution, y introduire une forme nouvelle de Gouvernement, exciter le mécontentement des Peuples, occasionner des

---

(h) *Jus Naturæ, part.* 8, *cap.* 1, §. 120.
(a) Questions de Droit naturel, & observations sur le Traité du Droit de la Nature de M. le Baron de Wolf, par de Vattel, p. 334.

troubles & des désordres. C'est, suivant le Bret lui-même, l'effet trop ordinaire de la publication de mauvaises Loix (k). Il n'y a donc aucune proportion du danger de l'établissement d'une mauvaise Loi, à l'inconvénient qui peut résulter du refus d'en enregistrer une bonne.

Le plus grand de tous les malheurs, sans doute, seroit la subversion totale de la Monarchie, sa conversion en Despotisme. Or, ce malheur seroit la suite inévitable du principe qu'on veut établir, que les Magistrats sont tenus par obéissance d'enregistrer toutes les Loix, lorsque le Roi le leur commande, on le sentira aisément.

Si le Roi, trompé par les flatteurs, se déclaroit propriétaire de tous les biens de son Royaume, maître absolu de la liberté, de la vie même de ses Sujets, entreprenoit de changer l'ordre de la succession à la Couronne, de la partager entre ses enfans, de la transmettre à un puîné; il y auroit un renversement total dans l'ordre de la Monarchie, à laquelle on auroit substitué le Pouvoir arbitraire, & le Gouvernement despotique. Or, s'il est vrai que le Parlement soit obligé d'enregistrer toutes sortes de Loix après avoir fait des représentations qui seront méprisées, rien n'est plus facile au Roi, que d'opérer tout ce bouleversement. Il lui suffit de se rendre au Palais, ou d'y envoyer quelqu'un de sa part, qui fera enregistrer de force un Edit, par lequel le Roi se sera arrogé tous ces droits. Dès l'instant de cet enregistrement, les Magistrats qui n'ont pas pu le rejetter en cette qualité, seront tenus de l'exécuter comme Sujets. Les autres Citoyens seront soumis à la même obligation; & voilà la face du Royaume entièrement changée, les droits des Sujets totalement anéantis, & ceux du Souverain accrus aux dépens de la liberté publique: & on ose après cela alléguer l'inconvénient qu'il y auroit à ce que les Parlemens pussent refuser l'enregistrement de quelqu'Edit; on devroit rougir de telles objections.

Si toutes ces réflexions sur les bornes de l'obéissance des Magistrats avoient besoin de garant, elles en trouveroient un respectable dans les objets de Remontrances arrêtées le 16 Janvier 1764 au Parlement de Paris, suffisamment garni de Princes & Pairs, au sujet des violences exercées par le Duc de Fitz-James, contre le Parlement de Toulouse. Voici ce que cette auguste Assemblée a cru devoir représenter au Roi.

Princes du Parlement de Paris suffisamment garni de Princes & de Pairs sur les bornes de l'obéissance due par les Magistrats.

„Qu'il est aisé de connoître, aisé de démontrer que le Duc de Fitz-James s'est fait un plan de tyranniser les Peuples sur lesquels le Souverain lui avoit confié le commandement; & d'essayer sur leurs têtes un joug qu'ils n'avoient jamais porté.

„Que, s'il eût pensé en Citoyen; s'il eût réfléchi sur les devoirs que cette qualité lui impose; s'il eût consulté les engagemens plus étroits encore que la dignité de Pair, à laquelle il a été associé, lui a fait contracter

(k) „De la publication des mauvaises Loix, il est toujours arrivé dans les Etats une infi„nité de séditions, de changemens & de désordres. . . . & si nous faisons une curieuse recher„che de l'origine de tous les malheurs dont la France est depuis long temps affligée, nous trou„verons qu'ils ne procedent que de quelques Billets qui ont été publiés sans en avoir auparavant „considéré les conséquences". *De la Souveraineté, lib. 4 ch. 9, pag. 18, édit. de 1689.*

avec la Nation & avec les Loix, il eût fupplié ledit Seigneur Roi de réferver les preuves de fon obéiffance pour des occafions où il auroit pu mériter l'eftime de fes Compatriotes ; ou s'il n'eût pas cru pouvoir fe difpenfer d'exécuter les ordres dudit Seigneur Roi, il l'eût follicité d'en adoucir la rigueur ; il eût craint au moins d'en augmenter l'amertume ; il eût craint de compromettre l'autorité Royale en fe l'appropriant ; il n'auroit pas parlé comme Roi, il auroit fait parler le Roi, il auroit intimé les ordres du Roi ; il ne les auroit pas formés lui-même......

„ Que le Gouvernement fous lequel les François ont le bonheur de vivre depuis tant de fiecles, & fous une fuite non interrompue de Rois à qui leur amour & leur devoir les foumet, eft un Gouvernement Monarchique.

„ Le caractere effentiel de ce Gouvernement eft de rendre invariable, perpétuelle & inaltérable la puiffance du Monarque & de fa poftérité, & de procurer la même ftabilité au bonheur des Sujets, par la confervation de leur liberté, de leur honneur & de leurs droits ; que ces précieux avantages, fondement de la durée des Monarchies, prennent leur fource dans les Loix qui reglent les droits refpectifs du Souverain & de fes Peuples ; que de ces Loix, les unes font immuables, les autres peuvent être changées, pourvû que ce changement n'altere point les premieres.

„ Que la premiere de toutes ces Loix immuables eft, que les Sujets doivent au Souverain une entiere obéiffance dont rien ne peut les difpenfer ; & que le Monarque doit à fes Sujets la protection, l'appui, le foutien & la confervation des droits que leur affurent les Loix.

„ Que de ces deux obligations refpectives, dérivent deux rapports d'autorité & d'obéiffance ; l'un à l'extérieur, & l'autre dans l'intérieur du Royaume, qui forment le Gouvernement Militaire, & le Gouvernement Civil, dont l'exercice eft entiérement différent, & ne doit jamais être confondu.

„ Que le Souverain réunit dans fa main l'un & l'autre Gouvernement ; que le premier a pour objet de défendre fes Sujets contre les attaques des ennemis de la Nation ; que le pouvoir du Souverain eft à cet égard fans bornes ; que l'obéiffance doit être auffi prompte que le commandement abfolu, parce que s'agiffant du falut commun dont le Souverain eft feul chargé ; d'ailleurs, tout rapport ceffant entre la Nation & fes ennemis, tout dépend de la force, & la force ne tire fon fuccès que de l'autorité du commandement & de la promptitude de l'exécution ; que c'eft dans ce cas que l'obéiffance aveugle eft un devoir, eft une vertu ; que c'eft fon importance, fon utilité, fa néceffité même pour le bien de l'Etat, qui en rend le joug non-feulement honnête, mais même honorable aux Grands de l'Etat & à la Nobleffe qui, fans ces puiffans motifs, ne feroient que des mercenaires qui vendroient leur fang, ou des efclaves qui le répandroient au caprice d'un Maître impérieux ; que c'eft dans ces points de vue que la raifon nous fait regarder comme des Héros des hommes que la Nature ne nous préfente que comme des deftructeurs ;

teurs ; qu'elle force le tribut de notre admiration & de notre reconnoissance pour des actions contre lesquelles l'humanité se révolte au premier aspect.

„ Que le *Gouvernement civil*, dont la plénitude réside aussi entiérement dans la main du Souverain, *se regle par des principes tout différens*.

„ Que son objet étant de maintenir les Citoyens dans la jouissance des droits que les Loix leur assurent, soit à l'égard du Souverain, soit vis-à-vis les uns des autres; c'est la Loi qui commande, ou, pour s'exprimer plus précisément, le Souverain commande par la Loi. Que dans ce cas, comme l'autorité doit être conforme à la Loi, la force exécutrice ne doit pas non plus s'en écarter ; & par conséquent, *comme le commandement ne peut être arbitraire, l'obéissance ne peut être aveugle ; l'un & l'autre doit toujours être réglé par la Loi*.

„ Que l'exercice de ce Gouvernement civil doit être aussi différent de l'exercice du Gouvernement Militaire ; que cet exercice s'étendant à des détails infinis, quant au rapport des droits des Citoyens, les uns à l'égard des autres, & mettant quelquefois en opposition les droits du Souverain avec ceux des Peuples ; les occupations multipliées des Souverains & leur équité ont exigé qu'ils le réunissent entre les mains d'un ordre de Citoyens, chargés de rendre en leur acquit la justice aux Sujets, & de les maintenir dans la jouissance de leurs droits & de leur liberté légitime, & qu'ils les rendissent dépositaires & ministres des Loix : Qu'en leur confiant ce dépôt, d'une part, le Souverain les a revêtus de son autorité pour faire respecter ses droits & les Loix : d'un autre, il les a associés à l'obligation de veiller à la conservation des droits légitimes des Peuples.......

„ Qu'il a fallu, pour mettre les Magistrats en état de conserver cet important dépôt, & de répondre dignement à la confiance du Souverain, les revêtir d'une dignité respectable aux Peuples, aux yeux desquels ils représentent le Souverain : dignité qui ne peut jamais être avilie par les efforts de puissances intermédiaires; qu'il a fallu rendre leurs personnes sacrées & inviolables ; leur assurer, ainsi qu'aux Loix, une liberté indépendante du caprice de ceux dont les Loix gênent l'ambition ; une liberté seule capable d'entretenir la confiance des Peuples ; qu'il a fallu par conséquent les mettre à l'abri de ces coups d'autorité, qui, en compromettant la gloire & l'équité du Souverain, sous le nom duquel ils allarment les Peuples, ne sont utiles qu'à ceux qui les emploient après avoir surpris la religion de leur Roi.

„ Qu'il a fallu sur-tout proscrire l'usage de la force des armes, qui est le renversement de tout idée politique du Gouvernement François.

„ Que les Citoyens ne doivent porter les armes dans l'intérieur de l'Etat, que pour la défense & la protection des Loix; que comme elles ne doivent être offensives que contre l'ennemi, elles ne doivent être que défensives en faveur du Citoyen.

„ Que le guerrier, rentré dans l'intérieur de l'Etat, ne doit être qu'un Citoyen paisible, soumis aux Loix; & qu'il ne doit jamais souiller la gloire, en tournant ses mains victorieuses de l'ennemi, contre ses Concitoyens; qu'il ne le peut sans crime, contre des Magistrats, qui en s'exposant à toutes les disgraces personnelles que peut faire retomber sur eux leur zèle pour le Souverain, pour l'Etat, & pour les Loix, ne font pas moins courageux ni moins généreux que le sont les guerriers en affrontant les hasards, qui peuvent leur enlever la vie pour le service de leur Roi.

„ Que ce n'est que dans le cas où l'esprit de sédition employant la force pourroit étouffer la voix des Loix & les rendre impuissantes, que le guerrier peut & doit les suppléer, & ramener à l'obéissance, ceux qui refusent de s'y soumettre.

„ Que les guerriers en cette seule qualité n'ont, en effet, aucune part dans l'administration civile, dans le Gouvernement intérieur de l'Etat; que ce n'est point à leur épée qu'ils peuvent se pourvoir pour la conservation de leur liberté & de leurs biens, de leurs droits les plus chers, & qu'il faut qu'ils s'adressent aux Tribunaux de la Justice; que c'est d'eux qu'ils doivent réclamer la protection & la défense d'avantages si précieux"…..

Qu'il seroit à souhaiter que nos militaires écoutassent ces leçons; qu'ils profitassent des réflexions du comte de Boulainvilliers, de le Vassor, de Barbeyrac; qu'ils suivissent les exemples de Crillon & du vicomte d'Ortès!

A la conduite qu'ils tiennent, ils imiteroient ce soldat que Lucain fait parler ainsi à César.

„ Si vous me commandez de plonger mon épée dans le sein de mon
„ frere, dans la gorge de mon père, & dans les entrailles de ma femme
„ grosse, j'obéirai avec regret, mais j'obéirai (1)."

Qu'il soit permis de rappeller à nos Officiers l'exemple des anciennes Armées Françoises, & qu'ils jugent par ce trait, si elles obéissoient autrefois les yeux fermés.

Un Auteur qui vivoit au sixieme siecle loue les Francs, de ce que leur pays ayant été divisé souvent en plusieurs Royaumes, il n'y a jamais eu de guerre entre eux. Les princes qui sont à-peu-près égaux en force, ont de la jalousie, se disputent la primauté, ce qui produit des trouble & des séditions. Il n'est rien arrivé de tel dans la France, quoique partagée en différentes dominations.

Lorsqu'il s'éleve quelque dispute entre ces Princes, ils levent chacun des troupes, comme pour se battre. Mais sitôt que les armées sont en présence, elles reprennent des sentimens de paix, elles obligent les Princes à vuider leurs différends par les Loix plutôt que par les armes,

---

(1) *Pectore si fratris gladium, jugulove parentis*
Condere me jubens, gravidaeque in viscera partû
Conjugis, invitâ peragam tamen omnia dextrâ.

sinon à en remettre la décision au sort d'un combat singulier l'un contre l'autre (m).

Les François ne trouvent pas qu'il soit raisonnable, ni conforme à la Coutume de leur pays, de troubler ou de renverser l'Etat entier pour la querelle particuliere de son Chef. Ils mettent donc les armes bas. Les vestiges de guerre disparoissent, & les deux armées contraires deviennent amies. Tant les Peuples de ce pays, dit l'Historien, sont attachés à la Justice & à la Patrie. Tant les Princes sont doux & savent, quand cela est nécessaire, condescendre à la volonté de leurs Sujets (n).

Les Armées Françoises examinoient donc le sujet de la guerre. Elles n'y suivoient le Prince que lorsqu'il défendoit l'intérêt de la Patrie. Elles ne se croyoient par obligées de satisfaire son ambition personnelle, son désir d'augmenter sa fortune, de s'emparer de quelqu'autre Couronne. Lorsque la Patrie n'étoit point intéressée à la dispute, les Princes étoient obligés, ou de s'arranger par arbitrage, ou de se battre entr'eux. L'Etat entier ne devoit par souffrir pour une querelle qui lui étoit étrangere. Des soldats qui examinoient qui raisonnoient, se conduisoient ainsi, obéissoient-ils les yeux fermés?

On dira peut-être que ces anciennes armées n'étoient pas soudoyées; que le Roi paie actuellement ses troupes, & qu'il a droit par conséquent de les employer à tel usage qu'il juge à propos.

Foible objection! Ce sont toujours des François, que le Roi emploie, comme Roi de France, qu'il paie de l'argent du Peuple François. La maniere dont les Soldats sont engagés à prendre le parti des armes, ne change en rien leurs obligations. Autrefois ils servoient par inclination. C'étoit un Peuple de guerriers. Ils servent aujourd'hui pour de l'argent, ou pour autres récompenses pecuniaires ou honorifiques. C'est toujours la Nation qui a dû être servie par les uns & par les autres, le Roi ne pouvant faire la guerre que pour l'intérêt de l'Etat, & non pour son profit particulier. Dès-là, que les troupes soient ou ne soient pas stipendiées, elles ne doivent jamais servir sous les ordres du Roi contre le bien de l'Etat.

La circonstance de la paie pourroit d'ailleurs être de quelque considération, si le Roi la prenoit sur ses propres domaines. Mais il y emploie très certainement les impôts dont le Peuple est surchargé. Ne seroit-il pas singulier que parce qu'il paie les troupes, elles acquissent par là le droit de le combattre?

(m) *Apud illos tametsi, inquam, plurimos in principatus eos esse divisos contingat, nihil tale usu venit. Sed si qua forté inter Principes oriatur controversia, omnes quidem aciem instruunt tanquam ad bellandum, remque armis decernendam; deindè simul conveniunt; conspicata vero sese utrinque copiæ, statim objectâ offensione, ad concordiam redeunt, jubentque Principes jure potiùs controversias decernere; sin minùs, singulari inter se certamine agere, & suorum ipsosmet capitum periculum adire. Agathias Historia de Francis, Lib.* I. *Pag.* 12. *Edit. de* 1660.

(n) *Neque enim æquitati aut Patriæ consuetudini consentaneum censent, ut privatæ ipsorum simultatis causâ Respublica labefactetur aut subvertatur. Consessu itaque & exercitum solvunt, & arma deponunt, paceque redintegratâ tutò rursus inter se communicant, conveniunt, sublatis è medio difficultatibus. Adeò apud illos subditi sunt justitiæ, & patriæ studiosi. Principes verò, ubi opus est, placidi & obsecundantes. Ibid.*

Enfin payés ou non, les Soldats sont toujours des François. Une indigne rétribution doit-elle étoindre en eux l'amour de la Patrie? A-t-elle rompu les liens qui les attachent à la terre où ils ont pris naissance?

Les Troupes Françoises doivent-elle au Roi une obéissance plus aveugle que ne la devoit à son Seigneur le Vassal qui avoit reçu son fief sons la charge du service militaire, qui étoit obligé de servir le Seigneur dans toutes ses guerres? Celui-ci étoit obligé d'examiner si la guerre étoit juste, & ne devoit aucun secours lorsque le Seigneur vouloit commettre une injustice, une usurpation.

Le Seigneur faisant la guerre, disent les Livres de fiefs, si on fait que la guerre est juste, ou qu'on doute de la justice, le Vassal doit son secours. Mais si l'injustice de la guerre est évidente, le vassal est obligé d'aider le Seigneur pour se défendre, & non pour attaquer son ennemi. Il est libre à cet égard de faire ce qu'il veut & s'il refuse son aide, il ne sera pas privé de son fief. Il y a cependant d'autres personnes qui pensent que le Vassal doit suivre le Seigneur dans toute sorte de cas (o).

Dans la formule du serment du Vassal, il ne promet son secours que dans le cas où le Seigneur a de justes motifs de faire la guerre (p).

On voit dans ces Textes le Vassal obligé d'examiner les causes de la guerre, & de dénier tout secours lorsqu'elle est injuste. Si on lui permet de suivre le Seigneur dans le doute, c'est une décision relâchée, à laquelle les Commentateurs opposent, non la morale de l'Evangile, mais celle de Cicéron.

L'obéissance du Vassal étoit autrefois si peu aveugle, que suivant une ancienne Loi Saxonne. Il ne violoit point sa foi, en résistant aux injures qu'on vouloit lui faire (q).

Les Militaires ne comprendront-ils jamais qu'ils n'ont voué le service de leurs bras que contre les ennemis du dehors; qu'ils ne se sont engagés à rien contre leurs concitoyens; parce que ceux qui seroient coupables d'une révolte véritable, auroient perdu cette qualité? Comment sont-ils aveugles, au point de ne pas sentir qu'ils tour-

Devoir des Militaires lorsqu'on les charge d'ordres injustes contre les Magistrats.

(o) *Domino guerram faciente alicui, si sciatur quòd justè, aut cùm dubitatur, vasallus eum adjuvare tenetur. Sed cùm palàm est quòd irrationabiliter eam facit, adjuvet eum ad ejus defensionem; ad offendendum verò alium non adjuvet si vult. Sed si eum adjuvare noluerit, non tamen feudum amittet, secundùm Obertum de Orto, & Gerardum (Capagistum). Alii verò sine distinctione dicunt semper debere eum adjuvare. Sed Obertus & Gerardus utuntur eo argumento, quòd quemadmodùm Dominum excommunicatum, vel à Rege bannitum non est obligatus vasellus ad adjuvandum vel servitium ei præstandum, imò solutus est interim sacramento fidelitatis, nisi ab Ecclesiâ vel à Rege fuerit restitutus; ità nec istum injustè guerram alicui facientem. Lib. 2. Cap. 28.*

(p) *Et si scivero te velle justè aliquem offendere, & inde generaliter vel specialiter fuero requisitus, meum tibi, sicut potero, præstabo auxilium. Lib. 2. Cap. 7.*

(q) *Aut dubitatur (vitium hoc Ciceroni videtur: qui Lib. Offic. 1. ità scribit. Bene præcipiunt, qui vetant quicquam agere, quòd dubites æquum sit; æquitas enim lucet per se: dubitatio autem cogitationem significat injuriæ. Adjuvet si vult.) Vitium feudisticum: ut vasallo arbitrium relinquatur patronum in bello, vel inimicitiâ injustâ adjuvandi. Nam si injusta est tàm vasallus quàm dominus coërcendus est in bene moratâ quidem civitate, non in fæce feudisticâ fortassè.*

Quin etiam in speculo saxonico, Lib. 3. art. 78. Legem hanc reperio: Vasallus etiam suo Regi & Judici, & aliis omni tempore licitè in injuriis resistere poterit; quamvis sint sui domini vel cognati, & in his suam non frangit fidem. Hotman Comment. in Libros feudorum.

nent leurs propres armes contre eux-mêmes, contre leurs femmes, contre leurs enfans, en opprimant des Magistrats, qui demeurant dans les bornes du respect, défendent les droits Nationaux, la liberté des personnes, la propriété des biens, la stabilité des Loix, exclusives du Pouvoir arbitraire? Ne sont-ils pas Officiers François, & ont-ils perdu le second titre en se chargeant du premier? Qu'ils obéissent les yeux fermés contre les Anglois, les Prussiens, &c. mais non contre leurs freres, leurs amis, leurs voisins, avec lesquels ils ont un intérêt commun, qu'il faut maintenir par des efforts communs.

La Cour des Pairs continue de représenter au Roi ,, que c'est la force de ces Loix, aussi anciennes que la Monarchie, écrites dans le cœur des François; que c'est l'attachement des Grands du Royaume à leur observation, le zêle du Parlement à maintenir leur exécution, qui ont mis la Couronne sur la tête de Philippe le Long; qui l'ont fait succéder à son frere, au préjudice d'une Princesse, qui en transportant par son mariage la Couronne dans une Maison étrangere, eût privé la France de l'avantage d'obéir à celle qui nous gouverne, & l'eût privé du bonheur d'être tendrement chérie & respectée des François.......

,, Que les Loix fondamentales de l'Etat, abandonnées au caprice d'une Reine en fureur, & à la foiblesse d'un Roi sans volonté, (Charles VI) sembloient devoir succomber sous les forces d'Henri V; que l'héritier présomptif de la Couronne vit armer contre lui par son pere même, l'apparence des Loix & les Etrangers; qu'il lût en frémissant dans les lettres qui s'expédioient en Chancellerie, ces mots accablans: *Par le Roi, à la relation du Roi d'Angleterre, héritier & Régent de France;* qu'il entendit retentir le Royaume de cette monstrueuse déclaration publiée dans un Lit de Justice, tenu dans un prétendu Parlement, le 22 Décembre 1420; déclaration dans laquelle le Roi son pere qualifie le Roi d'Angleterre de son très-amé fils, Régent & héritier du Royaume, & ne le nomme que Charles, soi-disant Dauphin.

,, Que, si le systême d'une puissance aveugle, si *le principe d'une obéissance nécessaire à la volonté du Souverain, même la plus contraire aux Loix fondamentales, lorsqu'elle est manifestée par des actes revêtus de son sceau, avoient alors prévalu; si le zêle des Magistrats avoit pu être étouffé par la violence, ou ralenti par la crainte; si la généreuse résistance du Parlement avoit pu être détruite, ou son libre consentement suppléé par des transcriptions illégales sur ses Registres, ou des radiations de ses Arrêts,* conservateurs des Loix; la France ne seroit qu'une Province de l'Angleterre; & le Sang de nos Rois seroit sujet d'un Prince, qui, comme Vassal de la Couronne, a autrefois fléchi le genoux devant eux.......

,, Que l'Arbitre Souverain des Empires qui veille d'une maniere si particuliere sur cette Monarchie, a voulu instruire & les Rois & les Peuples; apprendre aux Rois que leur puissance, aux Peuples que leur bonheur, étant fondés sur les Loix, l'observation des Loix peut seule les perpétuer; que l'époque du renversement des Loix sera celle de la perte de ces avantages respectifs; & qu'on ne peut ébranler les Loix, sans mettre en péril le Prince & les Sujets.

„ Que ce sont ces principes tutélaires, que veulent détruire ceux qui ont conseillé audit Roi d'employer contre les diverses classes du Parlement, les voies d'autorité absolue qui excitent la réclamation générale.

„ Qu'ils veulent substituer au Gouvernement Monarchique un Gouvernement Despotique & absolu; que pour y parvenir, ils ont dissimulé audit Seigneur Roi les funestes effets d'un pareil changement. Ils lui ont dissimulé qu'en renversant les Loix dont l'immutabilité assure la perpétuité dans son auguste Maison, ils ne substituent pour fondement à son Trône que la force qui peut être détruite par la force. Ils ne lui ont laissé envisager que les avantages apparens du despote dont la volonté seule forme la Loi, & qui fait d'un clin d'œil mouvoir des forces redoutables à ses propres Sujets; & ils lui ont dissimulé que les instrumens même de pareille puissance en sont souvent les destructeurs; que de même qu'ils agissent dans un temps au gré du Despote, ils peuvent, suivant leur intérêt ou leur caprice ne pas agir, ou même agir contre lui: ils lui ont dissimulé qu'en voulant rendre esclaves les François qui sont libres, ils aliénoient le Roi de ses Sujets, & les Sujets de leur Roi. Ils lui ont représenté les Loix comme des obstacles qui bornoient sa puissance; ils lui ont caché qu'elles en assuroient la durée: ils lui ont peint la résistance des Magistrats comme un attentat à son autorité; ils lui ont dissimulé qu'elle n'étoit fondée que sur l'obligation que leur imposoit le bien de l'État, la situation des Peuples, le bien du service dudit Seigneur Roi; & qu'elle n'avoit pour but que d'instruire ledit Seigneur Roi des énormes abus qui s'étoient glissés dans l'administration de ses finances: ils lui ont laissé ignorer que ces Magistrats se sont empressés à répondre aux volontés dudit Seigneur Roi, aussitôt qu'ils ont remarqué qu'elles étoient l'effet de ses mûres réflexions & de sa haute sagesse. Ils ont voulu persuader audit Seigneur Roi qu'il falloit pour l'intérêt de son autorité, traiter avec ignominie & inhumanité un Corps entier de Magistrats; ils lui ont dissimulé que ces traitemens ne servoient qu'à avilir la Majesté Royale, en avilissant ceux qui en sont l'image, & à rompre les liens qui attachent les Peuples à leur Roi: ils lui ont dissimulé que l'opinion commande à la multitude, & que la multitude commande à la force: enfin ils ont couvert leurs entreprises du voile spécieux de leur zele pour la gloire & l'autorité du Monarque, lorsqu'ils n'avoient en vue que de satisfaire leur ambition & leur autorité personnelle".

C'est sur ces principes qu'il faut juger de l'obéissance due par les Magistrats. La raison ne souffre pas qu'on fasse un devoir d'un dévouement servile à un Corps établi exprès pour résister, & auquel la résistance est prescrite comme un devoir de conscience.

„ Si c'est désobéissance de bien servir, le Parlement fait souvent cette faute, & quand il se trouve conflit entre la puissance absolue du Roi, & le bien de son service, il juge l'un préférable à l'autre, *non par désobéissance, mais par devoir, à la décharge de sa conscience"*. Remontrances du Parlement en 1604.

Les Prédicateurs de l'obéissance aveugle auroient-ils le front d'appliquer leurs principes à quelques événemens de notre Histoire, au fameux Traité de Troyes, par exemple, qui transmettoit la Couronne au Roi d'Angleterre au préjudice du Dauphin? Un des articles de cette monstrueuse convention portoit ,, que les Grands Seigneurs, Barons & Nobles, les Etats du Royaume, les Cités & notables Communautés, les Citoyens & Bourgeois des Villes, feroient serment d'obéir au Roi d'Angleterre en toutes choses, comme étant établi dès-lors Régent du Royaume, & de ne reconnoître jamais d'autre Roi que lui après la mort de Charles VI". Cet horrible serment fut fait & réitéré plusieurs fois par le Parlement, les Gens des Comptes & du Tréfor, les Curés & autres Ecclésiastiques de Paris, le Prévôts des Marchands & Echevins, & tous les Bourgeois & habitans de la même Ville (r).

Inconvéniens de l'obéissance aveugle des Magistrats démontrée par quelques faits de notre Histoire.

Le Chancelier le Clerc a été aussi le zêlé exécuteur du Traité. Dans tous les actes qui se sont expédiés depuis à la Chancellerie, il faisoit mettre à la fin: *Par le Roi, à la relation du Roi d'Angleterre, héritier & Régent en France* (s).

Si jamais il y a eu un acte nul, dans lequel le Roi ait passé les bornes de son pouvoir, c'est certainement ce Traité. Voici comme en parle Juvénal des Ursins dans son Ouvrage contre les prétentions des Rois d'Angleterre sur la France.

,, On dit que de présent, les Anglois se veulent aider d'un accord que on dit avoir été fait à Troyes, l'an mil quatre cens & vingt, entre le Roi Charles VI, pere du Roi, & feu Henri soi-disant Roi d'Angleterre, pere de Henri qui à présent est; qui est de soi sans réponse aucune, très-incivil, & lequel en nulle maniere ne peut se soutenir...... Et est un ébahissement, vû que en Angleterre y a clercs solemnels, comment ils s'y arrêtent: Car si le Roi de France Charles VI eût été de bon & sain entendement, & en sa pure, franche & libérale volonté; si n'eut-il pu transporter son Royaume, ni faire que son fils en eût été exhérédé, & qu'il n'eût été son héritier; car au regard de la Couronne & du Royaume, les héritiers mâles du Sang sont nécessaires; & ne peut le Roi préjudicier à son héritier descendant de sa chair, ni aliéner ou bailler le Royaume en autre main; que à celle de celui auquel il doit venir, par succession héréditaire: Tellement que s'il avoit fils, comme au cas présent, il ne pourroit faire qu'il ne fût Roi après lui. *Et à proprement parler, le Roi n'y a qu'une maniere d'administration & usage, pour en jouir sa vie durant tant seulement.* Et quand il a fils, le fils durant la vie du pere, en est réputé & censé comme Seigneur; Et ne lui peut le Roi son pere, ni autre, abdiquer ou ôter ce droit, voire même s'il le

----

(r) Ordonnances du Louvre, tom. 11. pag. 86. Histoire de Paris de Félibien, tom. 4, pag. 571, 582, 584, 590, 596.
(s) Hénault. Abrégé chronologique de l'Histoire de France, sur l'année 1420.

vouloit ou confentoit ; quoiqu'il en fût, il ne feroit fait préjudice qu'à lui, & non mie aux autres du Sang, pouvans venir à la Succeffion. Et feroit chofe très-merveilleufe, que le Roi ne peut aliéner valablement partie de l'héritage de fa Couronne, & fon Royaume ; & de le non faire jurer à fon Sacre ; & toutefois qu'il peut aliéner fa Couronne & fon Royaume tout entier. *Si ce n'étoit qu'un fimple Duc, Pair de France que le Roi voulût priver, fi faudroit-il que la chofe fe fît par procès, les caufes connues, & les Pairs de France préfens ou appellés, & plufieurs folemnités faites & gardées*..... Mais il y a de plus, fçavoir que le Roi n'étoit pas lors en état qu'il en pût rien faire ; & cela appert affez par le contenu du feptieme article dudit Traité, qu'ils difent Accord, où Henri d'Angleterre dit ce qui s'enfuit....... Et ainfi il appert qu'il ne pouvoit entendre au Gouvernement du Royaume, & durant fa vie, Henri y étoit commis : par plus forte raifon, ne le devoit-on pas tenir habile à délaiffer fon Royaume à fon ennemi ancien, & à exhéréder fon feul & unique fils : & n'a pas Dieu voulu que chofe fi inique & déraifonnable ait forti fon effet (t).''

Du Tillet ne s'exprime pas avec moins de force fur la nullité radicale de ce Traité. Il la fonde fur les mêmes moyens.

,, Le fens faillit à tous ceux qui fe mêlerent dudit Traité, par lequel la maladie dudit Roi Charles fut confeffée ; conféquemment fon inhabileté de traiter ou contracter, mêmement au dommage & totale éverfion de fa Couronne, *de laquelle il n'étoit qu'adminiftrateur, non Seigneur ou Propriétaire* : & quand il eût eu le plus clair & fain entendement du monde, il n'en eût pu priver ledit Sieur Dauphin fon fils, auquel par Loi elle étoit affectée, & devoit écheoir fans titre d'hoirerie ; par quoi exhérédation, confifcation ou indignité n'y pouvoient avoir lieu pour crime ou cas que ce fut. Car en France le Roi ne peut ôter à fon fils, ou plus prochain, ladite Couronne, s'il ne lui ôte la vie ; encore lui mort, elle viendra à fes defcendans mâles, s'il en a (u).''

Joignons le fuffrage d'un autre Magiftrat, Pierre de Belloi avocat Général au Parlement de Touloufe.

,, C'eft être bien imprudent de vouloir contraindre un fi grand
,, Monarque, comme le Roi de France, leur feigneur, jeune, fain, &
,, auquel Dieu donnera, s'il lui plait, la bénédiction de la poftérité d'A-
,, braham, de choifir un homme pour fon héritier. Mais les François
,, s'affurent fur ce qu'ils ont un Roi trop bien nourri, magnanime,
,, craignant Dieu, & jaloux de fon honneur, qui ne voudroit pour
,, tout le monde faire cette brèche à fa confcience, à fa réputation, à
,, fa vertu & à fa mémoire, que nos enfans euffent occafion *atro*
,, *carbone illum notare*, difant qu'il auroit été tant haineux de foi-mê-
,, me & de fon propre fang, d'avoir corrompu les Loix qui l'avoient
,, fait

(a) Hiftoire de Charles VI, par Godefroi, *pag.* 695.
(u) Recueil des Traités entre les Rois de France & d'Angleterre, *pag.* 197. *édit. de* 1620.

,, fait régner après ſes Prédéceſſeurs depuis l'origine de cette Monar-
,, chie, & transféré la couronne hors de ſa maiſon pour aſſouvir la témé-
,, rité de ceux qui ſe voient armés, pourroient lui hâter le pas, pour
,, plutôt leur quitter la place. Car qu'eſt-ce que l'ambition & deſir de
,, régner n'oſe entreprendre ? je ſupplie très humblement le Roi m'ex-
,, cuſer, ſi je lui dis franchement qu'il ne le pourroit faire, & que
,, la Loi du Royaume, par laquelle il eſt Roi, lui défend d'y toucher,
,, puiſqu'elle y a pourvu, *à laquelle il eſt très louable à la Majeſté d'un*
,, *Monarque de ſe dire obligé.*

,, Et ainſi fut jugé, déclaré & exécuté par le Parlement des Pairs
,, de France pour Charles VII contre le traité paſſé en la ville de
,, Troyes en Champagne par le Roi Charles VI l'an 1420, au mariage
,, de Madame Catherine ſa fille avec Henri V Roi d'Angleterre, con-
,, tenant accord & volonté dudit Roi Charles VI, que l'Anglois ou les
,, ſiens mâles, deſcendus dudit mariage ſeroient appellés à la Couronne
,, de France, & ledit Charles VII demeureroit forclos & exhérédé.
,, Ce n'eſt pas d'aujourdhui que nos Maîtres diſent que cela a été &
,, ſera perpétuellement gardé par la Loi ſalique de cette floriſſante cou-
,, ronne, laquelle ne peut être changée par le Roi qui tient le ſceptre-
,, parce qu'il n'eſt que TUTEUR, CURATEUR, OU FRUCTUAI-
,, RE ET ADMINISTRATEUR D'ICELLE, *ſalvâ ejus ſubſtantiâ; ita-*
,, *que nec donare, nec perdere poterit*, ou autrement diſpoſer de la proxi-
,, mité de ſon ſang, que la Loi du Royaume ne lui permet ni la trans-
,, porter en autre main que celle à qui elle appartient, encore qu'il
,, n'eût pas peut-être occaſion de l'aimer... Tellement que le plus pro-
,, che du ſang eſt *creditor*, je dis plus, eſt *factus Dominus* par la mort du
,, Prédéceſſeur, & ne tient rien de lui, ains ce qu'il a, il le tient par
,, vertu & autorité de la Loi & Coutume de France. Ainſi parlent ex-
,, preſſément de notre Royaume Jean André, Balde, Panorme, Jaſon,
,, G. Benedict, & tous les autres qui en ont écrit. De ſorte que quicon-
,, que voudroit faire autrement, & *vi majore* corrompre la Nature, il y
,, va de ſa conſcience & de ſon ame pour en répondre devant Dieu;
,, outre que tout ce qu'il entreprendroit ſeroit nul, de nulle valeur,
,, & ſujet à reſtitution par la Juſtice Publique, au préjudice de ſa répu-
,, tation (v).''

Un Membre du prétendu Parlement qu'on avoit ſubſtitué à l'ancien, qui auroit refuſé de jurer le Traité, qui ſe ſeroit oppoſé à ſon
exécution, auroit-il été coupable de révolte, & criminel de Leze-Majeſ-
té? Il faut le décider hardiment, ſi dans aucun cas, les Magiſtrats ne
peuvent refuſer l'obéiſſance; s'ils ſont obligés d'adopter tout ce que le
Roi leur ordonne de publier & d'enregiſtrer tout ce qu'il vient faire
vérifier en ſa préſence.

On peut encore rappeller ici un autre fait arrivé durant les mêmes
troubles.

(v) Apologie Catholique contre les Libelles & Déclarations des Ligués. Pag. 134, 137.

Charles VI avoit publié le 2 Avril 1418 des Lettres, portant défenses d'envoyer de l'argent à Rome pour l'expédition des Bénéfices auxquels il feroit pourvu par élection.

Le Duc de Bourgogne qui s'étoit rendu Maître de Charles VI, & qui vouloit s'attirer la protection du Pape, fit révoquer ces Lettres par d'autres du 9 Septembre fuivant.

Celles-ci ayant été envoyées au Parlement, le Procureur-Général s'oppofa à leur publication. Le Chancelier avoit refufé de les fceller: elles ne l'avoient été que du fcel ordonné en l'abfence du grand. Cette réfiftance donna lieu à de nouvelles Lettres de Charles VI. du 22. Mars 1418.

Il y dit que „ fous ombre de l'oppofition & contradiction de fon Procureur-Général & Avocat-fifcal ou autrement, le Parlement a refufé, ou du moins dilayé de faire la publication des Lettres précédentes, & que fon Chancelier a refufé ou différé de les fceller; en quoi il a pris très-grande déplaifance, & non fans caufe.

„ Pour ce, eft-il, dit ce Prince, que nous voulant nofdites lettres de révocation, enfemble tout le contenu d'icelles, avoir & fortir leur plein effet; vous mandons & enjoignons très-étroitement cette fois pour toutes, & fur quant que doutez nous courroucier, que incontinent, & fans plus de délai, vous, notre Chancelier, fcellez, ou faites fceller de notre grand fcel toutes nos lettres de ladite révocation qui vous feront préfentées en forme due; & auffi vous, nofdits Confeillers, faites icelles nos Lettres publier en notre Cour de Parlement, & ailleurs en notre Ville de Paris ès lieux accoutumés; en mettant & faifant mettre à exécution due le contenu en icelles nos lettres de point en point, felon leur forme & teneur : nonobftant l'oppofition & contradiction de nofdits Procureur-Général & Avocat-fifcal, auxquels & chacun d'eux & à tous autres, nous impofons fur ce, filence perpétuel, & quelconques autres oppofitions & appellations faites & à faire; Ordonnances, mandemens, défenfes & lettres furreptices impétrées & à impétrer à ce contraires."

Quelqu'un oferoit-il accufer de défobéiffance ces Magiftrats quoique intrus, qui refufoient de recevoir une Loi fi contraire au Maximes du Royaume? Il faut entendre Pafquier louer la fermeté du faux Parlement dans cette occafion. Après avoir raconté la trifte fituation où étoit alors le Royaume, il ajoute :

„ Ce néanmoins, tous ces miférables objets ne purent jamais fléchir cette Cour, que toujours elle ne portât fur fes épaules (ainfi qu'un Atlas la voûte du Ciel) les privileges de notre Eglife Gallicane contre tous les affauts qu'on lui voulut puis après livrer, qui ne furent pas petits : car les Bourguignons qui poffédoient le Roi pour l'imbécillité de fon cerveau, étoient bien contens de fe prévaloir encontre leurs ennemis de la faveur de l'Eglife de Rome ; ayant mêmement attiré à leur cordele la plupart des chefs principaux de l'Univerfité, laquelle de là en avant commença de saigner du nez, ne se rendant plus si ferme protectrice de nos privileges comme elle avoit fait autrefois: mais la Cour suppléa à ce défaut, comme si toute la force & vertu de France se fût alors accueillie au cœur de cette Compagnie. Le Duc de Bourgogne n'eut pas sitôt mis à exécution toutes les cruautés qu'il fit exercer dans Paris par l'entremise de Lisle-Adam, que soudain le Roi dépécha un Edit de la révocation de l'Ordonnance faite en faveur des ordinaires; sur quoi, par Arrêt du 13 Mars 1418, fut dit que l'on en écriroit au Roi; & par même moyen, le Procureur Général s'oppose à la publication de ces Lettres. Le vingt-neuf du même mois, le Chancelier vint à la Cour pour les faire publier. Le lendemain la Cour opine en sa présence, & s'en trouverent 29 (qui étoient plus que les deux parts dont les trois faisoient le tout) qui furent d'avis qu'on ne les devoit publier sans ouir le Procureur-Général en son opposition. Le Chancelier remontra que le vouloir du Comte de S. Pol, Gouverneur de Paris, qui lors avoit toute la force en main, étoit qu'elles fussent publiées; & que s'ils ne le vouloient faire, il l'en advertiroit pour sa décharge. Cette menace d'un courtisan ne les fit changer d'opinion: qui fut cause qu'un jour après, le Chancelier retourna au Parlement, accompagné du Comte de S. Pol, lesquels firent de puissance absolue, publier ces Lettres sans ouir le Procureur-Général; lequel se comporta en ceci si vertueusement, qui ne se voulut du tout trouver à cette publication: & commanda le Chancelier mettre sur le repli des Lettres l'ancien *lecta publicata*: mais il ne fut sitôt parti, que la plupart des Conseillers vinrent au Greffier remontrer que, puisque ce qui avoit été fait, c'étoit contre la délibération de la Cour, il ne devoit mettre le *lecta*; ou pour le moins devoit inférer clause par laquelle il apparût que la Cour n'avoit pas approuvé cette publication: mais il répondit qu'il n'étoit que simple ministre, & qu'il se garderoit de méprendre. Au moyen de quoi, le premier jour d'Avril, toutes les Chambres assemblées, fut dit que par cette publication, la Cour n'entendoit approuver ces Lettres, comme étant passées par force. Recherchez telle constance qu'il vous plaira en toute l'ancienneté; vous n'en trouverez point de plus grande. Les Dons & Indults du Pape ne l'avoient autrefois pu fléchir; & lors les intimidations & les armes n'eurent non plus de puissance envers cette Compagnie. Ne pensez point que cet Arrêt ne fut depuis de grand force & effet contre les furieux assauts des plus grands (w)."

Charles V ayant érigé le Comté de Macon en Pairie en faveur de Jean Comte de Poitiers son frere, celui-ci prétendit avoir le ressort, la connoissance des cas Royaux, & les autres droits de Souveraineté sur les Ducs de Bourgogne, le Comté de Forès, & autres vassaux du Comté de Macon.

(w) Ordonnance du Louvre tom. x, pages. 447, 471, 511, Recherches de la France, liv. 3, chap. 26 *in fine*.

Cette prétention occasionna une Déclaration du Dauphin du mois de Décembre 1359.

„ Nous déclarons, y est-il dit, que notre intention n'est, ne on-
„ ques ne fut de donner à notre dit frere les ressorts, droits, Souve-
„ rainetés, prouffits & émolumens dessus dits, ne de eux aliéner à
„ cause du don dessus dit, ne autrement, mais avons toujours enten-
„ du & entendons de iceux retenir à Monsieur, à nous, & à la Cou-
„ ronne de France; ne par nulle maniere n'en peuvent être aliénés,
„ transportés, ne mis hors, mêmement, que notre dit Cousin le Duc
„ de Bourgogne, qui est Pair de France, ne ses Sujets par vertu de
„ ses privileges des Pairs de France, ne doit ressortir, mais que devant
„ le Bailly Royal, comme dit est, & que lui & les autres Sujets du-
„ dit ressort ont privileges octroyés & jurés par plusieurs Rois de
„ France, dont il nous est apparu, que ils ne puent jamais à nul jour
„ être mis hors de la Couronne de France par cause de mariage, par
„ don, par permutation, ou autrement, par quelconque maniere
„ que ce soit ou puisse être; & aussi tels droits de Souveraineté & de
„ ressorts ne se puent & ne se doivent aliéner (x)."

On voit dans ces Lettres le respect de nos Rois pour leurs concessions & leurs conventions. On y voit l'inaliénabilité absolue des droits de ressort, & de Souveraineté, reconnue plusieurs fois. Si le Dauphin cédant depuis à des importunités, si un Roi successeur avoit voulu transporter des Droits déclarés formellement inséparables de la Couronne, si pour faire enregistrer l'Edit d'aliénation, ils étoient venus tenir un Lit de Justice, les Magistrats devoient-ils y souscrire? Ne pouvoient-ils le refuser sans crime?

Examen de la question: si les Magistrats doivent obéir à des Lettres de cachet qui les dispersent.

On accuse les Magistrats de désobéissance; & Dieu veuille que la Nation n'ait pas droit de leur reprocher un excès de soumission. Nous avons vu de nos jours plusieurs exils du Parlement. Devoit-il obéir à des Lettres de cachet qui le dissipoient ainsi, en dispersant tous ses Membres dans les différentes provinces du Royaume? Arrêtons-nous un moment sur cette question; & distinguons dans les Magistrats, les trois qualités de Citoyens, d'Officiers de judicature, de Membres du Parlement.

Comme Citoyens ils n'y sont pas obligés.

Sous la premiere qualité, leurs droits, leurs obligations, sont ceux de tous les autres Sujets. On a vu que le Roi n'avoit pas droit de les exiler arbitrairement; qu'ils n'étoient pas obligés de déférer aux Lettres de cachet.

Veut-on les envisager comme des Officiers de judicature, dont l'autorité se borne à juger des procès; comme de simples juges de Baillage? Ils sont pourvus d'un Office, dont ils ne peuvent perdre soit la propriété, soit l'exercice, que par résignation volontaire, ou par forfaiture déclarée contradictoirement par juges compétens. C'est la disposition pré-

(x) Histoire Généalogique des Grands Officiers de la Couronne, To. 3. pag. 325.

cife de l'Ordonnance de Louis XI, qui n'a jamais été révoquée. Ce feroit la violer, fans doute, que d'exiler un Bailliage entier, ou même les Particuliers qui le compofent; puifque l'exil les met hors d'état de remplir leur miniftere.

Auffi Louis XIV, confirmant, interprétant & exécutant l'Edit de Louis XI, a-t-il ordonné par fa Déclaration du 22 Octobre 1648, 'que „ aucun des Officiers des Cours Souveraines, & autres, ne pourra être „ troublé, ni inquiété en l'exercice & fonction de fa charge, par Lettres „ de cachet, ou autrement, en quelque forte & maniere que ce foit."

Comme Magiftrais ils n'y doivent pas obéir.

Voilà une Loi qui fubfifte dans toute fa vigueur, par laquelle le Roi s'eft interdit à lui-même l'ufage des Lettres de cachet, non-feulement contre les Officiers des Cours Souveraines, mais contre tous les Juges de fon Royaume. L'exil d'un Corps de Judicature, tel qu'il foit, n'eft pas la révocation de la Loi. Jamais en France, les Loix n'ont été faites ni détruites dans cette forme. C'eft la contravention à une Loi, que le Roi ne juge pas à propos de révoquer. En fuppofant pour un moment qu'il le puiffe faire, au moins tant qu'elle fubfifte, il ne peut pas la violer. S'il eft au deffus des Loix, cela veut dire, qu'il a la puiffance de les abroger, quand le bien de l'Etat le demande. Il excede les bornes de la Puiffance réglée, lorfqu'il la foule aux pieds par voie de fait, fans l'avoir légalement anéantie.

„ A qui pourra-t'on perfuader, dit M. d'Agueffeau, qu'une adju„ dication particuliere peut déroger à une Loi générale: & que fert „ pour établir cette efpece de paradoxe, de diftinguer avec les Juris„ confultes Romains entre l'abrogation de la Loi & la dérogation à „ la Loi? Qu'importe qu'il s'agiffe ou d'abroger entiérement une or„ donnance, ou de déroger feulement à une de fes difpofitions? „ N'eft-il pas toujours également certain que fuivant les premiers élé„ mens de notre droit public, le Roi n'abroge fes Loix, ou ne déroge à „ fes Loix, que dans la même forme dans laquelle il les a faites, „ c'eft-à-dire ou par un Edit, ou par une Déclaration ou du moins „ par des Lettres Patentes regiftrées en la Cour? Les difpenfes les plus „ légeres, les plus perfonnelles, les plus paffageres, ne font-elles pas „ toutes également revêtues de cette folemnité? & faut-il que le mi„ niftere public foit ici occupé à prouver les premiers principes"? (y)

L'Auteur de la *Science du Gouvernement*, après avoir établi que les Souverains font au deffus des Loix, & peuvent les abroger & les changer, lorfque le bien public le demande; ajoute auffi-tôt:

„ Les Souverains les doivent pourtant obferver tant qu'elles fubfiftent, „ ces Loix civiles, dont ils font difpenfés. La raifon veut que celui qui ordonne une chofe, l'exécute lui-même, 'qu'il en donne l'exemple, & qu'il n'impofe pas aux autres un fardeau qu'il fe difpenfe de porter. La conduite de tous les Membres d'une Société, fans en excepter le

(y) Oeuvres d'Agueffeau tom. 7. pag. 585.

Chef, doit être conforme; & il faut simplement excepter de cette observation les Loix qui reglent les devoirs des Sujets, considérés comme Sujets, & celles qui répugnent à la dignité & à la puissance du Souverain.

„ Le Prince qui fait ce qu'il défend, & qui n'exécute pas ce qu'il ordonne, décrédite son Ordonnance. Il fait voir que la Loi est injuste, ou que sa vie est déréglée. Le Souverain qui viole ses propres Ordonnances, fraie à ses Sujets un chemin à la désobéissance (z)."

Combien ces idées auront-elles plus de force, si on les applique à la dispersion violente, non d'un Corps quelconque de Judicature, mais de la premiere Compagnie Souveraine du Royaume? Pour ne pas effaroucher les partisans du Despotisme, nous renonçons pour un moment à nos avantages. Nous supposons que le Parlement ne remonte pas à l'origine de la Monarchie; qu'il n'est ni successeur, ni représentant de ces Corps antiques qui sont entrés dans la constitution primitive de l'Etat François. On veut bien accorder qu'il n'a été institué que par Philippe le Bel en 1302, ou dans un temps postérieur encore. Nous n'avons besoin contre nos adversaires, que de la fin pour laquelle le Parlement a été créé, des obligations qui lui ont été imposées.

Il a certainement été érigé pour examiner & contrôler en quelque sorte les volontés du Souverain, pour éclairer sa religion contre les surprises, pour lui résister courageusement lorsque le bien de l'Etat l'exige; pour rejetter les Loix, les rescrits contraires au bien public & à la Justice; en un mot pour tempérer le Pouvoir Suprême, & en empêcher l'abus. Méconnoître ces obligations imposées au Parlement, ce seroit fermer les yeux à la lumiere. Toutes les Ordonnances enjoignent aux Magistrats de ne point obéir aux lettres injustes émanées de nos Rois; de n'y avoir aucun égard; de les regarder comme non avenues, lorsqu'elles blessent la Justice, ou sont contraires aux Loix; & ce à peine d'être réputés désobéissans, violateurs de leurs sermens, à peine de leur déplaire, & d'encourir leur indignation. Le principal devoir des Parlemens est donc de lutter, pour ainsi dire, contre le Souverain; de s'opposer à l'exécution des ordres injustes qui lui sont surpris; de conserver l'intérêt public, & les droits légitimes des Citoyens, auxquels le Monarque trompé auroit porté atteinte. Le Roi peut-il détruire des Corps si précieux pour lui-même, & les détruire par Lettres de cachet?

Charles V. en 1350 érigeant le Comté de Macon en Pairie en faveur de Jean son frere, rappelle les ordonnances des Rois Prédécesseurs, qui ont établi les douze Pairs de France pour la conservation de l'honneur de la Couronne, pour être le Conseil & le soutien de l'Etat, pour aider le Roi dans les affaires difficiles, dans les jugemens, dans les armées (a).

(z) *Tom. 4. pag. 128.*
(a) *Nos igitur antiquas memoriæ dignas progenitorum nostrorum Regum francorum ordinationes ad memoriam revocantes, qui ad conservationem honoris coronæ franciæ ac consilium & juvamen Reipublicæ, in eodem Regno duodecim Pares qui Regni franciæ in arduis consiliis & judiciis assisterent*

Dira-t-on que le Roi pourroit abolir la Pairie, à moins qu'il ne fût constant que cette dignité est devenue réellement nuisible, & en convenant que le Royaume en retire encore actuellement un secours réel?

Partant du principe certain, qu'il ne peut changer les Loix & les établissemens, que lorsqu'ils sont devenus inutiles ou nuisibles ; à qui persuadera-t-on qu'un Corps intermédiaire entre le Souverain & le Peuple, soit jamais dans ce cas? Il forme la perfection de l'Etat Monarchique. Dans ceux où il n'y en a point, les Loix les plus sages, les Loix fondamentales ne présentent aux Sujets qu'une foible ressource. Elles sont le jouet du Monarque, séduit par son Ministre emporté par la passion. Lorsque la garde en est confiée à une Compagnie chargée de veiller à la sûreté du dépôt, chaque entreprise est combattue. On fait des Remontrances, on refuse d'enregistrer les Loix, on résiste au Monarque par ordre du Monarque lui-même.

Faute de Corps intermédiaire, les intérêts, les malheurs du Peuple demeurent cachés au Souverain. Le Particulier, victime du crédit, crie; on étouffe aisément sa voix, parce que personne n'a droit de partager avec lui la qualité de plaignant.

L'accès du Trône étoit autrefois facile à tout le monde. La Loi des Visigots, après avoir défendu à tous Particuliers d'injurier le Prince, même après sa mort réservoit à tous la Liberté de lui parler pour toutes leurs affaires, de plaider contre lui, & d'obtenir un jugement conforme aux regles (b).

Les anciennes formules nous montrent nos Rois de la premiere Race assis dans leur Palais, pour juger les causes de tous leurs Sujets qui se présentoient (c).

Louis le Débonnaire en 829 donnoit audience une fois par semaine à tous ceux auxquels les juges Ordinaires, ou les Envoyés dans les Provinces avoient refusé justice (d).

En 1014 le Roi Robert mettoit encore au nombre de ses devoirs d'écouter les plaintes de ses Sujets, & en cela il suivoit la coutume de tous ses Prédécesseurs (e).

& in factis armorum strenuè ad tutamentum Regni & Reipublicæ, Regem ipsum paritate fideli inter collaterales suos splendidius comitarent, considerationes provida statuerunt. Histoire Généalogique des Grands Officiers de la Couronne Tom. 3. Pag. 204.

(b) *Reservatâ cunctis hâc plenius libertate, ut Principe tàm superstite quàm mortuo, liceat unicuique pro negotiis, ac rebus omnibus, & loqui quòd ad causam pertinet, & contendere sicut decet, & judicium promereri quòd debet. Ita enim proponere nitimur humanæ reverentiam dignitati, & devotius fervore probemus justitiam Dei. L. Visigoth. Lib. 2. Tit. 1. Cap. 8.* Recueil des Historiens de France. Tom. 4. pag. 294.

(c) *Cùm nos in Palatio nostro und cum Episcopis.... Optimatibus... Comitibus... Domesticis... Referendariis... Senescalcis, comite Palatii, & reliquis quàm plurimis nostris fidelibus, ad universorum causas audiendas, vel recto judicio terminandas præsideremus.* Recueil des Historiens de France Tom. 4. pag. 638, 639, 648, 671, 672, 677, 683, 704, 712, 714.

(b) *Hoc missi nostri notum faciant comitibus & populo quòd nos in omni hebdomadâ unum diem ad causas audiendas & judicandas sedere volumus.... Populo autem dicatur ut caveat de aliis causis se ad nos reclamare, nisi de quibus aut missi nostri comites eis justitias facere noluerint.* Baluse, Capitul. Tom. 1. Col. 668.

(e) *Si precibus nostrorum fidelium, quando pro suis vel Ecclesiarum necessitatibus aliquid nobis intimare voluerint, aurem libenter accommodamus, eorumque justas petitiones ad optatum effectum per*

Ces heureux tems sont passés. Nos Rois ne sont pas accessibles à chaque Citoyen. Le 30 Décembre 1497, Charles VIII a écrit à la Chambre des Comptes, de faire des recherches dans les regiſtres, parce qu'il vouloit ſçavoir la forme qu'avoient tenue ſes Prédéceſſeurs Rois à donner audience au pauvre Peuple, & même comme Monſieur Saint Louis y procédoit (f). Par l'article 89 de l'Ordonnance de Blois, le Roi promet de donner audience à ceux de ſes Sujets qui la lui demanderont. Tout cela eſt reſté dans les termes d'un ſimple projet. Le Corps intermédiaire qui a un libre accès au Trône, y porte les doléances du Royaume entier, d'une Province, d'une Ville, d'une Famille. Quoi de plus deſirable à un Prince qui ne craint rien tant que l'injuſtice; qui, pere de ſon Peuple, veut uniquement le rendre heureux !

C'étoit précisément pour prévenir l'abus de la puiſſance Royale, que Hugues Capet ne vouloit décider les affaires d'Etat, que par l'avis & le conſeil de ſes Féaux (g).

Qu'on place le Royaume dans telle poſition qu'on voudra, paſſée ou future, en trouvera-t-on une qui faſſe deſirer l'extinction de ce Corps intermédiaire; où il ſoit utile que la Puiſſance Souveraine n'ait aucun frein; qu'elle ne ſoit pas même expoſée à des Remontrances, & à l'examen reſpectueux de l'uſage auquel elle eſt employée?

Si cela ne ſe conçoit pas, ſi le Corps gardien des Loix, fait toujours en tous temps la ſûreté commune du Monarque & des Peuples, il ne peut donc pas l'abolir, quand même il l'auroit établi. Car l'uſage de ſon autorité doit être réglé ſur le bien public. Il agit incompétemment & ſans pouvoir, dans tout ce qu'il ordonne contre l'avantage de la Société.

Idée qu'on doit ſe faire du Parlement en ſuivant celle qu'en ont eu nos Rois en différens tems.

Prenons du Parlement l'idée que les Rois eux-mêmes nous en ont donnée, & qu'on juge s'ils ont cru pouvoir le diſperſer par voie de fait; s'ils ont même pu croire que quelqu'un de leurs ſucceſſeurs ſeroit tenté de l'entreprendre.

Charles, Régent du Royaume pendant la priſon du Roi Jean ſon pere, témoigne deſirer de tout ſon cœur, autant qu'il le peut, & qu'il y eſt obligé, que le Parlement continue l'exercice de ſes fonctions (h). Ailleurs il met l'interruption du Parlement au nombre des malheurs cauſés par la guerre, & y remédie, autant que les circonſtances pouvoient le permettre (i).

Les

---

ducimus; non ſolùm Regiam conſuetudinem in hoc exercemus, ſed eoſdem noſtros fideles Deo atque nobis promptiores facimus atque devotiores. Recueil des Hiſtoriens de France Tom. 10. pag. 585.

(f) Hiſtoire de Charles VIII, par Godefroi, *pag.* 745.

(g) *Regali poteſtate in nullo abuti volentes, omnia negotia Reipublicæ in conſultatione & ſententiâ fidelium noſtrorum diſponimus.* Recueil des Historiens de France. Tom. 10. pag. 392.

(h) *Parlamentum hactenùs huc uſque ſemper fuit, & eſt & erit lux & ſplendor Juſtitiæ, ac capitalis Juſtitia totius dicti Regni..... Nos dictam Juſtitiam Capitalem, quantùm in nobis eſt, & poſſumus, ac tenemur, toto cordis noſtri affectu teneri, obſervari, ac etiam exerceri affectantes.....* Ordonnances du Louvre, tom. 4. pag. 745.

(i) Pag. 725.

PUBLIC FRANÇOIS. *Chap. VI.* 431

Les Ordonnances du Roi Jean, de Charles V, de Charles VI, ne font pleines que d'éloges de cette Cour (k).

Charles VI avoit renouvellé les Ordonnances précédentes, portant qu'il feroit pourvu par élection au Offices du Parlement. Les Princes étant exposés à des furprifes continuelles, il avoit lui-même violé fa Loi, en nommant Jean Tarenne, pour remplir l'Office, vacant par le décès de Germain Paillard. Rien n'eft plus beau que le regret qu'il en témoigne; que les précautions qu'il prend pour fe mettre lui-même à l'abri d'une pareille furprife à l'avenir (1). Un Prince qui ne croit pas pouvoir fans injuftice déranger l'ordre établi pour le choix des Membres du Parlement, fe feroit-il permis de l'anéantir par des ordres particuliers?

En 1484 Charles VIII accorde l'exemption du Ban & Arriere-ban aux Officiers du Parlement. ,, Confidérant les grands, louables, ver- ,, tueux, affiduels, & recommandables fervices, que nos Amés &

(k) *Quoniam illi qui propter fcientiæ claritatem & veritatis amorem, electi funt ad honorem fedis noftri Parlamenti, univerfalis & capitalis Juftitiæ Regni noftri gubernacula dirigunt, atque propriè repræfentant in Populo celfitudinis noftræ majeftatem.* Ibid. tom. 3, pag. 482.
Curia noftra Parlamenti eft, & effe debet totius Juftitiæ Regni noftri fpeculum veriffimum & origo, ex edque cæteri noftri judices & fubditi percipere debent elucefcentis Juftitiæ documenta. Ibid. pag. 650.
Notre Cour de Parlement eft fouveraine de tout notre Royaume, & doit être exemple & miroir de toutes les autres Cours du Royaume. Ibid. tom. 7, pag. 785.
Licet præfata Curia noftra fuprema fit & capitalis, fons etiam & origo Juftitiæ totius Regni noftri, in edque ventilentur affiduè, difcutiantur & terminentur majores & graviores caufæ tam noftra quàm Parium Franciæ, Principum, Ducum & Comitum Profapiâ noftræ, Prælatorum, Baronum & Optimatum dicti Regni, præfertim appellationum caufæ provenientes à Judiciis & Auditoriis fubalternis, tamquam ad extremum refugium ibidem morituræ deferuntur; & ob hoc non folùm de remotis finibus dicti Regni, verùm de longinquis & exteris Nationibus noftræ Ditioni non fubjectis, fit in eâ continuus & quotidianus concurfus hominum de fuis caufis & negotiis, ob famofam & finceram exhibitionem Juftitiæ. Ibid. tom. 8, pag. 617.
(1) *Notum igitur facimus, quòd nos juftitiam ejus clarefcentibus radiis vehementius elucefcere, & dictæ noftræ Curiæ judicia perampliùs præfulgere & revereri, dictafque noftras Ordinationes ea propter nullum pati detrimentum, fed præmiffis inconvenientibus, prout dicta noftra incumbit Majeftati Regiæ, totis pro viribus obviare; & quos deinceps dicta noftra Curia infinuatione factâ & electione, ftudiofos, meritifque & virtutibus præpolitus noverimus præ cæteris in Confiliarios noftros affumere, & honoribus infignire cupientes: prædictas Ordinationes noftras tanquam juri & rationi confonas ampliando, eas laudamus, approbamus & confirmamus; & ex certâ fcientiâ, plenarid poteftate, & autoritate noftrâ Regid temporibus affuturis teneri volumus & fideliter obfervari; abfque eo quòd prætextu receptionis & inftitutionis dicti Magiftri Joannis Tarenne, aut cujufvis aliis, per quas nullum volumus eifdem Ordinationibus noftris præjudicium generari, effectus & executio earumdem ullo unquam tempore quovis modo retardari valeant vel differri; quinimò volumus, ftatuimufque, & expreffè ordinamus, quod quoties alterius locorum prædictorum vacatio dicta noftra Curiæ innotuerit, eadem noftra Curia, convocatis ipfius cameris, ad electionis celebrationem, omni morofâ dilatione, & abfque alterius expectatione mandati, dictarum noftrarum Ordinationum tenorem infequendo, procedere non retardet: decernentes ex nunc, dona & conceffiones ac litteras, fi quas in contrarium dictarum noftrarum Ordinationum & voluntatum de cætero fieri vel concedi, aut à nobis ad cujufcumque perfonæ quâcumque autoritate, præeminentiâ feu dignitate fungatur, propter hoc nobis oblatam petitionem, vel aliter quomodolibet obtineri contingat, inutes, invalidas, & nullas cenferi ac nullum debere fortiri effectum; fed eas penitùs ceffamus, revocamus & annullamus per præfentes. Volumus in fuper, & earum ferie litterarum ordinantes, quòd quoties contra præfentium & dictarum noftrarum Ordinationum tenorem, effectum & executionem, quis impedimentum appofuerit, aut fuis nifibus apponere voluerit; Procurator nofter generalis pro nobis partem fe conftituat ex adverfo; & eos in proceffu contra quofcumque impedientes, dicta noftra Curia recipiat & admittat, ac partibus auditis, ordin.t & determinet Juftitiâ mediante, & prout eidem videbitur rationabiliter faciendum. Quocircà dictis Confiliariis noftris præfens noftrum tenentibus, & qui futura tenebunt Parlamenta, damus tenore præfentium in mandatis, ut præfentes litteras voluntatem & Ordinationes noftras folemniter publicari, ac eas tenere, & inviolabiter obfervari faciant, taliter contra impedientes procedendo, quòd cæteris cedat in exemplum.* Ibid. tom. 9, pag. 327.

Tome II. Partie III. Iii

„ féaux Chancelier, Préſidens, Maîtres des Requêtes Ordinaires de
„ Notre Hôtel, Conſeillers, Greffiers civil, criminel, & des pré-
„ ſentations, les quatre Notaires, nos Avocats, Procureur-Général,
„ & Huiſſiers de notre Cour de Parlement faiſant & repréſentant en-
„ ſemble le Corps d'icelle notre Cour, ont de tout tems faits à nos
„ très Chrétiens Progéniteurs Rois de France, à nous, & à toute la
„ choſe publique de notre Royaume, en pluſieurs lointains voyages,
„ Ambaſſades & légations, en journées, aſſemblées & conventions,
„ où plus continuellement leurs Prédéceſſeurs & eux ont été envoyés
„ comme délégués par noſdits Progéniteurs & nous, que autres quel-
„ conques Officiers de notre Royaume font chacun jour en l'exercice
„ de leurs dits Offices, & autrement en maintes manieres; & que leurs
„ Prédéceſſeurs eſdits Offices ont fait le tems paſſé à nos Prédéceſſeurs
„ & eſpérons que enjoint eux & leurs Succeſſeurs en iceux Offices
„ faſſent à nous & à nos Succeſſeurs Rois de France au tems à venir
„ (m).”

On ne fera pas ſurpris des louanges que ce Prince donne au Parlement d'après le portrait que Mézerai fait de cette Compagnie ſous ſon regne, qu'on croit devoir rapporter.

„ Comme il deſiroit ſur toutes choſes que l'on rendît exactement
„ la juſtice à ſes Sujets, il avoit ſon Parlement de Paris qui en étoit la
„ regle en eſtime & en conſidération; nous trouvons que l'an 1484
„ il accorda à tous ſes Officiers l'exemption de l'arriere-ban pour
„ toutes les terres qu'ils poſſédoient en fief. Le mérite attiroit la ré-
„ compenſe. Cette grande Compagnie étoit comme un ſanctuaire de
„ toutes ſortes de vertu, de tempérance, de continence, de modes-
„ tie, de zèle pour le bien de l'Etat & du Public. Sa religion ſe
„ laiſſoit rarement ſurprendre, & jamais corrompre. On ne lui de-
„ mandoit point d'injuſtices, parce qu'on le connoiſſoit incapable d'en
„ commettre. Ses Arrêts étoient reçus comme des Oracles, d'au-
„ tant qu'on ſavoit que ni l'intérêt, ni les parentés, ni la faveur qu'elle
„ qu'elle fût, n'y pouvoient rien. Les mœurs innocentes de ſes Ma-
„ giſtrats, & leur extérieur même ſervoient de Loix & d'exemple.
„ La gravité de la profeſſion les éloignoit des vanités du grand mon-
„ de, du luxe, des jeux, de la danſe, de la chaſſe, encore bien plus
„ de la diſſolution & de la débauche. Ils trouvoient leur plaiſir & leur
„ gloire à exercer dignement leurs charges. Un grand fond d'hon-
„ neur, d'intégrité & de ſuffiſance faiſoit leur principale richeſſe, &
„ la frugalité leur plus certain revenu. N'aimant point le faſte & la
„ dépenſe ils n'avoient point d'avidité pour les grands biens; & ils
„ croyoient leur fortune ſûre & honorable, quand elle étoit médiocre
„ & juſte. Ainſi ſe rendant vénérables par eux-mêmes, ils étoient
„ néceſſairement en vénération à tout le monde; & on les reſpec-

(a) Hiſtoire de Charles VIII. par Godefroi pag. 473.

,, toit à la Cour, parce que n'y ayant aucunes prétentions, ils n'y alloient
,, jamais s'ils n'étoient mandés par les Ordres du Roi & pour son ser-
,, vice. J'ajouterai qu'alors les Procureurs & la chicane n'avoient
,, point trouvé les portes du Palais ouvertes pour s'y jetter en foule.
,, Le procès n'étoit pas encore un labyrinthe, où le meilleur droit se
,, perd dans les détours infinis des formalités & des procédures; il
,, n'y avoit le plus souvent dans toute une affaire aucunes écritures
,, que les pieces nécessaires pour la demande & pour la défense, &
,, l'Arrêt qui intervenoit là dessus. L'expédition n'en coutoit rien aux
,, parties; le Greffier étoit payé aux dépens du Roi, & il y avoit un
,, fonds de cinq ou six mille francs pour cela (n)."
 Dira-t'on que ce portrait n'est pas celui des Magistrats actuels? c'est la faute de ceux qui seroient tentés de faire l'objection. Pourquoi depuis longtems a-t-on donné les charges à la faveur, & non au mérite? Pourquoi a-t'on cherché à en écarter les meilleurs Sujets?

 Henri IV dans des Lettres-Patentes du 4 Juillet 1591, dit que, *la garde & conservation des Loix & Coutumes du Royaume; appartiennent naturellement à ses Cours de Parlement* (o).

 Le Roi de Navarre (depuis Henri IV), le Prince de Condé, & le Duc de Montmorency, dans la déclaration & protestation qu'ils publierent le 19 Août 1585 sur la paix qu'Henri III avoit faite avec les Ligués ,, adjurent Messieurs les Princes du sang de ressentir ici à bon
,, escient qu'il y va de leur maison & de leur sang; les Pairs & Officiers
,, principaux de ce Royaume qu'il y va du serment & du devoir qu'ils
,, prêtent & doivent rendre à la Couronne; tous les Parlemens qu'il y
,, va des Loix fondamentales de l'Etat, desquelles ils sont conserva-
,, teurs & gardiens (p)."

 Le Prince de Condé dans sa harangue au Conseil du Roi le 6 Janvier 1615 au sujet de l'article du Tiers-Etat concernant l'indépendance du temporel, & la sureté de la personne des Rois, s'exprime en ces termes:
,, Depuis la mort de nos deux Rois, Clément, Guignard, Barriere,
,, Chatel, Ravaillac nous donnent plus de sujet qu'à aucune Nation
,, d'exécrer cette fatale doctrine; ce sont les Sujets, Sire, qui me font
,, admirer la sagesse de votre Parlement, qui par le témoignage qu'il
,, vous rend de sa fidélité, vous oblige à jamais & toute la France,
,, de les estimer fideles, courageux & incorruptibles Magistrats, qui
,, sont les vrais conservateurs des saints decrets, & de qui il ne sort
,, que des oracles d'une infaillible vérité. Magistrats, qui vous font
,, révérer, puisque votre personne seule en France est exempte de leur
,, jurisdiction (q)."

 Louis XIII dans une Déclaration du mois d'Avril 1633 appelle le Par-

(n) Abrégé de l'Histoire de France Tom. 5. pag. 77. Edit. de 1698.
(o) Preuves des Libertés, *chap. 4, n. 29.*
(p) Mémoires de la Ligue 4°. Tom. 1. pag. 196.
(q) Recueil de pieces concernant l'histoire de Louis XIII, Tom. 1, pag. 204.

lement de Paris le Parlement des Pairs, la premiere Compagnie Souveraine du Royaume (r).

Voici l'idée que le Chancelier d'Aligre avoit du Parlement, & qu'il expofa dans fon Difcours, lorfqu'il vint y tenir fa premiere féance le 18 Décembre 1624.

„ J'ai toujours cru *que toutes les Compagnies Souveraines de ce Royau-*
„ *me, ne faifoient qu'un Corps*; puifqu'elles adminiftroient la Juftice
„ fous un même Prince, par les mêmes Loix & les mêmes Ordonnan-
„ ces. Tout Confeiller de Cour Souveraine peut dire, de même
„ que Séneque; *In commune genitus, mundum ut unam domum fpecto*:
„ Nous fommes tous enfans d'une même maifon, de la maifon de Juf-
„ tice. Mais à la vérité, Meffieurs, vous en êtes les aînés. C'eft ici
„ le Trône des Rois, le Siege des principaux Officiers de la Couron-
„ ne, des Princes & des Pairs, & de ce Sénat plus Royal que celui
„ de Cirréas le Pirote. Auffi avez-vous été Juges des Empereurs &
„ des Rois, & des grands Princes de la terre; *Arbitres entre le Roi &*
„ *fes Peuples, médiateurs entre la puiffance abfolue du Prince, & l'o-*
„ *béiffance légitime de fes Sujets* (s)"!

„ Vous êtes les dépofitaires des droits de la Couronne. Le Roi
„ vous a confié cette portion de fon autorité. Ufez en avec la fermeté
„ que votre confcience exige." C'eft ainfi que le Garde des Sceaux parloit au Lit de Juftice en 1723.

Cette idée eft inconciliable avec celle d'un Corps amovible par une ordre arbitraire.

Si la Compagnie prépofée à la garde d'un dépôt fi précieux n'a pas de ftabilité; fi elle eft le jouet d'ordres arbitraires, que deviendra le dépôt lui-même?

On a déjà cité l'article 9 de l'Edit donné à Blois au mois de Mai 1616; qui veut que les Cours Souveraines foient confervées en la *libre & entiere* fonction de leurs Charges, & en l'autorité & jurifdiction qui leur a été donnée par les Rois.

Combien les Courtifans n'ont-ils pas fait d'efforts dans tous les tems, ou pour détruire le Parlement, ou pour l'affoiblir & le corrompre, en l'afferviffant à toutes leurs volontés! c'eft dans cette vue qu'on a tenté autrefois de le rendre fémeftre.

(b) Ibid Tome 3. p. 222.
Le Chancelier de l'Hôpital dans un Difcours aux Chambres affemblées le 18 Juin 1561 dit que le Roi l'a envoyé céans pour prendre leur confeil & avis, eftimant qu'ils lui foient Confeillers, non feulement pour juger les procès, mais auffi pour les plus grandes affaires de fon Etat, quand il lui plait les en requérir. Mémoires de Condé Tom. 2. pag. 396.
Le Maréchal de Montmorenci Gouverneur de Paris, dit de la part du Roi, le 31 Décembre 1561 que la Cour eft la plus notable Compagnie de la Juftice Souveraine du Royaume. Ibid. pag. 549.
Le Roi de Navarre envoyé par le Roi le 22 Janvier 1561 parle de l'amitié qu'il porte à la Cour, étant du Corps. Ibid. Tom. 3. pag. 22.
Le Roi dit à Chartres aux Deputés du Parlement en 1588, qu'il eft la premiere Compagnie de fon Royaume. Mémoires de la Ligue. Tom. 2. p. 352.
Henri IV dans une Lettre au Parlementdu 3 Juillet 1596 dit qu'il tient le premier rang entre ceux de la ville de Paris, Mr. de Bellievre porteur de cette lettre dit que la Cour eft la premiere compagnie du Royaume. Preuves des Libertés. Chap. 23. n. 78.
(a) Hiftoire des Chanceliers, par Godofroy, pag. 147.

„ Quelque bornée que fût l'autorité du Parlement dans les affaires
„ ou ce Corps a le droit de se mettre entre le Prince & la Nation,
„ pour éclairer & soutenir leurs droits respectifs, le pouvoir des Magis-
„ trats gênoit encore les Ministres, que du moins on faisoit quelquefois
„ rougir de leurs injustices. On proposa donc au Roi de partager le
„ Parlement en deux Corps, dont chacun exerceroit ses fonctions
„ pendant six mois de l'année. On fit sentir au Roi qu'en composant
„ un de ces sémestres de Magistrats dévoués & vendus aux volontés de
„ la Cour, elle feroit désormais enregistrer, sans éprouver de con-
„ tradictions, tous les Edits qu'elle voudroit envoyer. Mais pour ne
„ pas présenter au Public ce projet sous une face qui pût l'effrayer, on
„ publia que le Roi n'avoit dessein de partager ainsi le Parlement qu'a-
„ fin que les Magistrats eussent le tems de se délasser de leurs fatigues,
„ & pussent remplir avec plus d'exactitude les devoirs de leurs charges;
„ qu'au reste la Cour prenoit tant d'intérêt à ce qui pouvoit être de
„ quelqu'avantage aux Peuples, qu'elle étoit déterminée à supprimer les
„ Epices, & à augmenter les honoraires des Juges pour ne plus leur
„ laisser appercevoir d'autre prix de leurs travaux, que la gloire & la
„ considération qu'ils sauroient s'acquérir.

„ Cette fausse générosité coutoit beaucoup dans un tems, où le tré-
„ sor Royal étoit épuisé; & pour que cette augmentation des hono-
„ raires ne lui fût point trop pesante, on créa de nouvelles charges,
„ on les vendit, & la finance en fut destinée à payer les gages des pre-
„ mieres années. On pénétra cependant les arriere-vues du Conseil;
„ tous les bons Citoyens furent consternés, en se voyant privés d'une
„ des ressources qui leur restoient encore contre les abus qu'on pouvoit
„ faire de la puissance du Prince. Le Parlement fit inutilement ses Re-
„ montrances.....

„ Cependant le partage du Parlement ne put longtems subsister:
„ La finance des nouveaux Emplois ayant été bientôt dissipée, la Cour
„ se trouva embarrassée de l'augmentation des honoraires. Le Peuple,
„ qu'on avoit éclairé sur ses véritables intérêts se plaignit hautement
„ de la violence dont on avoit usé contre le Parlement, & le Roi,
„ qui n'avoit consenti à l'établissement du sémestre que par foiblesse,
„ par foiblesse aussi consentit à l'abolir, & remit au bout de trois
„ ans les choses dans leur premier état." (t)

L'article 11 de la même Loi s'explique ainsi:

„ Voulons & ordonnons que tous ceux qui ont été pourvus par les Rois
nos Prédécesseurs, ou par Nous, de charges, offices & dignités, & qui
en ont été dépossédés, ou qui sont, en quelque sorte que ce soit, trou-
blés en la fonction & exercice d'iceux, contre les Loix du Royaume,
y soient remis & rétablis; pour en jouir par eux, suivant & conformément aux provisions & pouvoirs qui leur en ont été expédiés; s'en ac-

(t) Vie du Chancelier de l'Hôpital pag. 66 & 75.

quittant de leur part comme ils font tenus de faire par leurs provisions & les fermens par eux prêtés, & fuivant nos Edits & Ordonnances".

Concilieroit-on facilement cette difpofition avec la difperfion violente du Parlement entier ? La concilieroit-on plus facilement avec l'Edit du mois de Juillet 1644, où le Roi appelle le Parlement, *le lien de l'obéiffance de tous les Ordres de l'Etat;* où il dit, que les Parlemens *ont rendu de grands & fignalés fervices aux Rois fes Prédéceffeurs; qu'ils ont fait régner leurs Loix], reconnoître leur autorité & leur puiffance légitime ; que leur dignité eft une partie effentielle de celle du Roi?*

La concilieroit-on avec la Déclaration de 1648, qui veut que „ aucun des Officiers des Cours Souveraines, ou autres, ne puiffe être „ troublé ni inquiété, en l'exercice & fonctions de fa charge, *par Lettres de cachet*" ?

La concilieroit-on enfin avec les Lettres-Patentes en forme d'Edit du 28 Décembre 1724, où le Roi accordant le *Committimus* au grand fceau aux Officiers du Parlement de Paris, expofe ainfi les motifs de la conceffion ?

„ L'*affiduité* qu'ils doivent à leurs fonctions, & les fervices qu'ils nous rendent, & qu'ils rendent au Public en adminiftrant la Juftice à nos Sujets, à notre décharge, & en foutenant tous les jours les droits les plus éminens de notre Couronne, nous a déterminé à leur accorder le droit de *Committimus* au grand fceau, comme une marque de diftinction que nous ajouterons aux prérogatives fingulieres dont jouit la Cour des Pairs, qui eft la premiere & la principale de notre Royaume; & comme un nouveau témoignage de la fatisfaction que nous avons du zèle & de la fidélité de ceux qui la compofent."

Qu'on réfléchiffe fur tant de *liens* qui attachent le Parlement à l'Etat, fur les avantages qu'en retirent également le Roi & le Peuple ; & on ne comprendra pas que fans forme, fans regle, & par pur caprice, il puiffe être anéanti dans un feul inftant, par des ordres particuliers, intimés à chacun de fes Membres.

Il eft *dépofitaire* des droits du Souverain & de fes Sujets; chargé de faire refpecter à ceux-ci la Puiffance Royale, & de défendre la liberté & les droits Nationaux, contre les entreprifes du Defpotifme. Il eft chargé de la garde des Loix, de l'exécution des anciennes, de l'examen des nouvelles. C'eft le Roi lui-même, & le Roi feul, [on le fuppofe] qui l'a déchargé de cet important *dépôt*. Mais il l'en a chargé depuis plufieurs fiecles, & avec toutes les folemnités de la forme légale.

Cette efpece de féqueftre déplaît aux Miniftres, qui veulent que le Roi puiffe tout, afin de pouvoir tout fous fon nom. Ils fouffrent impatiemment des vérificateurs des Loix, des défenfeurs de la liberté publique. Pour cela ils n'engagent point le Roi à faire ceffer juridiquement le féqueftre, à révoquer par un Edit folemnel la miffion du Parlement. Le *dépôt* fubfifte toujours, les *dépofitaires* en font toujours garans. On les écarte feulement par violence, afin que le *dépôt* puiffe être enlevé fans réſiſtance & ſans réclamation. Cette conduite eſt à-peu-près celle du contendant à un bénéfice, dont les fruits ſont en ſéqueſtre, qui s'empareroit de la caiſſe, après avoir fait enlever le ſéqueſtre à main armée, ſans qu'il ait été déchargé en Juſtice.

Ne peut-il pas arriver, dira-t-on, qu'il ſe gliſſe des abus dans ce Corps intermédiaire?

Oui ſans doute; car tout eſt poſſible à l'humanité en genre de mal. Il faut les réformer ces abus; & c'eſt l'uſage le plus légitime du Pouvoir Suprême. Un chirurgien ne coupe pas le bras, pour guérir un petit mal au doigt. Qu'on corrige les abus du Parlement, & qu'on ne l'anéantiſſe pas.

Ce Corps intermédiaire, dira-t-on encore, dont on fait tant valoir l'importance, peut commettre des crimes. Il peut devenir coupable de révolte. Conteſtera-t-on au Souverain le droit de le punir?

Non ſûrement; mais par là on ne juſtifiera pas les Lettres de cachet.

Obſervons que ce Corps intermédiaire, chargé par état de combattre contre les ſurpriſes faites au Souverain, remplit une fonction très-délicate. Il eſt dans la nature corrompue d'aimer à dominer. Si le Monarque comme tel, autoriſe le Parlement à réſiſter à ſes volontés; comme homme, il hait la contradiction. S'il peut ſans aucune forme, ſans conſulter perſonne, par le ſeul mouvement de ſa volonté, détruire le Parlement par les Lettres de cachet, il ne faut pas compter pour lui ſur quelques momens d'exiſtence. Sa création auroit été illuſoire, ſi le Roi en même temps ne l'avoit pas mis, pour ainſi dire, ſous la ſauvegarde contre lui-même.

Fut-il donc permis d'employer des Lettres de cachet contre les Particuliers, l'uſage en ſeroit interdit contre le Parlement. Il eſt renfermé dans la ſeule idée de ce Corps, dans la nature de ſes devoirs; que le Roi ne doit procéder contre lui, qu'avec un appareil de formes & de ſolemnités. A quoi auroit-il ſervi de le créer aujourd'hui, ſi on s'étoit réſervé la pleine liberté de ſatisfaire l'envie qu'on auroit certainement de le renverſer le lendemain?

La voie des Lettres de cachet contre le Parlement n'eſt pas légitime.

Pourquoi un Corps cher à l'Etat & au Roi lui-même, ſeroit-il moins favoriſé que des Particuliers? Ceux-ci ne ſont pas privés de leur état par des Lettres de cachet. La moindre Société particuliere, approuvée dans le Royaume, n'eſt pas détruite par cette voie; & il auroit été permis de la prendre contre le plus reſpectable de tous les Corps, contre celui qui eſt le plus intimement lié à la Monarchie?

Si donc le Parlement, qui n'a jamais travaillé qu'au maintien de la Puiſſance Royale, en étoit venu enfin à la méconnoître, on devroit procéder contre lui dans les regles de l'ordre judiciaire; & il n'eſt pas difficile de trouver les Juges qui feront ſon procès. Les Princes, les Pairs, ceux des Maîtres des Requêtes qui y ont voix, ceux des Conſeillers d'honneur, & des Conſeillers & Préſidens honoraires, qui n'aſſiſtent pas ordinairement aux aſſemblées des Chambres: tous ces Juges, qui ne doivent pas être suspects au Roi, vengeront son autorité & puniront la révolte d'une partie des Membres de la Cour des Pairs.

Moyen légal de procéder contre le Parlement dans le cas où il auroit prévariqué.

Veut-on choisir des Juges étrangers? On en trouvera dans un autre Parlement. En cela, on suivra ce qui a été pratiqué en 1549. Il y eût alors une émotion populaire à Bordeaux, à l'occasion de la Gabelle, où le Gouverneur & le Lieutenant-Général pour le Roi furent massacrés. Henri II, croyant que le Parlement de cette ville s'étoit rendu coupable en cette occasion, le suspendit, ordonna que le procès lui seroit fait, & en attribua la connoissance au Parlement de Toulouse, comme plus voisin. Afin que la province ne demeurât pas, pendant l'instruction, privée de l'exercice de la Justice, il commit des Conseillers des autres Parlemens, dont il composa deux Chambres, une pour le Civil, & l'autre pour le Criminel.

Ils n'exercerent pas long-tems ces commissions. Le 28 Décembre 1549, le Roi donna des lettres d'abolition au Parlement de Bordeaux, & le rétablit dans ses fonctions. Il excepta seulement du bénéfice de sa grace, les Membres de ce Corps qui auroient été poursuivis en particulier, pour raison de la sédition, qui ne seroient admis à reprendre leurs fonctions à Bordeaux, qu'après qu'ils auroient été absous au Parlement de Toulouse (u).

Si donc en supposant une partie du Parlement coupable, on ne veut pas la faire juger par le reste de la Cour des Pairs, le Roi peut commettre un autre Parlement, qui instruira le procès dans toutes les formes judiciaires. Il est donc inconcevable qu'on croie justifier l'usage illégitime des Lettres de cachet, sur ce qu'il n'y a point de Juges qui puissent instruire le procès.

Ce que doivent faire les Magistrats, lorsqu'on les exile par Lettres de cachet.

Mais comment veut-on que les Magistrats se refusent à l'exécution des Lettres de cachet?

Rien n'est plus facile que de n'y pas déférer. Ce n'est pas au lieu de l'exil qu'ils doivent se rendre, mais au Palais, pour y continuer leurs fonctions; pour y faire rendre un Arrêt, qui leur défende d'obéir à des ordres injustes, informes, visiblement surpris au Roi. C'est ce qui constitue la différence qu'il y a entr'eux & de simples Particuliers. Ceux-ci ne manqueront à aucun devoir en refusant l'obéissance; mais n'étant pas obligés par état de s'immoler pour la défense des Loix du Royaume, ils ne sont pas coupables en s'expatriant.

Il en est, sans doute, autrement des Magistrats, établis précisément pour s'opposer aux volontés injustes du Monarque, pour maintenir les bornes qui reglent son pouvoir. Par cela seul, ils lui seront certainement désagréables, parce que la puissance cherche toujours à s'agrandir. Des Corps de Magistrature destinés à combattre, doivent en même temps, & résister tant qu'ils existent, & faire tous les efforts possibles pour

se

(u) La Rocheflavin, des Parlemens de France, liv. 3, chap. 20.

se maintenir. Rempliffent-ils cette derniere obligation, lorsqu'ils se diſſipent au premier ſouffle ; lorſque ſur un ordre illégal, ils abandonnent leur poſte ? C'eſt un Gouverneur de Place, qui la rend au premier coup de canon, avant qu'il y ait brêche.

Les Magiſtrats ont crié en différentes occaſions contre les Lettres de cachet, comme attentatoires à notre liberté, comme uſurpatives de droits dont nous n'avons pas fait le ſacrifice au Monarque. Ils devroient nous exhorter à n'y pas déférer ; & ils les exécutent aveuglément, ſe banniſſant eux-mêmes dans tous les coins de la France. Pourquoi ſe répandre en plaintes & en Remontrances ? Les Lettres de cachet ne ceſſeront jamais, tant qu'on y obéira ſervilement. Quel Particulier oſeroit les braver, lorſqu'un Parlement entier, & un Parlement de Paris, fléchira le genou devant elles ?

L'Ordonnance de Moulins défend aux Juges, d'avoir égard aux *Lettres cloſes* qui leur ſont adreſſées *ſur le fait de la Juſtice*, & ils ont fait ſerment de la garder. Peut-on imaginer une *Lettre cloſe* plus relative *au fait de la Juſtice*, plus contraire à ſon bien, que celle qui renverſe un Tribunal entier ? Les Magiſtrats ont promis à Dieu de n'avoir point d'égard à une Lettre de cachet, qui leur preſcriroit la forme du moindre acte de procédure ; & ils ſe regardent comme valablement interdits par de ſemblables ordres !

Tout homme revêtu d'une charge, eſt comptable à Dieu & aux hommes de l'exercice des fonctions qui y ſont attachées, à moins qu'il ne ſoit excuſé par l'impuiſſance entiere, ou par quelqu'autre cauſe valable de diſpenſe. La Déclaration de 1648 porte expreſſément que „ au„ cun Officier de Cour Souveraine, ou autres, ne ſera troublé dans „ l'exercice de ſes fonctions, *par Lettres de cachet*." Ils ne trouvent pas dans de telles Lettres, une décharge valable des obligations que leur impoſe la Magiſtrature.

On a vu cette foule d'Ordonnances qui défendent aux Juges d'avoir égard aux Lettres, ſoit patentes, ſoit cloſes, qui leur enjoindroient de ne point juger, de ne point exécuter leurs Arrêts, de mettre en liberté des criminels. Qui doute que ce ne ſoit pour eux un devoir étroit de conſcience, d'obéir à des Loix ſi ſaintes, ſi eſſentielles au bien public ? Le font-ils, en reſpectant des Lettres cloſes qui ne les troublent pas ſeulement dans une petite partie de leurs fonctions, mais qui leur ôtent l'exercice entier de leur état, qui les réduiſent à la qualité de ſimples Particuliers ſans caractere.

Combien d'Ordonnances leur enjoignent formellement de refuſer toute ſoumiſſion, ſoit à des Loix générales, ſoit à des *ordres particuliers*, ſurpris au Souverain contre la diſpoſition des anciennes Loix, contre l'intérêt de l'Etat, les regles de la Juſtice ? Il leur eſt ordonné de les déclarer nulles, de punir même ceux qui les ont obtenues, ceux qui en pourſuivent l'exécution : & tout cela, ſous peine de déplaire au Roi, d'encourir ſon indignation, d'être violateurs de leur ſerment. Quels *ordres particuliers* peuvent jamais porter la réprobation sur le front, autant que des Lettres de cachet qui, sans regle, sans forme, sans cause, font disparoître en un instant le premier Tribunal du Royaume.

Quelque système enfin qu'on embrasse sur l'origine du Parlement, on ne peut disconvenir qu'il ne soit autorisé à examiner les Loix nouvelles; à refuser de concourir à celles qui sont nuisibles à l'ordre public; contraires à l'équité & à la Justice. Que le Roi envoyât un Edit par lequel il s'arrogeroit le droit d'exiler arbitrairement tous & chacun les membres du Parlement en même temps, & cela sans exposer aucun motif, & uniquement parce qu'il est le maître : tout le monde avouera vraisemblablement que le Parlement devroit refuser l'enregistrement, & rejetter une telle loi, comme funeste au bien de la Société : comme donnant au Monarque sur la premiere Cour du Royaume des droits qu'il n'a pas sur le moindre Citoyen. Comment pourroit-il faire par des *ordres particuliers* ce qu'il ne lui seroit pas permis de tenter par une Loi publique ? Comment l'obligation de résister à l'Edit n'enferme-t-elle pas celle de résister aux Lettres closes, aussi injustes au fond, & de plus irregulieres dans la forme ?

Les plus zélés partisans du pouvoir arbitraire conviendront au moins que, sur un Edit tel que celui dont on vient de tracer le plan, le Parlement pourroit faire des Remontrances. Il pourroit en faire à plus forte raison sur ces ordres particuliers beaucoup moins respectables sans doute : cependant on l'a vu plusieurs fois y déférer servilement, & tête baissée.

En se conduisant ainsi, les Magistrats ont-ils pensé qu'ils ne sont pas à eux-mêmes, mais au Roi, à l'Etat, à la Nation ? Un Particulier peut faire le sacrifice de sa liberté dont il ne doit l'usage à personne. Il en est autrement des Magistrats; l'exercice de leurs fonctions est à nous, & non pas à eux; c'est pour notre intérêt, & non pour le leur, qu'ils en sont chargés : ils sont coupables envers nous lorsqu'ils y renoncent, quand notre avantage demanderoit qu'ils le continuassent. Ils ont plusieurs fois cessé leur service pendant un certain temps : c'étoit pour obtenir la liberté de le continuer plus pleinement, plus efficacement, & nous avons applaudi à leurs démarches. Relégués séparément en différens endroits, ils renoncent à leur ministere, & se mettent eux-mêmes hors d'Etat de le remplir. Le doivent-ils, le peuvent-ils ?

Donnant ainsi les mains à leur propre destruction, ils nous laissent sans Juges, sans protecteurs, sans médiateurs auprès du Trône. Cette éclipse du premier Tribunal Souverain, de la Cour des Pairs, autorise en quelque sorte le Monarque à le remplacer par des Commissaires auxquels il attribue provisoirement les mêmes droits, les mêmes prérogatives; & ces Intrus qui ne connoissent d'autre devoir que la soumission la plus entiere, enregistreroient les yeux fermés, même le Traité de Troyes.

Dès qu'on sera assuré de la déférence des Magistrats aux Lettres d'exii, nous n'avons plus rien de stable, nous sommes esclaves. Le cérémonial d'un Lit de Justice ne suffira pas, parce qu'il aura été précédé & suivi de protestations qui donneront de l'inquiétude sur l'exécution de la nouvelle Loi. On exilera le Parlement entier, on lui substituera des hommes qu'on appellera le Parlement, parce qu'ils s'asseoiront sur les mêmes sieges en robe & en rabat, & la loi nouvelle sera enregistrée telle qu'elle soit; quand elle nous déclareroit tous esclaves proprement dits; quand elle attribueroit au Roi la propriété de tous nos biens.

Le Parlement préviendroit ce malheur, en ne quittant pas son poste, en continuant l'exercice de ses fonctions, en obéissant plutôt à des Loix solemnelles dont il a juré l'observation, qu'à des ordres particuliers dont il représenteroit au Souverain l'injustice & l'illégalité.

Dira-t-on qu'il est sans exemple que les Magistrats soient restés à Paris, lorsque le Roi leur ordonnoit d'en sortir?

Mais ce dont il n'y a aucun exemple, c'est la dispersion du Parlement entier par Lettres de cachet. Que ne se rappelle-t-on d'ailleurs ce qui s'est passé, lorsqu'en 1553 Charles VII voulut envoyer des Magistrats de Paris, tenir le Parlement qu'il venoit d'établir à Poitiers.

Du 15 Novembre 1453.

„ Sur ce qui est venu à la notice de la Cour, que le Roi vouloit ordonner un Parlement & Cour Souveraine à Poitiers, & que déjà l'avoit ordonné, & étoit seulement sur les limites des pays qui y sortiroient.

„ La Cour a délibéré & ordonné, & nommé pour aller devers le Roi, pour remontrer l'inconvénient qui adviendroit au Roi & à la chose publique, si ledit Parlement étoit institué audit Poitiers, Me. Yves Descepeaux Président, R. Thiboust Avocat du Roi; & après que la Cour a prié l'Evêque de Paris & l'Abbé de S. Denis aller devant le Roi & devers lui, pour ladite cause; ils ont été contens y aller: & a la Cour défendu & enjoint à tous les Conseillers de lad. Cour qui sont présens, qu'ils ne partent de cette Ville durant l'absence dudit Me. Yves Descepeaux, mais que bien & diligemment ils servent continuellement en leurs offices; & avec ce, a ladite Cour ordonné qu'on écrira lettres de créance, c'est à sçavoir au Roi, au Comte du Maine, à M. le Chancelier, à l'Amiral, au Grand-Conseil du Roi, au Sénéchal de Saintonge &c; & que lesdites Lettres closes seront au nom de ceux du Clergé, du Conseil du Roi, étant à Paris, & des Bourgeois & Habitans de ladite Ville &c. (v)."

(v) *Registres du Parlement. Du Boulay, Histor. Univers. Paris,* tom. 5. pag. 585. Eodem anno (1469) cum Rex erigere constituisset Pictavii Curiam Parlamentaam, cives Parisienses magnam inde providentes urbi principi jacturam clademque accessuram; intercedendum esse duxerunt, & in eam rem postuldrunt ab Universitate auxilium, sociasque ad Regem preces. Et illa 5 Julii in comitiis solemnibus auditâ eorum supplicatione, pollicita est quod petebant, nominavitque die 11 selectos viros qui cum legatis urbis Regem, tunc Turonis morantem, adirent. Ibid. pag. 689.

Si le Parlement a défendu alors à ses Membres de sortir de Paris, quoiqu'ils fussent destinés à former un nouveau Tribunal légalement établi; combien plus leur auroit-il interdit d'obéir à des Lettres de cachet qui auroient dispersé le Corps entier sans cause & sans forme, & qui par-là lui auroient ôté tout exercice des fonctions de Magistrature?

Opposeroit-on la crainte des mauvais traitemens auxquels les Magistrats seroient exposés, s'ils ne se rendoient pas en exil? Quelle idée ceux qui parleroient ainsi auroient-ils des devoirs de la Magistrature? On doit sçavoir, en y entrant, qu'on déplaira presque nécessairement au Monarque, ou du moins à ses favoris. Les meilleurs Princes sont sujets aux foiblesses humaines; & c'en est une de ne pas aimer la contradiction. Les Magistrats obligés par serment à la résistance, doivent donc s'attendre de la part du Souverain, à des paroles dures, à des menaces, à des actes de violence. Lâcher pied au premier signe de mécontentement, c'est plus qu'une simple foiblesse: ils doivent porter la résistance jusqu'où elle peut aller, sans sortir des bornes de la qualité de Magistrats & de Sujets. En sort-on, lorsque conservant toujours le respect dû aux Princes, on se laisse traîner en prison plutôt que de manquer à des obligations essentielles?

La crainte des disgraces a-t-elle jamais fait cesser le devoir? La peur d'être maltraité rend-t-elle blanc ce qui est noir, & noir ce qui est blanc? Doit-on balancer un instant entre la crainte d'une prison honorable même aux yeux des hommes, & la crainte de manquer à la Religion, au bien de l'Etat, à la Justice? Des Payens disoient en cas semblable: *Dulce & decorum est pro Patriâ mori*; des Chrétiens disent: *Beati qui persecutionem patiuntur propter justitiam*.

Partout & dans tous les temps, on a mis la fermeté & le courage à la tête des vertus requises dans le Magistrat. Un homme sans état peut être pusillanime; le Magistrat doit être supérieur à toute crainte humaine: s'il est timide, qu'il descende du siege, & n'occupe pas une place qui exige la grandeur d'ame.

La Reine Isabelle de Baviere, femme de Charles VI, dans les Lettres du 16 Février 1417, par lesquelles elle détruit tous les Tribunaux du Royaume, accable d'injures le Comte d'Armagnac & ses adhérens. Elle leur reproche entr'autres crimes, ,, d'avoir préposé pour exercer la justice Souveraine du Parlement à Paris, gens de nulle autorité & prudence, confédérés à eux, séditieux, &c. laquelle justice.... ont refusé & dénié; refusent & dénient à toute loyale personne, aimant paix, justice & le bien commun du Royaume.

,, Et n'est point de doute que, si depuis ledit temps ils eussent raisonnablement & justement exercé le dû de leur office, *& vertueusement résisté à la tyrannie & violence dudit d'Armagnac & de ses complices, comme ils pouvoient & devoient faire, & à leur office appartenoit*, ils eussent trouvé grande aide & faveur de nous &c. (w)."

Le Parlement n'étoit pas alors abandonné par l'Evêque de Paris, par le Clergé, par l'Université, par les différens Corps de l'Etat.

(w.) Ordonnances du Louvre, tom. 10. pag. 436.

Tant il est vrai qu'on a toujours regardé les Magistrats comme obligés de résister à ceux mêmes qui les ont établis!

Une des raisons pour lesquelles les Etats assemblés à Tours en 1483, désiroient l'inamovibilité des Officiers; c'est que „ sans cela ils ne se„ roient vertueux; ne si hardis de garder & bien défendre les droits „ du Roi, comme ils sont tenus de faire (x)."

„ Un Juge craintif, à peine fera jamais bien; sa volonté sera bonne, & la peur qu'il aura d'offenser le Roi & les Grands gâtera tout; jugera pour le plus fort, & avisera un expédient pour les contenter, qui ne sera justice." C'est ce que disoit le Chancelier de l'Hôpital au Parlement le 26 Juillet 1567 (y).

Pourquoi a-t'on tant admiré l'Arrêt du 28 Juin 1593 rendu par le Parlement de la Ligue? C'est à cause du courage que les Magistrats ont témoigné, en méprisant les risques qu'ils couroient en le rendant.

Il portoit „ que Remontrances seroient faites par le Président le „ Maitre, à Monsieur de Mayenne, à ce qu'aucun traité ne se fasse pour „ transférer la Couronne en la main des Princes ou Princesses étran„ gers; que les Loix fondamentales de ce Royaume seront gardées, & „ les Arrêts donnés par ladite Cour pour la Déclaration d'un Roi Ca„ tholique & François, seroient exécutés, & qu'il ait à employer l'au„ torité qui lui est commise pour empêcher que sous le prétexte de la „ Religion, la Couronne ne soit transférée en main étrangere con„ tre les Loix du Royaume; & pour venir plus promtement que faire se „ pourra au repos du Peuple, pour l'extrême nécessité duquel il est „ rendu, & néanmoins dès à présent a déclaré & déclare tous faits „ faits, & qui se feront ci-après pour l'établissement d'un Prince ou „ Princesse étrangers, nuls & de nul effet & valeur, comme faits au „ préjudice de la Loi salique & autres Loix fondamentales du Royau„ me de France (z).

„ Cet Arrêt, dit le Journal d'Henry IV, a surpris tous les „ partis; aucuns disent qu'il a été conseillé secrétement par le Duc „ de Mayenne pour suspendre l'élection d'un Roi, & prendre ses me„ sures pour se conserver dans sa charge; d'autres que le Parlement „ de son propre mouvement l'a donné pour conserver les Loix fonda„ mentales du Royaume dont ils sont les défenseurs (a).

„ Comme les Espagnols n'aimoient pas le Duc de Mayenne, ils cru„ rent que ce Duc avoit poussé le Parlement à le donner; mais Mr. „ de Villeroi assure que cela n'étoit point, car ladite Cour avoit pris „ ce conseil d'elle-même, mue de son honneur & de son devoir, „ comme gens qui aimoient mieux perdre la vie, que manquer à l'un „ ou à l'autre dans cette occasion, en connivant au renversement des

(x) Recueil des Etats tenus en France, part. 1, pag. 103.
(y) Lettre de la Cour Souveraine de Lorraine au Roi, du 23 Mars 1771.
(z) Mémoires de la Ligue in 4°. Tom. 5. pag. 377.
(a) Tom. 1. pag. 369.

,, Loix du Royaume, dont par leur inſtitution ils ſont les protecteurs,
,, & à ce faire obligés par les ſermens de leur réception. Cette action
,, fut d'autant plus louée par les gens de bien, que le péril en étoit
,, plus grand, & certainement elle ſervit grandement, & faut que je
,, diſe (M. de Villeroi) que le Royaume en demeure obligé à la
,, Cour (b).''

Le Préſident Le Maître s'acquitta de ſa commiſſion & fit les Remontrances. Le Duc de Mayenne ayant témoigné ſa ſurpriſe de ce que des Magiſtrats, auxquels il avoit procuré leurs dignités, euſſent contribué à un tel Arrêt;

,, Le dit ſieur Le Maître lui fit répouſe que s'il entendoit parler de
,, lui, qu'à la vérité il avoit reçu beaucoup d'honneur de lui, étant
,, pourvu d'un état de Préſident en icelle; mais néanmoins qu'il s'étoit
,, toujours conſervé la liberté de parler franchement, principalement
,, des choſes qui concernent l'honneur de Dieu, la juſtice & le ſoula-
,, gement du Peuple, n'ayant rapporté aucun fruit de cet état en ſon
,, particulier, que de la peine & du travail beaucoup, lequel étoit cau-
,, ſe de la ruine de ſa maiſon, & que lui étoit expoſé à la calomnie
,, de tous les méchans de la ville.''

L'Archevêque de Lyon préſent dit que s'il étoit queſtion de traiter de la paix, l'honneur en ſeroit déféré au Parlement, & non pas au Duc de Mayenne.

Le Préſident répondit ,, que la Cour étoit aſſez honorée d'elle-même,
,, & qu'elle ne cherchoit point l'honneur ni l'ambition; & prierent ledit
,, ſeigneur Duc & les autres de leur dire s'il y avoit quelque choſe en
,, l'Arrêt qui ne fût de juſtice, & qui les ait pu tant offenſer: car quant
,, à eux ils ne penſoient point que pour ſoutenir les Loix fondamentales
,, de ce Royaume, & pour maintenir la Couronne à qui elle appartient,
,, & exclure les étrangers qui les veulent attraper, ils aient fait autre cho-
,, ſe que ce qu'ils devoient faire: au contraire cet Arrêt peut ſervir pour
,, réconcilier & réunir tous les bons Catholiques François à la Couronne,
,, & quant audit ſieur Préſident, il ſouffriroit plutôt cent fois la mort que
,, d'être ni Eſpagnol, ni Hérétique.''

Un autre reproche du Duc de Mayenne fut que s'il avoit été averti, lui & les Princes ſe ſeroient trouvés au Parlement.

Le Préſident répondit ,, que la Cour étoit la Cour des Pairs de
,, France; que quand ils y vouloient aſſiſter, ils étoient les bien-venus;
,, mais quand de les en prier, elle n'avoit accoutumé de ce faire (c).''

,, Tout cette qui s'étoit paſſé dans cette occaſion, ayant été rapporté
,, au Parlement, tous les Membres de ce Corps donnerent de grands
,, applaudiſſemens à la fermeté du Premier Préſident. Comme le bruit
,, couroit que le Duc de Mayenne toujours perſuadé qu'on avoit agi
,, au mépris de ſon Autorité, vouloit caſſer & annuller l'arrêt du Parle-

(b) Mémoires d'Etat, T. 2. pag. 58. Journal Henry IV. T. 1. pag. 367.
(c) Mémoires de la Ligue Tom. 5. pag 379, 380.

„ ment, les Conseillers qui étoient présens, promirent tous de sacri‑
„ fier leurs vies plutôt que de permettre qu'on changeât quelque
„ chose dans l'Arrêt". (d)

Ce fut aussi cette fermeté qui mérita à ces Magistrats la grace de leur réconciliation avec Henri IV. Par ses Lettres‑Patentes du 28 Mars 1594 il rétablit le Parlement de Paris, ne voulant pas que cette ville demeurât sans exercice de la Justice Souveraine.

Il y conserva les Magistrats qui étoient restés à Paris „ ayant jugé
„ lesdits Conseillers dignes de cette notre grace & faveur, pour la ver‑
„ tu & constance qu'ils ont montrées en plusieurs choses, & mêmement
„ en la résolution qu'ils prirent de faire l'Arrêt qu'ils publierent & sou‑
„ tinrent vertueusement au mois de Juillet dernier, contre ceux qui
„ s'efforçoient de troubler & rompre les ordres de la succession légitime
„ de ce Royaume." (e)

Telle est l'honorable rigueur de la condition du Magistrat, qu'elle n'admet aucun mélange foiblesse. Celui qui ne se sent pas assez de courage pour briser les remparts de l'iniquité, est indigne du nom de Juge; & le Magistrat qui n'est pas un héros, n'est pas même un homme de bien (f)."

Les Magistrats eux‑mêmes sont tellement convaincus que la fermeté & le courage leur sont nécessaires, qu'on les a vus dans plusieurs occasions offrir au Roi le sacrifice de leurs biens, de leur liberté, de leur vie. Ne seroit‑on pas tenté de douter de la sincérité de ces dispositions, lorsque sur un simple ordre ils abandonnent le champ de bataille, & s'expatrient eux‑mêmes, pour ne pas courir les risques d'un emprisonnement.

On cherche naturellement à se persuader qu'il n'y a pas d'obligation de s'exposer ainsi aux suites d'une démarche courageuse; & il seroit en effet plus commode d'obéir. Mais ces principes de cupidité ne s'accordent pas avec l'Evangile, ni même avec les regles de l'honneur mondain.

Noli quærere fieri Judex, nisi valeas virtute irrumpere iniquitates: ne forte extimescas faciem potentis, & ponas scandalum in æquitate tuâ. Eccli. c. 7. v. 6.

Pro justitiâ agonizare pro animâ tuâ, & usque ad mortem certa pro justitiâ, & Deus expugnabit pro te inimicos tuos. Ibid. cap. IV. v. 33.

Voici la leçon que fait à ce sujet un Théologien de l'Ordre de S. Dominique à toutes les personnes en place. On croit devoir la rapporter dans son vieux langage, telle qu'on la trouve dans Joly.

„ J'ai ici, dit‑il, la rencontre de la conscience avec laquelle je desire conformer l'ame & la volonté de notre Gouverneur, en lui donnant lumiere pour en sortir. Pourroit arriver que par raison d'Etat & de bon Gouvernement, on fasse une Loi à certaine fin & considération, qui ouvre la porte à des maux plus grands que ceux auxquels on veut obvier; que l'on vienne à prétendre une utilité petite aux dépens d'une plus

(d) Histoire de Thou, trad. franc. Tom. XI. pag. 787.
(e) Mémoires de la Ligue; Tom. 6. pag. 83.
(f) Œuvres de d'Aguesseau, tom. 1, pag. 174.

grande, ainsi qu'il sera notoire au Ministre auquel l'exécution en sera commise. Comment il pourra obvier à cet inconvénient, & quel chemin il prendra pour le plus assuré? Je répondrai distinctement, en commençant par le premier cas, la résolution duquel sera celle qui s'ensuit. Si le moyen que le Prince a choisi est notoirement injuste, le Ministre peut & doit répliquer une fois & deux, & en représenter l'injustice; & si nonobstant ses répliques, on desire de son ministere qu'il exécute à yeux fermés, il n'en doit faire un seul pas, & perdre plutôt la grace de son Prince, ses moyens & sa vie même, s'il en faut venir là. Cette résolution est Catholique, certaine, & fondée en la regle de S. Pierre: *Obedire oportet Deo magis quàm hominibus*; l'obligation d'obéir à Dieu étant plus étroite que celle d'obéir aux Rois. Les Saintes Ecritures louent de cette cause les Sages-femmes d'Egypte, qui ne voulurent obéir à Pharaon, lorsqu'il leur commanda de tuer les enfans mâles des Hébreuses qu'elles accoucheroient. *Et timuerunt Obstetrices Deum, & non fecerunt juxtà præceptum Regis Ægypti*; & condamnent d'injustice & témérité Doëg Iduméan, pour avoir obéi à Saül, lorsqu'il lui commanda de tuer les Prêtres du Seigneur qui avoient recélé David, en ayant passé par le glaive octante & cinq prêts à célébrer, &c. On ne peut coopérer à une injustice manifeste pour quelque cause & prétexte que ce puisse être; autrement, comme dit S. Thomas, les boureaux & exécuteurs des Sentences tyranniques rendues contre les Martyrs seroient excusables; contre ce que nous lisons en l'Ecriture où il est dit que ceux qui exécuterent celle de Nabuchodonosor contre les trois Jouvenceaux que l'on condamna à la fournaise, furent suffoqués des flammes en haine de leur ministere. Saint Grégoire de Nazianze, au lieu que je citerai tantôt, suit & approuve cette doctrine à voiles enflées, laquelle étant fondamentale en notre Foi & Religion, je ne perdrai temps à la disputer, ni à répondre à certains hommes trop mondains qui répliquent que c'est chose dure de perdre tout, & que ce n'est en bon Docteur, de ne venir aux expédiens; tenans pour tels l'*ordre & signature des Rois*, à la Souveraine Puissance desquels ils nous veulent persuader toutes choses être permises, justes ou injustes. Je confesse que la perte de la vie & des biens est dure à supporter, & qu'il est amer à la chair de tout hazarder pour la défense de la vérité. Mais, comme dit Séneque, *invicta opera virtutis non ideò magis appetenda sunt, quia benigniùs à fortunâ tractantur*. Tout ne prend fin avec le corps; nous croyons une autre vie en laquelle y a récompense & châtoy pour ceux qui auront souffert ou non en la présente; & n'y a sur ce que répliquer (g)."

La Rocheflavin avoit la même idé de la constance nécessaire aux Magistrats, & il leur met sous les yeux plusieurs exemples que l'antiquité nous en a conservés.

„ Il

(g) Traité des restitutions des Grands, par Claude Joly pag. 68.

„ Il y a quatre choses qui alterent & ébranlent la pureté des Jugemens, entr'autres la crainte ; quand, de peur d'offenser un Grand, nous craignons dire la vérité, & opiner librement selon la justice de la cause, & en Dieu & en conscience ; laquelle faut éviter & mépriser. Car comme est dit en l'Ecclésiastique, *chap. 7. v. 6*, *noli quærere fieri Judex nisi virtute valeas dirumpere iniquitates : ne forte extimescas faciem Potentis*. La crainte de perdre son état, ses biens & même la vie, ne doit jamais divertir un bon Magistrat de la rectitude de Justice ; & comme dit Horace en l'*Ode* 3. *du* 3e *livre :*

„ *Justum & tenacem propositi virum,*
„ *Non civium ardor prava jubentium,*
„ *Non vultus instantis Tyranni,*
„ *Mente quatit solidâ.*

„ Ainsi un bon Juge, *etsi fractus illabatur orbis, impavidum ferient ruinæ :* quand tout le monde renverseroit ce dessus dessous, ne se doit départir de l'équité, ni de la rectitude ; persuadé que, s'il lui convient rien endurer pour rendre droitement la justice, que, outre qu'il en rapportera en ce monde immortelle louange *dignum laude virum musa vetat mori, cœlo musa beat. Horace, liv. 3. Ode 8 :* il sera très-heureux en l'autre & rémunéré dans l'autre de Dieu & du Royaume des Cieux éternel. *S. Matth. chap. v* : & faisant autrement, seroit un second Pilate qui, de peur de perdre son autorité, & d'irriter les Juifs contre soi, leur délivra Jésus-Christ pour en faire à leur volonté, & le crucifier.

„ Et quoique le Magistrat soit élevé par le moyen de quelques Seigneurs, il ne doit pourtant offenser sa conscience, & violer le droit & la justice en leur faveur : ains leur proposer qu'ils ne peuvent user de lui d'ami, ensemble & de flatteur ; & qu'ayant vêtu la personne de Juge, il ne la veut déguiser en celle d'un traître à la Justice. Pour ce, Cicéron dit bien que, s'il faut faire toutes les choses que veulent les amis, ce n'est une amitié, mais conspiration. Le devoir du Magistrat en l'amitié, est de faire plaisir à ceux auxquels il veut bien, *usque ad aras*, & ès choses qui ne tournent au déshonneur du Prince, ou préjudice de la République, ou au dommage d'autrui ; & ne se faut fier aux faveurs journalieres des grands Seigneurs : parce qu'ainsi que ceux qui comptent par les doigts ou par jettons, font tantôt valoir l'un dix mille, tantôt seulement un ; aussi les Mignons & Favoris des Rois, Princes & grands Seigneurs, maintenant ils valent & peuvent beaucoup, maintenant très-peu.

„ Certainement les Sénateurs & premiers Magistrats doivent en jugeant se proposer telle religion & pureté de conscience, qu'on puisse estimer d'eux ce que Démosthene en l'Oraison contre Aristocrate écrit du Sénat des Aréopagites, qu'en eux repose l'état de la République & la sûreté des Loix; & qu'en leurs Jugemens, ils n'ont eu accéption de personne, crainte, amitié, haine, inimitié, faveur ou respect d'aucun.

„ Et doivent les Magistrats imiter ce grand personnage Romain, Caton d'Utique, lequel ayant élû par son avis Consul Pompée, en étant remercié par ledit Pompée, il lui répondit, que c'étoit à la chose publique qu'il en falloit rendre graces; à cause que pour l'amour d'elle seule, il faisoit, disoit & conseilloit toutes choses; & étant requis & prié par le même Pompée de lui vouloir être Conseiller & Assesseur ordinaire en son Consulat, il lui répondit, que paravant il ne s'étoit jamais formalisé contre lui pour aucune malveillance qu'il lui portât, ni n'avoit aussi donné ce dernier avis, pour bien qu'il lui voulût, ains le tout pour le bien & utilité de la chose publique. C'étoit une des louanges de ce Caton, que, *nullus ab eo rem improbam unquàm postulasset, &, quod rem improbam nunquàm fecisset.*

„ Et ne doivent les Magistrats seulement opiner librement & sincérement aux affaires publiques: mais *s'opposer virilement à ceux qui entreprennent contre la République*; comme entr'autres fit P. Rutilius, Jurisconsulte tant vanté, tant chanté pour sa science conjointe à sa probité; lequel résista virilement aux Tribuns militaires, & aux pratiques injustes des Chevaliers Romains, par lesquels il fut depuis injustement exilé: comme aussi fut injustement décapité cet autre grand Jurisconsulte, Papinian, pour avoir hardiment dit à l'empereur Caracalla: *Perpetrari à te parricidium potuit, excusari à me non potest.* De même Caïus Mutius Scevola, autre Jurisconsulte, se pointa & formalisa fermement contre les pratiques de Marius: & Servius Sulpitius s'opposa valeureusement aux entreprises de Jules César. *Cascilius Aulius*, dit Valere, *non potuit aut gratiâ, aut autoritate compelli, ut de aliquâ earum rerum, quas triumviri dederant, formulam componeret; dicens duas res, quæ hominibus amarissimæ viderentur, magnam sibi licentiam præbere, senectutem & orbitatem.* Antistius Labeo, autre Jurisconsulte, à son exemple, résista formellement à Auguste, qui altéroit l'Etat public; jusques à ne vouloir recevoir le Consulat de lui, lequel pour le gratifier, il lui avoit présenté. Et comme un jour au Sénat on procédoit à l'élection d'un Triumvir, & Labeo eût hardiment élu M. Lepidus, ennemi juré de César, & lors banni; Octavius l'interrogea, s'il ne pensoit pas qu'il y en eût de plus dignes & plus capables pour être élus: Labeo librement répondit, *suum cuique esse judicium*, que chacun avoit son opinion libre. Suétone en la vie d'Auguste. Cornel. Tacitus au livre 3.

„ Comme les colomnes bien plantées demeurent fermes sur leur pied d'estal, quelque vent qui puisse donner; ainsi les Magistrats, qui sont les vrais piliers de Justice, quelque temps qui survienne, quelque tempête qui donne, ne doivent être émus ni débutés de leur juste solidité, fermeté & constance. Les Sénateurs Romains en ont montré l'exemple, qui pour les tumultes Gaulois, n'abandonnerent leur constance: mais la ville de Rome prinſe, on les trouva aſſis devant leurs maiſons, chacun dans ſa chaire, ſans bouger & ſans ſe mouvoir, prêts de mourir en leur premiere & vertueuſe réſolution. L'hiſtoire dit que, *in ſuas quiſque œdes regreſſi ſunt, quique in trabeis ampliſſimo cultu erant, in curulibus ſellis ſeſe poſuerunt, ut cùm veniſſet hoſtis, in ſuâ dignitate morerentur.*

„ Eſt remarquable & digne d'être placé en ce chapitre, ce que trouvons par écrit de Priſcus Elvidius, lequel étant averti de ne point venir au Sénat, il répondit: *Il eſt au pouvoir de l'Empereur de ne me faire du Sénat, mais tant que je ſerai Sénateur, il ne m'empêchera point d'aller au Palais. Il vous ſera permis,* dit l'autre, *d'y aller, pourvu que vous ne parliez point.* Elvidius dit, *& je répondrai ce que je connoîtrai être à propos. Si vous parlez, on vous fera mourir:* Elvidius, *& quand eſt-ce que je me ſuis vanté d'être immortel? Vous ferez votre devoir, & moi le mien; c'eſt à vous de me tuer, & à moi de mourir ſans frayeur; c'eſt à vous de me bannir, & à moi de m'en aller gaiement. Toute terre eſt le pays des gens courageux.* Quomodo lucem noctemque omnibus hominibus, itâ omnes terras fortibus viris natura aperuit. *Tacit. lib.* 4.

„ Les grands courages ſe roidiſſent contre la fortune, & prennent les adverſités pour exercice de leur vertu: les autres ſont incontinent renverſés, *ſunt molles in calamitate mortalium animi.* Tacit. Annal. lib. 4. Et les Magiſtrats, qui perdent cœur aux adverſités, ſemblent aux Pilotes qui deviennent malades durant la tourmente (h)."

On traitera peut-être de ſéditieuſes toutes ces Maximes, parce qu'on a perſuadé au Roi depuis long-temps, qu'il pouvoit diſpoſer de la liberté de ſes Sujets par des exils & des empriſonnemens arbitraires, comme l'indigne Chancelier Poyet diſoit à François I, qu'il étoit maître abſolu des biens de ſes Sujets. „ Juſte Ciel! s'écria alors du Châtel, Evêque de Tulles, „ comment oſe-t-on eſſayer d'inſpirer de tels ſentimens à un „ Prince qui a des loix à ſuivre & à reſpecter? Voilà, Sire, voilà les „ déteſtables Maximes ſur leſquelles ſe formerent les Caligula & les Né-„ ron, & c'eſt en admettant ces principes affreux, qu'ils devinrent „ l'exécration du Genre humain. *Fallut-il même prévenir la ruine en-„ tiere de l'Etat; vous ne devez pas ignorer, qu'avant que de vous ſervir „ de nos biens, il vous faudroit obtenir notre conſentement?*

„ Si l'on fut étonné de la noble audace de du Châtel, on n'eut pas „ moins à admirer la grandeur d'ame du Roi, qui voulut diſputer „ avec lui de généroſité, & lui marquer hautement, qu'il lui ſçavoit „ gré de la fermeté qu'il montroit à défendre les véritables intérêts du „ Prince & ceux de l'Etat (i)."

Si de vils adulateurs trouvent mauvais qu'on prenne la défenſe du Parlement diſperſé par voie de fait, nous emprunterons la réponſe des enfans de Louis le Débonnaire. Ils avoient rappellé les principaux Officiers, que leur pere avoit exilés ſans ſujets. Il leur reprochoit en conſéquence d'avoir reçu indûment ſes Vaſſaux, & de les retenir auprès d'eux.

(h) Des Parlemens de France, liv. 8. ch. 79.
(i) Vie du Chancelier de l'Hôpital, pag. 33.

Cela n'est pas ainsi, répond Lothaire ; ils étoient dispersés, chassés, retenus dans des prisons ou des exils. Ils ont eu recours à nous & au Pape, afin qu'il intercédât pour eux, & qu'il vous représentât combien il étoit injuste de condamner ceux qui par respect pour le ferment de fidélité qu'ils vous avoient fait, par amour de la Justice, s'étoient opposés courageusement au succès de la fraude & des artifices des méchans. J'ai toujours entendu dire dans votre Conseil & dans l'Assemblée des Grands du Royaume ; j'ai toujours appris par votre conduite & par vos discours ; j'ai lu enfin dans nos Annales, que les hommes distingués par leur vertu & leur rang, & qui ont rendu service à la Patrie, doivent être comblés d'honneurs & de gloire, & non pas chassés ; eux qui ont repoussé prudemment les efforts des hommes pervers ; qui par leur crédit, leur fidélité, leur constance, leur grandeur d'ame, la sagesse de leurs conseils, ont résisté à ces hommes audacieux, dont la légéreté, les pernicieux desseins, la mauvaise foi, ont terni la gloire de votre Empire. Ceux qui ont découvert & mis en fuite ces ennemis publics, devroient être honorés & loués, & on les voit au contraire soutenir le rôle d'accusés ; eux qui ont reçu de vous-même les regles de leur conduite, que vous avez admis au secret de vos Conseils ; & qui tenant de vous la dignité & les honneurs dont ils jouissent, ont toujours été regardés comme les premiers & les meilleurs Officiers de votre Palais. Nous avons donc cru devoir les remettre sous vos yeux, espérant que vous sentiriez la surprise faite à votre religion. Est-ce vous manquer, que de vouloir faire rentrer en grace avec vous, ceux qui ont succombé aux artifices d'une troupe de factieux (k).

En attendant qu'il ait plu à Dieu de rendre ces représentations efficaces sur le cœur du Roi ; puissent nos Magistrats être intimement convaincus avec le Cardinal de Retz, qu'il est des Maximes pour la défense desquelles leur serment les oblige à exposer leur propre vie ! Puissent-ils être disposés à dire avec le Comte de Sancerre, menacé de toute l'indignation d'Henri III, *Je sçai mourir, mais non me déshonorer* (l).

Puissent-ils se rappeller ce qui fut dit par leurs Prédecesseurs, lorsqu'ils complimenterent Charles VIII à son entrée à Paris le 5 Juillet 1484 : „ Que ses très humbles & ses très obéissans Sujets les Gens de son

(k) *Non itaque, sciat beatitudo vestra, ità est : sed cùm essent, & ipsi dispersi, fugati, aut in custodiis, & exiliis detenti, fecerunt ad nos & ad istum beatum Antistitem confugium, quatenus pro illis apud vestram serenissimam clementiam intercedat, ne injustè damnentur, qui pro fide vestrâ & justitiâ extiterunt, ne fraus prævaleret, & dolus scelestissimorum. Hoc semper audivi in vestro sacro Concilio, & in clarissimorum Senatu virorum, hoc semper in vestris recognovi factis, hoc à vobis audivi, hoc legimus in gestis Antiquorum, fortes viros & clarissimos, ac benè meritos honorari magis debere & gloriâ illustrari, quàm depelli : qui pravorum hominum impetus & conatus providè represserunt ; qui autoritate, qui fide, qui constantiâ, qui magnitudine animi & consiliis insidiantium audaciâ restiterunt ; eorum scilicet hominum, qui levitate suâ, & pernicie vestrum cum omni improbitate fœdaverunt imperium. Quos quia ipsi detexerunt & fugarunt, honorandi essent & glorificandi potius quàm à pestilentissimis viris criminandi : quia & ipsi primum vestris sunt enutriti disciplinis, vestris educti consiliis, vestrâ sublimati dignitate, & illustrati honoribus, semper habiti sunt primi eximii Palatii. Undè censuimus eos reducere ad vestram misericordissimam pietatem, vestrisque repræsentare adspectibus : & ideo non debemus offensam contrahere, si quos fraus factiosorum perdidit, vestris restituimus, & reconciliamus professibus.* Historiens de France, tom. 6, pag. 290.

(l) Vie du Chancelier de l'Hôpital, pag. 152.

„ Parlement étoient prêts d'expofer corps & biens à fon fervice, ainfi
„ que tenus y étoient"! (m)

Puiffent-ils enfin fuivre l'exemple des Magiftrats Chinois!

„ La puiffance impériale, toute abfolue qu'elle eft, trouve un frein
„ dans les mêmes loix qui l'ont établie. Ces loix donnent le pou-
„ voir à des cenfeurs publics de repréfenter à l'Empereur par de très
„ humbles & de très refpectueufes Requêtes les fautes qu'il fait dans
„ l'adminiftration de fon Etat. Chaque Mandarin peut ufer de la mê-
„ me liberté que les Officiers qui font expreffément établis dans cet-
„ te vue. Si l'empereur n'avoit aucun égard à de juftes remontran-
„ ces, ou s'il faifoit fentir les effets de fon indignation à celui qui a eu
„ le zèle & le courage de les faire, il fe décrieroit abfolument dans
„ l'efprit de fes Peuples; la fermeté de la perfonne, qui fe feroit ainfi
„ facrifiée au bien public, pafferoit pour héroïque & deviendroit le
„ fujet d'un éloge, qui immortaliferoit à jamais fa mémoire. On a
„ vu à la Chine plus d'un exemple de ces Martyrs du bien public, que
„ ni les peines, ni la mort même n'ont pu tenir dans le filence, lorf-
„ que le Prince s'écartoit des regle d'une fage admniftration." (n)

(m) Hiftoire de Charles VIII par Godefroi pag. 134.
(n) Science du Gouvernement par de Réal. Tom. I. pag. 407.

FIN DE LA IIIe. PARTIE DU TOME II.

TABLE

TABLE DES MATIERES

DU TOME II.

CHAPITRE CINQUIEME.

Les Cours Souveraines ont le dépôt des Loix. Toutes les Loix nouvelles doivent y être vérifiées librement. Pag. 1
Cét assujettissement aux formes établit la puissance du Souverain, au lieu de l'affoiblir. 5
Dans tous les âges de la Monarchie Françoise, la Législation a eu des formes essentielles. 6

PREMIERE SECTION.

Examen de l'ordre suivi pour la Législation sous les deux premieres Races de nos Rois. Toutes les Loix étoient délibérées dans les Assemblées générales. 6
Sous la premiere Race. *ibid*
Preuves tirées des historiens. *ibid*
Robertson. *ibid*
Seconde Race. 8
Dom Bouquet. *ibid*
Hincmar. *ibid*
Le Comte de Boulainvilliers. 9
Le Président Hénault. 12
Sous la Seconde Race. 13
Preuves tirées des Capitulaires. *ibid*
Tableau du Gouvernement & de la Législation Françoise sous les deux premieres Races. 18

SECONDE SECTION.

Forme de la Législation sous la troisieme Race. 19
Les Loix doivent être librement vérifiées dans les Parlemens. 21
Preuves par le témoignage unanime de tous les Auteurs. 22
Pierre de Granet. *ibid*
Budé. 23
Grimaudet. *ibid*
Miraumont. 24
Charles de Figon. *ibid*
Papon. *ibid*
Pasquier. 25
Bodin. 29
Loyseau. 30
Coquille. *ibid*
Mornac. 31
Antoine le Conte. *ibid*

La Roche-Flavin. 31
Mémoires de Castelnau. 33
Joly. *ibid*
Importance des autorités qu'on vient de citer. *ibid*
Preuves par les Remontrances des Parlemens & les Discours tenus dans les Lits de Justice. 34
Sous Louis XI. *ibid*
Sous Henri III. *ibid*
Sous Louis XIII. 35
Sous Louis XIV. 41
Sous Louis XV. 42
Preuve par le refus d'enregistrer un grand nombre de Loix qui en conséquence sont demeurées sans effet. 44
Preuve par les modifications apposées à l'enregistrement d'un grand nombre de Loix, du consentement de nos Rois. 47
Preuve par la reconnoissance de nos Rois eux-mêmes. 55
Erreur de ceux qui ont prétendu fixer l'époque du commencement de cet usage. 68
Erreur de la Marre & de l'Abbé Velly. *ibid*
Fausses conjectures de Robertson. 69
L'antiquité de l'enregistrement lui donne force de Loix. 70
Preuves de cet usage par la maniere dont se faisoient les Loix avant la fixation du Parlement à Paris. *ibid*
Avant & après Philippe-le-Bel le Conseil du Roi n'étoit pas différent du Parlement. *ibid*
Importance de cette Loi. Nécessité de la conserver. 74
Quand on regarderoit la nécessité de l'enregistrement comme un usage moderne établi par le Roi lui-même, il ne pourroit s'y soustraire. 78
Cette vérité n'est pas opposée à la Maxime : que le Monarque est au-dessus des Loix. 79
En quel sens il est vrai, que c'est au Prince à juger de ce qui est ou n'est pas utile à l'Etat. 84
Est-il possible qu'il y ait des Loix irrévocables. *ibid*
Examen & réfutation du sentiment de Puffendorf. *ibid*
Sentiment d'Hertius. 87
Le Roi est comptable à la Nation de l'usage du Pouvoir Souverain. *ibid*
Application de cette Maxime à la question : si le Roi peut détruire les Parlemens, & la vérification libre des Edits. 88

TABLE DES MATIERES.

CHAPITRE SIXIEME.

Réponses aux Objections. Pag. 89

PREMIERE OBJECTION.

Enregistremens forcés. 90
Erreur de Robertson sur les *enregistremens forcés*. ibid
Ils n'anéantissent pas le droit de la vérification libre. 91
La clause *de expresso mandato* est une reconnoissance de ce droit. 92
Origine des Lits de Justice. 96
L'enregistrement n'est pas une simple transcription sur les registres. 97
L'usage d'aller aux voix après la lecture de l'Edit démontre la nécessité de la vérification libre. 98
L'usage des protestations prouve la même chose. ibid
Les tentatives des Ministres en différens temps pour ériger en Loi de l'Etat, la validité des enregistremens forcés, prouvent que la Maxime contraire est une Loi du Royaume. 102
Quel est le sens de cette Maxime : *adveniente Principe, cessat Magistratus*. 103
Explication du sentiment de la Roche-Flavin. ibid
Sentiment de Mr. de la Guesle sur les enregistremens forcés. 105
Discours de Mr. de Nicolaï, Premier Président de la Chambre des Comptes en 1648 sur l'irrégularité des enregistremens forcés. 106

SECONDE OBJECTION.

Clause : *car tel est notre plaisir*. 107
Sentiment de Ducange, & de Papon. 108
Sentiment de Loyseau. ibid
Vrai sens de la clause : *tel est notre plaisir*. 109

TROISIEME OBJECTION.

Maximes : *Si veut le Roi, si veut la Loi : Le Roi ne tient que de Dieu & de son Epée ; Roi par la grace de Dieu*. 113

ARTICLE PREMIER.

Regle, si veut le Roi, si veut la Loi. ibid
Cette Maxime inconnue avant Loysel. ibid
Explication de cette Maxime par de Launay. 114
Par de Réal. ibid
Absurdité du sentiment de Lauriere. 115
Explication de ce texte *Quod Principi placuit Legis habet vigorem*. ibid
Vrai sens du terme *Placet*. 118
Sens du texte des Institutes fixé par Brachton Jurisconsulte du XIII siecle. ibid
Le pouvoir des Souverains n'est pas seulement un pouvoir de force, mais un pouvoir de droit ou de raison. 120
Le Pouvoir Législatif conféré aux Souverains ne s'étend pas sur les *Loix fondamentales*. 124
Les Loix ne doivent être abrogées que pour de grandes raisons. 125
On ne peut toucher aux Loix fondamentales sans le concours de la Nation. Il n'en est pas de même des Loix de Police. 126

Réflexions qui renversent absolument la prétendue Regle de Loysel. 127
Caracteres de toute Loi juste. ibid
Application de ces caracteres à la Regle de Loysel. 131
La Loi de la vérification libre n'est pas opposée à la Maxime : *si veut le Roi, si veut la Loi*, prise dans son vrai sens. ibid

ARTICLE SECOND.

Regle : *Le Roy ne tient que de Dieu & de son Epée*. 134
Objet de cette Regle. ibid
Cette Regle ne fait qu'énoncer l'indépendance de la Couronne de toute autre Puissance étrangere. 135

ARTICLE TROISIEME.

Roi par la grace de Dieu. 136
Louis XV. dans l'Edit qui regarde les Princes légitimés reconnoit que, *C'est à la Nation à se choisir un Roi, dans le cas où la Maison Royale viendroit à s'éteindre*. 136
Vrai sens de cette expression. Roi par la grace de Dieu. 136
Pendant longtems la Couronne de France a été élective. ibid
Faux raisonnement de l'Abbé le Grand dans son traité de *la succession à la Couronne de France*. 137
Charles II. offre de se soumettre au jugement de ses Féaux. 138
Le droit d'élection reconnu par Louis le Débonnaire. 142

SUITE DU CHAP. VI.

ET DE LA RÉPONSE À LA IIIe OBJECTION

ARTICLE QUATRIEME.

Le commun des Théologiens, Jurisconsultes, & Publicistes pense que Dieu laisse aux Peuples le choix du Souverain, & communique à celui qui est élu la puissance Divine. 143
§. I. Sentimens des Théologiens. ibid
Le IV. Concile de Tolede. 144
Sentiment d'Hincmar. 145
Sentiment de St. Thomas. 146
Il est opposé à la doctrine du Tyrannicide. 147
Droits du Peuple contre le Tyran. ibid
Explication de ces mots du Ps. 50 *Tibi soli peccavi*. 148
Il faut distinguer le crime du Souverain comme Particulier, de celui qu'il commettroit comme Souverain en voulant dénaturer le Gouvernement. ibid
Sentiment d'Hugues. 149
Sentiment de Durand. ibid
Sentiment de Jean de Paris. 151
Sentiment de Marsille de Padoue. 152
Sentiment d'Almain. 154
Sentiment de Major. 158
Sentiment d'Æneas Silvius. 160
Sentiment de Dominique Soto. 162

TABLE DES MATIERES.

Sentiment de Covarruvias. . . . Pag. 164
Sentiment du Cardinal Bellarmin. . . 167
Sentiment de Mr. Bossuet. . . . 168
§. II. Sentiment des Jurisconsultes & des Pu-
 blicistes. 169
Sentiment de Ziegler. . . . . ibid
Sentiment de Stryk. 170
Sentiment de Réal. 171
Sentiment de Grotius. 172
Sentiment de Noodt. 173
Sentiment de Coccejus. 174
Sentiment de Boëhmer. . . . . ibid
Réponse à l'objection tirée du Décret de
 l'Empereur Louis de Bavière. . . 178
La Puissance paternelle peut être réprimée, à
 plus forte raison l'abus de la Puissance Ro-
 yale. 182
Sentiment de Boëhmer. 184
Sentiment de Thomasius. . . . ibid
Sentiment de Kiessner. 186
Sentiment de Wernher. 189
Le Texte de St. Paul rapproché des Réfle-
 xions des Jurisconsultes. . . . 190
Vrai sens du passage : *Omnis anima &c*. . 191
Il faut souffrir un mauvais Prince, comme on
 souffre la famine & les maladies. . 192
Réponse à cette Objection : *Le Prince est le
 Ministre de Dieu & non du Peuple*. . 193
Textes de l'Ecriture qui présentent les Rois é-
 tablis par les Peuples. . . . 194
Sentiment de Mr. Daguesseau. . . 195
Sentiment de Barclai. 199

ARTICLE V.

En supposant le Pouvoir Souverain reçu immédiatement de Dieu, cela n'empêche pas
 la Nation de pourvoir à ses intérêts, lorsque
 le Prince est devenu incapable de l'exercer,
 ou qu'il le néglige. . . . 201
Nouvelles réflexions sur le Texte de St. Paul. ibid
En France le Souverain n'est qu'usufruitier ; la
 propriété du Pouvoir souverain appartient à
 la Nation. 202
St Paul n'a point prétendu décider où est la
 Puissance supérieure, lorsqu'il y a conflit
 entre le Souverain & les Etats du Royaume. 203
Explication d'un Texte de St. Augustin. . 204
La Puissance que Dieu communique à un Roi
 de France n'est qu'une Puissance d'administration, d'usufruit. . . . 207

ARTICLE SIXIEME.

En supposant le Pouvoir Souverain, reçu de
 Dieu immédiatement, il trouve bon que les
 Peuples y apposent des conditions, & ne
 s'y soumettent que sous ces conditions ; &
 dans plusieurs cas on ne laisse pas de le
 perdre de plein droit. . . . 208
Conditions imposées aux Rois d'Arragon. ibid
Conditions d'un hommage fait à un Roi d'An-
 gleterre. 210
Conditions imposées par l'Assemblée Générale
 des François aux enfans de Pepin. . ibid
Conditions de la Catalogne & du Roussillon à
 la France. 211
Clause commissoire dans le Serment que les
 Rois d'Espagne faisoient aux Peuples des
 Pays-Bas. 212
Exemple de conditions apposées dans le Gou-
 vernement d'Angleterre. . . . 214
Semblables conditions apposées par la Conféde-
 ration de Bohême, de Moravie &c. en 1619. 217
Les Etats de Gueldres & de Zutphen offrent
 au Prince d'Orange la Souveraineté sous des
 conditions. 219
La Couronne d'Ecosse offerte en 1689 sous
 des conditions. 220
Conditions apposées en 1707 par les Etats de
 Neufchâtel à celui des prétendans qui devoit
 être élu. 222
En 1718 le pouvoir arbitraire aboli en Suede
 par les Etats du Royaume. . . 223
Conditions imposées à Henri IV. & consignées
 dans le serment qu'il a fait à ses Sujets, &
 non simplement à Dieu. . . . 224
Clause résolutoire mise dans le serment d'Auguste III. Roi de Pologne dans son serment
 en 1733. 225
Conditions apposées à Jean d'Albret Roi de
 Navarre, lors de son Couronnement en
 1494. . . . . . . ibid
Selon Grotius la résistance active est permise,
 lorsque le Souverain viole de pareilles conditions. 227
Selon Barbeirac, si le Prince s'obstine à violer
 les conditions, le Sujet est dégagé de l'O-
 béissance. . . . . . ibid
Selon Wolf, la violation de la *Clause commissoire*, fait que le Souverain cesse de plein
 droit d'être Roi. . . . . ibid
Le Peuple a droit de résister par la force. 228
Précautions prises en Pologne pour empêcher
 qu'on n'abuse de ces principes. . ibid
Exemples de Souverains qui refusent de recevoir le serment, avant d'avoir fait le serment
 à la Nation. 229
Les Ducs de Normandie faisoient un serment
 semblable à celui des Rois de France. . 230
Les Ducs de Brétagne faisoient aussi ce serment. . . . . . . ibid
En général le serment du Souverain précédoit
 celui du Peuple ; ce qui prouve que la promesse du Prince étoit une condition imposée
 par le Peuple. 231
Charles VIII. se soumet à cette condition dans
 un Traité fait avec les Etats de Brétagne. ibid
En 1495. Philippe Archiduc d'Autriche prend
 possession du comté de Flandres aux mêmes
 conditions. 232
Outre les clauses générales qui avoient pour
 objet la conservation des droits de la Nation, on en a quelquefois imposé de particu
 lieres. 235
Tous les exemples cités prouvent que l'on croyoit la Nation en droit, de s'opposer à la
 violation des Traités, faits avec le Souverain. 238
Comment un pouvoir reçu de Dieu immédiatement peut se perdre, *ipso facto*. . 239
Sentiment de Barclai. . . . . ibid
Sentiment de Wolf. 241
Cas où, selon Grotius, on peut résister au
 Souverain. 242

TABLE DES MATIERES.

Sentiment du Cardinal du Perron. Pag. 248
De tout tems on a cru dans l'Eglise qu'il y avoit des occasions où la Nation pouvoit déposer son Roi. 248
Sentiment de Wernher. 251

ARTICLE SEPTIEME.

L'Histoire fournit plusieurs exemples de dépositions de Souverains, qui abusoient de leur autorité. Elles n'ont point été regardées comme des infractions du Droit Divin. 253
Christiern II. déposé en Dannemarck. 256
Jean II. déposé par les Catalans. 258
Henri IV. Roi de Castille déposé. ibid
Pierre Roi de Castille déposé. 259
La déposition de Henri est approuvée par les Rois de France. 266
Cromwel reçoit des marques d'approbation de la part des principales Puissances de l'Europe. 267
Que le pouvoir soit divin ou humain dans son principe, il est toujours constant que les Souverains le perdent quelquefois *de plein droit*. 269
Conclusion de la réponse à la troisieme Objection. 270

QUATRIEME OBJECTION.

L'Ordonnance de Moulins du mois de Février 1566. Lettres-Patentes en forme d'Edit du mois de Février de 1641. Les Ordonnances de 1667 & autres Loix. ibid

ARTICLE PREMIER.

L'Ordonnance de Moulins. 271
Opposition des Parlements à cet Article de l'Ordonnance de Moulins. 272
Charles IX. le modifie. ibid
Il est enfin enregistré du très-exprès commandement du Roi; mais il a été sans exécution. 273
Charles IX dans la même année donna une déclaration contraire à l'article de l'Edit. 274
Henri III. en 1580 éprouvé de la résistance de la part des Parlements qui déclarent ne *devoir & ne pouvoir enregistrer.* ibid
Le Chancelier de l'Hôpital qui avoit engagé à cet acte de Despotisme, déclara en mourant qu'il avoit eu tort, & que cet *Edit étoit pernicieux.* 275

ARTICLE SECOND.

L'Edit de Février 1641. 276
Preuves de l'inexécution de cet Edit dans ses différens Chefs. ibid
Le Parlement n'a point eu égard à cet Edit. 277
L'inobservation du Code Michault en est une preuve. 278
Dans la même année le Parlement enregistre avec modifications une Déclaration sur les Finances. ibid

Tome II.

En 1645 un autre Edit est rejetté, puis enregistré avec modification. 279
Réflexions du Cardinal de Retz sur le Gouvernement du Cardinal de Richelieu. ibid
Portrait du Cardinal de Richelieu par Monsieur frere du Roi Louis XIII. 293
Portrait du même par la Reine mere de Louis XIII. 297
Examen de deux pieces citées dans cet Edit. 1o. d'une prétendue déclaration de François Ier. du 24. Juillet 1527. dans ses motifs & ses différens points, notamment en ce qu'il y est dit que le Parlement n'a point d'autorité sur le Chancelier de France. 299
Le Parlement a autorité sur tous les sujets du Roi. 302
Les Chanceliers sont justiciables du Parlement. 303
Procès fait par le Parlement au Chancelier Poyet. 304
Examen de la 2de piece citée, savoir, l'Arrêt du Conseil de 1615. 309
Histoire de cet Arrêt. ibid

SUITE DU CHAP. VI.

ARTICLE TROISIEME.

Ordonnance de 1667, & autres Loix. 315
Deux sortes d'interprétation des Loix. ibid
Interprétation *d'autorité*. ibid
Interprétation de *Doctrine*. 316
L'Interprétation de *Doctrine* appartient aux Jurisconsultes. ibid
Réflexions sur l'article de l'Ordonnance de 1667, qui regarde les enregistremens. 318
Distinction chimérique entre les Loix apportées par le Roi lui-même, ou un porteur d'Ordres & les Loix envoyées au Parlement. ibid
Réflexions sur les Lettres-Patentes du 26 Août 1718. 320
La Déclaration du 18 Août 1732, n'a point eu d'exécution. 321
La Déclaration du 10 Décembre 1756, n'a point eu d'exécution. 322
Pour que ces Déclarations soient nulles, il n'est pas nécessaire qu'elles soient révoquées par le Souverain. 323
Avantages qui reviendroient à la Nation, si les Loix ne tomboient pas en désuétude. 324
Réflexions sur toutes ces Loix qui n'ont pas été exécutées. ibid
Ceux qui préviennent l'esprit des Souverains, contre l'Assemblée des Etats sont coupables de Leze-Majesté. 330
Réflexions sur la conduite des Gens du Roi. 333
Ceux qui engagent les Rois à s'élever ainsi au-dessus de toutes les Regles, sont criminels de Leze-Majesté. 336
Toute Loi éversive des Loix fondamentales, est nulle de plein droit. 340
Les Rois promettent avec serment de conserver les Loix. ibid

Mmm

TABLE DES MATIERES.

CINQUIEME OBJECTION.

Si l'exécution, & même à certains égards, la force obligatoire des Loix dépendent de la vérification libre des Cours, ne partagent-elles pas avec le Roi la Puissance Souveraine, ou n'ont-elles pas du moins un droit de supériorité qui soumet à leur censure l'exercice du Pouvoir Législatif ? Pag. 342
Les Cours Souveraines n'ont point part à l'Administration. 343
Elles n'en ont point au Pouvoir Législatif. ibid
Le droit de vérification n'est pas une partie du Pouvoir Législatif. 344
Un Prince ne cede pas son Pouvoir Législatif en requérant pour la validité de ses Loix le jugement d'un Sénat. ibid
Le devoir d'un Chancelier est de refuser toutes choses préjudiciables au Prince ou au Peuple. 345
Il ne partage pas pour cela la Souveraineté. ibid
Quelque nécessaire que soit l'obstacle que les Cours Souveraines apportent à l'exécution de la volonté du Prince, le Prince n'en est pas moins Souverain. 346
Ce ne sont point les Cours Souveraines qui limitent la Puissance du Souverain, mais les Loix antérieures au Souverain & en vertu desquelles il est Souverain. 347
Comme le Prince qui a le droit d'examiner, modifier & refuser les Décrets de la Puissance Ecclésiastique ne prétend pas partager l'autorité spirituelle ; de même les Parlemens ne prétendent pas partager l'Autorité Souveraine en vérifiant les Edits. 348
Solution de cette objection : Le Parlement étant chargé de vérifier, rendra, quand il voudra, les nouvelles Loix inutiles. Donc le Pouvoir Législatif est anéanti. 349
La nécessité où est le Prince de faire vérifier ses Edits, forme l'heureuse impuissance où il est de changer les Loix fondamentales. 350
Il n'est pas vraisemblable que tout un Corps de Magistrature se trompe sur la bonté d'une Loi. ibid
En supposant que la Magistrature se trompe, tout le mal qui en résultera sera qu'une bonne Loi ne sera pas reçue & vérifiée. 351
Toute Loi donnée contre le gré des Peuples ne peut tourner au bien de la Société. ibid

SIXIEME OBJECTION.

Obéissance due par les Magistrats. 353
Est-ce une révolte de refuser d'enregistrer. 354
Différence entre la révolte & le refus d'obéir. ibid
Une fidélité qui met des bornes à l'obéissance n'en est pas moins inviolable. 355
C'est la Doctrine commune des Théologiens, qu'on peut & qu'on doit en certains cas ne pas obéir. ibid
Sentiment d'Estius. 356
Sentiment de Holden. 357
Les Publicistes sont en cela d'accord avec les Théologiens. 358
Qui sont ceux qui doivent examiner les ordres du Souverain & refuser d'obéir. 359
Sentiment de Burlamaqui. 360

Il faut distinguer un ordre évidemment injuste d'avec celui qui l'est d'une maniere douteuse. 361
Sentimens de Titius, d'Heinecclus & de Stryk. 362
Observations sur la Doctrine des Publicistes. 364
Heinecclus a mieux senti la difficulté & le vrai point de la question. 365
On ne doit pas obéir aux ordres manifestement injustes. 366
Application de cette Maxime au droit Public François. ibid
Il faut distinguer les ordres injustes auxquels il est permis d'obéir de ceux dont l'exécution seroit criminelle. 367
Il est permis à un particulier d'obéir à une Lettre de Cachet qui l'exile injustement ; mais il n'y est pas obligé. ibid
Exemples qui montrent clairement la vérité de cette proposition. ibid
Sentiment de Wolf, sur le droit de ne pas obéir quelquefois au Souverain. 368
Wolf confond la résistance passive avec celle qui est active. 370
Ce que l'on dit des Loix fondamentales peut & doit s'appliquer aux Loix Naturelles. 371
Réfutation des Principes Despotiques de l'Auteur de la Science du Gouvernement. ibid
Refus d'obéissance & même résistance active autorisée dans certains cas par les anciennes Ordonnances. 378
Les Barons de France & d'Angleterre disposés à désobéir & même à résister en certains cas. 379
Sentiment de Barclai sur le Droit de résistance active & passive. 382
Désobéissances louables de Gouverneurs de Provinces & d'Officiers. 384
Désobéissance louable de Chanceliers & des Magistrats. 385
L'Obligation des Magistrats ne seroit pas remplie, s'ils enregistroient après des Remontrances réitérées. 398
Erreur & inconséquence de ceux qui veulent que les Cours cedent après de premieres ou d'itératives représentations. 399
La résistance passive ne suppose pas une autorité rivale. 400
Le Roi quoique Législateur ne peut pas forcer les Magistrats à se soumettre à une Loi qu'ils croient injuste. 402
Inconséquence de la conduite des Gens du Roi depuis 150 ans. 405
Exemple de résistance courageuse de la part des Gens du Roi. ibid
Devoir des Gens du Roi. 410
Réponse à cette objection : l'Opposition persévérante des Cours peut empêcher la publication d'une Loi utile. 411
Parallele des inconvéniens qui peuvent résulter de la résistance des Parlemens avec ceux qui découlent infailliblement du pouvoir sans bornes. 412
Principes du Parlement de Paris suffisamment garni de Princes & de Pairs sur les bornes de l'obéissance due par les Magistrats. 413
Devoir des Militaires lorsqu'on les charge d'ordres injustes contre les Magistrats. 418

TABLE DES MATIERES.

Inconvéniens de l'Obéissance aveugle des Magistrats démontrés par quelques faits de notre Histoire.	421
Examen de la question : si les Magistrats doivent obéir à des Lettres de Cachet qui les dispersent.	426
Comme Citoyens ils n'y sont pas obligés.	ibid
Comme Magistrats ils n'y doivent pas obéir.	427
Idée qu'on doit se faire du Parlement en suivant celle qu'en ont eu nos Rois en différens tems.	430
Cette idée est inconciliable avec celle d'un Corps amovible par un ordre arbitraire.	434
La voie des Lettres de cachet contre le Parlement n'est pas légitime.	437
Moyen Légal de procéder contre le Parlement dans le cas où il auroit prévariqué.	438
Ce que doivent faire les magistrats lorsqu'on les exile par Lettre de cachet.	ibid

DISSERTATION
SUR LE DROIT DE CONVOQUER LES ETATS GÉNÉRAUX.

Le Roi a t'il le Droit exclusif de convoquer les Etats.	Pag. 1
Contradiction dans la nouvelle forme du Gouvernement de Suede.	2
Sentiment de Sidney.	3
Sentiment de Locke.	7
Sentiment de Vattel.	8
Application des Principes de ces trois Auteurs.	10
Réfutation des objections.	ibid
La Nation n'a pas pu se dépouiller du droit de s'assembler.	12
Elle use de ce droit dans les cas où la Race régnante vient à manquer.	ibid
Le prétendu Droit d'empêcher la convocation des Etats est contraire à l'idée de la Royauté.	13
Il ne peut pas être une suite du Pouvoir Divin conféré aux Souverains.	ibid
Erreurs de Bodin sur ce point.	14
Réfutation de ces Erreurs.	15
La grande erreur dans cette matiere est de mettre en opposition les droits des souverains avec ceux des Peuples.	16
De ce que les Etats ont toujours parlé en suppliant, peut-on en conclure que la Nation doit toujours se soumettre à la volonté du souverain.	17
Réflexions sur le Droit de Vie & de Mort.	26

FIN DE LA TABLE DU TOME II.

www.ingramcontent.com/pod-product-compliance
Lightning Source LLC
Chambersburg PA
CBHW060221230426
43664CB00011B/1507